PRIMEIROS SOCORROS
PARA
CÃES E GATOS

CB015794

AMY D. SHOJAI

TRADUÇÃO
Elisa Nazarian

PRIMEIROS SOCORROS PARA CÃES E GATOS

3ª edição
4ª reimpressão

GUTENBERG

Publicado por meio de acordo com RODALE INC., Emmaus, PA, EUA

Copyright © 2009 Amy D. Shojai. All rights reserved.
Publicado por meio de acordo com RODALE INC., Emmaus, PA, EUA

TÍTULO ORIGINAL: *The First-Aid Companion for Dogs & Cats*

Todos os direitos reservados pela Editora Gutenberg. Nenhuma parte desta publicação poderá ser reproduzida, seja por meios mecânicos, eletrônicos, seja via cópia xerográfica, sem a autorização prévia da Editora.

REVISÃO
Aiko Mine
Ana Carolina Lins
Cecília Martins

PROJETO GRÁFICO
Diogo Droschi

DIAGRAMAÇÃO
Diogo Droschi
Laura Barreto
Paula Simone

ELABORAÇÃO DO ÍNDICE REMISSIVO
Christiane Morais
Verônica Luciana Martins

Nota do editor
Este livro tem a intenção de servir apenas como obra de referência, e não como manual médico. As informações aqui fornecidas pretendem ser uma ajuda na tomada de decisões quanto à saúde de seu animal. Ele não foi escrito com a pretensão de vir a substituir qualquer tratamento que possa ter sido prescrito pelo seu veterinário. Se você suspeita que seu animal esteja sofrendo de qualquer problema de saúde, recomendamos que procure uma assistência médica veterinária competente. Nesta edição brasileira, optou-se por indicar o princípio ativo dos medicamentos, e não seu nome comercial, sempre que ele puder ser encontrado em sua forma genérica.

Dados Internacionais de Catalogação na Publicação (CIP)
(Câmara Brasileira do Livro, SP, Brasil)

Shojai, Amy D.
  Primeiros socorros para cães e gatos / Amy D. Shojai ; [tradução Elisa Nazarian]. – 3.ed.; 4. reimp. – Belo Horizonte : Gutenberg, 2022.

  Título original: The First-Aid Companion for Dogs & Cats.
  ISBN 978-85-89239-74-5

  1. Cães - Doenças 2. Cães - Saúde 3. Gatos - Doenças 4. Gatos - Saúde 5. Medicina veterinária 6. Medicina veterinária de urgência 7. Primeiros socorros 8. Saúde animal I. Título.

10-01061   CDD-636.708832
                                              -636.808832

Índices para catálogo sistemático:
  1. Cães : Saúde : Primeiros socorros : Medicina veterinária 636.708832
  2. Gatos : Saúde : Primeiros socorros : Medicina veterinária 636.808832

A **GUTENBERG** É UMA EDITORA DO **GRUPO AUTÊNTICA**

São Paulo
Av. Paulista, 2.073, Conjunto Nacional
Horsa I . Sala 309 . Cerqueira César
01311-940 . São Paulo . SP
Tel.: (55 11) 3034 4468

Belo Horizonte
Rua Carlos Turner, 420,
Silveira . 31140-520
Belo Horizonte . MG
Tel.: (55 31) 3465 4500

www.editoragutenberg.com.br
SAC: atendimentoleitor@grupoautentica.com.br

Para todos os nossos animais de estimação.

Que este livro possa ajudá-los a se manterem saudáveis, a se recuperarem rapidamente de doenças e acidentes e a salvar a vida daqueles que estiverem em risco.

E especialmente para Seren, meu peludo atrevido, este livro é para você – rezando para que nunca precise dele!

QUADRO DE CONSULTORES

C.A. Tony Buffington
Doutor em Medicina Veterinária, Ph.D.
professor de Clínica Veterinária no Ohio
State University College of Veterinary
Medicine, em Columbus.

Karen L. Campbell
Doutora em Medicina Veterinária,
professora de Dermatologia e
Endocrinologia Veterinárias no University of
Illinois College of Veterinary Medicine, em
Unrbana-Champaign.

Liz Palika
Proprietária do Dog Training with Liz,
escola de adestramento em Oceanside,
Califórnia, colunista da revista *Dog Fancy* e
autora de *All Dogs Need Some Training*.

Allen M. Schoen
Doutor em Medicina Veterinária, membro
agregado do departamento de Ciências
Clínicas da Colorado State University em
Fort Collins, diretor do Veterinary Institute
for Therapeutic Alternatives, em Sherman,
Connecticut, e autor de *Love, Miracles, and
Animal Healing*.

John C. Wright
Ph.D., behaviorista formado no uso animal,
professor de Psicologia na Mercer University
em Macon, Georgia, e coautor de *The Dog
Who Would Be King* e de *Is Your Cat Crazy?*

REVISÃO TÉCNICA DA VERSÃO PARA O PORTUGUÊS

Roberto Baracat de Araújo
Mestre em Medicina Veterinária,
doutor em Ciência Animal, professor
associado da Escola de Veterinária da
Universidade Federal de Minas Gerais

Marília Martins Melo
Mestre em Medicina Veterinária, doutora
em Ciência Animal, professora associada
da Escola de Veterinária da Universidade
Federal de Minas Gerais

Adriane Pimenta da Costa Val Bicalho
Mestre em Medicina Veterinária, doutora
em Ciência Animal, professora adjunta
da Escola de Veterinária da Universidade
Federal de Minas Gerais

Gilcinéa de Cássia Santana
Mestre em Ciências Biológicas: Fisiologia
e Farmacologia, doutora em Ciências
Biológicas: Fisiologia e Farmacologia,
professora adjunta da Escola de Veterinária
da Universidade Federal de Minas Gerais

AGRADECIMENTOS

Este livro teria sido impossível sem a colaboração de muitas pessoas – e animais – que me estenderam seu conhecimento, ajuda e inspiração ao longo do percurso. De maneira especial quero destacar meus pais, Phil e Mary Monteith, que sempre foram meus grandes incentivadores; meu marido, Mahmoud, que apoia todos os meus sonhos; Seren, o melhor assistente que um escritor poderia ter, e minha musa peluda, Fafnir, sempre no meu coração. Minha família é uma bênção em minha vida, e nunca poderei agradecê-los o bastante.

Meus colegas, ligados em animais de estimação, me inspiram continuamente com seu profissionalismo, amizade e incansável apoio. Gostaria de agradecer especialmente aos membros da Cat Writers Association and Dog Writers Association of America – vocês fazem com que eu me orgulhe de escrever sobre animais de estimação.

Meu sincero reconhecimento aos mais de oitenta veterinários que colaboraram com seu conhecimento para este livro. Também quero agradecer aos inúmeros professores veterinários e pesquisadores, espalhados por todo o país, que me concederam graciosamente seu tempo e competência nas respostas a minhas incessantes perguntas ao longo dos anos.

Agradeço penhoradamente a Mathew Hoffman, que compartilhou minhas ideias; Ellen Phillips, que aprimora meu trabalho; e, especialmente, Meredith Bernstein, que se encarrega de tudo o que é realmente trabalhoso.

Finalmente, este livro não existiria sem todos os gatos e cachorros que compartilham nossas vidas – e os desvelados donos que se esmeram em manter saudáveis os membros peludos da família. Sem vocês, este livro nunca teria sido escrito.

11. APRESENTAÇÃO

13. PARTE I
PRIMEIROS PASSOS EM PRIMEIROS SOCORROS

15. A farmácia básica de seu animal	43. Prevenindo problemas
19. Avaliando a situação	49. Como descobrir sintomas em um
26. Técnicas básicas e como realizá-las	pronto atendimento

65. PARTE II
MACHUCADOS E DOENÇAS COMUNS

67. Abscessos	140. Corpo estranho na garganta
70. Acidentes de carro	143. Corpo estranho no nariz
75. Afogamento	145. Corpo estranho no olho
79. Aftas	148. Corpo estranho no ouvido
82. Alergia a pulgas	151. Cortes e feridas
85. Alergias alimentares	156. Crises de asma
88. Alergias de vias aéreas	159. Danos na cabeça
90. Asfixia	161. Danos na unha
93. Asfixia por corpo estranho	163. Danos por secadora de roupas
96. Baixa taxa de açúcar no sangue (hipoglicemia)	166. Dermatite aguda
	169. Desidratação
99. Cabeça presa	171. Diarreia
102. Carrapatos	174. Dilatação/Torção gástrica
106. Celulite juvenil	177. Edema na cabeça
109. Choque	180. Edema na cauda
112. Choque elétrico	183. Edema na língua
114. Cistos no dedo	186. Edema na mandíbula
117. Colapso	189. Edema na pata
120. Congelamento	192. Edema na pele
122. Constipação	196. Edema testicular ou escrotal
125. Contaminação no pelo	199. Envenenamento por sapo
128. Convulsões	202. Escoriação
132. Corpo estranho ingerido	204. Espinhos de porco-espinho ou de ouriço
137. Corpo estranho na boca	

207. Estrangulamento
210. Farpas
213. Febre
215. Feridas por lambedura
217. Ferimentos abdominais
222. Ferimentos na boca
224. Ferimentos nas patas
227. Ferimentos no dorso
231. Ferimentos no peito
234. Ferimentos por anzol
236. Ferimentos por tiro
241. Ferroadas de abelhas e vespas
245. Ferroadas de escorpião
247. Filhotes debilitados
250. Fraturas
257. Hipotermia
263. Impactação da glândula anal
267. Impetigo
269. Inalação de fumaça
272. Inconsciência
278. Incontinência
281. Infecções de ouvido
286. Infecções de pele
289. Infecções na cauda
292. Infecções no leito da unha
295. Infecções nos olhos
297. Insolação
303. Intoxicação
312. Intoxicação por monóxido de carbono
314. Larvas
317. Luxação da patela

319. Machucados na orelha
322. Mandíbula deslocada
325. Manqueira
328. Mastite
331. Mordidas de animais
336. Obstrução intestinal
339. Obstrução urinária
344. Olho fora da órbita
347. Parada cardíaca
351. Picadas de aranhas
355. Picadas de cobras
359. Picadas de moscas
362. Problemas de parto
369. Problemas de sutura
371. Problemas nos dentes
374. Prolapso retal
376. Prolapso vaginal
379. Quedas
384. Queimaduras de água-viva
386. Queimaduras nos coxins
389. Queimaduras por calor
393. Queimaduras por fricção
396. Queimaduras químicas
400. Sangramento
405. Sangramento nasal
407. Terçol
409. Torcicolo
412. Unhas encravadas
415. Urticária
418. Vermes
421. Vômito

423. ÍNDICE

APRESENTAÇÃO

Felizmente, muitas pessoas nunca terão de lidar com um machucado grave ou com alguma doença de seu animal de estimação. No entanto, para aqueles que passarão por isso, a falta de preparo ou de conhecimento podem ser paralisantes, e o tempo perdido com medos e indecisões pode se tornar crítico para a recuperação do animal, às vezes significando, literalmente, a diferença entre vida e morte.

Conheço isso muito bem. Como professora especializada em medicina de emergência, vejo centenas de casos passarem por nosso pronto-socorro veterinário todos os anos. Em muitos deles, a ação imediata por parte do dono poderia ter poupado um animal querido de uma longa e custosa permanência na clínica, ou de dolorosos procedimentos de emergência. É para isso que serve este livro.

Primeiros socorros para cães e gatos é um guia simples e abrangente que orientará você a agir de forma rápida e decisiva quando seu animal mais precisar. Neste livro, você encontrará recursos simples para tratar machucados e doenças comuns, mas também métodos aprimorados para lidar com problemas que ponham a vida em risco. Mais importante do que isso, *Primeiros socorros para cães e gatos* ajudará você a distinguir problemas menores de situações mais sérias e a decidir quando recorrer a um veterinário. Todas as informações foram cuidadosamente pesquisadas, e há instruções detalhadas. As diversas ilustrações servirão de apoio, à medida que se forem seguindo as orientações de procedimento para um primeiro atendimento de seu animal.

Tive grande prazer em fazer parte deste livro e espero que ele não apenas ajude a manter seu animal saudável e protegido, mas que também faça com que você se sinta tranquilo preparado para o que quer que aconteça com ele.

Acredito que este livro seja indispensável para dedicados donos de animais de estimação.

Shane Bateman
Doutora em Medicina Veterinária, doutora em Ciências Veterinárias – Graduada no American College of Veterinary Emergency and Critical Care e professora-assistente de Medicina de Emergência e Cuidados Críticos no departamento de Ciências Clínicas Veterinárias do Ohio State University College of Veterinary Medicine, Columbus.

PARTE I

PRIMEIROS PASSOS EM PRIMEIROS SOCORROS

A FARMÁCIA BÁSICA DE SEU ANIMAL

É impossível prever que tipo de emergência pode ocorrer com seu animal de estimação, e, quando seu gato ou cachorro se machuca, um atendimento rápido torna-se vital – você pode não ter tempo para ir atrás do remédio ou dos materiais adequados. Por isso, é melhor estar preparado para as ocorrências mais comuns e ter à mão os itens necessários a uma emergência.

Use a lista que enumeramos a seguir como um guia para a montagem de um kit de cuidados básicos.

KIT DE PRIMEIROS SOCORROS

- Cartão com os números de telefone de sua clínica veterinária e do centro de controle de intoxicações.
- Ficha com informação da temperatura e do peso básicos de seu animal.
- Focinheira pronta ou tecido em comprimento suficiente para servir de mordaça.
- Materiais de bandagem:
  - Gaze esterilizada em vários tamanhos e formatos
  - Um ou dois rolos de gaze comum
  - Bandagem elástica
  - Filme plástico (para selar machucados)
  - Esparadrapo
  - Tesoura com pontas arredondadas para curativos (e para cortar o pelo sobre feridas)

- Fita adesiva resistente (que imobilize seu animal em uma superfície firme)
- Plástico-bolha (para confecção de talas de imobilização)
- Pinças sem ponta ou hemostática com ponta romba (para remover farpas e outros objetos estranhos)
- Tosador elétrico (para tosar os pelos em torno de feridas)
- Alicate de bico fino (para remover objetos estranhos)
- Seringa grande sem agulha ou conta-gotas (para dar remédios líquidos)
- Termômetro clínico
- Toalha limpa ou cobertor (para imobilizar seu animal, mantê-lo quente ou servir de maca)
- Compressas prontas geladas e quentes ou uma toalhinha e bolsa de água quente
- Sabão líquido antisséptico à base de clorexidina
- Solução antisséptica à base de iodopovidona (povidine) para molhar ou enxaguar machucados
- Bolas de algodão
- Toalhinha limpa
- Lubrificantes (óleo mineral, K-Y Gel® ou vaselina)
- Soro fisiológico estéril (para enxaguar feridas)
- Karo® ou mel (para choque)
- Pomada antibiótica à base de sulfato de neomicina e bacitracina para feridas.

- Analgésico e anti-inflamatório não esteroidal (carprofeno, meloxicam, etc.) (para dor – **apenas para cães**! Verifique com seu veterinário a dose correta, caso seu cão tenha qualquer outro problema de saúde)
- Anti-histamínico (verifique com o seu veterinário o nome comercial e a dose correta)
- Pó hemostático (Kwik-Stop®) para sangramentos leves

E QUANTO AOS REMÉDIOS HUMANOS?

Os medicamentos veterinários, criados para cães e gatos, atuam com muita rapidez. Geralmente eles têm sabores que ajudam a ser engolidos com mais facilidade, e suas fórmulas vêm em várias concentrações, para que possam satisfazer tanto as necessidades de gatinhos filhotes quanto de enormes são bernardos. No entanto, as pessoas raramente têm esses medicamentos à mão.

Alguns remédios humanos são perigosos quando dados a animais. Muito paracetamol, por exemplo, pode matar um gato. Contudo, como muitos medicamentos humanos contêm os mesmos ingredientes ativos das versões para animais, muitas vezes você pode aliviar os sintomas do seu gato ou do seu cachorro com um pronto atendimento, usando escolhas adequadas de seu próprio armário de remédios. É sempre melhor se você conseguir conversar antes com seu veterinário.

A maioria dos medicamentos vendidos sem receita médica vem em cápsulas, comprimidos ou líquidos, e são rotulados de acordo com a concentração de dosagem. Os líquidos, geralmente, são dosados em mililitros (ml) ou colheres de chá e de sopa e, frequentemente, trazem um copo-medida ou um conta-gotas. Os comprimidos são caracteristicamente designados por concentração em miligramas (mg) ou microgramas (mcg).

Quase nunca cães e gatos devem receber a mesma dosagem que uma pessoa – afinal, são criaturas muito menores. Seus organismos funcionam de forma diferente da dos nossos, e eles não metabolizam drogas da mesma maneira. A dose para animais é geralmente baseada em seu peso corporal, portanto, você precisa saber quanto eles pesam antes de medicá-los. Pese seu animal na próxima vez que for ao veterinário, guarde o resultado e mantenha-o junto a seus remédios.

Os medicamentos feitos para pessoas, geralmente, contêm uma dose excessiva da droga para animais, o que torna fundamental o uso de sua calculadora para avaliar o quanto daquela pílula de 325 mg é adequado a seu animal.

Por exemplo, a difenidramina é dada para gatos e cachorros em uma dose de uma miligrama para cada meio quilo de peso. Isso significa que um cachorro que pese 25 quilos precisa 50 miligramas do remédio. Se o comprimido vier como uma pílula de 100 miligramas, você terá que dar meia pílula para seu animal de 25 quilos.

A tabela que damos a seguir inclui vários medicamentos comuns para humanos, que não precisam de receita, e sua dosagem equivalente para animais. O capítulo que trata do problema específico de seu animal poderá trazer informações mais detalhadas sobre a dose a ser dada. Se você continuar inseguro quanto ao quê e a quanto dar, verifique com seu veterinário.

MEDICAMENTOS HUMANOS QUE SERVEM PARA ANIMAIS

Alguns medicamentos humanos também podem ser usados em cães e gatos, embora as dosagens sejam geralmente mais baixas, uma vez que os animais são menores. Eis aqui os medicamentos mais prescritos pelos veterinários. É sempre recomendável entrar em contato com o seu veterinário antes de dar a seu animal qualquer medicamento humano, para se certificar de que ele não causará dano e que será adequado àquele caso específico. Caso seu animal esteja tomando qualquer outro medicamento, não se esqueça de lembrar esse fato a seu veterinário, para que não haja risco de interações.

MEDICAMENTO		USO E DOSAGENS
Bisacodil	Para prisão de ventre	**Cães:** 1 comprimido de 5-20 mg, 1 vez por dia ou 1/2 a 2 supositórios pediátricos (10 mg), 1 vez por dia **Gatos:** 1 comprimido de 5 mg, 1 vez por dia ou 1/2 supositório pediátrico, 1 vez por dia
Difenidramina	Loção tópica calmante para dor e coceiras	**Cães:** Aplique nas áreas afetadas. **Gatos:** Aplique nas áreas afetadas.
Dimenidrinato	Para enjoo em carros e náuseas	**Cães:** 4-8 mg por kg, 3 vezes por dia **Gatos:** 12,5 mg, 1 vez por dia
Hamamélis	Adstringente/ antisséptico tópico	**Cães:** Aplique na região afetada. **Gatos:** Aplique na região afetada.
Hidróxido de magnésio, Hidróxido de alumínio e dimeticona	Para problemas digestivos, gases	**Cães:** Abaixo de 7 kg, 3 colheres de sopa; de 7 a 23 kg, 4 colheres de sopa; acima de 23 kg, 6 colheres de sopa **Gatos:** NÃO USE
Hidróxido de magnésio	Para prisão de ventre	**Cães:** 2-4 colheres de sopa a cada 2 kg, a cada 6 horas **Gatos:** 1/2-1 colher de sopa, 1 vez por dia
Kaolin/pectina	Para diarreia	**Cães:** 1/2 a 1 colher de chá para cada 2 kg, até um máximo de 2 colheres de sopa, a cada 8 horas **Gatos:** 1/2 a 1 colher de chá para cada 2 kg, a cada 4-8 horas, apenas por um dia
Mentol, cânfora e óleo de eucalipto	Vias aéreas congestionadas	**Cães:** Coloque uma pequena quantidade no queixo do seu cão para facilitar a respiração **Gatos:** Coloque uma pequena quantidade no queixo do seu gato para facilitar a respiração

MEDICAMENTO		USO E DOSAGENS
Paracetamol	Analgésico	**Cães:** Consulte seu veterinário **Gatos:** NÃO USE, PODE CAUSAR INTOXICAÇÃO GRAVE. Consulte seu veterinário
Pedyalite® ou Gatorade®	Para desidratação	**Cães:** Misture meio a meio com água, ofereça o quanto o animal quiser **Gatos:** Misture meio a meio com água, ofereça o quanto o animal quiser
Plantago ovata	Para prisão de ventre	**Cães:** 1 colher de sopa de 5-12 kg, misturada na comida **Gatos:** 1/2 colher de sopa (gato pequeno) a 1 colher de sopa (gato grande), misturada na comida
Povidine	Antisséptico tópico	**Cães:** Aplique na ferida **Gatos:** Aplique na ferida
Salicilato de bismuto monobásico	Diarreia, náusea, indigestão, vômito	**Cães:** 1-2 ml por kg ou 1/2-1 a cada 2 kg, até um máximo de 30 ml ou 2 colheres de sopa até 3 vezes por dia, ou 1 comprimido para cada 7 kg, até 3 vezes por dia **Gatos:** NÃO USE
Sulfato de magnésio	Acalma coceira e pele irritada	**Cães:** 1 pacote em 8 litros de água; molhe a região afetada **Gatos:** 1/2 pacote em 8 litros de água; molhe a região afetada
Sulfato de neomicina e bacitracina	Para prevenir infecções em ferimentos	**Cães:** Aplique 3-4 vezes ao dia, conforme for necessário **Gatos:** Aplique 3-4 vezes ao dia, conforme for necessário

DIVISÃO DAS DOSES

Os medicamentos humanos vêm, geralmente, em doses muito maiores do que um animal necessita. Os líquidos costumam ser o meio mais fácil para reduzir a dose a uma quantidade necessária para um animal. Os comprimidos costumam ser mais enganosos quando um cachorro ou um gato necessita de meio comprimido ou menos.

É possível comprar cortadores comerciais de comprimidos. Se você não tiver um cortador de comprimidos disponível, pode dividi-los com um cortador de unhas de animais. Segure o comprimido na abertura onde ficaria a unha e corte-o no tamanho necessário.

Outra opção é esmagar o comprimido até reduzi-lo a pó e, então, dividi-lo na dose apropriada. Um pilão, que normalmente se tem nas cozinhas, é perfeito para isso. Se você não tiver um, coloque o comprimido entre dois pedaços de papel de alumínio e use um martelo de carne ou até mesmo a concha de uma colher para esmagá-lo Você pode misturar esse pó em algum petisco para que ele seja mais facilmente de ser engolido.

AVALIANDO A SITUAÇÃO

Os donos de cães e gatos vivem com seus animais 365 dias por ano e são os que melhor podem reconhecer – melhor ainda do que um veterinário – o que é normal e o que não é. Afinal de contas, se você tiver sorte, um veterinário só verá seu cão ou seu gato uma ou duas vezes por ano. Portanto, em algum momento, enquanto seu animal estiver saudável e feliz, crie uma tabela básica de saúde para primeiros socorros, enumerando os sinais vitais para cada gato ou cachorro que tiver em casa. Essa tabela deverá incluir:

- Temperatura
- Cor da pele e das mucosas
- Tempo de preenchimento capilar
- Teste de desidratação
- Batimento cardíaco
- Pulsação
- Frequência respiratória
- Prontidão

Já que cada animal é um indivíduo, diversas variáveis podem ser normais, mas, uma vez que você tenha determinado quais são as especificidades do seu animal, qualquer coisa fora desses limites "normais" servirá de alerta para um problema que precisa ser verificado. Isso também o ajudará a avaliar a seriedade do problema, que medidas precisam ser tomadas como primeiros socorros e se essas medidas serão suficientes, ou se é melhor deixar o tratamento a cargo de um veterinário. Para mais informações, leia como avaliar cada um desses sinais vitais.

TEMPERATURA

A temperatura normal para cães e gatos varia de 37 a 39 ºC. Um animal que brincou ou se exercitou seguidamente tem uma temperatura ligeiramente mais elevada, mas, após um descanso, ela deverá voltar a níveis normais. E, embora uma febre possa não ser perigosa em si, ela pode ser indício

É muito mais fácil medir a temperatura do seu animal se alguém segurar a cabeça dele e distraí-lo. Lubrifique a ponta de um termômetro clínico. Levante a base da cauda do seu animal e, vagarosamente, insira o termômetro no reto até que a metade dele esteja dentro da região anal, virando-o suavemente para a esquerda ou direita. Mantenha-o dentro por três minutos, depois o retire nessa posição e leia a temperatura.

MEDINDO A TEMPERATURA DO SEU ANIMAL

Depois de medida a temperatura do seu animal, é importante que você saiba quando ela pode ser considerada normal e quando ela representa uma situação de emergência. Verifique a tabela abaixo para determinar quando seu animal está bem e quando ele precisa de uma atenção médica imediata.

TEMPERATURA	SIGNIFICADO	CHAMAR O VETERINÁRIO?
41 °C ou mais	Emergência. Resfrie seu animal (pág. 297)	Sim, imediatamente
40,5 °C	Febre alta	Sim, no mesmo dia
40 °C	Febre moderada	Sim
39,5 °C	Febre moderada	Sim
39 °C	Escala normal	Não
38,5 °C	Escala normal	Não
38 °C	Escala normal	Não
37,5 °C	Escala normal	Não
de 37 °C a 35 °C	Hipotermia branda (pág. 259)	Sim, no mesmo dia
abaixo de 35 °C	Emergência (Aqueça seu animal (pág. 257)	Sim, imediatamente

de problemas encobertos que precisarão de ajuda. Veja como medir a temperatura de seu animal:

- Use um termômetro clínico via retal. Se o termômetro for de mercúrio, balance-o até que o mercúrio baixe para a temperatura de 35°.
- Lubrifique a ponta do termômetro clínico de mercúrio ou a ponta de um termômetro digital com óleo mineral, K-Y Gel® ou vaselina.
- Segure a base da cauda do seu animal e levante-a para acessar o ânus. Insira o termômetro até a metade. Mantenha a cauda presa com firmeza, para evitar que seu animal escape ou que ele se sente no termômetro.
- Após três minutos, remova o termômetro, limpe-o com um papel e leia a coluna de mercúrio. (Para um termômetro digital, siga as instruções do fabricante. Não se esqueça de limpar o termômetro com álcool, para evitar a propagação de doenças.)

COR DA PELE E DAS MUCOSAS

Pode ser difícil observar a cor da pele de um animal por causa da quantidade de pelos. Os veterinários usam a cor das mucosas, como o "branco" dos olhos e as gengivas acima dos dentes para atestar a saúde de um animal. No que diz respeito às gengivas, qualquer coisa diferente de um rosa normal pede a atenção imediata de um veterinário ou o uso de primeiros socorros. Se as gengivas do seu animal são pigmentadas (pretas ou marrons), tente achar um pedaço não pigmentado nas gengivas ou nos lábios para verificar seu estado. Se você não conseguir encontrar um ponto não pigmentado, ou outra mucosa, tente a vulva ou o prepúcio (a dobra de pele que cobre o final do pênis).

TESTE DA COR DA MUCOSA

Use essa rápida observação visual para determinar se seu animal necessita de cuidados médicos.

COR DA MUCOSA	SIGNIFICADO	CHAMAR O VETERINÁRIO ?
Rosa	Normal	Não
De pálida a branca	Anemia ou choque (pág. 109)	Sim, imediatamente
Azul	Inalação de fumaça (pág. 269) ou asfixia (pág. 90)	Sim, imediatamente
Vermelho-cereja brilhante	Intoxicação por monóxido de carbono (pág. 312) ou insolação (pág. 297)	Sim, imediatamente
Amarela	Problemas hepáticos (pág. 303)	Sim, no mesmo dia

TEMPO DE PREENCHIMENTO CAPILAR

Os capilares são pequenos vasos sanguíneos que ficam próximos à superfície da pele. Eles são mais fáceis de serem vistos nas gengivas de seu animal, acima dos dentes. Os capilares são o que dá a esse tecido sua cor rosa normal. Você pode avaliar o estado da circulação sanguínea de seu animal através de um teste de preenchimento capilar. Veja como fazê-lo:

• Levante o lábio superior do seu animal e pressione seu dedo contra o tecido rosa não pigmentado da gengiva. Isso comprime temporariamente o sangue naquele ponto fora dos capilares e bloqueia o fluxo normal.

• Rapidamente desfaça a pressão, e você verá uma marca branca na forma do dedo, na gengiva. Use o ponteiro dos segundos em seu relógio para cronometrar o tempo que leva para que a cor rosa retorne para o ponto branco – esse é o tempo de preenchimento capilar.

TESTE DE PREENCHIMENTO CAPILAR

Para verificar a condição circulatória de seu animal, consulte a seguinte tabela:

TEMPO DE PREENCHIMENTO CAPILAR	SIGNIFICADO	CHAMAR O VETERINÁRIO?
1-2 segundos	Normal	Não
2-4 segundos	Moderado a fraco; possível desidratação (pág. 169) ou choque (pág. 109)	Sim
Mais de 4 segundos	Emergência! Problema grave; desidratação, choque	Sim, imediatamente
Menos de 1 segundo	Emergência! Problema grave; insolação (pág. 297), choque	Sim, imediatamente

TESTE DE DESIDRATAÇÃO

Você pode avaliar o grau de desidratação ou de perda de líquido de seu animal com um simples teste. O primeiro sinal de problema é a perda de elasticidade da pele. Normalmente, cães e gatos hidratados apresentam uma pele extra solta no alto de suas cabeças e na base de seus pescoços – o pelo do pescoço – que é fácil de pegar. Quando o equilíbrio líquido do organismo está normal, é possível puxar delicadamente o pelo do pescoço, e, ao soltá-lo, a pele voltará imediatamente a uma posição normal. A pele no alto da cabeça é mais propensa a mostrar esse efeito, então comece tentando por lá.

Quanto mais grave a desidratação, no entanto, mais lento será o movimento de retração da pele. Em uma desidratação moderada, a pele voltará à posição normal vagarosamente. Nos casos graves, quando a pele continua distendida, numa saliência longe do corpo, mesmo depois de solta, é preciso um socorro imediato com a atenção de um veterinário.

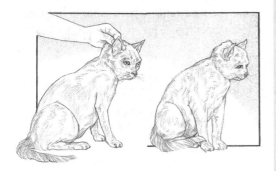

Aqui está como fazer o teste da elasticidade da pele para descobrir se seu animal está desidratado. Pegue um pouco da pele no alto da cabeça de seu animal e depois solte. Quanto mais ela demorar para voltar ao normal, mais grave é a desidratação.

BATIMENTO CARDÍACO

Para verificar a frequência cardíaca de seu animal, faça com que ele fique sentado ou deitado em uma posição relaxada e coloque a palma de sua mão sobre seu lado esquerdo, exatamente atrás do ponto do cotovelo. Sinta a batida do coração e conte número de batimentos cardíacos durante 15 segundos. Multiplique esse número por quatro, para obter o número de batimentos por minuto. Para garantir a precisão da contagem, repita-a duas ou três vezes e faça uma média para chegar à média normal do seu animal.

Em caso de doença ou machucado, uma taxa mais lenta do que a normal – bradicardia – pode indicar problema cardíaco ou choque. Um coração acelerado também pode indicar choque. Ambos os casos requerem imediato cuidado médico. Obviamente, um coração parado é a emergência mais terrível e exige uma ressuscitação cardiopulmonar imediata.

O RITMO CARDÍACO NORMAL DE SEU ANIMAL

A tabela abaixo mostra a média de batimentos por minuto, baseada no peso de seu animal:

ANIMAL	BATIMENTO CARDÍACO NORMAL (POR MINUTO)
Cães pequenos (até 10 kg)	70 – 180
Cães médios e grandes (mais de 10 kg)	60 – 140
Gatos	120 – 240
Filhotes de cachorros (até 6 semanas)	Até 220
Filhotes de gatos (até 6 semanas)	200 – 300

AVALIANDO A SITUAÇÃO 23

O melhor local para sentir a pulsação é a artéria femoral, localizada na virilha, onde a pata traseira se junta com o corpo. Pressionando suavemente, use os dedos indicador, médio e anular para sentir a pulsação. Ela é bem forte nesse ponto. Se você não conseguir senti-la e não puder ouvir o coração batendo no peito, provavelmente trata-se de uma parada cardíaca e você precisará começar uma ressuscitação cardiopulmonar.

Verifique também a pulsação de seu animal, para se familiarizar com a sensação de uma pulsação normal. Ela tem de ser forte e deve ser percebida no mesmo tempo de cada batimento cardíaco. Uma pulsação irregular sugere problemas cardíacos, enquanto uma pulsação "aos pulos" ou muito fraca pode indicar choque, fraco rendimento cardíaco ou uma queda na pressão sanguínea. Todos esses estados requerem imediata atenção médica.

Os animais de estimação não têm uma pulsação muito forte em seus "pulsos" dianteiros ou no pescoço. O melhor lugar para descobrir a pulsação de seu animal é a artéria femoral, na dobra da pata traseira, na virilha.

Deite seu animal de lado e pressione seus dedos no local, até localizar a pulsação. Saiba que poderá ser muito mais difícil de encontrar, se seu animal estiver abatido, desidratado ou com baixa pressão sanguínea.

RESPIRAÇÃO

Muitos cachorros respiram de dez a trinta vezes por minuto; para gatos, a frequência é de dez a quarenta vezes por minuto.

Cachorros muito peludos ou que estão fazendo exercícios respiram mais rápido e podem ofegar até duzentas vezes por minuto. Nos gatos, uma respiração arquejante e de boca aberta são considerados sinais de perigo, porque os gatos não ofegam normalmente como uma forma de se resfriar, como os cães.

Se seu gato estiver ofegante ou respirando com a boca aberta, chame o veterinário imediatamente.

NÍVEL DE CONSCIÊNCIA

Cães e gatos saudáveis são alertas e reativos ao que estiver acontecendo a seu redor. Quando estão machucados ou doentes, seu comportamento é afetado de diversas maneiras. Quanto mais sério for o problema, menos reação haverá.

TRIAGEM

Além de saber como avaliar os diversos sinais vitais de seu animal e como eles influenciam em sua saúde, você também precisa dimensionar a gravidade de qualquer problema. Isso é particularmente importante quando existem vários danos.

Este processo é chamado de triagem: priorizar danos e situações do corpo segundo a gravidade. A triagem faz com que você use os primeiros socorros antes de tudo, nos riscos mais graves, para salvar a vida do seu animal. Somente depois disso você cuidará dos outros problemas.

Antes de qualquer coisa, certifique-se de que o lugar onde está é seguro, tanto para você quanto para seu animal. Não fará bem para

MONITORANDO A RESPIRAÇÃO

Quando seu animal estiver descansando relaxadamente, qualquer tipo de respiração que não seja calma e sem esforço pede atenção médica e, possivelmente, respiração artificial (veja pág. 30). Veja a tabela abaixo para os sinais de alarme:

SINAIS RESPIRATÓRIOS	SIGNIFICADO	CHAMAR O VETERINÁRIO?
Respiração relaxada, de calma a sem som	Normal	Não
Aumento da frequência respiratória	Primeiro sinal de problemas	Sim, imediatamente, se o estado piorar. Se a frequência respiratória aumentou, mas o problema não estiver piorando, chame o veterinário no mesmo dia
Respiração penosa ou muito ofegante; cães ficam de pé com os cotovelos para fora; gatos se sentam agachados com a cabeça e o pescoço estendidos	Emergência! Progressão para rápida falência respiratória	Sim, imediatamente
Respiração trabalhosa, com a boca aberta e gengivas azuis	Emergência! Falência pulmonar. O animal está se asfixiando.	Sim, imediatamente
Respiração lenta, rasa, ou ausente, inconsciência iminente	Emergência! Colapso respiratório; prepare-se para respiração artificial.	Sim, imediatamente

nenhum dos dois se você realizar os primeiros socorros no meio de um prédio em chamas ou de uma estrada movimentada. Depois que estiverem em um lugar seguro, verifique os sinais vitais de seu animal, para determinar o próximo passo. Ele está respondendo à sua voz? Respirando direito? A cor de sua gengiva ou o tempo de seu preenchimento capilar indicam choque?

Como regra geral, os danos internos ou do organismo como um todo, como choque ou intoxicação, têm precedência sobre danos externos, como cortes ou pata quebrada. Embora, logicamente, seja sério e doloroso um globo ocular fora da órbita ou uma queimadura, eles não são, necessariamente, uma ameaça de vida e podem ser cuidados depois que danos mais graves tiverem sido tratados. Por exemplo, pouco importa uma boca queimada porque seu animal mastigou um fio elétrico, se ele tiver parado de respirar por causa do choque.

BANCANDO O MÉDICO

Os primeiros socorros são apenas isto: um primeiro tratamento de emergência que tira seu cão ou seu gato de uma situação de risco por um tempo suficiente até que se consiga ajuda médica. Quando se trata do cuidado de cães e gatos, o melhor livro do mundo sobre primeiros socorros não substituirá o conhecimento de um veterinário que examina seu animal cuidadosamente. Portanto, não tente economizar dinheiro ou preocupação medicando seu animal em casa. Ele merece mais de você.

AVALIANDO REAÇÕES

Os animais normais e saudáveis são normalmente alertas, curiosos e reativos. Veja a tabela abaixo para determinar se o comportamento de seu animal é motivo para preocupação.

NÍVEL DE CONSCIÊNCIA	SIGNIFICADO	CHAMAR O VETERINÁRIO?
Alerta e reativo ao dono e ao estímulo externo; se você o chama para uma brincadeira, ele deve corresponder	Normal	Não
Abatido; baixa resposta a estímulos visuais ou táteis; pode estar sonolento ou relutante em se mexer	Comum a muitas doenças	Sim, no dia seguinte, se o estado não melhorar com um primeiro tratamento
Desorientado; tromba em objetos, olhar cego, andar incerto ou em círculos, pende para um lado	Provável envolvimento neurológico ou do ouvido interno	Sim, no mesmo dia
Letargia; só desperta com estímulo muito doloroso (i.e. aperto nos dedos)	Problema neurológico ou metabólico; sério	Sim, imediatamente
Comatoso (incapaz de acordar) ou tendo convulsões	Emergência! Grave dano neurológico ou falência por ferimento, doença ou toxina	Sim, imediatamente

AS DEZ MAIORES PRIORIDADES EM UMA TRIAGEM

Em ordem de urgência, trate estas situações antes de qualquer outra em uma situação de emergência. Depois, cuide dos outros problemas de seu animal.

1. Parou de respirar, sem pulsação (pág. 347)
2. Parou de respirar, com pulsação (pág. 349)
3. Perda de consciência (pág. 272)
4. Choque; gengivas pálidas; respiração acelerada; pulsação rápida ou fraca; pele fria (pág. 109)
5. Dificuldade de respirar (pág. 29)
6. Perfuração do peito ou ferimento aberto (pág. 231)
7. Hemorragia (pág. 400)
8. Perfuração abdominal ou ferida aberta (pág. 217)
9. Extremos da temperatura corporal: muito quente (pág. 297) ou muito fria (pág. 257)
10. Intoxicação: picadas e ferroadas (pág. 241); tóxicos (pág. 303); picadas de cobra (pág. 355) e de aranha (pág. 351), etc.

TÉCNICAS BÁSICAS E COMO REALIZÁ-LAS

Quando pensamos em primeiros socorros para animais domésticos, limitamo-nos, geralmente, a emergências, como um atropelamento ou um choque, quando um filhote mastiga um fio elétrico, por exemplo. Felizmente, a maioria dos donos de animais nunca terá que lidar com problemas tão dramáticos.

Contudo, todos os donos de animais domésticos se deparam com problemas cotidianos, como infecções no ouvido, cortes nas patas ou problemas digestivos. Frequentemente, você descobrirá que as técnicas de primeiros socorros são úteis. Essas técnicas básicas servem para centenas de situações envolvendo cães e gatos, seja uma pata quebrada, um machucado sagrando ou apenas chiados ou farpas.

E o que é mais importante: em situações realmente dramáticas, elas podem salvar a vida de seu animal.

CONTENÇÕES DE SEGURANÇA

Uma contenção tem três propósitos principais. Em primeiro lugar, ela protege você de ser mordido ou arranhado por seu animal ferido enquanto você administra os primeiros socorros. Em segundo lugar, restringindo os movimentos de seu animal, você impede que ele torne o machucado pior. Finalmente, a contenção o mantém em um mesmo lugar, permitindo que o ferimento possa ser examinado e tratado. Eis alguns exemplos:

Mordaças

Até mesmo o cão ou gato mais gentil e amoroso morderá como reflexo quando estiver machucado. Mordaças comerciais estão disponíveis em pet shops e catálogos, para todos os tamanhos e formas de focinhos de cães e gatos. Mas, se você não tiver uma mordaça comercial à mão, você poderá fazer uma.

Gatos e cachorros de focinhos curtos, como os pugs, são um desafio, porque não há focinho suficiente para ser amarrado. Para esses animais, uma das melhores mordaças é uma fronha. Coloque-a na cabeça de seu animal e prenda-a delicadamente em torno de seu pescoço. O tecido mantém os dentes juntos e, geralmente, os animais param de se debater quando já não conseguem ver o que acontece. Você pode puxar a fronha para baixo o tanto quanto for necessário, para conter suas patas dianteiras e suas unhas – deixe de fora apenas a parte machucada do corpo, para um fácil acesso de forma que você possa tratá-la. Alguns tratamentos, como imersão em água fria, podem ser feitos diretamente através da fronha.

Os cães com focinhos longos são muito mais fáceis de amordaçar. Você pode usar qualquer pedaço comprido de tecido, de uma gravata ou uma tira de gaze a uma perna de meia-calça, ou mesmo uma guia extra. Enrole o material em volta do focinho de seu animal e amarre-o com um nó simples (meio nó), no

TÉCNICAS BÁSICAS E COMO REALIZÁ-LAS

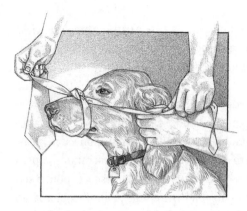

Para fazer uma mordaça, dê uma laçada em uma gravata ou em um pedaço de meia-calça, e passe-a sobre o focinho do seu animal. (Se possível, peça a ajuda de alguém.)

Aperte o nó e depois puxe as pontas para baixo, sob a mandíbula, e faça outro nó.

Puxe as pontas para trás, sobre o pescoço e amarre-as em um nó ou laço, atrás das orelhas.

topo do focinho. Depois, puxe as duas pontas para baixo, sob sua mandíbula, e faça um outro nó simples. Finalmente, puxe as pontas para trás da base do pescoço e amarre-as em um laço ou nó. A mordaça manterá as mandíbulas fechadas, de forma que ele não consiga morder.

TÉCNICAS DE CONTENÇÃO

A eficiência de cada forma de contenção varia conforme o tipo de ferimento. Escolha uma que deixe a área afetada livre para o tratamento. Na maioria dos casos, uma pessoa segura o animal, enquanto outra realiza o pronto atendimento. Em todos os casos, é melhor colocar os animais pequenos em uma bancada ou mesa, para que fiquem na altura da cintura. Animais de porte médio e animais grandes são mais fáceis de serem tratados no chão, com a pessoa ajoelhada a seu lado.

Contenção reclinada: Coloque seu animal deitado de lado, com a área ferida voltada para cima. Com uma mão, segure o tornozelo da pata dianteira que está contra o chão, enquanto pressiona, suavemente, seu antebraço sobre os ombros do animal. Com a outra mão, segure o tornozelo da pata traseira que está contra o chão, enquanto pressiona seu antebraço sobre seus quadris. Essa técnica funciona particularmente bem com cachorros de médio a grande porte e também é recomendada para cães com olhos proeminentes, como o pequinês (segurar esse tipo de cachorro em torno do pescoço provoca uma pressão que pode fazer saltar seus globos oculares).

Contenção esticada: Se você tiver gato ou um cão pequeno, pegue-o com uma mão pela pele solta da nuca. Junte as duas patas traseiras com a outra mão. Estique seu animal suavemente e segure-o contra a mesa.

Para examinar ou tratar um animal pequeno, coloque-o deitado de lado em uma mesa. Com uma mão segure a pele do pescoço e, com a outra, as patas traseiras; depois o estique. Você pode usar uma luva grossa na mão que segura as patas.

Contenção do abraço: Coloque um braço sob e em torno do pescoço de seu cão numa espécie de chave de braço para trazê-lo junto a seu peito. Passe o outro braço sob o seu peito, envolvendo-o, e puxe-o mais para junto de você. Essa técnica funciona melhor para cães acima dos 10 kg e é de grande utilidade na imobilização do abdome, patas, peito e parte traseira. (Uma melhor alternativa para as mulheres talvez seja passar o braço por cima e em torno do peito do cachorro, como é mostrado na página 318.)

Contenção ajoelhada: A pressão ao redor do pescoço dos cães com olhos proeminentes, como o pequinês, pode fazer saltar seu globo ocular. Portanto, com essas raças, em vez de restringi-los agarrando-os pelo pescoço ou pelo pelo do pescoço, ponha seu cão no chão entre seus joelhos, com a visão voltada para o lado oposto a você. Em seguida, ponha uma mão no alto de sua cabeça e a outra em torno ou abaixo de suas mandíbulas, para firmar sua cabeça enquanto outra pessoa cuida da parte afetada. Esta forma de contenção também funciona bem para dar comprimidos a gatos.

Para imobilizar um cão com olhos proeminentes, como o pequinês ou o pug, segure-o entre seus joelhos, com o olhar dirigido para o lado oposto a você. Mantenha sua cabeça imóvel pondo uma mão no alto da cabeça e a outra sob o maxilar inferior.

RESPIRAÇÃO ARTIFICIAL E RESSUSCITAÇÃO CARDIOPULMONAR

O sistema cardiopulmonar do seu animal funciona como um trem de carga muito eficiente, que circula pelo corpo e nunca para. Os pulmões descarregam a carga – oxigênio – na corrente sanguínea, enquanto

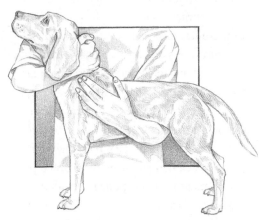

Para conter seu cão para ser tratado, coloque um braço sob e em torno de seu pescoço, puxando-o contra seu peito, enquanto o outro braço passa sob o peito, envolvendo-o para imobilizá-lo.

COMO FAZER UM COLAR ELISABETANO

As coleiras cônicas de contenção, chamadas pelos ingleses e americanos de coleira ou colar elisabetano, por envolverem a cabeça do animal como uma grande gola franzida de um nobre elisabetano, podem ser encontradas em vários tamanhos para se adequar a qualquer animal. Elas impedem que cães e gatos toquem seus machucados com os dentes, protegendo também as feridas faciais de serem coçadas ou esfregadas com as patas. Você vai encontrá-las em pet shops, em catálogos ou nos veterinários. Numa emergência, você pode até mesmo fazer uma. Veja como:

Meça o pescoço do seu animal e a distância de sua coleira até a ponta do seu focinho. Marque essas medidas em um pedaço rígido de papelão ou de plástico. Faça um corte em forma de V da borda externa até o círculo interno.

Use uma agulha de tricô ou um furador para abrir buracos ao longo das duas extremidades da coleira.

Passe um cordão de sapato ou barbante pelos buracos para segurar a coleira em torno do pescoço do seu cão.

o coração funciona como a locomotiva que move o sangue. Quando o sangue completa um circuito por todo o corpo e retorna aos pulmões, o oxigênio foi descarregado onde era necessário, de forma que o trem possa pegar um novo suprimento de oxigênio e repetir o processo. Qualquer artefato que interrompa a respiração de seu animal ou a batida de seu coração fará com que esse processo seja interrompido. Ele perderá a consciência, e a falha no recebimento de oxigênio, mesmo que por alguns minutos, causará danos cerebrais irreversíveis.

Respiração artificial

Geralmente, os animais primeiro sofrem parada respiratória; seu coração pode continuar batendo por um tempo, mesmo depois de cessada a respiração. Você deve começar uma respiração artificial em minutos, para salvar a vida do seu animal. Inicie a respiração de salvamento imediatamente, mas esteja preparado para continuá-la no carro, a caminho do hospital. Peça para alguém ir guiando, enquanto você cuida do seu animal – não é raro que um cão ou um gato seja salvo depois de seu dono ter respirado para ele durante meia hora ou mais.

Um animal que esteja muito frio pode respirar muito mais devagar do que o normal, portanto, certifique-se de que ele realmente parou de respirar. Observe a subida e descida de seu peito, ou sinta sua respiração na palma de sua mão. Se ele não estiver respirando, suas gengivas se tornarão azuis pela falta de oxigênio.

Antes de dar início à respiração artificial, verifique se a passagem de ar está limpa. Abra a boca de seu cão e veja se encontra algum corpo estranho. Se a passagem de ar estiver bloqueada, segure sua língua e puxe-a para fora para deslocar o objeto, ou coloque seus dedos, um pequeno alicate ou uma pinça para agarrá-lo. Se não conseguir pegá-lo, use a manobra de Heimlich (veja pág. 32). Depois que a passagem estiver desobstruída, comece a respiração de salvamento.

▪ Deite um cachorro grande de lado (você pode aconchegar um animal pequeno no seu colo) e estique seu pescoço levantando seu queixo de tal maneira que sua garganta se torne uma passagem direta para seus pulmões.

Para fazer uma respiração artificial em seu animal, mantenha a boca dele fechada colocando sua mão em torno do focinho, cubra o nariz com sua boca e sopre delicadamente para dentro do nariz até que você veja o peito dele se movimentar.

▪ A respiração boca a boca não é eficaz porque você não pode cobrir os lábios do seu animal com sua boca e uma grande quantidade de ar acabará escapando. Em vez disso, feche a boca do seu animal com uma mão ou com as duas, para mantê-la cerrada.

▪ Ponha sua boca totalmente sobre o nariz de seu animal (se ele for pequeno, sua boca cobrirá tanto o nariz dele quanto a boca) e dê duas rápidas sopradas, observando se seus pulmões se expandem. Quando a boca está fechada corretamente, o ar passa diretamente do nariz para os pulmões.

▪ Sopre apenas com força suficiente para mover suas laterais. Você terá que soprar com muita força se for um cachorro muito grande, mas sopre delicadamente no caso de gatos e cães pequenos, ou poderá romper seus pulmões. Entre as respirações, deixe que o ar saia naturalmente dos pulmões, antes de dar a próxima soprada. Dê quinze ou vinte sopradas por minuto até que ele comece a respirar por si só, ou até que você chegue ao veterinário.

RESSUSCITAÇÃO CARDIOPULMONAR

A ressuscitação cardiopulmonar combina a respiração artificial com a compressão externa do coração, o que ajuda a movimentar o sangue pelo corpo quando o coração para de bater. Siga as instruções para a respiração de salvamento e alterne com as compressões no peito. É preferível ter duas pessoas realizando a ressuscitação cardiopulmonar, uma respira pelo animal, enquanto a outra faz as compressões no peito.

Para saber se o coração de seu animal parou, coloque a palma de sua mão aberta sobre a parte inferior do peito dele, exatamente atrás do cotovelo dianteiro, para sentir o batimento cardíaco, ou coloque seu ouvido sobre o local e ouça. Você também pode procurar a pulsação na artéria femoral que se acha próxima à pele, na parte de dentro da coxa, na virilha. Coloque três dedos abertos sobre essa área e pressione com firmeza, o que permitirá que você a sinta. Outra dica: animais domésticos com parada cardíaca não reagirão a nada. Belisque firmemente a pele entre os dedos de seu animal ou bata de leve em sua pálpebra. Se ele não piscar ou não se retrair, comece imediatamente a respiração cardiopulmonar.

Para gatos e cachorros pequenos (menos de 10 kg)

- A "técnica de bombeamento cardíaco" pede compressões diretamente sobre o coração, para literalmente apertá-lo para que bombeie sangue. Faça isso com qualquer gato ou cachorro que pese menos de 10 kg. Para encontrar o coração, flexione delicadamente a parte inferior da pata dianteira esquerda de seu animal para trás. O coração está localizado exatamente no ponto em que o cotovelo cruza o peito.

- Coloque seu animal deitado de lado em uma superfície relativamente uniforme e firme. Apoie sua mão em concha sobre o ponto do peito situado logo atrás dos cotovelos. Aperte com firmeza, pressionando cerca de 1 cm, com seu polegar de um lado e os outros dedos do outro.

- Você também pode fazer compressões entre seus dedos com filhotes de gatos e cachorros. Aninhe o filhote na palma de sua mão, com seu polegar sobre o coração e os outros dedos do outro lado. Aperte ritmadamente para fazer com que o coração bombeie.

- Os veterinários recomendam de 80 a 100 compressões por minuto. Isso equivale a pouco mais de uma por segundo, o que pode ser difícil de ser feito quando não se tem prática. Se você conseguir de 60 a 100 por minuto, já será bom.

Para cães de porte médio a grande (mais de 10 kg)

- Cães com mais de 10 kg têm ossos tão fortes e tanto espaço entre suas costelas e o coração que a compressão não atingirá o coração. Os veterinários recomendam que, ao invés de bombear acima do coração, você use o "método de bombeamento torácico", que comprime a parte mais alta do peito. Isso altera a pressão consideravelmente dentro da cavidade torácica, e o

Para fazer uma respiração cardiopulmonar em um cachorro de tamanho médio ou grande, primeiro deite-o de lado em uma superfície firme, como o chão, e, caso você tenha, coloque uma pequena almofada sob a parte inferior de seu peito. Em seguida, apoie uma mão próximo ao ponto mais alto da caixa torácica, coloque a outra mão sobre a primeira e use as duas para comprimir o peito do seu cachorro.

movimento ritmado da pressão faz com que o sangue flua. Coloque uma mão sobre a outra, em cima do peito, e pressione 25 a 50%.

- No caso de um cão com peito cilíndrico, como um buldogue, deite-o de costas, cruze as patas dele sobre o osso esterno e ajoelhe-se, tendo o abdome do animal entre suas patas. Segure as patas e faça compressões no peito, empurrando para baixo, diretamente sobre o esterno. Se seu cachorro se mover muito enquanto você estiver comprimindo o peito dele, coloque-o de lado e proceda da maneira descrita anteriormente.

Alterne compressão e respiração, fazendo uma respiração a cada cinco compressões, qualquer que seja o tamanho do animal. Continue com a ressuscitação cardiopulmonar até que ele reaja ou até chegar ao veterinário.

MANOBRA DE HEIMLICH

Animais de estimação colocam todos os tipos de coisas na boca, e, quando alguma delas pega o caminho errado, pode acabar bloqueando sua respiração. Nesses casos, uma simples manobra de Heimlich pode salvar sua vida. Repita a manobra duas ou três vezes seguidas, depois verifique se o objeto voltou para sua boca. Caso isso não tenha acontecido, continue a aplicar o método no carro, enquanto alguém o leva até o veterinário.

No caso de um gato ou de um cachorro pequeno, segure-lhe o dorso contra sua barriga, mantendo a cabeça dele levantada e as patas penduradas. Coloque seu punho exatamente sob a última costela – você perceberá facilmente a cavidade macia – e puxe, ao mesmo tempo, para dentro em direção à sua barriga e para cima em direção a seu queixo. Ponha firmeza e energia no seu gesto para ajudar no deslocamento do objeto.

Se o seu cachorro grande estiver se asfixiando, deite-o de lado no chão e ajoelhe-se atrás dele, de forma que a cabeça do animal aponte para o seu lado esquerdo e seus joelhos toquem o dorso dele. Recline-se sobre ele, coloque seu punho direito logo abaixo da última costela e pressione energicamente para cima e para dentro em direção à cabeça dele.

RESSUSCITAÇÃO POR ACUPUNTURA

A medicina chinesa vem usando com sucesso, por mais de dois mil anos, a acupuntura tanto em pessoas quanto em animais. Os veterinários concordam que um único ponto de acupuntura pode reavivar seu animal, uma vez que o estímulo desse ponto libera a adrenalina (epinefrina), substância usada em paradas cardíacas para estimular o coração e a respiração.

A acupuntura não deve substituir a ressuscitação cardiopulmonar, mas uma série de picadas rápidas nesse ponto, com uma agulha limpa, um alfinete ou mesmo sua unha afiada, pode reavivar seu animal caso a ressuscitação cardiorrespiratória não tenha efeito.

Se seu animal estiver inconsciente e seu coração tiver parado, espete uma agulha ou um alfinete de segurança no centro da fenda de seu lábio superior. Insira a agulha até o osso e mexa-a para frente e para trás.

COMO LIMPAR FERIDAS

Sempre que a pele se rompe, bactérias ou qualquer outro material estranho – até mesmo o pelo – podem contaminar a ferida e potencialmente causar infecção. O sangramento é um mecanismo de limpeza natural, que ajuda a eliminar a substância perigosa. Não limpe feridas com sangramento abundante, porque isso apenas fará com que sangrem mais. No entanto, em ferimentos que não sangram, nada melhor do que uma limpeza de pronto atendimento para proteger seu animal contra outros danos.

Se houver pelos longos na região, corte-os com tesoura de pontas arredondadas ou máquina de tosar elétrica, para que não grudem no ferimento. Se estiver usando tesoura, primeiro segure os pelos com seus dedos do indicador e médio, mantendo-os sobre a ferida. Corte os pelos nivelados com os seus dedos, deixando uma borda de pouco mais de 1 cm em torno do machucado (a ilustração dessa técnica está na página 390). Se a pele estiver aberta, esfregue-a de leve com uma solução lubrificante, como o K-Y Gel®; o pelo cortado aderirá ao gel e sairá com facilidade.

Na maioria das vezes, o machucado estará sensível e até mesmo o toque mais delicado poderá provocar dor. A melhor forma de limpar uma ferida é enxaguá-la com água limpa ou com soro fisiológico estéril, para que os detritos saiam. Você pode usar um esguicho de jardim, um chuveirinho ou mesmo um frasco de apertar com soro fisiológico. Certifique-se de estar usando apenas soro fisiológico; outras soluções para lente de contato podem provocar queimadura.

Depois da limpeza, use uma solução antisséptica que não provoque ardor, como povidine, para desinfetar o ferimento. Dilua-a com água destilada até que fique com a coloração de um chá fraco, depois a coloque em um pulverizador de jardim e aplique por toda a região afetada.

Depois que a ferida tiver sido desinfetada, seque-a levemente com pedaços de gaze ou com um pano limpo que não tenha fiapos.

TÉCNICAS DE CURATIVOS

Muitos ferimentos melhoram quando são deixados em contato com o ar, mas outros se beneficiam de curativos, particularmente quando são curativos temporários, que fazem parte de um primeiro atendimento. Os curativos têm várias finalidades:

- Mantêm os machucados secos
- Absorvem as secreções das feridas no processo de cura
- Controlam o sangramento com uma suave pressão
- Impedem que o animal lamba ou morda um machucado
- Protegem o ferimento contra contaminação

Um curativo precisa ser trocado diariamente, ou dia sim dia não, e ser mantido limpo e seco entre cada troca. Um edema acima ou abaixo do curativo significa que está muito apertado. Se seu animal começar subitamente a lamber ou a mastigar o curativo, ou se surgir mau cheiro, remova-o imediatamente para se certificar de que não está surgindo uma infecção ou qualquer outro problema. Como primeiro tratamento, um curativo geralmente é aplicado de forma temporária para proteger até que se possa ter cuidados veterinários.

Partes de um curativo

Um bom curativo caseiro contém três partes: uma compressa absorvente, gaze e esparadrapo.

Material absorvente: uma compressa estéril, que não grude é o que funciona melhor, mas qualquer material absorvente limpo e livre de fiapos serve como primeiro tratamento. As toalhas de papel e outros produtos de papel tendem a grudar nas feridas e podem ser difíceis de ser removidos depois. Se forem a única coisa disponível, coloque primeiro um pouco de K-Y Gel® no machucado. Ele é solúvel em água e será fácil tirá-lo depois.

Gaze: A gaze em rolo, envolvendo a compressa, faz com que esta se mantenha no lugar. Não enrole muito apertado porque geralmente as feridas incham, e isso pode acabar impedindo a circulação sanguínea. Se você não conseguir enfiar facilmente um ou dois dedos sob o curativo, é porque ele está justo demais. Procure sobrepor a gaze em cerca de um terço de sua largura a cada volta. Se você não tiver gaze em rolo, use qualquer outro material do tipo elástico para manter temporariamente a compressa no lugar. A perna de uma meia-calça funciona bem.

Esparadrapo: Os esparadrapos adesivos elásticos são melhores para garantir que a compressa e a gaze fiquem no lugar, mas qualquer fita adesiva serve, caso seja a única coisa que você tenha à mão. Verifique se a fita cobre uma porção do pelo em ambos os lados do curativo, de maneira que se mantenha no lugar e seu animal não possa afrouxá-la ou removê-la. Caso você não tenha nenhuma fita adesiva, o filme plástico usado na cozinha pode funcionar temporariamente para segurar o curativo, e, como ele gruda nele mesmo, e não no pelo, é possível que seu animal o aceite com mais facilidade. Certifique-se de não ter enrolado o filme muito apertado – verifique se pode enfiar ao menos dois dedos entre o curativo e a pele.

Técnicas especiais

Existe um amplo espectro de técnicas de curativo, desenhadas para as várias partes do corpo de um animal.

Patas e coxins: Depois que a ferida estiver limpa, desinfetada e seca, coloque a pata ferida do seu animal sobre uma compressa de gaze. Ponha o dobro do comprimento de gaze em rolo na pata, indo da parte da frente para cima dos dedos e no coxim. Depois, enrole uma dobra simples de gaze em rolo em torno da pata, começando nos dedos e subindo até que cubra a gaze dobrada abaixo. Sobreponha ligeiramente cada camada usando certa pressão. As compressas da pata transpiram; portanto, para manter o curativo seco, deixe que a gaze respire colocando esparadrapo apenas na borda superior. Termine colocando uma meia atlética de algodão para proteger o curativo (corte-a, caso seja necessário, para que fique ajustada) e prenda-a com esparadrapo no pelo do seu animal pela borda superior.

Pernas: Faça o curativo da mesma forma que fez para a pata: coloque uma compressa absorvente na ferida e prenda-a enrolando uma gaze em torno da perna. Prenda a gaze com esparadrapo no pelo em ambos os lados do ferimento. Coloque uma meia sobre toda a extensão e prenda-a também com esparadrapo. A meia ajudará a proteger o curativo, na medida em que seu animal não poderá tirá-lo com os dentes, e permitirá que o resto do membro respire.

Cauda: Quando uma área específica da cauda se machucar, coloque uma compressa e prenda-a com gaze. Depois, coloque uma meia de algodão 3/4 a partir do final da cauda, de

1. No caso de o machucado ser na pata, coloque primeiramente uma compressa de gaze limpa sobre a ferida.
2. Usando gaze em rolo dobrada ao meio, estenda uma tira que vá da frente do pé, cobrindo o peito, até abaixo dos dedos.
3. Enrole uma segunda tira de gaze em torno da pata, começando nos dedos e subindo até que cubra a gaze que está embaixo.

O curativo precisa respirar; portanto, prenda apenas a parte de cima com esparadrapo. Depois disso, ponha uma meia limpa branca sobre a pata e prenda-a na parte de cima. O envoltório deve estar firme, mas não muito apertado. Se você conseguir enfiar, sem muito esforço, um lápis entre o envoltório e a pata, é porque fez certo.

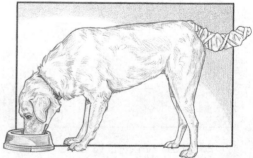

Para proteger a cauda machucada do seu cachorro, use uma técnica de bandagem de múmia. Primeiro, ponha uma meia 3/4 de algodão na cauda. Enrole esparadrapo em torno da meia de forma cruzada, começando na ponta e seguindo em direção ao corpo. Continue a enrolar a fita cerca de 5 cm após o final da meia, para prendê-la, depois volte em direção à ponta da cauda, tomando cuidado para não apertar muito.

forma que cubra o curativo e 2/3 do comprimento da cauda. Em seguida, enrole esparadrapo sobre a meia, começando na ponta da cauda e subindo diagonalmente em direção ao corpo. Assegure-se de estender a fita uns 5 cm além do punho da meia, diretamente no pelo. Depois, enrole o esparadrapo de volta, indo do corpo em direção à ponta da cauda, novamente no sentido diagonal. Isso cria uma espécie de quebra-cabeça chinês, difícil de ser tirado por um animal.

Orelhas: Quando uma ou ambas as orelhas estão machucadas, é melhor fazer um curativo em toda a cabeça para conter o machucado. Dobre as orelhas para cima da cabeça do seu animal, com uma compressa de gaze ou um curativo adesivo cobrindo o local machucado, e prenda as duas pontas com esparadrapo. As orelhas deverão formar uma "touca" no alto da cabeça do seu animal. Enrole gaze sobre as orelhas, em torno da cabeça e abaixo da garganta para manter as orelhas no lugar. Se você não tiver gaze, coloque um tubo de material flexível,

1. Para fazer um curativo em uma orelha machucada, coloque primeiro uma compressa na ferida, depois dobre a orelha para o alto da cabeça de seu cão.
2. Dobre a segunda orelha sobre a primeira, de forma que ambas formem uma "touca" no alto da cabeça.
3. Mantenha as orelhas no lugar, enrolando gaze ou tecido macio em torno da cabeça e do pescoço de seu cachorro. Depois, prenda o material com esparadrapo, para que não se movimente.

como uma manga de uma camiseta de algodão ou uma meia com a parte dos dedos cortada. Prenda a gaze ou o tecido, em ambas as extremidades, com esparadrapo ao pelo do seu animal para que se mantenha no lugar.

Pescoço: Coloque uma compressa absorvente no ferimento limpo e mantenha-a no lugar enrolando frouxamente gaze sobre a compressa e em torno do pescoço do seu animal. Prenda o curativo com esparadrapo, certificando-se de que a respiração do animal não foi restringida.

Peito e ombros: Coloque uma compressa absorvente sobre o ferimento. Mantenha-a no lugar envolvendo com gaze, fazendo formato de oito sobre a compressa, e alternando ao redor do peito, atrás e na frente das patas dianteiras. Use esparadrapo para prender o curativo.

Quadris e flancos: Coloque uma compressa absorvente sobre o ferimento. Mantenha-a no lugar envolvendo com gaze em rolo, fazendo formato de oito sobre a compressa, alternando em torno do abdome, na frente e no meio ou atrás das patas traseiras. Prenda com esparadrapo, acompanhando o desenho e firmando no pelo. Você também pode usar uma cueca limpa para proteger uma ferida nesta área. Coloque-a pelas patas traseiras, de forma que a cauda saia pela braguilha, e prenda a cintura com esparadrapo, em torno da barriga do seu animal.

Curativos no corpo

Os machucados nas laterais de um animal, na parte de trás ou na barriga podem ser difíceis de serem tratados com curativo. Existem algumas técnicas efetivas:

■ A técnica mais eficaz é pôr uma camiseta limpa de algodão em seu animal, colocando suas patas dianteiras no lugar dos braços e passando sua cabeça pela gola. Prenda a cintura com esparadrapo em torno do corpo.

 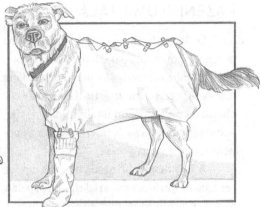

Você pode fazer um curativo no corpo com um retângulo de tecido, como uma camiseta, um lençol velho ou uma fronha. Corte fendas em cada lado do retângulo para fazer tiras e amarrar sobre o dorso do seu animal.

No caso de uma pata machucada, ponha seu animal no envoltório para o corpo, depois cubra o membro com uma meia. Junte a meia com o envoltório do corpo usando alfinetes de segurança para que ele não possa tirá-la.

Um envoltório para o corpo feito em casa pode proteger um ferimento e impedir que este seja mordido ou arranhado pelo animal. Coloque-o sobre uma toalha ou um lençol e marque a posição de suas patas. Depois, tire-o e corte buracos nos lugares marcados. Coloque-o de volta sobre o tecido, puxe-o sobre suas patas e prenda-o em cima com alfinetes de segurança.

Esse envoltório para o corpo também pode ser usado com meias de algodão, para proteger as patas do seu animal. Prenda as meias no envoltório do corpo com alfinetes de segurança para que seu animal não consiga tirá-las.

- Faça um curativo com várias pontas, usando um tecido em formato retangular. Corte várias fendas nos lados opostos do retângulo, para fazer tiras no tecido. Amarre-as sobre o dorso do seu animal ou sob o abdome, de maneira que o tecido cubra a parte afetada.

- Os curativos do corpo tendem a escorregar de uma forma ou de outra à medida que um animal anda. Um curativo mais eficiente é um envoltório para o corpo, que consegue bons resultados, impedindo que os animais mordam ou arranhem qualquer lugar do tronco. Para fazer um, coloque seu animal em pé sobre uma toalha ou lençol velho, marque a posição das suas patas, tire-o de cima do lençol e corte buracos para suas patas nos pontos assinalados. Passe as patas do seu animal pelos buracos e traga as pontas do tecido para cobrir o tronco de seu corpo, prendendo o tecido ao longo do dorso com alfinetes de segurança.

FAZENDO UMA TALA

Se desconfiar que houve fratura em uma perna, use uma tala para acomodar e proteger o membro, impedindo que se mova. Para fazê-la, é preciso que as articulações acima e abaixo da fratura sejam imobilizadas. Assim, apenas fraturas na parte inferior da perna podem ser facilmente presas.

A tala deve cobrir toda a perna e pode ser feita de qualquer material rígido: papelão, jornal enrolado ou até mesmo uma toalha dobrada. Um dos melhores materiais para uma tala é plástico-bolha. Ele aconchega e, ao mesmo tempo, protege. Uma tala não corrige a fratura, ela apenas a mantém da maneira que está, impedindo maiores danos até que um socorro seja possível.

Para fazer uma tala, coloque delicadamente a perna do seu animal no material de proteção, enrole o material em torno da perna e prenda-o para que fique no lugar. Comece pela pata e vá prendendo aos poucos em direção ao corpo. Depois leve seu animal ao veterinário.

TRANSPORTE SEGURO

É preciso que o transporte de um animal machucado seja feito com cuidado para evitar que o problema piore ou que se cause mais dor.

LIDANDO COM A DOR

Os sinais de dor em cães e gatos podem ser bem sutis. Para percebê-los, você precisa estar atento a mudanças em seu comportamento. Os cães tendem a ser mais orais e podem ganir, estender uma pata machucada ou mancar. Os gatos, com mais frequência, simplesmente se escondem ou recusam a se mover. Outros sinais incluem ofegar, salivação em excesso, recusa em comer, "arquear" ou encolher uma barriga dolorida, curvar um pescoço dolorido, recuar quando tocado ou apertar os olhos quando estão doloridos ou lacrimosos.

Se você desconfiar de problemas na coluna ou fraturas, não use nenhum analgésico como primeiros socorros. Da mesma forma, uma vez que a maioria dos analgésicos para cães podem piorar o sangramento, eles podem ser perigosos se você não tiver certeza da extensão do problema (nunca dê aspirinas para gatos nem para cachorros!). Os veterinários têm remédios muito mais seguros e eficazes que podem ser receitados quando for feito o diagnóstico. Contudo, existem alguns tratamentos seguros e eficientes que podem ser usados num primeiro tratamento. Aqui estão os melhores:

■ Anti-inflamatórios à base de corticoides reduzem a inflamação dolorosa. Funcionam bem em pequenos cortes e esfolados ou ferroadas de insetos.

■ Produtos contendo benzocaína são anestésicos tópicos que bloqueiam a dor de queimaduras solares ou de inflamações bucais. A benzocaína não deve ser usada em gatos.

■ Compressas quentes fazem maravilhas em articulações inflamadas e rígidas por causa da artrite.

■ O gelo alivia em minutos a dor de quase todo machucado de pele, contusão ou queimadura.

■ Para saber mais sobre medicamentos, veja "Medicamentos humanos que servem para animais", na pág. 17.

Nos machucados mais leves, um cão pode conseguir andar até o carro sozinho, então deixe que o faça. Como regra geral, animais machucados não devem ficar no colo. Isso poderá aumentar seu stress, por causa da preocupação do dono, e também pode provocar problemas respiratórios. Além disso, é muito difícil não incomodar o animal apenas movendo-se no assento ou respirando. Em caso de ferimentos mais sérios, é preciso que se tomem cuidados específicos para:

- Apoiar as costas do seu animal
- Manter os membros fraturados apoiados

Em caso de ferimentos no peito, deite seu animal com o pulmão machucado apoiado no assento ou na maca, e seu pulmão sadio, ou menos afetado, voltado para cima, para facilitar a respiração

Deixe que seu animal descubra a posição mais confortável para descansar e respirar.

Tipos de transporte

Existem várias maneiras de transportar seu animal até o carro e até o veterinário. Aqui estão as melhores opções:

Transportador de animais: Cães pequenos e gatos reagem melhor quando podem ser confortavelmente confinados em um transportador ou caixa. Isso faz com que você possa movê-los quando preciso, sem incomodar uma pata machucada ou outra parte do corpo, o que pode acontecer apenas mudando de posição, caso o animal esteja em seu colo.

Superfície rígida: Uma superfície rígida é particularmente importante em casos de suspeita de fraturas no dorso. Coloque uma prancha no chão, próxima ao animal machucado, e deslize primeiramente seu dorso para a superfície, mantendo uma mão sob seus ombros e outra sob seus quadris. Você pode mover um gato ou um cachorro pequeno em uma tábua de cozinha, um livro grande, uma

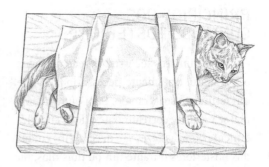

Em alguns casos de ferimentos, você precisará imobilizar seu animal, antes de levá-lo ao veterinário. Com cuidado, e sem pressioná-lo, coloque delicadamente seu gato ou cachorro sobre uma prancha de madeira ou qualquer outro objeto rígido, cubra-o com uma toalha ou cobertor e use uma fita adesiva resistente para prender o tecido à prancha e imobilizar seu animal.

assadeira de bolo, ou uma tampa de lata de lixo limpa (caso seja plana); um cachorro grande pode ser transportado sobre uma tábua de passar ou uma lâmina de compensado. Assegure-se de que a superfície rígida entrará facilmente no banco traseiro do seu carro. Cubra seu animal com uma toalha ou um cobertor e depois o prenda com uma fita adesiva ou amarre-o ao suporte para que ele não escorregue. Você pode usar qualquer fita adesiva que esteja disponível e passá-la sobre seu corpo exatamente atrás de suas patas dianteiras e à frente de suas patas traseiras, por cima da coberta, para prendê-la. Ou então o amarre com uma meia-calça. No caso dos grandes cães, você precisará de duas pessoas, uma em cada ponta da prancha, para carregá-lo até o carro.

"Maca": Se você não tiver uma prancha ou qualquer outra superfície rígida que seja suficientemente grande, coloque seu cão em um cobertor ou em uma toalha, com duas pessoas para levantá-lo, cada uma em uma ponta, como uma maca.

PRINCÍPIOS DOS CUIDADOS POSTERIORES

Os primeiros socorros oferecem apenas o "primeiro" tratamento necessário para que um ferimento seja tratado. Para que seu animal se recupere corretamente e fique completamente bom, às vezes são necessários cuidados posteriores durante um ou dois dias, ou mesmo semanas. Geralmente, eles são só uma continuação do tratamento que você iniciou como primeiros socorros. Nisso se incluem:
- Monitoramento da ferida
- Limpeza do machucado
- Troca de curativos
- Administração dos medicamentos prescritos – oral, tópico ou injetável

Administração de medicamentos líquidos

O medicamento líquido é o mais fácil de ser dado para animais que não cooperam. Geralmente, uma seringa sem agulha auxilia na administração do líquido. Retire a quantidade especificada, em seguida coloque a ponta da seringa no canto da boca do seu animal e, vagarosamente, aplique o medicamento para dentro de sua bochecha. Mantenha sua cabeça inclinada para trás, de forma que a gravidade faça com que o remédio flua na direção correta. Massageie sua garganta até que você o veja engolindo. Talvez seja necessário que você lhe dê um pouquinho de cada vez, para ter certeza de que ele engula tudo. Caso você não tenha uma seringa, use um conta-gotas.

Comprimidos

Os cães geralmente engolem os comprimidos com facilidade quando estão escondidos em algum petisco apetitoso, como queijo ou bolinha de carne. No entanto, alguns cães

Para dar medicamentos líquidos a seu animal, incline a cabeça dele para trás, depois insira uma seringa sem agulha ou um conta-gotas no canto da boca e aplique o remédio na bochecha. Massagei-o na garganta até que ele engula.

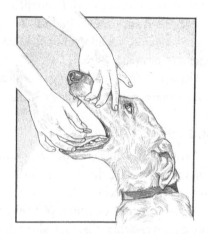

Para dar um comprimido a seu animal, pressione os lábios dele contra os lados dos dentes. Assim que ele abrir a boca, coloque o comprimido na parte de trás da língua, feche a boca e massageie a garganta até que ele engula.

e a maioria dos gatos engolem o petisco e cospem o comprimido. Você precisa ter certeza de que seu animal realmente engula o remédio para que ele funcione.

Para dar um comprimido a um cachorro, circunde o topo de seu focinho com a mão, pressionando ambos os lados de sua mandíbula ao longo da linha da gengiva, exatamente atrás dos grandes e pontudos dentes caninos.

APLICADOR DE COMPRIMIDOS

Se você tiver medo de perder um dedo tentando dar um comprimido para seu animal, poderá recorrer a uma seringa para comprimidos, também conhecida como dispensador de comprimidos (em inglês *pill gun* ou *pill dispenser*). Trata-se de um dispensador oco de plástico, encontrado em pet shops ou estabelecimentos veterinários e fácil de ser usado, para colocar com segurança um comprimido na boca de seu animal.

Para usar um aplicador de comprimidos, coloque seu gato em uma mesa ou balcão e ponha uma mão no alto de sua cabeça, circundando o focinho com seus dedos. Pressione os lábios dele para trás, contra os dentes, atrás dos caninos, para obrigá-lo a escancarar a boca. Com a outra mão, coloque a seringa com a pílula na língua dele, de forma que aponte para o fundo da garganta, mas sem tocá-la. Empurre o êmbolo para soltar o comprimido e retire a seringa.

Depois de dado o comprimido, mantenha a boca de seu gato fechada e massageie sua garganta (ou sopre delicadamente o nariz dele), para fazer com que o engula.

Esse gesto fará com que seu cachorro abra bastante a boca. Quando ele o fizer, empurre o comprimido para o fundo de sua língua, com sua outra mão. Depois, gentilmente faça carinhos em sua garganta até que ele o engula. Ofereça o remédio com algum petisco, para ajudar o comprimido a descer, de forma que seu cachorro fique distraído e se esqueça de cuspi-lo.

A mesma técnica funciona com muitos gatos, mas, se não funcionar, pegue a pele solta no pescoço de seu gato e puxe sua cabeça para trás até que seu nariz aponte para o teto. Sua boca automaticamente se abrirá – basta puxar o maxilar com um dedo e jogar o comprimido em sua boca, no fundo da língua (é bom colocar um pouco de manteiga ou margarina no comprimido, para ajudá-lo a escorregar para baixo). Mire na forma de V, no centro da língua de seu gato. Depois feche a boca dele e veja se ele engole. Geralmente os gatos lambem os narizes depois de engolirem um comprimido. Você também pode esmagar o comprimido com o fundo de uma colher, misturá-lo com uma porção de comida para gatos com um odor pronunciado e alimentar seu animal.

Medicando os ouvidos de seu animal

Os canais auditivos de seu animal são longos e curvos, o que faz necessária uma técnica especial para fazer com que o medicamento chegue aonde é necessário. Geralmente, o medicamento para o ouvido é um líquido ou uma pomada. Para colocá-lo, incline a cabeça de seu animal de forma que a abertura do ouvido afetado aponte para cima. Ponha várias gotas do remédio no canal auditivo e depois segure firmemente a orelha dele para que ele não balance imediatamente a cabeça e jogue todo o remédio em você. Use a outra mão para massagear a base do ouvido. Você deverá ouvir um som de líquido conforme o medicamento percorre o canal interno.

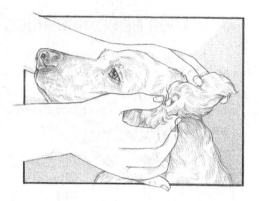

Para tratar problemas de ouvido, incline a cabeça de seu animal e pingue o medicamento no canal auditivo. Depois, massageie a base do ouvido para ajudar na penetração do remédio. Para mantê-lo quieto, segure a orelha com a outra mão.

Medicando os olhos de seu animal

Os medicamentos para os olhos são geralmente líquidos ou em forma de pomada, e ambos devem ser aplicados da mesma maneira. Incline a cabeça de seu animal de forma que ele fique olhando para o teto. Cuidadosamente, puxe para baixo a pálpebra inferior do olho afetado e pingue ou coloque várias gotas do medicamento na bolsa que se formou. Em seguida, solte a pálpebra e deixe que o animal pisque várias vezes. Isso fará com que o remédio se espalhe naturalmente por toda a superfície do olho, onde quer que seja necessário.

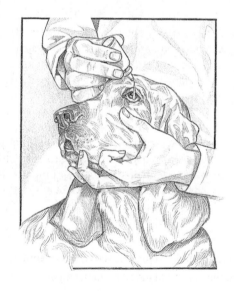

Para administrar medicação para os olhos, puxe a pálpebra inferior de seu cão para baixo e instile uma pequena porção do remédio no tecido em bolsa. Quando seu animal piscar, o medicamento se espalhará por toda a superfície do olho.

PREVENINDO PROBLEMAS

Muitos dos acidentes e emergências que os veterinários tratam com mais frequência poderiam ter sido facilmente impedidos. Os primeiros socorros podem ser um salva-vidas quando alguma coisa imprevista acontece, mas o mais importante a ser feito por seu querido e fofo companheiro é, antes de tudo, tentar impedir ferimentos e doenças. Trata-se apenas de uma questão de bom senso. Eis aqui algumas medidas simples que você pode tomar para manter seu animal são e salvo:

SEGURANÇA EM ESPAÇO ABERTO

Não deixe seu animal andar solto

Deixar os animais soltos pelas ruas não é apenas inseguro; em vários lugares, é até ilegal. Quando você permite que cães ou gatos vagueiem livres, faz com que eles se arrisquem a ser atropelados, atacados por um animal hidrófobo, entrem em briga com outro gato ou cachorro, sejam envenenados, roubados, levem um tiro, sejam espancados ou se percam. Seu animal de estimação não merece mais de você do que isso? Mantenha-o a salvo, mantenha-o em casa. Não existe qualquer motivo que justifique que os animais saiam desacompanhados. A maioria dos gatos gosta de passar o tempo todo dentro de casa e estão muito mais seguros assim. Seu cachorro ficará muito satisfeito se você levá-lo para passear com você – com a segurança de uma guia, é lógico. E, sim, os gatos também se acostumam com as guias.

Arrume uma boa cerca

Se você acha que deve deixar seu animal desacompanhado, do lado de fora, por um tempo, faça uma cerca resistente. Ela tem de ser alta o suficiente para impedir que seu cachorro a escale e saia (isso corresponde a 1,80 m para um pequeno cocker spaniel atrevido) e para impedir que outros animais façam o mesmo e entrem. De preferência, deve se estender para baixo do nível do solo, para que seu cachorro ou outros também não escavem. Além disso, tem de ser bastante forte, de modo que seu cachorro não consiga pô-la abaixo. Logicamente, os gatos são especialistas em subir em cercas e árvores, mas isso pode ser frustrado com o uso da Cat Fence-In (produto importado), um sistema de tela por encomenda que se liga a cercas já existentes de madeira, concreto, arame ou alambrado, ou em torno de árvores, de forma que os gatos fiquem confinados em segurança no quintal. E quanto às cercas protetoras virtuais? As cercas invisíveis para cães (tipo Free-dom Fence TM – produto importado) foram projetadas para manter um animal treinado quanto a limites, confinado em seu quintal, mas não surtem efeito se não estiverem usando uma coleira de choque.

Elas não funcionam para manter outros animais do lado de fora, incluindo esquilos, coelhos, gatos e outros cachorros. E se seu animal for tentado ou sentir medo muito intenso, ele poderá ignorar o choque e ir atrás de algo ou fugir com medo de algum invasor peludo. Finalmente, as coleiras de choque usadas incorretamente podem até causar um ataque de pânico ou mesmo queimar seu animal.

Mesmo que sua cerca seja segura, lembre-se que seu animal ainda pode pegar uma insolação, se não conseguir escapar para alguma sombra em um dia quente, ou sofrer hipotermia e congelamento, se permanecer muito tempo do lado de fora quando estiver frio. Ele pode se desidratar se derrubar a vasilha de água e não tiver nada para beber. Um gato pode cair e fraturar ossos, enquanto escala árvores, e um cachorro pode pôr-se a cavar ou ter outros hábitos destrutivos, se estiver entediado e não receber estímulos suficientes – como um tempo com qualidade com sua família humana.

Correntes são desumanas

Um cachorro acorrentado em um quintal é uma emergência prestes a acontecer, é sinônimo de perigo iminente. Ele pode se enrolar em torno de uma árvore e ser incapaz de se desenroscar, ou se embaraçar em alguma coisa como um arbusto e se sufocar. Ele pode ser atacado por outros animais ou por pessoas. Ele pode se sufocar enquanto tenta alcançar carros, bicicletas ou pessoas. Pode sofrer insolação, congelamento, hipotermia, por ter sido deixado fora, exposto às intempéries. Pode pegar carrapatos, pulgas e vermes. Pode ser incapaz de se manter a salvo de seus próprios excrementos e pode sofrer ferroada de moscas ou de vespas. Se não conseguir alcançar a água ou derrubá-la, ou se ela congelar, pode ter desidratação. Tenderá a ficar entediado e frustrado com uma liberdade tão restrita, o que novamente é um caminho para um comportamento destrutivo ou mesmo uma mastigação obsessiva e danos contra si mesmo.

Arrume uma identidade para seu animal

Mesmo que você mantenha seu animal dentro de casa, ele pode se perder acidentalmente. Alguém que esteja fazendo consertos em sua casa pode deixar a porta aberta, ou seu animal pode pular para fora do carro, antes que você consiga segurá-lo pela guia.

PRINCÍPIOS BÁSICOS PARA O AR LIVRE

Para manter seu animal tão seguro, saudável e feliz quanto possível, caso você o deixe fora durante uma parte do dia, assegure-se de que ele tenha tudo o que consta desta lista:

- Um espaço cercado de forma correta e segura
- Espaço suficiente para correr e brincar
- Um lugar sombreado para se deitar
- Um abrigo contra as intempéries, uma casa de cachorro resistente, iglu ou outra estrutura semelhante.
- Várias vasilhas de água resistentes, constantemente preenchidas
- Brinquedos seguros e duráveis e estruturas de brinquedo, como um grande pedaço de cano de esgoto, para passar por dentro, ou um pneu suspenso em uma corda; no caso de gatos, alguma coisa para escalar funciona bem
- Proteção contra pulgas, carrapatos e vermes do coração
- Um local limpo – limpe-o diariamente.

Quanto mais tempo um animal fica perdido, mais chances ele tem de se machucar e de necessitar de pronto atendimento, o que faz que você o queira de volta o quanto antes.

Como garantia, providencie uma identificação para seu animal. Coloque uma medalha em sua coleira, com seu nome e número de telefone e a palavra "Recompensa" escrita nela – isso, aparentemente, funciona muito mais do que colocar o nome dele e seu número de telefone na medalha. Para ter mais probabilidades de ter seu animal de volta, você pode fazer com que seu veterinário o tatue com um número de identificação na orelha, ou na parte de dentro da coxa, ou implante um chip de identificação no ombro logo abaixo da pele.

Castração

Problemas reprodutivos, ninhadas indesejadas e uma boa quantidade de mau comportamento (como brigas, escapadas e miados) podem ser evitados com a castração de seu animal. Você reduzirá o risco de feridas por mordidas, abscessos ou de um atropelamento, e virtualmente eliminará a probabilidade de mastites, problemas de parto, prolapso uterino e certos tipos de câncer de mama e de útero.

Além de prevenir emergências médicas, a castração é uma atitude responsável. Dezenas de milhões de filhotes indesejados são sacrificados todos os anos e saturam os abrigos enquanto aguardam seu triste destino. A não ser que você seja um criador profissional de raças puras de cães ou gatos, castre seu animal. Eles terão uma vida mais longa e mais feliz, e você vai colaborar para a solução de uma superpopulação de animais, em vez de ser parte do problema.

Não deixe seu animal no carro

Você já ouviu isto antes, mas vale a pena repetir: *Não* deixe seu animal em um carro fechado. Com todos aqueles vidros criando o efeito de uma estufa, as temperaturas dentro de um carro podem subir mais e mais rápido do que você possa imaginar, assando, literalmente, seu pobre bichinho. Isso vale até mesmo para um dia frio e nublado. Deixar uma brecha na janela não adianta, porque deixá-la aberta é um convite ao roubo – tanto do seu carro, quanto de seu animal – e serve como um ponto de fuga tentador para aquele filhote curioso. Leve seu animal com você ou deixe-o em casa. E não pense em amarrá-lo fora do estabelecimento enquanto você estiver fazendo compras, porque, quando você voltar, ele poderá não estar mais ali.

As carrocerias das caminhonetes não são seguras para crianças nem para seu animal, e em alguns lugares é contra a lei transportar animais domésticos em bagageiros abertos. Uma batida na estrada pode atirar seu cachorro em meio aos carros. Animais amarrados podem tentar pular para fora e se enforcar ou serem arrastados, sofrendo queimaduras por fricção e outros danos. Um transportador de animais é a maneira mais segura de transportá-los, tanto dentro do carro (no banco traseiro, para que não seja esmagado pelo *airbag*) quanto no bagageiro. Em ambos os casos, o transportador precisa ser preso com um cinto de segurança.

TORNANDO SUA CASA À PROVA DE ANIMAIS

Máquinas e animais não combinam

Mantenha seu animal longe das máquinas quando estiverem funcionando – isso inclui máquinas de costura e equipamentos para trabalhar madeira, bem como cortadores de grama e serras. Seu animal quer estar próximo de você e pode não perceber o perigo até que seja tarde demais. Deixe seu animal dentro de casa quando você estiver cortando grama e feche a porta do quarto de costura ou da marcenaria. Fique especialmente atento a gatos, que, no frio, gostam de dormir sobre (ou dentro de) motores aquecidos de carro. Toque sempre a buzina ou bata no capô do carro, antes de ligar o motor.

Os equipamentos de escritório também podem ser perigosos. Uma vez, um cachorro campeão teve sua língua picotada em um picotador de papéis que tinha sido deixado ligado no automático. Até mesmo tesouras, um grampeador ou um abridor de cartas podem se tornar um risco para um animal desacompanhado. Se seu animal tem acesso ao escritório de sua casa, mantenha os objetos afiados fora do alcance dele. E desligue seu equipamento quando não estiver sendo usado.

Alerta para cozinha e lavanderia

Todos nós já ouvimos histórias horrorosas sobre gatos e cachorros que morreram dentro de um forno, de um micro-ondas ou de uma geladeira. Um gato curioso também pode acabar com a pata presa num triturador de lixo. Quando você for usar um eletrodoméstico, antes de ligá-lo ou de fechar a sua porta, dê uma olhada, para ter certeza de que seu animal de estimação não esteja dentro dele. Os animais pequenos podem entrar num lava-louças para lamber os restos de comida. E não saia da cozinha enquanto estiver cozinhando. Os bicos de gás podem ser especialmente perigosos para as caudas dos gatos, e as superfícies dos fogões elétricos são conhecidas por queimarem os delicados coxins dos gatos.

Os gatos também adoram o calor das secadoras de roupas e podem se enfiar dentro delas quando você não estiver olhando. Pelo bem deles, mantenha a porta de sua secadora fechada quando não estiver em uso e, antes de ligar, verifique tanto ela quanto sua máquina de lavar, para ter certeza de que não contêm intrusos.

Assegure-se de que a coleira do seu animal é do tamanho certo

Isto pode parecer óbvio, mas, assim como o nosso, o corpo dos animais muda com o passar do tempo. Um cachorrinho em fase de crescimento pode passar por três tamanhos de coleira antes de chegar ao definitivo. Também pode acontecer de um cão adulto ganhar peso e a coleira ficar muito justa. Enquanto seu animal estiver em fase de crescimento, verifique toda semana se sua coleira está no tamanho adequado, para evitar que ela o sufoque ou até mesmo que corte sua musculatura. E também confira a coleira de seu animal mais velho mais ou menos uma vez por mês. Se você puder colocar dois dedos com facilidade por dentro dela, é porque está suficientemente folgada.

Alimente seu animal de forma adequada

Seu animal ficará mais saudável e estará livre de vários problemas digestivos, como vômitos e diarreias, ou até mesmo alergias alimentares, se você alimentá-lo com a melhor ração que puder comprar e não exagerar na quantidade. Não economize na qualidade comprando comida barata, cheia de componentes químicos. Seria o mesmo que alimentar seu animal com uma dieta de batata chips e esperar que ele fique ótimo. Em vez disso, dê-lhe uma ração de boa qualidade, você vai ver que uma menor quantidade o deixará satisfeito, uma vez que ele está recebendo mais nutrição e menos embutidos.

Para o bem de seu animal, modere nos petiscos. Por mais que ele fique feliz com eles, um animal gordo não é um animal feliz. Ele se sente mal, tem um aspecto ruim e não aproveita a vida tanto quanto seus elegantes companheiros. Mantendo seu animal magro e saudável, você vai prevenir sobrecarga nas articulações, que provoca dor.

Existem petiscos saudáveis que podem substituir os "biscoitos" para cachorros – cenouras crocantes, ervilhas, maçãs e outras frutas e vegetais são bons para seu cachorro, e você ficará espantado em ver como eles gostam disso. Eles podem até mesmo reduzir as probabilidades de problemas nos dentes. Os gatos geralmente gostam de Malt Paste®, da Mundo Animal, o que pode ajudar na eliminação de bolas de pelo e obstruções intestinais.

Resista à tentação de substituir brincadeiras e carinho por comida. O melhor trato para o seu animal é o tempo que ele passa com você – e isso não tem calorias! Melhor ainda, exercícios regulares diminuem os sintomas da artrite e podem impedir dor nas articulações.

A "comida de gente", que vem cheia de gordura e açúcar, é tão ruim para o seu animal quanto é para você. Talvez você não consiga resistir a pizzas, bolinhos, frituras e churrascos, mas não alimente seu animal com isso. Gatos e cachorros não ficam com as artérias entupidas, mas mesmo assim esses alimentos podem estragar seus dentes e acrescentar-lhes quilos desnecessários, exatamente como fazem com seus donos.

Mantenha seus animais longe dos fios elétricos

Dentes afiados e fios elétricos não combinam. Não deixe seus filhotes, ou seu animal adulto – caso ele goste de mastigar fios –, sozinhos em locais onde os fios forem acessíveis. Se precisar deixar seu animal, tire todos os fios das tomadas antes de sair. Existem revestimentos para fios disponíveis em metal e plástico, e você também pode enfiá-los em extensões de canos de PVC. Não fica bonito, mas um animal eletrocutado também não fica.

Brinquedos inofensivos para animais

Gatos e cachorros, especialmente quando jovens, adoram morder objetos e quase tudo que não se mova mais rápido do que eles pode ser aproveitado. Qualquer coisa que caiba dentro da boca de um animal pode, potencialmente, ser engolido e acabar bloqueando os intestinos, entalando na boca ou na garganta ou travando os maxilares.

Acompanhe as brincadeiras do seu animal para ter certeza de que seu gato não engula aquele brinquedo de penas e seu cachorro não quebre um dente mastigando seus sapatos, não engula um pedaço de um brinquedo mascado ou um brinquedo pequeno demais para ser seguro para ele, ou que ele não se envenene engolindo as moedas que ficaram no seu bolso. Além disso, fique por perto sempre que ele estiver roendo ossos, orelhas de porco ou pedacinhos de couro cru. E não deixe cordas, barbantes, linhas de pesca, ou qualquer material do tipo, em algum lugar onde seu animal possa engoli-los, bloqueando o intestino e levando a uma cirurgia de emergência.

MODERAÇÃO EM TUDO

Tanto para animais quanto para pessoas, moderação é a chave para uma vida longa, saudável e feliz. Uma moderada quantidade de alimentos de boa qualidade e um tempo para exercício e brincadeiras moderados mas regulares, são uma boa forma de manter este livro na prateleira, e não em suas mãos. As únicas coisas em doses não moderadas que seu animal precisa são sono e sua atenção carinhosa!

NÃO ENVENENE SEU ANIMAL

Quando os animais domésticos, especialmente os cachorros, veem algo que se parece com comida, eles o comem. Isso pode acabar em intoxicação se o que virem for uma isca para ratos ou mesmo um rato que morreu envenenado. Se você usa isca envenenada, faça com que tanto ela quanto suas vítimas fiquem longe do alcance de seus animais. É uma boa ideia manter sempre à mão o número de um centro de controle de intoxicações local ou nacional. (Para mais informações sobre intoxicação, vá à página 303.) Outros venenos em potencial incluem:

Chocolate e outros estimulantes: O chocolate contém um poderoso estimulante, a teobromina, que pode intoxicar cães e gatos. Um cachorro de grande porte pode ter de comer metade de uma caixa para se intoxicar, mas um pequeno pedaço pode intoxicar um gato. Mantenha todos os estimulantes – doces, álcool, chá, café e refrigerantes – fora do alcance de seu animal.

Inseticidas: Aplicar spray com inseticidas químicos no ambiente em que seu animal estiver pode deixá-lo doente. Se você precisar que sua casa receba um tratamento contra cupins, baratas, formigas ou pulgas, planeje para que seu animal fique uma semana fora, até que os efeitos tóxicos já tenham se dissipado (essa é uma ótima ocasião para que você também saia de férias!). Se você mesmo estiver borrifando os produtos químicos, não faça isso perto do local em que seu animal se alimente, e tire suas vasilhas até que a aplicação tenha terminado. Tanto para sua saúde quanto para a de seu animal, procure usar um pesticida menos tóxico.

Medicamentos: Mantenha todos os remédios – humanos e para animais – fora do alcance de seu animal e não dê para ele uma dose maior de remédio do que a recomendada pelo veterinário. Mais não significa que seja melhor, e pode ser fatal.

Plantas: Algumas plantas colocadas dentro de casa, especialmente as tropicais, como a dracena e a espada-de-são-jorge, são venenosas. Cheque a lista de plantas nas páginas 308 e 309 e, se tiver alguma delas, dê para um amigo que não tenha animal em casa.

Produtos de limpeza doméstica: Água sanitária, detergente, cera e desinfetantes sanitários podem prejudicar muito seu desprevenido animal. Novamente, procure usar alternativas ambientais inofensivas e mantenha sempre a tampa do vaso sanitário abaixada.

Produtos químicos para jardins e gramados: Se você usa defensivos tóxicos, como herbicidas, pesticidas, fungicidas e outros produtos do gênero em sua propriedade, mantenha seus animais longe deles. Muitos são extremamente tóxicos para animais domésticos. Mantenha seu animal fora da grama por uma semana depois que ela tiver sido tratada. Lembre-se, existem produtos orgânicos inofensivos e eficientes para gramados e jardins. Em nome da saúde de seu animal de estimação, use-os.

Tabaco: A nicotina é um dos venenos naturais mais poderosos. Se você fuma, mantenha suas pontas de cigarro e de charuto, fumo de cachimbo e coisas do gênero fora do alcance de seu animal.

COMO DESCOBRIR SINTOMAS EM UM PRONTO ATENDIMENTO

Muitas vezes, você pode não saber o que está errado com seu animal. Recorra a este guia para descoberta de sintomas, como um primeiro passo. Procure os sintomas de seu animal (por exemplo, para diarreia, veja em "Digestão e eliminação", na pág. 51), e você verá na hora as circunstâncias que podem estar causando o transtorno. Uma vez identificado o problema, passe para a página em que ele é discutido e você saberá o que fazer para aliviar rapidamente o seu animal.

Apetite e alimentação

SINTOMA	CAPÍTULO E PÁGINA
Não se alimenta	Ferroadas de abelhas e vespas (pág. 241); Quedas (pág. 379); Corpo estranho na boca (pág. 137); Ferimentos na boca (pág. 222); Aftas (pág. 79); Torcicolo (pág. 409); Problema nos dentes (pág. 371)
Perda de apetite	Impactação da glândula anal (pág. 263); Problemas de parto (pág. 362); Corpo estranho na boca (pág. 137); Corpo estranho ingerido (pág. 132); Congelamento (pág. 120); Incontinência (pág. 278); Edema na mandíbula (pág. 186); Mastite (pág. 328); Torcicolo (pág. 409); Celulite juvenil (pág. 106); Inalação de fumaça (pág. 269); Carrapatos (pág. 102); Edema na língua (pág. 183); Vermes (pág. 418)

Comportamento

SINTOMA	CAPÍTULO E PÁGINA
Abandona a cria	Problemas de parto (pág. 362); Mastite (pág. 328)
Agitação	Problemas de parto (pág. 362); Corpo estranho na boca (pág. 137)
Anda em círculos	Infecções de ouvido (pág. 281); Danos na cabeça (pág. 159)
Ansiedade	Choque elétrico (pág. 112); Convulsões (pág. 128)
Bate as patas	Danos na cabeça (pág. 159); Convulsões (pág. 128); Picadas de cobras (pág. 355)
Cansa-se facilmente	Ferimentos no dorso (pág. 227); Ferimentos no peito (pág. 231); Desidratação (pág. 169); Febre (pág. 213); Estrangulamento (pág. 207)
Chora ao usar a areia	Constipação (pág. 122); Obstrução urinária (pág. 339)

Comportamento

SINTOMA	CAPÍTULO E PÁGINA
Comportamento confuso	Intoxicação por monóxido de carbono (pág. 312); Baixa taxa de açúcar no sangue (pág. 96); Inalação de fumaça (pág. 269); Carrapatos (pág. 102).
Comportamento entorpecido	Danos na cabeça (pág. 159)
Comportamento frenético	Asfixia (pág. 90); Corpo estranho na boca (pág. 137); Mandíbula deslocada (pág. 322)
Contrai a barriga com dor	Corpo estranho ingerido (pág. 132)
Depressão	Desidratação (pág. 169); Hipotermia (pág. 257); Mastite (pág. 328); Choque (pág. 109); Carrapatos (pág. 102); Obstrução urinária (pág. 339)
Desorientação	Danos por secadora de roupas (pág. 163); Infecções de ouvido (pág. 281); Danos na cabeça (pág. 159) Baixa taxa de açúcar no sangue (pág. 96); Convulsões (pág. 128)
Esfrega o focinho	Alergias de vias aéreas (pág. 88); Alergias alimentares (pág. 85)
Gane ou chora	Ferimentos abdominais (pág. 217); Problemas de parto (pág. 362); Queimaduras por calor (pág. 389); Colapso (pág. 117); Constipação (pág. 122); Desidratação (pág. 169); Infecções de ouvido (pág. 281); Corpo estranho na boca (pág. 137); Insolação (pág. 297); Torcicolo (pág. 409); Obstrução urinária (pág. 339)
Ganido curto	Acidentes de carro (pág. 70); Espinhos de porco-espinho ou de ouriço (pág. 204); Ferroadas de escorpião (pág. 245)
Hesitação em levantar ou andar	Ferimentos no dorso (pág. 227); Colapso (pág. 117); Fraturas (pág. 250); Insolação (pág. 297); Carrapatos (pág. 102)
Hiperatividade	Corpo estranho na boca (pág. 137); Mandíbula deslocada (pág. 322); Intoxicação (pág. 303)
Impaciência/Anda de um canto a outro	Problemas de parto (pág. 362); Dilatação ou torção gástrica (pág. 174)
Insônia	Danos na cabeça (pág. 159); Hipotermia (pág. 257)
Lambe muito	Alergias de vias aéreas (pág. 88); Impactação da glândula anal (pág. 263); Dermatite aguda (pág. 166); Feridas por lambedura (pág. 215); Cistos no dedo (pág. 114)
Letargia	Impactação da glândula anal (pág. 263); Intoxicação por monóxido de carbono (pág. 312); Desidratação (pág. 169); Insolação (pág. 297); Hipotermia (pág. 257); Intoxicação (pág. 303); Celulite juvenil (pág. 106)
Mal-estar	Problemas de parto (pág. 362); Corpo estranho ingerido (pág. 132); Intoxicação (pág. 303); Inalação de fumaça (pág. 269)
Mantém a boca aberta	Crises de asma (pág. 156); Corpo estranho na boca (pág. 137); Ferimentos na boca (pág. 222); Aftas (pág. 79)
Mantém a cabeça baixa ou rígida	Ferimentos no dorso (pág. 227); Corpo estranho na garganta (pág. 140); Torcicolo (pág. 409)

COMO DESCOBRIR SINTOMAS EM UM PRONTO ATENDIMENTO 51

Comportamento

SINTOMA	CAPÍTULO E PÁGINA
Mastiga a pele, o pelo ou a cauda	Alergia a pulgas (pág. 82); Congelamento (pág. 120); Urticária (pág. 415); Dermatite aguda (pág. 166); Feridas por lambedura (pág. 215); Infecções de pele (pág. 286); Farpas (pág. 210); Infecções na cauda (pág. 289); Cistos no dedo (pág. 114)
Morde os flancos	Problemas de parto (pág. 362)
Não levanta a cabeça	Ferimentos no dorso (pág. 227); Torcicolo (pág. 409)
Não se mexe	Ferimentos abdominais (pág. 217); Colapso (pág. 117); Quedas (pág. 379); Inconsciência (pág. 272)
Olhar parado	Danos na cabeça (pág. 159); Convulsões (pág. 128)
Range os dentes	Constipação (pág. 122); Corpo estranho ingerido (pág. 132); Convulsões (pág. 128); Carrapatos (pág. 102)
Sacode, balança ou inclina a cabeça	Machucados na orelha (pág. 319); Infecções de ouvido (pág. 281); Corpo estranho no ouvido (pág. 148); Corpo estranho na boca (pág. 137); Manqueira (pág. 325); Baixa taxa de açúcar no sangue (pág. 96); Torcicolo (pág. 409)
Salivação em excesso	Corpo estranho na boca (pág. 137); Edema na cabeça (pág. 177); Ferimentos na boca (pág. 222); Aftas (pág. 79); Intoxicação (pág. 303); Ferroadas de escorpião (pág. 245); Intoxicação por sapo (pág. 303)
Suja a casa	Diarreia (pág. 171); Incontinência (pág. 278); Convulsões (pág. 128); Obstrução urinária (pág. 339)

Digestão e eliminação

SINTOMA	CAPÍTULO E PÁGINA
Assadura urinária	Incontinência (pág. 278)
Barriga grande	Constipação (pág. 122); Corpo estranho ingerido (pág. 132)
Diarreia	Ferroadas de abelhas e vespas (pág. 241); Intoxicação por monóxido de carbono (pág. 312); Diarreia (pág. 171); Filhotes debilitados (pág. 247); Febre (pág. 213); Alergias alimentares (pág. 85); Corpo estranho ingerido (pág. 132); Insolação (pág. 297); Intoxicação (pág. 303); Vermes (pág. 418)
Dificuldade em urinar	Impactação da glândula anal (pág. 263); Prolapso retal (pág. 374); Obstrução urinária (pág. 339)
Dor de estômago	Dilatação ou torção no estômago (pág. 174); Obstrução intestinal (pág. 336); Constipação (pág. 122); Corpo estranho ingerido (pág. 132); Vermes (pág. 418)
Edema abdominal	Dilatação ou torção no estômago (pág. 174); Obstrução intestinal (pág. 336);
Fezes com fragmentos	Vermes (pág. 418)
Fezes gelatinosas	Diarreia (pág. 171); Vermes (pág. 418)
Fezes mal-cheirosas	Constipação (pág. 122); Diarreia (pág. 171)

Digestão e eliminação

SINTOMA	CAPÍTULO E PÁGINA
Sangue na urina	Intoxicação (pág. 303); Obstrução urinária (pág. 339)
Sangue nas fezes	Carrapatos (pág. 102); Vermes (pág. 418)
Urina com maior frequência	Intoxicação (pág. 303)
Urina com menor frequência	Obstrução urinária (pág. 339)
Urina escura	Intoxicação (pág. 303); Carrapatos (pág. 102)
Urina pingando ou vazando	Incontinência (pág. 278)
Urina sem querer	Intoxicação (pág. 303); Convulsões (pág. 128)
Vômito	Obstrução intestinal (pág. 336); Intoxicação por monóxido de carbono (pág. 312); Alergias alimentares (pág. 85); Corpo estranho ingerido (pág. 132); Insolação (pág. 297); Intoxicação (pág. 303); Obstrução urinária (pág. 339); Vômito (pág. 421); Vermes (pág. 418)

Ouvidos e orelhas

SINTOMA	CAPÍTULO E PÁGINA
Bordas e pontas com casca	Picadas de moscas (pág. 359)
Coça ou bate nas orelhas	Infecções de ouvido (pág. 281); Corpo estranho no ouvido (pág. 148); Carrapatos (pág. 102)
Coceira	Infecções de ouvido (pág. 281); Carrapatos (pág. 102)
Edema	Machucados na orelha (pág. 319); Infecções de ouvido (pág. 281); Corpo estranho no ouvido (pág. 148)
Inflamação	Infecções de ouvido (pág. 281); Congelamento (pág. 120)
Material granuloso negro ou marrom	Infecções de ouvido (pág. 281)
Mau cheiro	Infecções de ouvido (pág. 281); Corpo estranho no ouvido (pág. 148)
Ouvido dolorido	Infecções de ouvido (pág. 281); Corpo estranho no ouvido (pág. 148); Carrapatos (pág. 102)
Perda de audição	Intoxicação por monóxido de carbono (pág. 312); Infecções de ouvido (pág. 281); Corpo estranho no ouvido (pág. 148)
Pontas abaixadas	Congelamento (pág. 120)
Sangramento vindo de dentro	Acidentes de carro (pág. 70); Danos por secadora de roupas (pág. 163); Quedas (pág. 379); Danos na cabeça (pág. 159)
Supuração	Infecções de ouvido (pág. 281); Corpo estranho no ouvido (pág. 148)

Olhos

SINTOMA	CAPÍTULO E PÁGINA
Bordas cinza ou azuis	Afogamento (pág. 75); Hipotermia (pág. 257); Choque (pág. 109)
Esfrega os olhos	Corpo estranho no olho (pág. 145); Terçol (pág. 407)

Olhos

SINTOMA	CAPÍTULO E PÁGINA
Fora da órbita	Mordidas de animais (pág. 331); Acidentes de carro (pág. 70); Olho fora da órbita (pág. 344); Quedas (pág. 379)
Inflamação da glândula lacrimal	Terçol (pág. 407)
Irritação na pálpebra	Mordidas de animais (pág. 331); Terçol (pág. 407)
Olhar divergente	Danos na cabeça (pág. 159)
Olhar estrábico	Infecções nos olhos (pág. 295); Corpo estranho no olho (pág. 145)
Olhar lacrimoso	Corpo estranho no olho (pág. 145); Intoxicação (pág. 303)
Olhar vítreo ou fundo	Desidratação (pág. 169); Baixa taxa de açúcar no sangue (pág. 96); Choque (pág. 109)
Olhos injetados	Infecções nos olhos (pág. 295); Corpo estranho no olho (pág. 145)
Pálpebra inchada	Ferroadas de abelhas e vespas (pág. 241); Terçol (pág. 407)
Pisca rapidamente	Infecções nos olhos (pág. 295); Corpo estranho no olho (pág. 145)
Supuração	Infecções nos olhos (pág. 295); Corpo estranho no olho (pág. 145); Terçol (pág. 407)
Vermelhidão e coceira	Terçol (pág. 407)

Cabeça, boca, nariz e dentes

SINTOMA	CAPÍTULO E PÁGINA
Boca dolorida	Ferimentos na boca (pág. 222); Aftas (pág. 79); Problema nos dentes (pág. 371)
Cabeça baixa	Infecções de ouvido (pág. 281); Danos na cabeça (pág. 159)
Cabeça presa	Cabeça presa (pág. 99); Mandíbula deslocada (pág. 322)
Dentes rangendo	Corpo estranho ingerido (pág. 132); Convulsões (pág. 128); Carrapatos (pág. 102)
Dificuldade para engolir	Ferimentos por anzol (pág. 234); Corpo estranho na garganta (pág. 140)
Edema na boca	Mandíbula deslocada (pág. 322); Aftas (pág. 79)
Edema na cabeça	Ferroadas de abelhas e vespas (pág. 241); Danos na cabeça (pág. 159); Edema na cabeça (pág. 177); Urticária (pág. 415)
Edema na gengiva	Aftas (pág. 79)
Edema na língua	Picadas de abelhas e vespas (pág. 241); Corpo estranho na boca (pág. 137); Aftas (pág. 79); Edema na língua (pág. 183)
Edema na mandíbula	Ferimentos por anzol (pág. 234); Corpo estranho na boca (pág. 137); Mandíbula deslocada (pág. 322); Edema na mandíbula (pág. 186)

Cabeça, boca, nariz e dentes

SINTOMA	CAPÍTULO E PÁGINA
Edema no rosto	Ferroadas de abelhas e vespas (pág. 241); Edema na cabeça (pág. 177); Urticária (pág. 415)
Edema nos lábios	Aftas (pág. 79)
Esfrega a boca	Ferimentos por anzol (pág. 234); Corpo estranho na boca (pág. 137); Ferimentos na boca (pág. 222); Aftas (pág. 79); Intoxicação por sapo (pág. 303)
Feridas na boca	Ferimentos por anzol (pág. 234); Corpo estranho na boca (pág. 137); Mandíbula deslocada (pág. 322); Ferimentos na boca (pág. 222)
Gengiva viscosa	Ferimentos abdominais (pág. 217); Mordidas de animais (pág. 331); Dilatação ou torção no estômago (pág. 174); Queimaduras por calor (pág. 389); Colapso (pág. 117); Desidratação (pág. 169); Corpo estranho ingerido (pág. 132); Insolação (pág. 297); Choque (pág. 109); Inalação de fumaça (pág. 269)
Gengivas azuis	Afogamento (pág. 75); Hipotermia (pág. 257); Ferimentos na boca (pág. 222); Inalação de fumaça (pág. 269); Asfixia (pág. 90)
Gengivas cinza, brancas ou pálidas	Ferroadas de abelhas e vespas (pág. 241); Mordidas de animais (pág. 331); Dilatação ou torção no estômago (pág. 174); Afogamento (pág. 75); Corpo estranho ingerido (pág. 132); Hipotermia (pág. 257); Choque (pág. 109); Inalação de fumaça (pág. 269); Intoxicação por sapo (pág. 303)
Gengivas rosa-escuras ou vermelhas	Insolação (pág. 297)
Gengivas roxas	Crises de asma (pág. 156)
Gengivas vermelho-vivo	Intoxicação por monóxido de carbono (pág. 312);
Hálito com cheiro de amônia	Incontinência (pág. 278)
Inflamações na boca	Mandíbula deslocada (pág. 322); Aftas (pág. 79); Problemas nos dentes (pág. 371)
Lábios azuis ou cinza	Afogamento (pág. 75); Hipotermia (pág. 257); Choque (pág. 109)
Lesões nos lábios (em felinos)	Aftas (pág. 79)
Língua ou gengivas azuis	Crises de asma (pág. 156); Intoxicação por monóxido de carbono (pág. 312); Parada cardíaca (pág. 347); Inalação de fumaça (pág. 269); Asfixia (pág. 90)
Língua pálida	Hipotermia (pág. 257); Choque (pág. 109)
Língua vermelho-vivo	Asfixia (pág. 90); Corpo estranho ingerido (pág. 132); Insolação (pág. 297)
Nariz sangrando	Corpo estranho no nariz (pág. 143); Danos na cabeça (pág. 159); Insolação (pág. 297); Sangramento Nasal (pág. 405); Picadas de cobra (pág. 355); Carrapatos (pág. 102)
Objeto saliente no nariz	Corpo estranho no nariz (pág. 143)

COMO DESCOBRIR SINTOMAS EM UM PRONTO ATENDIMENTO **55**

Cabeça, boca, nariz e dentes

SINTOMA	CAPÍTULO E PÁGINA
Queimaduras nos lábios, cantos da boca ou língua	Choque elétrico (pág. 112)
Ressecamento nasal	Corpo estranho no nariz (pág. 143); Edema na mandíbula (pág. 186)
Saliva espessa	Desidratação (pág. 169); Intoxicação por sapo (pág. 303)
Salivação em excesso	Ferimentos por anzol (pág. 234); Corpo estranho na boca (pág. 137); Edema na cabeça (pág. 177); Edema na mandíbula (pág. 186); Ferimentos na boca (pág. 222); Aftas (pág. 79); Intoxicação (pág. 303); Ferroadas de escorpião (pág. 245); Intoxicação por sapo (pág. 303); Edema na língua (pág. 183); Problemas nos dentes (pág. 371)
Sangramento na mandíbula	Fraturas (pág. 250); Mandíbula deslocada (pág. 322)
Sangue na saliva	Corpo estranho na boca (pág. 137); Ferimentos na boca (pág. 222); Aftas (pág. 79); Problemas nos dentes (pág. 371)
Sangue no vômito	Insolação (pág. 297); Intoxicação (pág. 303); Vermes (pág. 418)
Secreção nasal	Ferimentos por anzol (pág. 234); Corpo estranho na boca (pág. 137) Corpo estranho no nariz (pág. 143); Sangramento Nasal (pág. 405)

Coração e circulação

SINTOMA	CAPÍTULO E PÁGINA
Ausência de batimento cardíaco	Parada cardíaca (pág. 347)
Batimento cardíaco descompassado	Choque elétrico (pág. 112); Intoxicação (pág. 303); Choque (pág. 109)
Sangramento	Ferimentos abdominais (pág. 217); Mordidas de animais (pág. 331); Acidentes de carro (pág. 70); Ferimentos no peito (pág. 231); Cortes e feridas (pág. 151); Machucados na orelha (pág. 319); Fraturas (pág. 250); Ferimentos por tiro (pág. 236); Danos na cabeça (pág. 159); Choque (pág. 109)

Quartos traseiros e cauda

SINTOMA	CAPÍTULO E PÁGINA
Edema anal e vermelhidão	Impactação da glândula anal (pág. 263); Prolapso retal (pág. 374)
Edema na cauda	Infecções na cauda (pág. 289); Edema na cauda (pág. 180)
Esquiva-se	Impactação da glândula anal (pág. 263); Constipação (pág. 122); Vermes (pág. 418)

Quartos traseiros e cauda

SINTOMA	CAPÍTULO E PÁGINA
Inflamação na cauda	Infecções na cauda (pág. 289); Edema na cauda (pág. 180)
Lambe a região perianal	Impactação da glândula anal (pág. 263); Prolapso retal (pág. 374); Prolapso vaginal (pág. 376); Vermes (pág. 418)
Morde a região perianal	Impactação da glândula anal (pág. 263); Prolapso retal (pág. 374); Prolapso vaginal (pág. 376)
Objeto se projetando do ânus	Obstrução intestinal (pág. 336)
Objetos parecidos com arroz próximos à cauda	Vermes (pág. 418)
Odor	Abscessos (pág. 67); Infecções na cauda (pág. 289); Obstrução urinária (pág. 339)
Pus	Abscessos (pág. 67); Infecções na cauda (pág. 289); Obstrução urinária (pág. 339)
Sensibilidade da cauda	Impactação na glândula anal (pág. 263); Infecções na cauda (pág. 289); Edema na cauda (pág. 180)
Tecido protuberante sob a cauda	Problemas de parto (pág. 362); Prolapso retal (pág. 374); Prolapso vaginal (pág. 376)

Patas e quadris

SINTOMA	CAPÍTULO E PÁGINA
Abrasões nas patas	Queimaduras por fricção (pág. 393); Ferimentos nas patas (pág. 224)
Anda com as patas abertas	Edema testicular ou escrotal (pág. 196); Obstrução urinária (pág. 339)
Anda com as patas rígidas	Problemas de parto (pág. 362)
Anda com os dedos de trás virados para dentro ou para baixo	Ferimentos no dorso (pág. 227)
Arrasta a pata	Ferimentos no dorso (pág. 227); Fraturas (pág. 250); Carrapatos (pág. 102)
Bolhas nos coxins	Queimaduras nos coxins (pág. 386)
Cambaleia nas patas traseiras	Ferimentos no dorso (pág. 227); Carrapatos (pág. 102)
Dedo inflamado	Infecções no leito da unha (pág. 292); Ferimentos nas patas (pág. 224); Cistos no dedo (pág. 114)
Desequilíbrio	Danos na cabeça (pág. 159); Convulsões (pág. 128)
Dificuldade em se levantar	Quedas (pág. 379)
Edema na pata	Abscessos (pág. 67); Mordidas de animais (pág. 331); Acidentes de carro (pág. 70); Ferimentos por anzol (pág. 234); Congelamento (pág. 120); Unhas encravadas (pág. 412); Luxação da patela (pág. 317); Edema na pata (pág. 189); Manqueira (pág. 325); Infecções no leito da unha (pág. 292); Carrapatos (pág. 102)
Edema nos coxins	Unhas encravadas (pág. 412); Infecções no leito da unha (pág. 292); Ferimentos nas patas (pág. 224)

Patas e quadris

SINTOMA	CAPÍTULO E PÁGINA
Estica a pata para trás	Luxação da patela (pág. 317)
Feridas nos coxins	Ferimentos por anzol (pág. 234); Queimaduras nos coxins (pág. 386); Ferimentos nas patas (pág. 224)
Furo na pata	Ferimentos por anzol (pág. 234); Unhas encravadas (pág. 412); Ferimentos nas patas (pág. 224)
Impede que se toque na pata	Cortes e feridas (pág. 151); Unhas encravadas (pág. 412); Infecções no leito da unha (pág. 292); Ferimentos nas patas (pág. 224); Farpas (pág. 210)
Inabilidade ou relutância em ficar em pé	Ferimentos no dorso (pág. 227); Fraturas (pág. 250); Queimaduras nos coxins (pág. 386); Ferimentos nas patas (pág. 224); Choque (pág. 109)
Inflamação nos coxins	Ferimentos por anzol (pág. 234); Unhas encravadas (pág. 412); Queimaduras nos coxins (pág. 386); Ferimentos nas patas (pág. 224); Cistos no dedo (pág. 114)
Lambe patas ou dedos	Alergias de vias aéreas (pág. 88); Unhas encravadas (pág. 412); Infecções no leito da unha (pág. 292); Carrapatos (pág. 102); Cistos no dedo (pág. 114)
Levanta a pata	Fraturas (pág. 250); Unhas encravadas (pág. 412); Edema na pata (pág. 189); Manqueira (pág. 325)
Manqueira	Abscessos (pág. 67); Mordidas de animais (pág. 331); Sangramento (pág. 400); Acidentes de carro (pág. 70); Quedas (pág. 379); Ferimentos por anzol (pág. 234); Fraturas (pág. 250); Congelamento (pág. 120); Unhas encravadas (pág. 412); Luxação da patela (pág. 317); Edema na pata (pág. 189); Infecções no leito da unha (pág. 292); Queimaduras nos coxins (pág. 386); Ferimentos nas patas (pág. 224); Carrapatos (pág. 102)
Movimenta-se aos pulos	Quedas (pág. 379); Unhas encravadas (pág. 412);
Osso protuberante	Fraturas (pág. 250)
Patas bambas	Acidentes de carro (pág. 70); Fraturas (pág. 250)
Patas em ângulo estranho	Fraturas (pág. 250); Luxação da patela (pág. 317)
Perda do uso das patas traseiras	Ferimentos no dorso (pág. 227)
Pus escorrendo das patas	Infecções no leito da unha (pág. 292); Queimaduras nos coxins (pág. 386); Ferimentos nas patas (pág. 224)
Queimaduras nas patas	Queimaduras por fricção (pág. 393); Queimaduras nos coxins (pág. 386); Ferimentos nas patas (pág. 224)
Rachaduras ou calos nos coxins	Queimaduras nos coxins (pág. 386); Ferimentos nas patas (pág. 224)
Sangramento no coxim	Unhas encravadas (pág. 412); Ferimentos nas patas (pág. 224)
Sangramento	Mordidas de animais (pág. 331); Acidentes de carro (pág. 70); Fraturas (pág. 250)

Sistema reprodutivo

SINTOMA	CAPÍTULO E PÁGINA
Diminuição na produção de leite	Mastite (pág. 328)
Escroto inchado	Congelamento (pág. 120); Edema testicular ou escrotal (pág. 196)
Mama inchada	Dilatação ou torção no estômago (pag. 155); Mastite (pág. 328)
Mama inflamada	Abscessos (pág. 67); Mastite (pág. 328)
Mamas duras	Mastite (pág. 328)
Não amamenta	Filhotes debilitados (pág. 247); Mastite (pág. 328)
Secreção vaginal, mau odor	Problemas de parto (pág. 362)
Tecido protuberante da vagina	Prolapso vaginal (pág. 376)
Testículo duro	Edema testicular ou escrotal (pág. 196)
Testículo inflamado e com edema	Edema testicular ou escrotal (pág. 196)
Teta com secreção	Mastite (pág. 328)
Trabalho de parto prolongado	Problemas de parto (pág. 362)

Sistema respiratório

SINTOMA	CAPÍTULO E PÁGINA
Chiado	Crises de asma (pág. 156); Ferroadas de abelhas e vespas (pág. 241); Corpo estranho na garganta (pág. 140)
Engasgo	Choque (pág. 109); Colapso (pág. 117); Ferimentos por anzol (pág. 234); Corpo estranho na boca (pág. 137); Corpo estranho na garganta (pág. 140); Edema na cabeça (pág. 177); Edema na mandíbula (pág. 186); Ferimentos na boca (pag. 222); Aftas (pág. 79); Intoxicação (pág. 303); Problemas nos dentes (pág. 371)
Espirro	Corpo estranho no nariz (pág. 143)
Garganta fechada por edema	Ferroadas de abelhas e vespas (pág. 241); Insolação (pág. 297)
Parada Respiratória	Mordidas de animais (pág. 331); Acidentes de carro (pág. 70); Parada cardíaca (pág. 347); Danos por secadora de roupas (pág. 163); Corpo estranho no nariz (pág. 143); Corpo estranho na garganta (pág. 140); Fraturas (pág. 250); Insolação (pág. 297); Queimadura de água-viva (pág. 384); Baixa taxa de açúcar no sangue (pág. 96); Intoxicação (pág. 303); Choque (pág. 109); Inalação de fumaça (pág. 269); Picadas de cobra (pág. 355); Estrangulamento (pág. 207); Asfixia (pág. 90); Intoxicação por sapo (pág. 303); Inconsciência (pág. 272)

Sistema respiratório

SINTOMA	CAPÍTULO E PÁGINA
Respiração acelerada	Queimaduras por calor (pág. 389); Colapso (pág. 117); Fraturas (pág. 250); Insolação (pág. 297); Choque (pág. 109)
Respiração barulhenta	Crises de asma (pág. 156); Ferroadas de abelhas e vespas (pág. 241); Corpo estranho no nariz (pág. 143); Corpo estranho na garganta (pág. 140)
Respiração curta	Ferimentos no peito (pág. 231); Queimaduras por calor (pág. 389); Intoxicação por monóxido de carbono (pág. 312); Colapso (pág. 117) Estrangulamento (pág. 207)
Respiração difícil ou trabalhosa	Crises de asma (pág. 156); Ferroadas de abelhas e vespas (pág. 241); Acidentes de carro (pág. 70); Ferimentos no peito (pág. 231); Asfixia (pág. 90); Colapso (pág. 117); Afogamento (pág. 75); Choque elétrico (pág. 112); Quedas (pág. 379); Alergias alimentares (pág. 85); Corpo estranho na garganta (pág. 140); Fraturas (pág. 250); Ferimentos por tiro (pág. 236); Cabeça presa (pág. 99); Urticária (pág. 415); Intoxicação (pág. 303) Ferroadas de escorpião (pág. 245); Inalação de fumaça (pág. 269); Estrangulamento (pág. 207); Asfixia (pág. 90); Carrapatos (pág. 102); Edema na língua (pág. 183)
Respiração funda e ruidosa	Crises de asma (pág. 156); Intoxicação por monóxido de carbono (pág. 312); Corpo estranho na garganta (pág. 140); Inalação de fumaça (pág. 269); Asfixia (pág. 90)
Respiração ofegante (gatos)	Problemas de parto (pág. 362); Insolação (pág. 297)
Respiração ofegante	Corpo estranho no nariz (pág. 143); Corpo estranho na garganta (pág. 140)
Tosse	Crises de asma (pág. 156); Asfixia (pág. 90); Colapso (pág. 117); Choque elétrico (pág. 112); Corpo estranho na garganta (pág. 140); Inalação de fumaça (pág. 269)

Pele e pelagem

SINTOMA	CAPÍTULO E PÁGINA
Bolhas	Queimaduras químicas (pág. 396); Queimaduras por calor (pág. 389); Congelamento (pág. 120)
Cheiro rançoso	Impetigo (pág. 267); Larvas (pág. 314)
Coceira	Alergias de vias aéreas (pag. 88); Alergia a pulgas (pág. 82); Alergias alimentares (pág. 85); Urticária (pág. 415); Dermatite aguda (pág. 166); Impetigo (pág. 267); Infecções de pele (pág. 286); Problemas de sutura (pág. 369)

Pele e pelagem

SINTOMA	CAPÍTULO E PÁGINA
Descamação	Infecções de pele (pág. 286)
Edema	Abscessos (pág. 67); Ferroadas de abelhas e vespas (pág. 241); Mordidas de animais (pág. 331); Alergias alimentares (pág. 85); Ferimentos por tiro (pág. 236); Urticária (pág. 415); Queimadura de água-viva (pág. 384); Celulite juvenil (pág. 106); Ferroadas de escorpião (pág. 245); Edema na pele (pág. 192); Picadas de cobra (pág. 355); Problemas de sutura (pág. 369)
Erupção	Alergias de vias aéreas (pág. 88); Alergia a pulgas (pág. 82); Urticária (pág. 415); Impetigo (pág. 267)
Feridas com casca	Alergia a pulgas (pág. 82); Impetigo (pág. 267)
Feridas	Abscessos (pág. 67); Mordidas de animais (pág. 331); Picadas de cobras (pág. 355); Picadas de aranhas (pág. 351); Carrapatos (pág. 102)
Inflamação	Cortes e feridas (pág. 151); Problemas de sutura (pág. 369)
Inflamações molhadas e vazando	Queimaduras químicas (pág. 396)
Inflamações olho de boi	Infecções de pele (pág. 286); Carrapatos (pág. 102)
Inflamações vermelhas e molhadas	Abscessos (pág. 67); Queimaduras por calor (pág. 389); Dermatite aguda (pág. 166)
Inflamações vermelho-brilhantes	Infecções de pele (pág. 286)
Inflamações	Abscessos (pág. 67); Alergia a pulgas (pág. 82); Dermatite aguda (pág. 166); Feridas por lambedura (pág. 215); Celulite juvenil (pág. 106)
Larvas	Cortes e feridas (pág. 151); Larvas (pág. 314)
Manchas irregulares	Alergias de vias aéreas (pág. 88); Urticária (pág. 415) Dermatite aguda (pág. 166)
Oleosidade	Alergias de vias aéreas (pág. 88); Infecções de pele (pág. 286)
Pele azul ou cinza	Afogamento (pág. 75); Congelamento (pág. 120); Hipotermia (pág. 257)
Pele fria	Congelamento (pág. 120); Hipotermia (pág. 257)
Pele pálida ou branca	Congelamento (pág. 120); Hipotermia (pág. 257)
Pele rígida e não flexível	Mastite (pág. 328)
Pelo molhado e com mau cheiro	Abscessos (pág. 67); Diarreia (pág. 171); Incontinência (pág. 278); Larvas (pág. 314)
Perda de elasticidade	Desidratação (pág. 169)
Perda de pelo, pele de vermelha a cinza	Alergias de vias aéreas (pág. 88); Alergias alimentares (pág. 85); Infecções de pele (pág. 286)
Protuberâncias na pele, vermelhas	Feridas por lambedura (pág. 215)
Pus	Abscessos (pág. 67); Infecções de pele (pág. 286)
Pústulas (geralmente em filhotes)	Impetigo (pág. 267)

Pele e pelagem

SINTOMA	CAPÍTULO E PÁGINA
Queda de pelo, falhas	Alergia a pulgas (pág. 82); Dermatite aguda (pág. 166); Feridas por lambedura (pág. 215)
Supuração	Abscessos (pág. 67); Queimaduras químicas (pág. 396); Queimaduras por calor (pág. 389); Congelamento (pág. 120); Infecções de pele (pág. 286)
Urticária	Ferroadas de abelhas e vespas (pág. 241); Urticária (pág. 415); Queimadura de água-viva (pág. 384)
Vergões	Urticária (pág. 415)
Vermes em ferida	Abscessos (pág. 67); Larvas (pág. 314)

Sintomas do corpo em geral

SINTOMA	CAPÍTULO E PÁGINA
Ânsia	Asfixia (pág. 90); Corpo estranho ingerido (pág. 132); Insolação (pág. 297); Carrapatos (pág. 102); Vômito (pág. 421)
Colapso	Ferroadas de abelhas e vespas (pág. 241); Problemas de parto (pág. 362); Acidentes de carro (pág. 70); Colapso (pág. 117); Alergias alimentares (pág. 85); Queimadura de água-viva (pág. 384); Baixa taxa de açúcar no sangue (pág. 96); Intoxicação (pág. 303); Convulsões (pág. 128); Ferroadas de escorpião (pág. 245); Intoxicação por sapo (pág. 303); Inconsciência (pág. 272)
Convulsões	Problemas de parto (pág. 362); Intoxicação por monóxido de carbono (pág. 312); Choque elétrico (pág. 112); Danos na cabeça (pág. 159); Baixa taxa de açúcar no sangue (pág. 96); Intoxicação (pág. 303); Convulsões (pág. 128); Picadas de cobra (pág. 355); Intoxicação por sapo (pág. 303)
Desmaio	Crises de asma (pág. 156); Queimaduras por calor (pág. 389); Colapso (pág. 117); Infecções de ouvido (pág. 281); Baixa taxa de açúcar no sangue (pág. 96); Intoxicação (pág. 303); Convulsões (pág. 128); Inalação de fumaça (pág. 269); Inconsciência (pág. 272)
Dorso arqueado	Ferimentos abdominais (pág. 217); Ferimentos no dorso (pág. 227); Constipação (pág. 122)
Edema no pescoço	Abscessos (pág. 67); Torcicolo (pág. 409); Celulite juvenil (pág. 106)
Febre	Abscessos (pág. 67); Impactação da glândula anal (pág. 263); Ferroadas de abelhas e vespas (pág. 241); Febre (pág. 213); Celulite juvenil (pág. 106); Ferroadas de abelhas e vespas (pág. 241); Carrapatos (pág. 102)

Sintomas do corpo em geral

SINTOMA	CAPÍTULO E PÁGINA
Fraqueza, instabilidade, andar trôpego	Ferimentos abdominais (pág. 217); Ferroadas de abelhas e vespas (pág. 241); Problemas de parto (pág. 362); Queimaduras por calor (pág. 389); Intoxicação por monóxido de carbono (pág. 312); Danos por secadora de roupas (pág. 163); Colapso (pág. 117); Desidratação (pág. 169); Afogamento (pág. 75); Infecções de ouvido (pág. 281); Quedas (pág. 379); Insolação (pág. 297); Baixa taxa de açúcar no sangue (pág. 96); Intoxicação (pág. 303); Convulsões (pág. 128); Choque (pág. 109); Asfixia (pág. 90); Inconsciência (pág. 272)
Frio ao toque	Hipotermia (pág. 257)
Inconsciência	Crises de asma (pág. 156); Mordidas de animais (pág. 331); Acidentes de carro (pág. 70); Parada cardíaca (pág. 347); Danos por secadora de roupas (pág. 163); Filhotes debilitados (pág. 247); Quedas (pág. 379); Fraturas (pág. 250); Danos na cabeça (pág. 159); Insolação (pág. 297); Hipotermia (pág. 257); Baixa taxa de açúcar no sangue (pág. 96); Torcicolo (pág. 409); Intoxicação (pág. 303); Convulsões (pág. 128); Picadas de aranhas (pág. 351); Estrangulamento (pág. 207); Asfixia (pág. 90); Inconsciência (pág. 272)
Movimento bruscos, tremores, calafrios	Ferroadas de abelhas e vespas (pág. 241); Hipotermia (pág. 257); Baixa taxa de açúcar no sangue (pág. 96); Picadas de cobra (pág. 355); Picadas de aranhas (pág. 351)
Paralisia	Ferimentos no dorso (pág. 227); Ferroadas de escorpião (pág. 245); Carrapatos (pág. 102)
Protuberância rígida ou macia	Abscessos (pág. 67); Mastite (pág. 328); Edema na Pele (pág. 192)
Rigidez	Filhotes debilitados (pág. 247); Intoxicação (pág. 303); Carrapatos (pág. 102)
Temperatura do corpo baixa	Afogamento (pág. 75); Filhotes debilitados (pág. 247); Congelamento (pág. 120); Hipotermia (pág. 257); Choque (pág. 109)
Temperatura do corpo elevada	Danos por secadora de roupas (pág. 163); Febre (pág. 213); Insolação (pág. 297); Convulsões (pág. 128)
Tombos	Infecções de ouvido (pág. 281); Convulsões (pág. 128); Inconsciência (pág. 272)
Tontura	Infecções de ouvido (pág. 281); Insolação (pág. 297); Baixa taxa de açúcar no sangue (pág. 96)

CONSULTORES PARA A PARTE I

- Lowell Ackerman, doutor em Medicina Veterinária, é veterinário no Mesa Veterinary Hospital, em Scotsdale, Arizona, e autor de *Skin and Coat Care for Your Dog* e *Skin and Coat Care for Your Cat.*
- Shane Baterman, doutora em Medicina Veterinária, doutora em Ciências Veterinárias, é veterinária com formação no American College of Emergency and Critical Care Medicine e professora assistente em Medicina de Emergência e Tratamento Crítico no Ohio State University College of Veterinary Medicine em Columbus.
- John Brakebill, doutor em Medicina Veterinária, é veterinário no Brakebill Veterinary Hospital em Sherman, Texas.
- Grace F. Bransford, doutora em Medicina Veterinária é veterinária em Corte Madera, Califórnia.
- Dale C. Butler, doutor em Medicina Veterinária, é veterinário no Best Friends Animal Hospital, em Denison, Texas.
- Lyndon Conrad, doutor em Medicina Veterinária, é veterinário na Noah's Landing Pet Care Clinic, em Ekhart, Indiana.
- Alvin C. Dufour, doutor em Medician Veterinária, é veterinário no Dufour Animal Hospital em Ekhart, Indiana.
- Deborah Edwards, doutora em Medicina Veterinária, é veterinária no All Cats Hospital, em Largo, Florida.
- Martha Gearhart, doutora em Medicina Veterinária, diplomada pelo American Board of Veterinary Practioners, é veterinária no Pleasant Valley Animal Hospital, em Nova York.
- Grady Hester, doutora em Medicina Veterinária, é veterinária no All Creatures Animal Clinic em Rolesville, Carolina do Norte.
- Jamie Hodges, doutor em Medicina Veterinária, é veterinário no Valley View Pet Health Center, em Farmers Branch, Texas.
- Jean C. Holve, doutor em Medicina Veterinária, é veterinário e coordenador do Companion Animal Program para o Animal Protection Institute em Sacramento.
- Joanne Howl, doutora em Medicina Veterinária, é veterinária em West River, Maryland, secretária-tesoureira do American Academy of Veterinary Disaster Medicine e ex-presidente da Maryland Veterinary Medical Association.
- Chris Johnson, doutor em Medicina Veterinária, é veterinário na Westside Animal Emergency Clinic, em Atlanta.
- Terry Kaeser, doutor em Medicina Veterinária, é veterinário na Goshen Animal Clinic, em Indiana.
- Mauri Karger, doutor em Medicina Veterinária, é veterinário no 1-20 Animal Medical Center, em Arlington, Texas.
- Ken Lawrence, doutor em Medicina Veterinária, é veterinário no Texoma Veterinary Hospital, em Sherman, Texas.
- Peter Levin, doutor em Medicina Veterinária, é veterinário no Ludwig's Corner Veterinary Hospital, em Chester Springs, Pensilvânia.
- Albert Mughannam, doutor em Medicina Veterinária, é veterinário oftalmologista no Veterinary Vision, em San Mateo, Califórnia.
- Thomas Munschauer, doutor em Medicina Veterinária, é veterinário no Middlebury Animal Hospital, em Vermont, e ex-presidente da Vermont Veterinary Medical Association.
- Margaret J. Rucker, doutora em Medicina Veterinária, é veterinária no Southwest Virginia Veterinary Services, em Lebanon, Virgínia.
- Laura Solien, doutora em Medicina Veterinária, é veterinária no Maplecrest Animal Hospital, em Goshen, Indiana.
- Kevin Wallace, doutor em Medicina Veterinária, leciona no departamento de ciências clínicas do Cornell University College of Veterinary Medicine, em Ithaca, Nova York.
- Drew Weigner, doutora em Medicina Veterinária, é veterinária no The Cat Doctor, em Atlanta.
- Jeffrey Werber, doutor em Medicina Veterinária, é veterinário no Century Veterinary Group, em Los Angeles.
- H. Ellen Whiteley, doutora em Medicina Veterinária, é veterinária em Guadalupita, Novo México, e autora de *Understanding and Training Your Dog or Puppy* e *Understanding and Training Your Cat or Kitten.*
- Dennis L. Wilcox, doutor em Medicina Veterinária, é veterinário na Angeles Clinic for Animals, em Port Angeles, Washington.
- David Wirth-Schneider, doutor em Medicina Veterinária, é veterinário na Emergency Clinic for Animals, em Madison, Wisconsin.
- Sophia Yin, doutora em Medicina Veterinária, é veterinária em Davis, Califórnia, e autora de *The Small Veterinary Nerdbook.*

PARTE II
MACHUCADOS E DOENÇAS COMUNS

ABSCESSOS

PROCURE SEU VETERINÁRIO: **NO MESMO DIA**

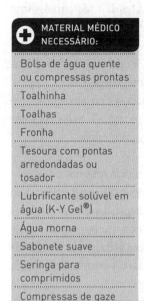

MATERIAL MÉDICO NECESSÁRIO:
- Bolsa de água quente ou compressas prontas
- Toalhinha
- Toalhas
- Fronha
- Tesoura com pontas arredondadas ou tosador
- Lubrificante solúvel em água (K-Y Gel®)
- Água morna
- Sabonete suave
- Seringa para comprimidos
- Compressas de gaze
- Colar elisabetano

Um abscesso se desenvolve quando germes ficam presos sob a pele e não existe maneira da infecção supurar, à medida que ele cresce. Qualquer machucado ou inflamação que rompe a pele pode causar um abscesso.

Os cachorros não são afetados com tanta frequência quanto os gatos, embora tenham mais problemas de abscessos nas glândulas anais do que estes últimos. Quando um gato é mordido ou arranhado por outro gato, as feridas deixam pequenos buracos propensos a formar abscessos, porque a pele do gato cicatriza com muita rapidez, recobrindo a bactéria dos machucados. Os abscessos felinos ocorrem quase sempre na cabeça, na região lombar ou na pata, dependendo de se o gato ganhou ou perdeu a briga. Geralmente, você nem ao menos nota o abscesso, até que o animal comece a mancar; você vê uma área quente, vermelha, inchada; ou a ferida se romper e supurar um pus mal-cheiroso amarelo, verde ou sanguinolento. Os animais frequentemente têm febre de 40 °C a 41 °C.

Os abscessos normalmente não são perigosos, mas são extremamente doloridos. Eles também podem destruir o tecido que o circunda e deixar cicatrizes feias, caso não sejam tratados prontamente. Existem casos raros em que um abscesso pode se romper para dentro, ao invés de se romper para fora, infectando todo o organismo, mas, de modo geral, depois de uma ida ao veterinário, você pode tratar um abscesso em casa.

FAÇA ISTO JÁ

REMOVA A INFECÇÃO. Quando um abscesso estiver macio e inchado, mas ainda não tiver começado a supurar, aplique compressas quentes na ferida. Isso ajudará a trazer a infecção para um ponto, abrir o machucado e acelerar o processo de cura. Encharque uma toalhinha com água tão quente quanto você possa suportar, torça-a e a coloque sobre o tecido inchado. Se você estiver usando uma compressa quente pronta ou uma bolsa de água quente, enrole-a em uma toalha antes da aplicação. Aplique a compressa de duas a cinco vezes por dia, revezando cinco minutos no local, cinco minutos fora, até que ela esfrie. Não coloque compressas quentes nas axilas nem nas virilhas.

IMOBILIZE SEU ANIMAL. Os abscessos são muito dolorosos e seu animal não vai querer que você toque na ferida. Ele pode até morder, caso não tenha sido imobilizado de forma segura.

Infelizmente, os gatos são difíceis de amordaçar porque têm o focinho curto demais e geralmente o abscesso é na cabeça. Para ferimentos na cabeça, arrume mais uma pessoa que segure o gato pela pele do pescoço com uma das mãos e as patas traseiras com a outra, levando-o delicadamente a se apoiar sobre uma bancada, enquanto você trata o ferimento. Quando o abscesso estiver na região lombar ou em apenas uma pata, enrole a extremidade da frente com uma toalha grossa ou uma fronha, deixando a parte traseira exposta. Gatos que reagem continuamente às tentativas de imobilizá-lo, provavelmente precisarão ser sedados ou anestesiados por um veterinário, antes que possam ser tratados.

TOSE O PELO. Quando o abscesso tiver começado a drenar, o pelo ficará molhado e mal-cheiroso, podendo manchar estofamentos e tapetes. Além dos inconvenientes, o pelo conserva a bactéria no lugar e pode retardar a recuperação, tornando mais difícil manter a área limpa. Use tesoura com pontas arredondadas ou tosador elétrico para cortar a pelagem em torno do abscesso. Se estiver usando tesoura, primeiramente coloque seu indicador e seu dedo médio dentro do pelo e segure-os sobre o abscesso. Corte a pelagem na altura dos seus dedos, deixando uma borda de 2,5 cm em torno do abscesso. (Essa técnica aparece ilustrada na página 390). Se a pele estiver machucada, antes de tosar, preencha a ferida com um lubrificante solúvel em água, como o K-Y Gel®. Depois, quando tiver terminado a tosa, enxágue todo o abscesso com água morna. Os pelos cortados aderem ao gel e saem com a água.

LIMPE A ÁREA. O tecido interno de um abscesso rompido fica vermelho e granuloso. Isso significa que a inflamação começa a sarar, mas você ainda precisa limpar o pus conforme ele supura. Lave a área com água morna. Você pode usar um sabonete suave, para limpar o pus do pelo. Caso o pelo esteja realmente impregnado com pus, tente manter sobre a área um pano bem molhado com água morna, durante dez a quinze minutos, para amolecer a crosta. Depois, lave com sabão e enxágue delicadamente.

ALERTA IMPORTANTE

PESTE BUBÔNICA

As pulgas podem transmitir uma doença bacteriana denominada peste bubônica, a temível praga medieval que pode levar pessoas – e gatos – a ficarem mortalmente doentes. A origem do nome vem de bubão, um edema infectado dolorido que surge como um sintoma do mal. Nos gatos, um bubão se forma sob o queixo ou na pele solta onde a mandíbula se junta ao pescoço, em torno da parte inferior do maxilar. É exatamente como um abscesso. Os cães raramente pegam peste bubônica, mas os gatos ficam expostos à praga, quando comem roedores infectados. O tratamento usual é com antibióticos, e, se tratados a tempo, os gatos tendem a se recuperar totalmente.

As pessoas podem adoecer ao lidar com um gato infectado, caso entrem em contato com o pus. Portanto, se você mora em algum lugar de alto risco, e seu gato desenvolver um edema suspeito, não o trate por conta própria. Enrole-o em uma toalha e avise seu veterinário, para que ele possa administrar o tratamento adequado e tomar as precauções necessárias.

✅ CUIDADOS POSTERIORES

▪ A maioria dos animais com abscessos precisa tomar antibióticos durante dez dias ou mais. É importante que eles tomem toda a quantidade receitada, para se ter certeza de que a infecção esteja curada. No caso dos cachorros, você pode esconder os comprimidos em um petisco, como queijo, e eles vão abocanhá-lo, mas os gatos tendem a comer o petisco e deixar o comprimido. Para dar comprimido a um gato, ponha a palma de sua mão no topo da cabeça dele, de forma que seu polegar fique de um lado e seu indicador ou dedo médio, do outro. Pressione os lábios do gato contra seus dentes. Geralmente, isto basta para que ele abra a boca, de forma que você possa empurrar o comprimido para o fundo de sua garganta. Depois feche a boca do seu gato e massageie a região da garganta até que o veja engolindo. (Essa técnica aparece ilustrada na página 41.)

▪ Dependendo da extensão e da profundidade do abscesso, seu veterinário pode dar uns pontos no ferimento ou colocar um dreno de látex macio sob a pele. O dreno garante que o ferimento não vai cicatrizar por cima, refazendo o abscesso. Os pontos precisam ficar no local de uma a duas semanas. Os drenos, geralmente, devem ser removidos em um período de 24 a 72 horas, dependendo da quantidade e do tipo de drenagem. Durante esse período, é preciso que a região mantenha-se limpa. Umedeça um pano limpo ou uma compressa de gaze com água morna e limpe o material drenado sempre que necessário. Os gatos geralmente se mantém limpos, e isso é bom, desde que não puxem os pontos ou o dreno.

▪ Cachorros com pontos ou drenos tendem a morder o local da incisão, arrancando as suturas. Você pode colocar no seu cachorro uma coleira cônica de contenção, chamada colar elisabetano, para impedi-lo de tocar na ferida até que ela sare. Remova a coleira na hora das refeições, para que ele possa comer.

A MELHOR ABORDAGEM

CONTENÇÕES DE FRONHA

Os gatos são famosos por serem difíceis de segurar quando não querem ser tocados. Mesmo que seu gato seja normalmente manso, você pode ser mordido ou arranhado quando ele estiver se debatendo para escapar. Veterinários especializados em gatos dizem que uma fronha é a maneira ideal para se imobilizar um gato. Eles geralmente param de lutar quando não veem o que está acontecendo, e o tecido ajuda a afastar aquelas unhas afiadas. Para tratar do gato, você pode deixar a parte machucada exposta no lado aberto da fronha.

CONSULTORES

▪ Deborah Edwards, doutora em Medicina Veterinária, é veterinária no All Cats Hospital, em Largo, Flórida.

▪ Larry Edwards, doutor em Medicina Veterinária, é veterinário no Canyon Creek Pet Hospital, em Sherman, Texas.

▪ Larry Southam, doutor em Medicina Veterinária, é veterinário em domicílio no Targwood Animal Health Care, em West Chester, Pensilvânia, diretor do CompuServe's Vet Care Forum e coautor de *The Pill Book Guide to Medication for Your Dog and Cat*.

ACIDENTES DE CARRO

PROCURE SEU VETERINÁRIO: **IMEDIATAMENTE**

MATERIAL MÉDICO NECESSÁRIO:

- Tira de pano ou fronha para mordaça
- Travesseiro pequeno
- Pano limpo ou absorvente íntimo
- Cobertor ou toalha
- Karo® ou mel
- Camiseta
- Compressas de gaze
- Soro fisiológico estéril
- Jornal
- Revista ou plástico-bolha
- Esparadrapo
- Transportador de animal ou outro objeto rígido
- Filme plástico
- Bite Stop® ou Bitter Max®
- Sabonete líquido antisséptico

Cães e gatos geralmente sobrevivem a acidentes de carro por serem protegidos, até certo ponto, por camadas espessas de pelo e por sua considerável flexibilidade. Contudo, seu rápido período de recuperação é enganoso. Uma razão pela qual os acidentes de carro são tão perigosos é a de que muitos animais aparentemente saem deles com nada além de uma unha arrancada ou alguns arranhões. As pessoas acreditam que eles estão bem e eles não são levados para um check-up. No entanto, enquanto isso, eles podem ter ferimentos internos que não serão percebidos durante horas ou dias. E, então, a recuperação vai ser tornar muito mais difícil.

Se seu animal passar um tempo fora, suspeite do pior se ele chegar em casa mancando ou com dificuldades de respiração. Esses estão entre os sintomas mais comuns de acidentes de carro e podem aparecer até quando os animais parecem bem exteriormente.

Animais que tenham sido atropelados nem sempre escapam, é claro. Conhecer primeiros socorros é a melhor maneira de aumentar as chances de eles chegarem ao veterinário a tempo.

FAÇA ISTO JÁ

AMORDACE SEU CÃO. Cães e gatos que sofreram ferimentos frequentemente mordem quem tenta ajudar. Primeiramente, assegure-se de que seu animal não esteja tendo dificuldades para respirar. Se sua respiração estiver bem, dê uma laçada em uma gravata ou em uma tira de meia-calça e passe-a sobre o nariz do animal. Aperte o nó sobre o nariz, depois dê outro nó sob o maxilar. Faça um terceiro movimento, puxando as pontas para detrás das orelhas e amarrando-as novamente. No caso de um gato ou um cachorro com nariz achatado, como um pug, coloque uma fronha sobre sua cabeça. (Para uma ilustração sobre como amordaçar, vá à página 27.)

VERIFIQUE A RESPIRAÇÃO. A força de ter sido atropelado por um carro geralmente danifica os pulmões levando à parada respiratória, e fazer com que o animal recomece a respirar é a prioridade. Segure a boca do seu animal com uma mão, ponha sua boca sobre seu nariz e dê duas rápidas sopradas. Repare se o peito infla, depois continue dando de 15 a 20 sopradas por minuto, até que o animal volte a respirar por si mesmo ou até que você consiga socorro médico. (Essa técnica aparece ilustrada na página 30.)

VERIFIQUE OS BATIMENTOS CARDÍACOS. Encoste seu ouvido ou a palma de sua mão contra o peito de seu animal, atrás do cotovelo esquerdo. Ou use seus dedos indicador e médio para sentir a pulsação na artéria femoral, localizada na virilha, onde a pata traseira se junta ao corpo.

FAÇA RESSUSCITAÇÃO CARDIOPULMONAR. Caso você não consiga encontrar o pulso ou ouvir o batimento cardíaco, terá que fazer compressões no peito para forçar o sangue a correr pelo corpo. No caso de gatos e cachorros pequenos, ponha sua mão em concha sobre a extremidade do peito que fica logo atrás dos cotovelos. Aperte firmemente com seu polegar de um lado e os outros dedos do outro, pressionando cerca de 1 cm, de 80 a 100 vezes por minuto. Alterne uma respiração a cada cinco compressões.

Um cachorro de porte médio para grande, precisa ser deitado de lado em uma superfície firme e reta. Caso você tenha, ponha um travesseiro pequeno ou um casaco ou cobertor enrolado sob a parte inferior do peito do seu cachorro (isso eliminará qualquer espaço vazio e ajudará nas compressões). Coloque as mãos uma sobre a outra sobre o peito do animal. Tente comprimir o peito em cerca de 25 a 50% a cada compressão. Alterne compressões com respiração na mesma proporção que para os cães pequenos. O objetivo é de 80 a 100 compressões por minuto. (Essa técnica aparece ilustrada na página 31.)

Continue com a respiração artificial e a ressuscitação cardiopulmonar até que seu animal se recupere ou até que você chegue ao veterinário. É aconselhável que tenha alguém para dirigir, para que você possa tratar do seu animal durante o percurso.

PARE O SANGRAMENTO. A segunda prioridade é parar o sangramento. A maneira mais rápida de fazer isso é pressionar diretamente os machucados com um pano limpo, compressa de gaze ou até mesmo com a sua mão. (Um absorvente íntimo é perfeito, porque é altamente absorvente.) A ideia é

DESCOBRINDO A PULSAÇÃO

O coração de seu animal está bem protegido, mas a força brutal dos acidentes de carro pode fazê-lo parar. Antes de fazer a ressuscitação cardiopulmonar, é preciso que você verifique se o coração está batendo. É muito mais fácil ouvir a verdadeira batida do coração do que sentir a pulsação, portanto, ouça também o peito.

O melhor lugar para sentir a pulsação é a artéria femoral, localizada na virilha, onde a pata traseira se junta ao corpo. Pressionando delicadamente, use seus dedos indicador, médio e anular para procurar a pulsação. Se você não conseguir senti-la e não puder ouvir a batida do coração no peito, é provável que o coração tenha parado

ALERTA IMPORTANTE

FERIMENTOS OCULTOS

As pessoas geralmente ficam espantadas quando veem cães e gatos se levantando, dando um movimento brusco e se afastando de acidentes de carro. É possível que eles tenham tido muita sorte, mas é igualmente possível que haja um ferimento oculto, esperando para abatê-los.

Até colisões em baixa velocidade envolvem uma carga enorme de força. A força de uma pancada pode não quebrar ossos ou machucar a pele, mas pode contundir os pulmões. Este estado, chamado de contusão pulmonar, não se cura por si só. Na verdade, a contusão se espalha, fazendo com que os pulmões se encham vagarosamente de sangue. Os animais podem, literalmente, se afogar, 24 horas ou mais depois de ocorrido o acidente.

A contusão no pulmão é fácil de ser reconhecida, porque o animal se esforça para respirar. Isso sempre é uma emergência, especialmente porque a respiração artificial não tem serventia quando os pulmões estão cheios de fluido. Você terá que levar seu animal ao veterinário o quanto antes.

---

diminuir o fluxo de sangue e dar a chance para que se formem coágulos. Segure a compressa no lugar por cerca de cinco minutos. Até sangramentos graves normalmente param dentro desse período, se você mantiver a pressão.

É comum que o sangue molhe a compressa ou o pano, antes que o sangramento pare. Não a remova, porque isto interferirá nos coágulos que estão tentando se formar. Em vez disso, coloque uma segunda compressa sobre a primeira e continue a pressionar. (Para mais informações sobre sangramento, vá à página 400.)

VERIFIQUE AS GENGIVAS. Se o sangramento não parar, dê uma olhada nas gengivas do seu animal. Elas deverão estar rosadas ou com a cor escura. Se estiverem excepcionalmente pálidas, pode ter ocorrido uma grande perda de sangue e você vai precisar da ajuda de um profissional rapidamente, porque seu animal está entrando em choque. Enrole-o em uma toalha ou cobertor para mantê-lo aquecido.

Você também pode colocar uma ou duas gotas de Karo® ou de mel em suas gengivas, para ajudá-lo a se manter consciente. (Para mais informações sobre choque, vá à página 109.)

CUBRA E PROTEJA OS FERIMENTOS. Quer você esteja prestando os primeiros socorros junto à rua, quer esteja dirigindo até o veterinário, a proteção dos ferimentos abertos os manterá limpos e ajudará a prevenir infecções. Você não precisa de nada muito especial – até uma camiseta jogada sobre um ferimento ajudará.

PROTEJA OS OLHOS DE SEU ANIMAL. É muito comum que os olhos sejam atingidos em acidentes de carro, e para prevenir cegueira você precisa proteger os olhos de seu animal, caso tenham sido machucados. Molhe um pedaço de pano limpo ou uma compressa de gaze com soro fisiológico estéril ou água limpa e segure-o sobre o olho atingido sem fazer qualquer pressão. (Vá à página 344 para instruções sobre como prestar os primeiros socorros em um animal que esteja com o olho fora da órbita.)

VERIFIQUE SE HÁ PATA QUEBRADA. Se você suspeitar que haja uma pata quebrada (seu animal posiciona a pata de um jeito anormal ou não faz uso dela, sente uma dor extrema ao se mover, o membro está pendurado em um ângulo estranho, ou você pode ouvir o barulho do osso, conforme seu animal movimenta a pata), você não tem muito a fazer. Se conseguir chegar a um veterinário em 20 minutos, toque na região o menos possível. Cães e gatos instintivamente sabem como proteger o ferimento.

IMOBILIZE UMA PATA QUEBRADA. Se for impossível chegar rápido a um veterinário, você vai ter de imobilizar a pata machucada. Use gaze ou pano para proteger ferimentos visíveis, depois coloque uma toalha em torno da pata. Imobilize o membro embrulhando-o dentro de um jornal, uma revista ou plástico-bolha, ou ponha algo comprido e duro, como uma colher de pau, sobre a toalha. Depois feche este "rolo" com adesivo. Trabalhe da pata para fora – use alguma coisa limpa para proteger o machucado, alguma coisa macia para acolchoá-lo, alguma coisa rígida para imobilizá-lo, e, finalmente, adesivo para manter tudo isso junto.

MOVIMENTE SEU ANIMAL COM CUIDADO. Qualquer osso quebrado precisa ser manipulado cuidadosamente, mas é especialmente importante quando a fratura se dá na pélvis ou na espinha. A melhor forma de movimentar os animais com fraturas é sobre uma superfície rígida. Uma prancha de madeira funciona; uma tábua de passar roupa também. No caso de animais pequenos, pode-se usar um transportador de animais ou até uma assadeira, ou a lâmina de uma pá. Desde que seja rígido e impeça que

ALHEIOS AO PERIGO

As pessoas muitas vezes se perguntam o motivo de cães e gatos correrem direto para o meio dos carros. Não é por serem estúpidos. Os animais aprendem com a experiência, e os acidentes com carros, infelizmente, são lições a que nem sempre eles sobrevivem. Além disso, eles simplesmente não enxergam os objetos em movimento da mesma maneira que as pessoas. Eles correm para os carros porque não imaginam que possa ser perigoso.

Cães e gatos têm uma habilidade limitada para focar objetos em movimento. Eles realmente não conseguem saber se um carro está se afastando deles ou indo em direção a eles e têm dificuldade em avaliar a velocidade do veículo que se aproxima. Os animais quase não têm conhecimento, no mundo natural, de algo que se mova tão rápido quanto um carro.

a espinha ou a pélvis se flexionem, serve. A ideia é arrastar – não levantar – seu animal para a superfície, escorregando um lençol ou uma toalha sob ele e puxando-o delicadamente para a superfície rígida; depois cobri-lo e prendê-lo no suporte. Passe uma tira adesiva sobre seu corpo, exatamente à frente de suas patas traseiras, e outra tira exatamente atrás das patas dianteiras. Depois o leve até o carro e vá para o veterinário. (Vá à página 38 para mais informações sobre como movimentar animais com segurança.)

✔ CUIDADOS POSTERIORES

■ Animais que receberam pancadas suficientemente fortes para precisar de primeiros socorros precisarão de um acompanhamento bastante atento, a começar pelos curativos. Eles deverão estar sempre secos e limpos. Seu veterinário mostrará como trocá-los para reduzir o risco de reabrir a ferida.

■ Observe os dedos do seu animal várias vezes por dia, para ver se estão inchados, frios ou moles. Estes são sinais de que os curativos estão apertados demais e precisam ser afrouxados.

■ Cheire o curativo uma ou duas vezes por dia. Um cheiro especialmente ruim significa que o ferimento está infeccionando. Outro sinal de problema é a supuração. Animais que ignoram seus curativos durante vários dias e, repentinamente, começam a lambê-los ou mordê-los, estão, provavelmente, sentindo mais dor, o que pode significar o início de uma infecção. Febre, perda de apetite ou mudanças súbitas de comportamento também podem indicar a existência de uma infecção sob o curativo. Se notar qualquer um desses sintomas, procure seu veterinário.

■ Mantenha os curativos limpos, envolvendo-os com filme plástico quando seu animal sair ao ar livre. No entanto, os ferimentos precisam respirar, portanto, remova o plástico assim que ele voltar para dentro.

■ Frequentemente, cães e gatos veem os curativos como um desafio – coisas a serem removidas com os dentes. Os veterinários recomendam que os curativos sejam revestidos com uma substância de gosto ruim, como Bite Stop® ou Bitter Max®, que inibe as mordeduras e lambeduras.

■ Animais feridos gravemente precisam de muito tempo para se recuperar. Seu instinto natural é passar o dia deitado, o que não é bom. Consulte seu veterinário para ter certeza de que seu animal não precisa ficar totalmente confinado. Caso o veterinário concorde, encoraje delicadamente o seu animal a se levantar, a sair e a se movimentar. Os movimentos ajudam a aumentar a circulação sanguínea na área afetada e remove as toxinas. Passar o dia deitado aumenta o risco de infecção, pneumonia ou de outras complicações. Se seu animal não tem vontade de se mexer, ele pode estar com dor. Fale com seu veterinário, caso você ache que seja esse o caso.

■ Seu veterinário pode prescrever analgésico. Não use analgésicos de livre acesso após um ferimento grave.

■ Limpe os menores ferimentos e esfolados uma vez por dia, com um sabonete líquido antisséptico.

CONSULTORES

■ Shane Bateman, doutora em Medicina Veterinária, doutora em Ciências Veterinárias, veterinária certificada pelo American College of Emergency and Critical Care Medicine, professora-assistente de Medicina de Emergência e Cuidados Críticos no Ohio State University College of Veterinary Medicine, em Columbus.

■ Thomas Munschauer, doutor em Medicina Veterinária, veterinário no Middlebury Animal Hospital, em Vermont, e ex-presidente da Vermont Veterinary Medical Association.

■ Sandra Sawchuk, doutora em Medicina Veterinária, instrutora clínica na University of Wisconsin of Veterinary Medicine, em Madison, Wisconsin.

■ Kevin Wallace, doutor em Medicina Veterinária, instrutor no departamento de Ciências Clínicas no Cornell University College of Veterinary Medicine, em Ithaca, Nova York.

■ David Wirth-Schneider, doutor em Medicina Veterinária, veterinário na Emergency Clinic for Animals, em Madison, Wisconsin.

AFOGAMENTO

PROCURE SEU VETERINÁRIO: IMEDIATAMENTE

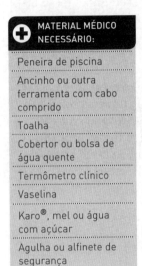

MATERIAL MÉDICO NECESSÁRIO:
- Peneira de piscina
- Ancinho ou outra ferramenta com cabo comprido
- Toalha
- Cobertor ou bolsa de água quente
- Termômetro clínico
- Vaselina
- Karo®, mel ou água com açúcar
- Agulha ou alfinete de segurança

Os cães e os gatos nascem com habilidade para nadar, o que torna o afogamento raro. O que geralmente acontece é que eles pulam ou caem na água e não conseguem sair, ou por ficarem muito cansados ou pelas bordas da piscina serem muito abruptas, ou por qualquer outro obstáculo. Quando eles perdem a força e escorregam para debaixo d'água, eles literalmente inspiram água para dentro de seus pulmões, podendo danificá-los, impedir a entrada de oxigênio e levar à asfixia.

Animais que se afogaram, às vezes acabam chegando à terra firme, o que faz com que o acontecido nem sempre seja óbvio. Observe os lábios, as bordas dos olhos ou as gengivas: em um afogamento, a falta de oxigênio torna esses tecidos cinza ou azuis, em vez do rosado costumeiro.

Pode ser que você consiga reviver seu animal com ressuscitação cardiopulmonar. Realisticamente, é extremamente difícil fazer com que um coração parado volte a funcionar sem a utilização de um equipamento especializado. No entanto, você ainda pode salvar a vida do seu animal, fazendo com que ele volte a respirar. Normalmente, animais que começam a respirar sozinhos acabam se recuperando, mas ainda precisam de um veterinário com urgência. Animais que quase se afogaram frequentemente têm problemas respiratórios posteriores. Eles parecerão estar perfeitamente saudáveis, mas em poucas horas ou um dia depois, começarão a apresentar dificuldades respiratórias.

FAÇA ISTO JÁ

ANTES DE COMEÇAR O PRONTO ATENDIMENTO, TIRE SEU ANIMAL DA ÁGUA. A não ser que você tenha um gato ou um cachorro pequeno, ou que a água seja muito rasa, é mais seguro que você não entre na água. Os veterinários recomendam o uso de uma peneira de piscina, uma vara de pesca, um ancinho ou de qualquer outro instrumento que você possa usar para fisgar a coleira e puxar seu animal para junto de você.

TIRE A ÁGUA DOS PULMÕES DE SEU ANIMAL. Depois que seu animal estiver fora da água, você terá de remover a água de seus pulmões, sua traqueia e sua boca, segurando-o de cabeça para baixo. Pegue um animal pequeno por suas patas traseiras ou um animal maior pela bacia, vire-o de ponta-cabeça e dê-lhe uma boa chacoalhada. Se for possível, faça com que alguém lhe dê uns golpes firmes nos dois lados do

ALERTA IMPORTANTE

PNEUMONIA

Os animais que tiverem sido reavivados após se afogarem, não estão totalmente fora de perigo. A água que foi para os pulmões pode conter sujeira ou germes causadores da pneumonia, uma inflamação pulmonar. Normalmente, um animal com pneumonia tem febre e dificuldade para respirar. A respiração pode soar úmida ou também "borbulhenta".

A pneumonia é um problema sério, e animais de estimação podem morrer em poucos dias se não receberem oxigênio, antibiótico ou outros recursos médicos. Procure seu veterinário assim que perceber os sintomas. De qualquer modo, pode também ser uma boa ideia levar todo animal que quase tenha se afogado (mesmo que não tenha perdido a consciência) ao veterinário. Ele fará um exame geral e, possivelmente, fará um raio X para verificar se houve algum dano ou se o animal inalou água. Quando descoberta no início, a pneumonia normalmente é muito mais fácil de ser tratada. Todo animal que tenha ficado inconsciente ou que tenha sido reavivado de alguma forma deve ser levado ao veterinário, mesmo que a ressuscitação tenha sido um sucesso.

peito durante 10 a 15 segundos. Às vezes, isso é tudo que é preciso para que a respiração recomece.

Caso seu cachorro seja grande demais para ser levantado, deite-o de lado, prestando atenção para que a cabeça fique mais baixa do que a cauda. Ponha a base da sua mão na depressão atrás do último grupo de costelas e pressione com um golpe firme em direção à cabeça dele, três ou quatro vezes. Espere um ou dois segundos para ver se ele expele a água e repita a tentativa. Não leve mais de um minuto para fazer isso, porque os pulmões absorvem água com muita rapidez. Quando a água demora a sair, provavelmente é porque não sairá. Na verdade, nessa altura, a água talvez não seja o problema. Alguns animais vivem uma situação chamada afogamento seco, na qual o medo (ou temperaturas baixas) faz com que a laringe – a passagem de ar para os pulmões – entre em espasmo. Talvez não haja água nos pulmões, mas mesmo assim ele não consegue respirar.

SE SEU ANIMAL NÃO ESTIVER RESPIRANDO, COMECE A RESPIRAÇÃO ARTIFICIAL. Segure a boca de seu animal fechada e coloque seus lábios sobre o nariz dele. Dê duas rápidas sopradas e espere para ver se seu peito infla. Depois, continue soprando, até que ele reviva ou até que você consiga socorro médico. Dê cerca de 15 a 20 sopradas por minuto, até que você veja o peito inflando normalmente. (Essa técnica aparece ilustrada na página 30.)

Depois das primeiras sopradas, ouça ou sinta o batimento cardíaco, colocando seu ouvido ou a palma de sua mão sobre o lado esquerdo do peito do animal. Ou procure a pulsação, de preferência na virilha, onde a pata traseira se liga ao corpo. Se o coração estiver batendo, continue com as sopradas. Se não houver batimento cardíaco, você precisará fazer ressuscitação cardiopulmonar, com uma soprada a cada cinco compressões no peito. É melhor fazer a ressuscitação cardiopulmonar, enquanto alguém os leva ao veterinário.

Quando a ressuscitação cardiopulmonar for realizada em animais pequenos, ponha

PRONTO ATENDIMENTO CARDÍACO

Os veterinários podem fazer com que o coração volte a bater com uma injeção de epinefrina. Se o seu animal se afogou, seu coração não bate e você não vai conseguir chegar a tempo no veterinário, você pode conseguir um efeito semelhante tentando esta técnica de acupuntura. Ela estimula o organismo a liberar adrenalina, uma substância natural muito semelhante à epinefrina.

Se o seu animal estiver inconsciente e seu coração tiver parado de bater, coloque uma agulha ou um alfinete de segurança na fenda existente no lábio superior dele, abaixo do nariz. Coloque-a até chegar no osso, depois mexa-a repetidamente para frente e para trás.

sua mão em concha na extremidade do peito, logo atrás dos cotovelos. Com o polegar de um lado e os outros dedos do outro, aperte o peito num movimento de "tossida", empurrando-o cerca de 1 cm.

No caso de animais maiores, deite-o em uma superfície plana. Coloque uma mão no alto do peito, acima do coração, e a outra mão sobre a primeira. Use as duas para empurrar firmemente para baixo, comprimindo o peito em cerca de 25 a 50%. (Essa técnica aparece ilustrada na página 31.)

✓ CUIDADOS POSTERIORES

■ Depois que seu animal voltar a respirar, seque-o e enrole-o em um cobertor ou em uma toalha. É importante perceber a extensão da friagem em que ele se encontra, portanto, use um termômetro clínico, lubrificado com vaselina, para que a temperatura seja tirada rapidamente, mas de forma suave. (Essa técnica aparece ilustrada na página 19.) A maioria dos animais de estimação se afoga em águas mais frias do que a temperatura de seu corpo, e o frio resultante faz com que os órgãos trabalhem com menos eficiência, retardando a recuperação.

Um animal de estimação cuja temperatura corporal média se manteve abaixo de 32 °C por mais de 30 minutos precisa ser reaquecido de dentro para fora, com o uso de técnicas médicas especiais que seu veterinário saberá aplicar. Nessa situação, pode ser perigoso você tentar reaquecê-lo por sua conta. Se a temperatura de seu animal estiver abaixo de 32 °C e provavelmente permaneceu assim baixa por mais de 30 minutos, não recorra a fontes externas de calor. Mantenha-o embrulhado em um cobertor, coloque-o em um carro aquecido e vá rapidamente ao veterinário.

No entanto, caso o seu veterinário fique a mais de 30 minutos de distância, ou caso a temperatura do seu animal tenha caído abaixo de 32 °C nos últimos 30 minutos, você terá de aplicar calor externo. Enrole uma bolsa de água quente em uma toalha e coloque-a na barriga do animal ou na parte interior de suas coxas, onde grandes artérias correm próximas à superfície. Isso aquecerá o sangue, o que depois ajudará a aquecer o restante do corpo. (Para maiores informações sobre hipotermia, vá à página 257.)

■ Animais que estejam gelados gastam muita energia tentando se manter quentes, e logo vão

PROTEÇÃO FRIA

O afogamento é sempre uma emergência, mas animais que caem em água gelada podem ter uma vantagem: a água extremamente gelada ajuda a protegê-los contra danos no cérebro.

O cérebro pode sofrer danos sempre que deixa de receber oxigênio por mais de cinco minutos. Os animais que param de respirar por um tempo mais longo do que esse podem ser reavivados, mas talvez nunca se recuperem totalmente ou ajam exatamente como antes.

Estudos têm mostrado que quando a água é suficientemente fria para congelar o corpo e o cérebro abaixo de 32 °C ela pode diminuir a velocidade com a qual as células cerebrais morrem. Isso significa que até os animais que passaram um longo tempo na água gelada podem ter uma boa chance de total recuperação.

exaurir sua reserva de açúcar no organismo. Você pode reabastecê-la quase que instantaneamente, enfiando seu dedo no mel, no Karo® ou na água açucarada e esfregando-o nas gengivas de seu animal.

■ Alguns animais de estimação não conseguem ficar longe da água, mesmo quando já correram perigo. As piscinas e banheiras de hidromassagem são especialmente perigosas, porque eles pulam dentro ou caem, mas as bordas são muito altas e íngremes para que eles consigam subir.

Ou eles acabam presos debaixo das capas de piscina e não conseguem achar a saída. Os veterinários recomendam que se coloque algum em destaque, como uma mesa de jardim ou um vaso com planta, perto dos degraus que levam à saída da piscina. Isso ajudará o animal a encontrar a saída, caso fique desorientado.

■ Cães e gatos em barcos precisam de mesma proteção usada pelas pessoas. A guarda costeira americana recomenda um colete pet salva-vidas, confeccionado em várias cores e tamanhos, em um material flutuante que cobre a maior parte das costas, dos lados e do peito do animal e que é preso com duas tiras com fechos ajustáveis, de simples colocação. Ele traz nas costas uma "alça" que torna mais fácil tirar o animal da água.

A MELHOR ABORDAGEM

TOALHAS SUPER ABSORVENTES

Os pelos podem absorver muita água, o que significa que quando cães e gatos se molham, eles tendem a ficar encharcados, e a umidade retira o calor do corpo. Animais que gostam de água (ou que pelo menos têm de aguentar o banho ocasional) vão gostar de uma toalha absorvente para cães e gatos. Usada por tratadores, essas toalhas, vendidas através de catálogos de produtos para animais de estimação, absorvem dez vezes seu peso em água – mais do que qualquer outra toalha.

CONSULTORES

■ Thomas Munschauer, doutor em Medicina Veterinária, é veterinário no Middlebury Animal Hospital, em Vermont, e ex-presidente da Vermont Veterinary Medical Association.

■ Sandra Sawchuk, doutora em Medicina Veterinária, é instrutora clínica na University of Wisconsin School of Veterinary Medicine, em Madison.

■ Daniel Simpson, doutor em Medicina Veterinária, é veterinário no West Bay Animal Hospital, em Warwick, Rhode Island, e porta-voz da Rhode Island Veterinary Medical Association.

AFTAS

PROCURE SEU VETERINÁRIO: **NO MESMO DIA**

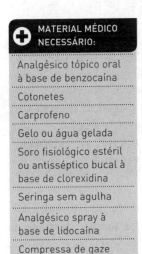

MATERIAL MÉDICO NECESSÁRIO:
- Analgésico tópico oral à base de benzocaína
- Cotonetes
- Carprofeno
- Gelo ou água gelada
- Soro fisiológico estéril ou antisséptico bucal à base de clorexidina
- Seringa sem agulha
- Analgésico spray à base de lidocaína
- Compressa de gaze

As aftas são mais comuns em cães e gatos mais velhos, que tenham alguma outra doença, como problema nos rins ou diabetes. Um problema dental também é uma causa comum para aftas dolorosas. Com menos frequência, os gatos contraem doenças virais nas vias respiratórias superiores, que provocam aftas.

Animais com aftas geralmente salivam em excesso e podem esfregar a boca com as patas. Eles se recusam a comer, porque sentem muita dor e podem se sentar em frente a uma vasilha cheia de comida e chorar. As aftas precisam de cuidados médicos para que a causa subjacente do problema seja tratada, mas um pronto atendimento alivia a dor, mantém seu animal alimentado e impede que o problema piore, até que o veterinário possa indicar um tratamento.

FAÇA ISTO JÁ

FAÇA UM TRATAMENTO TÓPICO. As aftas são extremamente dolorosas. Cães e gatos geralmente se recusam a comer e o resultado é que podem acabar mais doentes. Uma das melhores e mais rápidas maneiras de aliviar nos cães a dor na boca é um analgésico comum, a base de benzocaína. Molhe um cotonete, abra delicadamente a boca do seu cachorro e toque diretamente nas aftas que você conseguir alcançar. Isso é muito bom para um alívio temporário da dor, e seu uso é totalmente seguro no tratamento do seu cachorro por um ou dois dias.

CONSULTE O VETERINÁRIO SOBRE UM ANALGÉSICO. Use um analgésico conforme recomendações do veterinário. Se o remédio for usado por muito tempo, poderá causar mal-estar estomacal nos cachorros.

DÊ GELO PARA O SEU ANIMAL. Gelo picado ou água gelada é uma ótima maneira de oferecer ao seu cachorro ou ao seu gato algum alívio para a dor na boca. Os cachorros sentem prazer em lamber e saborear água gelada ou gelo picado, mas os gatos podem se mostrar relutantes em pôr qualquer coisa na boca. Você pode oferecer um cubo de gelo para ver se seu gato lambe para aliviar a dor.

DÊ A ELE ALIMENTOS LÍQUIDOS OU CREMOSOS. É preciso que seu animal continue se alimentando, apesar da inflamação na boca. A melhor maneira de conseguir isso é com alimentos macios e líquidos. Use um líquido com sabor pronunciado, como caldo de carne ou de galinha para amaciar a comida. Misture no liquidificador uma parte de ração com duas partes do líquido, até que adquira uma

ALERTA IMPORTANTE

TUMORES BUCAIS

Os tumores bucais representam 8% de todos os cânceres vistos em cachorros. Eles podem ficar em carne viva e muito inflamados, depois ulceram e purgam. Talvez você nem note o problema até que seu cachorro fique com mau hálito, mas se você notar algum edema anormal em suas gengivas, lábios ou língua, leve-o ao veterinário.

Os tumores frequentemente são melanomas, carcinomas ou fibrosarcomas, que tendem a se espalhar pelo corpo. Mas os cachorros também desenvolvem tumores benignos nas gengivas, chamados epúlides. Normalmente se opta pela cirurgia, e, se o câncer for detectado cedo, o cachorro não terá mais problemas. Algumas vezes, a quimioterapia ou outros tratamentos podem ajudar.

---

consistência de purê. Os cachorros geralmente aceitam este tipo de dieta líquida.

DÊ COMIDA DE BEBÊ PARA SEU GATO. Os gatos podem recusar qualquer tipo de alimento industrializado, quando suas bocas estão sensíveis. Com muita frequência, no entanto, eles mostram disposição para comer alimentos de bebê à base de carne ou de frango, especialmente se forem aquecidos à temperatura do seu corpo – cerca de 38 ºC – para ficarem mais tentadores. Dê isso para seu gato durante vários dias, enquanto a boca dele melhora.

☑ CUIDADOS POSTERIORES

■ As infecções por bactéria geralmente acompanham as aftas, portanto, o veterinário poderá prescrever antibiótico para prevenir infecções e acelerar o processo de cura. Como a boca é muito sensível, o medicamento normalmente será em forma líquida, para que você possa aplicá-lo dentro da bochecha do seu animal, e ele, engolir. (Essa técnica aparece ilustrada na página 40.)

■ Uma enxaguada bucal com soro fisiológico estéril ajudará a acelerar a cura, por manter a boca limpa. Um antisséptico bucal à base de clorexidina também funciona bem. Ele não apenas previne infecções, como tem um efeito anestésico que ajuda a aliviar a dor na boca. Use uma seringa sem agulha para espalhar o produto por toda a boca. (Não aponte o fluxo na direção da garganta, ou seu animal pode se sufocar.)

■ Os animais que hesitam em comer geralmente se veem tentados com as dietas terapêuticas disponíveis, como a Hill's Prescription Diet A/D®. Elas são um concentrado nutritivo, extremamente rico em calorias. Sua consistência de purê não agride as aftas e é muito tentadora para animais adoentados. Use-as até que a boca do seu animal tenha melhorado o suficiente para que ele possa voltar à sua alimentação normal.

FERIDAS NOS LÁBIOS DOS GATOS

Algumas vezes, os gatos desenvolvem erosões rosa-salmão nos lábios superiores ou nas extremidades dos lábios inferiores, que podem ser confundidas com picadas de aranha. Geralmente chamadas de úlceras de roedores, as feridas são, na verdade, um aspecto de um grupo de reações alérgicas chamadas complexo de granuloma eosinofílico felino. As feridas ou placas também podem aparecer na barriga ou atrás das coxas.

Embora tenham uma aparência horrível, em geral, essas feridas não são especialmente dolorosas para o gato. Elas variam de simples feridas isoladas, que acontecem apenas uma vez, para grandes ou múltiplas úlceras, que reaparecem de tempos em tempos. O único medicamento que parece ajudar na cura das lesões são injeções de cortisona. Leve seu gato ao veterinário alguns dias depois que notar essas feridas.

CONSULTORES

- Jean C. Hofve, doutor em Medicina Veterinária, é veterinário e coordenador do Companion Animal Program para o Animal Protection Institute, em Sacramento.
- Terry Kaeser, doutor em Medicina Veterinária, é veterinário no Goshen Animal Clinic, em Goshen, Indiana.
- Kate Lindley, doutora em Medicina Veterinária, é veterinária e proprietária da Kitty Klinic, em Lacey, Washington.
- Margaret J. Rucker, doutora em Medicina Veterinária, é veterinária no Southwest Virginia Veterinary Services, em Lebanon, Virginia.
- Drew Weigner, doutora em Medicina Veterinária, é veterinária no The Cat Doctor, em Atlanta.

ALERGIA A PULGAS

PROCURE SEU VETERINÁRIO: **SE NECESSÁRIO**

MATERIAL MÉDICO NECESSÁRIO:
- Anti-histamínico à base de difenidramina
- Água fria
- Toalha ou tela de janela pequena
- Xampu à base de aveia coloidal ou contra pulgas (Allercalm®)
- Suplementos com ácidos graxos essenciais

Alguns animais podem ser picados por inúmeras pulgas e não se incomodar, mas, quando se trata de um animal alérgico, basta uma ou duas picadas para que ele se coce o tempo todo.

Os animais alérgicos reagem à saliva da pulga; ficam cheios de feridas e a pele coça. Normalmente, os cães são mais afetados na extremidade traseira, enquanto que os gatos têm pequenas feridas por todo o corpo. Os animais alérgicos a pulgas com muita frequência não têm nenhuma pulga pelo corpo, porque ficam agressivamente se lambendo e limpando para que elas saiam.

Se o seu cão ou o seu gato tiver se coçado ou se mordiscado, a ponto de sair sangue, precisará de cuidados médicos imediatos, mas, na maioria dos casos, tudo o que é preciso é um pronto atendimento, até que você se livre das pulgas.

FAÇA ISTO JÁ

TRATE COM UM ANTI-HISTAMÍNICO. Para ajudar a reduzir a coceira a curto prazo, dê a seu animal um anti-histamínico à base de difenidramina. Ele ajuda a contra-atacar a inflamação, além de tornar os animais um pouco sonolentos, de maneira que não cocem tanto.

Para dar um comprimido a um cachorro, circunde o alto de seu focinho com uma mão, pressionando seus lábios contra os dentes nos dois lados do maxilar, ao longo da linha da gengiva, logo atrás dos grandes e pontudos dentes caninos. Depois, use a outra mão para empurrar o comprimido para o fundo da língua, feche sua boca e delicadamente massageie sua garganta até que ele engula. (Esta técnica aparece ilustrada na página 40.)

No caso de um gato, coloque-o sobre uma mesa, segure-o pelo pescoço e delicadamente arqueie seu pescoço para trás – sua boca automaticamente se abrirá um pouco. Use sua outra mão para puxar seu queixo para baixo, até consiga ver uma reentrância em V, no centro da língua. Jogue o comprimido no V, feche a boca do gato, e normalmente ele engolirá na hora. Ofereça um petisco imediatamente para que ele fique mais interessado em engolir a guloseima do que em cuspir o remédio. Ajoelhar no chão com o gato preso entre os seus joelhos pode ajudar, para que ele não escape.

MERGULHE SEU ANIMAL EM ÁGUA GELADA. Para um alívio imediato na coceira da pele, coloque seu animal em água gelada, na banheira ou na pia, ou use a mangueira do jardim. A água fria reduz a inflamação pelo contato. O melhor será um tratamento de 10 a 20 minutos, e você pode repeti-lo até três ou quatro vezes por dia. (Os gatos costumam não gostar de banho de imersão. É bom colocar uma superfície antiderrapante, como uma toalha velha ou uma pequena tela de janela, no fundo da banheira ou da pia. Isso dará ao gato algo em que ele se apoiar ou se agarrar, além de você.)

Como as bactérias crescem em ambientes úmidos, preste atenção para enxugar seu animal cuidadosamente entre os banhos, evitando que depois ele tenha irritação ou desconforto.

USE UM BANHO DE AVEIA. Muitas vezes, coçar só piora a coceira, portanto seu animal continuará coçando. É preciso que esse círculo seja quebrado para que seu animal consiga algum alívio e a pele comece a se recuperar. A farinha de aveia consegue bons resultados nesse aspecto. Você pode usar um xampu para animais que contenha aveia coloidal, como Allercalm®. Um banho de farinha de aveia uma vez por dia deverá

trazer alívio a seu animal, até que a reação alérgica desapareça.

Um banho frio só com água ou com xampu de aveia coloidal não apenas alivia a coceira, como também afoga e elimina as pulgas. Um xampu contra pulgas para cães e gatos pode matar as pulgas com mais rapidez, mas qualquer xampu neutro para animais terá um bom efeito. Preste atenção para molhar seu animal até o pescoço e fazer espuma em torno do pescoço para encurralar as pulgas à medida que procurarem lugares mais altos.

✅ CUIDADOS POSTERIORES

▪ Suplementos com ácidos graxos essenciais – aqueles que contêm ômega-3 e ômega-6 – são muito bons para animais com alergia a pulgas, não apenas porque hidratam o pelo, mas também porque podem realmente reduzir a coceira em alguns animais. Normalmente só é preciso acrescentar os suplementos à refeição do animal.

▪ Alguns animais com alergia a pulgas necessitam de um anti-histamínico ou

---

A MELHOR ABORDAGEM

TRATAMENTO MENSAL CONTRA PULGAS

A maneira, sem dúvida alguma, mais eficiente de terminar com a alergia a pulgas é se livrar delas, e os veterinários concordam que os preventivos mensais, como Frontline®, Program® e Advantage®, são as melhores opções. Eles vêm como gotas em doses pré-mensuradas que você aplica na pele, atrás do pescoço do animal. O medicamento é absorvido pelo organismo e garante proteção por até um mês, matando as pulgas quando elas mordem e impedindo que as pulgas jovens se desenvolvam em adultos que vão colocar ovos.

de cortisona para que a coceira fique sob controle. Dê os comprimidos conforme as instruções do seu veterinário. Os comprimidos de cortisona geralmente são bem pequenos e fáceis de serem escondidos em petiscos, como um pedaço de queijo.

- Atualmente existem injeções contra alergia (chamadas de imunoterapia), desenvolvidas para animais com alergia a pulgas. Trata-se de uma série de vacinações que ajudam o animal a desenvolver uma resistência às picadas. Normalmente essas injeções precisam prosseguir por no mínimo um ano, e você mesmo pode aprender a aplicá-las. Para fazê-lo, puxe o líquido para dentro da seringa e elimine qualquer bolha, batendo com o dedo na seringa, segurando-a com a agulha apontada para cima. Cuidadosamente, pressione o êmbolo para tirar o ar. Segurando a pele solta do pescoço de seu animal, insira a agulha sob a pele e aperte o êmbolo. Lembre-se de esfregar um pouco o lugar da injeção após tirar a agulha, para reduzir o ardor e impedir que algum líquido vaze pelo buraco. (Essa técnica aparece ilustrada na página 157.)

- Para evitar as pulgas no ambiente, passe aspirador por toda a casa, principalmente nos móveis, nas fendas do piso e nos lugares de permanência do seu animal. Isso recolhe os ovos e larvas que ficam escondidos pela casa. Não se esqueça de jogar fora o saco do aspirador, ou as pestes vão eclodir lá dentro e você as espalhará por todo canto na próxima vez que for aspirar.

- Lave toda semana os tecidos onde seu animal dorme na máquina de lavar, para se livrar de qualquer pulga, adultas, larvas ou ovos. O sabão e a água quente acabarão com elas.

CONSULTORES

- Lowell Ackerman, doutor em Medicina Veterinária, é veterinário no Mesa Veterinary Hospital, em Scottsdale, Arizona, e autor de *Skin and Coat Care for Your Dog* e *Skin and Coat Care for Your Cat*.
- Lyndon Conrad, doutor em Medicina Veterinária, é veterinário na Noah's Landing Pet Care Clinic, em Elkhart, Indiana.
- Grady Hester, doutora em Medicina Veterinária, é veterinária na All Creatures Animal Clinic, em Rolesville, Carolina do Norte.
- Steven Melman, doutor em Medicina Veterinária, é veterinário e consultor dermatológico na Derma Pet, uma companhia de produtos para cuidados da pele animal, em Potomac, Maryland.
- Susette Nygaard, doutora em Medicina Veterinária, é veterinária no East Lake Veterinary Hospital, em Dallas.

ALERGIAS ALIMENTARES

PROCURE SEU VETERINÁRIO: **SE NECESSÁRIO**

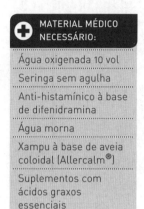

MATERIAL MÉDICO NECESSÁRIO:

Água oxigenada 10 vol

Seringa sem agulha

Anti-histamínico à base de difenidramina

Água morna

Xampu à base de aveia coloidal (Allercalm®)

Suplementos com ácidos graxos essenciais

As alergias alimentares podem afetar qualquer cão ou gato, mas não são tão comuns quanto as alergias a pólen ou a pulgas. O animal normalmente reage a ingredientes proteicos em sua comida, como leite ou carne. A reação mais típica em cachorros é uma coceira espalhada pelo corpo, enquanto os gatos desenvolvem coceiras na região da face e na cabeça. Com menos frequência, a reação do animal é vômito ou diarreia.

Em alguns casos, o animal desenvolve uma reação alérgica mais séria ao alimento que come e fica coberto de vergões. O edema normalmente surge em 20 a 60 minutos, em torno dos olhos e focinho, e na cabeça, e é extremamente irritante. O animal esfregará o edema com as patas ou esfregará a face no tapete ou nos móveis. Ainda com mais raridade, o animal pode sofrer uma reação anafilática à comida – uma violenta reação alérgica que ocorre em poucos minutos. Ele poderá ter dificuldade para respirar, vômitos, uma diarreia súbita ou mesmo um colapso.

A maioria das alergias alimentares pode ser facilmente controlada, uma vez que o responsável proteico ou algum outro ingrediente tenha sido identificado e evitado, e até mesmo as urticárias podem ser tratadas em casa, com segurança. As reações anafiláticas precisam de imediato socorro médico – e um pronto atendimento pode salvar a vida do seu animal.

FAÇA ISTO JÁ

DESOBSTRUA AS VIAS AÉREAS. Se seu cachorro ou gato tiver uma forte reação, você normalmente perceberá problemas respiratórios em poucos minutos. Os pulmões poderão se encher de fluido, o que fará com que ele se esforce para respirar, e a respiração soará como água borbulhando. Esses animais precisam de cuidados médicos imediatos, mas você pode ajudar desobstruindo suas vias aéreas.

Vire seu cachorro ou gato de cabeça pra baixo, deixando-o pendurado em direção ao chão por dez segundos. Com gatos e cachorros pequenos, simplesmente segure-os com as mãos circulando em torno do abdome, na frente da pélvis. Segure os cães maiores em torno do quadril.

ESTEJA PRONTO PARA FAZER RESPIRAÇÃO ARTIFICIAL OU RESSUSCITAÇÃO CARDIOPULMONAR. Isso pode ser necessário em reações alimentares violentas. Deite seu animal de lado, abra sua boca e use um pano seco para conseguir puxar sua língua para fora com firmeza. (Isso ajuda a desobstruir as vias aéreas.) Depois, feche sua boca, sele seus lábios, e sopre em seu nariz. Dê duas rápidas sopradas imediatamente e observe se seu peito infla. Continue soprando em suas narinas de 15 a 20 vezes por minuto, até que ele respire por si só, ou que você consiga ajuda do veterinário. (Essa técnica aparece ilustrada na página 30.)

Se o coração dele parou, você também precisará fazer compressões no peito. Em gatos e cachorros pequenos, ponha uma mão em concha na extremidade do peito, logo atrás dos cotovelos, e aperte com firmeza entre o polegar e os outros dedos, pressionando cerca de 1 cm, de 80 a 100 vezes por minuto. Dê uma soprada no nariz a cada cinco compressões, até que seu animal se recobre, ou até que você consiga socorro médico.

No caso de um cachorro maior, deite-o de lado sobre uma superfície firme e reta e ponha as mãos em concha, uma por cima da outra, sobre o peito dele. Use as duas para comprimir o peito de 25 a 50%. (Essa técnica aparece ilustrada na página 31.) Alterne a respiração com as compressões na mesma proporção indicada para os animais pequenos. É aconselhável que alguém dirija até o veterinário, enquanto você vai fazendo a ressuscitação cardiopulmonar.

PROVOQUE O VÔMITO, SE SEU ANIMAL ESTIVER RESPIRANDO. Quando a reação fica limitada à face ou à cabeça do seu animal e desde que não haja problema com a respiração, é uma boa ideia provocar o vômito. A reação continuará enquanto o alimento permanecer no estômago, portanto, é melhor se livrar dele. Use uma seringa sem agulha para dar para o seu animal uma ou duas colheres de chá de

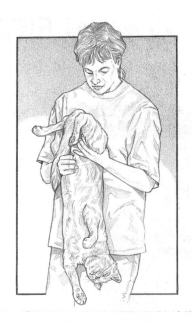

Você pode ajudar seu animal a respirar, segurando-o de cabeça para baixo, com suas mãos em torno do abdome dele, exatamente na frente da pélvis.

água oxigenada 10 vol. para cada 5 kg de peso. Se necessário, você pode repetir a dose duas ou três vezes, com intervalo de cinco minutos entre elas.

DÊ UM ANTI-HISTAMÍNICO A SEU ANIMAL. Um anti-histamínico à base de difenidramina ajudará a combater reações leves a alimentos, como urticária ou uma coceira espalhada pelo corpo. Ele também tem efeito sedativo, que acalmará seu animal, fazendo com que ele deixe se coçar obsessivamente.

USE ÁGUA FRIA PARA DIMINUIR A COCEIRA. Encha uma banheira e deixe seu cachorro se banhar durante 20 minutos, duas ou três vezes por semana. Acrescente um produto calmante à base de aveia coloidal para banho, para um conforto extra. Esses produtos, como o Allercalm® têm propriedades naturais anticoceiras que ajudam a fazer com que os animais se sintam mais confortáveis.

✅ CUIDADOS POSTERIORES

- Um processo de eliminação de alimentos indica qual deles exatamente causa problemas para seu animal. Isso significa fazer com que seu cachorro ou gato coma uma dieta que nunca comeu antes. Por exemplo, uma dieta à base de peixe, batata e arroz cozido funciona bem como teste. Depois que a pele de seu animal tiver voltado ao normal, acrescente à dieta ingredientes suspeitos, um de cada vez, para ver qual deles provoca a coceira. Depois, você pode passar a ler as embalagens dos alimentos e evitar galinha ou carneiro, por exemplo, se um deles for o causador da alergia.

- Nas pet shops você encontrará suplementos alimentares com ácidos graxos essenciais, como Megaderm® e Allerdog®. Eles contêm ômega-3 e ômega-6, que restabelecem a pele e ajudam a mantê-la saudável. Eles também têm algumas propriedades anticoceiras. Verifique com o seu veterinário qual a melhor marca e a dosagem para seu animal.

A MELHOR ABORDAGEM

DIETAS ANTIALÉRGICAS DE ALTA TECNOLOGIA

Uma dieta à base de eliminações pode levar várias semanas para apontar todos os diferentes ingredientes alimentares que podem estar incomodando o seu animal. E mesmo quando você descobre os culpados, eles podem ser tão comuns que ficará difícil encontrar uma dieta que não os inclua. Os veterinários dizem que os animais ingerem alimentos tão diferentes, atualmente, que é quase impossível encontrar "proteínas novas" que eles ainda não tenham experimentado, o que torna muito difícil diagnosticar e controlar alergias alimentares (os animais normalmente reagem a ingredientes proteicos em sua alimentação).

Os mais novos tratamentos para alergias alimentares são dietas especiais que usam proteínas com baixo peso molecular. As moléculas proteicas são reduzidas a fragmentos tão minúsculos, que o organismo do animal deixa de reconhecê-las e para de reagir com coceiras na pele. Até agora, existem poucas rações disponíveis, como Hill's D/D® e Royal Canin Hypoalergenic DR 21®, produzida pela Purina. São vendidas mediante receita do seu veterinário.

CONSULTORES

- Lowell Ackerman, doutor em Medicina Veterinária, é veterinário no Mesa Veterinary Hospital, em Scottsdale, Arizona, e autor de *Skin and Coat Care for Your Dog* e *Skin and Coat Care for Your Cat*.
- Lyndon Conrad, doutor em Medicina Veterinária, é veterinário na Noah's Landing Pet Care Clinic, em Elkhart, Indiana.
- Susette Nygaard, doutora em Medicina Veterinária, é veterinária no East Lake Veterinary Hospital, em Dallas, Texas.
- Denise Petryk, doutora em Medicina Veterinária, é veterinária no Puget Sound Veterinary Medical Referral Center, em Tacoma, Washington.
- Raymond Russo, doutor em Medicina Veterinária, é veterinário no Kingston Animal Hospital, em Massachusetts.

ALERGIAS DE VIAS AÉREAS

PROCURE SEU VETERINÁRIO: **SE NECESSÁRIO**

MATERIAL MÉDICO NECESSÁRIO:
- Anti-histamínico
- Água fria
- Xampu à base de aveia coloidal ou farinha de aveia
- Meia de algodão
- Allercalm ® e outros ingredientes naturais sem aditivos
- Suplementos com ácidos graxos essenciais

Os animais podem desenvolver alergias às mesmas coisas que fazem com que as pessoas tenham febre do feno. As partículas trazidas pelo ar, como poeira de casa, pólen das plantas e mofo são invisíveis, mas respirá-las pode tornar a vida do seu animal insuportável, se ele for alérgico a elas. Ao contrário das pessoas, que têm ataques de espirros e olhos lacrimejantes, os animais alérgicos têm coceira na pele.

Veja por quê: células especializadas, chamadas mastócitos, reagem à substância e produzem histamina, que causa a reação alérgica. Nas pessoas, a maior concentração de mastócitos está no trato respiratório, razão pela qual elas ficam com o nariz escorrendo, asma e febre do feno. Mas os cachorros e os gatos têm a maioria dos mastócitos na pele, o que faz com que ela apresente erupção.

Normalmente os cachorros com alergias inalantes sofrem coceira nas metades dianteiras do corpo. Eles reagem esfregando o focinho, lambendo as patas, coçando as axilas e com irritação no pescoço e no peito. Alguns gatos têm erupção de minúsculos nódulos por toda a cabeça e o pescoço, enquanto outros desenvolvem placas grandes, não salientes e vermelhas, de pele grossa nas coxas e na virilha.

FAÇA ISTO JÁ

TENTE UM ANTI-HISTAMÍNICO. Os anti-histamínicos à base de difenidramina podem ajudar a acalmar a coceira na pele de seu animal, até que você possa levá-lo ao veterinário. Eles também têm o efeito colateral de provocar sonolência, o que pode ajudar que ele pare de coçar. Consulte um veterinário para saber a dosagem que deverá ser utilizada.

DÊ UM BANHO EM SEU ANIMAL. O tratamento mais eficiente em pronto atendimento para coceira é banho com água fria. A água quente piora a coceira, mas a água fria ou gelada reduz a inflamação. Encha a banheira ou pia (ou use a mangueira de jardim) e, gentilmente, enxágue a pele do seu animal durante 10 a 20 minutos. Se um banho diário, durante três ou quatro dias, não funcionar, procure seu veterinário. Um banho com xampu à base de aveia coloidal funciona muito bem na diminuição da coceira. Não possuindo o produto comercial, encha uma meia de algodão com farinha de aveia e deixe a água do banho passar por ela, embora isso possa não ser tão eficiente quanto um produto com formulação específica.

✓ CUIDADOS POSTERIORES

- Cães e gatos que tenham alergias respiratórias têm sérias dificuldades para evitar os agentes iniciadores do processo alérgico, porque pólen e fungos ficam presos em sua pelagem, junto à pele, onde eles podem inalá-los. Alguns desses grãos de pólen podem ser absorvidos pela pele, provocando reação. Um dos melhores tratamentos caseiros é um banho de xampu, para retirar os resíduos do pelo. Banhos frequentes – até três vezes por semana – ajudam muito, e o banho frio é calmante.

- Use xampu que contenha aveia ou outros ingredientes naturais. Animais alérgicos geralmente são sensíveis a perfumes, corantes e proteína animal, assim, verifique a lista de ingredientes e evite-os.

- Cachorros com alergias respiratórias geralmente têm muita coceira nas patas e constantemente lambem ou mordiscam seus dedos. Os coxins das patas e o tecido dos dedos têm um número enorme de vasos sanguíneos próximos à superfície da pele, portanto, qualquer coisa que seu cachorro pisar – como grãos de pólen – pode ser potencialmente absorvida. Basta limpar as patas com lenços umedecidos para bebê.

- Cães e gatos respondem muito bem a suplementos de ácidos graxos essenciais, importantes para a saúde da pele. Procure aqueles que contêm ômega-3 e ômega-6. Muitos desses produtos podem ser encontrados em pet shops mas os melhores são vendidos em consultórios veterinários. Você pode pulverizá-lo na comida de seu animal ou usá-lo na forma de cápsulas. Os ácidos graxos essenciais ajudarão a hidratar a pele de seu animal e darão brilho a sua pelagem, além de beneficiá-lo com suas propriedades antipruriginosas.

A MELHOR ABORDAGEM

VACINAS CONTRA ALERGIA

Quando seu animal for alérgico a alguma coisa que ele inala, o primeiro passo para curar a alergia é identificar a causa. Para isso, veterinários dermatologistas fazem testes alérgicos semelhantes aos realizados em pessoas.

Uma vez que seu veterinário tenha identificado os alergênicos, ele vacinará seu animal com pequenas quantidades da substância, numa base contínua. Ele poderá começar com três ou mais injeções por semana, depois diminuir para uma por semana ou uma frequência menor. A melhora com a imunoterapia pode ser lenta, e o tratamento normalmente precisa prosseguir durante no mínimo um ano, antes que haja um resultado considerável.

CONSULTORES

- Lowell Ackerman, doutor em Medicina Veterinária, é veterinário no Mesa Veterinary Hospital, em Scotsdale, Arizona, e autor de *Skin and Coat Care for Your Dog* e *Skin and Coat Care for Your Cat*.
- Steven A. Melman, doutor em Medicina Veterinária, é veterinário e consultor em dermatologia para a Derma Pet, uma companhia de produtos para pele de animais de estimação, em Potomac, Maryland.
- Susette Nygaard, doutora em Medicina Veterinária, é veterinária no East Lake Veterinary Hospital, em Dallas.

ASFIXIA

PROCURE SEU VETERINÁRIO: **NO MESMO DIA**

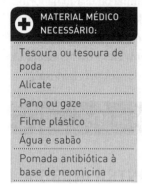

MATERIAL MÉDICO NECESSÁRIO:
- Tesoura ou tesoura de poda
- Alicate
- Pano ou gaze
- Filme plástico
- Água e sabão
- Pomada antibiótica à base de neomicina

A asfixia acontece quando o ar não consegue chegar aos pulmões. Os gatos, particularmente, gostam de brincar com sacos plásticos e, se não conseguem rasgá-los com as garras, podem se sufocar rapidamente. Eles também podem enroscar suas coleiras ou se enroscar em cordas de persianas até se asfixiarem, enquanto que os cachorros se atrapalham com as guias. Um animal pode se asfixiar ao ficar exposto a vapores tóxicos, como fumaça ou monóxido de carbono, ao ter um corpo estranho preso na garganta, ou ao sofrer um acidente que deixa seu peito aberto.

Durante a asfixia, um animal se esforça para respirar, normalmente esticando o pescoço. Ele ficará inconsciente rapidamente e deixará de respirar, e suas gengivas e língua ficarão azuis pela falta de oxigênio. Sem oxigênio, a morte virá em minutos. Um pronto atendimento imediato é a única coisa que pode salvar a vida do seu animal. Depois, será preciso levá-lo ao veterinário para a continuação do tratamento.

FAÇA ISTO JÁ

LEVE-O PARA O AR FRESCO. O melhor tratamento para fumaça ou monóxido de carbono é levar o seu animal para o ar fresco e limpo. Ao contrário de outros tipos de asfixia, as gengivas e a língua do seu animal ficarão vermelho-cereja com a toxicidade do monóxido de carbono. (Para mais informações sobre intoxicação por monóxido de carbono, vá à página 312.)

LIVRE-O DO ELEMENTO SUFOCANTE. Se o seu animal estiver se asfixiando com plástico, rasgue ou corte o material em torno do focinho dele, antes de removê-lo do resto do corpo. Geralmente, é só isso que é preciso para que seu animal volte a respirar sozinho. Se isso não acontecer, vá à página 30 para informações sobre como fazer respiração artificial e ressuscitação cardiopulmonar.

REMOVA AS CONSTRIÇÕES. Use tesoura ou tesoura de podar para cortar uma coleira, uma guia ou qualquer outro material que esteja apertando a garganta do seu animal. Corte o material na parte de trás do pescoço; evite a região da garganta, porque uma escorregada de uma ferramenta afiada pode machucar ainda mais o seu animal. (Para uma ilustração sobre essa técnica, consulte a página 208.)

LIBERE AS VIAS AÉREAS. Os cachorros frequentemente ficam com objetos presos na garganta e se sufocam, e seu animal pode desmaiar e morrer, caso o objeto não seja rapidamente removido. Se você não conseguir puxar o objeto para fora com seus dedos ou com alicate, uma manobra de Heimlich pode fazer com que ele se solte da passagem de ar. Segure um animal pequeno com as costas contra seu estômago, a cabeça para cima e as patas penduradas. Coloque seu punho na cavidade logo abaixo da caixa torácica e empurre para dentro e para cima, em direção ao seu queixo com um gesto firme e forte. No caso de um cachorro maior, ajoelhe-se atrás dele, com ele deitado de lado. Ponha seus joelhos contra a coluna dele, incline-se sobre ele, encaixe seu punho na cavidade abaixo das costelas e empurre energicamente para cima e para dentro, em direção à cabeça do animal. (Essa técnica aparece ilustrada na página 32.) Repita a manobra duas ou três vezes seguidas, depois verifique se o objeto está solto dentro da boca. Se não estiver, continue a manobra no carro, a caminho do veterinário. (Para mais informações sobre asfixia, vá à página 90.)

ESTIQUE SEU PESCOÇO. Se o seu animal não começar a respirar espontaneamente, estique seu pescoço de modo que a sua garganta não fique curva, segure a língua dele e delicadamente puxe-a para fora para que libere o fundo da garganta, onde pode estar bloqueando a respiração. Use uma gaze ou um pano para conseguir firmeza na língua molhada.

OBSERVE SE HÁ PARADA RESPIRATÓRIA. Se o seu animal não começar a respirar sozinho, inicie uma respiração de salvamento. Feche a boca dele com uma mão, coloque os seus lábios sobre o nariz dele e dê duas rápidas sopradas. Verifique se o peito dele se expande e espere o ar escapar de volta. Dê 15 a 20 sopradas por minuto, até que seu animal recomece a respirar sozinho, ou até que você consiga socorro médico. (Essa técnica aparece ilustrada na página 30.)

OBSERVE SE HÁ PARADA CARDÍACA. Sinta ou ouça o batimento cardíaco com a palma de sua mão ou com o ouvido no lado esquerdo do peito do animal, logo atrás do cotovelo. Se o coração tiver parado, faça ressuscitação cardiopulmonar, alternando cinco compressões no peito para cada soprada.

Coloque seu animal em uma superfície plana e lisa, como uma mesa ou um piso de carpete. Com gatos e cachorros pequenos, ponha sua mão em concha sobre a extremidade do peito, logo atrás dos cotovelos, e aperte com firmeza entre o polegar e os outros dedos, pressionando cerca de 1 cm, cerca de 80 a 100 vezes por minuto.

No caso de cachorros maiores, coloque ambas as mãos, uma sobre a outra, em cima do peito dele e comprima de 25 a 50%. Dê uma soprada no nariz a cada cinco compressões, até que seu animal se recupere ou até que você consiga socorro médico. (Essa técnica aparece ilustrada na página 31.) Será melhor se alguém puder ir dirigindo até a clínica veterinária, enquanto você faz a ressuscitação cardiopulmonar.

🐾 SITUAÇÃO ESPECIAL

PARA FERIMENTOS NO PEITO QUE ABSORVEM AR. Animais atropelados por carros, baleados ou que tenham sofrido outros acidentes traumáticos podem ter ferimentos no peito que "sugam" o ar. Este vaza na cavidade peitoral através do ferimento aberto e os pulmões entram em colapso, impedindo o animal de respirar, levando-o à asfixia. Vede o buraco no peito juntando a pele sobre o ferimento. Você pode usar filme plástico para vedar a abertura, até conseguir socorro médico. (Para mais informações sobre ferimentos no peito, vá à página 231.)

✅ CUIDADOS POSTERIORES

- Um animal que tenha respirado vapores cáusticos, ou tenha sido estrangulado, ficará com a garganta inflamada por causa da irritação ou do aperto no pescoço. Uma dieta macia é mais fácil de engolir. Misture no liquidificador a comida que ele come normalmente com água morna ou um caldo de galinha magro, sem sal, para fazer uma papa, e alimente-o com isso durante três a cinco dias. Vá retornando gradualmente à dieta normal, misturando a papa com sua refeição costumeira.

- Quando o animal sente que está se asfixiando, ele fará quase tudo para conseguir ar – até mesmo enfiar as garras no que está apertando

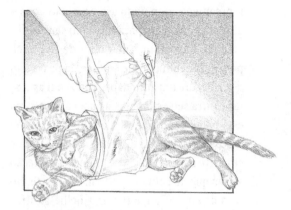

Embrulhe o peito aberto com filme plástico, para proteger o ferimento até chegar ao veterinário.

a sua garganta e rasgar sua própria pele ou musculatura. Lave qualquer arranhão com sabonete comum e água e passe uma pomada antibiótica à base de neomicina e bacitracina, para combater infecção. Use a pomada duas a três vezes por dia, até que as feridas criem casca e comecem a sarar.

CONSULTORES

- Kenneth J. Drobatz, doutor em Medicina Veterinária, é veterinário e professor associado do Serviço de Emergência e Cuidados Críticos no Veterinary Hospital da University of Pennsylvania, na Filadélfia.
- Barry N. Kellogg, doutor em Medicina Veterinária, é veterinário no Center for Veterinary Care, em Great Barrington, Massachusetts, e chefe do VMAT 1 (Veterinary Medical Assistance Team), a equipe americana de medicina veterinária especializada desastres.
- Kate Lindley, doutora em Medicina Veterinária, é veterinária e proprietária da Kitty Klinic, em Lacey, Washington.
- Kevin Wallace, doutor em Medicina Veterinária, é instrutor no Departamento de Ciências Clínicas no Cornell University College of Veterinary Medicine, em Ithaca, Nova York.

ASFIXIA POR CORPO ESTRANHO

PROCURE SEU VETERINÁRIO: **SE NECESSÁRIO**

MATERIAL MÉDICO NECESSÁRIO:
- Pano
- Pinça hemostática
- Alicate de bico fino ou pinça com pontas rombudas
- Toalha
- Transportador de animais

Assim como as pessoas, animais e gatos se sufocam quando algo se aloja em sua garganta ou traqueia. Eles se engasgam, têm ânsia e tossem, tentando expelir o objeto, e podem ficar desesperados quando não o conseguem. Esse problema é mais comum nos cachorros, porque eles adoram brincar de pegar coisas para morder, e bolas e pedaços de brinquedos ou de pau, podem ficar presos em suas gargantas.

A asfixia pode rapidamente se tornar perigosa, quando o objeto preso corta o suprimento de ar. Até mesmo um bloqueio parcial pode fazer com que um animal desmaie, e, se algo grudar em sua garganta como a rolha de uma garrafa, ele pode se sufocar, caso não tenha um pronto atendimento.

FAÇA ISTO JÁ

TENTE TIRAR RAPIDAMENTE O OBJETO. Se seu animal não conseguir forçar a passagem do ar pelo objeto, ele vai desmaiar e morrerá em minutos. Você não terá tempo para esperar socorro médico ou para amordaçá-lo. Faça uma tentativa rápida de retirar o objeto. Primeiramente, puxe a língua de seu animal para fora, para liberar a passagem – use um pano para segurá-la – depois alcance o objeto e puxe-o. As bolas são difíceis de agarrar, mas uma tenaz no formato de colher pode funcionar. Se você não conseguir pegar o objeto depois de uma ou duas tentativas, use a manobra de Heimlich, descrita na página 32.

Se você conseguir enxergar o objeto e seu animal deixar, use uma pinça hemostática, pinças com pontas rombudas ou alicate de ponta fina para agarrar o objeto e trazê-lo para fora. Tente uma ou duas vezes, mas não se empenhe muito, ou o esforço poderá piorar a respiração do animal até que ele entre em colapso. Enquanto você conseguir ouvir um chiado ou algum barulho com a respiração, ele ainda estará conseguindo ar através do objeto, e você terá tempo para conseguir ajuda médica.

IMOBILIZE SEU ANIMAL. Se seu animal ainda estiver consciente, mas com problemas para respirar, você também terá que remover o objeto manualmente. Um animal apavorado pode morder por medo, portanto, não tente olhar dentro de sua boca até conseguir ajuda para imobilizá-lo. Faça com que outra pessoa o embrulhe em uma toalha, para conter suas patas bambas, ou o envolva em torno do pescoço e do corpo, em uma espécie de chave de braço. Depois disso, você poderá pegar a parte de cima do focinho e, delicadamente, pressionar seu lábio contra seus dentes, colocando o polegar de um lado da boca e os outros dedos do outro, para impeli-lo a escancarar a boca.

Tente compressões suaves. Você pode tentar colocar uma mão de cada lado da parte mais larga do peito de seu animal, enquanto ele estiver de pé, e fazer três ou quatro compressões firmes mas suaves, para ver se isso desprende o objeto. Se ele estiver deitado de lado, certifique-se de que o pescoço esteja alinhado com o peito, depois use a mão em concha para dar um rápido golpe no lado, no ponto mais alto do peito.

USE UMA VARIAÇÃO DA MANOBRA DE HEIMLICH. Isso pode deslocar objetos difíceis de serem agarrados. Com gatos ou cachorros pequenos, segure-os com as costas contra seu estômago, a cabeça para cima e as patas penduradas. Encaixe seu punho na cavidade macia logo abaixo da caixa torácica e empurre para dentro e ara cima, em direção à sua barriga e ao queixo, com um firme golpe. Quando se tratar de cachorros maiores, deite-o de lado e ajoelhe-se com os joelhos contra a coluna do seu animal. Debruce-se sobre ele, coloque seu punho na cavidade abaixo da caixa torácica e dê um golpe para cima e para

dentro, em direção à cabeça do cachorro e a seus joelhos. Repita esse movimento duas ou três vezes seguidas, depois verifique se o objeto está solto dentro da boca. Se não estiver, você pode continuar com o procedimento no carro, enquanto alguém o leva até o veterinário. (Essa técnica aparece ilustrada na página 32.)

ESTEJA PREPARADO PARA FAZER RESPIRAÇÃO ARTIFICIAL. Quando o objeto é desalojado, a maioria dos animais volta a respirar e pode se restabelecer rapidamente, mas pode ser que você precise fazer respiração artificial para reiniciar o sistema. Feche a boca de seu animal com a mão, dê duas rápidas sopradas em seu nariz e veja se seu peito se infla. Continue dando de 15 a 20 sopradas por minuto, até que ele comece a respirar ou até que você chegue ao veterinário. (Essa técnica aparece ilustrada na página 30.)

TRANSPORTE SEU ANIMAL. Carregue seu animal nos braços ou em um transportador, o que for mais confortável para ele. Ligue o

ALERTA IMPORTANTE

RAIVA

A não ser que você conheça o animal, nunca tente ajudar um cachorro ou um gato que pareça estar se asfixiando, porque você poderá se expor à raiva. A forma "silenciosa" da doença inclui paralisia da garganta, que faz os animais salivarem em excesso Eles não conseguem engolir, o que faz parecer que alguma coisa está presa na garganta e que eles estão se asfixiando. Animais com raiva silenciosa geralmente se tornam comatosos e morrem num período de três a dez dias. Os que adoecem com a forma "furiosa" têm comportamento insano, atacam sem avisar, comem e mastigam objetos não comestíveis, como madeira e pedras, e, no final, ficam paralisados, morrendo dentro de quatro a sete dias.

A raiva não tem cura e é extremamente contagiosa para o ser humano. Se você desconfiar que um cachorro desconhecido possa estar infectado, evite qualquer contato. Procure seu veterinário, o centro de zoonoses ou o departamento de saúde da sua cidade para uma orientação.

ar condicionado do carro. (Os cachorros se resfriam ofegando e, quando alguma coisa fica presa em sua garganta, eles podem ficar superaquecidos com muita rapidez).

☑ CUIDADOS POSTERIORES

- Caso o objeto estranho tenha machucado a garganta do seu animal, a recuperação levará uma semana ou mais e pode ser que o ato de engolir comida normal se torne doloroso. Alimente-o com uma dieta cremosa por, pelo menos, uma semana. Você pode fazer creme de aveia (um mingau ralo), passando o alimento por um processador com água morna ou caldo de galinha magro, sem sal.

- Seu veterinário prescreverá antibiótico, se a garganta de seu animal estiver machucada ou se ele tiver mordido a língua, tentando se livrar do objeto, precisando de pontos. Normalmente, você terá de dar os comprimidos duas ou três vezes por dia, durante cerca de dez dias. No caso de cachorros, o comprimido pode ser escondido no alimento cremoso que você dá para ele. Em se tratando de gatos, coloque-o em um balcão, agarre seu pelo do pescoço e puxe suavemente seu pescoço para trás – a boca dele vai se abrir automaticamente. Use

a outra mão para puxar o queixo dele, até que você consiga ver a reentrância em forma de V, no centro da língua. Jogue o comprimido, feche a boca dele e ele engolirá rápido. Ofereça imediatamente um petisco, para que ele não cuspa o remédio.

A MELHOR ABORDAGEM

PINÇA HEMOSTÁTICA

Os veterinários recorrem a instrumentos especializados para remover objetos estranhos da boca ou da garganta de um animal. Embora os alicates de bico fino funcionem como garras, a escolha ideal é uma ferramenta comprida e fina chamada pinça hemostática.

Ela funciona como uma tesoura e tem um cabo parecido, mas, em vez de lâminas, as "mandíbulas" se juntam como em um alicate muito comprido e fino. Essas pinças podem ser retas ou curvas. O cabo também tem um mecanismo de trava que faz com que, uma vez que as "mandíbulas" agarrem um objeto, ele só seja solto se elas forem abertas mecanicamente.

CONSULTORES

- Ken Lawrence, doutor em Medicina Veterinária, é veterinário no Texoma Veterinary Hospital, em Sherman, Texas.
- Peter Levin, doutor em Medicina Veterinária, é veterinário no Ludwig's Corner Veterinary Hospital, em Chester Springs, Pensilvânia.
- Billy Martindale, doutor em Medicina Veterinária, é veterinário no Animal Hospital, de Denison, Texas, e presidente do quadro de diretores da Texas Veterinary Medical Association.
- Kevin Wallace, doutor em Medicina Veterinária, é instrutor no Departamento de Ciências Clínicas do Cornell University College of Veterinary Medicine, em Ithaca, Nova York.

BAIXA TAXA DE AÇÚCAR NO SANGUE (Hipoglicemia)

PROCURE SEU VETERINÁRIO: **IMEDIATAMENTE**

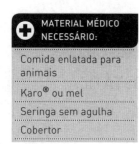

MATERIAL MÉDICO NECESSÁRIO:
- Comida enlatada para animais
- Karo® ou mel
- Seringa sem agulha
- Cobertor

A baixa taxa de açúcar no sangue, tecnicamente chamada de hipoglicemia, pode acontecer se seu animal tiver um mau funcionamento do pâncreas. O pâncreas produz insulina, que leva o açúcar (glicose) até as células do corpo para dar energia; quando há um excesso de insulina, o animal tem hipoglicemia. Os animais diabéticos que recebem insulina em excesso sofrerão de hipoglicemia; a insuficiência de insulina pode provocar coma diabético, com uma aparência muito semelhante à hipoglicemia.

Doenças no fígado, ou mesmo uma grande quantidade de parasitas intestinais que interfiram na digestão, podem causar hipoglicemia. Os cães jovens das raças toy, como os pinschers ou chihuahuas, frequentemente desenvolvem hipoglicemia, mesmo que estejam perfeitamente saudáveis. Para começar, eles não têm um grande estoque de gordura, que o organismo precisa para ter energia, e seus fígados imaturos não conseguem produzir o açúcar de que necessitam.

À medida que seu batimento cardíaco e sua respiração ficam mais lentos, os animais com baixa taxa de açúcar no sangue se tornam fracos, sonolentos, desorientados, cambaleantes e com o olhar parado – eles se comportam como se estivessem bêbados. Podem começar a estremecer ou a se sacudir, pender a cabeça, ter convulsões e, no pior dos casos, perder a consciência e entrar em coma. Os animais podem morrer sem um rápido pronto atendimento e, se tiverem diabetes, precisarão de socorro médico.

Geralmente, desde que os sintomas sejam reconhecidos a tempo, a baixa taxa de açúcar no sangue é fácil de ser tratada, mas se o seu animal não responder nos primeiros cinco ou dez minutos depois de receber o pronto atendimento, vá para o veterinário imediatamente. Mesmo que seu animal reaja, qualquer episódio de hipoglicemia significa que ele precisa ser examinado pelo veterinário no mesmo dia.

⊕ FAÇA ISTO JÁ

OFEREÇA COMIDA. Quando seu animal começar a ficar desorientado, dê a ele alguma coisa para comer. Umas duas colheres de sopa de comida enlatada geralmente resolvem.

DÊ AÇÚCAR PARA SEU ANIMAL. A maneira mais rápida de fazer com que seu animal volte ao normal, enquanto ele ainda consegue engolir, é dar a ele uma fonte de açúcar, como Karo® ou mel. Use uma colher de chá para animais abaixo de 20 kg. Para os animais grandes (20 a 35 kg), duas colheres de chá, para um cachorro de raça gigante (mais de 35 kg), duas colheres e meia de chá, e para as raças gigantes (acima de 55 kg), três colheres de chá. Deixe que ele lamba. Se seu animal estiver muito zonzo, dê primeiro um pouco de água pura para ter certeza de que ele consegue engolir. Se ele não conseguir tomar água, você terá de usar uma seringa sem agulha. Primeiro dê a ele água com a seringa, para verificar se ele consegue engolir, depois tente mel ou Karo®.

Se seu animal tiver perdido a consciência ou não conseguir engolir, esfregue a fonte de glicose na parte de dentro dos seus lábios e das gengivas, que ela será absorvida na corrente sanguínea através das mucosas. Nesse caso, o melhor é o mel. Seu animal deverá voltar ao normal em um prazo de cinco a 15 minutos.

TRATE O CHOQUE. Animais com hipoglicemia perdem a habilidade em se manter aquecidos, porque não há açúcar suficiente em seu organismo, para ser transformado em energia. Se a baixa taxa de açúcar não for revertida, eles podem entrar em choque muito rapidamente, e o choque pode matar um animal num intervalo de 10 a 20 minutos. Envolva seu animal em um cobertor com uma bolsa de água quente ou uma compressa quente, para retardar o choque e mantê-lo estável até que seu sistema volte ao normal. Você também pode colocar uma ou duas gotas de Karo® ou de mel nas gengivas, para ajudá-lo a se manter consciente, até chegar ao veterinário. (Para mais informações sobre choque, vá à página 109.)

FIQUE ATENTO A PARADAS RESPIRATÓRIAS. Um animal que entre em coma por hipoglicemia pode parar de respirar e precisar de respiração artificial. Envolva sua mão em torno do focinho dele para manter sua boca fechada. Dê duas rápidas sopradas nas narinas, olhando para ver se seu peito infla. (No caso de filhotes muito pequenos, preste atenção para não soprar com muita força). Dê cerca de 15 a 20 sopradas por minuto e pare por 30 segundos, depois de um ou dois minutos, para ver se ele respira sozinho. Continue respirando por ele até que ele comece a respirar por si ou até que você consiga socorro médico. (Essa técnica aparece ilustrada na página 30.)

FAÇA RESSUSCITAÇÃO CARDIOPULMONAR EM CASO DE PARADA CARDÍACA. Se o coração do seu animal parar de bater, você vai ter de fazer ressuscitação cardiopulmonar. Verifique se o coração parou, tomando sua pulsação. Você não conseguirá sentir o pulso na artéria carótida, situada no pescoço, como se faz com pessoas. Em vez disso, pressione a ponta dos seus dedos na dobra onde a parte interior da coxa se junta ao corpo e sinta a pulsação na artéria femoral, que é muito grande e fica próximo à superfície. (Essa técnica aparece ilustrada na página 23.) Se você não conseguir senti-la, tente escutar ou sentir o coração. Ponha seu ouvido ou a palma da sua mão sobre o lado esquerdo do seu animal, logo atrás do cotovelo.

Se você não perceber batimento cardíaco, será preciso começar as compressões no peito.

Para fazer compressões em um cachorro de porte grande ou médio, deite-o de lado sobre uma superfície reta e firme e pressione seu peito com ambas as mãos, uma estendida sobre a outra, comprimindo de 25 a 50%. No caso de gatos ou cachorros pequenos, ponha a mão em concha sobre a extremidade do peito que fica logo atrás dos cotovelos. Aperte com firmeza, pressionando cerca de 1 cm, colocando o polegar de um lado e os outros dedos do outro. O ideal seria que uma pessoa fizesse as compressões no peito, enquanto outra cuidaria da respiração artificial. Alterne uma soprada a cada cinco compressões. O objetivo é de 80 a 100 compressões e de 15 a 20 sopradas por minuto, até que seu animal se recobre ou até que você consiga socorro médico. (Essa técnica aparece ilustrada na página 31.)

☑ CUIDADOS POSTERIORES

▪ Os cachorros toy com propensão à hipoglicemia devem ser alimentados duas a três vezes por dia, ou ter comida à disposição o tempo todo. Isso manterá equilibrada sua taxa de açúcar no sangue.

▪ No caso de um animal diabético, programe refeições e períodos de exercícios, de forma que você possa regular as doses de insulina. Isso é importante para prevenir baixa taxa de açúcar no sangue.

▪ A maioria dos animais diabéticos precisa de um tratamento de reposição de insulina, e é muito importante saber a dosagem específica – insulina demais ou insuficiente podem ser perigosas. Seu veterinário fará testes para saber a dose certa e mostrará a você como aplicar as injeções.

Para dar uma injeção, puxe a quantidade de líquido receitada para dentro da seringa. Depois, segure a seringa com a agulha apontada para cima, dê uma batidinha e, lentamente, aperte o êmbolo para soltar qualquer bolha de ar. Levante a pele solta no pescoço ou nos ombros do seu animal, insira a agulha abaixo da pele e empurre o êmbolo. Depois de retirar a agulha, esfregue o local por um minuto para aliviar qualquer dor e ajudar a fechar a minúscula ferida de entrada. (Essa técnica aparece ilustrada na página 157.)

A MELHOR ABORDAGEM

DIETAS LIGHT

Fazer com que os animais gordos entrem em uma dieta de emagrecimento pode cortar o risco de baixa taxa de açúcar no sangue, regulando a diabetes. Isso ajuda porque as dietas para emagrecer ficam por mais tempo no trato digestivo, e a digestão mais lenta nivela a taxa de açúcar no sangue, prevenindo a hipoglicemia.

Para os animais diabéticos, os veterinários recomendam alimentos com alto teor de fibras e baixa quantidade de carboidratos, que também são acrescidos de cromo, um mineral que potencializa os efeitos da insulina. Essas dietas terapêuticas só podem ser prescritas pelo seu veterinário. Os animais não diabéticos, propensos a baixa taxa de açúcar no sangue, podem obter um bom resultado com algum produto industrializado light.

CONSULTORES

▪ Dale C. Butler, doutor em Medicina Veterinária, é veterinário no Best Friends Animal Hospital, em Denison, Texas.

▪ Ken Lawrence, doutor em Medicina Veterinária, é veterinário no Texoma Veterinary Hospital, em Sherman, Texas.

▪ Julie Moews, doutora em Medicina Veterinária, é veterinária no Bolton Veterinary Hospital, em Connecticut.

CABEÇA PRESA
PROCURE SEU VETERINÁRIO: **SE NECESSÁRIO**

MATERIAL MÉDICO NECESSÁRIO:

Tira de pano ou fronha para mordaça

Lubrificante (K-Y Gel® ou vaselina)

Toalha

Filme plástico

Pano

Colher de metal

Faca de mesa ou concha de metal

Sabão líquido antisséptico à base de clorexidina

Água

Pomada antibiótica à base de sulfato de neomicina e bacitracina

Os gatos e seus filhotes têm cabeças pequenas e redondas, que conseguem tirar com facilidade de buracos e fendas, depois de examiná-los. Mas os cachorros, especialmente os filhotes, podem ficar com a cabeça presa nos lugares mais estranhos, porque uma mudança de posição acaba tornando a cabeça grande demais para aquela abertura. Além disso, os mais novos podem não ter a paciência ou a ideia de repetir a posição original que os colocou de início naquela situação. Eles podem prender a cabeça em ripas de cadeira, corrimões de escada ou cercas de arame e até dentro de jarras de vidro, para lamber alguma coisa apetitosa.

Uma cabeça presa não é uma emergência médica, a não ser que seu animal comece a ter problemas para respirar, mas os cachorros podem ficar histéricos e acabar se machucando ao tentar escapar. É como um quebra-cabeça de dedo chinês, em que, quanto mais você puxa, mais a armadilha aperta. Contudo, na maior parte dos casos, você mesmo consegue salvar seu animal, e o pronto atendimento pode aliviar qualquer pele esfolada ou sensação de dor.

FAÇA ISTO JÁ

ACALME-O. Em primeiro lugar, acalme seu cachorro para que ele não se debata mais. Fique atrás dele e, delicadamente, empurre o corpo dele para mais perto do objeto em que está preso, assim ele já não ficará se estrangulando, conforme tenta recuar. Se for possível, é bom ter uma pessoa perto da cauda, para controlar este lado, enquanto você age na parte da frente, para libertá-lo.

PROTEJA-SE. Se seu animal não estiver com problemas para respirar, é bom amordaçá-lo para evitar que morda. A pessoa que estiver ao lado da cabeça, terá que segurar o nariz dele para ajudá-lo a se livrar da armadilha, e o animal poderá morder por medo ou aflição.

Para um cachorro de focinho comprido, use uma tira longa de pano macio, como a perna de uma meia-calça. Dê uma laçada em torno do seu focinho e faça um nó simples, no alto do nariz. Depois, puxe as pontas para debaixo do queixo e dê outro nó simples. Finalmente, traga as pontas para trás das orelhas e amarre-as com um nó ou um laço. (Essa técnica aparece ilustrada na página 27.)

No caso de cachorros com o focinho curto, como os pugs, coloque uma fronha sobre sua cabeça, para que eles tenham algo onde colocar seus dentes.

USE UM LUBRIFICANTE PARA AJUDÁ-LO A DESLIZAR. Enquanto o cachorro estiver relaxado e não tentando se libertar da armadilha, use um lubrificante como K-Y Gel® ou vaselina para lubrificar o pelo do seu pescoço e, especialmente o topo da sua cabeça (essa é a parte mais grossa da cabeça e normalmente é a que dificulta o salvamento). Isso também impedirá que a grade do corrimão ou qualquer outro objeto esfole a pele do cachorro na hora em que a cabeça se soltar.

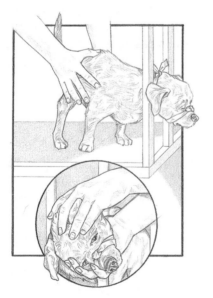

A cabeça de um cachorro é mais estreita de cima para baixo, do que de um lado a outro, portanto, geralmente pode-se soltar um cachorro preso virando delicadamente sua cabeça para o lado. Uma mordaça impedirá que você seja mordido enquanto tenta soltá-lo, e untar a cabeça e o pescoço dele pode ajudá-lo a se libertar mais facilmente.

Enquanto uma pessoa segura a parte de trás, outra pessoa deve, cuidadosamente, pegar no focinho do cachorro e girar sua cabeça para o lado. A cabeça dos cachorros é, normalmente, mais chata de cima para baixo e mais larga de um lado a outro, o que faz com que virar um pouco a cabeça, geralmente, ajude a deslizá-la para fora, sem problemas.

🐾 SITUAÇÃO ESPECIAL

SE A CABEÇA DO SEU FILHOTE ESTIVER PRESA EM UMA JARRA DE VIDRO. Em primeiro lugar, unte o gargalo da jarra e o pelo do seu animal com K-Y Gel® ou vaselina. Depois, enrole a jarra em uma toalha, para segurá-la com firmeza e dar um puxão cuidadoso. Tente esticar a cabeça do seu animal, para que ela fique em linha reta com o pescoço, ou seja, uma posição típica de farejo. Geralmente a jarra não fica presa além das orelhas e escorregará facilmente. Tente remover a jarra apenas uma ou duas vezes. Se não funcionar logo, por estar justa demais ou porque seu animal está muito agitado, vá ao veterinário para que ele possa ser sedado e a jarra retirada com mais facilidade.

Se você realmente tentar remover uma jarra, peça que outra pessoa segure o seu cachorro, para que ele não possa se movimentar. Se conseguir, coloque algum tipo de material acolchoado, como lenços de papel ou uma toalha pequena, dentro da jarra, para proteger a focinho e os olhos do cachorro. Depois, vestindo luvas reforçadas, use um objeto pesado, sem corte, para quebrar o vidro delicadamente, na extremidade mais larga da jarra. Se a jarra se quebrar mas ficar uma argola de vidro em torno do pescoço do animal, é preciso que ela seja quebrada para que ele se livre de tudo. Proteja a si mesmo

CABEÇA PRESA

Se seu filhote enfiar a cabeça em uma jarra de vidro e não conseguir tirá-la, peça que outra pessoa o segure, para que ele não se movimente. Depois, usando luvas reforçadas, quebre delicadamente o vidro, na ponta mais larga da jarra, de forma que você possa alcançar a focinho do filhote. Enrole a cabeça dele em filme plástico para proteger seus olhos e coloque um pano entre a borda da jarra e o pescoço do animal, para que ele não se corte. Coloque uma colher, com o fundo para baixo, entre o pano e a borda do vidro. Para quebrar a borda, dê um golpe enérgico com uma concha bem em cima do lugar onde a outra colher estiver enfiada.

usando luvas de pano e óculos – se não tiver outra coisa, ponha seus óculos escuros.

Primeiramente, cubra os olhos do seu cachorro para protegê-los. Você pode usar filme plástico para cobrir seu focinho e seus olhos ao mesmo tempo – o filme gruda nele mesmo, mas será fácil retirá-lo depois, porque ele não gruda no pelo. Peça que seu ajudante acalme e estabilize seu cão, para que ele fique muito quieto enquanto você lida com a jarra quebrada.

Coloque algo acolchoado, como um pano dobrado, entre o alto do pescoço do cachorro e o vidro, para evitar que ele se corte. Depois, coloque alguma coisa sólida, como a concha de uma colher de metal, entre o acolchoado e o vidro. Finalmente, use o cabo pesado de metal de uma faca de mesa ou o bojo de uma concha de cozinha para bater no vidro com um golpe, bem em cima de onde a colher foi colocada. Talvez sejam precisos dois ou três golpes firmes, mas bater no vidro entre as duas peças de metal deve fazer com que ele se despedace longe do pescoço do cachorro. Mais uma vez, se isso não resolver depois de uma ou duas tentativas, vá para o veterinário.

✓ CUIDADOS POSTERIORES

■ Cortes ou esfolados devem ser limpos com sabão e água. Você pode usar um sabão líquido antisséptico à base de clorexidina.

■ Se houver cortes, use uma pomada antibiótica à base de sulfato de neomicina e bacitracina, quatro vezes por dia, para prevenir infecções e acelerar a cura. Continue aplicando a pomada durante uma semana ou até que os cortes e os esfolados tenham melhorado ou formado cascas.

CONSULTORES

■ Lorrie Bartloff, doutora em Medicina Veterinária, é veterinária na Three Point Veterinary Clinic, em Elkhart, Indiana.
■ Clint Chastain, doutor em Medicina Veterinária, é veterinário no Preston Road Animal Hospital, em Dallas.
■ Laura Solien, doutora em Medicina Veterinária, é veterinária no Maplecrest Animal Hospital, em Goshen, Indiana.

CARRAPATOS

PROCURE SEU VETERINÁRIO: **SE NECESSÁRIO**

MATERIAL MÉDICO NECESSÁRIO:
- Luvas médicas descartáveis
- Pinça com pontas cegas ou pinça hemostática
- Álcool gel ou spray contra pulgas
- Saco plástico ou garrafa de plástico ou de vidro
- Cotonete
- Sabão líquido antisséptico à base de clorexidina ou água oxigenada 10 vol
- Pomada antibiótica à base de neomicina e bacitracina

Os carrapatos afetam muito mais os cachorros do que os gatos porque estes tendem a retirá-los quando se limpam, a não ser que não consigam alcançá-los. Os carrapatos enfiam as pinças sob a pele do animal e permanecem ali durante dias, enquanto sugam o sangue. Você verá uma praga encouraçada, pequena como um chumbinho, crescer como um balão, conforme for se enchendo.

No corpo de um animal, as partes com poucos pelos e difíceis de alcançar, como as orelhas, as axilas e entre os dedos, são os alvos preferidos dos carrapatos, mas eles podem ser encontrados em qualquer outro lugar. Na maior parte das vezes, o seu animal nem mesmo sentirá a picada. As picadas de carrapato quase nunca se infeccionam ou inflamam.

Existem alguns tipos de carrapatos que transmitem infecções aos seres humanos e aos animais, através de sua picada. No Brasil, os mais conhecidos são: o carrapato-estrela e o carrapato-vermelho-do-cão. O micuim, ou carrapato-pólvora, é a larva do carrapato-estrela, que, quando adulto pode ficar do tamanho de um feijão verde. O carrapato-vermelho-do-cão, de cor marrom-avermelhada, é considerado a espécie mais difundida em todo o mundo e também pode parasitar o gato. Os carrapatos carregam seus próprios minúsculos parasitas (protozoários e bactérias), que podem causar doenças muito graves em animais e seres humanos, uma vez que penetram na corrente sanguínea. Dentre elas, as mais conhecidas no Brasil são: a febre maculosa (transmitida principalmente pelo carrapato-estrela), a babesiose canina e a erliquiose canina (transmitidas principalmente pelo carrapato-vermelho-do-cão). No Brasil, não existe tratamento preventivo contra as doenças de carrapatos. É por isso que é tão importante remover os carrapatos do seu animal o quanto antes. É fácil fazer isso em casa, e raramente é necessário procurar um veterinário, a não ser que você desconfie que seu animal tenha contraído alguma doença de carrapato.

🧰 FAÇA ISTO JÁ

RETIRE O CARRAPATO. A retirada do carrapato pode ser feita com a aplicação tópica de produto carrapaticida ou manualmente. Na retirada manual, não use os dedos para tirar o carrapato; use uma pinça com pontas cegas ou uma pinça hemostática. Coloque luvas médicas descartáveis (à venda em farmácias) e tome muito cuidado para não esmagar o corpo do carrapato quando retirá-lo. (Frequentemente os seus dedos têm cortes minúsculos ou esfolados que você nem mesmo consegue ver e, se você esmagar o corpo do carrapato, algumas de suas partes infectadas poderão lhe transmitir doenças.)

Agarre o corpo bem próximo à pele do animal e às peças bucais do carrapato e puxe-o para fora, em linha reta, lenta e suavemente, na direção oposta à extremidade da boca. Isso fará com que as peças bucais se soltem mais facilmente, ao invés de arrancar a cabeça enterrada na musculatura do seu animal.

Quase sempre o carrapato sairá com um pedacinho minúsculo de pele. Não se preocupe se a cabeça se soltar e ficar enfiada na pele – isso quase nunca acontece, mas, se acontecer, não deverá causar problemas para a maioria dos animais. Ou o corpo do animal absorverá o material ou o expelirá em alguns dias.

LIVRE-SE DO CARRAPATO COM CUIDADO. Jogue o carrapato em um vasilhame com álcool gel ou spray contra pulgas, ou dentro do vaso sanitário e dê a descarga. Não é uma boa ideia jogá-lo no ralo da pia, porque os carrapatos frequentemente conseguem se agarrar ao encanamento e fazer o caminho de volta. Se você vive em uma região onde esteja havendo um surto de febre maculosa, talvez seja bom guardar o carrapato, já que só por um exame será possível saber se ele é portador da doença. Use um cotonete úmido para colocá-lo em um saquinho plástico, dentro de um frasco de vidro ou de plástico. Leve o carrapato para o seu veterinário, para que ele possa mandá-lo a um laboratório especializado na identificação e análise daquela bactéria.

✅ CUIDADOS POSTERIORES

- É bom lavar o local da picada do carrapato com um sabão líquido antisséptico à base de clorexidina ou pincelá-lo com um cotonete com um pouco de água oxigenada 10 vol., para remover qualquer resíduo do carrapato.

- Aplique uma pomada antibiótica de neomicina e bacitracina. Normalmente, uma vez é suficiente.

- Quando se remove um carrapato, é normal que no local fique uma pequena saliência do tamanho de uma espinha. Ela deve desaparecer em um ou dois dias. Se isso não acontecer, ou se ficar maior do que um grão de ervilha, peça para o seu veterinário dar uma olhada.

Para retirar um carrapato, segure-o próximo à cabeça com uma pinça e puxe-o para fora, em linha reta.

ALERTA IMPORTANTE

DOENÇAS TRANSMITIDAS POR CARRAPATOS

Muitas doenças são transmitidas por carrapatos porque sua saliva transmite organismos microscópicos quando eles mordem. Contudo, normalmente um carrapato precisa estar se alimentando em um animal por, no mínimo, 12 horas para que o animal fique infectado, o que faz com que uma rápida retirada consiga prevenir a maior parte das doenças. Cachorros e pessoas podem se infectar por algumas mesmas doenças, mas os carrapatos não pulam do cachorro para outro hospedeiro, portanto, é quase impossível pegar alguma coisa do seu animal. Lidar com carrapatos com as mãos nuas, no entanto, pode expô-lo. Eis algumas das doenças mais sérias que os cachorros (e algumas vezes as pessoas) pegam dos carrapatos. O veterinário terá de diagnosticar o problema, mas medicamentos específicos para a doença resolverão o problema.

Babesiose – Causa uma severa anemia que pode danificar o fígado, os rins e o baço, sendo o primeiro sintoma uma febre de mais de 41°C. A urina fica escura por causa da presença de sangue. Algumas vezes, a doença causa sintomas neurológicos, como ranger de dentes ou comportamento trôpego, e os cachorros podem morrer em quatro dias. Para tratar a babesiose, usam-se drogas antiprotozoárias. No Brasil, a maior incidência de casos de babesiose se dá no Nordeste, sendo menos comum nos estados do Sul e do Sudeste.

Erliquiose – Produz uma ampla variedade de sintomas, desde sangramento nasal e febre de até 40,5°C até a supressão do sistema imunológico. A opção para tratamento são antibióticos, como tetraciclina. São encontrados casos da doença em todas as regiões do Brasil.

Doença de Lyme – Nos Estados Unidos, é a mais comum entre as doenças transmitidas por carrapato. No Brasil foram encontrados focos em São Paulo, Santa Catarina e no Rio Grande do Norte. O carrapato precisa sugar de 12 a 24 horas para transmitir a doença. Cães com doença de Lyme geralmente mancam, ficam desanimados e têm febre alta. Raramente, também apresentam uma erupção na pele, em formato de olho de boi, mas o pelo dificulta essa observação. O tratamento é feito com antibiótico.

Febre maculosa – Causa febre alta, rigidez, respiração difícil, vômito, diarreia, edema na pata e no focinho, e, finalmente, sangramento nasal, na urina e nas fezes. Para que se fique infectado, o carrapato precisa sugar no mínimo quatro horas. Antibióticos como doxiciclina revertem os sintomas em um ou dois dias, desde que a doença seja tratada logo no começo. A febre maculosa pode ser uma doença muito grave, levando muitas vezes à hospitalização e registrando sequelas e casos fatais. No Brasil, os focos mais notados estão em São Paulo, Rio de Janeiro, Minas Gerais, Espírito Santo, Bahia e Pernambuco.

Paralisia do carrapato – Acredita-se que seja causada por uma neurotoxina existente na saliva do carrapato que, vagarosamente, paralisa o cachorro em um período de 48 a 72 horas. Se todos os carrapatos forem removidos, a paralisia normalmente desaparece em cerca de um dia.

Provavelmente ele receitará um antibiótico, como tetraciclina, para resolver qualquer infecção que possa ter causado o problema.

■ Uma picada de qualquer tipo de carrapato pode causar paralisia de carrapato, que geralmente atinge primeiro as patas traseiras do animal. Se o seu animal começar, repentinamente, a puxar suas patas traseiras ou tiver problema para se movimentar, leve-o imediatamente ao veterinário. A maioria dos casos de paralisia de carrapato desaparecerá pouco tempo (pouco mais de um dia) depois que o carrapato for removido. Alguns veterinários acreditam que ela é causada por uma toxina secretada por sua saliva, o que faz com que, removida a fonte da toxina (o carrapato), os sintomas desapareçam.

■ Para impedir que os carrapatos infestem seu animal, aplique um tratamento tópico contra carrapato à base de fipronil. Apenas uma gota entre as espáduas, uma vez por mês, deverá fazer com que seu animal fique protegido.

CONSULTORES

■ Clint Chastain, doutor em Medicina Veterinária, é veterinário no Preston Road Animal hospital, em Dallas, Texas.

■ Karen Hoffman, doutora em Medicina Veterinária, é veterinária no Delaware Valley Animal Hospital, em Fairless Hills, Pensilvânia.

■ Laura Solien, doutora em Medicina Veterinária, é veterinária no Maplecrest Animal Hospital, em Goshen, Indiana.

CELULITE JUVENIL

PROCURE SEU VETERINÁRIO: **NO MESMO DIA**

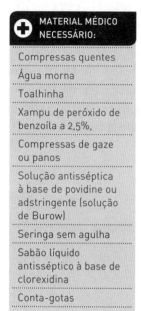

MATERIAL MÉDICO NECESSÁRIO:
- Compressas quentes
- Água morna
- Toalhinha
- Xampu de peróxido de benzoíla a 2,5%
- Compressas de gaze ou panos
- Solução antisséptica à base de povidine ou adstringente (solução de Burow)
- Seringa sem agulha
- Sabão líquido antisséptico à base de clorexidina
- Conta-gotas

A celulite juvenil ou piodermite juvenil é uma doença causada pelo mau funcionamento do sistema imunológico. Felizmente ela não é muito comum. A pele, principalmente no focinho, fica infectada com feridas profundas que podem atingir os nódulos linfáticos do pescoço. Os filhotes com menos de 12 semanas são os mais frequentemente afetados, e os labradores, golden retrievers, dachshunds, spaniels ingleses e springer spaniels são os que correm maior risco.

Um filhote que sofra de celulite juvenil tem febre, para de comer e fica letárgico. Desenvolve pústulas e edemas dolorosos nos lábios, nas pálpebras, no focinho e, frequentemente, na região da virilha. Depois que a celulite juvenil atinge os nódulos linfáticos, surgem enormes nós inchados no pescoço, sob o maxilar.

FAÇA ISTO JÁ

COLOQUE UMA COMPRESSA QUENTE. Mergulhe uma toalhinha em água tão quente quanto você consiga suportar, torça-a e coloque sobre a região inchada na garganta do filhote. Isso atrairá a circulação sanguínea para o local, ajudando a limpar e a sarar a ferida mais rapidamente. Mantenha a compressa quente úmida sobre a região por cinco minutos, alternando com cinco minutos de descanso, até que ela esfrie. Molhe-a novamente e reaplique-a. Faça isso duas a cinco vezes por dia.

LIMPE AS FERIDAS. As feridas no focinho e nos lábios normalmente se rompem, depois secam e desenvolvem uma casca. Limpe esses pontos uma vez por dia, ensopando-os primeiro com água morna. A umidade amolecerá as cascas, permitindo que você as retire suavemente, com uma toalhinha limpa molhada. Depois de remover as cascas amolecidas, limpe a região delicadamente com um xampu superconcentrado de peróxido de benzoíla a 2,5% e enxágue.

MANTENHA OS ABSCESSOS LIMPOS. Se o edema nos nódulos linfáticos estourar, mantenha o abscesso limpo com água morna aplicada com um pano limpo e macio três ou quatro vezes por dia, durante cinco a dez minutos de cada vez. Seja delicado, não apenas porque a região estará muito inflamada, mas também porque uma limpeza vigorosa pode fazer com que a cicatriz fique para sempre.

✔CUIDADOS POSTERIORES

■ Até que o abscesso tenha se curado, continue a usar compressas quentes úmidas sobre a área inchada, como descrito na página 106. Isso ajudará a formar um olho no abscesso, que se abrirá por si mesmo. Depois de aberto e drenado, continue a aplicar as compressas quentes e úmidas para que continue aberto.

■ Seu veterinário poderá drenar o abscesso do nódulo linfático se ele não estourar sozinho, e frequentemente você precisará enxaguar a ferida profunda, com uma solução antisséptica, como povidine. Compre essa solução com uma concentração de 0,01 a 0,1%. Se você comprar povidine numa concentração maior, dilua-o com água destilada, até que fique com a cor de um chá fraco. (Se você não tiver certeza da diluição, fale com o farmacêutico ou com o seu veterinário para uma informação mais completa.)

Você pode usar uma seringa sem agulha para aplicar a solução na ferida e enxaguar os resíduos, fazendo com que ela sare de dentro para fora. Seu veterinário poderá lhe explicar como fazê-lo e com que frequência.

■ Depois de lavada a ferida, mantenha-a limpa com povidine (diluído da maneira descrita anteriormente) ou com solução de Burow, uma solução adstringente à venda em farmácias. Umedeça um pano limpo ou uma compressa de gaze com a solução e limpe a secreção, conforme necessário.

■ Para as áreas com crostas da pele dos lábios e do focinho, banhe seu animal com um sabão líquido antisséptico suave à base de clorexidina ou com um xampu de peróxido de benzoíla a 2,5%, várias vezes por dia. Isso ajudará no seu restabelecimento, e a eliminação das cascas o deixará mais confortável. Pequenas quantidades de povidine ou da solução de peróxido de

ALERTA IMPORTANTE

SARNA

As feridas supurantes no focinho e nas dobras de pele dos filhotes de cachorro precisam ser cuidadosamente diagnosticadas, porque uma pele com piodermite pode ter várias causas. Enquanto a celulite juvenil é geralmente causada por um mau funcionamento do sistema imunológico, podendo ser curada, com frequência, com antibióticos e esteroides, a sarna juvenil demodécica pode provocar sintomas muito parecidos, e os corticoides, na verdade, podem piorá-la.

A sarna dermodécica é causada por ácaros microscópicos, no formato de um charuto, que se hospedam sob a pele e provocam feridas e infecção. Na verdade, essas criaturas minúsculas são habitantes normais das peles caninas, sem causar problemas, mas os filhotes geralmente não têm o sistema imunológico completamente desenvolvido, o que os torna suscetíveis ao ácaro. A maioria das sarnas juvenis demodécicas desaparece conforme o filhote cresce, mas alguns cachorros, quando adultos, desenvolvem uma forma séria da doença, cobrindo o corpo por inteiro. Eles precisam de um tratamento médico agressivo, que inclui antibiótico e banhos de imersão com medicamentos, para matar os ácaros.

benzoíla ingeridas acidentalmente não causam mal, mas o peróxido de benzoíla pode fazer com que seu filhote salive excessivamente ou vomite. Não se assuste – essa é uma reação normal ao gosto ruim do peróxido.

- Apenas manter a pele limpa não vai resolver o problema. Normalmente, será preciso dar um antibiótico ao seu filhote por até três semanas para prevenir infecções bacterianas secundárias nas feridas abertas e supurantes. Muitas vezes também se prescrevem esteroides para combater a inflamação. Os filhotes precisam tomar medicamentos líquidos. Para dá-los, levante a cabeça dele para trás, insira uma seringa sem agulha ou um conta-gotas na bolsa de sua bochecha, aplique o remédio e mantenha a boca dele fechada até que engula. (Essa técnica aparece ilustrada na página 40.)

A MELHOR ABORDAGEM

MANGUITO (borracha usada na coleta de sangue)

Pode ser complicado enxaguar ferimentos profundos como abscessos, sem as ferramentas necessárias para fazer com que o remédio chegue aonde for preciso. Geralmente o veterinário fornece um manguito com uma ponta longa e flexível e ensina como usá-lo. Primeiramente, encha o manguito com a solução receitada para o enxágue, insira a ponta do cateter na ferida e empurre o êmbolo. Você verá a ferida se encher com o fluido, e os resíduos sairão. Isso ajudará a ferida a sarar de dentro para fora.

CONSULTORES

- Kevin Doughty, doutor em Medicina Veterinária, é veterinário na Mauer Animal Clinic, em Las Vegas.
- Grady Hester, doutora em Medicina Veterinária, é veterinária na All Creatures Animal Clinic, em Rolesville, Carolina do Norte.
- Jeff Nichol, doutor em Medicina Veterinária, é diretor e veterinário no Adobe Animal Medical Center, em Albuquerque.
- George White, doutor em Medicina Veterinária, é veterinário no 1-20 Animal Medical Center, em Arlington, Texas.

CHOQUE

PROCURE SEU VETERINÁRIO: **IMEDIATAMENTE**

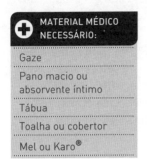

MATERIAL MÉDICO NECESSÁRIO:
- Gaze
- Pano macio ou absorvente íntimo
- Tábua
- Toalha ou cobertor
- Mel ou Karo®

O choque é um estado que coloca a vida em risco e que acontece quando o corpo deixa de receber oxigênio suficiente. Existem muitas causas para o choque, entre elas insuficiência cardíaca, infecção sanguínea (sepse) e trauma grave, no qual o corpo é inundado de adrenalina (a adrenalina é um hormônio que contrai os vasos sanguíneos e reduz o fluxo de sangue e de oxigênio). O tipo mais importante de choque é o hipovolêmico, que resulta da perda de sangue.

Os animais que estiverem entrando em choque ficarão zonzos e fracos, sentindo dificuldade em ficar de pé e podendo perder a noção do seu entorno. Além disso, primeiramente suas gengivas ficam de um rosa escuro ou vermelho, tornando-se descoradas em cinco a dez minutos, conforme o nível de oxigênio for caindo. As gengivas de um gato são normalmente mais pálidas do que as de um cachorro, e quando ele está em choque elas se tornam cinza, brancas ou muito pálidas.

Os animais tratados rapidamente se recuperarão do choque em poucas horas, mas como este é um estado muito sério e de ação rápida – animais podem morrer em questão de minutos – é essencial que haja um pronto atendimento e a atenção de um veterinário.

FAÇA ISTO JÁ

SE O SEU ANIMAL ESTIVER SANGRANDO, PRESSIONE DIRETAMENTE O FERIMENTO. Você pode usar gaze, um pano macio limpo, um absorvente íntimo ou mesmo a sua mão, para estancar o sangramento. Isso não acabará com o choque, mas diminuirá os efeitos, enquanto você leva seu animal para o veterinário. Não retire o pano ou a compressa se ficar muito molhado; apenas coloque outra compressa por cima e continue a pressionar. (Para mais informações sobre sangramento, vá à página 400.)

SE O SEU ANIMAL SOFREU UM ACIDENTE, ESTABILIZE SEU CORPO. Um animal que tenha sofrido um acidente pode estar com um problema na coluna ou danos internos que podem piorar caso ele seja movimentado. Coloque-o cuidadosamente sobre uma prancha ou sobre qualquer outra superfície rígida para proteger a coluna. Na falta de um objeto rígido, uma toalha ou um cobertor podem funcionar como uma boa maca temporária. Mas não deixe que a procura de um transportador adequado atrase sua ida ao veterinário. (Para

ALERTA IMPORTANTE

PERDA DE SANGUE

Cerca de 7% do peso de um cachorro vem do sangue; nos gatos, a proporção é de cerca de 5%. Os animais podem começar a entrar em choque quando perdem de 10 a 15% de seu precioso líquido. Você verá sérios sinais de choque em uma perda de sangue de 20 a 30%, e as perdas rápidas de 40% do volume sanguíneo são geralmente fatais. Se um animal perder cerca de 10 a 12% de seu sangue, suas gengivas começarão a ficar brancas ou descoradas e levarão mais de dois segundos para serem preenchidas com sangue depois que você pressioná-las com o dedo. Se você perceber esses sinais, leve seu animal ao veterinário imediatamente. Os sintomas piorarão com mais perda de sangue e choque.

mais informações sobre acidentes de carro, vá à página 70.)

COLOQUE UMA TOALHA OU UM COBER-TOR NO SEU ANIMAL. Cubra o seu animal com uma toalha ou um cobertor para mantê-lo aquecido. A circulação interrompida que leva ao choque também pode provocar hipotermia, uma queda repentina na temperatura do corpo, que agrava o choque.

ESFREGUE AS GENGIVAS DELE COM KARO® OU MEL. Os animais que entram em choque podem ter uma taxa de açúcar no sangue muito baixa. Nesses casos, a elevação da taxa de açúcar pode ser útil. Se você tiver tempo para procurar, a maneira mais rápida de elevar o açúcar no sangue é esfregar uma ou duas gotas de Karo® ou de mel nas gengivas. Elas serão absorvidas quase que instantaneamente.

🐾 SITUAÇÕES ESPECIAIS

SE VOCÊ SUSPEITAR QUE O CORAÇÃO PAROU. Isso pode acontecer quando o choque estiver próximo do estágio final. Esteja pronto para fazer respiração artificial e ressuscitação cardiopulmonar. Primeiro, verifique se o coração do seu animal parou, tomando sua pulsação. Pressione seus dedos na dobra onde a parte interior da coxa se junta ao corpo e procure a artéria femoral, que é muito grande e fica próximo à superfície. (Essa técnica aparece ilustrada na página 23.) Se você não conseguir senti-la, tente ouvir ou sentir o batimento cardíaco. Ponha seu ouvido ou a palma da sua mão sobre o lado esquerdo do seu animal, logo atrás do cotovelo.

SE O CORAÇÃO DO SEU ANIMAL ESTIVER BATENDO, MAS ELE NÃO ESTIVER RESPIRANDO. Comece a respiração artificial. Antes, assegure-se de que as vias aéreas do seu animal estão desobstruídas. Depois, envolva a boca e o focinho dele com as suas mãos para manter os lábios selados e ponha sua boca sobre o nariz dele. Dê duas rápidas sopradas, observando se o peito do animal se expande. Depois, afaste sua boca para deixar o ar escapar de volta. Dê 15 a 20 sopradas por minuto, até que o seu animal recomece a respirar sozinho ou até que você chegue ao veterinário. (Essa técnica aparece ilustrada na página 30.) Fique atento à reação dele porque, caso ele recobre a consciência, pode acabar mordendo você por medo.

SE O CORAÇÃO DO SEU ANIMAL TIVER PARADO E ELE NÃO ESTIVER RESPI-RANDO. Você terá de fazer respiração artificial e compressões no peito – ressuscitação cardiopulmonar. Se você estiver sozinho, faça cinco compressões no peito, alternando com uma soprada. A meta é 80 a 100 compressões e 15 a 20 sopradas por minuto, até que seu animal se recupere ou até que você consiga socorro médico. Se houver alguém que possa ajudá-lo, uma pessoa faz cinco compressões, depois descansa, para que a outra faça a respiração.

Para fazer a ressuscitação cardiopulmonar, você terá de comprimir o peito do animal, seja qual for o seu tamanho, com um gesto rápido e firme, dando cerca de uma bombeada por segundo. Não vá mais rápido do que isso porque o coração não terá tempo para se encher de sangue entre as compressões. Coloque seu animal sobre uma superfície plana, firme, como uma mesa ou um chão liso.

No caso de um gato ou de um cachorro pequeno, ponha sua mão em concha sobre a base do peito, logo atrás dos cotovelos e aperte com firmeza, com o polegar de um lado e os outros dedos do outro, pressionando cerca de 1 cm, de 80 a 100 vezes por minuto.

Um cachorro maior deverá ser deitado de lado. Coloque as mãos espalmadas, uma sobre a outra, em cima do peito para fazer as compressões. Pressione o peito de 25 a 50% de cada vez e, a cada minuto, pare a ressuscitação cardiopulmonar para verificar se há pulsação ou respiração. Se o coração recomeçar a bater, pare as compressões, mas continue a fazer a respiração artificial até que seu animal volte a respirar sozinho ou até que você consiga ajuda. Continue fazendo isso no carro, até chegar ao veterinário. (Essa técnica aparece ilustrada na página 31.)

☑ CUIDADOS POSTERIORES

- Depois do choque do seu animal ter sido tratado pelo veterinário, normalmente não são necessários maiores cuidados posteriores. Se o choque tiver sido causado por um acidente de carro, seu animal poderá estar dolorido e mais lento, após a visita à clínica. Tenha paciência e, ao chegar em casa, siga as instruções do seu veterinário quanto aos cuidados com curativos e incisões, medicamentos e alimentação.

CONSULTORES

- Shane Bateman, doutora em Medicina Veterinária, doutora em Ciências Veterinárias, veterinária certificada pelo Conselho do American College of Emergency and Critical Care Medicine e professora-assistente de Medicina de Emergência e Cuidados Críticos no Ohio State University College of Veterinary Medicine, em Columbus.
- John Rush, doutor em Medicina Veterinária, veterinário certificado pelo conselho do American College of Emergency and Critical Care Medicine, e chefe do Serviço de Emergência e Cuidados Críticos na Tufts University School of Veterinary Medicine, em North Grafton, Massachusetts.
- David Wirth-Schneider, doutor em Medicina Veterinária, é veterinário na Emergency Clinic for Animals, em Madison, Wisconsin.

CHOQUE ELÉTRICO

PROCURE SEU VETERINÁRIO: **IMEDIATAMENTE**

MATERIAL MÉDICO NECESSÁRIO:
- Luvas de borracha
- Toalha escura
- Transportador de animais ou caixa

O choque elétrico geralmente acontece em filhotes, porque eles mastigam qualquer coisa, incluindo fios elétricos e de telefone. Os choques elétricos mais graves podem provocar convulsões ou parar o coração, e os danos podem ser insidiosos, porque aparecem lentamente, às vezes levando a um batimento cardíaco irregular ou a dificuldades na respiração, muitos dias após o acidente.

A maioria dos choques que acontecem em um ambiente doméstico está muito longe dessa gravidade. Cães e gatos ficarão, tipicamente, com queimadura nos lábios, nos cantos da boca ou na língua. Na verdade, os veterinários às vezes veem uma lista característica de queimadura atravessada na língua, uma marca que chamam de mordida elétrica.

FAÇA ISTO JÁ

DESLIGUE A FORÇA. A corrente elétrica geralmente provoca espasmos musculares, tornando impossível que cães e gatos larguem o fio que estiverem mordendo. Normalmente, eles passam a morder ainda mais forte. É preciso desligar a força antes de tocar seu animal, caso contrário você também levará um choque e não será capaz de ajudar. A melhor maneira de desligar a força é desligar a chave geral. Se você não tiver certeza de onde ela está ou não puder ir até lá com muita rapidez, puxe o fio da tomada. Se for possível pegar luvas de borracha rapidamente, vista-as antes de puxar a tomada. Tome bastante cuidado para não chegar muito perto do seu animal; se você tocá-lo, também levará choque.

FAÇA RESSUSCITAÇÃO CARDIOPULMONAR, SE NECESSÁRIO. A eletricidade pode danificar os vasos sanguíneos do organismo, provocando um vazamento de fluido que enche os pulmões. Isso causará tosse, dificuldade na respiração e extrema ansiedade. A eletricidade pode também alterar o batimento cardíaco, ao interromper os impulsos elétricos normais do coração. Se seu animal entrar em colapso e parar de respirar, você precisará fazer respiração artificial e ressuscitação cardiopulmonar.

Envolva o focinho do seu animal com a mão para manter sua boca fechada, depois dê duas rápidas sopradas no seu nariz. Observe se o peito dele infla e dê 15 a 20 sopradas por minuto, até que seu animal volte a respirar sozinho ou até que você consiga socorro médico. (Essa técnica aparece ilustrada na página 30.) Depois de cada soprada, observe se o peito dele infla e afaste os lábios para deixar o ar escapar.

Depois de dar as primeiras sopradas, coloque a palma de sua mão ou seu ouvido sobre o peito do animal, logo atrás do cotovelo esquerdo e tente ouvir o batimento cardíaco. (Ou cheque a pulsação na artéria femoral, que fica na junção da parte interna da pata traseira com o corpo.) Se você não conseguir ouvir o batimento, terá de fazer compressões no peito para ajudar o coração a funcionar.

No caso de um gato ou de um cachorro pequeno, ponha a mão em concha sobre a extremidade do peito logo atrás dos cotovelos. Aperte com firmeza, pressionando cerca de 1 cm com o polegar de um lado e os outros dedos do outro, cerca de 80 a 100 vezes por minuto. A cada cinco compressões dê uma soprada ou dê 15 a 20 sopradas por minuto.

Deite de lado um animal médio ou grande, sobre uma superfície plana e firme. Coloque uma mão sobre a outra no peito dele, atrás do cotovelo, e pressione para baixo, comprimindo o peito de 25 a 50%. Alterne compressões e sopradas na mesma proporção descrita para animais pequenos. (Essa técnica aparece ilustrada na página 31.)

TRATE CONVULSÕES COM ESCURIDÃO E SILÊNCIO. As convulsões não são tão sérias como aparentam e normalmente param em dois a três minutos. Enquanto isso, cubra o focinho do seu animal com uma toalha escura, para protegê-lo da luz e do barulho. Isso poderá ajudar para que a convulsão acabe mais rápido. Tente não tocar ou nem mesmo falar com animais em convulsão.

Ainda que estejam inconscientes, o som da sua voz e o contato físico estimularão o cérebro, possivelmente fazendo com que a convulsão se prolongue.

MANTENHA SEU ANIMAL QUIETO. O estresse aumenta a necessidade de oxigênio. Animais que levaram choque geralmente sofrem danos no pulmão, o que torna ainda mais difícil para eles conseguirem oxigênio suficiente. Movimentá-los ou mesmo segurá-los aumenta o stress. Se puder, coloque seu animal em uma transportadora de animais escura ou em uma caixa, ponha-a no carro e ligue o ar condicionado no alto até que você chegue ao veterinário.

DÊ GELO. Você pode aliviar a dor de queimaduras na boca colocando gelo na água que seu animal bebe – o gelo funcionará como um anestésico temporário. Ou você pode colocar gelo diretamente nas queimaduras.

✔ CUIDADOS POSTERIORES

▪ As queimaduras da boca levam um longo tempo para sarar porque estão sempre úmidas e tendem a ficar infectadas. Isso pode dificultar a alimentação dos animais. Até que as queimaduras sarem, bata os alimentos normais do seu animal no liquidificador, acrescentando uma quantidade suficiente de caldo de galinha magro, sem sal, para que ela fique cremosa.

CONSULTORES

▪ Debra M. Eldredge, doutora em Medicina Veterinária, é veterinária em Vernon, Nova York.

▪ Joanne Howl, doutora em Medicina Veterinária, é veterinária em West River, Maryland; secretária-tesoureira da American Academy on Veterinary Disaster Medicine e ex-presidente da Maryland Veterinary Medical Association.

▪ Kevin Wallace, doutor em Medicina Veterinária, é instrutor no Departamento de Ciências Clínicas do Cornell University College of Veterinary Medicine, em Ithaca, Nova York.

CISTOS NO DEDO

PROCURE SEU VETERINÁRIO: **SE NECESSÁRIO**

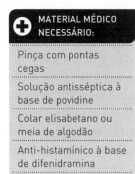

MATERIAL MÉDICO NECESSÁRIO:

Pinça com pontas cegas

Solução antisséptica à base de povidine

Colar elisabetano ou meia de algodão

Anti-histamínico à base de difenidramina

Os furúnculos interdigitais – cistos no dedo – acontecem na pele das patas de um cachorro, entre os dedos. As dolorosas e nodosas feridas são um tecido inflamado quase sempre por causa de uma infecção bacteriana profunda. Os gatos não desenvolvem cistos do pé, mas eles são muito comuns em cachorros, principalmente em raças como sharpeis, labradores e buldogues. Isso acontece porque essas raças ou têm as pataspalmadas ou muito curtos e pelos duros nas patas que facilmente encravam e provocam infecção. Outra causa é um corpo estranho como uma semente de capim que se implanta sozinha na pele. E, ocasionalmente, um ácaro de pele microscópico que causa demodicose – uma espécie de sarna – pode gerar os cistos no pé.

Quase sempre os cistos no pé precisam de um tratamento com antibiótico oral, e, em alguns casos, pedem cirurgia para a remoção de um corpo estranho; e a sarna demodécica, para ser curada, requer um diagnóstico médico específico e tratamento, mas os primeiros socorros geralmente aliviam o desconforto do cachorro e ajudam a apressar sua recuperação.

🧰 FAÇA ISTO JÁ

REMOVA UM OBJETO ESTRANHO. Antes de qualquer coisa, examine a pata do seu cachorro para ver se há um corpo estranho, como lascas de grama ou uma farpa. Se você conseguir ver e alcançar o material, use uma pinça de pontas arredondadas para agarrá-lo e tirá-lo. Seu cachorro vai sentir dor, portanto fique prevenido porque ele vai recuar e puxar o pé. Talvez você precise de ajuda para mantê-lo quieto ou para imobilizá-lo.

MOLHE AS PATAS. Mergulhe as patas do seu cachorro durante 10 minutos em uma solução feita com um pacotinho de sulfato de magnésio dissolvido em oito litros de água morna ou em uma solução à base de povidine, em uma concentração de 0,01% a 0,1%. Se você comprar povidine em uma concentração maior, dilua-o em água destilada até ficar com a cor de um chá fraco (se você não estiver seguro quanto à diluição, peça a orientação de um farmacêutico ou de um veterinário). Isso não apenas limpa os fungos e as bactérias que poderiam causar infecção, como alivia a inflamação, a coceira e pode ajudar a fazer com que o corpo estranho, ou o pelo encravado, suba à superfície. Você

ALERTA IMPORTANTE

ALERGIAS

Pessoas com febre do feno geralmente espirram muito e ficam com os olhos lacrimejando, vermelhos e coçando, mas os cachorros com febre do feno – cujo nome correto é polinose – em vez disso, ficam com coceira na pele, especialmente nas patas.

Quando os cistos do pé aparecem e não saram ou ficam recorrentes, é provável que o seu cachorro seja alérgico a algo que esteja respirando. Pode ser pólen, poeira, terra ou qualquer coisa que também afete pessoas.

Se você conseguir perceber o que está provocando a reação e se livrar desse agente, a coceira do seu cachorro desaparecerá. Infelizmente, é raro que isto seja algo simples de se fazer. Há vários testes dermatológicos que o seu veterinário poderá realizar que ajudarão a identificar as causas. (Para mais informações sobre alergias, vá às páginas 82 a 88.)

---

pode encher a banheira de forma que o seu cachorro fique em pé na água e molhe as quatro patas de uma vez. Lembre-se de enxaguar e de secar as patasdele depois da imersão, uma vez que a umidade torna os coxins um terreno mais fértil para uma infecção. Além disso, o sulfato de magnésio, se engolido, tem um efeito laxante, portanto, não deixe que o seu cachorro lamba demais nem que beba essa água do tratamento.

🐾 SITUAÇÕES ESPECIAIS

SE AS FERIDAS ESTIVEREM INFECTADAS. Se houver infecção, você verá uma descarga de pus. É melhor limpar e molhar as patas com uma solução antisséptica, como descrito na página 114. Quando apenas uma ou duas patas foram afetadas, pode-se usar uma pequena vasilha e tratar um pé de cada vez. Lembre-se de enxaguar e secar as patas do seu cachorro depois, porque as soluções antissépticas não podem ser engolidas.

SE FOR PRECISO UMA CIRURGIA. Se, apesar dos seus esforços, as feridas não melhorarem, talvez seja preciso uma cirurgia para tentar extirpar qualquer pelo encravado, sementes pontudas ou uma infecção. Mantenha o local da incisão limpo, retirando qualquer secreção em torno da ferida com uma compressa de gaze umedecida com soro fisiológico estéril.

Após a cirurgia na pata, o veterinário poderá fazer um curativo no seu cachorro. Mantenha o curativo limpo e seco, enfiando um saco plástico no pé sempre que seu cachorro for para o ar livre.

Você terá de trocar o curativo a cada dois ou três dias. Repare se há edema acima ou abaixo do curativo, ou um súbito interesse em lamber a região – isso pode significar problema na parte coberta, que precisará ser examinada pelo veterinário.

✅ CUIDADOS POSTERIORES

- Muitos cachorros podem começar a lamber a pata por causa de uma coceira, mas depois isso se torna um hábito, e a consequência é o surgimento de feridas. Quanto mais eles

Impeça que o seu cachorro lamba ou mastigue compulsivamente a pata fazendo um curativo de meia. Coloque uma meia limpa atlética de algodão no pé dele e prenda o cano com esparadrapo no pelo de sua pata.

lambem, mais as feridas coçam, o que faz com que continuem coçando. A coisa mais importante que você pode fazer em casa é parar o ciclo, impedindo fisicamente o seu cachorro de lamber ou de mastigar os patas. A forma mais fácil é colocando nele uma coleira cônica elisabetana de contenção, de forma que ele não consiga alcançar a pata com a língua. (Para mais informações sobre feridas por lambedura, vá à página 215.)

Ou coloque uma meia nele para proteger o pé – alguma coisa feita de algodão, que respire, é melhor do que um curativo apertado. Isso porque os cães têm glândulas sudoríparas nos coxins, e enfaixá-los pode criar um ambiente escuro e úmido, que as bactérias e as leveduras adoram.

Use uma meia limpa atlética e prenda o cano diretamente no pelo do cachorro, na parte do punho. Mesmo que o seu animal resolva mastigar a meia, isto fará com que fique com os dentes e a língua ocupados, deixando de causar maiores danos aos seus dedos.

- Um anti-histamínico à base de difenidramina pode ajudar no alívio da coceira, enquanto as feridas saram. Consulte seu veterinário.

- Molhe o pé duas ou três vezes, diariamente, com água morna misturada com uma solução bactericida ou antisséptica. Povidine diluído (veja a página 114) ou uma solução de peróxido de benzoíla a 5% dá bons resultados.

- Os cistos do pé quase sempre requerem um tratamento de longo prazo com antibióticos, como penicilina ou cefalexina, segundo o seu veterinário. Talvez o seu cachorro tenha que tomar o medicamento por até oito semanas, para que a ferida sare.

CONSULTORES
- Gerald Brown, doutor em Medicina Veterinária, é veterinário no City Cat Doctor, em Chicago.
- Bernadine Cruz, doutora em Medicina Veterinária, é veterinária no Laguna Hills Hospital, na Califórnia.
- Jeffrey Werber, doutor em Medicina Veterinária, é veterinário no Century Veterinary Group, em Los Angeles.

COLAPSO

PROCURE SEU VETERINÁRIO: **IMEDIATAMENTE**

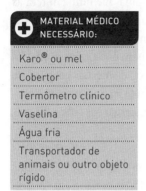

MATERIAL MÉDICO NECESSÁRIO:
- Karo® ou mel
- Cobertor
- Termômetro clínico
- Vaselina
- Água fria
- Transportador de animais ou outro objeto rígido

Quando o seu cachorro ou o seu gato caem repentinamente e não conseguem se levantar, você precisa analisar bem para descobrir o que causou o colapso. Animais que mastigam fios elétricos podem ter reações retardadas ao choque e entrar em colapso até uma hora depois, quando seus pulmões se encherem de fluido. A ingestão de alguns venenos também pode nocautear animais de estimação. A falência de um pulmão, o sangramento interno por machucado ou por um tumor cancerígeno, uma temperatura muito alta ou muito baixa, uma reação alérgica à picada de um inseto, problemas cardíacos e muitas outras coisas podem fazer com que um animal desmorone.

Talvez sejam necessários testes específicos para descobrir a causa e conseguir o tratamento adequado, mas o pronto atendimento ajudará, seja qual for o motivo, e poderá salvar a vida do seu animal.

FAÇA ISTO JÁ

AJUDE SEU ANIMAL A RESPIRAR. Quando um animal entra em colapso, esteja preparado para fazer respiração artificial e/ou ressuscitação cardiopulmonar, caso ele pare de respirar ou seu coração deixe de funcionar. Para a respiração artificial, ponha sua boca diretamente sobre o nariz de seu animal e sopre dentro do nariz. Dê duas rápidas sopradas e espere para ver se seu peito infla. Depois, continue dando de 15 a 20 sopradas por minuto, até que ele comece a respirar sozinho ou que você consiga socorro médico. (Essa técnica aparece ilustrada na página 30.) Enquanto você estiver respirando por ele, confira a cada 30 segundos se o coração dele continua batendo.

ESTEJA PREPARADO PARA FAZER RESSUSCITAÇÃO CARDIOPULMONAR. Ouça ou sinta o batimento cardíaco, colocando a mão no peito, atrás do cotovelo esquerdo do seu animal. Se você não conseguir, comece a ressuscitação cardiopulmonar. Intercale uma soprada a cada cinco compressões cardíacas. Quando se tratar de gatos ou cachorros pequenos, coloque sua mão em concha sobre o ponto central do peito, com o polegar de um lado e os outros dedos do outro, e aperte, comprimindo o peito cerca de 1 cm. O objetivo é fazer de 80 a 100 compressões por minuto.

Se for um cachorro maior, deite-o sobre uma superfície dura e pressione na parte mais alta do seu peito. Isso altera a pressão dentro da cavidade torácica de maneira muito significativa, e é esse aumento e diminuição de pressão que realmente faz o sangue se movimentar. Coloque suas mãos uma sobre a outra em cima do peito e pressione para comprimir de 25 a 50%. (A ressuscitação cardiopulmonar aparece ilustrada na página 31; para mais informações sobre parada cardíaca, veja a página 347.)

TENTE ALGO DOCE. Se seu animal estiver respirando e o coração batendo, mas passados dois ou três minutos ele continuar desacordado, ofereça de duas a três colheres de sopa de Karo® ou de mel e vá para o veterinário. Isso ajudará a combater a baixa taxa de açúcar no sangue, que pode resultar de vários tipos de falência de órgãos, insolação, hipotermia e até mesmo choque, qualquer um deles causador de colapso. Caso seu animal não consiga engolir, esfregue uma pequena quantidade de Karo® ou de mel na parte interna dos lábios e nas gengivas, para que o organismo o absorva através das membranas mucosas. Se o colapso se dever apenas à baixa taxa de açúcar no sangue, você verá um melhora marcante em apenas cerca de dez minutos, mas de qualquer modo, leve seu animal para ser examinado o quanto antes. (Para mais informações sobre hipoglicemia, vá à página 96.)

FIQUE ATENTO PARA SINTOMAS DE CHOQUE. Qualquer tipo de acidente ou ferimento com sangue pode levar seu animal ao choque, de forma que ele entre em colapso à medida que sua circulação falha. Ele também terá as gengivas pálidas e uma respiração acelerada. Embrulhe-o em um cobertor para mantê-lo aquecido. Você também pode colocar uma ou duas gotas de Karo® ou de mel nas gengivas do seu animal, para ajudá-lo a se manter consciente. (Para mais informações sobre choque, vá à página 109.)

Mantenha seu animal aquecido. Animais que ficam muito gelados entram em colapso quando sua temperatura corporal cai abaixo do normal. Eles podem ficar tão gelados que param de tremer e suas gengivas se tornam cinza ou azuis. Embrulhe seu animal em um cobertor macio e leve-o imediatamente para o veterinário. (Para mais informações sobre hipotermia, vá à página 257.)

ALERTA IMPORTANTE

DOENÇAS CARDÍACAS

Os animais de estimação podem desenvolver diferentes tipos de doenças cardíacas, especialmente quando envelhecem. Os cachorros, com mais frequência, desenvolvem uma falha cardíaca congestiva. Eles tendem a se cansar facilmente com exercícios, podendo desmaiar, e podem tossir ou ter uma respiração difícil ou o abdome inchado. Os gatos também podem apresentar esses sintomas, mas eles normalmente sofrem de uma paralisia repentina na pata traseira, vinda de um coágulo de sangue resultante de uma cardiomiopatia, uma enfermidade do músculo cardíaco que pode implicar um espessamento e uma obstrução do coração. Tanto gatos quanto cachorros podem entrar em colapso e morrer, sem sintomas prévios, por causa de vermes do coração, parasitas que infestam o coração e os pulmões.

É possível ajudar muitos animais de estimação controlando seus problemas cardíacos com remédios que eliminam o excesso de fluido, ajustam o batimento cardíaco ou matam os parasitas. A maior parte das enfermidades cardíacas pode ser tratada com sucesso com medicamentos, por longos períodos de tempo. Se você desconfiar de algum problema cardíaco, procure seu veterinário imediatamente.

MANTENHA SEU ANIMAL FRIO. A insolação também pode causar colapso. Isso é típico de um dia muito quente. Os animais ofegam, ficam muito quentes, e suas gengivas se tornam de um vermelho brilhante. Use um termômetro clínico lubrificado com vaselina, para medir a temperatura do seu animal. Se for 40,5 °C ou menos, você poderá tratá-lo em casa, e ele provavelmente não precisará de atenção médica, desde que sua temperatura baixe rapidamente. Talvez mesmo assim você queira levar seu animal ao veterinário, só por sossego. As temperaturas acima de 41 °C precisam de tratamento de emergência, mesmo depois de um pronto atendimento. Resfrie seu animal até 39 °C antes de ir para o veterinário, usando água fria (não gelada!) da pia ou da mangueira. (Para mais informações sobre hipertermia, vá à página 297.)

VERIFIQUE A PRESENÇA DE CARRAPATOS. Animais picados por carrapatos podem sofrer paralisia causada por uma neurotoxina existente na saliva do inseto. Os mais comumente afetados são os cachorros, mas gatos e pessoas não estão imunes. De início, os cães se apresentam fracos, depois entram em colapso e não conseguem andar. Se isso acontecer com o seu cão, vá imediatamente ao veterinário, não se preocupe em tirar os carrapatos. (Para mais informações sobre carrapatos, vá à página 102.)

PRESTE ATENÇÃO EM DANOS NO DORSO. Movimente seu animal o mínimo possível para evitar danos na coluna. Coloque um animal pequeno sobre uma superfície

> ## INTERPRETANDO A COR DAS GENGIVAS
>
> O estado de saúde de seu animal pode fazer com que a cor de suas gengivas varie muito. Preste atenção a estes sinais:
>
> - Gengivas brancas: choque, anemia
> - Gengivas azuis: inalação de fumaça, asfixia
> - Gengivas vermelhas: intoxicação por monóxido de carbono, insolação
> - Gengivas amarelas: problemas hepáticos

rígida como uma bandeja ou uma tábua de pão, ou dentro de uma caixa rígida ou de um transportador de animais, caso você o tenha. Um animal maior também deve ser transportado sobre uma superfície rígida, como uma prancha de madeira ou uma tábua de passar roupa. Outra coisa que oferece bom resultado é uma maca feita com cobertor. Coloque o cachorro sobre o cobertor de forma que duas pessoas possam levantá-lo segurando pelas pontas, como se fosse uma rede. (Para mais informações sobre ferimentos no dorso, vá à página 227).

✔ CUIDADOS POSTERIORES

- Normalmente não são necessários cuidados depois que seu animal volta para casa. Se seu veterinário achar necessário um acompanhamento mais cuidadoso, ele dará as orientações.

CONSULTORES

- Gary Block, doutor em Medicina Veterinária, é veterinário em Coventry, Rhode Island.
- Dale C. Butler, doutor em Medicina Veterinária, é veterinário no Best Friends Animal Hospital, em Denison, Texas.
- Bernardine Cruz, doutora em Medicina Veterinária, é veterinária no Laguna Hills Animal Hospital, na Califórnia.
- Ken Lawrence, doutor em Medicina Veterinária, é veterinário no Texoma Veterinary Hospital, em Sherman, Texas.
- John Rush, doutor em Medicina Veterinária, é veterinário certificado no American College of Emergency and Critical Care Medicine, e coordenador do Serviço de Emergência e Cuidados Críticos no Tufts University School of Veterinary Medicine, em North Grafton, Massachusetts.

CONGELAMENTO

PROCURE SEU VETERINÁRIO: **NO MESMO DIA**

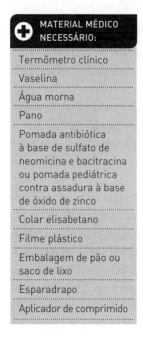

MATERIAL MÉDICO NECESSÁRIO:
- Termômetro clínico
- Vaselina
- Água morna
- Pano
- Pomada antibiótica à base de sulfato de neomicina e bacitracina ou pomada pediátrica contra assadura à base de óxido de zinco
- Colar elisabetano
- Filme plástico
- Embalagem de pão ou saco de lixo
- Esparadrapo
- Aplicador de comprimido

Os cubos de gelo geralmente transbordam das bandejas porque, à medida que congela, a água expande. O mesmo acontece quando cães e gatos ficam congelados. A água congela nas células do organismo e se expande, levando à ruptura das células. O congelamento normalmente ocorre nas extremidades, como as pontas das orelhas, da cauda e nos dedos, porque o corpo reage ao frio extremo desviando o sangue para o torso. As partes que ficam longe do centro do corpo recebem menos sangue, o que faz com que congelem com mais facilidade.

O congelamento pode ser difícil de ser reconhecido porque suas cores características, branco pálido, cinza ou azul, podem ficar invisíveis sob o pelo do animal. Quando um animal tem os dedos congelados, ele manca, e as pontas das orelhas congeladas geralmente ficam abaixadas. A pele afetada ficará dura, sem flexibilidade e extremamente fria. Dias depois, podem surgir vermelhidão, bolhas e possivelmente uma infecção séria. Todos os casos de congelamento devem ser examinados por um veterinário, imediatamente após um pronto atendimento em casa.

FAÇA ISTO JÁ

CHEQUE A TEMPERATURA DO SEU ANIMAL. Em primeiro lugar, leve-o para dentro imediatamente. Os animais enregelados geralmente também têm hipotermia, assim, use um termômetro clínico lubrificado com vaselina para medir a temperatura. (Essa técnica aparece ilustrada na página 19.) Se a temperatura dele estiver abaixo de 37°C, comece imediatamente o tratamento para hipotermia. (Para mais informações sobre hipotermia, vá à página 257.)

DESCONGELE AS ÁREAS CONGELADAS. Tente descongelar as áreas afetadas, enfiando-as em água morna por cerca de 20 minutos. Pequenas porções da pele, que não estejam completamente congeladas, geralmente ficam bem vermelhas imediatamente após o reaquecimento. A pele se tornará mais macia, mais quente e mais flexível. Uma imersão deverá bastar, repita-a apenas se for necessário.

Não é fácil imergir quando o congelamento ocorreu na ponta das orelhas ou no escroto.

Aqueça essas áreas molhando um pano ou papel toalha com água morna até encharcar, e segurando-o sobre a pele afetada por 20 minutos. Não esfregue a região; apenas segure a toalha delicadamente sobre a pele. Troque o pano por outro aquecido da mesma maneira a cada dois minutos. Use esse procedimento para aquecer qualquer área afetada, se seu animal tiver hipotermia, além de congelamento – como a evaporação da água retira o calor, não o deixe ficar molhado demais. Ponha o pano molhado apenas sobre as regiões congeladas.

☑ CUIDADOS POSTERIORES

■ Em congelamentos mais leves, seu veterinário poderá aconselhá-lo a aplicar uma pomada antibiótica à base de sulfato de neomicina e bacitracina. Ou ele pode recomendar o uso de uma pomada pediátrica contra assaduras que contenha óxido de zinco, que ajuda a pele a se recuperar mais rapidamente. Siga as instruções do seu veterinário em sua aplicação.

■ Cães e gatos que tenham a pele machucada geralmente lambem-na tanto que sua recuperação é muito lenta. Seu veterinário pode recomendar o uso de uma colar elisabetano, uma coleira cônica que se encaixa em torno do pescoço e do focinho e impede os animais de se lamberem. Lembre-se de removê-la na hora das refeições.

■ Os veterinários geralmente fazem curativos nas áreas seriamente afetadas pelo congelamento. É preciso que eles se mantenham secos, para evitar um dano maior à pele ou infecções. Você pode proteger os curativos nas patas do seu animal, envolvendo-os com filme plástico, embalagem de pão de forma ou saco de lixo e prendendo o plástico no lugar. Use esse envoltório apenas quando seu animal sair. Dentro de casa, remova o plástico para que os curativos respirem. Consulte seu veterinário sobre a frequência na troca dos curativos.

■ Seu animal pode precisar de antibiótico, quando voltar para casa. Siga as instruções do seu veterinário quanto à dosagem. Ao dar o comprimido para cachorros, esconda-os em um pedaço de queijo ou qualquer outro petisco. Os gatos são mais difíceis de enganar, portanto, use um aplicador de comprimidos e depois dê um petisco para ele como recompensa. (Essa técnica aparece ilustrada na página 41.)

CONSULTORES

■ Shane Baterman, doutora em Medicina Veterinária, doutora em Ciências Veterinárias, é veterinária certificada pelo conselho do American College of Emergency and Critical Care Medicine, e professora-assistente de Medicina de Emergência e Cuidados Críticos no Ohio State University College of Veterinary Medicine, em Columbus.

■ Sandra Sawchuk, doutora em Medicina Veterinária, é instrutora clínica na University of Wisconsin School of Veterinary Medicine, em Madison.

CONSTIPAÇÃO

PROCURE SEU VETERINÁRIO: **SE NECESSÁRIO**

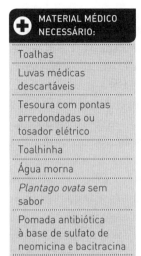

MATERIAL MÉDICO NECESSÁRIO:
- Toalhas
- Luvas médicas descartáveis
- Tesoura com pontas arredondadas ou tosador elétrico
- Toalhinha
- Água morna
- *Plantago ovata* sem sabor
- Pomada antibiótica à base de sulfato de neomicina e bacitracina

Os cães podem ficar constipados por comer maços de grama ou engolir ossos, e os gatos por causa das bolas de pelos. Cães e gatos muito peludos podem ficar constipados quando fezes macias formam um emaranhado em volta do reto, bloqueando mecanicamente a abertura. A evacuação presa durante muito tempo contra a pele provoca irritação e infecção, que pode deixar os animais tão doloridos que eles nem ao menos tentam defecar. Cachorros que apresentam esse problema frequentemente tentam evacuar em pé ou podem ganir, "deslizar" (arrastar seus traseiros contra o chão) ou morder suas extremidades posteriores. Você também sentirá um cheiro horrível.

Se não parecer que seu animal esteja com esse tipo de constipação, mas seu intestino estiver sem funcionar há vários dias, procure seu veterinário para que o oriente sobre como fazer uma lavagem intestinal. Depois, quando seu animal já estiver "desbloqueado", você poderá usar um laxante, um amaciante de fezes ou uma dieta com alto teor de fibras, para ajudá-lo a manter um funcionamento regular. As lavagens destinadas a seres humanos podem ser perigosas para animais de estimação, por isso, consulte seu veterinário sobre produtos apropriados para lavagens e laxantes.

Os animais mais velhos são mais propensos a apresentarem problemas, porque talvez não tenham movimentos intestinais frequentes. Quanto mais tempo as fezes ficarem no organismo, mais água o cólon tirará delas, tornando-as mais secas e mais difíceis de passar. Algumas vezes, o reto se estica com essa massa fecal dura, danificando nervos e músculos. Isso se chama megacólon, e os animais nessa situação precisarão de ajuda médica pelo resto da vida. Animais com constipação severa param de comer, vomitam, ficam com a barriga dolorida e talvez precisem ser sedados para que o veterinário remova a impactação. No entanto, a maior parte dos casos de constipação é fácil de ser tratada em casa.

CONSTIPAÇÃO **123**

🩹 FAÇA ISTO JÁ

FORRE A ÁREA DE TRABALHO. Lidar com constipação pode ser um trabalho desagradável. Prepare sua área de trabalho espalhando toalhas absorventes sobre uma mesa ou no chão. Use também luvas médicas descartáveis (à venda em farmácias).

IMOBILIZE SEU ANIMAL. Cães e gatos que sofram de constipação mecânica ficam muito doloridos, por isso arrume uma pessoa para imobilizar o seu animal, antes de começar a tratá-lo. No caso de um cachorro, peça-lhe que passe um braço em torno do pescoço dele e outro em torno do seu peito para trazê-lo junto a ela.

Para conter um gato, agarre seu pelo do pescoço com uma mão e pegue as duas patas traseiras com a outra, estendendo-o de lado suavemente sobre uma mesa. (Essas duas técnicas aparecem ilustradas na página 28.)

CORTE SEU PELO. Quando estiver lidando com animais de pelos longos e emaranhados, corte o pelo sob a cauda. Use cuidadosamente tesoura com pontas arredondadas ou tosador elétrico para eliminar os nós ou a parte embaraçada. Depois, umedeça uma toalhinha com água morna e limpe qualquer coisa que estiver na parte externa da área anal, bloqueando a passagem. Uma enxaguada com água morna, com a ajuda de um chuveirinho ou de um pulverizador de jardim, pode facilitar a eliminação do material de uma maneira mais confortável, além de deixar seu animal apto a movimentar os intestinos.

Se seu animal não evacuar num espaço de 12 a 24 horas depois da limpeza, leve-o ao veterinário. Talvez exista alguma causa subjacente à constipação, que tenha que ser tratada. Quanto mais tempo você esperar, mais sério pode se tornar o problema.

✅ CUIDADOS POSTERIORES

▪ Para a maioria dos animais que tenham um problema leve e esporádico, a adição de fibras aos alimentos prevenirá a constipação. Uma ração comercial com alto teor de fibras dará bons resultados, ou você poderá acrescentar *Plantago ovata* sem sabor à comida enlatada.

ALERTA IMPORTANTE

OBSTRUÇÃO URINÁRIA

Geralmente achamos que cães e gatos que se esforçam em ir ao banheiro ou fazem constantes visitas, sem resultado, à caixa de areia ou ao quintal, estão constipados. No entanto, mais frequentemente, isso é um sinal de obstrução urinária, principalmente em gatos.

Os minerais na urina podem se cristalizar e tampar a uretra, de forma que o animal não consiga urinar. Quando a urina não sai, a bexiga se enche até o ponto de estourar. A urina retorna aos rins e pode causar um dano irreversível. Depois que ficam bloqueados, os animais podem morrer muito rapidamente, por uma combinação de choque e das toxinas que se produzem no organismo. A obstrução urinária é uma emergência médica que requer cuidados médicos imediatos. (Para mais informações, vá à página 339.)

PERIGO DA CAUDA DE SACA-ROLHAS

As raças caninas que têm caudas em forma de saca-rolhas, como boston terriers e buldogues, geralmente têm estruturas anatômicas que podem interferir na evacuação normal. Os ossos das caudas em espiral tendem a se estender para baixo e a pressionar contra o canal anal, apertando o reto quase rente à pélvis. Além dos típicos sinais de constipação, esses cachorros podem produzir fezes achatadas, como fitas. A maioria dos casos dessas caudas "presas para baixo" requer cirurgia.

Confira a etiqueta para verificar o tipo que forneça 2,4 gramas de fibra solúvel por dose. Para cachorros que pesem de cinco a 12 kg, use uma colher de chá por refeição. Para gatos pequenos, meia colher de chá, ou uma colher de chá, no caso de gatos grandes. Para animais que comem alimentos secos, misture *Plantago ovata* com um pouco de comida enlatada, como se fosse um petisco diário. Colocá-lo sobre a comida seca, borrifando um pouco de água, também pode funcionar.

- A pele em torno do reto fica geralmente inflamada ou úmida depois de você ter tosado o pelo e lavado a área. Coloque uma pomada antibiótica à base de sulfato de neomicina e bacitracina, três vezes por dia, durante vários dias, até que a inflamação desapareça. É aconselhável manter a pelagem da extremidade posterior dos animais de estimação cortada rente. Enxágue-a depois do funcionamento dos intestinos, sempre que necessário.

- Alguns animais domésticos têm problemas crônicos de constipação, porque seu intestino não funciona normalmente. Um tipo de medicamento, Lactulose®, pode ajudar, aumentando a quantidade de água retida pelo material fecal, o que proporciona movimentos intestinais mais suaves. Dê o medicamento conforme orientação do seu veterinário.

A MELHOR ABORDAGEM

PREVENINDO COM ABÓBORA

Uma das melhores e mais saudáveis maneiras de prevenir a constipação é misturar abóbora na comida de seu animal. A abóbora tem muitas fibras e grande quantidade de água, e ambos os fatores ajudam a manter a regularidade dos intestinos.

São necessárias apenas uma ou duas colheres de chá em cada refeição para cães e gatos que pesem menos de sete quilos, ou uma a duas colheres de sopa para cães que tenham de 7 a 18 kg. Os cães maiores vão precisar de duas a cinco colheres de sopa.

Você saberá que está dando abóbora demais quando as fezes de seu animal não estiverem sólidas, mas com a consistência de uma pasta. Se isso ocorrer, apenas diminua a quantidade.

CONSULTORES

- Clint Chastain, doutor em Medicina Veterinária, é veterinário no Preston Road Animal Hospital, em Dallas, Texas.
- Jean. C. Holve, doutor em Medicina Veterinária, é veterinário e coordenador do Companion Animal Program para o Animal Protection Institute, em Sacramento.
- Peter Levin, doutor em Medicina Veterinária, é veterinário no Ludwig's Corner Veterinary Hospital, em Chester Springs, Pensilvânia.
- Kate Lindley, doutora em Medicina Veterinária, é veterinária e proprietária da Kitty Clinic, em Lacey, Wisconsin.

CONTAMINAÇÃO NO PELO

PROCURE SEU VETERINÁRIO: **SE NECESSÁRIO**

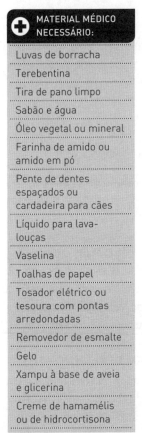

MATERIAL MÉDICO NECESSÁRIO:

Luvas de borracha

Terebentina

Tira de pano limpo

Sabão e água

Óleo vegetal ou mineral

Farinha de amido ou amido em pó

Pente de dentes espaçados ou cardadeira para cães

Líquido para lava-louças

Vaselina

Toalhas de papel

Tosador elétrico ou tesoura com pontas arredondadas

Removedor de esmalte

Gelo

Xampu à base de aveia e glicerina

Creme de hamamélis ou de hidrocortisona

Cães e gatos frequentemente andam ou se encostam em lugares com tinta fresca ou piche. Óleo de motor, cera e goma de mascar são outros contaminantes comuns do pelo. A maioria dos produtos de petróleo é absorvida pela pele, portanto, além de ser horrível, a contaminação no pelo pode causar uma intoxicação perigosa, principalmente se o animal engolir a substância, tentando se limpar. (Para mais informações sobre intoxicação, vá à página 303.)

Alguns contaminantes do pelo, como piche, cera ou o óleo de lâmpadas decorativas podem causar queimaduras dolorosas. (Para mais informações sobre queimaduras químicas, vá à página 396.) Na maior parte dos casos, contudo, você pode remover em casa, sem problemas, o elemento estranho do pelo do seu animal.

FAÇA ISTO JÁ

USE LUVAS. Substâncias potencialmente tóxicas para o seu animal também podem ser perigosas para você. Para evitar que a sua própria pele se contamine, use luvas de borracha quando tentar remover qualquer coisa do pelo de seu animal. As luvas finas, descartáveis, de uso médico, não funcionam, porque a maioria das tintas e solventes irá dissolver o material e penetrar através delas. As luvas grossas de borracha para uso doméstico são melhores.

USE TEREBENTINA PARA TINTA À BASE DE ÓLEO. A única coisa que irá remover uma tinta à base de óleo que já esteja seca é um solvente – o melhor deles é a terebentina. Ponha uma pequena quantidade em um pano limpo e segure-o sobre a tinta para que amoleça e possa ser removida. Não deixe seu animal lamber a região e, depois que a tinta for removida, lave imediatamente a terebentina com sabão e água.

USE FARINHA E ÓLEO VEGETAL NOS GRANDES ESTRAGOS. Você pode remover tinta à base de óleo e óleo de motor com óleo vegetal ou mineral, mas leva tempo. Primeiro esfregue uma grande quantidade de óleo, depois tire com papel toalha. Repita várias vezes essa operação, para remover o máximo possível do contaminante. Se houver muita contaminação, depois de ter usado óleo, você pode esfregar o pelo com farinha ou amido em pó para ajudar na absorção da substância. Use um pente com dentes espaçados para remover a mistura, depois lave o pelo com um detergente comum neutro e enxágue completamente para eliminar o óleo e o pó que ainda restam.

AMOLEÇA O PICHE. É difícil remover piche do pelo, mas uma grande quantidade dele pode ser amolecida e removida esfregando-se vaselina. Retire o piche amolecido com papel toalha. Repita a operação várias vezes – talvez seja preciso deixá-lo se embeber por vários minutos, para conseguir o melhor resultado. Depois disso, lave seu animal por inteiro com água e sabão.

TOSE SUBSTÂNCIAS PEGAJOSAS. Doces grudentos, cola ou goma de mascar no pelo do animal não são perigosos, mas incomodam. A maioria das substâncias à base de açúcar sai apenas com água, mas goma de mascar e cola frequentemente têm de ser removidas. A tosa também é uma boa opção quando você não consegue se livrar de toda contaminação com outros métodos. Coloque um cubo de gelo sobre a substância, para endurecê-la, depois use tosador elétrico para tirar o nó com segurança. Se você não tiver um tosador, use uma tesoura com pontas arredondadas, mas antes coloque um pente sob o pelo, para proteger a pele.

Você pode dissolver e remover uma pequena quantidade de goma de mascar com um

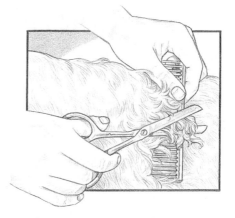

É fácil cortar acidentalmente a pele do seu animal usando tesoura, portanto, não a use para remover um nó grudento, a não ser que você possa colocar um pente entre ela e a pele do seu animal. E use tesoura com pontas arredondadas.

pouco de removedor de esmalte em um chumaço de algodão. Não se esqueça, porém, de retirá-lo completamente depois, com sabão e água, porque ele pode ser muito irritante para a pele do seu animal ou perigoso, caso ele o lamba.

COLOQUE GELO EM CERA OU TINTA LÁTEX. O gelo faz com que a cera ou a tinta fiquem quebradiças, de modo que você pode descascar a maior parte delas com seus dedos ou com um pente. Lave depois o resto com água e sabão.

✔ CUIDADOS POSTERIORES

- Caso seu animal tenha engolido um pouco do que quer que estivesse no seu pelo, provavelmente ficará com o estômago enjoado. Alimente-o de forma branda por um ou dois dias. Cozinhe o arroz até que esteja bem macio e condimente-o com caldo de galinha magro, sem sal, iogurte natural ou queijo cottage magro. Se você não tiver certeza de que aquilo que seu animal engoliu não seja tóxico, procure imediatamente o veterinário ou o centro de controle de intoxicações.

LIDANDO COM NÓS NO PELO

Cachorros de raças muito peludas, como os chow-chows e os collies, e gatos de pelos longos, como os persas, estão propensos a nós nos pelos. Qualquer pelo embaraçado é feio, mas os nós nas axilas e na virilha são dolorosos. Os nós podem causar contusões e, algumas vezes, inflamações. Um animal com o pelo embaraçado pode relutar em se mover, porque andar machuca, e pode recuar ou morder se você tocá-lo. No entanto, com as ferramentas apropriadas e cuidado, é fácil remover os nós em casa.

Peça que alguém imobilize delicadamente o seu animal, para que você possa usar as duas mãos. Primeiramente, coloque amido de milho em pó sobre o chumaço de pelo seco, para ajudar a separar os fios e tornar o nó mais fácil de desfazer. Segure o pelo para evitar que ele seja puxado e use um pente com dentes separados ou uma cardadeira para mexer na "maçaroca". Se seu animal não tolerar isso, elimine o nó com tosador elétrico, um cortador de bigode ou um barbeador. Se tudo que você tiver for uma tesoura com pontas arredondadas, coloque um pente sob o nó antes de cortá-lo.

Depois que o nó tiver sido removido, alivie o edema ou qualquer desconforto, colocando gelo embrulhado em uma toalhinha molhada durante 10 a 15 minutos, duas vezes por dia, durante dois dias. Se você tiver removido o nó com barbeador, use creme de hamamélis, uma solução vegetal calmante, à venda em farmácias, para aliviar a irritação das lâminas do tosador. Ou aplique um creme à base de cortisona nas áreas sem pelos. Para prevenir nós, escove seu animal regularmente.

CONSULTORES

- E. Murl Bailey Jr., doutor em Medicina Veterinária, Ph.D., é professor de Toxicologia no Texas A&M University College of Veterinary Medicine, em College Station.
- Nina Beyer, doutora em Medicina Veterinária, é veterinária no Grecoloqueld Veterinary Associates, em Mantua, New Jersey.
- Tam Garland, doutor em Medicina Veterinária, Ph.D., é veterinário no Texas A&M University College of Veterinary Medicine.
- Tracy Ridgeway, doutora em Medicina Veterinária, é veterinária na Riverview Animal Clinic, em Clarkston, Washington.

CONVULSÕES

PROCURE SEU VETERINÁRIO: **NO MESMO DIA**

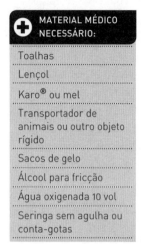

MATERIAL MÉDICO NECESSÁRIO:
- Toalhas
- Lençol
- Karo® ou mel
- Transportador de animais ou outro objeto rígido
- Sacos de gelo
- Álcool para fricção
- Água oxigenada 10 vol
- Seringa sem agulha ou conta-gotas

As convulsões são muito mais comuns em cachorros do que em gatos e podem acontecer em qualquer idade. Um dano no cérebro provoca um curto-circuito na atividade elétrica normal dos nervos, fazendo com que o animal perca o controle do seu corpo. O dano no cérebro pode ser causado por uma pancada na cabeça devido a um acidente de carro ou uma queda, pela baixa taxa de açúcar ou de cálcio no sangue, por alguns venenos ou por problemas renais ou hepáticos. As convulsões que acontecem pela primeira vez em um animal acima dos seis anos normalmente são consequência de um tumor no cérebro.

Na maioria das vezes, ninguém sabe por que um animal tem convulsões recorrentes, o que é chamado de epilepsia idiopática. Os animais nascem com esse problema, que pode ser hereditário, e podem começar a ter convulsões por volta dos seis meses. Durante as crises, eles podem cair, chorar, agitar as patas descontroladamente, perder a consciência e urinar e defecar involuntariamente.

As convulsões têm um aspecto assustador, mas normalmente duram apenas segundos ou minutos e não são perigosas, a não ser que continuem por muito tempo (mais de cinco minutos). Os primeiros socorros podem ajudar o animal a se recuperar mais rápido e prevenir ferimentos, mas na primeira convulsão peça que seu veterinário dê uma examinada, se possível no mesmo dia. Se o seu animal tiver mais de uma convulsão em um período de 24 horas, ou se ele tiver uma convulsão ou uma série de convulsões que durem mais de cinco minutos, leve-o imediatamente ao veterinário. Quando a causa das convulsões pode ser tratada, elas geralmente desaparecem, e existe medicação para ajudar no seu controle, fazendo com que os animais epilépticos vivam confortavelmente.

🧰 FAÇA ISTO JÁ

LEVE SEU ANIMAL PARA UM LUGAR SEGURO. Os animais não conseguem engolir a língua, portanto não tente colocar nada na boca de seu animal, ou você poderá ser mordido. No entanto, ele pode se machucar durante uma convulsão, se cair ou bater contra algum objeto. Use toalhas para levantá-lo e movê-lo de um lugar alto, longe de escadas e de objetos em que possa bater.

ALERTA IMPORTANTE

INTOXICAÇÃO

Uma ampla variedade de substâncias tóxicas pode causar convulsões em animais. Na maior parte dos casos, o tóxico é engolido, mas, às vezes, ele pode ser absorvido pela pele. Se você suspeitar que a convulsão do seu animal foi causada por alguma substância tóxica, vá com a embalagem ou com a planta ao veterinário, ou leve uma amostra do vômito, se houver. Alguns venenos têm antídotos específicos, e um tratamento imediato terminará com a convulsão e curará o seu animal.

Na maior parte dos casos, os tóxicos absorvidos pela pele deverão ser lavados só com água por 15 a 20 minutos. Faça com que seu animal vomite venenos ingeridos, dando uma ou duas colheres de chá de água oxigenada 10 vol. para cada 5 kg de peso corporal. Use um conta-gotas ou uma seringa sem agulha para aplicá-la em direção ao fundo da garganta. As exceções são substâncias ácidas e alcalinas, estricnina, arsênio e os produtos derivados de petróleo. Com essas substâncias tóxicas, vomitar pode piorar o problema. (Para mais informações sobre intoxicação, vá à página 303.)

Normalmente, as convulsões podem ser causadas por:

- Tratamento contra pulgas absorvido pela pele
- Produtos derivados de petróleo ingeridos ou absorvidos, como terebentina, gasolina ou querosene
- Venenos de ratos que contenham estricnina, brometalina ou colicalciferol
- Componentes de plantas, como sementes de maçã, caroços de pêssego, trombeteira ou azaleia
- Produtos domésticos, como a ingestão de cabeças de fósforo ou chocolate
- Pesticidas.

MANTENHA-O FRIO. Uma convulsão queima uma quantidade enorme de calorias e pode rapidamente superaquecer o seu animal. Ligue o ar condicionado ou um ventilador para manter o ambiente fresco.

DIMINUA OS ESTÍMULOS. Ruídos externos ou solicitações visuais podem prolongar uma convulsão ou provocar outra. Não toque ou fale com o seu animal durante a convulsão, exceto para movê-lo para um lugar mais seguro. Desligue qualquer música e diminua as luzes. Cubra seu animal com um lençol, para eliminar o estímulo externo, e espere a convulsão terminar. A maioria delas dura de 10 segundos a três minutos.

DÊ A ELE MEL. Filhotes muito novos de gatos e cachorros ou jovens cães de raça toy, como os pinschers, podem ter convulsão por hipoglicemia (baixa taxa de açúcar no sangue) se não comerem o suficiente em horas certas. A hipoglicemia também pode afetar animais mais velhos que tenham diabetes ou tenham estado doentes por um longo período. Na verdade, é impossível dizer se a convulsão foi causada pela baixa taxa de açúcar no sangue, mas procurar elevá-la pode ajudar.

Pingue Karo® ou mel nas gengivas do seu animal, onde poderá ser absorvido pelas mucosas. Use uma colher de chá para animais abaixo de 22 kg. Os cães maiores (de 22 a 35 kg) podem tomar duas colheres de chá, e os cães extragrandes (acima de 35 kg) ganham 2/12 colheres de chá. As raças gigantes (acima de 50 kg) podem chegar a três colheres de chá. É importante que isso seja feito durante a convulsão, porque se ela tiver sido causada pela baixa taxa de açúcar no sangue, a convulsão não vai parar até que o nível de açúcar volte a ficar suficientemente alto. (Para mais informações sobre hipoglicemia, vá à página 96.)

🐾 SITUAÇÕES ESPECIAIS

PARA UMA CONVULSÃO CAUSADA POR UM FERIMENTO NA CABEÇA. Uma pancada na cabeça frequentemente provoca uma convulsão, e, se você suspeitar de que isso tenha acontecido, movimente seu animal o mínimo possível. Ponha um cachorro pequeno ou um gato em um transportador ou em uma caixa, e um cachorro maior sobre uma superfície plana, como uma tábua larga ou mesmo uma tábua de passar, para levá-lo ao veterinário. (Para mais informações sobre danos na cabeça vá à página 159. Para uma ilustração de como mover seu animal com segurança, vá à página 38.)

PARA CONVULSÕES QUE DURAM MAIS DO QUE CINCO MINUTOS. *Status epilepticus* significa que uma convulsão se prolonga por mais de 10 minutos contínuos ou que uma convulsão se encadeia na outra sem que o

animal recupere a consciência. Essa é uma emergência médica, porque a temperatura corporal vai continuar a subir, provocando mais convulsões – um círculo vicioso que pode causar um dano cerebral permanente ou mesmo a morte. Coloque um animal pequeno em um transportador ou em uma caixa, embrulhe um animal grande em um lençol leve e vá para o veterinário imediatamente. Leve sacos de gelo e um pouco de álcool para fricção, se puder pegá-los rapidamente. Ponha os sacos de gelo na virilha, nas axilas e na parte de trás do pescoço do seu animal, para mantê-lo frio. Aplique o álcool nos coxins das suas patas e na parte inferior de todas as quatro patas.

✅ CUIDADOS POSTERIORES

▪ Se a convulsão tiver sido curta e a primeira do seu animal, talvez seu veterinário não receite remédios. Animais com convulsões ocasionais provavelmente não precisarão ser medicados, mas aqueles que têm convulsões violentas todos os meses, ou mais do que isso, precisam de remédio oral para reduzir a frequência ou a gravidade. É possível que se passem 30 dias até que o remédio (geralmente fenobarbital) faça efeito. O brometo de potássio também é dado para cachorros epilépticos. A dosagem varia para cada cachorro, mas, uma vez que a medicação começa, não se pode deixar de dar os comprimidos; embora a falta de uma dose provavelmente não provoque uma convulsão, a parada brusca da medicação ou a falha em dar exatamente a dosagem recomendada, o farão.

▪ Fique atento para a fase da "aura" ou período pré-ictal da convulsão – um período exatamente antes que o seu animal perca a consciência, e durante o qual ele pode vocalizar, ficar agitado ou ter o olhar vago. Isso pode alertá-lo, fazendo com que fique preparado para mantê-lo seguro e confortável durante a crise. Alguns animais não apresentam essa fase nem dão qualquer sinal antes de perder a consciência. Eles simplesmente caem e começam a se debater.

CONSULTORES

- Bernadine Cruz, doutora em Medicina Veterinária, é veterinária no Laguna Hills Animal Hospital, na Califórnia.
- Melissa A. Gates, doutora em Medicina Veterinária, é veterinária no Cordova Veterinary Hospital, em Rancho Cordova, Califórnia.
- James M. Harris, doutor em Medicina Veterinária, é veterinário no Montclair Veterinary Hospital, em Oakland, Califórnia.
- Carin A. Smith, doutor em Medicina Veterinária, é veterinário em Leavenworth, Washington, e autor de *101 Training Tips for Your Cat*.

CORPO ESTRANHO INGERIDO

PROCURE SEU VETERINÁRIO: **SE NECESSÁRIO**

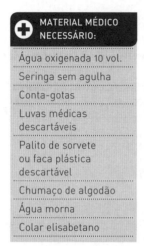

➕ MATERIAL MÉDICO NECESSÁRIO:
- Água oxigenada 10 vol.
- Seringa sem agulha
- Conta-gotas
- Luvas médicas descartáveis
- Palito de sorvete ou faca plástica descartável
- Chumaço de algodão
- Água morna
- Colar elisabetano

Às vezes, gatos e cachorros ingerem por acidente algo que não deveriam. Cachorros brincam com ossos e brinquedos e podem acabar engolindo-os quando pedaços se soltam. Filhotes são famosos por mastigar e engolir peças perigosas. Outros objetos, como bicos de mamadeira sujos de leite, tampões usados e papel de alumínio com sujeira de molho têm um cheiro tão bom que são engolidos de propósito.

Quando o corpo é suficientemente pequeno, normalmente é posto para fora do organismo com um movimento do intestino, mas objetos pontudos, como parafusos ou pedaços de ossos, podem cortar ou perfurar seu animal por dentro, e ficar presos, enquanto outros objetos, como tampões, incham dentro do estômago e intestinos, ao entrar em contato com líquidos.

Alguns corpos precisam ser removidos por cirurgia. Por exemplo, objetos em forma de fios, como linha, cadarço, fita, barbante e fita de gravador são particularmente perigosos e podem cortar os intestinos caso você tente retirá-los para fora. (Os gatos são especialmente propensos a engolir fios e precisam ir para o veterinário imediatamente.) No entanto, você pode ajudar outros corpos engolidos a sair naturalmente do organismo de seu animal, com um simples pronto atendimento.

➕ FAÇA ISTO JÁ

INDUZA AO VÔMITO SE O CORPO NÃO FOR AFIADO. Caso você veja seu animal engolindo alguma coisa que não tenha bordas afiadas – um bico de mamadeira, pedaços pequenos de um brinquedo, ou um seixo – a melhor coisa a fazer é levá-lo a vomitar o objeto. O estômago se esvazia num prazo aproximado de duas horas, portanto, depois desse período, se o corpo for pequeno, já terá passado para os intestinos e vomitar não terá qualquer serventia. Dê uma pequena refeição para o seu animal, depois use água oxigenada 10 vol. para fazê-lo esvaziar a barriga. Uma seringa sem agulha ou um conta-gotas funcionam bem como meio de aplicar o líquido no fundo de sua boca. A água oxigenada borbulha e tem gosto desagradável, fazendo com que a maioria dos cães e gatos vomite depois da primeira ou segunda aplicação. Ela também funciona melhor com alguma comida no estômago, portanto, se você alimentar o seu animal, aumentará a chance

ALERTA IMPORTANTE

OBSTRUÇÃO INTESTINAL

Qualquer objeto engolido tem um potencial para se tornar uma obstrução, depois que penetra no trato digestivo. Objetos maiores do que a saída do estômago, ou aqueles que se alojam mais abaixo, depois que entram nos intestinos, podem bloquear o trato digestivo e provocar obstrução intestinal. Algumas vezes, o objeto se move dentro do organismo e provoca uma obstrução apenas parcial ou intermitente. O animal se sente bem num dia, e se mostra doente no outro. Desde que haja algum movimento intestinal, e que o animal tenha vontade de comer, o pronto atendimento pode ajudar a movimentar o causador do bloqueio; mas uma obstrução completa é uma emergência médica que pede socorro veterinário imediato e possível cirurgia.

Depois que o trato digestivo fica bloqueado, o estômago produz gás e fluido a partir de alimentos e sucos digestivos que não conseguem passar. O animal se recusa a comer ou beber, se mostra doente ou desanimado. Conforme o estômago incha, os receptores do estômago atingem seu limite e sinalizam para que o animal vomite – isso acontece, geralmente, num período de 72 horas. O vômito também pode começar mais cedo, até horas depois que o objeto tenha sido ingerido, uma vez que comece a irritar a parede intestinal. Vomitar não serve para nada, quando o objeto está preso mais abaixo, nos intestinos. (Para mais informações sobre obstrução intestinal, vá à página 336.)

---

de sucesso. Dê uma ou duas colheres de chá de água oxigenada 10 vol. para cada 5 kg de peso. Repita duas ou três vezes, se necessário, com um intervalo de cinco minutos entre as doses. Se mesmo assim ele não vomitar, leve-o imediatamente ao veterinário.

QUANDO O CORPO ENGOLIDO FOR AFIADO OU PONTUDO, VÁ DIRETO PARA O VETERINÁRIO. Alfinetes, tachinha, fragmentos de brinquedos de plástico, parafusos, agulhas, ou qualquer outra coisa afiada pode machucar o seu animal ao fazer o caminho de volta, tanto quanto ao entrar. Não induza ao vômito se seu animal tiver engolido um corpo desse tipo. A maneira mais segura de agir é levá-lo ao veterinário imediatamente, para que seja removido. Ele pode conseguir removê-lo através de um procedimento chamado endoscopia, usado para examinar as estruturas internas do corpo, com um tubo luminoso fino, inserido pela traqueia. Esse procedimento é mais eficaz quando o animal está de estômago vazio, portanto, evite alimentá-lo antes da ida ao veterinário.

FIQUE ATENTO A SINTOMAS. Caso você tenha visto seu animal comendo ossos, massas de brinquedos mastigáveis de couro cru, pedaços de sapatos de couro ou outros objetos digestíveis semelhantes, e ele estiver vomitando, com ânsias de vomito sem conseguir vomitar, inapetente, parecer aflito, ou se comportar como se houvesse alguma coisa errada, ele pode estar com algum corpo parado no esôfago. Isso é muito comum em cachorros. Leve seu animal ao veterinário imediatamente. Se o objeto não for prontamente removido, pode perfurar o esôfago. (Para mais informações sobre corpo estranho na garganta, vá à página 140.)

Caso você tenha visto seu animal comer essas coisas, mas ele não apresentar qualquer sintoma, provavelmente é porque o objeto passou para o estômago sem incidentes. Dê ao ácido estomacal a chance de dissolver ou, pelo menos, amaciar o material. Quanto mais o objeto ficar no estômago do gato ou do cachorro, melhor. A digestão gasta as bordas afiadas de alguns objetos, amacia objetos duros, digere totalmente alguns objetos, e permite que alguns passem com mais facilidade, sem ficarem presos.

Para promover a digestão, alimente seu cão ou gato com uma refeição volumosa de alimentos secos, para adiar a passagem do objeto. Isso também ativa os sucos gástricos, dá aos ácidos naturais algo em que trabalhar, suaviza qualquer borda afiada, e expande a cavidade estomacal, fazendo com que o objeto "flutue" no meio, em vez de tocar as paredes do estômago vazio e enfraquecido.

OFEREÇA REFEIÇÕES ABUNDANTES, CASO ELE TENHA ENGOLIDO PEDRAS.

Seixos e pedras pequenas normalmente saem do sistema digestivo sem problemas, mas as pedras maiores são tão pesadas que podem não sair do estômago de jeito nenhum. Mesmo que se movimentem, o tempo de locomoção de objetos pesados é muito mais lento – em vez de duas horas no estômago, as pedras podem

TOXICIDADE METÁLICA

Uma moeda de cobre parece com qualquer coisa, menos com algo perigoso e, geralmente, são tão pequenas que, caso tenha sido engolida, você acharia que a melhor coisa a fazer é deixá-la passar naturalmente pelo organismo do seu animal.

Mas esse tipo de objeto pode ser mortal, especialmente para gatos e cachorros pequenos, porque no processo de sua fabricação usa-se zinco, e isso pode ser tóxico para o seu animal. O cobre, uma vez digerido e dentro do organismo animal, também é tóxico. Cachorros com tamanho suficiente para engolir pilhas, podem vir a sofrer de intoxicação por chumbo, pela grande quantidade de metal usada em sua fabricação. Os tóxicos podem ser mais perigosos para seu animal do que a possibilidade de obstrução.

Sinais de intoxicação por zinco incluem gengivas pálidas, sangue na urina, recusa em se alimentar, vômito, diarreia, e icterícia – uma coloração amarela no branco dos olhos ou nos ouvidos, significando que o fígado está com problemas. A intoxicação por cobre apresenta sintomas semelhantes, além de uma barriga inchada. A intoxicação por chumbo traz inapetência e vômito, mas o animal também range os dentes e pode ter dor de estômago, constipação, convulsões e hiperatividade.

Se você suspeitar que seu animal tenha comido algo que possa causar intoxicação metálica, ele vai precisar de atenção médica imediata – não espere o objeto ser expelido. Bateria, moedas, ou outros itens de metal precisam ser removidos cirurgicamente. Seu animal também pode precisar de drogas quelantes (que ajudem a remover o tóxico do organismo), assim como de transfusões de sangue.

DISTÚRBIOS ALIMENTARES EM FELINOS

Alguns gatos, principalmente os que pertencem a raças orientais, desenvolvem um distúrbio alimentar compulsivo, na qual mastigam e engolem inúmeros objetos não comestíveis, como tecidos e barbantes. Não é raro que engulam de 12 a 15 pequenos objetos de uma vez – um alvo típico são os prendedores elásticos de cabelo. Um gato com essa síndrome pode até nem se sentir especialmente mal até sua barriga ficar tão estufada que já não exista espaço para comida, o que faz com que os objetos estranhos tenham de ser removidos cirurgicamente.

Os veterinários especulam que o problema pode estar relacionado a outro distúrbio compulsivo alimentar, chamado sucção de lã, que atinge tipicamente os gatos siameses. Esses gatos apreciam tecidos leves e macios, como lã, o que os leva a mordiscar e comer pedaços de suéteres, xales e materiais semelhantes. Às vezes, o hábito de sugar lã pode ser cortado com o oferecimento de uma dieta rica em fibras, então tente enriquecer suas refeições com abóbora ou alface picada. Acrescente a seu alimento uma ou duas colheres de chá de qualquer uma das duas. Você também pode lhe oferecer alface, para que ele fique mordiscando durante o dia, em vez de incluí-la nas refeições. E mantenha fios, prendedores de cabelo e outros objetos desse tipo a salvo, longe do alcance do seu gato.

levar um dia ou mais para chegar aos intestinos, e mais dois dias para sair do corpo. Dê a seu animal uma refeição abundante para ajudar a proteger o objeto e encorajar o movimento. Depois, chame seu veterinário. Nesses casos, os animais tendem a vomitar de forma crônica, a ter diarreias e dores abdominais, e precisam de imediata atenção médica.

MONITORE OS MOVIMENTOS DO INTESTINO. Caso o seu animal não consiga vomitar o objeto, você deverá monitorar os movimentos do seu intestino, para ter certeza de que o objeto foi expelido sem problemas. Normalmente, objetos estranhos chegam ao movimento intestinal em um prazo de 24 a 72 horas. Objetos muito pesados ou grandes levam mais tempo. É preciso ficar bem atento ao examinar as fezes. Coloque luvas médicas descartáveis (à venda nas farmácias) e use um palito de picolé, ou uma faca plástica descartável para fatiar os dejetos à procura do objeto. Se seu animal vomitar ou tiver diarreia, se arquear o corpo e encolher a barriga com dor, ou se já tiverem se passado mais de 72 horas e o objeto ainda não tiver sido expelido, procure socorro médico imediatamente.

✔ CUIDADOS POSTERIORES

- Se seu animal precisou ter um objeto removido cirurgicamente, ele estará com pontos, que você precisa manter limpos. Umedeça um chumaço de algodão com água morna e remova qualquer secreção.

- Se ele puxar os pontos, use uma coleira cônica de contenção, chamada colar elisabetano, para impedi-lo de interferir na sutura. No entanto, ele não conseguirá comer enquanto estiver com a coleira, portanto, não se esqueça de tirá-la na hora das refeições.

- Se seu animal passou por uma cirurgia e tem uma incisão no estômago, seu veterinário poderá prescrever uma dieta especial, ou você pode fazer uma dieta macia e suave em casa (com a concordância do seu veterinário). Siga o esquema que seu veterinário recomendar para seu animal.

- Eis como fazer uma dieta macia e suave: cozinhe um frango desossado, sem pele e misture-o meio a meio com arroz branco cozido. Ou você pode cozinhar bem uma carne magra, escorrer a água e misturá-la meio a meio com arroz. Não acrescente nenhum tempero – a ideia é ser um alimento bem suave. Dê a dieta caseira durante dois ou três dias, e então a misture meio a meio com o alimento normal do seu animal por mais dois ou três dias, até voltar gradualmente à refeição costumeira.

- Os filhotes de cães e gatos podem perder o hábito, mas animais adultos que engolem objetos provavelmente vão continuar com o mau costume, se tiverem chance. Fique atento e coloque todos os alvos em potencial fora do alcance. Mantenha material de costura e moedas trancados, deixe o lixo e ossos em recipientes vedados e verifique os brinquedos para que não tenham peças que se soltem.

CONSULTORES

- Patricia Hague, doutora em Medicina Veterinária, é veterinária no Cat Hospital of Las Colinas, em Irving, Texas.
- Janie Hodges, doutor em Medicina Veterinária, é veterinário no Valley View Pet Health Center, em Farmers Branch, Texas.
- Chris Johnson, doutor em Medicina Veterinária, é veterinário na Westside Animal Emergency Clinic, em Atlanta.
- Barry N. Kellogg, doutor em Medicina Veterinária, é veterinário no Center for Veterinary Care, em Great Barrington, Massachusetts, e chefe do VMAT 1 (Veterinary Medical Assistance Team), a equipe americana de Medicina Veterinária Especializada em Desastres.
- Susan Little, doutora em Medicina Veterinária, é veterinária no Bytown Cat Hospital, em Ottawa, Ontário, Canadá.
- Mike McFarland, doutor em Medicina Veterinária, é veterinário na Emergency Animal Clinic, em Dallas, Texas.

CORPO ESTRANHO NA BOCA

PROCURE SEU VETERINÁRIO: **SE NECESSÁRIO**

MATERIAL MÉDICO NECESSÁRIO:

Pinça com pontas cegas ou alicate de bico fino

Faca cega ou colher

Seringa sem agulha ou conta-gotas

É muito comum que os cães fiquem com objetos presos na boca, porque eles adoram mascar e brincar com qualquer coisa que esteja a seu alcance. Os itens mais comuns são pedaços de galho ou restos de osso. Os gatos já não sofrem tanto esse problema, mas, assim como os cachorros, podem acabar com pedaços de brinquedo presos nos dentes, fios enrolados em torno da base da língua, ou sementes de grama penetrando em suas línguas ou gengivas. Os animais com pelos mais compridos podem acabar com dolorosos carrapichos cravados em suas bocas, quando arrancam o material estranho preso entre seus dedos ou no seu pelo.

Um animal com algo preso na boca fica enlouquecido; balança a cabeça, bate as patas na boca, saliva em excesso, grita e se movimenta o tempo todo. Quando o objeto corta o tecido, a saliva pode ficar cor de sangue. Algumas vezes o animal se machuca ainda mais, mordendo sua língua, enquanto tenta se livrar do objeto. No entanto, em outras vezes, os únicos sintomas serão uma relutância em comer e mau hálito.

Um corpo estranho na boca não é algo perigoso a não ser que bloqueie a respiração, mas pode ser doloroso e assustador. Se for deixado onde estiver por mais de um dia, pode causar infecção. Alguns animais ficam tão agitados que precisam ser sedados antes que o objeto possa ser removido. Objetos incrustados em tecido necessitam tratamento médico.

Você também precisará chamar o seu veterinário se não conseguir remover o objeto, ou se seu animal não deixar que você olhe dentro da boca; se seu animal tiver machucado os dentes, os lábios, a língua, ou dentro da boca; se houver um cordão, ou algo parecido, preso ou enrolado em torno da base da língua.

Se parecer que o objeto já está lá há algum tempo (seu animal pode ter pouco apetite, ou um hálito pior do que o normal), o item pode estar incrustado, e talvez o veterinário tenha de removê-lo cirurgicamente. Mas, normalmente, o pronto atendimento é o suficiente para remover um objeto na boca.

🩹 FAÇA ISTO JÁ

IMOBILIZE SEU ANIMAL. Compreensivelmente, um animal que tenha algo preso na boca estará agitado e talvez não consiga ficar quieto para que você o ajude. Você deverá imobilizá-lo cuidadosamente, ou poderá acabar machucando-o ao tentar retirar o objeto, e ele poderá mordê-lo.

Quando for um gato ou um cachorro pequeno, segure-o com uma mão pela pele solta do pescoço e dos ombros, e com a outra mão junte as patas traseiras. Delicadamente, estique-o de lado sobre uma mesa ou balcão. Então uma segunda pessoa poderá abrir cuidadosamente a boca dele e olhar dentro.

No caso de um cachorro maior, ajoelhe-se no chão ao lado dele e traga-o para junto do peito, passando um braço em torno do seu pescoço. Passe seu outro braço sob seu peito, envolvendo-o. Peça que outra pessoa examine sua boca. (Ambas as técnicas aparecem ilustradas na página 28.)

ABRA SUA BOCA. Para abrir a boca do seu animal, coloque uma mão sobre sua cabeça e circunde seu focinho com seus dedos polegar e médio, de modo que as pontas dos dedos pressionem os lábios contra os dentes, logo atrás dos compridos dentes caninos. Isso fará com que seu animal abra a boca. Use sua outra mão para puxar cuidadosamente seu queixo e abrir bastante a boca. Nunca ponha os dedos entre os dentes do seu cachorro para forçá-lo a abrir mais.

ALERTA IMPORTANTE

ASFIXIA

Quando um corpo estranho fica preso no fundo da boca ou na garganta de um animal, ele vai engasgar, ter ânsias, tossir e depois ficar nervoso quando seu suprimento de ar for cortado. A asfixia é uma emergência de risco de vida, que precisa de pronto atendimento. (Para mais informações sobre asfixia, vá à página 90.)

Pode ser quase impossível alcançar e agarrar objetos presos na garganta de um animal, mas você pode usar uma variação da manobra de Heimlich para tentar arrancar o que estiver bloqueando as vias aéreas. Segure um gato ou um cachorro pequeno como um bebê, com a cabeça para cima, as patas traseiras penduradas, e as costas contra o seu estômago. Coloque seu punho na cavidade abaixo da caixa torácica e use-o para pressionar energicamente para dentro e para cima, em direção ao seu queixo. Repita duas ou três vezes rapidamente, depois verifique se o objeto se deslocou e remova-o. Se ele não tiver se movido, continue a manobra no carro, enquanto alguém dirige até o hospital.

No caso de um cachorro maior, deite-o de lado enquanto você se ajoelha junto a ele, com seus joelhos contra a sua coluna. Incline-se sobre ele, coloque seu punho na cavidade abaixo da caixa torácica e pressione energicamente para cima e para dentro, em direção à cabeça do cachorro e aos seus joelhos. Repita duas ou três vezes, rapidamente, verifique se o objeto apareceu e remova-o. Se ele não tiver se deslocado, continue a manobra no carro, enquanto alguém dirige até o veterinário. (Essas técnicas aparecem ilustradas na página 32.)

USE PINÇA. Algumas vezes você pode remover uma pena ou um pedaço de brinquedo com os seus dedos. Se você não conseguir alcançá-lo, tente usar uma pinça não afiada. Para ossos ou outros objetos maiores, provavelmente você precisará de algo mais forte, como um alicate de bico fino.

🐾 SITUAÇÕES ESPECIAIS

PARA MADEIRAS OU OSSOS. Cachorros que brincam com galhos ou mastigam grandes ossos, ficam com divisões cunhadas horizontalmente ao longo do céu da boca, entre os molares superiores. Ou, às vezes, um pedaço de madeira ou de osso fica preso verticalmente e segura a boca aberta, sem que seu animal consiga fechar os maxilares. Você pode usar uma faca cega ou o cabo de uma colher para arrancar o objeto dos dentes ou do céu da boca.

PARA FIOS OU FITAS. No caso de fita, cadarço ou outro material em fio, verifique se alguma parte foi engolida, e se a resposta for sim, deixe que o veterinário se encarregue de retirá-la. Puxar um fio para fora da garganta pode cortar o tecido profundamente e até mesmo matar um animal. Mas se o material estiver solto na boca, remova-o vagarosamente e com cuidado. Se sentir qualquer resistência, pare e vá imediatamente para o veterinário.

✅ CUIDADOS POSTERIORES

▪ Para qualquer tipo de machucado na boca, o veterinário prescreverá um antibiótico durante sete a dez dias. Com os cachorros geralmente o remédio pode ser escondido na comida. Com os gatos costuma ser mais fácil dar antibiótico líquido do que em comprimido. Incline a cabeça do seu gato para trás, encaixe uma seringa sem agulha ou um conta-gotas em sua bochecha, no canto da boca e instile o remédio. Mantenha a boca dele fechada até que você perceba que ele engoliu; depois ofereça imediatamente um petisco apetitoso que ele não recuse, como um pouco de comida de bebê à base de carne. Geralmente, o gato se esquece de tentar cuspir o remédio, enquanto está saboreando o agrado. (Essa técnica aparece ilustrada na página 40.)

▪ Se o interior da boca do seu animal ficou machucado, ou se ele mordeu a língua ou as bochechas, talvez sejam precisos pontos dentro da boca. Normalmente o veterinário usará suturas absorvíveis, que não precisam ser removidas, mas a boca pode estar tão inflamada que será difícil para o seu animal se alimentar regularmente. Nesse caso, deve-se alimentar o animal com uma dieta líquida por vários dias, até que os cortes piores tenham sarado. Pegue a comida costumeira de seu animal e misture-a no liquidificador com caldo de galinha sem sal, magro, para torná-la uma espécie de papa líquida que possa ser facilmente lambida.

CONSULTORES

▪ James M. Harris, doutor em Medicina Veterinária, é veterinário no Montclair Veterinary Hospital, em Oakland, Califórnia.

▪ Peter Levin, doutor em Medicina Veterinária, é veterinário no Ludwig's Corner Veterinary Hospital, em Chester Springs, Pensilvânia.

▪ Billy D. Martindale, doutor em Medicina Veterinária, é veterinário no Animal Hospital of Denison, Texas, e presidente do quadro de diretores da Texas Veterinary Medical Association.

▪ Kevin Wallace, doutor em Medicina Veterinária, é instrutor no Departamento de Ciências Clínicas do Cornell University College of Veterinary Medicine, em Ithaca, Nova York.

CORPO ESTRANHO NA GARGANTA

PROCURE SEU VETERINÁRIO: **SE NECESSÁRIO**

> **MATERIAL MÉDICO NECESSÁRIO:**
> Toalha ou fronha
> Alicate de bico fino
> Faca cega

Os animais tossem, saliva em excesso, fazem barulho ao respirar ou mantêm a boca aberta de forma estranha, quando têm objetos presos na garganta ou na traqueia. Os gatos frequentemente têm problemas com fios ou objetos do gênero (bem como com as agulhas que vêm junto, no caso de engolirem uma linha) e precisam de atenção médica imediata. Nunca puxe um fio para fora da boca do seu animal; muitas vezes ele está preso em algum lugar mais profundo do corpo, e você poderá matá-lo. Seu veterinário terá de removê-lo. Você só pode fazê-lo quando tiver acabado de ver seu animal pôr na boca e engoli-lo, você ainda puder ver o fio e tiver certeza de que não existe nenhum objeto afiado na outra ponta. Os cães adoram mastigar e frequentemente ficam com varetas, ossos ou brinquedos (ou peças deles) parados em suas gargantas ou traqueias.

FAÇA ISTO JÁ

ARRUME DUAS PESSOAS PARA AJUDAREM VOCÊ. Você vai precisar de duas pessoas a mais para ajudá-lo e não acabar mordido. Uma delas deve imobilizar o seu animal, enrolando-o em uma toalha ou fronha, ou abraçando-o junto ao peito. Se seu animal não mantiver a boca aberta por si só, outra pessoa terá de fazê-lo, enquanto você recupera o objeto. Peça que seu ajudante coloque a palma de uma mão sobre o osso do focinho do seu animal, com o polegar e o dedo médio pressionando delicadamente os dentes logo atrás dos caninos (as longas presas). A outra mão deverá agarrar seu maxilar inferior, com o polegar e o dedo médio pressionando suavemente contra os dentes. A pressão fará com que ele abra bastante a boca.

Coloque os dedos dentro de sua boca para deslocar o objeto. Se ele estiver acessível, vai se soltar rapidamente, com um movimento do dedo, portanto não perca tempo repetindo o gesto mais de duas vezes.

TENTE REMOVER O OBJETO. Se seu animal permitir que você abra a sua boca e olhe dentro, você pode tentar remover o objeto sozinho. Se você tiver um cachorro grande, prenda-o em um canto e segure-o entre seus joelhos. No caso de um gato ou de um cachorro pequeno, coloque-o no seu colo ou sobre uma mesa, e coloque-o debaixo do seu braço. Use uma das mãos para manter o maxilar superior aberto e procure o objeto. Você pode usar um alicate de bico fino para tentar deslocá-lo, mas não use seus dedos, a não ser que seu animal esteja inconsciente. Se não conseguir tirá-lo depois de uma ou duas tentativas, vá imediatamente ao veterinário.

FAÇA UMA VARIAÇÃO DA MANOBRA DE HEIMLICH. Se o objeto impedir a respiração, em geral os animais perdem a consciência muito rapidamente. Use uma variação da manobra de Heimlich para tentar desalojar o objeto, e seu animal voltar a respirar. A técnica varia, dependendo do tamanho do seu animal.

No caso de um gato ou de um cachorro pequeno, segure as costas dele contra seu estômago, com a cabeça para cima e as patas suspensas. Coloque seu punho logo abaixo da caixa

No caso de um cachorro maior, deite-o de lado no chão e ajoelhe-se atrás dele, de modo que a cabeça dele aponte para sua esquerda. Encaixe seu punho direito logo abaixo da caixa torácica e pressione energicamente para dentro, em direção aos seus joelhos, e para cima, em direção à cabeça dele. Repita duas ou três vezes, depois verifique se é possível puxar o objeto.

torácica – você vai sentir a concavidade macia facilmente – e pressione, ao mesmo tempo, para dentro, em direção à sua barriga e para cima, em direção ao seu queixo. Faça um movimento forte e brusco para ajudar a deslocar o objeto.

Deite um cachorro maior de lado, e ajoelhe-se atrás dele, de forma que a coluna do animal fique contra os seus joelhos, e a cabeça aponte para a sua esquerda. Incline-se sobre ele e ponha seu punho direito logo abaixo da caixa torácica. Use o punho para pressionar energicamente para dentro e para cima, em direção a seus joelhos e à cabeça dele. O diafragma estará logo abaixo do seu punho e ajudará a empurrar o ar dos pulmões através da garganta, para desalojar o objeto. Repita a manobra duas ou três vezes, verificando depois de cada tentativa se o objeto se soltou dentro da boca.

Para fazer uma manobra de Heimlich em um gato ou um cachorro pequeno, segure as costas dele contra seu estômago, com a cabeça para cima e as patas suspensas. Ponha seu punho logo abaixo da caixa torácica e pressione ao mesmo tempo para dentro, em direção à sua barriga e para cima, em direção ao seu queixo. Faça um movimento forte e brusco, para ajudar a deslocar o objeto.

DÊ UMA BATIDA FORTE NAS COSTAS. Se a manobra de Heimlich não funcionar depois de poucas tentativas, tente uma batida forte com a mão em concha no dorso do seu animal – bata em suas costas três ou quatro vezes seguidas. Preste atenção para que o pescoço dele esteja alinhado com o dorso, de forma que não haja nenhuma curva em sua garganta para atrapalhar. Se essa técnica também não desalojar o objeto, continue tentando isso e a manobra Heimlich no carro, enquanto alguém dirige até o veterinário o quanto antes.

RECOMECE A RESPIRAÇÃO. Depois que a garganta estiver desobstruída, verifique se seu animal recomeça a respirar. Se isso não acontecer, é possível que você tenha de fazer respiração artificial. Envolva o focinho do seu animal com uma mão, para que ele fique com a boca fechada, coloque a outra mão no peito dele, para monitorar suas subidas e descidas, cubra o nariz com sua boca e dê duas rápidas sopradas dentro do nariz. O peito dele deverá se mover com a entrada de ar. Continue dando de 15 a 20 sopradas por minuto, até que ele recomece a respirar, ou até que você consiga socorro médico. (Essa técnica aparece ilustrada na página 31.) Se você não perceber o peito dele se mexendo com suas sopradas, é porque ainda existe uma obstrução.

🐾 SITUAÇÕES ESPECIAIS

PARA GRAVETOS EM BOCA DE CACHOR-RO. Cães que mastigam gravetos frequentemente terão um fragmento alojado entre seus dentes do fundo. Use uma faca cega para, cuidadosamente, alavancar por debaixo do graveto, até que ele se solte. Se ele não se soltar após uma ou duas tentativas, leve o cachorro ao veterinário o quanto antes.

PARA PEDAÇOS DE GRAMA NO NARIZ DO GATO. Os gatos muitas vezes comem grama para poderem vomitar, mas algumas vezes uma folha de grama volta pela passagem nasal, em vez de voltar pela boca. Parte dela fica pendurada no fundo da garganta, fazendo o gato engasgar e tossir, enquanto a outra ponta sai pelo nariz. Você pode, delicadamente, puxar a folha de grama do nariz, mas se ela se partir, vá ao veterinário o mais rápido possível, porque o gato terá de ser sedado para que se consiga tirar o resto.

✅ CUIDADOS POSTERIORES

■ A garganta de seu animal precisará de vários dias para se recuperar, e a inflamação poderá dificultar a ingestão de sua comida normal. Alimente-o com uma dieta macia por um mínimo de uma semana após o acontecido. Você pode fazer uma papa líquida, batendo no liquidificador a comida dele com água ou com caldo de galinha sem sal, magro, até que a mistura fique com a consistência de um creme.

CONSULTORES

■ James M. Harris, doutor em Medicina Veterinária, é veterinário no Montclair Veterinary Hospital, em Oakland, Califórnia.

■ Billy D. Martindale, doutor em Medicina Veterinária, é veterinário no Animal Hospital of Denison, Texas, e presidente do quadro de diretores da Texas Veterinary Medical Association.

■ Kevin Wallace, doutor em Medicina Veterinária, é instrutor no Departamento de Ciências Clínicas do Cornell University College of Veterinary Medicine, em Ithaca, Nova York.

CORPO ESTRANHO NO NARIZ

PROCURE SEU VETERINÁRIO: **SE NECESSÁRIO**

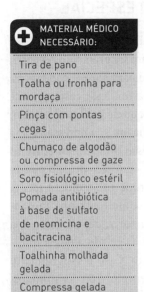

MATERIAL MÉDICO NECESSÁRIO:
- Tira de pano
- Toalha ou fronha para mordaça
- Pinça com pontas cegas
- Chumaço de algodão ou compressa de gaze
- Soro fisiológico estéril
- Pomada antibiótica à base de sulfato de neomicina e bacitracina
- Toalhinha molhada gelada
- Compressa gelada

Cachorros que ficam ao ar livre muitas vezes acabam com objetos estranhos obstruindo o nariz. Isso ocorre com frequência para as raças de caça, que possuem focinhos mais compridos e trazem seus narizes junto ao chão. O problema de corpos estranhos em nariz de felinos é muito menos frequente. Às vezes eles engolem folhas de grama que ficam parcialmente presas na garganta e fazem o caminho de volta pelo nariz, quando eles resfolegam puxando-as.

Um corpo estranho no nariz provoca fortes espirros repentinos ou roncos que se prolongam. O animal bate as patas no nariz e pode bater a cabeça em torno, ao sacudi-la, tentando se livrar do objeto. O nariz é uma das partes mais sensíveis de um animal, e a maioria deles não deixará que você remova um objeto estranho enquanto estiver acordado.

FAÇA ISTO JÁ

AMORDACE SEU ANIMAL. Antes de qualquer coisa, é bom amordaçar o seu animal para que você não seja mordido acidentalmente, ao tentar ajudá-lo. Use uma tira de meia-calça ou de tecido para que a boca do seu cachorro permaneça fechada. Passe-a em torno do seu nariz e faça um nó em cima do focinho; depois, puxe as pontas para debaixo do queixo e dê um novo nó; finalmente, leve as pontas para trás de sua cabeça e amarre-as em um nó ou em um laço atrás das orelhas. (Essa técnica aparece ilustrada na página 27.) Não amordace seu animal se ele estiver com problemas para respirar. Você pode embrulhar um gato ou um cachorro de focinho achatado, como um pug, com uma toalha ou com uma fronha, deixando a cabeça exposta, ou tente a seguinte técnica de contenção.

SEGURE SUA CABEÇA. Uma pessoa segura delicadamente a cabeça do animal. Se for você quem estiver segurando, ponha o braço em torno do pescoço dele e traga-o para junto do seu peito, enquanto que seu outro braço passa por debaixo do peito dele, envolvendo-o. (Essa técnica aparece ilustrada na página 28.) Fale com ele num tom suave para mantê-lo calmo. Se você não conseguir segurar seu gato ou cachorro de focinho achatado deste jeito, não insista. Seu veterinário removerá o objeto.

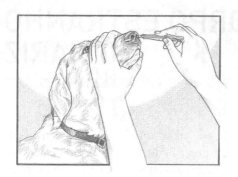

Firme a cabeça do seu cachorro para que fique fácil apanhar o objeto estranho no seu nariz e tirá-lo.

REMOVA O OBJETO. Quando você puder ver o objeto, use seus dedos ou uma pinça de pontas arredondadas para, cuidadosamente, entrar dentro da narina e puxá-lo. Firme a cabeça de seu cão com uma mão, enquanto usa a pinça com a outra.

LIMPE A NARINA. Depois de remover o objeto, limpe suavemente a narina com um chumaço de algodão ou uma compressa de gaze embebida com soro fisiológico estéril.

APLIQUE POMADA ANTIBIÓTICA À BASE DE SULFATO DE NEOMICINA E BACITRACINA. Se houver alguma abrasão ou ferida que você possa ver e alcançar com facilidade, passe no local um pouco de pomada antibiótica à base de sulfato de neomicina e bacitracina. Espere um minuto até que a pomada penetre, porque ele, imediatamente, vai lamber o nariz e retirar o medicamento.

🐾 SITUAÇÃO ESPECIAL

PARA SANGRAMENTOS DO NARIZ. Caso seu animal tenha um sangramento no nariz, mantenha-o quieto para que ele não espirre sangue por toda parte. Nesse caso, não use uma mordaça, porque ele poderá se sufocar. Em vez disso, ponha uma compressa gelada na ponta de seu osso do focinho, entre os olhos e as narinas – um saco de gelo picado funciona bem porque se amolda à forma do nariz. Coloque uma toalhinha molhada, gelada, em seu nariz, depois coloque a compressa de gelo. O gelado ajuda a diminuir o sangramento. Caso o sangramento não tenha parado em cinco ou dez minutos, procure o veterinário imediatamente. (Para mais informações sobre sangramento nasal vá à página 405.)

✅ CUIDADOS POSTERIORES

- Fique atento para espirros ou secreções nasais, o que pode indicar que algo ainda está preso dentro da cavidade nasal, ou que houve uma infecção.

CONSULTORES
- Karen Hoffman, doutora em Medicina Veterinária, é veterinária no Delaware Valley Animal Hospital, em Fairless Hills, Pensilvânia.
- Doug McConkey, doutor em Medicina Veterinária, é veterinário no Canyon Creek Pet Hospital, em Sherman, Texas.
- Laura Solien, doutora em Medicina Veterinária, é veterinária no Maplecrest Animal Hospital, em Goshen, Indiana.

CORPO ESTRANHO NO OLHO

PROCURE SEU VETERINÁRIO: **NO MESMO DIA**

> **MATERIAL MÉDICO NECESSÁRIO:**
> - Toalha ou fronha
> - Soro fisiológico estéril
> - Pano ou bolas de algodão
> - Solução para limpeza ocular
> - Medicamento antibiótico para olhos
> - Colírio ou pomada oftálmica antibiótica à base de tetraciclina
> - Colar elisabetano
> - Lágrimas artificiais (Hypo Tears®, Lacrima®, Lacril® ou Lacrima Plus®)

É muito comum entrar algo nos olhos dos animais de estimação, especialmente cães e gatos com olhos proeminentes, como pequineses e persas. O pelo em raças com faces peludas, como os sheepdogs, tem a intenção de proteger os olhos, mas todos os cães e gatos têm outra forma de proteção. A membrana nictitante, também chamada de terceira pálpebra, dá aos animais uma proteção extra contra objetos estranhos, porque funciona como um limpador de parabrisas, se movendo do canto interno do olho por sobre o globo ocular. Mas a terceira pálpebra também pode causar problemas, porque resíduos que ficam presos sob a membrana podem ser difíceis de serem removidos.

Quando existe alguma coisa no olho do seu animal, o olho pode ficar vermelho e lacrimoso, e ele piscará muito, irá semicerrar o olho com dor, ou o esfregará com as patas. Um material que fique muito tempo no olho pode causar inflamações ou infecções.

Em muitos casos, você mesmo conseguirá remover em casa o causador da irritação, com um pronto atendimento, mas se o material ficar preso sob as pálpebras, ou estiver fixado ao olho, talvez seu veterinário tenha de anestesiar o globo ocular para extraí-lo. Mesmo que você consiga remover o material, é preciso que o olho seja examinado e tratado no mesmo dia. Grama, sujeira e sementes geralmente trazem bactérias ou fungos que podem infectar o olho. Se o olho de seu animal estiver vermelho, dolorido ou irritado, mas você não vir nada que possa ser identificado como um corpo estranho que possa ser facilmente removido, leve-o imediatamente ao veterinário.

 **FAÇA ISTO JÁ**

CONTENHA DELICADAMENTE O SEU ANIMAL. Qualquer agitação pode piorar o dano quando você estiver tratando de um olho. É melhor ter mais um par de mãos para ajudá-lo.

Coloque um cachorro pequeno ou um gato sobre uma mesa ou balcão e enrole-o em uma toalha ou em uma fronha, deixando só a cabeça de fora. Segure os animais com focinho

> ### ALERTA IMPORTANTE
>
> #### ÚLCERA OCULAR
>
> Um objeto no olho de seu animal que não for eliminado com lágrimas ou removido por você ou pelo veterinário pode arranhar a superfície do olho. Sementes de alguns tipos de grama frequentemente ficam presas sob as pálpebras, fazendo com que, toda vez que o animal pisque, ela penetre mais profundamente, piorando o machucado, e podendo resultar numa úlcera.
>
> Sem tratamento, as úlceras podem progredir pela superfície do olho, se infeccionar e produzir uma secreção amarela ou verde, e finalmente afetar a visão do seu animal. As úlceras são também extremamente dolorosas. Se você notar qualquer um desses sintomas, ou se o olho do seu animal estiver vermelho e dolorido, sem motivo aparente, leve-o para ser examinado pelo seu veterinário o quanto antes. Muitas vezes, é difícil ver uma úlcera sem tonalizantes especiais, como fluoresceína, que fará com que a ferida brilhe no escuro quando o veterinário dirigir uma luz negra sobre ela. Uma vez diagnosticada, a úlcera normalmente é curada através de medicação.

achatado pelo pescoço e sob o maxilar, e os cachorros de focinho comprido pelo pescoço e pelo nariz, para firmar a cabeça.

No caso de um cachorro maior, circunde seu pescoço com um braço e passe o outro sob o peito dele, envolvendo-o, e traga-o para junto do seu peito. Ou você pode se ajoelhar no chão, com o cachorro entre suas patas, olhando para fora; passe uma mão em torno do seu peito e com a outra segure seu focinho, para manter sua cabeça quieta. (Essas técnicas aparecem ilustradas na página 28.)

MANTENHA AS PÁLPEBRAS ABERTAS COM O POLEGAR E O INDICADOR. Depois, tente localizar o corpo estranho. Se for algo fácil de ser apanhado, como uma folha de grama, pegue-a com os dedos e retire-a delicadamente.

USE UM CHUMAÇO DE ALGODÃO E SORO FISIOLÓGICO. Caso o material não possa ser pego com os dedos, o uso de pinças ou cotonetes pode ser perigoso, porque, caso o animal se mexa, eles podem acabar furando o seu olho. Molhe um chumaço de algodão ou um pano limpo com soro fisiológico estéril, torça a ponta fazendo uma ponta macia e toque com ela o objeto. Geralmente, o objeto grudará no algodão, podendo ser retirado.

ESCORRA RESÍDUOS PARA FORA DO OLHO. Use uma solução para limpeza dos olhos ou soro fisiológico estéril. Primeiramente, molhe um chumaço de algodão, ou um pano, e esprema o líquido no olho repetidamente. Se isso não funcionar, use um jato direto de soro fisiológico, através de uma garrafa de apertar, dirigindo o jato para o resíduo. (Preste atenção para usar soro fisiológico, e não qualquer outra solução para limpeza de lentes de contato, que podem conter ingredientes mais irritantes.) É bom continuar a enxaguar a região por cerca de um minuto, depois que o material já tiver saído, para impedir infecções.

TRATE COM UM ANTIBIÓTICO. Se você conseguir tirar o resíduo do olho com facilidade, e o olho não ficar vermelho ou irritado, é bom usar um colírio ou uma pomada antibióticos à base de tetraciclina. Ela ajudará na prevenção de infecções, além de trazer alívio e proteger o olho contra outras irritações, caso algum resíduo ainda esteja por lá. Puxe para baixo a pálpebra inferior e aperte uma pequena quantidade da pomada na bolsa de tecido que se formou. Caso o olho continue

Para aplicar um medicamento no olho, puxe a pálpebra inferior do seu animal para baixo e aperte uma pequena quantidade na bolsa de tecido que se formou. Não é preciso espalhá-lo. Quando seu animal piscar, o remédio se espalhará pela superfície do olho.

vermelho e pareça que seu animal está com algum desconforto ou com dor, procure seu veterinário imediatamente.

USE UMA COLEIRA DE CONTENÇÃO. Tome cuidado para que seu animal não piore o problema, esfregando o olho. A única forma que funciona para impedir isso é fazê-lo usar uma coleira cônica de contenção, chamada colar elisabetano. Ou sente-se com ele e preste atenção para que ele não esfregue os olhos enquanto alguém dirige até o veterinário.

✅CUIDADOS POSTERIORES

■ Na maioria dos casos, os veterinários receitarão um antibiótico líquido ou em pomada para ser aplicado no olho do seu animal e, dependendo do caso, prescreverão também um analgésico. Normalmente, você terá de medicar o seu animal duas ou três vezes por dia. Lágrimas artificiais também podem ajudar no alívio de uma irritação mais leve. Se o seu cão ou o seu gato mantiver o olho totalmente aberto, não o entrefechando (sinal de dor), é sinal de que está se recuperando. Se você observá-lo semicerrando os olhos, ou se a vermelhidão não desaparecer, leve-o novamente ao veterinário.

CONSULTORES

■ Grace F. Bransford, doutora em Medicina Veterinária, é veterinária em Corte Madera, Califórnia.

■ Dennis Hacker, doutor em Medicina Veterinária, é veterinário oftalmologista em El Cerrito, Califórnia.

■ Albert Mughannam, doutor em Medicina Veterinária, é veterinário oftalmologista na Veterinary Vision, em San Mateo, Califórnia.

CORPO ESTRANHO NO OUVIDO

PROCURE SEU VETERINÁRIO: **SE NECESSÁRIO**

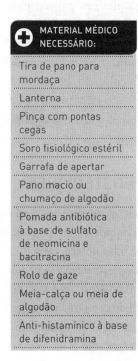

MATERIAL MÉDICO NECESSÁRIO:
- Tira de pano para mordaça
- Lanterna
- Pinça com pontas cegas
- Soro fisiológico estéril
- Garrafa de apertar
- Pano macio ou chumaço de algodão
- Pomada antibiótica à base de sulfato de neomicina e bacitracina
- Rolo de gaze
- Meia-calça ou meia de algodão
- Anti-histamínico à base de difenidramina

Os gatos e cachorros são muito bem protegidos por seu pelo, especialmente os cachorros com orelhas caídas. Contudo, de vez em quando, um objeto estranho pode cair dentro do ouvido e ficar preso. Em certas partes dos Estados Unidos, especialmente nos estados do sudoeste e do oeste, os animais de estimação têm problemas com lascas de gramas, as sementes farpadas de várias gramas e grãos. As farpas realmente penetram na tenra pele do ouvido. São muito dolorosas e podem causar infecções.

Até mesmo um pedaço de grama ou um grão de areia pode trazer problemas. O animal que tenha um objeto estranho no ouvido sacudirá, esfregará e coçará a cabeça. Depois, acabará por desenvolver uma infecção. O animal se sentirá tão desconfortável, que poderá ser necessário sedá-lo, para que o objeto possa ser removido. Um primeiro tratamento poderá aliviar a dor e, em alguns casos, curar o problema.

🧰 FAÇA ISTO JÁ

AMORDACE SEU ANIMAL. Antes de fazer qualquer coisa, improvise uma mordaça temporária para seu animal, de forma que você não acabe mordido ao tentar ajudá-lo. Um objeto estranho no ouvido pode ser doloroso, e até o animal mais amigável pode atacar quando estiver sofrendo. Use uma gravata ou uma tira de meia-calça e amarre-a com um nó no alto de seu focinho. Depois, traga as pontas para debaixo de seu queixo e dê um novo nó. Finalmente, puxe as pontas da tira para trás da cabeça e faça um nó ou um laço atrás das orelhas. (Essa técnica aparece ilustrada na página 27.)

CONTENHA-O. Arrume outra pessoa para conter o seu animal e manter sua cabeça firme, enquanto você examina o ouvido, ou ele poderá se machucar caso tente escapar ou se retraia, no momento errado. Ou segure você seu cachorro, enquanto seu ajudante examina. Sente seu cachorro sobre uma mesa ou no chão. Faça com que o pescoço dele repouse na dobra do seu cotovelo e passe seu braço em torno dele,

ALERTA IMPORTANTE

TUMOR DE OUVIDO EM FELINO

Cães e gatos frequentemente desenvolvem infecções no ouvido, com uma secreção farinhenta ou líquida, e, uma vez diagnosticadas, essas infecções são muito fáceis de serem tratadas. (Para mais informações sobre infecções de ouvido, vá à página 281.)

No entanto, nos gatos, quando apenas um ouvido está infectado – principalmente se cheirar muito mal – existe uma boa chance de que haja um tumor crescendo dentro do canal auditivo, em um lugar que você não consegue ver. Na maior parte das vezes, o veterinário precisa de um instrumento especial, chamado otoscópio, para olhar bem no interior do ouvido e descobrir o tumor. A infecção não desaparecerá enquanto o tumor não for removido por cirurgia. Geralmente esses tumores são benignos (não cancerosos), semelhantes a verrugas. Normalmente os gatos se recuperam bem da cirurgia. Se você desconfiar que seu gato tenha um tumor, procure seu veterinário imediatamente.

---

acomodando a cabeça no seu peito. Passe o outro braço sob seu peito para mantê-lo quieto. Preste atenção para deixar a orelha afetada do lado de fora, para facilitar o acesso.

Para examinar um gato ou um cachorro pequeno, pegue-o com uma mão pelo pescoço, e com a outra segure as patas traseiras, depois estique-o delicadamente sobre uma mesa. (Essa técnica aparece ilustrada na página 28.)

RETIRE O QUE ESTIVER AO ALCANCE. Cuidadosamente, segure a orelha com uma mão e ilumine com uma lanterna dentro do canal auditivo, para verificar se existe algo visível. O canal auditivo em gatos e cachorros tem a forma de um L, o que faz com que você só consiga ter uma visão para baixo. Se for possível ver o objeto estranho na entrada do canal auditivo, tente removê-lo. Uma pinça com as pontas cegas ou uma pinça hemostática serão as melhores ferramentas. Se o objeto estiver mais no fundo do canal, será melhor deixar que o veterinário o remova.

ENXÁGUE O OUVIDO COM SORO FISIO-LÓGICO. Se você tiver conseguido remover o objeto, enxágue o ouvido com uma solução morna de soro fisiológico estéril para limpar a ferida ou a irritação. Apenas aponte o jato de líquido com a garrafa squeezy. Você também pode fazer uma solução dissolvendo 1 1/4 colher de chá de sal doméstico em meio litro de água morna. Encha o canal auditivo, massageie a base do ouvido e depois enxugue o líquido com um chumaço de algodão ou com um pano macio.

COLOQUE UMA POMADA ANTIBIÓTICA À BASE DE SULFATO DE NEOMICINA E BACITRACINA. Se tiver sido possível remover o objeto estranho, seria bom medicar o ouvido com uma pomada antibiótica à base de sulfato de neomicina e bacitracina. Aperte um pouco da pomada no canal auditivo, e massageie a base do ouvido para que o medicamento se espalhe por igual. Isso ajudará a combater infecções e a acalmar a irritação.

🐾 SITUAÇÃO ESPECIAL

CASO O OBJETO ESTEJA FORA DO AL-CANCE. Se você não puder alcançar ou ver o objeto estranho, é melhor manter seu animal o mais quieto possível, até que se consigam cuidados médicos. O chacoalhar constante dos seus ouvidos pode machucar as orelhas e provocar um hematoma auricular, no qual o sangue se recolhe e a pele incha, sendo necessária uma cirurgia para corrigir. Portanto, para poupar maiores danos, dobre a orelha de dentro para fora no alto da cabeça do animal, e segure-a no lugar. Você pode usar um rolo de gaze ou uma tira de meia-calça, ou cortar fora os dedos de uma meia atlética, enfiando o tubo da meia pela cabeça do cachorro, para prender as orelhas. Preste atenção para que o material não fique apertado demais, restringindo a respiração do animal. (Essa técnica aparece ilustrada na página 27.)

Você ainda pode dar a seu animal um anti-histamínico comum, à base de difenidramina, para reduzir a irritação e o edema, até que o objeto estranho seja removido. Isso pode fazer com que ele se sinta mais confortável, mesmo que a orelha tenha se infeccionado. Animais de estimação precisarão de 2 mg por quilo, a cada 6 ou 8 horas. Isso significa que um gato ou cachorro de 5 kg tomará 3/4 de colher de chá do líquido ou meio comprimido.

✅ CUIDADOS POSTERIORES

▪ Se um corpo estranho, como uma farpa de grama, tiver sido removido do ouvido de seu animal, o veterinário poderá prescrever um antibiótico. Vários dias de antibiótico oral ajudarão a impedir que a ferida se infeccione, ou apressará a cura de uma infecção já existente. No caso de cachorros, você pode tentar esconder os comprimidos em petiscos apetitosos, como um pedaço de queijo. Ou segure gentilmente a parte de cima do seu focinho, pressione os dedos contra as gengivas logo atrás dos grandes e pontudos dentes caninos, e quando ele abrir a boca, jogue o comprimido no fundo da língua, feche sua boca e acaricie suavemente sua garganta, até que ele engula.

A mesma técnica funciona com gatos, mas fique a postos com um suborno assim que tiver posto o comprimido em sua boca, de maneira que ele engula o petisco e se esqueça de cuspir o comprimido. (Essa técnica aparece ilustrada na página 41.)

CONSULTORES

▪ Karen Hoffman, doutora em Medicina Veterinária, é veterinária no Delaware Valley Animal Hospital, em Fairless Hills, Pensilvânia.

▪ Doug McConkey, doutor em Medicina Veterinária, é veterinário no Canyon Creek Pet Hospital, em Sherman, Texas.

▪ Laura Solien, doutora em Medicina Veterinária, é veterinária no Maplecrest Animal Hospital, em Goshen, Indiana.

CORTES E FERIDAS

PROCURE SEU VETERINÁRIO: **SE NECESSÁRIO**

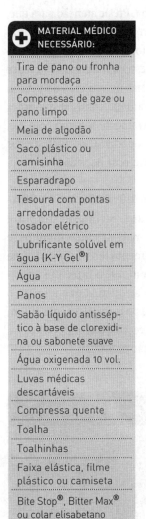

MATERIAL MÉDICO NECESSÁRIO:

Tira de pano ou fronha para mordaça

Compressas de gaze ou pano limpo

Meia de algodão

Saco plástico ou camisinha

Esparadrapo

Tesoura com pontas arredondadas ou tosador elétrico

Lubrificante solúvel em água (K-Y Gel®)

Água

Panos

Sabão líquido antisséptico à base de clorexidina ou sabonete suave

Água oxigenada 10 vol.

Luvas médicas descartáveis

Compressa quente

Toalha

Toalhinhas

Faixa elástica, filme plástico ou camiseta

Bite Stop®, Bitter Max® ou colar elisabetano

Compressa gelada

A pele é o maior órgão do corpo, e suas três camadas protegem os animais contra bactérias e outros germes. Feridas são uma porta aberta para infecção, tanto em gatos quanto em cachorros, e um vaso sanguíneo cortado pode levar a uma hemorragia. Cortes e feridas muitas vezes são difíceis de serem vistos por estarem escondidos sob o pelo.

Os animais se cortam pelos motivos mais diversos, de acidentes de carro e mordidas de outros animais a rasgões provocados por espinhos ou arame farpado ou até atravessando janelas de vidro. Os donos de animais de estimação muitas vezes cortam a pele de seus animais acidentalmente, ao tentarem cortar pelos embaraçados. Os gatos são mais propensos a cortes do que os cachorros, por terem a pele mais fina.

Feridas profundas que varam a pele atingindo a musculatura precisam de pontos, dentro de duas a quatro horas passado o acidente, para que possam se recuperar da melhor maneira. As feridas superficiais e os cortes pequenos talvez só precisem de cuidados caseiros, mas até mesmo aqueles que requerem atenção médica podem se beneficiar com um primeiro tratamento. Os cortes superficiais podem parecer mais perigosos do que são por sangrarem muito, mas geralmente estão menos sujeitos a infecções do que os ferimentos perfurantes.

FAÇA ISTO JÁ

AMORDACE SEU ANIMAL. Um animal machucado pode morder quando estiver sentindo dor, portanto, não tente ajudá-lo sem a proteção de uma mordaça. A não ser que haja um machucado na cabeça ou problemas de respiração, use uma tira de pano, como uma gravata, para amordaçar seu cão. (Para uma ilustração dessa técnica, vá à página 27.) Se seu cachorro tiver um focinho achatado ou o machucado for no seu gato, coloque uma fronha ou uma toalha

PRIMEIROS SOCORROS PARA CÃES E GATOS

sobre sua cabeça, para impedi-lo de morder. Seria bom se uma pessoa contivesse o animal e conversasse carinhosamente com ele, enquanto outra realizasse o pronto atendimento.

ESTANQUE O SANGRAMENTO. Pressione diretamente a ferida, usando uma compressa de gaze ou um pano limpo. Caso o sangue vaze, apenas junte uma nova compressa sobre a primeira e continue a pressionar. Se você levantar a compressa, poderá interferir na coagulação. (Para mais informações sobre sangramento, vá à página 400.)

CONTROLE O SANGRAMENTO DAS PATAS. Patas laceradas sangram muito porque têm um grande suprimento de sangue. Coloque um curativo de pressão na pata, para controlar o sangramento. (Isso também impede que marcas de sangue sujem o seu chão, até que você consiga socorro médico). Ponha uma compressa de gaze sobre o machucado, coloque uma meia de algodão na pata e um saco plástico sobre a meia. Os sacos nos quais os jornais são entregues funcionam bem. Quando se tratar de cães com patas pequenas, uma alternativa ainda melhor é cobrir o curativo com uma camisinha. Preste atenção para que, o que quer que você escolha, tenha um tamanho bastante confortável para pressionar o machucado, sem restringir a circulação. Você deve conseguir enfiar um ou dois dedos sob o curativo. Se seu animal começar a morder ou parecer excessivamente irritado com ele, talvez esteja muito apertado. Faça o teste dos dois dedos e afrouxe-o, se necessário.

VÁ AO VETERINÁRIO, CASO O SANGRAMENTO NÃO PARE. Se houver um forte sangramento por mais de cinco minutos, é provável que o ferimento tenha atingido uma veia ou artéria. Continue a fazer uma pressão direta e dirija-se imediatamente para o seu veterinário. Se possível, peça que algum amigo assuma a direção, para que você possa exercer uma pressão contínua.

ALERTA IMPORTANTE

LARVAS

As moscas são mais do que uma chatice imunda, especialmente para os animais com cortes ou feridas que supuram. Elas botam ovos em feridas abertas e, num período de 12 a 24 horas, a pequena larva eclode. São precisos apenas quatro a cinco dias para que as larvas cresçam de um a dois milímetros para 2,50 cm ou mais, porque comem muito. Elas vivem da supuração e dos tecidos mortos de feridas infectadas. As larvas também tendem a se desenvolver quando a área em torno da cauda está suja de fezes e as moscas colocam seus ovos ali.

As larvas se entocam sob a pele e são muito dolorosas. Como pode haver a necessidade de antibióticos, consulte seu veterinário ao primeiro sinal de larvas. Para que seu animal se sinta mais confortável até a consulta, tente espirrar apenas água morna na região durante quinze minutos. Isso pode fazer com que algumas lavas deixem a área em busca de ar. (Para mais informações sobre larvas, vá à página 314.)

CORTE O PELO DE SEU ANIMAL. Depois que o sangramento tiver cessado, use tesoura com pontas arredondadas ou tosador elétrico para cortar o pelo em torno do machucado. Se estiver usando tesoura, coloque, primeiramente, seus dedos indicador e médio dentro do pelo e mantenha-os sobre o ferimento. Corte o pelo nivelado com seus dedos, tirando uma borda de 2,5 cm ao redor do machucado. (Essa técnica aparece ilustrada na página 390.) Isso será bom para que você avalie a gravidade do ferimento, além de eliminar a possibilidade de que bactérias e outros contaminantes potenciais existentes no pelo entrem em contato com o machucado. Se a pele estiver rompida, encha a ferida com um lubrificante solúvel em água, como K-Y Gel®, antes de cortar. Depois, enxágue completamente a região com água morna. O pelo cortado aderirá ao gel e sairá com a água.

LIMPE FERIDAS SUPERFICIAIS. Limpe os cortes superficiais, que não danificam completamente a pele, com um sabão líquido antisséptico de clorexidina e água ou com um sabonete suave e água. Depois, seque com um pano macio e limpo, dando pancadinhas na região. Você também pode usar um pouco de água oxigenada 10 vol. em um pano limpo, para limpar em torno da ferida. No entanto, a água oxigenada pode prejudicar as células da pele, portanto, não a aplique diretamente no machucado. Use uma pomada antibiótica à base de sulfato de neomicina e bacitracina ou um spray antisséptico para ajudar a prevenir infecções.

USE JATO DE ÁGUA EM FERIDAS PROFUN-DAS. Cortes e feridas precisarão de pontos se forem tão profundos que fiquem abertos demais ou se estiverem próximos a articulações, o que tencionará o ferimento, interferindo em sua recuperação. Deixe correr água morna em ferimentos profundos, isso ajudará a limpar germes e detritos, de forma que você possa ver a extensão do machucado. Depois, com luvas médicas descartáveis (à venda em farmácias), retire qualquer material persistente. Assim que já não houver sangue seco, pelos ou qualquer detrito, você poderá lavar cuidadosamente a área com sabonete suave e água e secá-la com toques leves e ligeiros.

NO CASO DE FERIDAS PERFURANTES, COMO MORDIDAS DE ANIMAIS, FALE COM SEU VETERINÁRIO. Provavelmente, ele vai querer ver o ferimento no mesmo dia e prescreverá antibiótico. Até que você chegue ao veterinário, mantenha a ferida aberta para que ela não vede bactérias que possam causar infecção. Caso você não tenha acesso ao veterinário por várias horas, faça uma compressa quente. Você pode usar uma compressa pronta, envolta em uma toalha ou uma toalhinha ensopada com água quente. Segure-a sobre o machucado de duas a cinco vezes por dia, intercalando aplicações de cinco minutos com cinco minutos de descanso, até que esfrie. (Para mais informações sobre mordidas de animais, vá à página 331.)

Nos cortes menores, passe alguma pomada antibiótica à base de sulfato de neomicina e bacitracina, para ajudar a combater infecções, mas não medique ferimentos profundos até que seu veterinário tenha dado os pontos necessários.

FAÇA CURATIVO EM FERIDAS ABERTAS. As feridas de perfuração devem ser mantidas abertas, mas proteja os cortes com um curativo. Pressione uma compressa de gaze, uma toalha limpa ou mesmo um absorvente íntimo ou uma fralda descartável contra o

QUANDO SEU GATO MACHUCA A SI MESMO

Cortes e mordidas acidentais são suficientemente ruins, mas alguns gatos de fato se infligem ferimentos sangrentos. A síndrome de hiperestesia é um tipo de desordem psicológica, um problema obsessivo-compulsivo que parece afetar gatos siameses, birmaneses, himalaios e abissínios com mais frequência.

A primeira vez que ela se manifesta é, normalmente, quando o gato tem entre um e quatro anos de idade. Cerca de 4% dos gatos levados a consulta por problemas comportamentais sofrem de um nível suave a grave da síndrome de hiperestesia. Em sua manifestação mais branda, o gato simplesmente se torna um fanático por limpeza, chegando a um excesso de lambidas que acaba eliminando grandes áreas de seu pelo. Outros gatos apresentam uma agressividade inexplicável e podem passar de um ronronar e esfregar amigáveis para um comportamento de ataque, quando seus donos fazem carinho neles. Mas alguns gatos se tornam tão agitados que mordem e mutilam a si mesmos, se infligindo ferimentos sangrentos. Algumas vezes, essa condição é detonada por uma coceira de pele vinda de alguma alergia ou causada por pulgas ou outros parasitas, ou pode resultar de estresse provocado por várias causas, como barulhos altos, tráfego ou um novo bebê na casa. A versão extrema dessa doença é muito rara. O mais comum é o gato se limpar excessivamente, levando à perda de pelos, mas não a ponto de causar feridas.

Essa síndrome pode ser difícil de ser diagnosticada, e talvez sejam necessários exames especializados, como uma ressonância magnética ou uma tomografia computadorizada, que permita examinar o cérebro do gato. Pode-se interromper esse comportamento mutilador em alguns gatos, distraindo-os com um sonoro bater de palmas ou uma esguichada de água dada com um borrifador. Outros podem ser ajudados com drogas, como a fluoxetina, que amortece os impulsos autodestrutivos. Seu veterinário ou um especialista comportamental de animais poderá determinar a origem do problema de seu gato e o melhor tratamento.

ferimento e mantenha este material no lugar com uma faixa elástica e esparadrapo. Verifique se não apertou demais o curativo, enfiando dois dedos sob o envoltório. Se você não tiver uma faixa, o filme plástico funcionará bem como medida provisória, especialmente nos ferimentos do corpo – não será preciso esparadrapo, porque o filme adere a si mesmo. É difícil fazer um curativo nos ferimentos do ombro, mas uma camiseta vestida em seu animal dará uma boa proteção. Enquanto o veterinário examina o machucado, peça-lhe que explique como proteger a região à medida que for curando e qual o material mais indicado para o curativo.

✅ CUIDADOS POSTERIORES

■ Limpe todos os machucados uma ou duas vezes por dia. Use uma compressa de gaze com água e solução antisséptica à base de povidine para limpar o ferimento e continue limpando até conseguir ver, claramente, todas as bordas e o fundo do machucado.

■ Se seu animal levou pontos e houver muito sangue e cascas em torno do corte, retire toda secreção e limpe a região com uma pequena quantidade de água oxigenada 10 vol. em uma compressa de gaze.

■ Animais que foram mordidos ou que sofreram outros tipos de ferimento perfurante podem precisar de antibióticos por via oral, várias vezes por dia, prescritos pelo veterinário. A maneira mais fácil de dar comprimido a um cachorro é rodear o alto do seu focinho com uma mão, pressionando ambos os lados da mandíbula ao longo das gengivas, logo atrás dos grandes e afiados dentes caninos. Depois, use a outra mão para empurrar o comprimido para o fundo da língua, feche sua boca e, suavemente, massageie sua garganta até que ele engula. (Essa técnica aparece ilustrada na página 40.)

No caso de um gato, coloque-o sobre uma mesa, segure seu pelo do pescoço e delicadamente curve seu pescoço para trás – sua boca se abrirá automaticamente. Procure a reentrância em forma de V no centro da língua. Jogue o comprimido no V e feche sua boca. A seguir, ofereça um petisco para que ele fique mais interessado nisto do que em cuspir o remédio.

■ Uma contusão é sinal de vasos sanguíneos rompidos. A aplicação de compressas geladas, enroladas em uma toalhinha molhada com água gelada, de 10 a 30 minutos por vez, várias vezes por dia, reduzirá a inflamação e a dor, e é verdadeiramente mais eficiente do que muitas drogas.

■ Observe a existência de febre, edema, calor, dor evidente ou supuração do ferimento (especialmente se for mal cheirosa ou purulenta), o que podem ser indícios de uma infecção. A infecção pode se tornar um abscesso, que precisará ser limpo por um veterinário. (Para mais informações sobre abscessos, vá à página 67.)

■ Mantenha seu animal dentro de casa, exceto pra fazer as necessidades. Quando ele sair, cubra o machucado com um curativo temporário. No entanto, a maioria dos ferimentos tem uma melhor recuperação quando exposta ao ar livre, portanto, não deixe que ele fique com o curativo por mais de duas horas por vez.

■ Os cães frequentemente lambem e mordiscam pontos ou machucados, e isso interfere em sua recuperação. Use um produto de gosto ruim, como Bite Stop® ou Bitter Max®, na região em torno do machucado, ou ponha uma coleira de contenção em seu animal, chamada colar elisabetano. Contudo, ele não conseguirá comer usando a coleira, portanto, não se esqueça de removê-la durante as refeições.

CONSULTORES

■ Shane Bateman, doutora em Medicina Veterinária, doutora em Ciências Veterinárias, é veterinária certificada pelo conselho do American College of Emergency and Critical Care Medicine e professora-assistente de Medicina de Emergência e Cuidados Críticos no Ohio State University College of Veterinary Medicine, em Columbus.

■ Bernardine Cruz, doutora em Medicina Veterinária, é veterinária no Laguna Hills Animal Hospital, na Califórnia.

■ James M. Harris, doutor em Medicina Veterinária, é veterinário no Montclair Veterinary Hospital, em Oakland, Califórnia.

■ Carin A. Smith, doutor em Medicina Veterinária, é veterinário em Leavenworth, Washington e autor de *101 Training Tips for Your Cat.*

■ Eliane Wexler-Mitchell, doutora em Medicina Veterinária, é veterinária na The Cat Care Clinic, em Orange, Califórnia, e presidente da Academy of Feline Medicine.

■ H. Ellen Whiteley, doutora em Medicina Veterinária, é veterinária em Guadalupita, New Mexico, e autora de *Understanding and Training Your Cat or Kitten* e *Underting and Training Your Dog or Puppy.*

CRISES DE ASMA

PROCURE SEU VETERINÁRIO: **IMEDIATAMENTE**

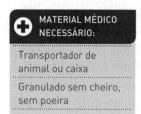

MATERIAL MÉDICO NECESSÁRIO:
- Transportador de animal ou caixa
- Granulado sem cheiro, sem poeira

É muito difícil que cachorros tenham asma, mas ela é comum em gatos, especialmente nos siameses. No início, ela acontece devagar, e você pode não notar os primeiros ataques. O sintoma mais importante é a tosse. Você verá seu gato abaixado, com a cabeça estendida e os cotovelos longe do corpo. Os gatos com crises mais sérias lutarão visivelmente para respirar. Eles vão se esforçar e ofegar e manterão a boca aberta. Em alguns casos, as gengivas ficarão roxas, pela falta de oxigênio.

A asma, normalmente, precisa ser tratada com medicamentos. Veja como lidar com um ataque até que você possa levar seu gato ao veterinário.

FAÇA ISTO JÁ

COLOQUE SEU GATO EM UM LUGAR FRESCO. As temperaturas mais frias reduzem a necessidade do corpo por oxigênio.

COLOQUE-O EM UM LUGAR CALMO. Barulho e agitação no ambiente aceleram o metabolismo, aumentando a necessidade do corpo por oxigênio. Tente levar seu gato a um lugar calmo, de preferência longe de outros animais e de crianças barulhentas.

DÊ-LHE AR FRESCO. Os episódios de asma geralmente são deflagrados por alguma coisa no ambiente. Pode ser fumaça de cigarro, poeira, cheiro de tinta. Qualquer que seja a causa, tirar seu gato do local e levá-lo para respirar no ar fresco pode reduzir a gravidade do ataque. Se ele acontecer em um quarto que você estiver reformando, por exemplo, ponha seu gato em outro quarto e ligue um ventilador numa velocidade baixa, para manter o ar fresco circulando.

LEVE-O AO VETERINÁRIO. As crises mais sérias de asma podem restringir completamente a respiração, levando um gato ao desmaio. Se isso acontecer, ele precisará ser levado a um veterinário imediatamente. Tente não tocar ou segurar seu gato mais do que for necessário, porque o contato físico aumentará seu estresse geral e dificultará ainda mais sua respiração. Use um transportador de animal para levá-lo ao veterinário.

AJUDE-O A RESPIRAR. Os gatos que perdem a consciência podem começar ou não a respirar por si mesmo. Esteja pronto para fazer uma respiração artificial. Uma vez que o ataque de asma dificulta a expiração do gato, você também vai ter que ajudar nisso. Feche a boca do seu gato com as mãos, dê duas rápidas sopradas em seu nariz e olhe para ver se o peito se movimenta. Dê 15 ou 20 sopradas por minuto, pressionando delicadamente o peito, para ajudá-lo a exalar. Mantenha-se

COMO APLICAR UMA INJEÇÃO

Para os gatos com asma grave, os ataques podem ser um risco de vida. Você não vai ter o luxo de esperar chegar até um veterinário. Vai precisar saber como dar os medicamentos adequados através de injeção. (Consulte seu veterinário sobre fazer isso você mesmo em casa).

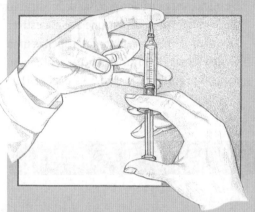

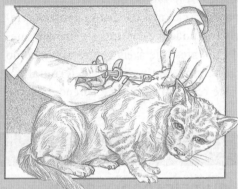

Puxe a quantidade especificada de medicamento para dentro da seringa. Aponte a agulha para cima, enquanto dá pancadas na seringa com seu dedo. Isso sacudirá as bolhas de ar na ponta da agulha. Vagarosamente, pressione o êmbolo para retirar todo o ar e eventuais bolhas. Quando uma pequena gota de fluido chegar à agulha, o ar terá saído.

Para dar uma injeção no seu gato, primeiro coloque-o sobre um balcão ou uma mesa. Puxe a pele solta existente sobre suas espáduas com uma mão, enquanto enfia a agulha horizontalmente com a outra.

respirando pelo seu gato até que ele comece a respirar novamente por si mesmo ou até que você consiga ajuda médica.

Enquanto você estiver fazendo respiração artificial, pare mais ou menos a cada minuto, para verificar o batimento cardíaco, seja sentindo, seja ouvindo o peito do seu gato. Se seu coração parar de bater, você precisará iniciar a ressuscitação cardiopulmonar. (Para mais informações sobre essa técnica, vá à página 31).

✓ CUIDADOS POSTERIORES

- Gatos asmáticos continuarão tendo ataques enquanto estiverem expostos ao que os deixe sensíveis. Cada gato é diferente. Odores químicos de produtos utilizados na limpeza de carpetes, sprays de cabelo e tinta, normalmente, desencadeiam ataques. O mesmo pode ser dito em relação a pólen e poeira. Você precisará descobrir contra o que seu gato está reagindo e mantê-lo longe disso.

- Você, com certeza, vai querer mudar para um granulado sem perfume e sem poeira. As caixas de areia com tampa podem ser um problema, porque elas guardam poeira quando são usadas pelos gatos. Evite também brinquedos ou travesseiros com penas.

- Coloque um umidificador durante o inverno, quando o ar estiver seco. Respirar ar frio e umidificado pode reduzir significativamente o risco de ataques.

- Gatos com asma grave às vezes precisam de um medicamento de emergência que os ajude a respirar. Os inaladores funcionam para pessoas, mas não para gatos. Seu veterinário pode lhe dar uma receita para medicamentos injetáveis contra asma, como epinefrina, aminofilina ou terbutalina. Você receberá seringas e aprenderá como aplicar injeções quando seu gato precisar de socorro.

- Quase todos os gatos asmáticos precisam tomar remédios várias vezes por semana. Drogas como prednisolona, administradas oralmente, ajudam a combater a inflamação dos pulmões. De início, seu gato pode precisar da medicação diariamente, mas, depois que a asma estiver sob controle, ele poderá tomá-la apenas uma vez por semana. (Para informações sobre como dar comprimido a um gato, vá à página 41.)

A MELHOR ABORDAGEM

PURIFICADORES DE AR

Poeira, pólen e outras partículas aéreas, estão entre os mais comuns deflagradores de asma em gatos. Os veterinários frequentemente recomendam o uso de um purificador de ar, de preferência um que tenha a capacidade de abranger uma área de 80 m².

CONSULTORES

- Gerald Brown, doutor em Medicina Veterinária, é veterinário na City Cat Doctor, em Chicago.
- Melissa A. Gates, doutora em Medicina Veterinária, é veterinária no Cordova Veterinary Hospital, em Rancho Cordova, Califórnia.
- James M. Harris, doutor em Medicina Veterinária, é veterinário no Montclair Veterinary Hospital, em Oakland, Califórnia.
- H. Ellen Whiteley, doutora em Medicina Veterinária, é veterinária em Guadalupita, Novo México, e autora de *Understanding and Training Your Cat or Kitten*.

DANOS NA CABEÇA
PROCURE SEU VETERINÁRIO: **IMEDIATAMENTE**

MATERIAL MÉDICO NECESSÁRIO:
- Cobertor
- Transportador de animais ou outro objeto rígido
- Pano limpo ou compressa de gaze
- Soro fisiológico estéril

O cérebro está encerrado dentro de ossos, cercado por um fluido de amortecimento e suspenso dentro da caixa craniana por ligamentos que funcionam como absorventes de choque. No entanto, qualquer choque contundente na cabeça pode provocar o equivalente a uma chicotada, batendo o cérebro contra a lateral da caixa craniana e contundindo ou rompendo o tecido.

Nem sempre os danos na cabeça são visíveis, embora possa haver sangramento pelo nariz e pelos ouvidos. Normalmente os sintomas são mais sutis. Os animais podem ficar com o olhar perdido ou ter um comportamento entorpecido, ter o andar trôpego, e seus olhos podem se voltar para várias direções. Ou eles simplesmente desmaiam, sem que, às vezes, se conheça o motivo.

FAÇA ISTO JÁ

EMBRULHE-O EM UM COBERTOR. Como um animal ferido na cabeça frequentemente perde a consciência, antes de qualquer coisa embrulhe-o em um cobertor. Isso o protegerá, caso ele acorde e fique agitado. Mantendo-o aquecido, você também impedirá que ele entre em choque, uma situação de risco, na qual os órgãos funcionam precariamente ou até deixam de funcionar como um todo. O choque pode matar um animal em um tempo mínimo, entre 10 a 20 minutos. (Para mais informações sobre choque, vá à página 109.)

TRANSPORTE-O COM CUIDADO. Qualquer movimento brusco pode aumentar o sangramento ou piorar a contusão cerebral. Se tiver que deslocar seu animal, mantenha-o o mais imóvel possível. Ponha um animal pequeno em um transportador ou em uma caixa. Você pode deslizar um cachorro grande para uma superfície rígida, como uma folha de compensado ou, em último caso, para uma tábua de passar roupa. Firme-o com fita adesiva ou amarre-o no suporte, para que ele não caia. (Essa técnica aparece ilustrada na página 39.)

PRESTE ATENÇÃO EM COMO ACOMODÁ-LO. Mantenha a cabeça de seu animal nivelada com os patas, a não ser que ele comece a tentar tossir ou vomitar. Neste caso, baixe sua cabeça para que os fluidos possam sair, depois retorne-o a uma posição horizontal.

VERIFIQUE SUA RESPIRAÇÃO. Se seu animal parar de respirar, você deverá fazer respiração artificial. Mantenha a boca dele fechada, cubra o nariz com a sua boca e dê duas rápidas sopradas. Observe se seu peito infla. Depois, dê 15 a 20 sopradas por minuto,

ALERTA IMPORTANTE

CONVULSÕES

Algumas vezes, acidentes graves com o cérebro podem danificar tecidos e confundir correntes elétricas. Algumas horas depois desses acidentes, alguns animais sofrerão convulsões, que podem variar de uma confusão momentânea até um colapso total. É possível que essas convulsões se repitam pelo resto da vida, mas isso não é tão ruim como parece. A maioria das convulsões dura menos de um minuto e podem ser controladas com medicação. Raramente elas causam problemas sérios. (Para mais informações sobre convulsões, vá à página 128.)

até que ele recomece a respirar ou que você consiga chegar ao veterinário. (Essa técnica aparece ilustrada na página 30.)

CONTROLE O SANGRAMENTO. Os sangramentos dos ferimentos na cabeça geralmente parecem mais sérios do que são, mas mesmo assim têm que ser estancados. Se os ossos parecerem intactos, pressione a cabeça enquanto se dirige para o veterinário. Se notar qualquer ruído ou vir ossos quebrados através da pele, não faça pressão; apenas vá ao veterinário o mais rápido possível.

Segure um pano limpo ou uma compressa de gaze sobre o machucado até que o sangramento pare. Isso normalmente leva, no máximo, cinco minutos. (Para mais informações sobre sangramento, vá à página 400.)

☑ CUIDADOS POSTERIORES

▪ Não é raro que um animal apresente uma melhora considerável depois de um ferimento na cabeça e, horas depois, tenha uma crise. Nem sempre os sintomas são visíveis. Alguns animais simplesmente vão dormir e nunca mais acordam. Para ter certeza de que seu animal esteja se recuperando adequadamente nas 24 horas seguintes ao acidente, acorde-o a cada uma ou duas horas. Ele deverá despertar facilmente e alerta. Se for difícil acordá-lo ou ele parecer estranhamente trôpego, pode haver edema, sangramento ou coágulo dentro do cérebro. Leve-o imediatamente ao veterinário.

CONSULTORES

▪ Shane Baterman, doutora em Medicina Veterinária, doutora em Ciências Veterinária, é veterinária certificada pelo Conselho do American College of Emergency and Critical Care Medicine e professora-assistente de Medicina de Emergência e Cuidados Críticos no Ohio State University College of Veterinary Medicine, em Columbus.

▪ Bernardine Cruz, doutora em Medicina Veterinária, é veterinária no Laguna Hills Animal Hospital, na Califórnia.

▪ Carin A. Smith, doutor em Medicina Veterinária, é veterinário em Leavenworth, Washingtos e autor de *101 Training Tips for Your Cat*.

▪ David Wirth-Schneider, doutor em Medicina Veterinária, é veterinário na Emergency Clinic for Animals, em Madison, Wisconsin.

DANOS NA UNHA
PROCURE SEU VETERINÁRIO: **SE NECESSÁRIO**

MATERIAL MÉDICO NECESSÁRIO:
- Toalha
- Cortadores de unha de animais
- Pó hemostático (Kwik-Stop®)
- Sabão líquido antisséptico com clorexidina
- Solução antisséptica de povidine

Animais ativos normalmente não sofrem danos nas unhas. Isso porque a fricção (nos cachorros, é a fricção de andar na terra e nas calçadas; nos gatos é a fricção de arranhar coisas) gasta as unhas. As que ficam compridas demais geralmente se partem ou se soltam na pele quando enroscam em roupas de cama, cortinas ou tapetes. A garra que fica no alto da parte interna do membro, muitas vezes se estraga por ficar longe do chão e não se gastar por si só.

Existem vários nervos e vasos sanguíneos nos dedos, o que faz com que os danos nas unhas sejam dolorosos e geralmente sangrem muito, mas raramente é coisa séria e um simples pronto atendimento resolve.

FAÇA ISTO JÁ

IMOBILIZE O SEU ANIMAL. Uma unha partida é dolorosa, por isso você vai precisar de alguém para segurar o seu animal, enquanto faz um pronto atendimento. Para segurar um gato ou um cachorro pequeno, pegue no pescoço com uma mão, com a outra junte suas patas traseiras e estenda o animal deitado de lado. Para imobilizar um cachorro maior, passe um braço em torno do seu pescoço, começando por baixo, e o outro em torno do peito dele, puxando-o para junto de si. Talvez você queira amordaçar o seu cachorro com uma meia-calça ou com uma gravata, para ter certeza de que ele não vai morder. Amarre a tira primeiro no alto do nariz do cachorro, depois puxe as pontas para debaixo do queixo e amarre novamente; finalmente, leve as pontas para trás das orelhas e amarre-as com um nó ou com um laço. (Essa técnica aparece ilustrada na página 27.)

Os gatos podem resistir muito, portanto talvez seja preciso enrolá-lo numa toalha, deixando apenas a pata machucada de fora (além do nariz, para que ele possa respirar).

USE CORTADORES DE UNHA DE ANIMAIS. Para remover a unha danificada, use um cortador de unhas afiado e limpo, feito para animais. Se a porção intacta da unha não estiver aberta mais, você pode cortar apenas a parte dependurada. Se houver uma extremidade denteada ou bifurcada sangrando, é preciso que a unha seja cortada acima da parte danificada, o que pode significar cortar quase junto ao dedo. Mergulhe primeiramente o cortador no álcool, depois o seque bem. Segure a pata do animal com firmeza, posicione o cortador logo acima do estrago e corte rapidamente com um gesto. Esteja preparado para um ganido e um recuo do seu animal – até mesmo mais sangue (a banheira é o melhor lugar para essa "tarefa suja"). Se o sangramento não parar em 30 minutos, vá ao veterinário que cauterizará o local.

PARE O SANGRAMENTO COM PÓ. Se a unha sangrar, tente um pó hemostático, como o Kwik-Stop®. Os pós vêm, geralmente, com um aplicador de esponja que pode ser usado na unha. Se você não tiver pó adstringente, passe suavemente a extremidade cortada da unha por um sabonete seco ou pulverize-a com talco, bicarbonato de sódio ou farinha. Encha sua mão com o pó e coloque a unha ali dentro. Mantenha esse procedimento até que o sangramento pare, normalmente em cerca de um minuto.

ESPERE PARA LAVAR. Não lave a pata do seu animal até que o sangramento tenha parado completamente. Lave a região afetada com um sabão líquido antisséptico suave à base de clorexidina. Seja bem cuidadoso em torno do coágulo para não deslocá-lo e recomeçar o sangramento. Se isso acontecer, pare de lavar, enxágue o sabão e faça um curativo (essa técnica aparece ilustrada na página 35). Deixe o curativo por várias horas antes de tentar limpar novamente.

✔ CUIDADOS POSTERIORES

▪ Unhas danificadas infectam-se facilmente porque as bactérias do solo entram pelas fissuras para o leito da unha. Os veterinários às vezes recomendam antibiótico oral só por segurança. No entanto, se a unha parecer intacta, é muito pouco provável que surja uma infecção, ainda mais se você colocar a pata em uma solução antisséptica. Faça isso diluindo povidine em água destilada morna – 38 ºC – (a solução deve ficar com a cor de um chá fraco). Mergulhe a pata três vezes por dia, cinco minutos a cada vez. Continue durante três ou quatro dias. Não se esqueça de enxaguar a solução depois de cada imersão, porque os animais acabam lambendo-a, e ela não foi feita para uso oral.

CONSULTORES

▪ Joanne Howl, doutora em Medicina Veterinária, é veterinária em West River, Maryland; secretária-tesoureira da American Academy on Veterinary Disaster Medicine e ex-presidente da Maryland Veterinary Medical Association.

▪ Daniel Simpson, doutor em Medicina Veterinária, é veterinário no West Bay Animal Hospital, em West Bay, Rhode Island, e porta-voz da Rhode Island Veterinary Medical Association.

▪ Elaine Wexler-Mitchell, doutora em Medicina Veterinária, é veterinária na Cat Care Clinic, em Orange, Califórnia, e presidente da Academy of Feline Medicine.

DANOS POR SECADORA DE ROUPAS

PROCURE SEU VETERINÁRIO: **IMEDIATAMENTE**

MATERIAL MÉDICO NECESSÁRIO:

Lençol
Transportador de animais
Karo® ou mel
Termômetro clínico
Lubrificante
Álcool para fricção
Água fria
Toalhinha molhada gelada
Compressa gelada
Tesoura com pontas arredondadas ou tosador elétrico
Pomada de *Aloe vera*

Os gatos adoram o calor. Sempre que podem, procuram lugares quentes, e um dos preferidos é dentro da secadora. Os ferimentos por secadoras de roupas acontecem quase que exclusivamente com os gatos, quando eles acabam girando junto com as roupas.

Na maior parte das vezes, o gato fica muito desorientado e ocupado em tentar manter o equilíbrio e não consegue chorar ou gritar, mas você vai ouvir um barulho horrível de pancadas, a cada volta que o corpo dele for sendo batido dentro da máquina – mais ou menos como o barulho feito por um tênis, quando é agitado na secadora. Os problemas mais sérios são os ferimentos provocados pelas batidas, que incluem contusões e trauma na cabeça. Gatos com concussão podem perder a consciência ou ter convulsões, mas, mais frequentemente parecerão estar trôpegos, chorarão muito e não conseguirão andar em linha reta. Se houver algum dano na cabeça, suas pupilas poderão se apresentar com tamanhos diferentes. (Para mais informações sobre danos na cabeça, vá à página 159).

A alta temperatura da secadora também pode provocar superaquecimento e problemas respiratórios, e as batidas podem causar choque. Todos os casos de ferimentos por secadora precisam de atenção médica, mas o pronto atendimento pode retardar o início do choque e manter vivo seu gato contundido até que se consiga socorro.

FAÇA ISTO JÁ

LEVE SEU ANIMAL AO VETERINÁRIO. É quase inevitável que ocorra algum dano na cabeça. Se seu gato estiver inconsciente, enrole-o em um lençol, deixando a cabeça descoberta, e leve-o a uma clínica o mais rápido possível. O lençol ajudará a contê-lo, caso ele recobre a consciência e se debata a caminho do hospital.

É melhor manter o seu gato em um transportador ou em uma caixa, porque carregá-lo no seu colo pode aumentar o estresse.

OBSERVE SE HÁ SINAIS DE CHOQUE. Após as contusões por uma secadora de roupa, pode sobrevir um choque muito rapidamente, por causa das batidas, do calor ou por uma combinação dos dois. Normalmente, é bom deixar as vítimas de choque aquecidas, mas, neste caso, seu gato provavelmente já estará aquecido demais. Ponha uma ou duas gotas de Karo® ou mel nas gengivas do seu animal, para ajudá-lo a se manter consciente.

CERTIFIQUE-SE DE QUE ELE AINDA ESTEJA RESPIRANDO. Animais com danos na cabeça, que perdem a consciência, também podem parar de respirar. Se seu animal não estiver respirando, primeiramente puxe sua língua para fora com delicadeza, para ter certeza de que não há nada bloqueando a sua garganta. Depois, feche sua boca com uma mão, mantendo seus lábios selados, e cubra completamente o nariz dele com a sua boca. Dê duas sopradas e observe se seu peito infla. Continue a soprar suavemente, com pressão suficiente apenas para que seu peito encha, depois deixe o ar escapar antes de dar outra soprada. Sopre de 15 a 20 vezes por minuto, até que seu gato volte a respirar sozinho ou até que você consiga socorro médico. (Essa técnica aparece ilustrada na página 30.)

🐾 SITUAÇÃO ESPECIAL

SE VOCÊ SUSPEITA DE UMA INSOLAÇÃO. Se seu gato ficou na secadora por um considerável período de tempo, pode ter ocorrido insolação. Se ele não estiver muito nervoso, meça sua temperatura para ter certeza de que ela se mantém nos níveis normais, de 37 ºC a 39 ºC. Segure delicadamente sua cauda e insira no reto um termômetro clínico lubrificado. Você pode usar vaselina ou óleo vegetal como lubrificante. (Essa técnica aparece ilustrada na página 19).

ALERTA IMPORTANTE

QUEIMADURAS

É raro haver queimaduras causadas por secadoras de roupas, mas elas podem acontecer. No entanto, normalmente elas não serão notadas até vários dias depois do acidente, quando a superfície da pele começar a morrer. Ela começará a se enrijecer e a parecer muito firme, e o pelo que a recobre se tornará grudento pelo vazamento de fluido.

Depois que a pele morreu, a musculatura terá de se recobrir, e você precisará manter a região em carne viva limpa para que ela comece a se recuperar. Use tesoura com pontas arredondadas ou tosador elétrico para retirar os pelos em torno da área afetada e facilitar o tratamento. Se estiver usando tesoura, coloque primeiro seus dedos indicador e médio dentro do pelo, colocando-os sobre o machucado. Corte o pelos nivelados com seus dedos, deixando uma borda de 2,5 cm em torno da queimadura. (Essa técnica aparece ilustrada na página 390.) Um jorro de água pura, com um sabonete líquido antisséptico suave ajudará a limpar a área. Os produtos de *Aloe vera*, como pomadas, podem ajudar a acelerar a recuperação, mas as queimaduras profundas ou extensas devem precisar de curativos especiais e demoram muito para sarar. Toda queimadura séria deve ser tratada por um veterinário. (Para mais informações sobre queimaduras por calor, vá à página 389.)

Se a temperatura chegar a 40 °C, passe álcool nos coxins das patas dele, e a evaporação o resfriará. Se a temperatura estiver além de 40 °C, é urgente mergulhá-lo em água fria. Tire a temperatura a cada cinco minutos e termine o processo de resfriamento quando o termômetro mostrar 39,5, porque o organismo continuará a esfriar por si só, até chegar ao normal – e não se deve querer que a temperatura caia demais. (Para mais informações sobre hipertermia, vá à página 297.)

✅ CUIDADOS POSTERIORES

■ Os gatos que sobrevivem a danos causados por secadoras de roupas estarão bem contundidos e provavelmente terão muitas marcas vermelho-escuras, mais fáceis de serem vistas em torno da cabeça e das orelhas, onde o pelo é mais curto. Como essas contusões podem ocorrer em qualquer lugar do corpo, abra sistematicamente o pelo trecho por trecho e examine a pele. O quanto antes você colocar compressas geladas nas áreas inflamadas, melhor. O gelo não apenas alivia a dor, mas também ajuda a contrair os vasos sanguíneos, diminuindo as contusões. Uma aplicação bem feita leva mais ou menos 15 minutos. Coloque compressas geladas duas ou três vezes por dia, nos primeiros dois dias. Primeiramente, coloque sobre a área uma toalhinha molhada em água gelada. Depois, coloque uma compressa gelada pronta, um balde de gelo ou um saquinho de vegetais congelados.

■ Depois do acidente com a secadora de roupas, o gato contundido poderá passar horas ou dias com um comportamento um pouco zonzo e desorientado. Se houver machucados na cabeça, o veterinário poderá prescrever medicação, por um tempo que variará de acordo com a extensão dos danos. Para dar um comprimido, coloque uma mão no alto da cabeça do seu gato, com o polegar e o indicador pressionando delicadamente cada lado dos seus lábios contra os dentes. Isso fará com que ele abra bastante a boca. Quando isso acontecer, jogue o comprimido no fundo da língua, depois feche a boca e espere que ele engula. Dê a seguir algo apetitoso, como um pedacinho de fatia de presunto defumado. Seu gato vai se esquecer de tentar cuspir o comprimido, que descerá junto com o petisco. (Essa técnica aparece ilustrada na página 40.)

■ Provavelmente, depois de um acidente, seu gato não chegará perto da secadora novamente, mas, para ter certeza, bata ruidosamente no alto da máquina e verifique dentro antes de fechar a porta e colocá-la para funcionar.

CONSULTORES

■ Shane Bateman, doutora em Medicina Veterinária, doutora em Ciências Veterinárias, é veterinária certificada pelo Conselho do American College of Emergency and Critical Care Medicine e professora-assistente de Medicina de Emergência e Cuidados Críticos no Ohio State University College of Veterinary medicine, em Columbus.

■ Bernardine Cruz, doutora em Medicina Veterinária, é veterinária no Laguna Hills Animal Hospital, na Califórnia.

■ Kenneth J. Drobatz, doutor em Medicina Veterinária, é veterinário e professor associado do Serviço de Emergência de Cuidados Críticos no Veterinary Hospital da University of Pennsylvania, na Filadélfia.

■ Karen Hoffman, doutora em Medicina Veterinária, é veterinária no Delaware Valley Animal Hospital, em Fairless Hills, Pensilvânia.

■ Jean C. Holve, doutor em Medicina Veterinária, é veterinário e coordenador do Companion Animal Program, para o Animal Protection Institute, em Sacramento.

DERMATITE AGUDA
PROCURE SEU VETERINÁRIO: **SE NECESSÁRIO**

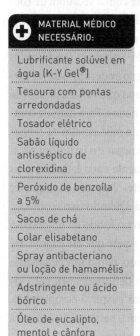

MATERIAL MÉDICO NECESSÁRIO:

Lubrificante solúvel em água (K-Y Gel®)

Tesoura com pontas arredondadas

Tosador elétrico

Sabão líquido antisséptico de clorexidina

Peróxido de benzoíla a 5%

Sacos de chá

Colar elisabetano

Spray antibacteriano ou loção de hamamélis

Adstringente ou ácido bórico

Óleo de eucalipto, mentol e cânfora

Os gatos raramente têm dermatite aguda (que se parecem com manchas quentes), mas os cachorros, especialmente as raças de pelagem espessa, como golden retrievers e chow chows, frequentemente desenvolvem inflamações úmidas e vermelhas, que fazem com que sua pele se pareça com um hambúrguer cru. A dermatite aguda, conhecida tecnicamente como dermatite piotraumática úmida, é causada por um amplo espectro de fatores. Normalmente, a picada de um inseto, um pequeno ferimento ou arranhão na pele começa a coçar, o cachorro começa a lamber e a morder, a bactéria vai se desenvolvendo e a ferida se espalha de uma forma incrivelmente rápida. Em 30 minutos seu tamanho pode crescer da ponta de um alfinete para vários centímetros e, se não for tratada, pode ficar 20 vezes maior em apenas um dia.

A dermatite aguda tem um aspecto horrível e pode ser muito dolorosa, mas ela envolve apenas a camada mais superficial da pele e responde rapidamente a um pronto atendimento.

FAÇA ISTO JÁ

TOSE O PELO. A dermatite secreta fluido que embaraça os pelos, dificultando a limpeza e a medicação adequada do local. Use tesoura com pontas arredondadas para cortar os pelos em torno da ferida. Primeiramente, aplique K-Y Gel® no local, depois coloque seus dedos indicador e médio dentro do pelo, mantendo-os sobre o ferimento. Tose os pelos de forma que fiquem nivelados com seus dedos e deixe 2 cm de borda em torno da ferida. (Essa técnica aparece ilustrada na página 390.) Em seguida, enxágue a área com água morna. Finalmente, use tosador elétrico para tosar o pelo além das margens da inflamação. (As dermatites agudas são extremamente sensíveis, assim se seu animal resistir, talvez você tenha de pedir que um veterinário ou um tratador corte o pelo).

FAÇA UMA LIMPEZA COMPLETA. Com o pelo já cortado, limpe a inflamação. Qualquer limpador à base de água serve, mas um sabão líquido antisséptico à base de clorexidina é melhor. Preste atenção para enxaguar todo o produto, ou a irritação pode piorar caso a espuma seque na pele. Depois de enxaguar cuidadosamente, seque a região dando leves batidinhas com um pano limpo.

USE A MEDICAÇÃO ADEQUADA – OU SACO DE CHÁ.
Nunca passe pomada em dermatite aguda porque ela veda a infecção, podendo levá-la a se aprofundar na pele. O álcool é forte demais para feridas abertas e é doloroso. Em vez disso, medique com um spray ou creme bactericida, que faz com que a ferida seque, como um produto de peróxido de benzoíla a 5%.

Caso você não tenha à mão uma medicação adequada, um saco de chá cumprirá bem a função. O chá (preto, não o herbal) contém ácido tânico, um adstringente natural que seca e recupera ferimentos mais rapidamente. Mergulhe um saco de chá em água quente, retire-o e deixe esfriar. Depois, coloque-o diretamente sobre a dermatite por cinco minutos. Use esse tratamento de três a seis vezes por dia, até que a região esteja seca e em fase de recuperação.

✓ CUIDADOS POSTERIORES

■ A coisa mais importante é interromper o ciclo da coceira, para que seu animal pare de mordiscar ou de lamber a dermatite, o que impede que ela sare e pode piorar a infecção. Normalmente é necessário o uso de uma coleira cônica de contenção, chamada colar elisabetano, que não deixa que o animal toque no machucado.

■ Pode-se usar um spray bactericida que contenha um anestésico tópico que refresca o ardor e acaba com o desconforto. Aplique conforme for necessário. Produtos que contêm hamamélis também são muito refrescantes e calmantes para as dermatite aguda, porque a hamamélis evapora rapidamente. Vaporize o produto até três vezes ao dia.

UMA LAMBIDA E UMA PROMESSA

Em casas com vários cachorros, tratar uma dermatite geralmente significa enfrentar problemas inesperados. Isso acontece porque, ainda que o animal infectado use uma coleira de contenção, não podendo alcançar a ferida para lambê-la, seus companheiros prestimosos estarão mais do que disponíveis para coçá-la para ele. As dermatites agudas secretam um fluido claro e pegajoso com um odor e um gosto muito atraentes para os cachorros. E quanto mais a ferida é lambida, mais ela secreta fluido, o que promove mais lambidas – e assim por diante.

Você pode usar um impedimento para que os animais deixem de mordiscar, morder e lamber a si mesmos ou uns aos outros. Passe uma camada fina de óleo de eucalipto, mentol e cânfora no pelo, em torno da dermatite. O cheiro vai afastar a maioria dos cachorros, e o gosto também não é bom. Aplique um pouco em torno da ferida umas duas vezes por dia, mas não passe diretamente sobre o machucado, porque pode queimá-lo.

■ Passado o primeiro dia ou um pouco mais, a dermatite já não vai estar tão sensível, mas ainda haverá um pouco de supuração antes de começar a secar. Use um produto tópico para secar e limpar a região. Você pode vaporizar a área com solução de Burrow, duas ou três vezes por dia, ou aplicar ácido bórico líquido (um antisséptico natural vendido em farmácia de manipulação) em leves batidas, duas vezes por dia. Faça isso por uns dois dias, até que a ferida comece a secar e pareça menos irritada.

PRIMEIROS SOCORROS PARA CÃES E GATOS

■ Apenas cerca de 10% das dermatites agudas precisam de antibióticos, mas, se por mais que você se esforce, for impossível secar a ferida ou se parecer que ela está se espalhando, leve seu animal ao veterinário. Por algum motivo, os golden retrievers parecem ser os que mais sofrem com isto, mas qualquer animal pode precisar tanto de antibióticos quando de corticoides, para combater a infecção e a inflamação. Normalmente, os comprimidos precisarão ser dados durante sete a 14 dias. (Para informações sobre como dar comprimidos, vá à página 40.)

A MELHOR ABORDAGEM

TOSADOR ELÉTRICO

Depois que a bactéria se instalou em uma picada que coça ou em uma ferida, ela se espalha muito rapidamente de um folículo piloso a outro, até que a dermatite aguda cubra uma área enorme. Mas é possível interromper o percurso desse crescimento, tosando o pelo logo após a margem externa da ferida.

Quando o animal está agitado, pode ser perigoso cortar uma pelagem densa com tesoura, porque se corre o risco de cortar a pele junto. Além disso, não se consegue cortar tão rente quanto é preciso. Os tosadores elétricos, produzidos para o tratamento profissional de animais de estimação, são a melhor ferramenta para essa função. Os melhores são os da marca Oster.

Os modelos profissionais têm todos os lipos possíveis de adaptação de lâminas. No entanto, tudo o que você realmente precisa é de um cortador compacto, miniatura, sem fio, que os profissionais de exposições caninas e felinas carregam para retoques de última hora. Ele vem com dois acessórios para corte, uma escova de limpeza, óleo, um protetor de lâmina e uma bateria alcalina AA.

No caso de animais excessivamente peludos, ainda será necessário cortar o pelo com tesoura com pontas arredondadas até cerca de 2,5 cm da pele e depois usar o tosador para tosar junto à pele e além das bordas da dermatite aguda.

Os tosadores elétricos não são ótimos apenas no tratamento de dermatite aguda ocasional, mas também são perfeitos para cortar os pelos que ficam sobre os olhos, para tratar alguma irritação naquele local e em torno da região anal, para ajudar na prevenção de nós que possam interferir na evacuação normal.

CONSULTORES

■ Lowell Ackerman, doutor em Medicina Veterinária, é veterinário no Mesa Veterinary Hospital, em Scottsdale, Arizona, e autor de *Skin and Coat Care for Your Dog* e *Skin and Coat Care for Your Cat.*

■ Karen Hoffman, doutora em Medicina Veterinária, é veterinária no Delaware Valley Animal Hospital, em Fairless Hills, Pensilvânia.

■ Jeffrey Werber, doutor em Medicina Veterinária, é veterinário no Century Veterinary Group, em Los Angeles.

DESIDRATAÇÃO

PROCURE SEU VETERINÁRIO: **SE NECESSÁRIO**

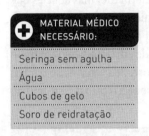

MATERIAL MÉDICO NECESSÁRIO:
- Seringa sem agulha
- Água
- Cubos de gelo
- Soro de reidratação

O organismo de cães e gatos é composto de 60% de água. Isso significa que em seu animal de 6 kg existe mais de 3,5 kg de líquido. Quando essa quantidade de água cai até mesmo 5% abaixo do normal, cães e gatos começam a mostrar sinais de desidratação. Eles ficam propensos a isso quando o tempo está muito quente e não há água suficiente à disposição, mas, com mais frequência, o problema resulta de vômitos e diarreias.

Se os olhos de seu animal parecerem diferentes do normal e ele apresentar sinais de fraqueza ou letargia, é provável que a desidratação esteja se agravando. Casos leves de desidratação, quando o animal não tem febre, diarreia ou vômito e continua interagindo com a família, podem ser tratados com pronto atendimento em casa, mas problemas de moderados a severos precisam de atenção médica o quanto antes.

FAÇA ISTO JÁ

OFEREÇA UM POUCO DE ÁGUA A SEU ANIMAL. Desde que seu gato ou seu cachorro não esteja vomitando continuadamente, ofereça-lhe um pouco de água para beber. Os cães tendem a beber com vontade de uma tigela toda a água de que precisam, mas os gatos podem se mostrar relutantes em beber o quanto necessitam. Você pode tornar a água mais atraente, dando-lhe sabor com um pouco de caldo de galinha ou de peixe sem gordura e sem sal, depois de aquecê-lo ligeiramente.

TENTE GELO. Alguns animais, especialmente os cachorros, gostam de cubos de gelo como um agrado, e esta pode ser uma maneira de lhes dar mais fluido. Isso funciona especialmente bem quando a desidratação resulta de um tempo quente. Coloque gelos boiando em uma vasilha de água ou simplesmente ofereça um cubo para seu animal triturar.

SITUAÇÃO ESPECIAL

SE SEU ANIMAL ESTIVER COM UMA DESIDRATAÇÃO SÉRIA. Animais com casos mais graves de desidratação se beneficiarão com um soro oral de reidratação infantil. A solução repõe alguns dos eletrólitos que o organismo perde com a desidratação. Você pode misturar meio a meio com água, ou, caso seu animal aceite, oferecê-lo diretamente. Normalmente, no entanto, é preciso dar o soro oral como um remédio líquido. Uma seringa sem agulha dá bons resultados. Coloque a ponta da seringa no centro da boca de seu animal, mantenha a cabeça dele inclinada para trás e coloque a solução na bolsa de sua bochecha. Segure a boca de seu animal fechada e massageie sua garganta ou sopre suavemente seu nariz para levá-lo a engolir. Dê-lhe um pouco do líquido (40 a 60 ml/kg) a cada uma ou duas horas. Se a situação não melhorar dentro de seis a oito horas, chame seu veterinário. (Essa técnica aparece ilustrada na página 40.)

☑ CUIDADOS POSTERIORES

▪ Animais que estejam com uma desidratação de moderada a severa receberão soro intravenoso no hospital veterinário, mas aqueles que sofram um mal crônico, como deficiência renal, doença hepática ou problemas intestinais, geralmente precisam de um tratamento contínuo e diário à base de soro. Seu veterinário dará as instruções, caso esse seja o caso de seu animal.

A MELHOR ABORDAGEM

DIAGNOSTICANDO A DESIDRATAÇÃO

Avaliar a elasticidade da pele – puxar a pele no alto da cabeça de seu animal, delicadamente, avaliando a rapidez com a qual ela volta ao normal – é uma boa maneira de perceber se seu animal está desidratado. (Essa técnica aparece ilustrada na página 22.) Mas você pode ser mais preciso quanto à extensão do problema, com o teste de tempo de preenchimento capilar.

Os capilares são pequenos vasos sanguíneos que se encontram próximos à superfície da pele. O lugar mais fácil de vê-los em seu animal é nas gengivas, acima dos dentes; os capilares são o que dá a esse tecido seu tom normal rosado. Levante o lábio superior do seu animal e pressione seu dedo contra o tecido. Isso faz com que o sangue naquele ponto seja temporariamente interrompido nos capilares, bloqueando o fluxo normal, de forma que, quando você remover rapidamente a pressão, verá uma marca branca, no formato do dedo, na gengiva. Em um cão ou gato normalmente hidratado, o sangue voltará a correr naquele ponto, transformando a marca branca em rosada, em menos de dois segundos. Se levar mais do que três ou quatro segundos para isso acontecer, é possível que seu animal esteja com algum grau de desidratação (especialmente se todos os outros sintomas – fraqueza, letargia e perda de elasticidade na pele – também estiverem presentes) e precisará ser tratado por um veterinário, não com primeiros socorros.

CONSULTORES

▪ Janie Hodges, doutora em Medicina Veterinária, é veterinária no Valley View Pet Health Center, em Farmers Branch, Texas.
▪ Peter Levin, doutor em Medicina Veterinária, é veterinário no Ludwig's Corner Veterinary Hospital, em Chester Springs, Pensilvânia.
▪ Jeffrey Werber, doutor em Medicina Veterinária, é veterinário no Century Veterinary Group, em Los Angeles.
▪ Dennis L. Wilcox, doutor em Medicina Veterinária, é veterinário na Angeles Clinic for Animals, em Port Angeles, Washington.

DIARREIA

PROCURE SEU VETERINÁRIO: **SE NECESSÁRIO**

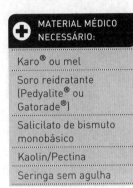

MATERIAL MÉDICO NECESSÁRIO:
- Karo® ou mel
- Soro reidratante (Pedyalite® ou Gatorade®)
- Salicilato de bismuto monobásico
- Kaolin/Pectina
- Seringa sem agulha

É muito comum que cães e gatos tenham diarreia – movimentos intestinais anormalmente soltos ou frequentes. A maioria dos casos é causada pela "síndrome do lixo nas tripas", quando um animal come alguma coisa que não devia. Mas a diarreia também pode ser um sinal de algo mais sério, como cinomose ou parvovirose, que também incluem vômitos e febre, e que precisam de cuidados médicos o quanto antes.

Uma das coisas mais perigosas na diarreia é a perda de água do organismo, o que leva à desidratação. Quanto mais líquido a diarreia contiver, maior a probabilidade de desidratação, especialmente se o animal não estiver comendo ou bebendo e os episódios forem frequentes. Se seu animal tiver constantes surtos de diarreia líquida, leve-o imediatamente ao veterinário.

Filhotes de cães e gatos com até dez meses de idade estão muito mais propensos a contrair doenças infecciosas do que os animais mais velhos. Se você tiver um filhote com diarreia, ligue para seu veterinário para que ele dê orientações precisas sobre que tipo de pronto atendimento caseiro você pode adotar sem riscos.

🧰 FAÇA ISTO JÁ

INTERROMPA A ALIMENTAÇÃO DE SEU ANIMAL ADULTO. Deixe de dar comida por um período de 12 a 24 horas, para que o intestino dele descanse e haja tempo para ele se recuperar da inflamação. Se não houver nada nos intestinos, não haverá nada para evacuar. Existem raros casos de cachorros e gatos adultos que não conseguem manter uma apropriada concentração de açúcar no sangue quando estão jejuando. Se seu animal se mostrar letárgico, sonolento ou fraco durante o jejum, esfregue uma solução açucarada como Karo® ou mel em suas gengivas e vá imediatamente ao veterinário. (Para mais informações sobre hipoglicemia, vá à página 96.)

MANTENHA SEU ANIMAL HIDRATADO. Certifique-se de que seu animal tenha sempre livre acesso à água, para que ele não se desidrate. Uma explosão de fezes aguadas pode levar do organismo uma enorme quantidade de líquidos e de minerais importantes. Isso pode ser resolvido com um soro reidratante, como Pedyalite® ou Gatorade® – misture meio a meio com água pura e deixe disponível na vasilha de água do seu animal.

> **ALERTA IMPORTANTE**
>
> ### DOENÇA INFLAMATÓRIA DO INTESTINO
>
> Uma diarreia com consistência pastosa, que dure semanas ou meses seguidos, não pode ser resolvida com pronto atendimento. Tanto gatos quanto cachorros podem desenvolver uma doença inflamatória do intestino, que se acredita ser um tipo de reação alérgica a certos alimentos. A única forma de diagnosticá-la é através de um exame interno do trato intestinal, com o animal anestesiado. Os veterinários podem fazer uma biópsia cirúrgica do tecido, na qual eles colhem uma amostra do revestimento do intestino para análise, ou usar um instrumento de observação chamado colonoscópio, inserido pelo reto para examinar a superfície dos intestinos e fazer pequenas biópsias.
>
> Os animais não podem ser curados, mas um tratamento poderá ajudá-los. Como a alergia é um tipo de reação exagerada do sistema imunológico, prescrevem-se geralmente drogas que atenuam essa reação, como corticoides, para aliviar os sintomas. Existem também dietas especiais, como o Royal Canin Intestinal GI 30®, possíveis de serem aceitas pelos animais, que possuem ingredientes incomuns que costumam não provocar reações alérgicas. Pergunte a seu veterinário que tipo de dieta seria mais apropriada para o seu animal. Ele lhe dará orientações específicas sobre os tipos de ingredientes e a quantidade adequada.

USE REMÉDIOS DE FÁCIL ACESSO PARA AJUDAR NO CONTROLE DA DIARREIA, ATÉ FALAR COM O SEU VETERINÁRIO. Infelizmente, cães e gatos tendem a detestar o gosto de salicilato de bismuto monobásico e de Kaolin/Pectina, por isso, talvez você precise imobilizar o seu animal para fazê-lo engolir uma dose. Você poderá usar uma seringa sem agulha para aplicar o remédio dentro da sua boca. (Essa técnica aparece ilustrada na página 40.)

A dose para cachorros, tanto de salicilato de bismuto monobásico quanto de Kaolin/Pectina, é de 1/2 a uma colher de chá para cada 2,5 kg de peso, até o máximo de duas colheres de sopa, até três vezes por dia; ou um comprimido a cada 7,5 kg de peso, até três vezes por dia.

Gatos não devem tomar salicilato de bismuto monobásico sem a recomendação do veterinário, porque contém compostos semelhantes à aspirina, que podem ser perigosos para eles. Kaolin/Pectina é a melhor opção para os felinos, mas não funciona tão bem com cachorros. Você pode dar de 1/2 a uma colher de chá a cada seis horas, para cada 2,5 kg de peso do animal. Não dê esse remédio a seu gato por mais de um dia. Se não funcionar nesse prazo, leve seu animal ao veterinário.

✔ CUIDADOS POSTERIORES

▪ Após um grande mal-estar, pode ser que sejam precisos de um a dois dias para que a barriga do seu animal volte ao normal, portanto torne o período de recuperação mais confortável com algum alimento leve e pequenas refeições. Cozinhe arroz puro ou macarrão, até ficar macio. Misture-o meio a meio com peito de frango cozido, sem pele e sem ossos ou com carne magra moída bem cozida. Você pode incrementar o sabor com um pouquinho de caldo de frango magro, sem sal, ou misturar uma colher de sopa de iogurte natural ou

QUANDO IR AO VETERINÁRIO

Leve seu animal ao veterinário imediatamente, se ele apresentar qualquer um dos seguintes sintomas:

- Fezes pretas com consistência de piche
- Fezes extremamente mal-cheirosas
- Fezes com grande quantidade de sangue vermelho
- Diarreia seguida por vômito
- Dor aguda durante a evacuação
- Febre
- Perda de apetite
- Letargia

A maioria das diarreias mais simples – em que o seu animal ainda se sente bem e se comporta normalmente e a diarreia é de consistência pastosa ou contém apenas salpicos de sangue – pode, geralmente, ser curada em casa, com um pronto atendimento. Mas, mesmo assim, caso a diarreia persista por mais de três dias sem melhora, faça uma visita a seu veterinário.

queijo cottage. O iogurte tem uma "boa" bactéria, que pode ajudar a reequilibrar o intestino do mal-estar causador da diarreia.

No entanto, assim como as pessoas, os animais podem desenvolver uma intolerância à lactose. Nesses casos, os produtos derivados do leite podem piorar a diarreia. Se seu animal come, rotineiramente, sem problemas, esses produtos, o iogurte e o queijo cottage não deverão lhe fazer mal. Se ele não estiver acostumado a comer produtos derivados do leite, ou tiver uma reconhecida intolerância à lactose, evite lhe dar esses alimentos.

Ofereça pequenas porções da mistura de arroz, mas com uma frequência maior – cerca de três ou quatro vezes por dia. Se a diarreia tiver parado, aumente a quantidade e diminua a frequência das refeições por mais um ou dois dias. Depois disso, recomece gradualmente a misturar a comida normal de seu animal com o arroz e a carne, até que ele volte a seu antigo padrão alimentar. Comece com uma proporção de 30% de alimento normal e 70% da dieta leve. A cada dia, aumente a quantidade do alimento regular, enquanto reduz a porção da dieta leve – 50/50, 70/30, e assim por diante. Após quatro ou cinco dias, seu animal já deverá ter voltado à alimentação normal.

CONSULTORES

- Patricia Hague, doutora em Medicina Veterinária, é veterinária no Cat Hospital of Las Colinas, em Irving, Texas.
- Janie Hodges, doutora em Medicina Veterinária, é veterinária no Valley View Health Center, em Farmers Branch, Texas.
- Peter Levin, doutor em Medicina Veterinária, é veterinário no Ludwig's Corner Veterinary Hospital, em Chester Springs, Pensilvânia.

DILATAÇÃO/ TORÇÃO GÁSTRICA

PROCURE SEU VETERINÁRIO: **IMEDIATAMENTE**

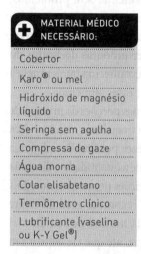

MATERIAL MÉDICO NECESSÁRIO:
- Cobertor
- Karo® ou mel
- Hidróxido de magnésio líquido
- Seringa sem agulha
- Compressa de gaze
- Água morna
- Colar elisabetano
- Termômetro clínico
- Lubrificante (vaselina ou K-Y Gel®)

Informações vindas de hospitais veterinários espalhados pelos Estados Unidos mostram que um tipo de indigestão potencialmente mortal, chamado dilatação ou torção no estômago, está em ascensão. Sua causa ainda não está clara, mas deve ter algo a ver com os cachorros engolirem ar quando comem muito rápido ou estão excitados.

Conforme o estômago incha, ele pressiona outros órgãos e grandes vasos sanguíneos, o que interfere no fluxo do sangue. O gás preso também pode fazer o estômago se torcer – um problema chamado *volvulus* ou torção – de modo que a pressão que se forma não consegue escapar pela garganta ou pelos intestinos. A torção também comprime a veia que devolve o sangue para o coração e interrompe o suprimento de sangue para o estômago e outros órgãos, como o baço, o que leva o tecido a morrer.

Qualquer cachorro pode ter dilatação ou torção no estômago, mas nos cães grandes – especialmente os dinamarqueses – esse problema é mais frequente. Um cachorro com dilatação ou torção no estômago tem um abdome dolorido, distendido, fica inquieto e pode tentar vomitar ou defecar. Se o estômago se torcer, ele pode morrer de choque. Portanto, se seu cachorro apresentar sintomas de dilatação ou torção no estômago, leve-o imediatamente ao veterinário. A vida dele depende disso. Se você mora a mais de meia hora de distância da clínica veterinária, procure seu veterinário imediatamente e peça instruções para procedimentos caseiros de emergência.

FAÇA ISTO JÁ

PREVINA-SE CONTRA CHOQUE. Um cachorro entra em choque muito rapidamente quando seu estômago se torce, e o choque pode matar um animal num espaço de tempo mínimo, de dez a 20 minutos. Além do estômago distendido, você vai ver que suas gengivas estão descoradas e ele pode se mostrar fraco e desequilibrado. É importante mantê-lo aquecido para combater o choque. Enrole-o em um cobertor macio, enquanto você o leva

DILATAÇÃO/ TORÇÃO GÁSTRICA **175**

até o veterinário. Você também pode colocar uma ou duas gotas de Karo® ou de mel nas gengivas do seu animal, para ajudá-lo a se manter consciente. (Para mais informações sobre choque, vá à página 109.)

DÊ UM LÍQUIDO ANTIÁCIDO PARA SEU CACHORRO. Desde que seu cão possa arrotar ou vomitar, o problema, provavelmente, não foi causado por torção do estômago. Problemas causados por excesso de comida normalmente melhoram sozinhos, depois que os gases se liberam do sistema. Para acelerar o processo, dê hidróxido de magnésio por via oral ou qualquer produto à base de dimeticona, a qual absorve os gases. Para cães que pesem até 7 kg, dê três colheres de sopa, para cães que pesem de 7 kg a 22 kg, quatro colheres de sopa, e para os cães acima de 22 kg, seis colheres de sopa. Administre o remédio em sua boca com uma seringa sem agulha. (Vá à página 40 para uma ilustração sobre essa técnica.) O edema do estômago deverá começar a diminuir em cerca de 20 minutos. Se isso não acontecer, ou se o problema se agravar, procure imediatamente seu veterinário.

LEVE SEU CÃO PARA PASSEAR. Quando seu cão come algo que não devia – pode ser um pedaço de pão francês fermentado ou alguma coisa tirada do lixo – um exercício suave pode ajudar a movimentar o gás através do organismo. Experimente caminhar com seu cão até que ele que ele consiga evacuar ou soltar o gás; isso deve funcionar num prazo de 20 minutos. Se isso não acontecer, ou se você não tiver certeza do que esteja acontecendo, procure imediatamente seu veterinário.

PLANEJE COM ANTECEDÊNCIA. O meio mais rápido para aliviar a pressão do gás é com um tubo no estômago, mas isso pode ser difícil de se fazer em casa, quando seu cachorro estiver atento, porque ele vai estar sofrendo e será difícil mantê-lo quieto. No entanto, pode valer a pena planejar com antecedência este tipo de emergência, caso o veterinário fique a mais de meia hora de distância e você tiver um cão correndo risco. Peça a seu veterinário para lhe mostrar técnicas que possam ser usadas em uma situação de emergência.

✅ CUIDADOS POSTERIORES

- Se seu cachorro precisar de uma cirurgia de emergência para destorcer o estômago e remover o tecido danificado, normalmente o cirurgião liga o estômago à parede do corpo para ajudar a prevenir uma reincidência. Você precisará manter a linha de incisão limpa. Embeba uma compressa de gaze em água morna e remova qualquer secreção da área em torno da incisão, mas não toque na própria incisão.

- Alguns cães podem precisar de um colar elisabetano – um artefato cônico que impede que mexam nos pontos. No entanto, eles não conseguem comer usando essa coleira; portanto, lembre-se de tirá-la na hora das refeições.

- Se seu cachorro tiver passado por uma cirurgia, é uma boa ideia medir sua temperatura diariamente durante a primeira semana, só para ter certeza de que não existe nenhuma infecção a caminho. Coloque um termômetro clínico lubrificado com gel vaselina ou K-Y Gel®, mais ou menos até a metade de seu comprimento, no reto do cachorro, e espere de três a cinco minutos. (Veja na página 19 uma ilustração sobre essa técnica.) A temperatura canina normal varia de 37 ºC a 39 ºC. Uma febre significa que seu veterinário deve prescrever antibiótico.

- Cerca de 6% dos cães que sofreram um episódio de dilatação ou torção no estômago terão uma reincidência, mesmo depois da cirurgia. Reduza a chance de isso acontecer, dando-lhe porções bem pequenas de comida distribuídas ao longo de todo o dia. Isso reduzirá sua tendência à voracidade. Não dê uma refeição enorme de uma só vez.

- Mude a dieta do seu cão para alimentos com poucas fibras. Alguns tipos de fibras tendem a fermentar e desprendem gás ao chegarem ao estômago, o que pode aumentar o risco de reincidência.

- Cães felizes e bem ajustados tendem a apresentar uma incidência decrescente de dilatação ou torção no estômago. Tente passar mais tempo de qualidade com seu cão, agradando-o ou brincando com ele. Os cachorros são criaturas muito sociais e precisam interagir com sua família de maneira positiva. Essa interação positiva pode aliviar o stress, que parece predispor os cães a recorrentes incidências de dilatação ou torção no estômago.

- A restrição de água e de exercício pouco antes e pouco depois das refeições não diminui o risco de dilatação ou torção no estômago, portanto, é melhor dar a seu cachorro porções moderadas de comida e de exercício, ao longo de todo o dia. Isso também pode diminuir o estresse emocional provocado por um comportamento acelerado – beber grande quantidade de água de uma vez ou explodir a energia reprimida quando, finalmente, lhe for permitido brincar.

- Mantenha a vasilha de comida do seu cachorro no chão. Há algum tempo, os especialistas recomendavam que se pusessem as vasilhas de comida dos cachorros grandes fora do chão, para que eles não tivessem que se abaixar muito para comer, mas isso mostrou ter aumentado consideravelmente o risco de dilatação ou torção no estômago.

A MELHOR ABORDAGEM

AGULHA HIPODÉRMICA

Para descomprimir a perigosa formação de gás em um cachorro com dilatação ou torção no estômago, o melhor é uma ferramenta oca e afiada. Os veterinários usam agulhas hipodérmicas com grandes furos, escala 14 a 16 ou mais. Se você tiver um cachorro em risco e morar a mais de meia hora de um socorro veterinário, peça esse tipo de agulha a seu veterinário e uma demonstração de como usá-la em caso de emergência.

CONSULTORES

- Shane Bateman, doutora em Medicina Veterinária, doutora em Ciências Veterinárias, veterinária certificada pelo American College of Emergency and Critical Care Medicine e professora-assistente de Medicina de Emergência e Cuidados Críticos no Ohio State University College of Veterinary Medicine, em Columbus.
- Peter Levin, doutor em Medicina Veterinária, é veterinário no Ludwig's Corner Veterinary Hospital, em Chester Springs, Pensilvânia.
- Billy D. Martindale, doutor em Medicina Veterinária, é veterinário no Animal Hospital of Denison, Texas, e presidente do quadro de diretores do Texas Veterinary Medical Association.
- Julie Moews, doutora em Medicina Veterinária, é veterinária no Bolton Veterinary Hospital, em Connecticut.

EDEMA NA CABEÇA

PROCURE SEU VETERINÁRIO: **SE NECESSÁRIO**

MATERIAL MÉDICO NECESSÁRIO:
- Toalhinha molhada gelada
- Compressa gelada
- Tesoura com pontas arredondadas ou tosador elétrico
- Anti-histamínico à base de difenidramina
- Colar elisabetano
- Água oxigenada 10 vol
- Seringa sem agulha ou conta-gotas

A maioria dos edemas na cabeça resulta de algum trauma, tal como um atropelamento ou a queda de uma árvore. Os olhos do animal podem não trabalhar juntos, ou ele pode parecer atordoado ou perder a consciência. Esses casos são emergências que precisam de imediata atenção médica. (Para mais informações sobre danos na cabeça, vá à página 159.)

Em alguns outros casos, esse edema resulta de uma reação alérgica à picada de um inseto ou a uma ferroada de abelha, ou é causado por um abscesso derivado de uma mordida. (Para mais informações sobre abscessos, vá à página 67; sobre ferroadas de abelhas, vá à página 241.) Mas, desde que seu animal demonstre estar se sentindo bem, o pronto atendimento pode reduzir o edema, e, em certas situações, não ser preciso nada além disso.

FAÇA ISTO JÁ

Para edemas causados por trauma

MANTENHA-O CALMO. Se você desconfiar de que o edema na cabeça se deve a alguma espécie de trauma, observe se seu animal tem total controle de seus sentidos. Se ele parecer desorientado ou cambaleante, andar em círculos ou parecer não estar enxergando, é melhor deixá-lo calmo até que se consiga ajuda médica. Enrole-o em um cobertor para mantê-lo aquecido e imobilize suas patas para que ele não se movimente demais. Isso também o impedirá de esfregar o edema, machucando-se ainda mais.

ELEVE SUA CABEÇA. Se seu animal perder a consciência, procure manter sua cabeça elevada, em vez de deixá-la pender da beirada do assento do carro ou ficar nivelada com o assento ou com o chão. A elevação ajuda o sangue a fluir melhor, podendo, também, aliviar ou reduzir qualquer aumento de pressão na cabeça que esteja provocando o edema. (Para mais informações sobre perda de consciência, vá à página 272.)

APLIQUE UMA COMPRESSA GELADA. Se você não tiver certeza de se o edema resulta de um trauma ou de uma alergia, é melhor usar uma compressa gelada para reduzir o edema. Primeiro, passe uma toalhinha limpa embebida em água gelada e segure-a sobre a área afetada. Depois, coloque a compressa gelada sobre a toalhinha, deixando-a por 10 a 30 minutos, várias vezes por dia. Você pode usar uma compressa gelada, um saco plástico cheio de gelo picado, que se adequará à forma da cabeça do seu animal. Ou molhe uma toalha em água fria e deixe-a no freezer por cinco minutos; depois coloque o pano congelado sobre o edema.

Para edemas causados por alergia a picadas

USE UMA PASTA CALMANTE. Se você tiver certeza de que o edema foi causado pela picada ou pela ferroada de um inseto, aplique creme, pomada ou loção de dipropionato de betametasona. Use tesoura com pontas arredondadas ou tosador elétrico para cortar aproximadamente 1 cm de pelo em torno da picada. (Essa técnica aparece ilustrada na página 390.)

DÊ UM ANTI-HISTAMÍNICO. Para edema na cabeça por causa de uma reação alérgica, é mais seguro dar um anti-histamínico a base de difenidramina. Ele pode ajudar a diminuir a coceira e o edema, até que a reação termine ou que você consiga cuidados médicos.

USE UM COLAR ELISABETANO. Um animal com edema na cabeça pode tentar esfregar a área inflamada ou raspando o focinho nos móveis ou no tapete, ou arranhando e passando as patas na cabeça. Uma coleira cônica de contenção, chamada colar elisabetano, pode ajudar a impedi-lo de se esfregar, o que poderia machucar seus olhos.

🐾 SITUAÇÕES ESPECIAIS

SE O EDEMA SE DEVER A UMA ALERGIA ALIMENTAR. Em casos raros, a cabeça do seu animal poderá inchar depois de ele comer alguma coisa que provoque uma reação alérgica. Se esse for o caso e seu animal estiver ativo, alerta e não demonstrar dificuldades para respirar, esvazie seu estômago, fazendo-o vomitar. A melhor maneira é lhe dando água oxigenada 10 vol. A dose é a mesma para cães e gatos: uma a duas colheres de chá para cada 5 kg de peso corporal. Use um conta-gotas ou uma seringa sem agulha, para aplicar o líquido no fundo da língua do seu animal. A ação espumante e o gosto deverão fazê-lo vomitar dentro de cinco minutos, mas, se isso

---

ALERTA IMPORTANTE

PROBLEMAS NOS DENTES

Um cão ou um gato com uma cabeça ou focinho inchado deve ter seus dentes examinados. As raízes de alguns dentes estão diretamente sob os olhos, e, quando um dente se infecciona ou a raiz tem um abscesso, o focinho incha. Frequentemente, o animal também saliva em excesso e se recusa a comer por causa da dor.

Geralmente, o animal precisa ser anestesiado para que o dente seja tratado ou extraído. Muitas vezes, Depois disso, o animal precisa de uma rodada de antibiótico para se livrar da infecção; e como os animais com inflamação na boca têm dificuldade para comer, uma alimentação macia por cerca de uma semana, depois de um tratamento dentário, só pode ajudar. Como as mudanças na dieta podem perturbar o estômago, a melhor solução temporária é passar o alimento normal do animal por um liquidificador com água suficiente ou caldo de galinha magro, sem sal, para fazer uma papa.

não acontecer, repita a dose mais uma ou duas vezes, deixando um espaço de cinco minutos entre cada uma. (Para mais informações sobre alergias alimentares, vá à página 85.)

✅ CUIDADOS POSTERIORES

▪ Se seu animal precisar de um medicamento anti-inflamatório para manter o edema sob controle, o veterinário irá receitá-lo. Depois que o animal tiver tomado uma dose inicial injetada no veterinário, você pode dar os comprimidos escondidos em um petisco.

▪ Se for confirmado que o edema se deva a uma alergia alimentar, você terá que descobrir com o seu veterinário que ingrediente provocou a reação. Depois de identificado, dê a seu animal apenas alimentos que não contenham aquele ingrediente.

▪ Se seu animal arranhou o olho enquanto procurava aliviar o desconforto se esfregando ou se arranhando, o veterinário poderá receitar uma pomada oftálmica, para aliviar a dor e prevenir infecção. Para aplicá-la, incline a cabeça do seu animal para trás, puxe delicadamente a pálpebra inferior e pingue ou aperte a pomada na bolsa que se formou. Ao piscar, seu animal espalhará o medicamento. (Essa técnica aparece ilustrada na página 42.)

CONSULTORES

▪ Daqn Crandell, doutor em Medicina Veterinária, é veterinário na Veterinary Emergency Clinic of York Region, em Aurora, Ontário, Canadá.

▪ Albert Mughannam, doutor em Medicina Veterinária, é veterinário oftalmologista na Veterinary Vision, em San Mateo, Califórnia.

▪ Denise Petryk, doutora em Medicina Veterinária, é veterinária no Puget Sound Veterinary Medical Referral Center, em Tacoma, Washington.

▪ George White, doutor em Medicina Veterinária, é veterinário no 1-20 Animal Medical Center, em Arlington, Texas.

▪ Anna E. Worth, doutora em Medicina Veterinária, é veterinária no West Mountain Animal Hospital, em Shaftsbury, Vermont.

EDEMA NA CAUDA

PROCURE SEU VETERINÁRIO: **SE NECESSÁRIO**

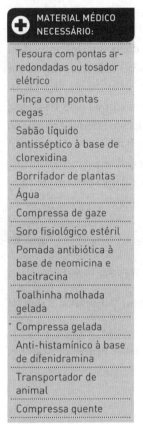

MATERIAL MÉDICO NECESSÁRIO:
- Tesoura com pontas arredondadas ou tosador elétrico
- Pinça com pontas cegas
- Sabão líquido antisséptico à base de clorexidina
- Borrifador de plantas
- Água
- Compressa de gaze
- Soro fisiológico estéril
- Pomada antibiótica à base de neomicina e bacitracina
- Toalhinha molhada gelada
- Compressa gelada
- Anti-histamínico à base de difenidramina
- Transportador de animal
- Compressa quente

Uma cauda inchada não é uma emergência médica de risco, mas pode ser dolorosa. As caudas podem se contundir quando são pisadas, ou podem ser fraturadas ao ficarem presas em portas ou debaixo de cadeiras de balanço. Acidentes de carros também podem resultar em danos na cauda.

Mais comumente, as caudas que são mordidas por outros animais podem inchar e se infeccionar. Uma ferroada de abelha ou vespa também pode fazer com que a cauda inche. (Para mais informações sobre ferroadas desses insetos, vá à página 241; para infecções na cauda, vá à página 289.)

Como os animais têm as caudas geralmente cobertas por um pelo espesso, pode ser difícil perceber quando estão inchadas. Se o seu animal estiver lambendo, mordendo ou limpando a cauda, ou segurando-a em uma posição estranha, sinta-a delicadamente para ver se é por edema. Frequentemente, quando se consegue prestar um pronto atendimento a tempo, é possível impedir que uma cauda inchada se infeccione.

FAÇA ISTO JÁ

CONTENHA SEU ANIMAL. Quando a cauda está dolorida, é preciso imobilizar o animal antes mesmo de examinar o edema, para tentar descobrir o problema. Para cachorros pequenos e gatos uma mesa é o ideal. Segure com uma mão a pele solta na parte de trás do pescoço do seu animal – a pele da nuca – e, com a outra, prenda as duas patas traseiras. Estenda seu animal de lado, enquanto outra pessoa trata da cauda.

No caso de um cachorro grande, ajoelhe-se no chão ao lado dele, com um braço em volta do seu peito, começando por baixo, e o outro em torno do pescoço, e abrace-o junto do seu peito. Fale tranquilamente com ele, enquanto outra pessoa examina o edema na cauda. (Ambas as técnicas aparecem ilustradas na página 28.)

PROCURE O MOTIVO. Talvez seja preciso tosar o pelo na região do edema, para ver exatamente qual a causa do problema. A maneira mais segura de se aparar o pelo é com um tosador elétrico, mas você pode usar uma tesoura com pontas arredondadas, desde que a pele do animal esteja protegida. Coloque seus dedos indicador e médio dentro do pelo e coloque-os sobre a pele. Use a tesoura para cortar os pelos no nível dos dedos.

VERIFIQUE SE HÁ ESPINHOS. Examine cuidadosamente a região inchada, à procura de um corpo estranho, como um espinho ou uma farpa. Se conseguir pegá-lo rapidamente, use uma pinça com pontas cegas para removê-lo. (Para mais informações sobre farpas, vá à página 210.)

LAVE O CORTE. Se houver um esfolado, um corte ou uma picada, lave a região com água e um sabão líquido antisséptico à base de clorexidina. No caso de animais que não gostem de banho, use um borrifador de plantas para molhar a cauda, depois ensaboe o local e, finalmente, retire o sabão com o borrifador. Se o seu animal continuar resistindo, molhe uma compressa de gaze com soro fisiológico estéril e molhe o local.

APLIQUE UMA POMADA CALMANTE. Para reduzir a dor e a inflamação de esfolados ou irritações leves, espalhe uma pequena quantidade de pomada antibiótica à base de neomicina e bacitracina. Distraia o seu animal com um agrado, para que a pomada seja absorvida antes que ele tente lambê-la. Não use isto se a pele estiver rompida.

❀ SITUAÇÕES ESPECIAIS

SE HOUVER BARBANTE ENROLADO EM TORNO DA CAUDA. Observe acima do edema para ter certeza de que não esteja apertando a cauda. Algumas vezes, um gato brincalhão acaba com um barbante em torno da cauda, ou uma criança enfia um elástico na cauda de um animal, e a constrição fica escondida no pelo. Se você conseguir fazê-lo sem machucar o seu animal, corte cuidadosamente o barbante ou o elástico com uma tesoura com pontas arredondadas ou com um desfazedor de costura. Se não conseguir fazer isso, leve seu animal ao veterinário.

SE O EDEMA FOR RESULTADO DE UMA CONTUSÃO OU DE UMA PICADA DE INSETO. Aplique compressas geladas durante 10 a 30 minutos, várias vezes por dia. Isso ajudará na redução do edema e no alívio da dor. Você pode segurar um cubo de gelo coberto por uma toalha molhada diretamente sobre o edema ou estender sobre a cauda uma toalhinha molhada gelada.

SE HOUVER COCEIRA NA CAUDA POR CAUSA DE UMA PICADA DE INSETO. As picadas ou mordidas de inseto na cauda podem ser aliviadas com uma dose de anti-histamínico à base de difenidramina.

SE A CAUDA ESTIVER QUEBRADA. Uma cauda com uma contusão feia pode ser sinal de um osso quebrado. Não existe uma boa maneira de se prender uma cauda – o melhor que se pode fazer é colocar o seu cachorro ou gato em um transportador, para protegê-lo durante o percurso até o veterinário. (Para mais informações sobre fraturas, vá à página 250.)

✔ CUIDADOS POSTERIORES

▪ Se for diagnosticada celulite (inflamação do tecido), seu animal pode tomar uma injeção de um antibiótico, como penicilina, no veterinário. Talvez ele também precise tomar antibiótico em casa, durante uma semana ou mais. Isso frequentemente pode impedir que o edema na cauda se transforme em uma infecção ou abscesso. Outras vezes, o veterinário pode prescrever uma medicação anti-inflamatória para ajudar a diminuir a contusão.

■ Para dar um comprimido ao seu cachorro, envolva o focinho dele com a sua mão e pressione suavemente o seu polegar e o dedo médio contra a linha da gengiva, atrás dos grandes dentes caninos, para levá-lo a abrir a boca. Depois, jogue o comprimido no fundo da língua, feche a boca dele e afague sua garganta até que ele engula. (Essa técnica aparece ilustrada na página 40.) No caso de um gato, será preciso pegá-lo pelo pelo do pescoço e, gentilmente, inclinar sua cabeça para trás. Depois puxe o queixo dele para baixo, até que se possa ver uma reentrância em forma de V, no centro da língua. Jogue o comprimido no V e feche a boca do gato. Acompanhe o remédio imediatamente com algum petisco apetitoso ao qual seu animal não possa resistir, de forma que ele o engula junto com o remédio, se esquecendo de cuspir o comprimido.

■ Se for recomendada por seu veterinário, uma pomada com corticoide, como Panalog®, pode ajudar a diminuir a inflamação. Use-a duas ou três vezes por dia, diretamente sobre o edema.

■ Você pode continuar a reduzir a dor das contusões com compressas geladas. Aplique-as por 10 a 30 minutos de cada vez, várias vezes por dia, até que o edema diminua.

■ Quando o edema acontece nos limites da região infeccionada, coloque compressas quentes no local, para que se forme um olho e a infecção sare. Molhe uma toalhinha com água o mais quente que você possa aguentar, torça-a e segure o calor úmido sobre a cauda inchada – alterne cinco minutos de aplicação e cinco minutos de descanso, até que o pano esfrie – duas a cinco vezes por dia. Isso incentiva a circulação sanguínea na região, o que ajuda a limpar os agentes infecciosos e a curar o ferimento.

CONSULTORES

- John Brakebill, doutor em Medicina Veterinária, é veterinário no Brakebill Veterinary Hospital, em Sherman, Texas.
- Jeff Nichol, doutor em Medicina Veterinária, é diretor do hospital e veterinário no Adobe Animal Medical Center, em Albuquerque.
- Raymond Russo, doutor em Medicina Veterinária, é veterinário no Kingston Animal Hospital, em Massachusetts.
- Drew Weigner, doutora em Medicina Veterinária, é veterinária no The Cat Doctor, em Atlanta.
- George White, doutor em Medicina Veterinária, é veterinário no 1-20 Animal Medical Center, em Arlington, Texas.
- Anna E. Worth, doutora em Medicina Veterinária, é veterinária no West Mountain Hospital, em Shaftsbury, Vermont.

EDEMA NA LÍNGUA
PROCURE SEU VETERINÁRIO: IMEDIATAMENTE

MATERIAL MÉDICO NECESSÁRIO:
- Água gelada ou gelo
- Lanterna
- Pinça com pontas cegas
- Pano seco ou gaze
- Garrafa de apertar
- Água ou soro fisiológico estéril
- Seringa sem agulha ou conta-gotas

Uma língua inchada quase sempre é consequência de uma reação alérgica. Ferroadas de abelhas, injeções, reações a remédios ou alergias alimentares podem fazer com que um cachorro ou um gato tenha problemas para respirar, babe e se recuse a comer quando sua língua incha.

Se uma semente pequena e pontuda, uma lasca de grama, uma urtiga, um carrapicho ou um espinho, ficar presa na pelagem do seu animal, talvez ele tente tirá-la lambendo – e o foco da irritação pode encravar na sua língua, provocando edema. Se a causa não for removida, a ferida pode ulcerar e ficar infeccionada. Outras vezes, um animal curioso lambe alguma coisa cáustica, quente ou venenosa, queimando sua língua, o que resulta em um edema. Mais raramente, uma linha ou um elástico – até mesmo o barbante de um salame – se enrola em torno da língua cortando a circulação, fazendo-a inchar.

O edema na língua pode ser muito sério, porque pode ser indício de outros problemas, como uma queimadura na boca por choque elétrico, por exemplo. O tratamento médico é importante, e seu gato ou cachorro deverá ser examinado imediatamente depois de notado o problema. Enquanto isso, no entanto, os primeiros socorros podem reduzir o trauma e até mesmo salvar a vida do seu animal.

FAÇA ISTO JÁ

OFEREÇA GELO OU ÁGUA GELADA. Quando a língua está edemaciada, o tratamento melhor e mais eficiente é oferecer a seu animal água gelada para que ele beba, cubos de gelo para que ele lamba ou gelo picado para que ele coma. O gelo faz maravilhas na redução do edema, restringindo o fluxo sanguíneo na região. Ele também alivia a dor. Anime o seu animal a tomar água gelada ou a lamber o gelo, mas não force nada em sua boca, ou você se arrisca a sufocá-lo.

VEJA SE HÁ UM CORPO ESTRANHO DENTRO DA BOCA. No entanto, seu cachorro ou gato pode não gostar de que você se meta com sua boca inflamada e talvez precise ser sedado pelo seu veterinário antes que o objeto possa ser removido. Caso ele deixe, abra a sua boca e ilumine a língua com uma lanterna. Muitas

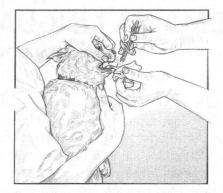

Para conseguir segurar com firmeza a língua do seu animal, pegue-a com um pedaço de pano ou com uma gaze e puxe-a. Com a outra mão, retire o objeto encravado na língua com uma pinça sem pontas afiadas. Lembre-se de que o seu animal não vai suportar isso, a não ser que uma segunda pessoa o segure firmemente.

Serão necessárias duas pessoas para delicadamente tentar remover algo que esteja encravado na língua do seu animal. Peça que alguém o segure firmemente e agarre a parte de cima de seu focinho. Depois disso, você pode pegar a língua dele suavemente, usando gaze ou um pano seco para ficar mais firme. Segure a língua e não a puxe com muita força. Use a pinça com a sua outra mão. (Para mais informações sobre corpo estranho na boca, vá à página 137.) Se o seu animal resistir ou ficar muito agitado, será preciso levá-lo ao veterinário.

vezes a parte de baixo esconde uma farpa de grama, e barbantes também podem se enrolar bem no fundo da língua.

NÃO REMOVA FIOS, LINHAS, BARBANTES, ETC. Você pode machucar gravemente um animal embaraçado ao usar tesoura tentando tirar o barbante da língua. Pior, se apenas uma parte da linha tiver sido engolida, ela poderá estar ligada lá dentro a uma agulha ou a um anzol, o que exige cuidados médicos para a sua remoção. Mas uma semente de grama ou um espinho podem ser facilmente alcançados, pode-se segurá-los com uma pinça sem pontas afiadas e puxá-los, como se faria com uma farpa. (Para mais informações sobre farpas, vá à página 210.)

🐾 SITUAÇÕES ESPECIAIS

SE O EDEMA FOR RESULTADO DO CONTATO COM UMA SUBSTÂNCIA CÁUSTICA OU TÓXICA. É importante diluir os efeitos dessas substâncias. É perigoso tentar despejar água dentro da boca do seu animal, porque você poderá afogá-lo, se ela for inalada e entrar pelo caminho errado. Em vez disso, use uma garrafa de apertar só com água ou com soro fisiológico estéril; assim, você poderá controlar a direção do jato por toda a boca. Preste atenção para não dirigi-lo em direção à garganta, para não sufocá-lo. Enxágue a língua inchada por no mínimo 10 minutos, ou tanto quanto o seu animal permitir.

SE O EDEMA FOR CAUSADO POR UMA REAÇÃO ALÉRGICA. Se o seu animal estiver tendo uma reação alérgica a alguma coisa, como uma ferroada de abelha, você poderá dar a ele um anti-histamínico como à base de difenidramina, para ajudar a diminuir o edema e leve ao veterinário.

✅ CUIDADOS POSTERIORES

■ Quando o edema for causado por alguma infecção, será preciso dar antibiótico para ajudar a curar a ferida e se livrar do problema. Normalmente, quando a boca está muito dolorida, receita-se um medicamento líquido. Você pode inclinar a cabeça do seu animal para trás, aplicar o remédio em sua bochecha com um conta-gotas ou uma seringa sem agulha e observar para ter certeza de que ele engula. Talvez você tenha de dar o antibiótico por umas duas semanas.

■ Qualquer ferida resultante da retirada de um corpo estranho precisa ser enxaguada com uma solução antisséptica, como aquelas à base de clorexidina, que pode ajudar na prevenção de infecções. Consulte o seu veterinário a respeito disso. O enxágue não apenas ajuda na cura da ferida e previne infecção, como o antisséptico tem algumas propriedades anestésicas, que podem ajudar a aliviar a dor. Você pode colocar a solução em uma garrafa squeezy ou mesmo em uma seringa sem agulha, para ter algum controle direcional. Trate apenas as regiões afetadas.

■ Continue a oferecer gelo para o seu animal lamber. O gelo anestesia os tecidos inflamados e ajuda a garantir que o seu cachorro ou o seu gato ingira líquido suficiente. Um animal com a língua inchada geralmente reluta em comer ou beber e pode se desidratar com muita facilidade. (Para mais informações sobre desidratação, vá à página 169.)

■ Amacie a comida batendo-a no liquidificador ou no multiprocessador com caldo de galinha magro, sem sal, ou com caldo de carne, para transformá-la em uma papa. Isso dá um sabor forte à comida, tornando-a mais tentadora. Ofereça essa dieta macia por no mínimo dois ou três dias, ou até que a língua do seu animal já não esteja dolorida e ele possa voltar a comer sua dieta normal.

CONSULTORES

■ Margaret J. Rucker, doutora em Medicina Veterinária, é veterinária no Southwest Virginia Veterinary Services, em Lebanon, Virgínia.

■ Raymond Russo, doutor em Medicina Veterinária, é veterinário no Kingston Animal Hospital, em Massachusetts.

■ George White, doutor em Medicina Veterinária, é veterinário no 1-20 Animal Medical Center, em Arlington, Texas.

EDEMA NA MANDÍBULA

PROCURE SEU VETERINÁRIO: **NO MESMO DIA**

> **MATERIAL MÉDICO NECESSÁRIO:**
> - Toalhinha molhada gelada
> - Compressa gelada
> - Anti-histamínico à base de difenidramina
> - Água oxigenada 10 vol.
> - Chumaços de algodão
> - Seringa sem agulha ou conta-gotas

O principal motivo de um edema na mandíbula é trauma, quando um cachorro ou um gato bate sua mandíbula ao cair de uma árvore, correndo de encontro a alguma coisa, ou talvez sendo atropelado por um carro. O edema pode ser simplesmente uma contusão ou alguma coisa mais séria, como uma fratura. (Para mais informações sobre fraturas, vá à página 250.)

A segunda causa mais comum do edema na mandíbula é um abscesso, causado por qualquer coisa, de uma ferida provocada por mordida até um problema no dente. Mas a mandíbula de um animal também pode inchar por reações alérgicas a picadas de insetos ou até por picadas de cobras venenosas. (Para mais informações sobre picadas de cobras, vá à página 355.)

Quando o seu animal também se mostrar desanimado e letárgico, recusando-se a comer e sentindo dor, precisará de cuidados médicos o quanto antes. Por outro lado, cães e gatos que se comportarem normalmente deverão ser examinados depois de um dia ou um pouco mais, caso o edema não desapareça. Em caso de contusões ou reações alérgicas mais brandas, talvez baste um pronto atendimento.

FAÇA ISTO JÁ

RESFRIE A REGIÃO. Se o seu animal tiver um edema repentino resultante de um trauma, coloque uma compressa gelada para aliviar a dor e ajudar a diminuir o edema. Em primeiro lugar, coloque uma toalhinha molhada, gelada, sobre o edema. Depois, ponha uma compressa pronta gelada, que se acomodará mais facilmente ao formato da mandíbula. Aplique a compressa gelada durante 10 a 30 minutos várias vezes por dia, até que o edema desapareça.

EXAMINE A REGIÃO FACIAL DO SEU ANIMAL. Veja se há perfurações ou feridas, que geralmente provocam edema por causa de um abscesso. Se o edema estiver quente ou infectado, leve seu animal ao veterinário.

ALIMENTE-O COM UMA COMIDA MACIA. Animais com a mandíbula inchada têm problemas para ingerir seu alimento normal. Alimente-o com uma dieta macia, como uma comida enlatada ou um alimento de bebê com carne, até que o problema tenha sido tratado. Você pode transformar uma dieta seca em uma dieta macia, misturando o alimento no liquidificador com caldo de galinha magro, sem sal.

ALERTA IMPORTANTE

OSTEOPATIA MANDIBULAR

Os cachorros terriers quando jovens, especialmente os west highland white terriers, scottish terriers, cairn terriers e os boston terriers, podem herdar uma tendência a desenvolver edemas dolorosos nas mandíbulas, que tornam difícil a abertura da boca. Alguns labradores retrievers, dinamarqueses e dobermans também parecem propensos à osteopatia mandibular, na qual um excesso de material ósseo é depositado nas articulações do maxilar inferior. Os primeiros sinais disso são a salivação em excesso e a relutância em comer. Quando se tenta abrir a boca do cachorro, ele grita de dor.

O tratamento inclui vários meses de medicamento esteroide. É importante que o tratamento comece assim que se nota o problema. Se seu cachorro estiver hesitando em comer, salivando em excesso e sentindo dor ao tentar abrir a boca, leve-o imediatamente ao veterinário. Em casos extremos, o cachorro também pode se mostrar muito desanimado, com febre alta (acima de 40 ºC). Provavelmente o veterinário fará radiografias para confirmar se é osteopatia mandibular e, então, iniciar o tratamento.

🐾 SITUAÇÕES ESPECIAIS

SE SEU CACHORRO ABOCANHA UMA ABELHA OU SEU GATO FOR FERROADO POR UMA VESPA. As ferroadas podem fazer com que a mandíbula inche. Você pode dar um anti-histamínico comum ou um corticoide (hidrocortisona) para diminuir a reação alérgica. Isso ajudará a reduzir o edema, além de deixar os animais sonolentos, fazendo com que não se incomodem tanto com a reação dolorosa. (Para mais informações sobre ferroadas de abelhas e vespas, vá à página 241.)

PARA INFECÇÕES DE PELE EM GATOS, SEMELHANTES À ACNE. Os gatos frequentemente têm essas infecções em seus queixos, podendo causar edema. Limpe a região uma vez por dia com um pano ou um chumaço de algodão, molhado em água morna ou em água oxigenada 10 vol. Pode-se também usar um produto que contenha 1 ou 1,5% de peróxido de benzoíla, que obtém um bom resultado na eliminação dos folículos pilosos entupidos. Esse tipo de medicamento é melhor para um tratamento a longo prazo, porque os preparados prontos normalmente são 5% mais fortes e podem aumentar a irritação da pele sensível do gato. Não se esqueça de enxaguar a lavagem medicamentosa, ou ela pode ressecar muito a pele e aumentar a inflamação.

☑ CUIDADOS POSTERIORES

▪ Sempre que uma infecção for diagnosticada, como abscesso de dente, abscesso de pele ou infecção da mandíbula, o veterinário receitará antibiótico. No entanto, pode ser doloroso abrir a mandíbula inflamada do seu gato ou do seu cachorro para dar comprimidos, portanto, geralmente se prescreve medicamento líquido. Você pode inserir delicadamente uma seringa sem agulha ou um conta-gotas na bochecha do seu animal, mesmo sem abrir a sua boca, e aplicar o remédio. (Essa técnica aparece ilustrada na página 40.)

- Animais com mandíbula inflamada recusam comida, mas reagem melhor quando recebem dietas macias ou líquidas, fáceis de lamber e que não requerem mastigação. Se a mandíbula foi quebrada, provavelmente seu animal passou por uma cirurgia para repará-la. (Os sintomas de mandíbula quebrada incluem manter a boca aberta, presença de sangue na boca, face assimétrica e dor ao abrir a boca.) Seu veterinário lhe dará instruções sobre como alimentar o seu animal no período de recuperação.

QUEIXO GORDO FELINO

Os gatos podem desenvolver um edema que chega até o queixo. O tecido incha com fluido numa enorme proporção. Normalmente, é de um vermelho brilhante e parece que o gato machucou a si mesmo. Na verdade, é uma irritação ou inflamação cutânea que pode ser relacionada ao complexo de granuloma eosinofílico, um grupo misterioso de doenças de pele que afeta alguns gatos.

Os veterinários não sabem ao certo o que causa o queixo gordo. Ao contrário de alguns tipos de edema, este provavelmente não pode ser reduzido com o uso de compressas geladas. Contudo, normalmente ele é facilmente tratado pelo veterinário.

CONSULTORES

- Dawn Crandell, doutor em Medicina Veterinária, é veterinário na Veterinary Emergency Clinic of York Region, em Aurora, Ontário, Canadá.
- Emily King, doutora em Medicina Veterinária, é veterinária na Kryder Veterinary Clinic, em Granger, Indiana.
- Denise Petryk, doutora em Medicina Veterinária, é veterinária no Puget Sound Veterinary Medical Referral Center, em Tacoma, Washington.
- Drew Weigner, doutora em Medicina Veterinária, é veterinária na The Cat Doctor, em Atlanta.

EDEMA NA PATA
PROCURE SEU VETERINÁRIO: SE NECESSÁRIO

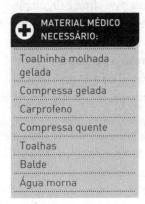

MATERIAL MÉDICO NECESSÁRIO:
- Toalhinha molhada gelada
- Compressa gelada
- Carprofeno
- Compressa quente
- Toalhas
- Balde
- Água morna

É muito comum que um gato tenha um edema na pata, quando for mordido por outro gato e o machucado infeccionar. Os cães atléticos, que perambulam sozinhos pelas ruas atrás de outros cachorros, e os cães ativos podem estirar ou torcer um músculo ou tendão, ou desenvolver um hematoma – uma concentração de sangue causada pelo rompimento de um vaso sanguíneo – quando uma pata é contundida. Os cachorros também podem desenvolver abscessos ou celulites – uma inflamação do tecido – que fazem com que a pata inche. Frequentemente, são causados pela espetada de algum pedaço de madeira, que deixa grandes farpas no tecido. Ocasionalmente, uma ferroada de abelha ou uma picada de cobra farão com que a pata inche. E, logicamente, uma pata fraturada também produz edema. (Para mais informações sobre abscessos, vá à página 67; para ferroadas de abelha, vá à página 241; para fraturas, vá à página 250; e para picadas de cobra, vá à página 355.)

O edema na pata pode ser causado por tantas coisas – até mesmo por problemas metabólicos, como diabetes – que é sempre uma boa ideia procurar um veterinário. Os cães de raças gigantes, como os dinamarqueses, têm tendência a cânceres ósseos nas patas, que incham e são dolorosos. Mas, normalmente, um edema repentino de uma pata, por causa de uma contusão, um estiramento ou de uma simples infecção, pode ser tratado facilmente com um pronto atendimento.

FAÇA ISTO JÁ

OBSERVE SINTOMAS SÉRIOS. Seu animal deverá ser levado ao veterinário se não se apoiar de jeito nenhum em uma das patas, se estiver desanimado ou com comportamento atípico, se não estiver comendo ou bebendo normalmente ou se a manqueira na pata inchada não melhorar em 48 horas. Ele pode estar com uma pata quebrada. Ele também precisará de cuidados médicos se, juntamente com esses sintomas, estiver com febre e se o edema não diminuir em 24 horas. Provavelmente, o veterinário receitará antibiótico.

COLOQUE UMA COMPRESSA GELADA. Uma pata inchada e nenhum outro sintoma além de uma ligeira manqueira, pode significar que ele torceu, estirou ou contundiu a pata, e uma compressa gelada no lugar machucado poderá ajudar. Isso faz com que o organismo pare de liberar substâncias químicas que provocam edema e inflamação. Molhe uma toalhinha com água gelada e coloque-a sobre o machucado; depois, ponha por cima dela uma compressa gelada ou uma bolsa de gelo. Faça isso durante 10 a 30 minutos várias vezes por dia. Um saco com gelo picado funciona bem como compressa gelada, amoldando-se aos contornos do corpo. Isso também ajuda a anestesiar a região machucada.

🐾 SITUAÇÕES ESPECIAIS

SE SEU CACHORRO TIVER ARTRITE. Depois de conversar com o seu veterinário, você poderá dar carprofeno ou meloxicam para seu cachorro, durante certo tempo, para ajudar a diminuir a dor de uma contusão ou edema, ou a dor das articulações por causa de artrite.

SE O EDEMA FOR CAUSADO POR UM ABSCESSO. Os edemas na pata causados por abscessos são quentes, e seu animal pode ter febre. Em vez de compressas geladas, coloque uma compressa quente para atrair a circulação sanguínea para a região e ajudar a acelerar a cura, fazendo apontar o olho da infecção. Embeba um pano limpo com água tão quente quanto você puder suportar e dê uma torcida nele. Ou use uma compressa quente pronta ou bolsa de água quente envolvida em uma toalha. Aplique-a sobre o edema de duas a cinco vezes por dia, alternando cinco minutos de aplicação com cinco minutos de descanso, até que ela esfrie. Não coloque compressas quentes nas axilas nem na região da virilha.

PARA REAÇÕES ALÉRGICAS. Às vezes a pata incha como resposta alérgica à picada de um inseto, um contato ou a uma sensibilidade

---

ALERTA IMPORTANTE

DOENÇA METABÓLICA

Quando o coração de um animal começa a ficar insuficiente, o organismo não consegue manter a circulação e tem início uma concentração de líquido no corpo. Em cachorros, o edema na pata é um sinal comum de problema cardíaco, mas o edema também pode ser consequência de alguma doença no fígado. O líquido se concentra na parte inferior, nas patas, e não circula de volta, causando edema nos tecidos.

Um edema por problemas metabólicos pode se desenvolver em apenas uma ou nas duas patas, mas, em geral, ataca as quatro. Pode-se diferenciar o edema da infecção simplesmente apertando-se o polegar sobre o tecido inchado – se for edema, ficará uma marca do dedo no tecido. Nos animais de pelos longos, será mais fácil sentir do que ver a reentrância deixada, continuando a passar suavemente o dedo sobre a região.

O edema na pata é apenas um sinal de problema sério. É necessária uma imediata avaliação médica para determinar a causa exata, antes de iniciar o tratamento. Seu veterinário poderá prescrever drogas como furosemida para eliminar a retenção de líquido e facilitar a respiração, além de medicamentos que ajudem a regular um fígado debilitado, caso seja essa a causa do problema.

FLUIDO MÓVEL

Muitas vezes, animais desidratados recebem um tratamento de soro sob a pele dos ombros. Em pouco tempo, o líquido migra para baixo e fica parecendo "asas líquidas" – balões de líquido dos dois lados do corpo. Outras vezes, no entanto, ele vai ainda mais longe e pode fazer com que as patas inchem. O fluido será absorvido em cerca de uma hora, e o edema desaparecerá por si só.

alimentar. Você pode dar um anti-histamínico à base de difenidramina para ajudar a combater a inflamação e o edema. Se você não tiver certeza sobre qual foi a causa do edema, uma consulta ao veterinário ajudará no diagnóstico. (Para mais informações sobre alergias alimentares, vá à página 85.)

✔ CUIDADOS POSTERIORES

- O edema na pata por qualquer tipo de trauma se beneficiará com compressas geladas durante 10 a 30 minutos, várias vezes por dia, durante dois a três dias. Mas, passado esse período, quando o edema começar a diminuir, mude para compressas mornas. Você pode usar uma bolsa de água quente envolvida em uma toalha, aplicando-a por até 20 minutos, duas ou três vezes por dia. O calor estimula a circulação, ajuda na recuperação e relaxa músculos retesados.

- Compressas quentes também fazem maravilhas com infecções e abscessos. O calor úmido, no entanto, é a melhor escolha para ajudar a fazer surgir o olho da ferida e mantê-la drenando. Envolva a pata inchada em uma toalha morna, úmida – com cinco minutos de aplicação, cinco minutos de descanso – de duas a cinco vezes por dia.

CONSULTORES

- Alvin C. Dufour, doutor em Medicina Veterinária, é veterinário no Dufour Animal Hospital, em Elkhart, Indiana.
- Margaret J. Rucker, doutora em Medicina Veterinária, é veterinária no Southwest Virginia Veterinary Services, em Lebanon, Virgínia.
- Drew Weigner, doutor em Medicina Veterinária, é veterinário no The Cat Doctor, em Atlanta.
- Anna E. Worth, doutora em Medicina Veterinária, é veterinária no West Mountain Animal Hospital, em Shaftsbury, Vermont.

EDEMA NA PELE
PROCURE SEU VETERINÁRIO: **SE NECESSÁRIO**

MATERIAL MÉDICO NECESSÁRIO:
- Compressa quente
- Toalhinha molhada gelada
- Compressa gelada
- Anti-histamínico à base de difenidramina
- Água morna
- Sulfato de magnésio
- Sabão líquido antisséptico de clorexidina
- Compressa de gaze
- Água oxigenada 10 vol.
- Óleo de eucalipto, mentol e cânfora
- Colar elisabetano
- Bite Stop® ou Bitter Max®

O edema na pele pode ser causado por um problema sério, como uma fratura. Os animais se recusam a colocar peso sobre uma pata quebrada ou recuam ao toque e se recusam a mover a parte afetada do corpo. Eles podem ter um comportamento letárgico e perder o apetite com doenças cardíacas ou hepáticas, que fazem as patas ou o corpo terem edema. Você saberá se é edema se, ao apertá-lo, ele deixar uma reentrância na pele. Esses problemas pedem atenção médica o quanto antes.

Animais com coceira nos ouvidos, que se coçam ou sacodem e agitam suas orelhas por desconforto, podem contundir as orelhas de modo que elas inchem como balões, com sangue e fluido. E os cachorros, quando envelhecem, frequentemente desenvolvem tumores de pele – pequenos nódulos macios que se movimentam quando massageados. A única forma de saber se um tumor de pele é benigno ou maligno é pedir que um veterinário faça uma biópsia com agulha ou que remova cirurgicamente o nódulo. O edema da orelha necessita de cirurgia para ser reparado, mas os tumores de pele normalmente são inofensivos e apenas precisam ser monitorados. Se você perceber um volume sobre ou sob a pele do seu animal, peça que um veterinário o examine imediatamente.

O edema na pele, causado por uma picada de abelha, uma contusão ou uma reação alérgica, pode ser tratado com pronto atendimento. No entanto, as causas mais comuns para esse edema são infecções de feridas, de mordidas, dente com abscesso ou mesmo uma farpa. Os animais muitas vezes desenvolvem bolsas profundas de pus, chamadas abscessos, por causa de feridas causadas por mordidas ou pela estocada de um pedaço de madeira afiado. Os abscessos pedem atenção médica, mas o pronto atendimento pode ajudar a acelerar a recuperação e manter os animais mais confortáveis até que se consiga ajuda.

🩺 FAÇA ISTO JÁ

APLIQUE UMA COMPRESSA QUENTE. Quando o edema é causado por uma infecção, celulite (inflamação do tecido) ou por um abscesso sente-se seu calor no toque, e seu animal

ALERTA IMPORTANTE

TUMORES

A maioria dos edemas de pele é macia ao toque porque a pele está com excesso de líquido do edema ou da inflamação. Mas um edema sólido, ou um que não desaparece mas continua a crescer, é provavelmente um tumor.

O tumor pode ser inofensivo (benigno) ou maligno (cancerígeno), mas não existe maneira de diferenciar sem um exame veterinário e testes laboratoriais. O edema de pele causado por um tumor normalmente é removido cirurgicamente. Se for diagnosticado câncer, uma variedade de tratamentos, de radiação a quimioterapia, pode ser recomendada, além da cirurgia.

É preciso assegurar que a região fique limpa e que seu animal não puxe os pontos. Você pode enxugar em torno da incisão, conforme for necessário, com um pouco de água oxigenada 10 vol. em uma compressa de gaze. Para evitar que seu animal lamba a região, coloque em torno da linha de incisão uma camada fina de óleo de eucalipto, mentol e cânfora ou de Bite Stop® ou Bitter Max® – mas não diretamente em cima. Ou ponha nele uma coleira cônica de contenção, chamada colar elisabetano.

---

pode ter febre. Nesses casos, o melhor pronto atendimento para edema é uma compressa quente, molhada. A compressa ajuda a atrair a circulação sanguínea para o local, fazendo com que a infecção forme um olho e sare mais rapidamente. Molhe uma toalhinha com água tão quente quanto você possa suportar e torça-a. Aplique a compressa quente, alternando cinco minutos de aplicação com cinco minutos de descanso, até que o pano esfrie. Repita o tratamento duas a cinco vezes por dia.

RESFRIE A REGIÃO. O edema de pele causado por um trauma brusco – talvez seu animal tenha dado uma topada com o ombro em uma árvore, ou o seu gato tenha contundido o queixo ao cair – deve ser tratado com uma compressa gelada. Ela ajuda a anestesiar a dor e também contrai os vasos sanguíneos do local, fazendo que o edema e a inflamação desapareçam. Você pode usar uma compressa gelada vendida pronta ou colocar uma toalhinha molhada no freezer por alguns minutos.

Pode também usar um saco plástico cheio de gelo,, que se amolda à forma do corpo do seu animal. Primeiramente, estenda uma toalhinha molhada, gelada, sobre a área com edema, depois ponha a compressa gelada sobre a toalhinha. Deixe-a no local por 10 a 30 minutos, várias vezes por dia, até que o edema acabe.

DÊ UM ANTI-HISTAMÍNICO. O edema na pele por causa de uma reação alérgica pode provocar urticária – erupção por todo o corpo – ou edema em apenas uma região. A mordida ou a picada de um inseto ou mesmo uma reação alérgica de contato pode fazer com que a pele inche. Para conseguir algum alívio imediato, dê para o seu animal um anti-histamínico, conforme recomendação de seu veterinário.

MOLHE A REGIÃO COM ÁGUA MORNA E SULFATO DE MAGNÉSIO. Animais com um edema na pata ou na cauda geralmente se beneficiam de uma imersão em água morna. Quando o edema é causado por uma farpa ou

BERNES

Animais de estimação que vivem ao ar livre, principalmente nas zonas rurais, correm o risco de ter um parasita, o berne, uma larva esbranquiçada de uma das espécies da chamada mosca varejeira, que se acham distribuídas por toda a América do Sul e por todo o Brasil.

A mosca do berne vive apenas 24 horas e, na época da postura, faz uso de uma outra espécie de mosca para depositar os seus ovos. Quando esta mosca intermediária pousa sobre um animal, as larvas imediatamente saem para fora dos ovos e vão até a pele do hospedeiro onde fazem uma pequena perfuração, pela qual entram, se instalando próximas à superfície, em qualquer lugar do corpo. É ali que se desenvolvem, deixando aberto o orifício por onde entraram, para poderem respirar. A região incha, ficando cada vez maior, à medida que o berne cresce, podendo aumentar, em uma semana, oito vezes o seu tamanho.

No início, o edema é firme, depois começa a se encher de líquido e se torna macio. Muitas vezes assemelha-se a um abscesso, mas é fácil reconhecer um berne: um nódulo subcutâneo, com um orifício bem na superfície da pele, por onde às vezes vaza algum líquido.

Um berne pode ficar quarenta dias ou mais no corpo do seu hospedeiro e se morrer antes de completar seu ciclo, o orifício se fecha, mas nem sempre o nódulo é absorvido pelo organismo, podendo se transformar em um cisto.

Não tente espremer um berne sozinho, existe uma maneira correta de fazê-lo, e é melhor que isso seja feito pelo seu veterinário. Às vezes o animal precisa ser sedado, ou porque o berne se acha numa região muito dolorosa, ou porque é preciso alargar o orifício de respiração, para que se possa retirá-lo. Depois de removido o parasita, mantenha a ferida limpa com o uso de um sabão líquido antisséptico, de clorexidina, uma ou duas vezes por dia, conforme necessário.

Mantenha sempre limpo o local onde o seu animal fica, livre de fezes e de urina, para evitar o aparecimento de moscas.

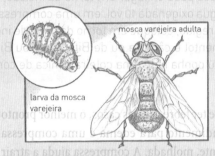

Os bernes são causados pela larva da mosca varejeira que se alojam sob a pele do animal.

Se o seu animal foi infestado, é fácil reconhecer o problema. Procure um edema parecido com abscesso, em qualquer lugar do corpo. Depois veja se há um orifício de respiração no centro do edema, às vezes drenando um líquido. Não tente esmagar o berne. Em vez disso, leve seu animal ao veterinário.

um espinho, a água morna ajuda o corpo a expelir o material estranho e pode impedir que a ferida se infeccione. Misture uma pacotinho de sulfato de magnésio em oito litros de água e faça com que o seu animal fique de pé dentro do líquido ou embeba a cauda dele com essa mistura por 10 minutos a cada vez.

COLOQUE NELE UMA COLAR ELISABE-
TANO. Os animais machos, que coçam ou esfregam o saco escrotal, frequentemente não conseguem parar de se lamber para aliviar a ferida, e isso faz com que o escroto inche para proporções gigantescas. Isso também pode ocorrer depois de uma cirurgia de castração. Nesses casos, se você puder impedir o seu animal de se lamber, o edema desaparecerá. Coloque nele uma coleira cônica elisabetana, para que não consiga alcançar a região até que o edema comece a diminuir. (Para mais informações sobre edema escrotal, vá à página 196.) Para os cachorros que ainda tentem lamber ou morder a região, experimente aplicar um pouco de Bite Stop® ou Bitter Max®.

✅ CUIDADOS POSTERIORES

▪ O edema causado por celulite ou por um abscesso, geralmente, precisa de antibiótico por vários dias, ou até mesmo por umas duas semanas, para ajudar a combater a infecção. Para os cachorros, você pode esconder os comprimidos em petiscos. Em relação aos gatos, esmague os comprimidos até virar pó

com o fundo de uma colher e misture-o a alguma comida de sabor forte, como peixe.

▪ Se for recomendado pelo seu veterinário, continue a aplicar compressas quentes molhadas – cinco minutos de aplicação, cinco minutos de descanso – de duas a cinco vezes por dia. Quanto mais, melhor. Isso ajuda a apressar a cura, caso haja infecção.

▪ Uma vez que o edema se rompa e comece a drenar, ou quando a ferida é lancetada pelo seu veterinário, colocando-se um dreno no ferimento, mantenha a região limpa, retirando o pus com um sabão líquido antisséptico de clorexidina. Embeba um pano limpo ou uma compressa de gaze com a solução e limpe a secreção à medida que for necessário.

▪ O edema nas orelhas (tecnicamente chamado hematoma aural) requer uma cirurgia para limpar a bolsa de líquido. Normalmente, é necessário um curativo para ajudar na recuperação do tecido da orelha, e é preciso ter certeza de que o curativo se manterá limpo. Uma colar elisabetano impedirá que o seu animal interfira e coce no lugar do curativo. (Para mais informações sobre hematoma auricular, vá à página 282.)

Depois que o hematoma tiver sido tratado, provavelmente será preciso colocar um medicamento para tratar a irritação causadora do trauma. Incline a cabeça do seu animal de forma que a orelha afetada aponte para cima e pingue várias gotas do remédio. Massageie a base do ouvido para espalhá-lo. (Essa técnica aparece ilustrada na página 42.)

CONSULTORES
▪ Peter Davis, doutor em Medicina Veterinária, é veterinário no Pine Tree Veterinary Hospital, em Augusta, Maine.
▪ Anna Worth, doutora em Medicina Veterinária, é veterinária no West Mountain Animal Hospital, em Shaftsbury, Vermont.
▪ Sophia Yin, doutora em Medicina Veterinária, é veterinária em Davis, Califórnia, e autora de *Small Animal Veterinary Nerdbook*.

EDEMA TESTICULAR OU ESCROTAL

PROCURE SEU VETERINÁRIO: **SE NECESSÁRIO**

MATERIAL MÉDICO NECESSÁRIO:
Tira de pano ou fronha para mordaça
Soro fisiológico estéril
Pomada antibiótica à base de neomicina e bacitracina
Saco de gelo
Toalha grossa
Carprofeno
Colar elisabetano
Compressas de gaze

Os testículos de um animal podem ficar infectados e inchar por causa de um trauma, como uma ferida por mordida ou por esfolado, ou uma contusão por causa de uma queda. Com mais frequência, o escroto – o saco de tecido que contém os testículos – incha por causa de um machucado. O problema é mais comum nos cachorros porque eles podem sofrer queimaduras, congelamento, cortes ou esfolados, simplesmente dormindo em uma superfície quente, gelada ou abrasiva. Os cachorros que vão regularmente a um serviço de banho e tosa podem sofrer cortes ou queimaduras com os tosadores.

A orquite – uma inflamação testicular, na qual um ou ambos os testículos fica duro e inchado – sempre precisa de cuidados médicos. Mas, na maior parte das vezes, o edema no escroto ocorre depois de uma cirurgia de castração. O desconforto da cirurgia leva o animal a se lamber, e isso fere o tecido, o que piora a inflamação. O resultado é que o escroto se distende, chegando às vezes a enormes proporções. O pobre cão pode andar com as patas abertas, a barriga encolhida ou pode sentar em superfícies frias para aliviar a dor. Na maior parte das vezes, um pronto atendimento basta para trazer alívio.

FAÇA ISTO JÁ

AMORDACE O SEU ANIMAL. Seu animal não vai querer que você mexa nessa região do corpo, e, quando ela está inchada e dolorida, ele vai prontamente abocanhar ou morder, se você o machucar tentando cuidar dele. Para amordaçar um cachorro de focinho comprido, use uma gravata ou uma meia-calça. Faça uma laçada em torno do nariz dele e amarre em cima do nariz, depois leve as pontas para baixo, amarrando-as sob o maxilar. Finalmente, leve as duas pontas para trás, amarrando-as com um laço ou um nó detrás das orelhas. (Essa técnica aparece ilustrada na página 27.)

No caso de um cachorro de focinho curto, como um pug, coloque uma fronha pela cabeça dele. Contenha seu gato com uma mão na pele solta na parte de trás do pescoço e a outra mão prendendo ambas as patas traseiras. Deite-o suavemente de lado sobre uma mesa, enquanto outra pessoa examina e cuida da região inflamada. (Essa técnica aparece ilustrada na página 28.)

ALERTA IMPORTANTE

CÂNCER TESTICULAR

O câncer dos testículos é bastante comum em cachorros. Ele geralmente se desenvolve em cachorros de meia-idade (10 anos ou mais), e um sintoma comum é o aumento do testículo afetado. O tecido pode ficar macio ou duro, mas normalmente não dói.

Outros sintomas podem incluir sangue na urina, dificuldade em urinar ou constipação, quando o tumor interfere na evacuação. Alguns cachorros apresentam sintomas de feminização quando esses tumores produzem estrógeno, o hormônio sexual feminino. Suas mamas podem aumentar, por exemplo, e eles podem se agachar para urinar, como as cadelas, ou se tornarem atraentes para outros cachorros machos não castrados. Se você perceber qualquer um desses sintomas, ou se você sentir uma massa nos testículos do seu animal, leve-o ao veterinário até o dia seguinte.

O diagnóstico requer um exame laboratorial do tecido afetado. Normalmente o tumor é removido, e, se o câncer tiver se alastrado além dos testículos, recorre-se à quimioterapia ou à radiação. O câncer testicular pode ser evitado com a castração do cachorro – quanto antes melhor.

LAVE OS ESFOLADOS. Quando houver um arranhão ou um esfolado no tecido, lave o local com soro fisiológico estéril ou só com água. A melhor maneira de fazer isso é com um esguichinho de chuveiro ou com um borrifador de plantas. Dessa maneira, suas mãos nunca encostam na área sensível, além de o líquido frio ser um alívio para o seu animal.

COLOQUE POMADA ANTIBIÓTICA. Para os arranhões ou esfolados mais leves no escroto, coloque uma pomada antibiótica à base de neomicina e bacitracina. Isso ajuda a prevenir infecções.

SUBSTITUA O SACO DE GELO. Normalmente, um saco de gelo diminuiria o edema, além de aliviar a dor, anestesiando os tecidos. Mas o edema testicular pode ser tão sensível que a pressão de um saco de gelo sobre a região pode piorar a dor. Em vez de usar um saco de gelo, coloque cuidadosamente uma compressa de gaze sobre o local e depois use um vaporizador cheio de água gelada, para manter a compressa molhada e gelada. Coloque uma toalha sob o seu animal para absorver a água que pingar. Faça isso durante 10 a 30 minutos, várias vezes por dia.

USE UMA COLEIRA DE CONTENÇÃO. Como é impossível vigiar o seu animal o tempo todo, para ter certeza de que ele não esteja lambendo a região irritada, use uma coleira de contenção, como a coleira cônica elisabetana. Talvez você tenha de retirá-la na hora das refeições, porque é difícil que os animais comam com essa coleira.

✅ CUIDADOS POSTERIORES

■ O edema por excesso de lambidas normalmente desaparece quando o seu animal fica impedido de tocar o local. Portanto, mantenha a colar elisabetano até que o edema desapareça e o local tenha sarado.

- Coloque uma pomada antibiótica à base de sulfato de neomicina e bacitracina, que também pode ajudar a reduzir a inflamação, umas duas vezes por dia.

- O seu veterinário pode receitar um analgésico ou um anti-inflamatório, para ajudar a aliviar o desconforto, até que a inflamação acabe. Para os cachorros, pode-se esconder os comprimidos em um petisco. No caso de gatos, tente esmagar o comprimido com o fundo de uma colher e misturá-lo a alguma comida para gatos que tenha um aroma pronunciado.

- Nos casos em que o edema tiver sido causado por infecção, será preciso dar antibiótico durante até duas semanas, conforme orientação do seu veterinário depois do diagnóstico. Os sintomas de infecção incluem febre, secreção de pus, perda de apetite, letargia ou vontade de isolamento e constante lambedura da região. O local pode ficar vermelho ou desbotado e doloroso ao toque. Se você suspeitar de que a infecção se transformou em um abscesso e houver uma ferida aberta com uma secreção vermelha de pus, peça que o seu veterinário dê uma nova examinada.

- Em casos raros, o edema após a castração se torna tão sério que danifica o escroto. Nesses casos, pode ser necessária uma nova cirurgia ou a inserção de um dreno. Limpe o local da incisão e da drenagem conforme necessário, com uma compressa de gaze molhada em soro fisiológico estéril.

CONSULTORES

- Denise Petryk, doutora em Medicina Veterinária, é veterinária no Puget Sound Veterinary Medical Referral Center, em Tacoma, Washington.
- Anna E. Worth, doutora em Medicina Veterinária, é veterinária no West Mountain Animal Hospital, em Shaftsbury, Vermont.
- Sophia Yin, doutora em Medicina Veterinária, é veterinária em Davis, Califórnia, e autora de *The Small Animal Veterinary Nerdbook*.

ENVENENAMENTO POR SAPO

PROCURE SEU VETERINÁRIO: **IMEDIATAMENTE**

MATERIAL MÉDICO NECESSÁRIO:
- Mel
- Toalha ou cobertor
- Luvas médicas descartáveis
- Filme plástico

Os cachorros jovens – particularmente os que têm menos de 18 meses – ficam fascinados com os sapos e, frequentemente, tentam pegá-los. Todos os sapos secretam um muco nocivo através de sua pele, que faz com que os cachorros produzam salivação em excesso, mas os sapos pertencentes ao gênero Bufo, entre eles o nosso sapo-cururu, podem matar. Qualquer sapo que seja pego por um animal vai fazê-lo salivar e esfregar a boca, mas os sapos venenosos produzem muitas substâncias que são absorvidas pelos tecidos bucais, afetando o coração e o sistema nervoso. Um animal envenenado tem convulsões, colapsos e pode morrer em 30 minutos. Procure o seu veterinário imediatamente, caso você viva ou esteja viajando em lugares onde existem sapos venenosos e seu animal tenha lambido ou mordido um sapo.

FAÇA ISTO JÁ

ENXÁGUE A BOCA DO ANIMAL COM ÁGUA. Se você vir o seu cachorro abocanhar um sapo, não espere que ele comece a salivação em excesso. Enxágue sua boca imediatamente para eliminar o gosto ruim de sapos não venenosos e reduzir a toxicidade dos exemplares perigosos. Use a mangueira do jardim ou o chuveirinho do banheiro e jogue água em sua boca por um mínimo de três a cinco minutos. Uma seringa sem agulha ou um borrifador de plantas também serve, mas você terá de molhar por mais tempo.

LEVE SEU CACHORRO AO VETERINÁRIO. O veneno de sapo é uma emergência médica. Não perca tempo – depois de enxaguar a boca do seu animal, leve-o imediatamente ao veterinário.

OBSERVE SE HÁ SINAIS DE CHOQUE. Saiba que um cachorro envenenado por sapo pode entrar em choque muito rapidamente. Os seus olhos ficam vidrados, as gengivas pálidas, e ele pode entrar em colapso. Limpe a gengiva com uma gaze molhada para retirar o veneno do sapo que pode estar grudado. (Para mais informações sobre choque, vá à página 109.) Embrulhe-o em uma toalha ou cobertor para transportá-lo no carro.

LEVANTE A CABEÇA DELE. Mantenha a cabeça do seu cachorro elevada. Isso fará com que ele respire mais facilmente, impedindo que se sufoque, caso vomite.

🐾 SITUAÇÃO ESPECIAL

SE NÃO HOUVER RESPIRAÇÃO E/OU BATIMENTO CARDÍACO. Fique pronto para fazer respiração artificial ou ressuscitação cardiopulmonar, caso seu animal entre em colapso. A intoxicação por sapo pode parar o coração e a respiração muito rapidamente.

SE O SEU ANIMAL PARAR DE RESPIRAR, VOCÊ TERÁ QUE RESPIRAR POR ELE. Coloque luvas médicas descartáveis (à venda em farmácias), depois feche sua mão em cilindro e coloque a parte de baixo sobre as narinas do animal. Ponha sua boca no lado oposto daquela mão e com a outra sele os lábios dele para que não vaze ar. Dê duas rápidas sopradas em suas narinas, olhando para ver se o peito se mexe (sopre apenas com força suficiente para expandir o peito). Deixe o ar escapar de volta pelo nariz dele e dê outra soprada. Continue essa respiração de salvamento, dando de 15 a 20 sopradas por minuto, até que ele recomece a respirar sozinho ou que você consiga socorro médico. Se você não tiver luvas, faça a respiração artificial apenas através de uma barreira, como um pedaço de filme plástico, para que você não entre em contato com o veneno. Faça um pequeno buraco no material e coloque-o sobre as narinas do cachorro, antes de começar a respiração de salvamento.

OBSERVE SE O CORAÇÃO DELE PAROU, TOMANDO SUA PULSAÇÃO. Você não conseguirá senti-la na artéria carótida, no pescoço, como se faz com pessoas. Em vez disso, pressione a ponta dos dedos na dobra onde a parte interna da coxa se junta com o corpo e sinta a pulsação na artéria femoral, que é muito grande e fica próxima à superfície. (Essa técnica aparece ilustrada na página 23.) Se não conseguir senti-la, tente ouvir ou sentir o batimento cardíaco. Coloque seu ouvido ou a palma da sua mão sobre o lado esquerdo do seu animal, logo atrás do cotovelo.

Se não puder ouvir um batimento, comece as compressões no peito. Com um cachorro pequeno, ponha a mão em concha sobre a extremidade do peito, logo atrás dos cotovelos, e aperte com firmeza entre o polegar e os outros dedos, pressionando cerca de 1 cm, de 80 a 100 vezes por minuto. Faça uma respiração a cada cinco compressões. Deite um cachorro maior de lado, sobre uma superfície firme e lisa, e coloque suas mãos uma sobre a outra em cima do peito dele. Pressione com firmeza, comprimindo o peito de 25 a 50%, 80 a 100 vezes por minuto. Alterne respirações e compressões da mesma forma que com os cachorros pequenos.

✓ CUIDADOS POSTERIORES

- Depois que o veterinário administrar o antídoto, geralmente não são necessários cuidados adicionais. Mas ele lhe fornecerá as orientações necessárias.

IDENTIFICANDO SAPOS VENENOSOS

A maior parte dos sapos é inofensiva. Na verdade, eles são heróis dos jardins, comendo montes de pragas e lesmas. Mas existem sapos que podem machucar o seu animal, caso você viva em regiões infestadas deles. Os grandes sapos, do gênero Bufo, possuem numerosas glândulas de um veneno que é extremamente tóxico a quase todos os animais, e o sapo-cururu é um de seus representantes. No entanto, é bom que se diga que o sapo, por si só, não consegue usar esse veneno como arma de ataque ou de defesa. É preciso que seja feita uma pressão sobre suas glândulas para que o líquido seja projetado.

O sapo-cururu ou sapo-boi é o sapo mais espalhado pelo Brasil. É considerado um sapo grande, medindo, em média, de 10 a 15 cm, mas podendo chegar a 25 cm. As fêmeas são bege-claras e, assim como os filhotes, têm manchas escuras no dorso e uma estria médio-dorsal clara. Os machos são cinza-amarelados, sem manchas. Possuem a pele muito berruguenta. Seu coaxar é característico, muito parecido com o mugido de um boi, daí o seu nome.

Como esses sapos se adaptam bem ao ambiente doméstico, além de sua alimentação natural composta de pequenos vertebrados e invertebrados, eles também podem ser vistos comendo restos orgânicos, lixo doméstico e rações para cães.

Os sapos extremamente coloridos, mais frequentes na Amazônia, são considerados especialmente venenosos.

CONSULTORES

- E. Murl Bailey Jr., doutor em Medicina Veterinária, Ph.D., é professor de Toxicologia no Texas A&M University College of Veterinary Medicine, em College Station.
- Tam Garland, doutor em Medicina Veterinária, Ph.D., é veterinário no Texas A&M University College of Veterinary Medicine, em College Station.
- Grady Hester, doutora em Medicina Veterinária, é veterinária na All Creatures Clinic, em Rolesville, Carolina do Norte.

ESCORIAÇÃO

PROCURE SEU VETERINÁRIO: **IMEDIATAMENTE**

MATERIAL MÉDICO NECESSÁRIO:
- Soro fisiológico estéril
- Panos limpos
- Toalha ou lenços
- Filme plástico
- Água morna
- Compressas de gaze
- Saco plástico
- Colar elisabetano

A pele contém estruturas chamadas elastinas que se parecem com tiras de elástico arrebentado. Essas fibras dão à pele a habilidade de se recolher depois de se esticar. Mas a pele tem seus limites e, quando uma força suficiente impacta o corpo, ocorre uma escoriação. Nesse caso, a pele se rompe ou é arrancada, mais frequentemente por causa de acidentes com correias de ventilador, acidentes de carro que causam escoriação na pele ao arrastar o animal pelo calçamento ou o impacto brusco de um carro contra o corpo. Os animais precisam de atenção médica de 30 a 60 minutos após esses tipos de acidentes, para que tenham melhor chance de recuperação.

FAÇA ISTO JÁ

ENXÁGUE O FERIMENTO COM SORO FISIOLÓGICO. Muitas vezes, sujeira e cascalho se fixam no tecido e precisam ser retirados quando o animal é sedado na clínica veterinária. Mas, se você enxaguar a ferida e a mantiver úmida, isso pode ajudar na preservação dos tecidos para que eles tenham uma melhor recuperação.

A água não é a melhor escolha para a lavagem de um tecido em carne viva, porque a musculatura absorverá o líquido nas células e ficará inchada. O soro fisiológico se assemelha mais ao conteúdo líquido corporal e não provocará edema. Se você não tiver soro fisiológico estéril, poderá fazê-lo misturando 1 1/4 colher de chá de sal de mesa com meio litro de água. Use essa solução para enxaguar o ferimento e mantê-lo úmido. Se você não tiver mais nada, use um fluxo de água ligeiramente morna para enxaguar o máximo de sujeira que conseguir.

MANTENHA O FERIMENTO ÚMIDO. Embeba panos limpos com o soro fisiológico e cubra o ferimento com eles para que não resseque. Isso também protegerá a musculatura exposta de uma maior contaminação.

SITUAÇÃO ESPECIAL

PARA FERIMENTOS MAIORES. O ferimento pode parecer horrível, mas, em si, não é tão perigoso em si quanto os problemas a longo prazo que podem decorrer de bactérias e sujeira. Para um ferimento em carne viva, a melhor coisa a fazer é protegê-lo com panos molhados em soro fisiológico, até que se consiga cuidados médicos.

No caso de uma grande laceração que levanta a pele, será melhor se você conseguir fechá-la de volta. Cuidadosamente, estenda a pele de volta no lugar. Depois, cubra a região com uma toalha, ou lençol, molhada em soro fisiológico estéril e segure tudo no lugar com filme plástico.

✓ CUIDADOS POSTERIORES

■ Quando a pele levantada é prontamente devolvida à sua posição original, semelhante a quando se veste uma meia, ela geralmente se recupera muito bem, desde que não haja ferida aberta. Quer o ferimento se localize em uma pata, na cauda ou no corpo, os pontos do veterinário segurarão a pele de volta no lugar. Depois que seu animal for suturado, será preciso manter a região limpa. Retire qualquer secreção com um pouco de água morna em uma compressa de gaze.

■ Algumas vezes, parte da pele está danificada a tal ponto que morre, deixando feridas abertas escancaradas. Esses machucados precisam de constantes trocas de curativo, que podem se estender por semanas. É importante manter os curativos limpos e secos, portanto, se o seu animal machucou uma pata, coloque-a dentro de uma sacola plástica, antes que ele saia ao ar livre. Não se esqueça de removê-la quando ele voltar.

■ Frequentemente, a pele pode sarar e cobrir as áreas que faltam, mas leva tempo. Normalmente a recuperação começa nas margens da pele, movendo-se para dentro. Quando recomendado pelo seu veterinário, um tratamento com água pode acelerar o processo de cura, além de ajudar a manter a região limpa. Enxágue o local duas ou três vezes por dia, por 10 a 15 minutos, com um jato de água pressurizada quase morna, da mangueira ou do chuveirinho do banheiro.

■ Talvez seja preciso colocar no seu animal uma coleira de contenção, para que ele não fique lambendo a ferida ou mexendo no curativo. As coleiras cônicas elisabetanas estão disponíveis em pet shops e nos veterinários. No entanto, cães e gatos frequentemente têm dificuldade para comer quando estão com elas, portanto, remova-a o tempo necessário para refeições supervisionadas.

CONSULTORES

■ Ann Buchanan, doutora em Medicina Veterinária, é veterinária no Glenwood Animal Hospital, em Tyler, Texas.
■ Kenneth J. Dobratz, doutor em Medicina Veterinária, é veterinário e professor associado do Serviço de Emergência de Cuidados Críticos no Veterinary Hospital da University of Pennsylvania, na Filadélfia.
■ Barry N. Kellogg, doutor em Medicina Veterinária, é veterinário no Center for Veterinary Care, em Great Barrington, Masschusetts, e chefe do VMAT 1 (Veterinary Medical Assistance Team), a equipe americana de Medicina Veterinária Especializada em Desastres.
■ Kevin Wallace, doutor em Medicina Veterinária, é instrutor no Departamento de Ciências Clínicas do Cornell University College of Veterinary Medicine, em Ithaca, Nova York.
■ Dennis L. Wilcox, doutor em Medicina Veterinária, é veterinário na Angeles Clinic for Animals, em Port Angeles, Washington.

ESPINHOS DE PORCO-ESPINHO OU DE OURIÇO

PROCURE SEU VETERINÁRIO: **SE NECESSÁRIO**

MATERIAL MÉDICO NECESSÁRIO:
- Anti-histamínico à base de difenidramina
- Seringa sem agulha
- Luvas grossas
- Pinça hemostática ou alicate
- Sabão líquido antisséptico de clorexidina
- Carprofeno
- Solução antisséptica à base de povidine

Variando em tamanho e no tipo de alimentação, o porco-espinho e o ouriço são a perdição dos cachorros curiosos e, raramente, dos gatos. Embora vulgarmente não se faça muita distinção entre os dois, eles apresentam várias diferenças. O porco-espinho é vegetariano e o ouriço é insetívoro, mas ambos se destacam por sua pelagem diferenciada. Um porco-espinho ostenta cerca de 30.000 espinhos – pelos duros, transformados – espalhados pelas costas, pela cauda e nas laterais, e cada um está sob controle muscular direto. O ouriço não tem espinhos na cauda.

Os porcos-espinhos e os ouriços não "atiram" seus espinhos, mas os do primeiro estão presos frouxamente na pele e se soltam quando a pele se sacode ou a cauda se agita. Se um cachorro curioso estiver perto da ponta dessa cauda, ficará com o focinho cravado de espinhos, cujo tamanho vai de 5 cm a 10 cm. Os do ouriço, de 2 cm a 7 cm, não caem tão facilmente, mas ele os usa como defesa, enrolando-se completamente e virando uma bola de espinhos que acabarão encravados no focinho do seu agressor. Ambos os animais têm espinhos com espículas (rebarbas) nas pontas que se projetam para trás, designadas para aprofundar sua penetração na musculatura a cada movimento da vítima. Hipoteticamente falando, se não for retirado, um desses espinhos poderá entrar pelo nariz de um cachorro e sair pelos ombros, causando uma dor terrível durante todo o percurso.

Se o seu cachorro aparecer com o focinho parecendo uma almofada de alfinetes, ou com espinhos espetados dentro de sua boca, será preciso um socorro médico para retirá-los. No entanto, a extração dos espinhos resolve o problema, e, se houver apenas uns dois, o pronto atendimento pode dar conta da tarefa.

FAÇA ISTO JÁ

DÊ A ELE UM ANTI-HISTAMÍNICO. Qualquer corpo estranho encravado na pele pode desencadear uma reação alérgica, com edema e dor. Um anti-histamínico não apenas diminui a reação da pele e o edema, como também tende a deixar os animais um pouco sonolentos, o que pode acalmá-los.

MANTENHA SEU ANIMAL QUIETO. É melhor que alguém o ajude a segurar o seu animal, mas, se for preciso, você pode se virar sozinho. Coloque um animal grande em um canto de algum cômodo. Fique de pé e faça com que ele se sente no meio das suas pernas, para estabilizar o peito dele com os seus joelhos. Use luvas para segurar com firmeza a cabeça e o focinho do seu cachorro. Se estiver imobilizando um gato ou um cachorro pequeno, use um casaco pesado e envolva o peito dele com o seu braço, pressionando com firmeza na parte inferior do peito. Se você for destro, seu animal deverá estar olhando para a direita. Segure firmemente o focinho do seu animal com a outra mão.

USE LUVAS GROSSAS PARA REMOVER ESPINHOS. Existe uma crença de que, ao cortar um espinho, ele fica mais fácil de ser removido – o oposto é verdadeiro, já que você não teria muito onde pegar. Para remover um espinho, coloque um par de luvas para jardinagem ou para trabalho pesado e, com uma pinça hemostática ou um alicate, segure o espinho bem próximo ao ponto onde ele penetra na pele.

PROCURE ESPINHOS ESCONDIDOS. Se o seu animal tiver pelo curto e tiver sido espetado no focinho, será fácil ver a maioria dos espinhos; mas os animais de pelos mais longos podem ter espinhos escondidos sob o pelo, que poderão inflamar se não forem removidos. Para descobri-los, percorra cuidadosamente todo o corpo do seu animal, várias vezes. Passe as mãos pela pele devagar, em várias direções. Você estará procurando a ponta rombuda do espinho, porque a ponta afiada ainda está no seu animal. Se não conseguir encontrar os espinhos, tire as luvas e examine novamente, com muito cuidado.

Lave as regiões afetadas. Depois de removidos os espinhos, lave as feridas com água morna e sabão líquido antisséptico de clorexidina e enxágue muito bem. Isso também aliviará a dor das espetadas. Faça isso duas ou três vezes por dia, durante dois a três dias. Desde que todos os espinhos tenham sido retirados, os animais raramente desenvolvem infecções por causa deles, porque eles são revestidos com um ácido gorduroso que protege até mesmo o porco-espinho de infecções por uma estocada acidental.

A retirada de espinhos de um porco-espinho ou de um ouriço dói, de fato, portanto, antes de começar, assegure-se de que você ou outra pessoa consiga conter o seu animal e use luvas grossas para se proteger.

Faça uma pressão lenta e uniforme ao puxá-lo. Não arranque, ou você poderá quebrar o espinho, que então terá que ser removido cirurgicamente. Não se assuste se o seu animal ganir – é muito doloroso. E se ele reagir ou se debater demais, é mais humano deixar que o veterinário remova todos os espinhos depois de sedar o seu animal.

✅ CUIDADOS POSTERIORES

• Se o seu animal estiver com dor, você poderá dar carprofeno.

• Os espinhos pequenos, ou pedaços de espinhos deixados na pele, podem desenvolver pequenos abscessos à medida que o corpo tentar expeli-los. Desde que sejam pequenos (do tamanho da cabeça de um alfinete), você pode espremê-los como um cravo e aplicar nas feridas uma solução antisséptica, como povidine. (Dilua-a em água destilada até ficar com a cor de um chá fraco.) Faça isso duas a três vezes por dia, durante dois a três dias. Se as feridas não tiverem melhorado neste período, leve seu animal ao veterinário.

• Dê uma olhada nas feridas durante vários dias, depois de removidos os espinhos. Se houver algum edema, vermelhidão ou secreção, seu animal precisará de antibiótico, a ser receitado pelo veterinário.

• Os espinhos de porco-espinho ou de ouriço podem se quebrar e passar despercebidos. Eles vão caminhar pelo corpo chegando a lugares como olhos, cérebro, espinha. Continue a observar seu animal por diversos meses depois do acidente, para ver se existe algo de anormal. Se surgir alguma coisa, não se esqueça de contar para o seu veterinário que seu animal sofreu um ataque de espinhos. Eles podem estar relacionados com o problema existente.

A MELHOR ABORDAGEM

PINÇAS HEMOSTÁTICAS

Os alicates comuns, ou de bico fino, servirão para extrair os espinhos de ouriço, mas as pinças hemostáticas são a melhor opção. Você pode consegui-las em lojas de material cirúrgico. Elas são fáceis de usar porque sua empunhadura de tesoura trava no espinho, de modo que você possa se concentrar em removê-lo. Você vai perceber a utilidade das pinças hemostáticas em todos os tipos de tratamento de animais de estimação – como remover objetos estranhos – mesmo que seu animal nunca encontre um ouriço.

CONSULTORES

• Janie Hodges, doutora em Medicina Veterinária, é veterinária no Valley View Pet Health Center, em Farmers Branch, Texas.

• Karen Hoffman, doutora em Medicina Veterinária, é veterinária no Delaware Valley Animal Hospital, em Fairless Hills, Pensilvânia.

• Dennis L. Wilcox, doutor em Medicina Veterinária, é veterinário na Angeles Clinic for Animals, em Port Angeles, Washington.

ESTRANGULAMENTO

PROCURE SEU VETERINÁRIO: **SE NECESSÁRIO**

MATERIAL MÉDICO NECESSÁRIO:
- Tesoura afiada ou tesoura de poda
- Gaze ou pano

O estrangulamento é mais comum em cachorros, porque eles ficam presos em guias ou são amarrados com mais frequência do que os gatos. Cães amarrados se enrolam várias vezes em torno de um poste ou de uma árvore, e, quando ficam enroscados, se debatem para se soltar e acabam se estrangulando. Os cachorros também podem estar amarrados de forma inadequada dentro de um veículo e podem se enforcar ao tentar pular da janela ou da carroceria de uma caminhonete. Os animais podem enroscar a coleira em alguma coisa e acabar se estrangulando. Os gatos, em especial, estão propensos a ficar enredados em panos ou em cordas de persianas. O estrangulamento tende a atingir com mais frequência os animais mais jovens, porque os mais velhos aprenderam a evitar situações perigosas.

Bastam alguns minutos para que um estrangulamento mate o seu animal, portanto, é preciso que a situação seja percebida com muita rapidez. Os primeiros socorros são a única coisa capaz de ajudar, e é preciso agir imediatamente para salvar o seu animal. Leve-o ao veterinário rapidamente, caso ele tenha perdido a consciência ou ainda esteja com problemas para respirar. A caminho, faça respiração artificial ou ressuscitação cardiopulmonar.

FAÇA ISTO JÁ

LIVRE O PESCOÇO. A falta de oxigênio por apenas três ou quatro minutos pode causar dano cerebral e morte, mas, antes disso, os animais ficam inconscientes. O passo mais importante é remover o quanto antes o aperto em torno do pescoço. Não perca tempo tentando desenrolar a guia ou soltar a coleira – corte-a. Use uma tesoura caseira afiada ou, no caso de coleiras grossas, uma tesoura de podar. Tome cuidado para não cortar a pele do seu animal.

Coloque uma lâmina da tesoura entre a pele e a coleira, na parte de trás do pescoço onde o músculo é grosso e protege as veias mais profundas. A coleira pode estar tão apertada que mesmo o lado cego da tesoura é capaz de arranhar ou cortar a pele, mas não deixe que nada o interrompa. Um corte sara com o tempo, e proteger a pele não é tão importante quanto cortar o nó.

ABRA SUAS VIAS AÉREAS. A remoção da constrição pode não ser suficiente para que seu animal recomece a respirar sozinho. Você pode abrir suas vias aéreas para que fique mais

Se a coleira do seu animal estiver asfixiando-o, corte-a.

fácil, estendendo delicadamente o seu pescoço. Se ele estiver inconsciente e ainda assim não respirar, pegue a ponta de sua língua e puxe-a para fora; caso contrário ela pode se recolher para o fundo da garganta e bloquear a passagem de ar. A língua molhada pode estar escorregadia, portanto, é bom usar um pedaço de gaze ou um pano limpo para conseguir uma boa pegada.

SE NECESSÁRIO, FAÇA RESPIRAÇÃO ARTIFICIAL. Veja se o peito dele sobe e desce, e, se isso não acontecer, será preciso respirar por ele. Feche a boca dele com sua mão, ponha seus lábios sobre o nariz dele e dê duas rápidas sopradas, observando se o peito infla. Respire suavemente, principalmente no caso de gatos e cães pequenos, porque uma respiração muito forte pode romper os pulmões do animal. Pense como se soprasse um saco de papel e pare assim que perceber o peito se expandindo, deixando o ar escapar de volta. Repita o processo dando de 15 a 20 sopradas por minuto, até que o seu animal recomece a respirar ou até que você chegue ao veterinário. (Essa técnica aparece ilustrada na página 30.)

ESTEJA PRONTO PARA FAZER RESSUSCITAÇÃO CARDIOPULMONAR. Se seu gato ou seu cachorro parar de respirar por vários minutos, existe a probabilidade de que seu coração também tenha parado. Sinta ou ouça o batimento cardíaco, colocando a palma de sua mão ou seu ouvido sobre o lado esquerdo do peito dele, logo atrás do cotovelo. Se não conseguir encontrar uma pulsação ou um batimento cardíaco, será preciso fazer ressuscitação

ALERTA IMPORTANTE

EDEMA PULMONAR NEUROGÊNICO

Cães e gatos que ficaram por um tempo sem oxigênio podem desenvolver problemas respiratórios ou cardíacos, mesmo depois de terem sido ressuscitados. Pode-se acumular líquido nos pulmões (edema pulmonar), provocando uma respiração curta, cansaço fácil ou tosse. Esses sintomas significam que o seu animal precisa de imediatos cuidados médicos.

Sintomas de problemas podem aparecer minutos ou horas depois de um estrangulamento, portanto, observe atentamente o seu animal pelo menos durante 12 horas, antes de considerá-lo completamente recuperado. Se houver o desenvolvimento de sintomas, o tratamento pode ser complicado. Seu animal pode precisar de medicação para eliminar a água dos pulmões, de antibiótico para combater pneumonia ou mesmo de uma terapia com oxigênio para ajudá-lo a respirar.

cardiopulmonar, alternando cinco compressões no peito para cada respirada. Deve-se fazer de 80 a 100 compressões e de 15 a 20 respiradas por minuto.

Para fazer compressões no coração de gatos e cachorros pequenos, coloque sua mão em concha sobre a extremidade do peito, logo atrás dos cotovelos. Aperte com firmeza, pressionando cerca de 1 cm, com um polegar de um lado e os outros dedos do outro.

Deite um cachorro maior de lado, em uma superfície firme e lisa. Coloque as mãos, uma sobre a outra, em cima do peito dele, atrás do cotovelo. Use ambas as mãos para pressionar para baixo, comprimindo o peito de 25 a 50%. (Essa técnica aparece ilustrada na página 31.)

✓ CUIDADOS POSTERIORES

■ Cães e gatos que passaram por um estrangulamento ficarão com a garganta inflamada por causa do aperto no pescoço. Até que a contusão e o edema desapareçam, pode ser dolorido engolir. Amacie a dieta normal do seu animal durante três a cinco dias, para que ele engula com mais facilidade. Você pode acrescentar um pouco de caldo de galinha magro, morno, sem sal, à comida, para amaciá-la, ou passá-la pelo liquidificador com água morna para conseguir uma consistência de mingau.

CONSULTORES

■ Kenneth J. Dobratz, doutor em Medicina Veterinária, é veterinário e professor associado do Serviço de Emergência e Cuidados Críticos no Veterinary Hospital da University of Pennsylvania, na Filadélfia.

■ Jean C. Hofve, doutor em Medicina Veterinária, é veterinário e coordenador do Companion Animal Program, para o Animal Protection Institute, em Sacramento.

■ Barry N. Kellogg, doutor em Medicina Veterinária, é veterinário no Center for Veterinary Care, em Great Barrington, Massachusetts, e chefe do VMAT 1 (Veterinary Medical Assistance Team), a equipe americana de Medicina Veterinária Especializada em Desastres.

FARPAS

PROCURE SEU VETERINÁRIO: **SE NECESSÁRIO**

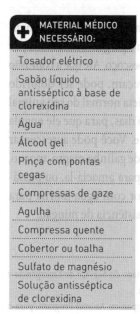

MATERIAL MÉDICO NECESSÁRIO:
- Tosador elétrico
- Sabão líquido antisséptico à base de clorexidina
- Água
- Álcool gel
- Pinça com pontas cegas
- Compressas de gaze
- Agulha
- Compressa quente
- Cobertor ou toalha
- Sulfato de magnésio
- Solução antisséptica de clorexidina

Não é muito comum que gatos e cachorros tenham problemas com farpas, porque sua pele está muito bem protegida por sua pelagem. Mas nas partes menos peludas, como entre os dedos, ou na parte inferior das patas, pode acontecer que uma farpa ou um espinho entre em sua pele. Isso não é especialmente perigoso, mas pode ser muito doloroso e frequentemente pode causar infecção, a não ser que seja tratado com antibiótico.

Os cães de caça são particularmente propensos a farpas. Como eles correm pelo meio do mato e pelos campos ou nadam em tanques e lagos, podem acabar com farpas tamanho gigante, que mais parecem pedaços de pau. Cachorros, e algumas vezes gatos, podem correr por dentro de arbustos e ficar com varetas encravadas no peito, e é comum que cães de caça trombem com árvores subaquáticas, ou mourões de cerca, enquanto nadam.

Às vezes é difícil saber, olhando de fora, a que profundidade uma farpa entrou no corpo, e alguns desses acidentes podem ser um risco de vida. Sempre que um cachorro ou um gato tiver uma lasca ou um pedaço de madeira enfiado profundamente no peito ou no tronco, são necessários cuidados médicos o quanto antes. Farpas pequenas nos patas e nas patas normalmente podem ser retiradas com pronto atendimento.

FAÇA ISTO JÁ

TOSE O PELO. Se o seu animal for muito peludo, pode ser preciso tosar o seu pelo para que se tenha uma visão clara da farpa. Os tosadores elétricos são mais seguros para fazer isso, ou use um barbeador elétrico, ou um aparador de bigodes, para não correr o risco de cortar a pele com tesoura. Enquanto estiver tosando, preste atenção para não cortar a ponta da farpa ou empurrá-la mais para dentro.

LAVE O LOCAL. Lave o local com água e sabão para eliminar qualquer bactéria na ferida.

Você pode usar um sabão líquido antisséptico suave, com clorexidina, ou um sabonete comum. Não se esqueça de enxaguar completamente a espuma.

LIMPE SUA PINÇA. Limpe uma pinça de metal com pontas cegas, esfregando-a com álcool gel e, depois, colocando-a debaixo de água corrente. Enxugue-a com uma compressa de gaze antes de usar.

REMOVA A FARPA. Segure a ponta da farpa firmemente com a pinça e puxe-a para fora na direção em que ela entrou na pele. Pode ser preciso primeiro abrir um pouco a pele cuidadosamente em torno da farpa, com uma agulha limpa, antes de tentar retirá-la.

PROMOVA O SANGRAMENTO DA FERIDA. As farpas são terrivelmente sujas e podem levar detritos infecciosos para dentro da pele. Portanto, se a ferida sangrar um pouco será bom, porque os detritos acabarão saindo junto com o sangue. Você pode apertar suavemente dos dois lados do machucado, para fazer com que sangre um pouquinho.

LIMPE NOVAMENTE O MACHUCADO. Depois de removida a farpa, volte a limpar o local inflamado.

✿ SITUAÇÕES ESPECIAIS

PARA FARPAS ESPECIALMENTE DIFÍCEIS DE PEGAR. Se a ponta da farpa não estiver fácil de pegar, ou um pequeno pedaço se quebrar, não tente tirá-la – a única coisa que você vai conseguir, talvez, é fazer com que o machucado doa mais. Em vez disso, coloque sobre ele uma compressa quente, molhada. Isso fará com que o corpo por si só elimine lentamente a farpa. Molhe uma toalhinha com água o mais quente que você possa suportar na pele por alguns segundos, depois a coloque sobre a ferida – alterne cinco minutos de aplicação com cinco minutos de descanso, até que a toalhinha esfrie – três vezes por dia. Se um pedaço grande da farpa se quebrar, procure o seu veterinário para que ele remova o resto.

PARA FARPAS NO PEITO OU NO TRONCO QUE SE PARECEM COM PEDAÇOS DE MADEIRA. Essas são perigosas de serem removidas em casa. Seu animal precisa de um atendimento de emergência imediato, exatamente como se tivesse sido flechado. É difícil dizer a profundidade de uma farpa, e balançá-la ou puxá-la poderá cortar uma artéria, ou danificar um nervo ou um órgão lá dentro.

Mantenha seu animal o mais quieto possível, colocando-o em um cobertor ou toalha para ser usado como maca. Leve-o para o carro e procure socorro médico imediatamente. (Para mais informações sobre ferimentos com flechas e estacas, vá à página 217.)

☑ CUIDADOS POSTERIORES

■ Se a farpa estava no pé ou na parte inferior da pata, é bom usar água morna e sulfato de magnésio para embeber o local. Junte um pacotinho dos sais com oito litros de água e deixe a parte afetada de molho, dez minutos de cada vez, duas vezes por dia, durante três dias. Isso ajudará o corpo a eliminar qualquer resíduo e bactéria que ainda permaneçam na ferida.

■ Para as feridas que não são fáceis de deixar de molho em um balde ou uma bacia, continue a usar as compressas molhadas quentes por dois dias depois da retirada da farpa. O calor aumenta a circulação sanguínea no local, ajudando a acelerar a recuperação.

■ Mesmo quando a pessoa consegue remover a farpa em casa, os antibióticos são importantes para prevenir infecções. Uma injeção de penicilina no consultório do veterinário poderá ser seguida pela necessidade de uma semana de comprimidos, dependendo da gravidade do machucado. Normalmente pode-se esconder o comprimido em petiscos como um pedaço de queijo, e um cachorro o engolirá sem problemas. Se for um gato, tente esmagar o comprimido e misturar o pó em uma colher de sopa de alguma comida enlatada que tenha um cheiro bem pronunciado.

▪ Farpas com tamanho de pedaços de madeira podem deixar grandes feridas, depois de removidas, que precisam ser mantidas limpas. Limpe o local de acordo com a necessidade, com sabão líquido antisséptico suave, para ajudar uma rápida recuperação e prevenir o aparecimento de infecção.

▪ Nos machucados sérios, o veterinário colocará um dreno nos tecidos mais profundos para facilitar a eliminação de materiais estranhos da ferida. Será preciso enxaguar o ferimento diariamente com uma solução antisséptica, como povidine. Compre essa solução em concentração de 0,01 a 0,1%. Se você comprar povidine em uma concentração mais alta, dilua-o em água destilada até que ela fique com a cor de um chá fraco. (Se você estiver inseguro quanto à diluição, peça uma orientação ao farmacêutico ou ao veterinário.) O seu veterinário poderá lhe dar uma seringa especial com uma extensão comprida como um cateter ou uma borracha para garrote, explicando como usá-la para aplicar soluções profundamente na ferida.

CONSULTORES

▪ Nina Beyer, doutora em Medicina Veterinária, é veterinária na Grecoloqueld Veterinary Associates, em Mantua, New Jersey.

▪ Peter Davis, doutor em Medicina Veterinária, é veterinário no Pine Tree Veterinary Hospital, em Augusta, Maine.

FEBRE

PROCURE SEU VETERINÁRIO: **SE NECESSÁRIO**

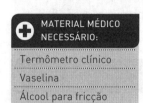

MATERIAL MÉDICO NECESSÁRIO:
- Termômetro clínico
- Vaselina
- Álcool para fricção
- Água
- Compressas geladas
- Toalha úmida gelada

A febre é uma temperatura elevada, gerada pelo organismo para combater alguma doença. As temperaturas normais de gatos e cachorros variam de 37 ºC a 39 ºC. Uma febre de 40 ºC em ambos os animais, acompanhada por letargia, vômito, diarreia, ou recusa a se alimentar, pede atenção médica. Se você não conseguir marcar uma hora para seu animal no mesmo dia, será uma boa ideia dar um primeiro atendimento para que ele se sinta mais confortável.

FAÇA ISTO JÁ

MEÇA A TEMPERATURA. A única forma precisa de saber se seu gato ou cachorro está com febre é "tirar" sua temperatura. Medir a temperatura retal é simples. Em primeiro lugar, peça que outra pessoa imobilize a parte da frente do animal, segure seu pescoço ou distraia-o de algum jeito para que ele não morda. Pegue um termômetro e sacuda-o até que o mercúrio desça para 35,5 ºC. Depois, passe um lubrificante, como vaselina, em seu bulbo. Pegue a base da cauda de seu animal e levante-a para que você tenha uma visão clara. Outra forma de imobilizar seu animal, impedindo-o de escapar, é segurando com firmeza a sua cauda. Isso também impede que ele se sente durante o procedimento, o que poderia acabar machucando-o, caso o termômetro se quebre.

Insira a ponta lubrificada do termômetro até cerca da metade no reto do animal, e segure-o no local por três minutos. Retire o termômetro, limpe-o com um papel e leia a coluna prateada. (No caso da leitura de um termômetro digital, siga as instruções do fabricante.) Depois de terminado, não se esqueça de limpar o

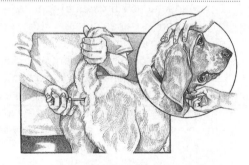

É muito mais fácil medir a temperatura de um animal quando você tem uma outra pessoa para imobilizá-lo e distraí-lo. Lubrifique a ponta do termômetro, depois pegue a cauda de seu animal e levante-a. Insira o termômetro lentamente, até mais ou menos sua metade, no reto no animal. Mantenha-o quieto por três minutos e retire o termômetro para fazer a leitura.

termômetro com álcool, para evitar a disseminação de doenças.

Se a temperatura estiver acima de 40,5 ºC, leve-o imediatamente ao veterinário. Se for acima de 41,5 ºC, misture álcool para fricção com água meio a meio e, a caminho do veterinário, borrife a solução, ou aplique com leves batidinhas, nas axilas, na virilha, no lado de

PRIMEIROS SOCORROS PARA CÃES E GATOS

dentro das orelhas, e na região dos coxins. Conforme evapora, a solução resfriará o seu animal. Os coxins e as orelhas têm muitos vasos sanguíneos próximos à superfície, o que faz com que o resfriamento do sangue possa ajudar a resfriar o corpo por inteiro.

✓ CUIDADOS POSTERIORES

■ Geralmente não é preciso nenhum acompanhamento depois que foram tomadas as medidas de emergência, a não ser que seu veterinário lhe dê instruções específicas.

ALERTA IMPORTANTE

INSOLAÇÃO

Quando um tempo muito quente eleva a temperatura do corpo de um animal a níveis perigosos, ele pode ter insolação. O calor do tempo não é o único culpado. Ficar fechado dentro de um carro, preso em uma secadora de roupas, ou em um canil sem boa circulação de ar são situações comuns e perigosas que podem conduzir a uma insolação. A temperatura sobe a 41 °C ou mais – até mesmo 43 °C não chega a ser anormal. É importante saber a temperatura, não se esqueça de anotá-la.

A insolação é uma emergência médica que necessita tratamento veterinário o quanto antes. A não ser que a temperatura caia muito rapidamente, seu cão, ou seu gato, sofrerá um dano permanente no cérebro e nos órgãos, podendo morrer, portanto, o pronto atendimento é essencial para salvar a sua vida.

Coloque seu animal em uma banheira de água gelada imediatamente, ou use a mangueira de jardim para molhá-lo e ponha bolsas de gelo envoltas em um pano fino entre suas patas posteriores, na área da virilha e nas axilas. Depois, enrole-o em uma toalha úmida e gelada e leve-o ao veterinário. (Para mais informações sobre insolação, vá à página 279.)

CONSULTORES

■ Michael G. Abdella, doutor em Medicina Veterinária, é veterinário no Alisa Viejo Animal Hospital, em Alisa Viejo, Califórnia.

■ John Brakebill, doutor em Medicina Veterinária, é veterinário no Brakebill Veterinary Hospital, em Sherman, Texas.

■ Susette Nygaard, doutora em Medicina Veterinária, é veterinária no East Lake Veterinary Hospital, em Dallas.

FERIDAS POR LAMBEDURA

PROCURE SEU VETERINÁRIO: **NO MESMO DIA**

MATERIAL MÉDICO NECESSÁRIO:
Tira de pano
Toalha ou fronha para mordaça
Aparador de bigode
Barbeador elétrico
Tesoura com pontas arredondadas ou tosador elétrico
Sabão líquido antisséptico à base de clorexidina ou água e sabonete
Creme com cortisona
Anti-histamínico
Colar elisabetano
Meia de algodão
Fita adesiva ou curativo elástico adesivo

As feridas por lambedura – tecnicamente chamadas de granulomas por lambedura – não são emergências, mas com certeza são uma séria provação para os cachorros. Quase tudo, da picada de um inseto até um corpo estranho, ou mesmo uma alergia ou fratura, pode provocar uma ferida por lambedura, se o desconforto desencadear no cachorro o ciclo da lambedura. Um cachorro também pode ficar entediado e lamber para aliviar a tensão, e isso acaba se tornando um hábito, como o roer as unhas para as pessoas.

Para os cachorros, lamber funciona da mesma maneira que coçar para as pessoas – dá bem-estar porque faz com que o organismo libere endorfinas, analgésicos naturais produzidos pelo cérebro. A sensação é de fato tão boa que o animal se sente recompensado por lamber e não consegue parar, mesmo quando resulta em uma ferida. As feridas por lambedura quase sempre acontecem na parte inferior da pata, fácil de ser alcançada pelo cachorro. Elas são mais comuns em cachorros de meia idade, menos ativos, especialmente labradores, dinamarqueses, dobermans e outras raças grandes, de pelo curto. No início, as feridas são vermelhas e brilhantes, mas no final, a pele se torna grossa, dura e destacada.

As feridas por lambedura sempre pedem atenção médica para terem um diagnóstico e um tratamento adequados, mas o pronto atendimento pode aliviar temporariamente o desconforto, até que se consiga ajuda.

FAÇA ISTO JÁ

AMORDACE O SEU ANIMAL. Faça isso antes de qualquer coisa, porque as feridas por lambedura às vezes são dolorosas, e seu cachorro pode atacá-lo quando você tentar tratar dele. Faça uma laçada em uma gravata, ou em uma tira de meia-calça, coloque-a pelo focinho do seu cão, e dê um nó. Depois, leve as pontas para debaixo do queixo dele e dê um novo nó. Finalmente, puxe as pontas para trás das orelhas e amarre mais uma vez. (Essa técnica aparece ilustrada na página 27.) Você pode controlar um cachorro de focinho achatado, como um pug, embrulhando-o em uma toalha ou em uma fronha.

TOSE A REGIÃO. Normalmente, com as lambidas, seu cachorro terá desgastado a maior parte do pelo em torno da região. Se tiver sobrado algum perto da ferida, remova-o com um aparador de bigode, barbeador elétrico, tesoura com pontas arredondadas ou tosador elétrico. (Essa técnica aparece ilustrada na página 393.)

MOLHE E LIMPE COMPLETAMENTE A REGIÃO. Algumas vezes, as feridas por lambedura ficam infeccionadas, ou imensamente suscetíveis a ficarem infeccionadas. Use sabonete e água, caso você só tenha isso, mas um sabão líquido antisséptico com clorexidina é ainda melhor. Tome cuidado para enxaguá-lo completamente, depois seque suavemente encostando de leve um pano macio. É melhor usar água fria, porque ela ajuda a aliviar a coceira.

USE UM CREME COM CORTICOIDE. Um creme de corticoide acalmará a coceira e a inflamação. Ele pode ser usado duas ou três vezes por dia, para um alívio temporário, até que você vá ao veterinário.

TENTE UM ANTI-HISTAMÍNICO. Um anti-histamínico comum pode ajudar com a coceira, mas mesmo que não o faça, deve deixar seu cachorro sonolento e fazer com que ele lamba menos a ferida.

PONHA COLEIRA NELE. Em muitos casos, a única forma de quebrar o ciclo da lambida é impedir fisicamente o cão de tocar na ferida. Para isso, pode-se usar uma coleira cônica de contenção elisabetana. Ou um envoltório de pano, que permite que a ferida respire, mas impede que a língua do animal a toque. Uma meia de algodão funciona bem em feridas por lambedura nas patas. Coloque a meia e prenda-a no pelo com esparadrapo ou com um curativo adesivo elástico, como Vetrap®, para que o cachorro não consiga removê-la.

✅ CUIDADOS POSTERIORES

- Em muitos casos, seu veterinário receitará uma combinação analgésica e anti-inflamatória, que acaba com a coceira e a dor, e ajuda a quebrar o ciclo. Não deixe seu animal lambê-la até que tenha sido absorvida. Experimente lhe dar algum petisco ou oferecer um brinquedo para ele morder, para manter sua boca ocupada.

- Se a ferida estiver infeccionada, você provavelmente deverá administrar um antibiótico oral para o seu cachorro por, no mínimo, sete dias, e possivelmente duas semanas. É muito fácil dar comprimido para um cachorro – apenas pegue no alto de seu focinho e pressione suavemente, de cada lado, seus lábios contra os dentes, atrás dos longos dentes caninos, para forçá-lo a abrir a boca. Depois jogue o comprimido no fundo da língua, feche sua boca e massageie sua garganta até que ele engula. (Essa técnica aparece ilustrada na página 40.)

CONSULTORES

- Doug McConkey, doutor em Medicina Veterinária, é veterinário no Canyon Creek Pet Hospital, em Sherman, Texas.
- Laura Solien, doutora em Medicina Veterinária, é veterinária no Maplecrest Animal Hospital, em Goshen Indiana.
- Jeffrey Werber, doutor em Medicina Veterinária, é veterinário no Century Veterinary Group, em Los Angeles.

FERIMENTOS ABDOMINAIS

PROCURE SEU VETERINÁRIO: **IMEDIATAMENTE**

MATERIAL MÉDICO NECESSÁRIO:
- Cobertor
- Karo® ou mel
- Pano limpo
- Compressas de gaze
- Soro fisiológico estéril
- Água morna
- Toalhas ou lençóis limpos
- Antisséptico
- Luvas médicas descartáveis
- Saco de lixo ou filme plástico
- Esparadrapo
- Saco de gelo
- Transportador de animal ou outro objeto rígido
- Tesoura com pontas arredondadas ou tosador elétrico
- Lubrificante solúvel em água (K-Y Gel®)
- Faixa elástica, ou meia-calça
- Tira de pano ou fronha para mordaça
- Seringa sem agulha
- Colar elisabetano

Apenas uma camada fina, de pele, gordura e músculo, protege o estômago, os intestinos, o fígado e outros órgãos abdominais – chamados vísceras – do mundo exterior. Os ferimentos abdominais são comuns e quase sempre sérios, porque os órgãos são facilmente contundidos e rompidos. Danos causados por acidentes de carro, quedas ou coices de cavalos podem não ser aparentes, enquanto que mordidas de animais ou incisões para castração de fêmeas geralmente abrem o abdome, de maneira que os órgãos saem e ficam expostos a infecções.

Se o seu animal não parece estar sofrendo, e o machucado não penetrou o abdome, você pode tratá-lo em casa, mas ferimentos abdominais sérios são emergências médicas. Eles são dolorosos, quer os órgãos estejam expostos ou não. Os animais arqueiam o dorso, quando sentem dor na barriga, ou se retraem quando tocados, recusando-se a se mover.

Uma vez que é difícil saber se um ferimento penetrou a cavidade abdominal, peça que seu veterinário examine qualquer perfuração ou ferida abdominal. As marcas de mordida podem parecer insignificantes, mas podem ter sérias consequências, portanto faça com que elas também sejam examinadas.

O corpo produz reações químicas, liberando epinefrina (adrenalina), que ajudam um animal a sobreviver ao trauma inicial, mas elas só duram de 10 a 20 minutos. Um primeiro tratamento manterá seu animal vivo até que você consiga socorro médico, e pode impedir complicações que ponham a vida em risco, como infecções.

FAÇA ISTO JÁ

Para ferimentos penetrantes

PROCURE INDÍCIOS DE CHOQUE. Os danos sérios geralmente provocam choque, o que faz com que os órgãos deixem de funcionar por falta de oxigênio. Um animal em estado de choque fica fraco ou cambaleante, suas pálpebras baixam e ele pode ficar com a língua ou as gengivas pálidas. O choque pode matar um gato ou um cachorro em um prazo tão curto quanto de 10 a 20 minutos, e ele precisará de cuidados veterinários imediatos para sobreviver. Enrole-o em um cobertor para mantê-lo quente – isso pode retardar o processo do choque – e leve-o à clínica. Você também pode colocar uma ou duas gotas de Karo® ou de mel nas gengivas de seu animal, para ajudá-lo a se manter consciente. (Para mais informações sobre choque vá à página 109).

FAÇA PRESSÃO. Se o ferimento estiver sangrando, exerça uma pressão direta na ferida com um pano limpo ou uma compressa de gaze. Se o sangue vazar pela compressa, não a remova, apenas coloque mais uma sobre a primeira e continue a pressionar. (A remoção da compressa poderá atrapalhar qualquer coágulo que estiver se formando). Se o sangramento vier dos intestinos, ou de qualquer outro órgão que estiver exposto, você pode apertar um pouco do tecido no local, para estancar o sangramento. Aperte delicadamente o tecido que estiver sangrando entre seu polegar e as pontas de dois dedos, usando uma compressa úmida de gaze esterilizada, uma toalha úmida limpa, ou até um quadrado de algodão de maquiagem, sobre o ferimento. Coloque tanta pressão quanto seria esperada para estourar uma uva madura. (Os órgãos tendem a ser tão macios, que a pressão não terá um efeito tão bom quanto um aperto). Se o sangramento continuar, mantenha a pressão enquanto alguém transporta você e seu animal até o hospital veterinário.

PROTEJA O FERIMENTO. Cubra as perfurações ou o corte, para impedir que o machucado seja penetrado por germes. As contaminações que infectam o interior do corpo podem ser fatais, mesmo quando a própria ferida parece simples. É preciso apenas uma hora para que as bactérias se estabeleçam, assim, é importante que o machucado seja tratado muito rapidamente. Use uma compressa espessa ou toalhas ou lençóis limpos dobrados, depois enrole uma atadura elástica em torno do corpo, para segurar essa proteção. Se você não tiver uma atadura elástica, use meia-calça. Preste

ALERTA IMPORTANTE

PERITONITE

A peritonite é uma inflamação ou infecção da cavidade abdominal, causada por uma bactéria que entra através de um ferimento. Mordidas que perfuram o abdome pelo lado de fora geralmente introduzem germes. Contudo, traumas, objetos engolidos, ou infecções uterinas que rompem órgãos interiormente, também são causas comuns, por permitirem que os germes se espalhem na cavidade do corpo.

A peritonite provoca uma dor muito forte no abdome, e os animais tipicamente arqueiam o dorso e encolhem a barriga para proteger a área. Eles podem andar com as patas duras, ou se recusarem terminantemente a andar. Algumas vezes, a barriga incha com a infecção. Uma febre de mais de 40 °C é típica, e os animais tendem a recusar comida e a mostrar desânimo.

A peritonite é extremamente grave e pode ser difícil de curar, portanto, portanto se seu animal apresenta esses sintomas, procure ajuda imediatamente. Quando a infecção é percebida a tempo, doses maciças de antibióticos e antimicrobiais podem ajudar. Alguns animais precisam de cirurgia para que seus órgãos sejam limpos e o dano seja sanado.

FERIMENTOS ABDOMINAIS 219

Quando houver a possibilidade de danos internos, é importante imobilizar o seu animal, antes de transportá-lo. No caso de um gato ou de um cachorro pequeno, uma tampa resistente de lata de lixo limpa pode funcionar como um transporte rígido, caso você não tenha um transportador. Toalhas farão com que ele se sinta mais confortável pelo caminho.

atenção para manter uma folga suficiente que permita que você coloque dois dedos entre a atadura e o dorso de seu animal, para que ele possa respirar confortavelmente.

ENXÁGUE OS ÓRGÃOS. Se as vísceras estiverem expostas, para fora do corpo, e o socorro médico estiver a mais de 20 minutos de distância, enxágue os órgãos completamente, mas com cuidado, com uma solução de soro fisiológico estéril. Se você não tiver essa solução, use água quase morna, de boa qualidade. Isso ajuda a reduzir a contaminação, enxaguando e diluindo mecanicamente os contaminantes, além de ajudar a manter os tecidos úmidos (os tecidos dos órgãos morrem se perderem a umidade).

RECOLOQUE OS ÓRGÃOS. Os órgãos e os intestinos projetados podem ser cuidadosamente recolocados na cavidade abdominal de seu animal, depois de enxaguados.

Embeba compressas de gaze, uma fronha limpa sem fiapos, ou uma toalha de banho limpa, em uma solução de soro fisiológico estéril, ou em água potável quase morna, e use-a para colocar os órgãos de volta. Se você for usar suas mãos nuas, lave-as primeiro com um antisséptico, ou use luvas médicas descartáveis (vendidas nas farmácias) para não introduzir bactérias no corpo.

Segure os órgãos no lugar, colocando firmemente uma faixa na barriga, feita com filme plástico ou com saco de lixo. Coloque-a sobre as compressas ou o pano úmido, enrole-a em torno do corpo do seu animal e prenda com fita adesiva. Tome cuidado para que a faixa não fique muito apertada; é preciso apenas que ela mantenha no lugar os órgãos cobertos.

Se você não conseguir recolocar os órgãos na cavidade abdominal, envolva-os com uma toalha de banho molhada limpa, como se fosse uma tipoia em torno da barriga de seu animal, até levá-lo ao hospital veterinário. Preste atenção para que todos os órgãos fiquem cobertos.

AMORTEÇA A DOR COM GELO. Não dê analgésico a seu animal, como aspirina, porque isso pode interferir na coagulação do sangue e piorar o sangramento. Em vez disso, coloque uma bolsa de gelo sobre o machucado, por fora do curativo de proteção. A bolsa de gelo ajudará a amortecer a dor, e o frio também poderá ajudar a diminuir o sangramento.

Movimente seu animal cuidadosamente. Transporte seu animal em uma superfície rígida e estável, para impedir que os órgãos sofram ainda mais. Os cachorros pequenos e os gatos se dão melhor com o transporte em caixas ou transportadores. Não carregue o animal nos braços, porque isso pode aumentar seu nível de estresse, piorando o choque. Se você não tiver uma caixa ou um transportador, use uma tampa de lata de lixo limpa, desde que seja firme o suficiente para suportar o peso do seu animal sem curvar. Primeiro, forre a tampa com uma toalha limpa. Depois, movimente seu animal cuidadosamente, mexendo-o o mínimo possível. Use uma tábua de passar ou uma maca feita de cobertor para movimentar um cachorro grande.

Para ferimentos não penetrantes

TOSE O PELO DE SEU ANIMAL. Para limpar feridas que não penetraram no abdome, primeiramente raspe ou corte o pelo do local do machucado. Isso removerá uma das maiores fontes de bactéria e poderá ajudar a prevenir infecções. Use tosador elétrico ou corte o pelo, cuidadosamente, com uma tesoura com pontas arredondadas. Se estiver usando tesoura, antes coloque seu indicador e o seu dedo médio dentro do pelo e mantenha-os sobre o machucado. Corte os pelos na altura dos seus dedos, deixando uma margem de 2,50 cm em torno do ferimento. (Essa técnica aparece ilustrada na página 393). Para impedir que os pelos tosados grudem no machucado, passe uma fina camada de lubrificante solúvel em água, como o K-Y Gel®. O material cortado grudará no gel e você poderá tirá-lo com uma leve passada de água.

LIMPE O FERIMENTO. Você pode usar água morna e um pedaço de pano limpo para limpar feridas aparentes, desde que elas não tenham penetrado no abdome. Se houver vários resíduos com crostas, ou com aparência de queijo, brancos, verdes, amarelos ou pretos, a melhor maneira de limpá-los é com água quase morna da torneira, com a ajuda de um chuveirinho ou de um spray. Enxágue delicadamente a área com água, até que o material amoleça. Depois, usando uma luva médica descartável, remova esses resíduos com cuidado. Faça isso uma ou duas vezes por dia, conforme for necessário nos primeiros dois ou três dias, mas não lave o machucado quando parecer que começa a se formar uma crosta saudável.

🐾 SITUAÇÕES ESPECIAIS

SE SEU ANIMAL ESTIVER COM DOR. Ele poderá morder por reflexo. Para ajudá-lo, você poderá precisar imobilizá-lo de forma segura, para se proteger. Amordace-o com uma gravata ou uma meia-calça. Amarre essa tira em torno do nariz do seu cachorro e dê um nó no alto do focinho; depois puxe as pontas para debaixo da sua mandíbula e dê outro nó; finalmente, puxe as pontas para trás e amarre-as atrás das orelhas. (Veja a ilustração dessa técnica à página 27). Para gatos ou cachorros com focinhos curtos, como o pug, coloque uma fronha pela cabeça. No entanto, não faça isso se o seu animal estiver tendo problemas para respirar.

✅ CUIDADOS POSTERIORES

▪ Quase todos os animais feridos no abdome precisam de antibióticos para prevenir ou tratar infecções. Geralmente, esses remédios são dados duas a três vezes por dia, durante um período de 10 a 21 dias, dependendo da situação. Para dar comprimidos a seu animal, pressione delicadamente os lábios dele contra os dentes para fazê-lo abrir a boca, depois coloque rapidamente o remédio no fundo de sua língua. Com uma mão, mantenha sua boca fechada e, com a outra, massageie sua garganta, para estimulá-lo a engolir, ou assopre de leve suas narinas, de forma que ele engula. Geralmente, um animal lambe seu nariz, depois de ter engolido. (Veja essa técnica ilustrada na página 40).

▪ Pode ser mais difícil dar um comprimido a um gato, e você não vai querer que ele se debata depois de um ferimento traumático, assim, o veterinário poderá prescrever antibióticos líquidos. Dê o remédio líquido, inserindo o conta-gotas (ou a seringa sem agulha) já preenchido, no canto da boca de seu animal, e, vagarosamente administre o medicamento. Mantenha

FERIMENTOS ABDOMINAIS

A MELHOR ABORDAGEM

FILME PLÁSTICO

No caso de ferimentos abdominais abertos, uma das técnicas mais fáceis, mais eficientes e mais seguras para curativos de primeiros socorros é envolver o tronco do animal com filme plástico. O plástico não gruda na toalha úmida que segura os órgãos internos, protege contra germes, e adere em si mesmo, fazendo com que você não precise usar qualquer adesivo para mantê-lo no lugar. Além disso, é suficientemente elástico para não interferir na respiração do seu animal e é fácil de ser retirado pela equipe veterinária, porque não adere nos pelos, podendo ser simplesmente removido com tesoura. À medida que seu animal melhorar, você também pode usar filme plástico para manter seu curativo seco, quando ele sair de casa.

Para dar um medicamento líquido para seu animal, incline a cabeça dele para trás, insira um conta-gotas ou uma seringa no canto da boca e administre o remédio. Massageie suavemente sua garganta até que ele engula.

a cabeça dele inclinada para trás, de forma que ele tenha de engolir e o remédio não vaze para fora. Massageie suavemente sua garganta, até que você o veja engolindo. Talvez você tenha de dar uma pequena quantidade de cada vez, para ter certeza de que ele toma toda a dose.

- As feridas abdominais abertas precisam de pontos e, muitas vezes, de um dreno para eliminar o material infeccioso. Mantenha a área limpa, passando delicadamente um pano ou uma compressa de gaze embebida em água morna. Os gatos geralmente não se incomodam com suturas, mas os cachorros frequentemente lambem e mordem os pontos, podendo reabrir o machucado. Aplique Bite Stop® ou Bitter Max®, um líquido com gosto ruim, para impedir a interferência, ou use uma coleira cônica de contenção, chamada colar elisabetano, para que seu animal deixe a ferida cicatrizar. Retire-a na hora das refeições, para que ele possa comer.

- Dependendo da gravidade do machucado, talvez você tenha de limitar as atividades de seu animal, impedindo-o de subir escadas ou de correr e pular. Uma caixa ou gaiola de descanso podem ser necessárias, em caso de animais com extensos danos internos. Ande com seu animal apenas se ele estiver preso na guia e impeça grandes atropelos, mesmo que ele queira brincar, porque qualquer atividade mais agitada pode fazer com que ele volte a se machucar ou pode abrir os pontos internos.

CONSULTORES
- Deborah Edwards, doutora em Medicina Veterinária, é veterinária no All Cats Hospital, em Largo, Flórida.
- Al Schwartz, doutor em Medicina Veterinária, é veterinário no Moorpark Veterinary Hospital, na Califórnia.
- Lenny Southam, doutor em Medicina Veterinária, é veterinário em domicílio no Targwood Animal Health Care em West Chester, Pensilvânia, diretor do CompuServe's VetCare Forum e coautor de *The Pill Book Guide to Medication for Your Dog and Cat*.
- David Wirth-Schneider, doutor em Medicina Veterinária é veterinário na Emergency Clinic for Animals, em Madison, Wisconsin.

FERIMENTOS NA BOCA

PROCURE SEU VETERINÁRIO: **NO MESMO DIA**

MATERIAL MÉDICO NECESSÁRIO:
- Seringa sem agulha
- Soro fisiológico estéril
- Gelo ou água gelada
- Analgésico tópico oral
- Cotonetes

Os ferimentos na boca são muito mais comuns em cachorros do que em gatos. O prazer de um cachorro em mascar galhos, ossos, e outros objetos não comestíveis pode resultar em farpas, perfurações e escoriações que podem ser dolorosas. Os animais também podem se queimar por lamber substâncias cáusticas ou mastigar fios elétricos. Alguns animais cortam suas línguas em brigas ou lambendo latas de comida vazias.

Os ferimentos traumáticos – um atropelamento, a queda de uma árvore, ou uma pancada qualquer – pedem cuidados médicos imediatos. Em qualquer ferimento bucal o seu animal pode salivar em excesso ou ter sangue na saliva, se recusar a comer, ou comer com relutância, de forma estranha, talvez com um lado da boca. Aqui está o que fazer.

FAÇA ISTO JÁ

USE LEITE PARA PERDA DE DENTE. Se um dente foi arrancado, desde que a raiz permaneça intacta e seja um dente saudável, talvez seu veterinário consiga reimplantá-lo. Conserve o dente em um copo com leite (o leite ajuda a preservar os vasos sanguíneos), depois vá imediatamente ao veterinário, levando o dente e o animal. (Para mais informações sobre problemas nos dentes, vá à página 374.)

ENXÁGUE A BOCA DO SEU ANIMAL. O melhor tratamento para ferimentos na boca é enxaguá-la muito bem. Isso ajudará a apressar a cura e a limpar qualquer detrito que ainda possa restar de um graveto ou de outro corpo estranho. Encha uma seringa com soro fisiológico estéril e lave o ferimento durante cinco a dez minutos, ou pelo tempo que seu animal deixar.

DÊ GELO MOÍDO OU ÁGUA GELADA PARA SEU ANIMAL. Isso ajudará a anestesiar o ferimento, além de limpá-lo. Uma boca machucada sempre impede que um animal coma ou beba tanto quanto precisar, e ele pode se desidratar com muita rapidez. Dar gelo para ele ajuda a prevenir isso. (Para mais informações sobre desidratação, vá à página 150.)

COLOQUE UM ANALGÉSICO. No caso de um corte ou de um esfolado na boca de seu cachorro, é melhor usar um anestésico local tópico de livre acesso à base de benzocaína. Coloque um pouco dele em um cotonete e

ALERTA IMPORTANTE

ESTOMATITE

Um gato ou um cachorro pode desenvolver uma inflamação na boca – estomatite – devido a uma variedade de bactérias ou vírus, mas você poderá pensar que ele se feriu seriamente. O animal tipicamente saliva em excesso, balança a cabeça, esfrega a boca com a pata e se recusa a comer. Sua boca ficará tão inflamada que ele nem mesmo vai querer que você dê uma olhada, mas quando você o fizer, o tecido estará muito vermelho, inchado e mole. Normalmente, também haverá um odor muito ruim. Se você desconfiar de estomatite, procure seu veterinário imediatamente.

aplique no machucado para um alívio temporário da dor. Não use esse remédio em gatos.

SUSPENDA A COMIDA ATÉ A CONSULTA AO VETERINÁRIO. É possível que ele recomende não alimentar seu animal nas primeiras 24 horas depois do ferimento, para que ele possa fechar. De qualquer modo, vai ser difícil comer com dor.

✅ CUIDADOS POSTERIORES

- Dependendo da extensão dos ferimentos, o veterinário poderá receitar um antibiótico

para prevenir infecção. Normalmente, quando o problema é na boca, prescreve-se um medicamento líquido. Levante a cabeça do seu animal e coloque o remédio dentro da sua bochecha. Depois, mantenha delicadamente a boca dele fechada, até que ele engula. (Essa técnica aparece ilustrada na página 40.)

- O ferimento deixará a boca do seu animal sensível, e ele hesitará em comer. As dietas terapêuticas, como Hills's Prescription Diet A/D® podem ser indicadas pelo seu veterinário. Elas têm uma consistência de purê, que os animais gostam muito. Além disso, são extremamente ricas em calorias, o que faz com que não seja preciso comer muito. Ou você pode dar uma dieta macia em lata, ou apenas misturar no liquidificador a ração seca normal do seu animal com um pouco de caldo de galinha magro, sem sal, para fazer uma papa. Alimente-o com uma dessas dietas por, no mínimo, três dias, ou até que o machucado comece a melhorar.

- Os ferimentos bucais geralmente saram muito depressa, por si só, em parte por causa das propriedades antissépticas da saliva do animal. No entanto, você pode acelerar o processo de cura apenas mantendo o machucado limpo. Depois de cada refeição, enxágue a boca do seu animal com água limpa. Você pode usar uma seringa sem agulha para fazer com que o jato de água percorra toda a boca, tomando cuidado para evitar o fundo da boca, perto da garganta, para que ele não se sufoque.

CONSULTORES

- Dawn Crandell, doutor em Medicina Veterinária, é veterinário na Veterinary Emergency Clinic of York Region, em Aurora, Ontário, Canadá.
- Terry Kaeser, doutor em Medicina Veterinária, é veterinário na Goshen Animal Clinic, em Goshen, Indiana.
- Margaret J. Rucker, doutora em Medicina Veterinária, é veterinária no Southwest Virginia Veterinary Services, em Lebanon, Virgínia.
- Drew Weigner, doutora em Medicina Veterinária, é veterinária em The Cat Doctor, em Atlanta.

FERIMENTOS NAS PATAS

PROCURE SEU VETERINÁRIO: **SE NECESSÁRIO**

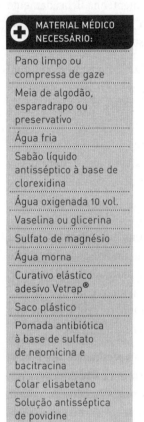

MATERIAL MÉDICO NECESSÁRIO:

Pano limpo ou compressa de gaze

Meia de algodão, esparadrapo ou preservativo

Água fria

Sabão líquido antisséptico à base de clorexidina

Água oxigenada 10 vol.

Vaselina ou glicerina

Sulfato de magnésio

Água morna

Curativo elástico adesivo Vetrap®

Saco plástico

Pomada antibiótica à base de sulfato de neomicina e bacitracina

Colar elisabetano

Solução antisséptica de povidine

Os animais machucam suas patas de diversas maneiras. Elas podem ter as unhas arrancadas ou os coxins perfurados por anzóis ou cortados com vidro. Eles podem ser queimados com chamas ou com produtos químicos, e a musculatura pode ficar lacerada se um animal for preso de forma inadequada e acabar arrastado por um carro.

Os cachorros que ficam entediados podem desenvolver o hábito de lamber as patas até desgastar o pelo e provocar feridas nos dedos e no pé. Os animais com ferimentos na pata geralmente mancam ou a mantém levantada, enquanto que os gatos podem simplesmente parar de andar, preferindo se esconder. Ou, quando sozinhos, podem limpar a região de forma excessiva.

Os ferimentos profundos pedem atenção médica – por exemplo, se mais de 1/4 da pata estiver cortado e você puder ver os músculos rosados, seu animal precisará de pontos num prazo de duas a três horas depois do ferimento, para que tenha uma boa recuperação. Mas você pode prevenir infecção e aliviar o desconforto com o pronto atendimento, e talvez seja só isso que um ferimento leve precise.

🏥 FAÇA ISTO JÁ

MANTENHA-O QUIETO. Pode ser difícil examinar o machucado sozinho, por isso peça para outra pessoa imobilizar o seu animal. Coloque um animal pequeno sobre um balcão; ajoelhe-se no chão ao lado de um cachorro grande. Se for você quem estiver imobilizando, passe um braço em torno do pescoço dele, e o outro em volta do seu peito, começando por baixo, e traga-o para junto de você. (Essa técnica aparece ilustrada na página 28.) Lembre-se de deixar a pata machucada no lado que estiver longe do seu corpo. Use a mão que estiver sob o peito do animal para estender aquela pata dianteira e não deixe que ele a puxe de volta. Caso o ferimento seja na pata traseira, segure no joelho dele para esticar e estender a pata. Os machucados nas patas são dolorosos, assim, se ele se debater muito, é melhor levá-lo ao veterinário, para que seja sedado e tratado.

CONTROLE O SANGRAMENTO. Os ferimentos nas patas tendem a sangrar muito, mesmo quando não são sérios. Pressione diretamente o machucado com um pano limpo ou uma compressa de gaze, para estancar o sangramento.

Normalmente, ele deverá parar em cinco minutos. Se a primeira compressa ficar ensopada, não a remova, ou você poderá interferir no coágulo que estiver se formando. Apenas coloque uma segunda compressa sobre a primeira. (Para mais informações sobre sangramento, vá à página 403.)

USE UM CURATIVO DE PRESSÃO PARA SANGRAMENTO PROLONGADO. Se o sangramento continuar por mais de cinco minutos, coloque uma outra compressa sobre a primeira, coloque uma meia de algodão sobre a compressa, e envolva a meia com esparadrapo para fazer um curativo temporário de pressão, até que você chegue ao veterinário. Se você não tiver esparadrapo, uma camisinha servirá para segurar o curativo no lugar. Ela impede manchas de sangue feitas pelas patas nos tapetes e nos estofados.

DÊ UMA ENXAGUADA COM ÁGUA FRIA. Se a pata machucada não estiver sangrando muito, limpe-a com água fria. Enxaguar a região debaixo de um jato de água ajuda a levar os detritos, e pode limpar os componentes químicos que tenham queimado a pata, além de aliviar a dor de queimaduras por calor. No caso de queimaduras, será preciso enxaguar com água fria por, no mínimo, 20 minutos. (Para mais informações sobre queimaduras nos coxins, vá à página 389.)

LAVE A REGIÃO ATINGIDA. Um simples sabão é melhor do que nada, mas um sabão líquido antisséptico à base de clorexidina, é melhor

e impede que a infecção se instale. Você pode usar água oxigenada 10 vol. para ajudar na limpeza da região em torno do machucado, mas não a use diretamente no machucado.

PROCURE O VETERINÁRIO EM CASO DE CORTES PROFUNDOS. Qualquer ferimento profundo precisa ser examinado por um veterinário. Os cortes rasos, que não sangram, podem ser resolvidos com uma camada fina de vaselina para protegê-los. Veja mais à frente informações sobre curativos.

🐾 SITUAÇÕES ESPECIAIS

PARA QUEIMADURAS OU ABRASÕES. Patas que perderam muita pele, seja por queimadura, seja por abrasão, podem precisar de curativos especiais chamados Aquaflo®. Eles mantêm a ferida úmida para ajudar na reconstrução do tecido, e também ajudam a remover detritos, ao serem retirados. Normalmente, o seu veterinário colocará e retirará esse tipo de curativo, mas você precisa vigiar o seu animal, para ter certeza de que ele não vai tirá-lo.

✅ CUIDADOS POSTERIORES

■ No caso de uma perfuração, embeba a pata em uma solução antisséptica, durante 10 minutos, duas ou três vezes por dia.

■ Se você conseguir ver musculatura rosada, a pata precisará de proteção para sarar. A única forma de manter um curativo em uma pata é prendê-lo no pelo com adesivo. Se você não tiver um sapato pet, um sapatinho de bebê ou uma meia funciona bem com gatos e cachorros pequenos, enquanto que uma meia comum de algodão serve para cachorros maiores. Coloque a meia na pata machucada, depois coloque um curativo adesivo elástico, como Vetrap®, na parte de cima, diretamente no pelo. O tecido permite que o ferimento respire e sare. Existem glândulas sudoríparas nos coxins do pé que deixam a pata úmida quando ela não respira, e isso é um terreno ideal para infecção. Nos primeiros dois ou três dias, será preciso trocar o curativo diariamente, e depois, no mínimo a cada dois dias, ou sempre que estiver sujo ou molhado.

■ Conserve o curativo limpo, colocando um saco plástico limpo no pé, quando seu animal precisar sair ao ar livre. Os animais geralmente lambem e mastigam os curativos que ficam muito apertados, ou molhados, começando a causar desconforto, portanto, é aconselhável mantê-los secos com o plástico. Não se esqueça de remover o saco quando seu animal voltar para dentro.

■ Se o ferimento precisou de pontos, será preciso manter as suturas limpas. Use um sabonete líquido antisséptico, duas vezes por dia, para remover as secreções. Depois de secar a região machucada, aplique uma camada fina de pomada antibiótica.

■ Se o seu animal tentar mexer na pata ou no curativo, uma coleira cônica de contenção, chamada colar elisabetano, é a melhor maneira de impedir que ele piore o machucado. Porém, ele não vai conseguir comer usando essa coleira, portanto, não se esqueça de removê-la durante as refeições.

■ Se o machucado na pata piorar – se ficar vermelho, inchado, ou começar a cheirar – é possível que esteja infeccionado. Peça ao seu veterinário para dar uma examinada, e talvez ele receite um antibiótico. O que também pode ser útil é molhar a pata afetada durante cinco minutos, três vezes ao dia, até que sare, em uma solução antisséptica, como povidine. Isso vai apressar a recuperação e impedir que a infecção se desenvolva. Dilua povidine em água destilada confortavelmente morna, até que ela fique com a cor de um chá fraco.

CONSULTORES

■ Geraldo Brown, doutor em Medicina Veterinária, é veterinário no City Cat Doctor, em Chicago.

■ Bernadine Cruz, doutora em Medicina Veterinária, é veterinária no Laguna Hills Animal Hospital, na Califórnia.

■ Kenneth J. Dobratz, doutor em Medicina Veterinária, é veterinário e professor associado do Serviço de Emergência de Cuidados Críticos no Veterinary Hospital da University of Pennsylvania, na Filadélfia.

■ Kate Lindley, doutora em Medicina Veterinária, é veterinária e proprietária da Kitty Clinic, em Lacey, Washington.

■ Jeffrey Werber, doutor em Medicina Veterinária, é veterinário no Century Veterinary Group, em Los Angeles.

FERIMENTOS NO DORSO

PROCURE SEU VETERINÁRIO: **IMEDIATAMENTE**

➕ MATERIAL MÉDICO NECESSÁRIO:
Prancha de madeira ou outro objeto rígido ou transportador de animais
Lençol limpo e/ou toalha
Cobertor
Fita adesiva resistente
Karo® ou mel
colar elisabetano
Compressa de gaze
Água morna
Fita adesiva ou curativo elástico adesivo

Os ferimentos no dorso são particularmente perigosos porque, com muita frequência, a espinha dorsal está tão danificada que o animal fica paralítico. A maioria dos ferimentos dorsais acontece por acidentes de carro ou outros traumas graves. Um cachorro bem pequeno pode sofrer um traumatismo no dorso se um dicionário cair sobre ele, mas os cachorros também machucam seus dorsos subindo e descendo de móveis de mau jeito. Isso ocorre especialmente nas raças com patas pequenas e corpos compridos, como os dachshund, basset hounds e corgis. Os poodles e os cocker spaniels também têm maior incidência de danos no dorso.

Os acidentes dorsais mais graves provocam perda de sensibilidade abaixo do lugar afetado. Tipicamente, o animal não pode usar suas patas traseiras ou ficar em pé. Mesmo que ainda reste sensibilidade, ele sentirá uma dor tão extrema que não quererá se levantar nem andar, e poderá gritar e ganir quando tocado. Animais que sofram outro tipo de danos na espinha podem andar com um passo oscilante ou sobre os dedos das patas traseiras (andar na ponta das patas, em vez de pisar sobre os coxins), por terem perdido a sensibilidade em suas patas traseiras.

Animais com dorsos danificados precisam de atendimento médico de emergência tão logo quanto possível. Os primeiros socorros ajudam-nos a conseguir essa assistência sem provocar maiores problemas.

🩺 FAÇA ISTO JÁ

MANTENHA SEU ANIMAL TÃO QUIETO QUANTO FOR POSSÍVEL. Não o anime a tentar se levantar ou andar, e acalme-o com agrados para que ele não se debata; qualquer movimento pode danificar ainda mais a espinha dorsal.

MOVIMENTE SEU ANIMAL CUIDADOSAMENTE. É da maior importância que seu animal seja levado à clínica na maior rapidez, mas de forma segura, que não abale ou movimente seu dorso. A melhor maneira é colocá-lo sobre uma superfície rígida, como uma prancha de madeira, mas, no caso de animais pequenos, você poderá usar um livro grande, uma assadeira, ou até mesmo a lâmina de uma pá, ou a tampa de uma lata de lixo, desde que seja suficientemente firme para sustentar o peso do animal sem abaular. Coloque o objeto de transporte diretamente ao lado de seu animal. Cuidadosamente, escorregue um lençol ou uma toalha sobre ele, depois use o tecido para, delicadamente, puxá-lo horizontalmente para a superfície rígida. O objetivo é conseguir colocar o seu animal sobre ou no transportador, com o menor abalo possível. Uma caixa ou transportador de animais, onde você pode colocá-lo dentro facilmente, também é uma boa escolha para animais pequenos.

Se você tiver um cachorro maior que tenha um engradado, simplesmente tire a tampa do engradado (você provavelmente vai ter que tirar a porta primeiro) e então, gentilmente, mova-o para dentro do engradado, deslizando a toalha ou o lençol. Você também pode usar uma folha de compensado, ou até mesmo uma tábua de passar roupa, para transportar cachorros maiores. É aconselhável que duas pessoas movam um animal maior para a superfície de transporte, uma levantando a parte das espáduas e do pescoço, e a outra a do quadril. Coordene os dois movimentos de forma que ambas levantem e movam o cachorro ao mesmo tempo, mantendo seu dorso tão imóvel quanto possível. Ou, melhor ainda, deslize uma toalha ou lençol para debaixo de seu cachorro, e depois o levantem ao mesmo tempo. Se você não tiver um objeto rígido, ponha o cachorro sobre um cobertor e faça dele uma maca. Depois que o cachorro estiver sobre a prancha ou sobre o cobertor, cada pessoa segura de um lado para levá-lo até o carro. Um de vocês deve sentar ao lado dele, tentando mantê-lo calmo e quieto, durante o transporte.

Caso você não tenha ninguém para ajudá-lo, coloque cuidadosamente um lençol ou um cobertor sob seu cachorro, tentando movê-lo o mínimo possível. Depois puxe o lençol ou o cobertor para o objeto plano e rígido. Carregue-o para o seu carro com o mínimo de abalo. Se o objeto de transporte não couber no seu carro, use-o como uma rampa. Segure duas pontas do cobertor em cada mão e gentilmente arraste seu cão para fora da rampa, para o assento do carro ou seu bagageiro.

ALERTA IMPORTANTE

SÍNDROME DO ANDAR CAMBALEANTE

Os cachorros podem desenvolver um problema relativamente raro chamado espondilopatia cervical, ou síndrome de Wobbler, que provoca um desalinhamento nos ossos do pescoço. Isso pressiona sua espinha dorsal, de forma que, aos poucos, ele vá perdendo a sensibilidade na parte posterior, e suas patas traseiras "cambaleiam" quando ele anda.

Os mais afetados são os dinamarqueses e os pinschers. O problema se torna cada vez pior até que o cachorro fica paralisado, primeiro nas patas traseiras, depois nas dianteiras. A causa permanece um mistério, e, embora não haja cura, alguns cães conseguem uma melhora com terapia de esteroides ou cirurgia.

Se você desconfiar que seu cachorro tenha esse problema, leve-o ao veterinário para ser examinado. Você não precisa sair desesperado para uma consulta de emergência, mas vá ao veterinário assim que possível. No entanto, se seu cachorro apresentar esses sintomas neurológicos repentinamente e eles piorarem rapidamente, é uma situação de emergência e você deverá ir até a clínica imediatamente.

FERIMENTOS NO DORSO

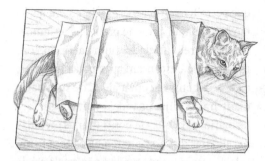

Se seu animal teve um ferimento no dorso, é importante imobilizá-lo antes de ser levado ao veterinário. Uma maneira é colocar seu gato ou cachorro sobre uma prancha de madeira, cobri-lo com uma toalha, e usar uma fita adesiva forte para prender a toalha na prancha e imobilizá-lo.

MANTENHA SEU ANIMAL QUIETO. Ao mover um animal em uma superfície plana e rígida, assegure-se de que ele não caia ou se debata e se movimente muito. Ponha frouxamente uma toalha ou cobertor sobre ele, para prendê-lo à superfície. Você pode usar qualquer fita adesiva resistente que tiver à mão e prender a toalha ou cobertor sobre seu corpo, exatamente atrás das patas dianteiras e à frente das patas traseiras, imobilizando-o no local. Se seu animal se debater ou lutar contra a tentativa de imobilizá-lo, pare imediatamente para que ele não se machuque ainda mais. Tente, então, apenas deixá-lo deitado calmo sobre a prancha, com alguém o supervisionando.

PREVINA-SE CONTRA CHOQUE. Um animal que tenha sido atropelado por um carro, frequentemente entrará em choque, um estado que paralisa sua circulação, podendo matá-lo num prazo de dez a vinte minutos. Manter seu animal coberto com um cobertor ajudará a combater o choque. Você também poderá pôr uma ou duas gotas de Karo® ou de mel em suas gengivas, para ajudá-lo a se manter consciente.

✅ CUIDADOS POSTERIORES

- O cuidado padrão para ferimentos e inflamação na espinha é manter o animal quieto. Prenda seu animal por quatro a seis semanas, sem correr, pular, subir escadas, ou atividades agitadas. No entanto, é importante que ele continue a ter alguma atividade física, como uma caminhada calma, para impedir que os músculos se enfraqueçam ou outros problemas.

- A maioria dos animais com problemas dorsais têm de tomar remédios, como esteroides, para reduzir a inflamação na espinha dorsal. Os veterinários, geralmente, prescrevem analgésicos para os cachorros, como carprofeno. Se você esconder comprimidos em manteiga, queijo, ou em um pedaço de salsicha, seu cachorro vai engoli-lo como um petisco. Não se esqueça de contar a seu veterinário sobre qualquer outro medicamento que seu animal esteja tomando, para evitar reações adversas.

- Muitos analgésicos são tóxicos para gatos (embora eles possam tolerar alguns dos mais novos anti-inflamatórios). O mais comum é o veterinário prescrever drogas narcóticas, ou um opiáceo, que é aplicado como um emplastro. Você deverá impedir seu gato de lambê-lo, ou ele poderá ficar enjoado. Para que seu gato não lamba a região, você pode fazê-lo usar uma coleira cônica de contenção, chamada colar elisabetano. No entanto, ele não conseguirá comer enquanto estiver usando a coleira, portanto, não se esqueça de removê-la durante as refeições.

- É preciso que as suturas de animais, que sofreram cirurgias para corrigir problemas dorsais, sejam mantidas limpas. Com frequência, eles terão pontos quase em toda extensão de seu dorso. Use uma compressa de gaze embebida em água morna para limpar qualquer

PRIMEIROS SOCORROS PARA CÃES E GATOS

secreção ou casca formada próximo às bordas do ferimento.

- Se seu animal tentar mordiscar suas suturas, coloque uma colar elisabetano nele.

- Apesar de um pronto atendimento, e dos cuidados médicos, um dano na espinha pode deixar animais parcialmente paralisados. Alguns gatos e cachorros podem manter uma boa qualidade de vida usando carrinhos especiais que permitem que eles se movimentem quase tão bem quanto antes do problema. O animal usa um arreio atrelado a um carrinho com rodas, onde descansam suas patas traseiras, e ele se locomove com a ajuda de suas patas dianteiras. É uma boa ideia visitar o seu veterinário, para que ele possa tirar as medidas necessárias que assegurem que o mecanismo seja do tamanho adequado e não esfole a pele do seu animal.

A MELHOR ABORDAGEM

REABILITAÇÃO PELA NATAÇÃO

Animais que tiveram danos dorsais levam um longo tempo para se recuperar, porque qualquer movimento pode voltar a danificar a espinha dorsal. Ao mesmo tempo, o exercício é importante para fortalecer os músculos, o que protege a espinha e ajuda o animal a recobrar mobilidade. A natação é uma das melhores maneiras de ajudar animais convalescentes a recuperar sua força e mobilidade, porque a água ajuda a suportar o seu peso e também dá aos músculos de suas patas uma prática segura. Algumas clínicas veterinárias têm piscinas de hidroterapia, mas a maioria não tem. Se seu cachorro for pequeno, faça-o nadar na banheira. No caso de um animal maior, converse com um amigo que tenha uma piscina, e veja se seu cachorro pode nadar lá, sob a sua supervisão.

Animais com pontos precisam esperar uma semana ou mais até que a incisão tenha começado a cicatrizar, antes de entrar numa piscina. A água deve estar morna – mais ou menos entre 31 °C e 33 °C. Os terapeutas aquáticos sugerem que você apoie o corpo de seu animal, colocando sua mão sob o peito dele. As patas não devem tocar o fundo da piscina ou da banheira enquanto ele nada. Uma sessão de natação de 10 minutos, durante três dias seguidos, ajuda o animal a se recuperar mais rápido e melhor dos danos dorsais. Quanto mais tempo a natação terapêutica continuar, mais rápida será a recuperação de seu animal.

CONSULTORES

- Shane Bateman, doutora em Medicina Veterinária, doutora em Ciências Veterinárias, é veterinária certificada no American College of Emergency and Critical Care Medicine e professora assistente de Medicina de Emergência e Cuidados Críticos no Ohio State University college of Veterinary Medicine, em Columbus.
- Charles De Vimne, doutor em Medicina Veterinária, é veterinário na Animal Care Clinic em Peterborough, New Hampshire.
- Billy D. Martindale, doutor em Medicina Veterinária, é veterinário no Animal Hospital of Denison, Texas, e presidente do quadro de diretores da Texas Veterinary Medical Association.
- Thomas Munschauer, doutor em Medicina Veterinária, é veterinário no Middlebury Animal Hospital em Vermont, e ex-presidente da Vermont Veterinary Medical Association.

FERIMENTOS NO PEITO

PROCURE SEU VETERINÁRIO: **IMEDIATAMENTE**

MATERIAL MÉDICO NECESSÁRIO:

- Pano, compressa de gaze ou absorvente íntimo
- Cobertor ou toalha
- Karo® ou mel
- Vaselina
- Saco plástico pequeno ou filme plástico
- Esparadrapo
- Soro fisiológico estéril
- Colar elisabetano
- Óleo de eucalipto, mentol e cânfora ou Bitter Max® ou Bite Stop®

Os ferimentos no peito muitas vezes se devem a um trauma de pancada – um animal é atropelado por um carro, cai, leva um coice ou um chute de alguém cruel. Mordidas, balas, flechas, ou o impacto contra algo parado também podem machucar o peito de forma terrível. Podem acontecer cortes e dilacerações quando os animais se encontram com cortadores de grama, ou tentam atravessar portas de vidro ou cercas de arame. (Para mais informações sobre cortes e feridas, vá à página 132.)

Um ferimento no peito é sempre doloroso, e pode levar gatos e cachorros a terem dificuldade para respirar. Uma pancada forte no peito pode danificar os pulmões ou o coração, e isso também pode interferir na respiração. O animal pode esticar seu pescoço, tentando facilitar a respiração, que pode se tornar curta ou muito trabalhosa e rápida, e, provavelmente, você perceberá o abdome se movimentando mais a cada respirada. Um osso quebrado também pode perfurar o pulmão e levá-lo ao colapso. Qualquer tipo de machucado que penetre na cavidade peitoral interferirá na respiração, mesmo que não haja nenhum outro ferimento.

Todo ferimento no peito é um caso de emergência e requer atenção médica imediata. O tratamento de urgência pode fazer com que seu animal fique mais confortável – ou até mesmo mantê-lo vivo e respirando – até que você consiga ajuda.

FAÇA ISTO JÁ

CONTROLE O SANGRAMENTO. Antes de outros procedimentos, estanque qualquer sangramento. O melhor método é pressionar diretamente o machucado. Segure um pano limpo, uma compressa de gaze, ou um absorvente íntimo sobre o machucado, e faça uma pressão firme sobre a área, com a palma de sua mão ou com seus dedos. Se a compressa ficar ensopada, não a remova – isso pode interromper a coagulação. Em vez disso, coloque outra compressa sobre a primeira, e continue a pressionar.

TRATE SEU ANIMAL CONTRA CHOQUE. Um choque pode matar o seu animal em um prazo curto, de 10 a 20 minutos, portanto, um rápido atendimento pode fazer com que você ganhe tempo até que consiga ajuda médica. Mantenha seu gato ou cachorro tão quieto quanto possível e enrole-o em um cobertor ou toalha, para mantê-lo aquecido. Você também pode colocar uma ou duas gotas de Karo® ou de mel nas gengivas de seu animal, para ajudá-lo a se manter consciente. (Para mais informações sobre choque, vá à página 109.)

PROCURE AS FERIDAS. Verifique se seu animal tem uma ferida aberta no peito, que exponha o pulmão, ou se existe alguma perfuração que permita "puxadas" de ar intermitentes ou contínuas para dentro do peito, quando ele inala. Se esse for o caso, é preciso levá-lo ao veterinário o mais rápido possível. Enquanto isso, existem algumas técnicas que podem seu usadas para ajudar seu animal a respirar.

Se a ferida tiver uma entrada pequena, como uma perfuração por mordida, você pode vedá-la com uma grande porção de vaselina. Depois, coloque um pano limpo ou um saco plástico pequeno sobre o unguento, tampando o machucado, e mantenha-o no lugar com um esparadrapo passado em torno do torso. Se o ferimento for muito grande para o unguento, cubra-o com um pedaço de filme plástico, para fazer uma vedação. Mantenha-o no lugar com a sua mão ou enrole-o frouxamente em torno do peito de seu animal, enquanto alguém os leva ao veterinário (Veja "Vedando ferimentos de sucção" na página 233.)

✅ CUIDADOS POSTERIORES

■ A maioria dos ferimentos no peito é tão grave que os animais são hospitalizados para tratamento até que não haja mais perigo. Quando é necessária uma cirurgia, para reparar estruturas internas dilaceradas ou costelas fraturadas, é preciso que se faça uma grande incisão em um dos lados do cachorro ou do gato, na parte de baixo, ou na linha do esterno. Mantenha as suturas limpas, enxugando qualquer secreção, sempre que for necessário, com o uso de uma compressa de gaze ensopada em soro fisiológico estéril.

■ Alguns animais com ferimentos sérios no peito precisarão de curativo ao chegar em casa. É importante que o curativo seja mantido limpo e seco, porque se ficar úmido causará coceira e infecção. Proteja a região, envolvendo-a com filme plástico, antes de deixar seu animal sair ao ar livre, quando o tempo estiver chuvoso.

■ À medida que a incisão começa a cicatrizar, ela pode coçar, e os cachorros poderão lamber ou mordiscar as suturas. Use um coleira cônica de contenção, como uma colar elisabetano, para impedir que seu cão cutuque o machucado. No entanto, ele não conseguirá comer usando a coleira, portanto, remova-a na hora das refeições. Uma alternativa é espalhar um pouquinho de óleo de eucalipto, mentol e cânfora ou de Bite Stop® na pele que circunda os pontos. O cheiro e o gosto costumam fazer com que a maioria dos animais desista de lamber e mordiscar o local. Repita a operação sempre que necessário, normalmente uma vez ao dia.

■ Dependendo do ferimento, pode ser que você tenha que dar antibiótico para prevenir infecção. Pedaços de pau e outros objetos estranhos podem inocular, profundamente,

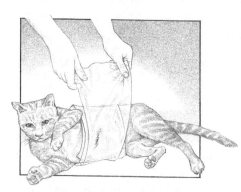

Envolva uma ferida aberta no peito com filme plástico, para ajudar a proteger o ferimento até que você chegue ao veterinário.

Depois de colocada a proteção, mantenha seu animal deitado sobre o lado ferido. Isso conserva a pressão sobre o sangramento, ajuda a vedar a abertura, além de oferecer uma estrutura rígida para a parede torácica, caso seu animal esteja com alguma costela quebrada.

bactérias ou mesmo fungos em um machucado. É muito fácil esconder um comprimido em uma porção de manteiga ou em um pedaço de queijo, de forma que seu cachorro o engula sem resistência. No caso de gatos, a maioria dos remédios pode ser esmagada com uma colher, e depois misturada a uma comida úmida. Se seu gato recusar a comida que contém o remédio, tente agarrar a parte de trás do seu pescoço, fazendo com que o nariz aponte para o teto – a ideia é deixar seu nariz em posição perpendicular. Isso fará com que ele abra bastante a boca. Jogue o comprimido no centro da língua, bem no fundo, e feche a boca, conservando o nariz apontado para cima. A gravidade se encarregará do resto, e seu gato deverá engolir o remédio. Dê-lhe depois um petisco, para ajudar a fazer com que o comprimido siga seu percurso.

A MELHOR ABORDAGEM

VEDANDO FERIMENTOS DE SUCÇÃO

Normalmente, a região dentro do peito é um vazio, que permite que os pulmões se expandam facilmente quando seu animal inala ar. Mas quando um ferimento invade a parede torácica, é como ligar um aspirador dentro do corpo. O ar é sugado para dentro da cavidade, e essa pressão leva os pulmões ao colapso, de forma que eles não consigam se expandir. Com os pulmões em colapso, seu animal pode se sufocar. Esses ferimentos no peito são comumente descritos como ferimentos de sucção, por causa da maneira como o ar é puxado pelo buraco. O sangue da ruptura pode borbulhar, conforme o ar vem e vai, rapidamente.

Você pode fazer uma válvula de mão única, que veda o machucado, impedindo que o ar seja sugado para o peito de seu animal, mas que deixa que o ar de dentro saia. Isso pode ajudar a restabelecer o vazio natural, impedindo que os pulmões colapsem, e facilitando a respiração até que se consiga socorro médico.

Corte um pedaço de filme plástico ou de qualquer outro material plástico limpo (uma sacola plástica pequena ou um pedaço de saco de lixo limpo também funcionam). Usando esparadrapo, prenda o plástico sobre a ferida aberta, de modo que cubra completamente o ferimento, mas prenda-o somente em três dos quatro lados, para que você possa levantar o lado aberto, se necessário, deixando o ar escapar. Conforme seu animal inala, seus pulmões inflados empurram o ar para fora da cavidade torácica e de volta pelo buraco – o plástico será levantado daquele lado e o ar escapará. Mas quando seu animal exala e os pulmões se esvaziam, a sucção do ferimento puxa o plástico contra a abertura e não deixa que nenhum ar adicional entre na cavidade torácica.

CONSULTORES

- Patricia Hague, doutora em Medicina Veterinária, é veterinária no Cat Hospital of Las Colinas, em Irving, Texas.
- Barry N. Kellogg, doutor em Medicina Veterinária, é veterinário no Center for Veterinary Care, em Great Barrington, Massachusetts, e diretor do VMAT 1 (Veterinary Medical Assistance Team) a equipe americana de Medicina Veterinária Especializada em Desastres.
- Mike McFarland, doutor em Medicina Veterinária, é veterinário na Emergency Animal Clinic, em Dallas, Texas.
- Larry Southam, doutor em Medicina Veterinária e veterinário em domicílio na Targwood Animal Care, em West Chester, Pensilvânia; diretor do CompuServe's VetCare Forum e coautor de *The Pill Book Guide of Medication for Your Dog and Cat*.

FERIMENTOS POR ANZOL

PROCURE SEU VETERINÁRIO: **SE NECESSÁRIO**

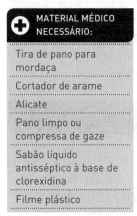

MATERIAL MÉDICO NECESSÁRIO:
- Tira de pano para mordaça
- Cortador de arame
- Alicate
- Pano limpo ou compressa de gaze
- Sabão líquido antisséptico à base de clorexidina
- Filme plástico

Anzóis têm cheiro de isca e são atraentes para qualquer cachorro ou gato, mas, geralmente, são os filhotes que brincam com eles e acabam machucados. Frequentemente, o anzol acaba nos lábios do animal ou dentro de sua boca, mas não é difícil que um deles atravesse uma pata mais atrevida.

Um animal com um anzol na pata irá mancar, enquanto que um anzol na boca pode provocar ânsia, salivação em excesso, esfregação na boca ou dificuldade para engolir. Anzóis dentro da boca ou na garganta pedem atenção médica imediata. Quando engolidos, podem causar danos gravíssimos e tanto o anzol quanto a linha deverão ser removidos cirurgicamente.

FAÇA ISTO JÁ

IMOBILIZE SEU ANIMAL. Será melhor se você conseguir alguém para segurar ou tratar do seu animal. Para segurar um gato ou um cachorro pequeno, pegue-o com uma mão pelo pelo do pescoço e as patas traseiras com a outra. Deite-o de lado sobre uma superfície plana e estique-o com delicadeza. Para cães maiores é mais fácil imobilizá-los no chão, com você ajoelhado ao lado dele. Passe um braço sob o peito de seu cachorro, envolvendo-o, e o outro braço em torno do pescoço. (Essas duas técnicas aparecem ilustradas à página 28.)

AMORDACE-O. Se ele não estiver com dificuldades para respirar, amordace-o com uma tira de meia-calça ou tecido, deixando exposta a parte machucada. (Essa técnica aprece ilustrada na página 27.) No entanto, caso você não consiga colocar uma mordaça sem tocar no anzol, vá imediatamente ao veterinário.

REMOVA O ANZOL. A maioria dos anzóis tem rebarbas na ponta para evitar que eles se movam para trás. Eles também têm um "olho" na ponta da haste para segurar a linha,

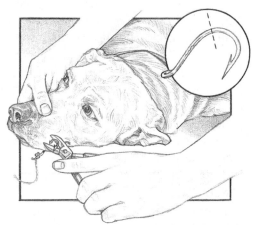

Para remover um anzol, chame uma outra pessoa para segurar o seu animal. Caso o final com a rebarba esteja visível, corte-o próximo à pele com cortador de arame. Finalmente, tire-o delicadamente pelo ponto da entrada.

e isso impede que o anzol se mova para frente. Para retirar o anzol, ou a rebarba ou a haste precisam ser tirados, de maneira que o metal possa passar pela musculatura sem resistência.

Caso a rebarba do anzol já tenha atravessado completamente a musculatura, de um jeito que seja fácil de ser vista, use um cortador de arame próximo à pele para cortá-la. Depois, cuidadosamente tire o anzol por trás.

Se a ponta do anzol não tiver atravessado completamente, use um alicate para segurar a haste e empurre o anzol através do músculo. Lembre-se de que ela é curva, portanto empurre no sentido do gancho. Depois que você conseguir ver a rebarba, corte-a com cortador de arame e remova o anzol da maneira descrita acima. No entanto, se o anzol estiver profundamente fincado, será preferível esperar até que o veterinário possa removê-lo.

✔ CUIDADOS POSTERIORES

▪ A maioria dos ferimentos na boca sara muito rapidamente, sem maiores cuidados. Limpe ferimentos do pé várias vezes por dia com compressas de gaze e sabão líquido antisséptico à base de clorexidina até que eles comecem a melhorar.

▪ Geralmente um curativo no pé precisa ser trocado diariamente, ou no mínimo a cada três dias. Enrole o pé afetado em filme plástico, para protegê-lo quando seu animal sair ao ar livre. Não se esqueça de remover o plástico, quando ele voltar para dentro.

CONSULTORES

▪ Kenneth J. Dobratz, doutor em Medicina Veterinária, é veterinário e professor associado do Serviço de Emergência de Cuidados Críticos no Veterinary Hospital da University of Pensilvânia, Filadélfia.

▪ Jean C. Hofve, doutor em Medicina Veterinária, é veterinário e coordenador do Companion Animal Program para o Animal Protection Institute, em Sacramento.

▪ Chris Johnson, doutor em Medicina Veterinária, é veterinário na Westside Animal Emergency Clinic, em Atlanta.

FERIMENTOS POR TIRO

PROCURE SEU VETERINÁRIO: **IMEDIATAMENTE**

MATERIAL MÉDICO NECESSÁRIO:

Tira de tecido ou fronha para mordaça

Pano

Compressa de gaze ou absorvente íntimo

Cobertor

Karo® ou mel

Filme plástico

K-Y Gel® ou vaselina

Toalha

Fronha

Soro fisiológico estéril

Esparadrapo

Plástico-bolha

Transportador de animais ou outro objeto rígido

Curativo elástico

Aplicador de comprimidos

Os animais de estimação levam tiros com mais frequência nas zonas rurais, especialmente em lugares de caça. Mas, geralmente, cães e gatos são feridos por armas propositalmente, ou porque o animal invadiu uma propriedade e ameaçou os animais, ou simplesmente por maldade.

A gravidade do machucado depende da velocidade da bala e da proximidade do animal em relação à arma da qual partiu o disparo. Quanto mais rápida a bala e maior a proximidade do animal da arma, maior o dano, porque a bala provoca uma onda de choque que empurra a energia e o tecido à frente dela. A velocidade da bala varia de cerca de 180 m/s para mais de 1.500 m/s, dependendo do tipo da arma. E quanto maior o calibre, maior o dano – uma 22 pode produzir um pequeno buraco, enquanto que uma 45 destrói o tecido, tanto ao entrar quanto ao sair.

Quando uma bala atravessa o corpo, a ferida da saída é muito maior do que a ferida da entrada, então você verá algum sangramento. Mas, na maioria dos casos, o ferimento da entrada é muito pequeno, e, como o pelo o esconde, pode ser que você não o note imediatamente. Uma bala que penetra no intestino pode causar peritonite em questão de horas. Essa infecção, causada pelo extravasamento das fezes no abdome, é fatal e requer tratamento médico intensivo. Quanto antes for tratada, maior a probabilidade de seu animal sobreviver. Um pulmão atingido torna a respiração difícil, enquanto que uma bala que fratura um osso ou atinge um nervo pode deixar o animal manco. Quando a bala atinge os principais vasos sanguíneos, o coração, o fígado, o baço ou os rins, pode ocorrer um sangramento abundante.

Os ferimentos a bala mais perigosos são os que atingem o peito e o abdome. Na verdade, um animal pode levar um tiro no flanco, mas a bala viajar e terminar no pulmão. Em qualquer momento que você suspeitar que seu animal tenha levado um tiro, procure socorro médico imediatamente. Você pode aumentar suas chances de sobrevivência e acelerar sua recuperação com um pronto atendimento.

🩹 FAÇA ISTO JÁ

FAÇA UMA MORDAÇA. Os ferimentos por tiro são extremamente dolorosos e seu cachorro, ou gato, provavelmente não vai querer ser tocado, ainda que você deseje ajudá-lo. Desde que ele esteja respirando normalmente, é bom amordaçar um animal machucado, para não acabar mordido. Nos cachorros com focinho comprido, use uma meia-calça, uma gravata, ou outro tecido comprido. Faça uma laçada e passe-a sobre a osso do nariz do animal, depois o firme com um nó simples. Amarre as pontas uma segunda vez, sob seu queixo. Finalmente, leve as duas pontas para trás e amarre-as por trás das orelhas. (Essa técnica aparece ilustrada na página 27.)

No caso de gatos e cachorros com nariz achatado, como os pugs, tente enfiar uma meia folgada ou uma fronha sobre a sua cabeça, para que tenham alguma coisa para morder, além de você.

CONTROLE O SANGRAMENTO. Pressione com um pano limpo, uma compressa de gaze ou um absorvente íntimo. Coloque-o diretamente sobre o machucado e pressione com seus dedos ou com sua mão até que o sangramento diminua. Se a compressa ficar encharcada, não a remova, porque isso pode interromper a formação de coágulos. Apenas coloque uma outra compressa sobre a primeira e continue a pressionar.

Um edema que continua aumentando pode ser um vaso sanguíneo rompido sob a pele. Uma pressão direta e firme geralmente interromperá o sangramento e o edema, até que você chegue ao veterinário. (Para mais informações sobre sangramento, vá à página 400.)

ELEVE A REGIÃO MACHUCADA. Levante a parte machucada, a não ser que o ferimento seja no peito ou no abdome. Isso pode ajudar a diminuir o sangramento.

TRATE O CHOQUE. Um ferimento por tiro geralmente provoca choque, um estado em que a circulação do sangue e outros sistemas do organismo ficam paralisados em reação ao acidente. Os animais que entram em choque apresentam as gengivas pálidas e perdem a força, podendo morrer em 10 a 20 minutos. Quando seu gato ou cachorro estiver em choque, você pode retardar o seu avanço enrolando-o em um cobertor para mantê-lo aquecido. Você também pode colocar uma ou duas gotas de Karo® ou mel nas gengivas do animal, para ajudá-lo a se manter consciente. (Para mais informações sobre choque, vá à página 109.)

FIQUE ATENTO PARA PARADA RESPIRATÓRIA. Animais que entram em choque podem parar de respirar, por isso fique preparado para fazer respiração artificial. Para respirar pelo seu animal, feche a boca dele com uma mão e coloque a outra sobre o seu peito para monitorar a subida e descida dos seus pulmões. Cubra o nariz dele com sua boca e dê duas rápidas sopradas. Observe se seu peito infla, e deixe o ar sair. Dê 15 a 20 sopradas por minuto, até que ele volte a respirar por si só, ou até que você consiga ajuda de um veterinário. (Essa técnica aparece ilustrada na página 30.)

FIQUE ATENTO PARA PARADA CARDÍACA. Se o coração do seu animal parar de bater, você terá de fazer ressuscitação cardiopulmonar. Será melhor se você tiver alguém para dirigir até o veterinário, enquanto você pratica a ressuscitação.

Com gatos e cachorros pequenos, coloque a mão em concha sobre a extremidade do peito que fica logo atrás dos cotovelos, e aperte com firmeza entre seu indicador e os outros dedos, pressionando cerca de 1 cm, de 80 a 100 vezes por minuto. Dê uma soprada no nariz dele a cada cinco compressões, até que seu animal se recobre ou até que você consiga socorro médico. Deite um cachorro grande de lado, sobre uma superfície firme e lisa, e use ambas as mãos, uma sobre a outra, para comprimir o peito de 25 a 50%. (Essa técnica aparece ilustrada na

FERIMENTOS POR ESPINGARDA

A não ser que o tiro seja disparado de uma distância muito próxima, ou que penetre no olho, o ferimento por uma espingarda é provavelmente um dos menos perigosos ferimentos a bala. Ao contrário das balas, a maioria das cargas de chumbo das espingardas, quando disparada de certa distância, penetra apenas na pele, e no tecido imediatamente inferior. Ainda assim, você deve levar seu animal imediatamente ao veterinário. Normalmente é necessário um antibiótico para evitar possível infecção, mas, de modo geral, os chumbinhos não precisam ser removidos cirurgicamente. Mesmo que a carga seja feita de chumbo, seu animal não ficará envenenado por ele, a não ser que o metal seja engolido. Quando o chumbo é engolido, o ácido clorídrico do estômago o transforma em um elemento que pode ser absorvido pelos intestinos, passando para a corrente sanguínea e intoxicando o animal.

página 31.) Alterne sopradas e compressões na mesma proporção que para os animais pequenos, até que seu animal se reanime, ou até conseguir socorro médico.

VEDE FERIMENTOS QUE PERMITEM ENTRADA DE AR NA PAREDE TORÁCICA. Uma bala que penetre em um lado do peito e saia pelo outro, cria um grande orifício de saída que pode se tornar um ferimento "sugador" no peito (que permite entrada de ar no tórax). Você verá bolhas e ouvirá o ar entrando no corpo pelo buraco, à medida que seu animal se esforça para respirar. Isso acontece porque o orifício deixa o ar vazar na cavidade peitoral, o que leva o pulmão ao colapso. Enrole filme plástico sobre o machucado e em torno do corpo do seu animal, para vedar o ferimento. Envolva levemente, para vedar a área, mas não de forma muito apertada, que restrinja a respiração, e transporte seu animal com a parte ferida para baixo. (Para mais informações sobre ferimentos no peito, vá à página 212.)

Se o ferimento que permite a entrada de ar na parede torácica do seu animal for pequeno, ponha um pouco de K-Y Gel® no orifício, para vedá-lo, e depois o envolva com filme plástico. Isso ajuda a impedir que outras bactérias contaminem o ferimento.

PROTEJA AS COSTELAS QUEBRADAS. Se você suspeitar que as costelas do seu animal estejam quebradas, proteja delicadamente a região machucada com uma toalha limpa e grossa, e transporte-o com cuidado, com o lado ferido para baixo. Isso oferecerá alguma rigidez às costelas, fazendo com que seu animal possa continuar respirando (as costelas quebradas podem interferir na respiração). Isso não apenas ajuda a controlar o sangramento e mantém o ferimento limpo, como também ajuda a vedar o orifício, reduzindo as chances de o pulmão entrar em colapso. No entanto, se seu animal estiver lutando para respirar e tentando permanecer sentado, não o impeça. Apenas vede o ferimento o melhor que puder, e leve-o para o veterinário o mais rápido possível.

LIMPE E CUBRA FERIMENTOS ABDOMINAIS. Ferimentos a bala no abdome precisam ser mantidos limpos, principalmente se os órgãos estiverem expostos. Uma toalha, ou um pano sem fiapos, como uma fronha, são boas opções para conter o ferimento, de forma que os intestinos ou outros órgãos não saiam do orifício. Molhe a toalha ou a fronha com água ou soro fisiológico estéril, para evitar que os órgãos ressequem e fiquem mais danificados. Faça uma tira com filme plástico ou com um saco plástico limpo para lixo. Coloque a tira sobre a proteção úmida, envolva-a em torno do corpo do seu animal e fixe no lugar com esparadrapo. Preste atenção para não deixar a faixa muito apertada; ela apenas precisa manter os órgãos no lugar. (Para mais informações sobre ferimentos abdominais, vá à página 217.)

IMOBILIZE OSSOS QUEBRADOS. Uma bala frequentemente quebra um osso, e você precisa imobilizar o membro. Enrole a pata com uma toalha grossa ou com plástico-bolha. Isso impedirá que seu animal mova a pata machucada, o que poderá piorar a fratura. (Para mais informações sobre fraturas, vá à página 250.)

TRANSPORTE SEU ANIMAL COM CUIDADO, ESPECIALMENTE SE SUSPEITAR DE UM FERIMENTO DORSAL. Você pode colocar um gato ou um cachorro pequeno em uma caixa ou em um transportador de animais. Até

mesmo uma assadeira, uma tábua de pão, ou uma tampa rígida de lata de lixo podem manter um pequeno animal imóvel, até que ele seja examinado. Coloque o transportador escolhido ao lado do seu animal. Cuidadosamente, deslize um lençol ou uma toalha para debaixo dele, e use o tecido para puxá-lo suavemente para a superfície rígida. O objetivo é fazer com que seu animal seja colocado no transportador com o mínimo de agitação possível. Talvez seja preciso enrolar uma toalha ou uma faixa elástica em torno dele e da base, para que ele fique seguro sobre a superfície. (Essa técnica aparece ilustrada na página 39.)

No caso de animais maiores, uma tábua de passar roupa pode funcionar bem. Ou você pode usar uma toalha ou um cobertor para servir de maca. Serão necessárias duas pessoas para pegar nas pontas do tecido e levar seu animal até o carro. Seria bom que alguém olhasse seu animal durante o percurso até o veterinário, para acalmá-lo e mantê-lo quieto, e também para ficar atento caso ele pare de respirar.

🐾 SITUAÇÃO ESPECIAL

PARA DANOS NO TRATO DIGESTIVO. Se a bala atingiu o trato digestivo, talvez seja necessária uma dieta leve por vários dias, uma semana ou mais, até que os intestinos e o estômago se recuperem. Existem várias dietas especiais altamente digestivas que podem ser recomendadas pelo seu veterinário. Mas, na maior parte dos casos, você poderá misturar no liquidificador o alimento rotineiro do seu animal com a mesma quantidade de água, ou de caldo de galinha magro, sem sal. Dê essa papa por cinco dias e vá diminuindo gradativamente o líquido, até que o animal volte a se alimentar normalmente.

✅ CUIDADOS POSTERIORES

- Os ferimentos a bala pertencem a um dos tipos mais sujos de ferimentos, porque, conforme a bala penetra no corpo, arrasta pele, pelo e sujeira por toda a extensão da ferida. Por esse motivo, na maior parte das vezes, seu veterinário deixará o orifício aberto, para drenagem, em vez de suturá-lo. É preciso que o machucado seja mantido limpo. Molhe uma compressa de gaze em água morna, ou soro fisiológico, e limpe cuidadosamente qualquer tipo de secreção.

- Enquanto estiverem internados, a maioria dos animais receberá antibiótico por via intravenosa para combater infecções, e irá para casa com comprimidos de antibiótico. Você poderá esconder os comprimidos em petiscos – grande parte dos cachorros gosta de tomar remédios dessa maneira, mas os gatos tendem a comer rodeando o comprimido.

Um aplicador de comprimidos, disponível em catálogos da internet e em algumas pet shops, é uma ótima maneira de dar remédios para gatos. Coloque o comprimido ou a cápsula na seringa, depois ponha uma mão no alto da cabeça do seu gato e circunde seu focinho com o indicador e os dedos médios, de tal maneira que as pontas dos dedos pressionem contra os dentes dele, logo atrás dos caninos. Isso fará com que ele abra bastante a boca. Quando o fizer, coloque a seringa sobre sua língua, com a saída apontando para o fundo da garganta, mas sem tocá-la. Empurre rapidamente o êmbolo para depositar o comprimido no fundo da língua, remova a seringa e feche a boca do gato. Massageie sua garganta até perceber que ele engoliu e deixe um petisco pronto para dar a ele, assim ele engolirá o petisco e se esquecerá de tentar cuspir o comprimido. (Essa técnica aparece ilustrada na página 40.)

CONSULTORES

- Patricia Hague, doutora em Medicina Veterinária, é veterinária no Cat Hospital of Las Colinas, em Irving, Texas.
- Barry N. Kellogg, doutor em Medicina Veterinária, é veterinário no Center for Veterinary Care, em Great Barrington, Massachusetts, e chefe do VMAT 1 (Veterinary Medical Assistance Team), a equipe americana de Medicina Veterinária Especializada em Desastres.
- Mike McFarland, doutor em Medicina Veterinária, é veterinário na Emergency Animal Clinic, em Dallas, Texas.
- Lenny Southam, doutor em Medicina Veterinária, é veterinário em domicílio no Targwood Animal Health Care, em West Chester, Pensilvânia, diretor do CompuServe's Vet Care Forum e coautor de *The Pill Book Guide to Medication for Your Dog and Cat*.

FERROADAS DE ABELHAS E VESPAS

PROCURE SEU VETERINÁRIO: **SE NECESSÁRIO**

MATERIAL MÉDICO NECESSÁRIO:

- Cobertor
- Karo® ou mel
- Anti-histamínico à base de difenidramina
- Cartão de crédito, faca cega ou lixa de unha
- Toalhinha molhada gelada
- Compressa gelada
- Bicarbonato de sódio
- Amônia ou loção de calamina (Caladryl®)
- Chumaço de algodão
- Cubos de gelo ou água gelada
- Xampu à base de aveia coloidal

Cachorros e gatos constantemente são picados no rosto, na cabeça ou dentro da boca, quando tentam brincar com abelhas e vespas. O pelo protege a maior parte de seus corpos, mas eles podem ser mordidos ou ferroados em seu abdome ou flancos, onde os pelos são menos densos, ao se atreverem em uma colmeia ou num ninho de formigas agressivas. A maior parte das vezes, as ferroadas ou picadas causam pequenos edemas e vermelhidão, que podem ser difíceis de serem notadas sob o pelo, e coçam ou são dolorosas. Normalmente, tudo que você precisa é de primeiros socorros para aliviar o desconforto do seu animal.

Alguns animais, no entanto, têm sérias reações alérgicas a animais que poderiam ser inofensivos. Pode ser necessária apenas uma ferroada para que o focinho de um animal inche como um melão, mesmo que tenha sido ferroado na cauda. E, em raras situações, a reação também ocorre internamente, de tal modo que a garganta de um animal incha e impede a entrada do ar. Geralmente, isso acontece repentinamente, e os sintomas incluem febre ou baixa temperatura, chiado, tremor, fraqueza, gengivas pálidas, vômito, diarreia, respiração acelerada, e colapso. Trata-se de uma emergência médica chamada choque anafilático, que exige uma atenção veterinária imediata. Os primeiros socorros podem fazer com que você ganhe tempo até conseguir socorro médico.

FAÇA ISTO JÁ

Para choque anafilático

PROCURE POR SINTOMAS DE CHOQUE. Quando ocorre choque anafilático a circulação sanguínea paralisa. Os sintomas podem incluir gengivas pálidas, tremor, fraqueza, febre ou baixa temperatura, vômito, diarreia, chiado, respiração acelerada e colapso. Gatos e cachorros podem morrer de choque num período de 10 a 20 minutos, a não ser que consigam socorro médico. Embrulhe seu animal em um cobertor para mantê-lo aquecido se estiver fazendo frio. Você também pode colocar uma ou duas gotas de Karo® ou mel nas gengivas de seu animal, para ajudá-lo a se manter consciente.

TRATE O EDEMA COM UM REMÉDIO DE FÁCIL ACESSO. Se seu animal estiver consciente e for capaz de engolir, a melhor

ALERTA IMPORTANTE

PICADAS DE ARANHAS

A maioria das picadas de aranhas provoca um edema doloroso no local e devem ser tratadas exatamente como ferroadas de abelhas ou de vespas. Mas várias aranhas são venenosas e, após a primeira dor aguda da picada, os animais podem ter arrepios, febres, respiração trabalhosa e choque, num espaço de 30 minutos a seis horas. Os primeiros socorros ajudam, mas uma injeção antitoxina pode ser necessária. Gatos e cachorros podem sofrer paralisia parcial durante dias, até que se recuperem.

Se você desconfia de que seu animal tenha sido picado por uma aranha venenosa, coloque gelo imediatamente para que o veneno se espalhe mais devagar. Coloque seu animal em um transportador ou diretamente no carro – não deixe que ele ande, ou isso poderá acelerar a penetração do veneno. Seu animal precisa de atendimento médico o mais rápido possível. (Para mais informações sobre picadas de aranha, veja a página 351.)

coisa é lhe dar um anti-histamínico à base de difenidramina, para combater o edema. Depois, leve seu animal ao veterinário tão logo seja possível.

DRENE OS PULMÕES DE SEU ANIMAL. Seu animal pode soltar gorgolejos, conforme luta pra respirar, se seus pulmões se encherem de fluido. Pegue um animal pequeno por suas patas traseiras, ou levante um animal maior pelo quadril. Segure-o de cabeça pra baixo por cerca de 10 segundos, para ajudar a drenar o fluido dos pulmões.

ESTEJA PRONTO PARA MINISTRAR RESPIRAÇÃO ARTIFICIAL. Se seu animal parar de respirar, envolva seu focinho com a mão para fechar sua boca, e dê duas rápidas sopradas em seu nariz, olhando para ver se seu peito infla. Pode ser que você tenha de soprar com força, para forçar a passagem do ar por sua garganta inchada até chegar aos pulmões. Dê 15 ou 20 sopradas por minuto, até que seu animal recomece a respirar, ou até que você consiga ajuda médica. (Essa técnica aparece ilustrada na página 30.)

CHEQUE A PULSAÇÃO DE SEU ANIMAL OU SEU BATIMENTO CARDÍACO. Coloque a palma de sua mão ou seu ouvido sobre o lado esquerdo do peito de seu animal, diretamente atrás do cotovelo, para perceber o batimento cardíaco. Você também pode sentir a pulsação na dobra onde a pata de trás se junta ao corpo, porque lá é onde a artéria femoral passa próximo à superfície. (Essa técnica aparece ilustrada na página 23.)

SE SEU CORAÇÃO NÃO ESTIVER BATENDO, INICIE A RESSUSCITAÇÃO CARDIOPULMONAR. No caso de um gato ou de um cachorro pequeno, coloque a mão em concha na extremidade do peito logo atrás dos cotovelos. Comprima firmemente entre seus dedos e o polegar, pressionando cerca de 1 cm, de 80 a

100 vezes por minuto. Alterne uma soprada a cada cinco compressões.

No caso de cachorros maiores, coloque-o sobre uma superfície reta, firme, deitado de lado e use ambas as mãos, uma em cima da outra, para comprimir seu peito de 25 a 50%, dando uma soprada no nariz a cada cinco compressões, até que seu animal se recupere ou até que você consiga ajuda médica. (Essa técnica aparece ilustrada na página 31).

Para ferroadas e picadas rotineiras

REMOVA O FERRÃO. Se você puder ver o ferrão, é melhor extraí-lo. As abelhas abandonam seu ferrão, e um ferrão pode continuar a soltar veneno no organismo o tempo que permanecer na pele. Raspe-o, para tirá-lo, com um cartão de crédito, uma faca com lâmina cega, ou a ponta de uma lixa de unha.

TENTE UM REMÉDIO DE FÁCIL ACESSO. Desde que seu animal esteja respirando normalmente, ele provavelmente não vai precisar consultar um veterinário, mesmo que esteja com o focinho ou a cabeça um pouco inchada. Um anti-histamínico à base de difenidramina, geralmente resolve o edema em cerca de 20 minutos.

USE UMA COMPRESSA GELADA. Isso acalmará a dor e diminuirá o edema e a inflamação. Passe uma toalhinha limpa em água gelada e segure-a sobre a região inchada; em seguida, coloque uma compressa gelada ou uma bolsa de gelo sobre o pano molhado. Aplique o gelado sobre o edema durante 10 a 30 minutos, várias vezes por dia. Um saco de ervilhas congeladas, ou de milho, funciona bem como compressa gelada, e se amolda aos contornos do corpo.

FAÇA UM EMPLASTRO DE BICARBONATO DE SÓDIO. Um emplastro de bicarbonato de sódio ajudará a tirar o efeito da ferroada, mas pode virar um grude no pelo e não é muito prático, a não ser que a ferroada tenha sido numa área menos peluda. Faça um emplastro misturando uma colher de sopa de bicarbonato de sódio com água em quantidade suficiente para formar uma pasta grossa e aplique sobre o edema.

ALIVIE SEU ANIMAL COM AMÔNIA. Embeba um chumaço de algodão com amônia e dê batidinhas nas picadas de formiga para aliviar a coceira e a dor. (Ou use uma loção de calamina, como Caladryl®.)

TENTE GELO OU BICARBONATO DE SÓDIO. Ferroadas dentro da boca podem ser difíceis de tratar, e seu animal pode não deixar que você as toque. Você pode dar a ele cubos de gelo para lamber, ou uma vasilha de água gelada para que ele beba. Ou enxágue sua boca com uma mistura de uma colher de chá de bicarbonato de sódio em uma caneca de água. Use uma seringa sem agulha para atingir a ferroada, mas preste atenção para que seu animal não aspire nenhum líquido.

✅ CUIDADOS POSTERIORES

▪ Uma dose de um anti-histamínico provavelmente não será suficiente, e o edema pode voltar. Você pode repetir a dose a cada seis ou oito horas, conforme necessário.

▪ Alguns gatos e cachorros desenvolvem uma reação como se fosse urticária por todo o corpo, o que provoca uma intensa coceira, e qualquer ferroada tende a coçar à medida que for melhorando. As urticárias geralmente desaparecem num período aproximado de 24 horas – mais cedo, se tratadas com anti-histamínicos – mas você pode aliviar a coceira com compressas de água fria ou banhos com xampu à base de aveia coloidal.

- Para aliviar a dor em cachorros, você pode dar paracetamol. Consulte seu veterinário quanto à dosagem.

- Paracetamol e analgésicos podem ser perigosos para gatos. Seu veterinário pode prescrever um remédio contra a dor, ou você pode usar uma bolsa de gelo de 10 a 20 minutos por dia, conforme necessário. Terá um efeito quase tão bom quanto um medicamento, e é seguro.

- Ferroadas dentro da boca podem levar os animais a recusar comida, porque mastigar dói. Amacie o alimento com água morna, dê caldo de frango magro, sem sal, ou faça um purê no processador. Dê comida macia durante dois dias, ou até que seu animal possa voltar à sua dieta normal. Se ele não comer num prazo de dois dias, leve-o ao veterinário.

- Os animais que sofreram choque anafilático por ferroada de inseto passarão a correr risco de reações graves, que podem levar à morte. Seu veterinário pode receitar epinefrina, uma droga aplicada como injeção subcutânea, para combater o problema.

A MELHOR ABORDAGEM

CORTADORES DE COMPRIMIDOS

Os comprimidos feitos para o ser humano vêm, normalmente, em doses muito maiores do que as que um animal necessita, e, para ele, meio comprimido ou menos pode ser mais do que suficiente. Você pode encontrar cortadores de comprimidos em pet shops, mas uma maneira rápida e fácil de dividir comprimidos, sem precisar comprar mais um acessório, é usar o cortador de unhas de animais, que talvez você já tenha. Simplesmente segure o comprimido na abertura onde ficaria a unha, e corte-o no tamanho necessário.

CONSULTORES

- Dale C. Butler, doutor em Medicina Veterinária, é veterinário no Best Friends Animal Hospital, em Denison, Texas.
- Patricia Hague, doutora em Medicina Veterinária, é veterinária no Cat Hospital of Las Colinas, em Irving, Texas.
- Ken Lawrence, doutor em Medicina Veterinária, é veterinário no Texoma Veterinary Hospital, em Sherman, Texas.
- Julie Moews, doutora em Medicina Veterinária, é veterinária no Bolton Veterinary Hospital, em Connecticut.

FERROADAS DE ESCORPIÃO

PROCURE SEU VETERINÁRIO: **IMEDIATAMENTE**

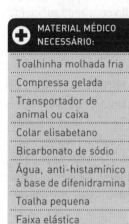

MATERIAL MÉDICO NECESSÁRIO:
- Toalhinha molhada fria
- Compressa gelada
- Transportador de animal ou caixa
- Colar elisabetano
- Bicarbonato de sódio
- Água, anti-histamínico à base de difenidramina
- Toalha pequena
- Faixa elástica
- Solução antisséptica

Existem cerca de 1.600 espécies de escorpião registradas no mundo, muitas delas são encontradas no Brasil. Embora todas as ferroadas de escorpião doam demais, a maioria não é mais perigosa do que uma ferroada de abelha. No entanto, existem no Brasil duas espécies com um veneno muito tóxico: a *Tityus serrulatus*, um escorpião amarelo, com 7 cm de comprimento e um par de serrilhas na cauda, e a *Tityus bahiensis*, um escorpião marrom avermelhado, com as patas mais claras com pontos escuros, e sem serrilhas na cauda. O *Tityus serrulatus* é considerado o escorpião com o veneno mais tóxico da América do Sul.

Todos os escorpiões carregam ferrões do tipo hipodérmico na ponta da cauda, e podem regular a quantidade de veneno a ser injetado. As ferroadas não tóxicas provocam uma dor cáustica intensa que dura até uma hora. Segue-se um entorpecimento e um formigamento que começam a diminuir depois de aproximadamente 24 horas. Os animais podem ganir e levantar a pata ferroada, ou lamber e morder o local. Algumas ferroadas não são visíveis, enquanto que outras provocam um discreto edema depois de 15 a 30 minutos. A ferroada de um escorpião amarelo, típico do sudeste do Brasil, dói igualmente, provoca pontadas intermitentes, vômito, diarreia, abaixa a temperatura do corpo e acelera a pulsação. Dependendo do peso corporal do animal, esses sintomas ficam excessivamente acentuados, podendo levar à morte. O melhor tratamento para uma ferroada de escorpião é o rápido transporte do animal até um veterinário, mas os primeiros socorros podem ajudar a garantir que seu animal chegue lá a tempo. Uma compressa de gelo pode ajudar apenas a aliviar a dor.

O veneno difunde rapidamente, porque possui peptídios de baixo peso molecular. Não tem como impedir que as toxinas sejam absorvidas.

FAÇA ISTO JÁ

RESTRINJA O MOVIMENTO. Ponha seu animal ferido em um transportador de animais ou em uma caixa. Não deixe que ele ande, ou pule, e tente mantê-lo calmo. Atividade em excesso acelerará a circulação, espalhando o veneno.

COLOQUE UM COLAR ELISABETANO. Mesmo que o escorpião não seja da espécie perigosa, um cachorro que é picado mastigará a ferida, o que pode piorar a reação. Ponha no seu animal uma coleira cônica de contenção, como um colar elisabetano.

COLOQUE UM EMPLASTRO CALMANTE DE BICARBONATO DE SÓDIO. Na maioria das ferroada de escorpião, um emplastro de

> **A MELHOR ABORDAGEM**
>
> ## CONTROLE PROFISSIONAL DE PRAGAS
>
> Os escorpiões se alimentam de insetos, como grilos e gafanhotos, mas podem sobreviver semanas sem comida, podendo recorrer ao canibalismo, quando os alimentos se tornam escassos. Eles gostam de ficar à espera de suas presas em árvores, montes de pedras, velhas construções, piscinas, e outros lugares escuros e frescos. Você perceberá que tem um problema com escorpiões, se vir partes de corpos de insetos empilhadas organizadamente em cantos remotos. A maneira mais segura de controlar essas criaturas é contatar um serviço de controle de pragas certificado.
>
> Os pesticidas não funcionam muito bem. A melhor forma de controlar os escorpiões é livrando-se de sua fonte de alimentos, e contratar um profissional habilitado para retirá-los um a um. Os escorpiões são mais ativos à noite e brilham no escuro com uma luz fluorescente verde, quando são atingidos por uma luz negra. Os profissionais do controle de pragas devem usar luvas para recolhê-los com segurança em uma sacola, e depois se livrar deles.

bicarbonato de sódio ajudará a acabar com a dor, exatamente como faz com as ferroadas de abelha. Isso pode ser bem atrapalhado em áreas muito peludas, mas funciona bem nos lugares de pelos mais ralos, como a barriga. Tente colocar a pasta diretamente sobre a pele, abrindo o pelo ao redor da ferroada. Faça o emplastro misturando uma colher de sopa de bicarbonato de sódio com água suficiente para formar uma pasta grossa e aplique sobre o edema, se houver.

DÊ UM ANTI-HISTAMÍNICO. O veneno de escorpião contém histamina, que causa dor e inflamação na ferida. Se você tiver um anti-histamínico, ele pode ajudar a reduzir o desconforto do seu animal. Ele também pode fazer com que o animal fique sonolento, o que ajudará a mantê-lo calmo e quieto, até que você consiga socorro médico. A administração de analgésicos, anestesia local (xilocaína, lidocaína sem vasoconstritor e/ou analgésicos opioides), reposição hidroeletrolítica (cuidado com edema agudo de pulmão), diuréticos (furosemida) podem auxiliar no tratamento. Consulte seu veterinário.

🐾 SITUAÇÃO ESPECIAL

SE O SEU ANIMAL PARAR DE RESPIRAR. Se o seu animal não estiver respirando, será preciso fazer respiração artificial imediatamente. Feche a boca dele com uma mão, selando seus lábios, depois dê duas rápidas sopradas no nariz, olhando para ver se o peito dele infla. Em seguida, deixe o ar escapar de volta. Dê 15 a 20 sopradas por minuto, até que ele recomece a respirar sozinho, ou que você consiga socorro médico. (Essa técnica aparece ilustrada na página 30.)

CONSULTORES
- E. Murl Bailey, doutor em Medicina Veterinária, é professor de toxicologia no Texas A&M University College of Veterinary Medicine, em College Station.
- Kevin Doughty, doutor em Medicina Veterinária, é veterinário na Mauer Animal Clinic, em Las Vegas.
- Alvin C. Dufour, doutor em Medicina Veterinária, é veterinário no Dufour Animal Hospital, em Elkhart, Indiana.
- Doug McConkey, doutor em Medicina Veterinária, é veterinário no Canyon Creek Pet Hostpital, em Sherman, Texas.
- Scott Stockwell, Ph.D., é um entomologista de campo na Academy of Health Sciences Department of Preventive Health Services Medical Zoology Branch, em Fort Sam Houston, Texas.

FILHOTES DEBILITADOS

PROCURE SEU VETERINÁRIO: **IMEDIATAMENTE**

MATERIAL MÉDICO NECESSÁRIO:

Bolsa de água quente ou garrafa plástica de refrigerante ou arroz e meia grossa

Água quente

Pano de prato encorpado

Substituto de leite, açúcar

Água morna

Seringa sem agulha ou conta-gotas

Karo® ou mel

Mamadeiras

Os filhotinhos de gatos e cachorros são muito suscetíveis a doenças e, em poucas horas, podem passar de bebês saudáveis e agitados para próximos da morte. Diversos problemas podem fazer com que eles "declinem", de parasitas e problemas de compatibilidade sanguínea, a vírus e negligência materna. As maiores causas de morte em filhotes são hipotermia, desidratação e hipoglicemia e, quando eles começam a mostrar sinais de desconforto, não se pode perder tempo.

Os filhotinhos se desidratam rapidamente com diarreia e vômito. Isso pode fazer com que eles se movimentem menos, perdendo calor corporal e levando, às vezes, à hipotermia. A baixa taxa de açúcar no sangue acontece quando eles não conseguem mamar com regularidade. Eles precisarão de imediata atenção médica para não correrem o risco de morrer. Os filhotes com oito a 20 semanas já têm um pouco mais de reserva, mas podem ficar gravemente desidratados em um curto espaço de tempo. Se estiverem perdendo líquido através de vômitos e diarreia, tornando-se menos ativos, não se empenhando para mamar ou chorando com frequência, leve-os ao veterinário depois de quatro a seis horas desses primeiros sinais. Um primeiro atendimento pode ajudá-los até que você chegue ao veterinário. Se os filhotes estiverem vomitando ou com diarreia, mas continuarem ativos e mamando, peça uma orientação a seu veterinário.

FAÇA ISTO JÁ

MANTENHA-O AQUECIDO. O passo mais importante é manter o filhote aquecido. Os filhotes não têm um termostato embutido que regule sua temperatura corporal e, quando são separados da ninhada ou da mãe, rapidamente sentem frio. Fique atento para manter a fonte de calor protegida, para que eles não se queimem. Você pode usar uma bolsa de água quente enrolada em uma toalha, mas uma garrafa plástica de refrigerante de 1 litro, cheia de água quente, enrolada em um pano de prato grosso e seco, funciona do mesmo jeito e mantém o calor por longo tempo. Avalie a temperatura do material que contém a água quente em sua pele – o calor deve ser sentido através do pano de forma confortável. Você também pode colocar arroz puro, cru, dentro de uma meia grossa e levar ao micro-ondas por uns dois minutos. Deixe descansar por um mínimo de cinco minutos, para que o calor se distribua por igual, e tome muito cuidado para verificar a temperatura em toda a meia, para não queimar o seu filhote.

MANTENHA-SE OFERECENDO LÍQUIDOS. Dar líquidos para seu filhote combaterá uma possível desidratação. Quase todos os tipos de líquidos servirão; os substitutos de leite para gatinhos e cachorrinhos estão à venda nas pet shops e catálogos. Se não houver alternativa, dissolva uma colher de sopa de açúcar em um copo de água morna e dê isso. O líquido não apenas combate a desidratação, como também ajuda a manter equilibrada a taxa de açúcar no sangue do bebê.

Use um conta-gotas ou uma seringa sem agulha e observe se o animal engole. Fique atento para ele não se engasgar. Lembre-se de que cachorrinhos e gatinhos não mamam com a barriga pra cima, como os bebês humanos. Eles se alimentarão com muito mais rapidez e naturalidade – sem o perigo de se engasgar – permanecendo com a barriga para baixo, como fariam se estivessem mamando na mãe.

🐾 SITUAÇÃO ESPECIAL

SE ELE NÃO MAMAR. Se seu filhote se recusa a mamar, ou estiver inconsciente, esfregue um pouco de Karo® ou de mel em suas gengivas e vá imediatamente ao veterinário. O Karo® será absorvido através da gengiva e ajudará a manter o nível de açúcar no sangue normal.

✅ CUIDADOS POSTERIORES

- Alguns filhotes ficam tão desidratados que o veterinário pode recomendar que você lhes dê líquidos, quando voltar para casa. O fluido subcutâneo – a injeção de fluido sob a pele – pode ser complicado com esses bebês, porque eles têm a pele tão fina que a agulha muitas vezes passa através dela. Eles também têm um espaço muito limitado para conter o fluido sob sua pele, o que faz com que possam receber apenas quantidades muito pequenas de cada vez, dependendo do tamanho do filhote.

Seu veterinário lhe dará a seringa e o fluido e explicará como usá-los na primeira vez. Para injetar o fluido, puxe a quantidade recomendada na seringa. Delicadamente, puxe a pele do ombro do seu filhote, insira a agulha e cuidadosamente empurre o êmbolo. Repare se há vazamento; se houver algum, puxe a agulha levemente, para que o fluido vá sob a pele e não para fora do corpo. É possível que você tenha de dar uma dose de fluido subcutâneo várias vezes por dia.

- Quando o diagnóstico é de parasitas, provavelmente seu filhote será tratado uma vez no consultório do veterinário e, depois, várias vezes em casa, com o medicamento sendo prescrito de acordo com o peso do animal. Para os filhotes muito jovens, geralmente usa-se piperazina. Para os líquidos, puxe a quantidade determinada em um conta-gotas ou em uma seringa sem agulha, coloque a ponta dentro da boca do filhote, entre a bochecha e a gengiva, levante a sua cabeça e, vagarosamente, aplique o líquido. (Essa técnica aparece ilustrada na página 40.) Dê apenas uma pequena quantidade por vez, para ter certeza de que o filhote não engasgue – cachorrinhos e gatinhos não conseguem engolir muito de uma vez.

- Filhotes que não mamam bem, ou que foram rejeitados pela mãe, precisarão ser alimentados com um substituto industrial de leite para gatinhos e cachorrinhos, como KS®,

Supreme cães® ou Pet Milk®, alguns já com a mamadeira. O leite deverá ser aquecido a cerca de 38 ºC para não perturbar o estômago do bichinho. A frequência e a quantidade da alimentação vão variar com a idade e o tamanho do animal. Peça uma orientação específica a seu veterinário. Geralmente, os filhotes precisam comer a cada duas horas nas duas primeiras semanas, depois a cada quatro nas duas semanas seguintes, e, finalmente, a cada seis horas mais ou menos.

▪ Você pode comprar mamadeiras para filhotes nas pet shops, mas preste atenção para que a abertura do bico seja suficientemente grande para que o leite passe com facilidade. Encha a mamadeira com o leite e depois vire-a com o bico voltado para baixo. O leite deverá pingar lentamente sem que a mamadeira seja apertada. Se não pingar, esquente uma agulha de costura com um fósforo e alargue o bico com ela. Tome cuidado para não deixar a abertura grande demais – se o buraco ficar muito grande, o animal pode aspirar o alimento em suas vias aéreas, indo parar nos pulmões. Experimente a mamadeira novamente antes de usá-la.

▪ Quando os filhotes estiverem com quatro semanas, podem começar a comer alimento sólido em forma de purê. Bata uma ração industrial para filhotes no liquidificador com água, ou com o substituto de leite, para fazer uma papa. Evite leite de vaca porque pode ser difícil de ser digerido e pode provocar diarreia. Ofereça a comida em uma vasilha rasa para que o filhote possa comer com facilidade.

A MELHOR ABORDAGEM

ALIMENTAÇÃO POR SONDA

Existem vezes em que os filhotes estão tão doentes e fracos que não conseguem sugar ou engolir, e morrerão de fome se não receberem ajuda para se alimentar. Criadores experientes costumeiramente alimentam os filhotes que precisam de ajuda por sonda, enfiando um tubo oco flexível pela garganta do bebê até o estômago, e depois injetando a comida com uma seringa. Na alimentação de toda uma ninhada, isso economiza tempo porque leva somente cerca de dois minutos para alimentar cada filhote. Não se engole ar (portanto não existe a necessidade de arrotar) e você sabe que cada um está recebendo a quantidade exata de comida. Se seu veterinário orientá-lo para que alimente seus filhotes por sonda, peça orientação completa e que ele faça uma demonstração, pois a colocação inadequada da sonda pode causar pneumonia grave.

CONSULTORES

▪ Lorrie Bartloff, doutora em Medicina Veterinária, é veterinária na Three Point Veterinary Clinic, em Elkhart, Indiana.

▪ Alvin C. Dufour, doutor em Medicina Veterinária, é veterinário no Dufour Animal Hospital, em Elkhart, Indiana.

▪ Grady Hester, doutora em Medicina Veterinária, é veterinária na All Creatures Animal Clinic, em Rolesville, Carolina do Norte.

▪ A. Michelle Miller, doutora em Medicina Veterinária, é veterinária na Animal Aid Clinic South, em Elkhart, Indiana.

FRATURAS

PROCURE SEU VETERINÁRIO: **NO MESMO DIA**

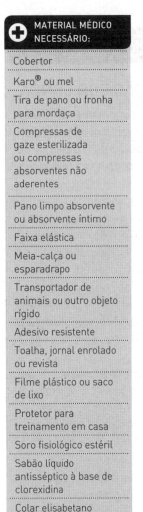

MATERIAL MÉDICO NECESSÁRIO:

- Cobertor
- Karo® ou mel
- Tira de pano ou fronha para mordaça
- Compressas de gaze esterilizada ou compressas absorventes não aderentes
- Pano limpo absorvente ou absorvente íntimo
- Faixa elástica
- Meia-calça ou esparadrapo
- Transportador de animais ou outro objeto rígido
- Adesivo resistente
- Toalha, jornal enrolado ou revista
- Filme plástico ou saco de lixo
- Protetor para treinamento em casa
- Soro fisiológico estéril
- Sabão líquido antisséptico à base de clorexidina
- Colar elisabetano
- Plástico-bolha

Os cães têm 319 ossos, e os gatos, 244 – e cada um deles, do maxilar à ponta da cauda, pode se quebrar. As fraturas geralmente acontecem como consequência de um trauma, como um atropelamento, ou a queda de uma janela. Elas não levam um animal à morte, mas são sempre extremamente dolorosas, e o acidente que as causou tem o potencial de machucar outros órgãos importantes, e de provocar problemas de alto risco.

Normalmente, quando os animais sentem dor, respiram mais rápido, e se uma costela quebrada perfurar um pulmão, a respiração vai ficar mais difícil. De modo geral, os animais protegem a parte machucada. Por exemplo, uma pélvis, ou uma pata fraturada, faz com que o animal se recuse a (ou seja incapaz de) se levantar, enquanto que o sangramento de um queixo quebrado fará com que ele largue a comida ou se recuse a comer.

A fratura em que o osso permanece dentro do tecido é chamada de fratura interna. Mesmo assim você saberá que existe um problema, se o seu animal segurar a pata em um ângulo estranho, ou se ele se balançar de um jeito esquisito. Uma fratura exposta, no entanto, perfura a pele – o osso pode aparecer, ou o ferimento sangrar, e isso pode acabar resultando em grande perda de sangue e em uma perigosa infecção.

Animais com fraturas precisam de cuidados médicos imediatos. Um primeiro pronto atendimento ajudará a prevenir maiores danos, e acalmará a dor e a agitação do seu animal; em alguns casos, pode até mesmo salvar a vida dele.

🧰 FAÇA ISTO JÁ

Para todas as fraturas

FIQUE ATENTO AO CHOQUE. Cães e gatos podem entrar em choque com o trauma de uma fratura. Com o choque, a circulação para, e seu animal agirá como se estivesse tonto, parecerá não reconhecer seu ambiente, e suas gengivas ficarão descoradas. O choque sobrevém muito rapidamente, e os animais precisam de atenção médica num prazo de 10 a 20 minutos, para que sua vida seja salva. Enrole seu cão ou gato em um cobertor para mantê-lo aquecido – isso talvez ajude a retardar o processo e lhe dará alguns minutos a mais para conseguir ajuda. Você também pode colocar uma ou duas gotas de Karo® ou de mel nas gengivas do seu animal, para ajudá-lo a se manter consciente. (Para mais informações sobre choque, vá à página 109.)

REINICIE A RESPIRAÇÃO. Um animal em choque pode parar de respirar. A respiração artificial pode mantê-lo vivo até que você consiga socorro médico. Feche a boca do seu animal com as mãos, cubra o nariz dele com sua boca, e sopre para dentro das narinas rapidamente, por duas vezes, apenas com força bastante para expandir o seu peito. Depois dê uma parada e deixe o ar escapar. Continue dando de 15 a 20 sopradas por minuto, até que seu animal volte a respirar por si só ou até que você chegue ao veterinário. (Essa técnica aparece ilustrada na página 30.)

FAÇA RESSUSCITAÇÃO CARDIOPULMONAR. Se o coração do seu animal parar de bater, você deverá fazer ressuscitação cardiopulmonar. Verifique se o coração está batendo, tomando sua pulsação. Você não conseguirá sentir o pulso no pescoço dele, na artéria carótida, como se faz com pessoas. Em vez disso, pressione as pontas dos dedos indicador, médio e anular na dobra onde o interior da coxa se junta com o corpo, e sinta a pulsação na artéria femoral, que é muito grande e fica próxima à superfície. (Essa técnica aparece ilustrada na página 23.) Se não conseguir senti-la, tente ouvir ou sentir o batimento cardíaco. Ponha seu ouvido ou a palma de sua mão sobre o lado esquerdo do seu animal, diretamente atrás do cotovelo.

Se você não perceber um batimento cardíaco, terá de começar com as compressões no peito. Com os gatos ou cachorros pequenos, ponha sua mão em concha sobre a extremidade do peito que fica logo atrás dos cotovelos. Aperte com firmeza, pressionando cerca de 1 cm, com seu polegar de um lado e os outros dedos do outro. Isso não apenas bombeia o coração, como também faz com que a pressão dentro do peito (e sobre o coração) aumente e diminua rapidamente, ajudando a movimentar o sangue. De preferência, uma pessoa faz as compressões no peito, enquanto outra faz a respiração artificial. A meta é 80 a 100 compressões e 15 a 20 sopradas por minuto, até que o animal reviva ou até que se consiga ajuda médica.

Coloque um cachorro de porte médio ou grande sobre uma superfície plana. Você pode deitá-lo sobre qualquer um dos lados. Ponha uma mão sobre seu peito e a outra mão sobre a primeira. Use as duas para pressionar para baixo firmemente, comprimindo o peito de 25 a 50%. (Essa técnica aparece ilustrada na página 31.)

Pressionar sobre o coração não funciona em cães que pesem acima de 15 kg, porque suas costelas são tão rígidas que até uma pressão forte não afetará o coração. Em vez disso, use as duas mãos para pressionar com firmeza para baixo, na parte mais alta do peito. Isso mudará a pressão dentro do corpo, o que movimentará o sangue.

AMORDACE SE NECESSÁRIO. Até o cachorro mais amigável pode atacar quando estiver com dor, e, enquanto ele quiser morder, será impossível ajudá-lo. Desde que ele esteja respirando normalmente, e o machucado não

DADOS SOBRE FRATURA

Existem várias categorias de fratura. As fraturas por fadiga, que não são comuns em animais, ocorrem com movimentos de esforço repetitivo. As fraturas patológicas acontecem quando os ossos se tornam fracos por doença, como câncer ou hiperparatiroidismo. As fraturas parciais são cisões ou trincas e se dão, em geral, em filhotes em fase de crescimento. As fraturas traumáticas, as mais comuns, resultam de quedas ou atropelamentos. Qualquer osso pode, potencialmente, ser fraturado, mas alguns se quebram com mais frequência do que outros.

As fraturas pélvicas são mais comuns em cachorros, com a do fêmur vindo em segundo lugar. Os cachorros pequenos, às vezes, quebram as patas dianteiras, quando caem ou pulam dos braços de seus donos.

Nos gatos, o fêmur concorre com 30% de todas as fraturas, e a fratura pélvica com 22%. Os gatos frequentemente quebram o maxilar, dividindo o osso do queixo em dois, quando sua cabeça bate contra o chão, depois de pularem ou caírem de lugares altos. Ao contrário do ser humano, os animais quase nunca quebram o pescoço.

tenha atingido o queixo, você pode amordaçar cachorros de focinho comprido com uma gravata, uma meia-calça, ou alguma outra tira comprida de tecido. Simplesmente faça uma laçada, passe-a delicadamente pelo nariz do seu animal, e dê um meio nó. Junte as pontas debaixo do queixo dele e faça outro nó. Depois, puxe as pontas para trás, sobre o pescoço, e amarre-as firmemente fazendo um nó ou um laço atrás das orelhas. Isso impedirá que sua boca se abra. (Essa técnica aparece ilustrada na página 27.)

É difícil amordaçar um gato ou um cachorro de focinho achatado, como o pug. Coloque uma fronha pela cabeça dele, para que ele tenha algo para morder antes de chegar em você. Não use uma fronha ou mordaça se seu animal estiver com problemas para respirar.

NÃO MOVA OSSOS EXPOSTOS. Os ossos quebrados às vezes cortam uma artéria – procure sangue coagulado no pelo, onde uma fratura exposta tenha atravessado a pele. Se o osso estiver para fora da pele, deixe-o como está, e não tente colocá-lo de volta no lugar, ou poderá causar um estrago ainda maior. Os ossos expostos são muito suscetíveis a infecções. Se tiver, use uma compressa de gaze esterilizada, ou uma compressa absorvente não aderente, ou então um pano limpo. A compressa ou o pano devem ser suficientemente grandes para cobrir a área completamente, protegendo da sujeira, e pesada o bastante para não cair. Encharque o material em soro fisiológico estéril e depois, cuidadosamente, cubra o osso e a ferida aberta com ele. O soro fisiológico ajudará a conservar o tecido molhado e o osso saudável.

PARE O SANGRAMENTO. Se um ferimento estiver sangrando, mas não houver osso exposto, pressione diretamente o local. Use uma compressa de gaze esterilizada, um pano limpo absorvente, ou até um absorvente íntimo. Coloque-a sobre o machucado e pressione com sua mão ou com seus dedos – a maior parte dos sangramentos para em cerca de cinco minutos. Não levante a compressa ou poderá atrapalhar a coagulação. Apenas ponha uma segunda compressa sobre a primeira, caso ela fique embebida de sangue. Você pode usar uma faixa elástica, uma meia-calça ou colocar um esparadrapo para segurar a compressa no lugar. (Para mais informações sobre sangramento, vá à página 400.)

Para fraturas no dorso

LEVE SEU ANIMAL PARA O VETERINÁRIO IMEDIATAMENTE. Transporte-o com cuidado, com o mínimo de movimento possível da parte machucada. Qualquer movimento brusco não apenas dói, como também pode fazer com que os ossos quebrados atravessem o tecido ou as artérias, piorando a situação. Isso é especialmente importante nas fraturas dorsais, podendo danificar a espinha e causar paralisia.

Um animal com um ferimento dorsal deve ser transportado para a clínica veterinária, se possível, sobre um objeto rígido e plano. No caso de um animal pequeno, pode-se usar um transportador de animais, um livro grande, uma tábua de cortar ou mesmo uma tampa limpa resistente de lata de lixo. Um cachorro maior deve ser acomodado sobre uma prancha grande ou uma tábua de passar.

Coloque a superfície rígida próxima ao animal ferido, e, cuidadosamente, deslize um lençol ou uma toalha para debaixo dele. Use o tecido para, delicadamente, puxá-lo horizontalmente sobre a superfície. Talvez seja preciso duas ou mais pessoas para mover um animal grande. Uma delas deve levantá-lo pelos ombros e pescoço, enquanto a outra o levanta pelo quadril (ao

mesmo tempo), para colocá-lo sobre o transportador. Ou, delicadamente deslize um lençol ou uma toalha sob seu animal, e depois você e mais uma pessoa usam o tecido para arrastá-lo para a superfície rígida. Depois que ele estiver acomodado no transportador, cada pessoa pega numa ponta para levá-lo até o carro.

Caso você não tenha um objeto rígido para usar como transporte, ponha seu animal no meio de um cobertor, e use-o como uma maca. Peça que duas pessoas o suspendam pelas pontas.

Você precisa evitar o quanto possível que seu animal seja movido bruscamente. Cubra-o com uma toalha ou cobertor e depois o prenda à superfície. Use tiras de algum adesivo resistente, passando-as por trás das patas dianteiras e na frente das patas traseiras. (Essa técnica aparece ilustrada na página 39.) Não passe a tira adesiva sobre suas patas, cauda, ou pescoço, porque o animal pode se machucar ao tentar se livrar das amarras. Você pode colocar um cachorro maior no banco de trás ou no bagageiro de um carro, depois de estabilizá-lo sobre a superfície rígida. Uma pessoa deverá se sentar ao lado dele para tentar mantê-lo calmo e quieto durante o percurso.

Para fraturas nas patas

VERIFIQUE SE HÁ PARADA RESPIRATÓRIA. Se seu animal estiver em choque e sem respirar, siga as instruções para fazer respiração artificial, descritas à página 30. Desista da tala e vá ao veterinário assim que possível, continuando a respiração artificial no carro, se necessário. Procure parar qualquer sangramento enquanto isso.

IMOBILIZE PATAS QUEBRADAS. Quando você estiver a mais de 30 minutos do veterinário, é bom colocar uma tala na pata quebrada.

OPÇÕES DE TRATAMENTO E CUIDADOS

Quando uma pessoa quebra um osso, existem várias maneiras de consertar a fratura, de um gesso até cirurgia. Os animais não são diferentes. Cada técnica ajuda a recuperação de uma forma diferente, e requer uma atenção especial em casa.

O método mais simples é uma tala chamada de Tala-Curativo Robert Jones. A pata é totalmente envolvida com lençóis de algodão, depois coberta com curativo de gaze que faz pressão na pata, impedindo que a articulação se mexa. Resolve muito bem fraturas razoavelmente estáveis. Você precisa prestar atenção para que os dedos não inchem; se isso acontecer é porque o envoltório ficou apertado demais e precisa ser mudado.

Os pinos intermedulares "costuram" os pedaços de osso cirurgicamente. Os veterinários os juntam com fio metálico, o que prende os pedaços menores do osso no lugar. O pino fica no local até que o osso sare, enquanto que o fio metálico continua para sempre. Nessa cirurgia, existe uma pequena abertura de entrada para o pino, que precisa ser mantida limpa e monitorada quanto a infecções.

Uma placa óssea fixa fraturas cirurgicamente, ligando com parafusos todos os pedaços quebrados a uma peça sólida de metal. Funciona bem para animais ativos, porque eles podem levantar e andar com a pata quebrada, já no dia seguinte. As placas ósseas geralmente permanecem no local permanentemente. Normalmente faz-se uma longa incisão, que deverá ser monitorada quanto a infecções, e mantida limpa.

Fixadores externos são dispositivos de metal colocados externamente no corpo de um animal, e parafusados ao osso através da pele e da musculatura, para estabilizá-lo. Os fixadores externos são bons para algumas fraturas, mas o dispositivo pode ser de difícil manuseio e enroscar nos móveis.

Isso impede que os ossos se movimentem, reduz a dor e previne danos adicionais ou sangramento sob a pele. Sempre imobilize as articulações acima e abaixo da fratura.

As fraturas do fêmur (o osso grande superior da pata traseira) ou do úmero (o osso correspondente na pata dianteira), ambos diretamente ligados ao corpo, não possuem articulações fáceis de imobilizar. É melhor nem tentar prender essas fraturas, a não ser que haja um osso exposto. Nesse caso, cubra o ferimento com um absorvente não aderente, ou com um pano limpo, e depois envolva o membro com uma toalha para proteger o ferimento.

IMOBILIZE CORRETAMENTE. Nas fraturas na parte inferior da pata, certifique-se de que a tala ocupa toda a extensão da pata. Enrole uma toalha macia ou um envoltório de algodão em torno da pata, depois use um jornal enrolado, ou uma revista, ou abra o rolo interno de uma toalha de papel e coloque a pata dentro. No entanto, não tente endireitar ou reposicionar a fratura; procure apenas proteger a pata e usar materiais rígidos para lhe dar estabilidade. Embrulhe a pata com um curativo elástico, meia-calça, ou filme plástico, para manter a tala no lugar. Comece enrolando pelo pé, deixando os dedos expostos, e vá subindo até que toda a pata esteja coberta.

PRESTE ATENÇÃO EM EDEMAS. Depois que a tala tiver sido colocada e protegida, encoste um pedaço de papel no pé e marque a distância entre os dois dedos centrais. Use as marcas do papel para monitorar o edema do pé, caso o curativo esteja muito apertado – os dedos vão começar a se separar e ficar frios. Se o edema dobrar o espaço entre as unhas em 10 ou 15 minutos, solte o curativo e recoloque-o.

SITUAÇÃO ESPECIAL

PARA FRATURAS PÉLVICAS. Animais com fraturas pélvicas, que não tenham sido tratadas cirurgicamente, não devem andar porque isso fará com que os ossos quebrados se movimentem, o que prejudicará sua recuperação. Limite seu animal em um canil, gaiola, ou em um espaço muito pequeno, e carregue-o para fora ou para a caixa higiênica, na medida das necessidades. Se a fratura foi reparada cirurgicamente, siga as instruções do veterinário em relação a exercícios e movimento.

Para que a limpeza dentro de casa fique mais fácil, use material absorvente como tapetes absorventes para cães, usado para treinamento dentro de casa. Os protetores possuem um tratamento bactericida que reduz o odor, e vêm com um revestimento plástico à prova de vazamento. Espalhe-os simplesmente na área de confinamento, e deixe que seu animal repouse sobre eles. São encontrados em pet shops e catálogos.

PARA CIRURGIA ORTOPÉDICA. Pode ser que animais que sofram cirurgia ortopédica para consertar suas fraturas sejam mandados para casa sem antibiótico, porque o procedimento é muito estéril. Observe atentamente os pontos ou outros ferimentos – uma secreção aquosa avermelhada, um pouco de vermelhidão ou algum edema são normais. Mas se a secreção ficar muito espessa, branca ou verde, tiver mau cheiro ou parecer quente junto ao dorso da sua mão, é sinal de que seu animal precisa de antibiótico, portanto, fale com seu veterinário.

PARA FRATURA NOS MAXILARES. Animais com maxilares quebrados necessitam de alimentos macios por até quatro semanas, até que a amarra de estabilização tenha sido removida. Alimentos normais enlatados funcionam para alguns animais, enquanto que outros precisam da ração mais pastosa, batida em liquidificados com caldo de galinha magro, sem sal, para que vire uma papa que consigam lamber.

CUIDADOS POSTERIORES

- A maioria das fraturas leva de seis a oito semanas para ficar estável e até 18 meses para consolidar completamente. Pelo menos no primeiro mês, seu animal precisará descansar, evitando o quanto possível usar a parte machucada. Ele não deverá subir escadas, correr ou pular.

- A contaminação de uma fratura exposta pode causar infecção, e o veterinário prescreverá antibiótico. Para as fraturas internas, provavelmente não serão receitados antibióticos, a não ser que também haja cortes e esfoladuras em outras partes do corpo. Para dar comprimidos, coloque sua mão em torno do focinho do animal e pressione seus dedos, delicadamente, contra as laterais dos lábios dele, de modo que esfreguem contra seus dentes. Isso fará com que ele abra bastante a boca. Quando isso acontecer, empurre o comprimido para o fundo da língua, feche sua boca, e acaricie sua garganta para que ele engula. (Essa técnica aparece ilustrada na página 40.)

Alguns cachorros aceitam comprimidos escondidos em petiscos, como queijo ou um pedaço de salsicha.

▪ Para o tratamento da dor em cães, seu veterinário poderá prescrever remédios como carprofeno. Não dê aspirinas a gatos nem a cachorros.

▪ Seu veterinário receitará os medicamentos apropriados para que seu animal se sinta confortável e sem dor. Se você achar que ele continua sofrendo após tomar o medicamento, fale com seu veterinário.

▪ Continue prestando atenção em dedos inchados, o que pode significar que o curativo, ou a tala, ficou apertado demais e precisa ser refeito.

▪ Talas e curativos precisam ficar secos, ou rasparão a pele do animal, causando escoriações ou infecção. Para proteger o curativo, prenda sobre ele um saco plástico de lixo, ou filme plástico, quando seu animal sair ao ar livre.

▪ Os cachorros e alguns gatos mordiscam os curativos, as talas e as suturas. Coloque em seu animal uma colar elisabetano (uma coleira cônica de contenção). Isso impedirá que ele estrague o curativo, interferindo em sua recuperação. No entanto, ele não conseguirá comer usando esta coleira, portanto, lembre-se de removê-la na hora das refeições.

A MELHOR ABORDAGEM

PLÁSTICO-BOLHA

Para imobilizar uma pata fraturada, é preciso um material que não apenas acolchoe a pata, como também a mantenha coberta e imóvel. O plástico-bolha preenche muito bem essas três funções. Corte a folha de plástico-bolha de forma a se adequar à curva do membro em repouso do seu animal; coloque a pata no plástico e enrole-a. Prenda com esparadrapo.

CONSULTORES

▪ Dale C. Butler, doutor em Medicina Veterinária, é veterinário no Best Friends Animal Hospital, em Denison, Texas.
▪ Charles DeVinne, doutor em Medicina Veterinária, é veterinário na Animal Care Clinic, em Peterborough, New Hampshire.
▪ Thomas Munschauer, doutor em Medicina Veterinária, é veterinário no Middlebury Animal Hospital, em Vermont, e ex-presidente da Vermont Veterinary Medical Association.
▪ Kevin Wallace, doutor em medicina Veterinária, é instrutor no departamento de ciências clínicas, do Cornell University College of Veterinary Medicine, em Ithaca, Nova York.
▪ David Wirth-Schneider, doutor em Medicina Veterinária, é veterinário na Emergency Clinic for Animals, em Madison, Wisconsin.

HIPOTERMIA

PROCURE SEU VETERINÁRIO: **NO MESMO DIA**

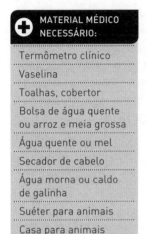

MATERIAL MÉDICO NECESSÁRIO:

Termômetro clínico
Vaselina
Toalhas, cobertor
Bolsa de água quente ou arroz e meia grossa
Água quente ou mel
Secador de cabelo
Água morna ou caldo de galinha
Suéter para animais
Casa para animais
Palha

Não é frequente que os cachorros e os gatos percam muito calor a ponto de correrem perigo, já que têm um reflexo de tremor muito forte. O tremor aumenta o metabolismo do corpo e produz calor. Além disso, seu pelo é um grande isolante; conserva o ar morno próximo da pele, mantendo a temperatura interna numa variação normal entre 37,5 °C e 39 °C. Por causa disso, os animais são menos propensos do que as pessoas a sofrer de hipotermia, ou de baixa temperatura corporal. (Todas as variações de temperatura apresentadas são aproximadas e podem se sobrepor. Como cada animal é diferente, é bom ter uma medição básica da temperatura do seu e arquivá-la junto ao kit de primeiros socorros. Para uma ilustração de como medir a temperatura de um animal, vá à página 19.)

As coisas mudam quando venta muito ou o pelo dos animais fica molhado, ou quando eles passam mais tempo ao ar livre do que seus organismos podem suportar. Assim como a temperatura corporal cai, o mesmo acontece com as funções essenciais como respiração e ritmo cardíaco. Os animais que sofrem uma hipotermia branda, na qual a temperatura corporal fica entre 35 °C e 37 °C, vão ter calafrios, tremores, ficar letárgicos e gelados. A maioria dos animais com hipotermia branda se recuperará em uma hora, com a ajuda de um mero pronto atendimento.

Os animais com hipotermia moderada apresentam temperaturas que variam entre 32 °C e 35 °C. Eles podem ser tratados em casa, com primeiros socorros, mas talvez tenham uma recuperação mais lenta do que os que sofreram uma hipotermia branda. Após o tratamento caseiro, um animal com hipotermia moderada precisa ser levado a um veterinário no mesmo dia. Mas se sua temperatura não se elevar após os primeiros socorros, é preciso que ele seja levado ao veterinário com urgência.

A hipotermia grave pode ser fatal. Os animais param de tremer quando sua temperatura desce para em torno de 32 °C, e, sem o tremor, é quase impossível que eles se aqueçam sem uma ajuda extra. Com a hipotermia grave – temperatura corporal em torno de 32 °C ou abaixo, por mais de 30 minutos – os animais perdem a consciência, seus órgãos começam a ficar insuficientes e o batimento cardíaco e a respiração quase que param completamente. A hipotermia grave exige um primeiro atendimento de emergência e imediata atenção veterinária.

ALERTA IMPORTANTE

CONGELAMENTO

A hipotermia não é o único estado resultante de um frio extremo. Cães e gatos que ficam suficientemente gelados para ter hipotermia, também correm um alto risco de ficarem congelados, especialmente quando ficam expostos a ventos muito frios.

O congelamento acontece quando o corpo desvia o sangue do focinho, das orelhas e dos membros, dirigindo-o para o abdome, na tentativa de manter os órgãos aquecidos. Essa mudança da circulação pode salvar a vida de um animal, mas deixa as extremidades desprotegidas por causa do frio. Eis o que deve ser observado:

- A pele das áreas congeladas perderá a cor – normalmente fica pálida, branca, azul ou cinza – e ficará extremamente gelada ao toque. Ela pode se tornar muito vermelha depois de degelada, se os vasos sanguíneos da região não tiverem sofrido danos muito severos.
- Verifique os dedos e a cauda, para ver se houve descoloração ou vermelhidão, porque eles são muito vulneráveis a congelamento.
- Os gatos frequentemente ficam com as pontas das orelhas congeladas, por causa da pele fina e da falta de pelos no local. Além disso, as pontas das orelhas ficam expostas ao frio mesmo quando um gato se enrola como que em uma bola protetora.
- Os cães machos, incluindo os que foram castrados, geralmente sofrem congelamento na pele fina do escroto, porque ela fica exposta ao frio mesmo quando eles se sentam ou deitam.

Os animais congelados sempre precisam de cuidados veterinários imediatos, embora eles geralmente se recuperem quando as áreas congeladas são aquecidas suave e gradativamente. (Para mais informações sobre congelamento, vá à página 120.)

FAÇA ISTO JÁ

Para hipotermia grave (temperatura corporal em torno de 32 °C ou abaixo)

VÁ AO VETERINÁRIO O QUANTO ANTES. Animais com hipotermia grave precisam ir ao veterinário o quanto antes. Os termômetros clínicos só registram até 34 °C, portanto, preste atenção no reflexo do tremor; ele para quando a temperatura corpórea desce em torno de 32 °C. Cães e gatos que ficam tão gelados que não conseguem tremer precisam de um atendimento veterinário de emergência. Um animal, cuja temperatura corporal tenha ficado abaixo de 32 °C por mais de trinta minutos precisa ser reaquecido de dentro para fora, com técnicas especiais que seu veterinário está treinado para aplicar. Nessa situação, pode ser perigoso você mesmo tentar reanimá-lo. Caso a temperatura do seu animal tenha provavelmente estado abaixo de 32 °C por mais de trinta minutos, não aplique fontes externas de calor. Seque seu animal, se ele esteve molhado, enrole-o em um cobertor, coloque-o dentro de um carro aquecido e vá rapidamente para o veterinário.

No entanto, se seu veterinário ficar a mais de trinta minutos de distância, ou se a temperatura do seu animal tiver caído abaixo de 32°C nos últimos trinta minutos, aplique uma fonte externa de calor, como uma bolsa de água quente envolvida em uma toalha. Não espere que a temperatura suba até 37 °C para sair – apenas comece o reaquecimento e ponha-se a caminho. (Para instruções sobre reaquecimento, veja a seguir "Para hipotermia moderada".) Se possível, leve bolsas de água quente e toalhas para colocar em volta delas, juntamente com um pouco de água quente em garrafas térmicas para reabastecer as bolsas e continue com o processo de reaquecimento no carro, enquanto alguém dirige até o veterinário.

ESFREGUE MEL NAS GENGIVAS DO SEU ANIMAL. Animais com hipotermia grave correm risco de entrarem em choque. Sua taxa de açúcar no sangue também pode estar muito baixa. Seria útil tentar levantá-la enquanto você se dirige para o veterinário. A melhor forma de fazer isso é esfregar uma ou duas gotas de **Karo®** ou de mel em suas gengivas. O mel, ou o **Karo®**, será absorvido pelos tecidos e pode elevar o açúcar ao sangue quase que instantaneamente. No entanto, seu animal pode estar gelado demais para que tenha circulação suficiente que leve o mel a ser bem absorvido. (Para mais informações sobre choque, vá à página 109.)

Para hipotermia moderada (temperatura corporal entre 32 °C e 35 °C)

AQUEÇA SEU ANIMAL, DEPOIS VÁ PARA O VETERINÁRIO. Embrulhe bolsas de água quente em toalhas e coloque-as na virilha do seu animal, nos dois lados do pescoço e sob as axilas. São regiões onde grandes vasos sanguíneos ficam próximos à superfície. O calor aquecerá o sangue, que, por sua vez, aquecerá o corpo de dentro para fora. Você pode substituir as bolsas de água quente por garrafas plásticas de água ou garrafas de refrigerantes, mas não as coloque diretamente sobre o corpo. Mantenha duas ou três camadas de toalhas entre seu animal e a fonte de calor, para impedir queimaduras. Você também pode encher uma meia grossa com arroz cru e colocá-la no micro-ondas por uns dois minutos. Deixe descansar por no mínimo cinco minutos para que o calor se distribua por igual e não se esqueça de verificar a temperatura por toda a meia, para que ela não produza queimaduras.

Depois de aquecido e com a temperatura de volta para os 37 °C, seu animal precisará ser examinado pelo veterinário no mesmo dia. No entanto, se sua temperatura não começar a subir num período de 30 a 45 minutos do início do processo de reaquecimento, vá para a clínica de emergência imediatamente. Leve junto algumas bolsas de água quente envoltas em toalhas grossas e continue seus esforços de reaquecimento durante o percurso.

Para hipotermia branda (temperatura corporal entre 35 °C e 37 °C)

AQUEÇA SEU ANIMAL. Leve seu animal para dentro e ligue o aquecimento. Se você não conseguir algum lugar aquecido, tente colocá-lo dentro das suas roupas, para dividir o calor do seu corpo. Mantendo-o aquecido, o corpo dele conservará energia e começará a se recuperar.

VERIFIQUE SUA TEMPERATURA. Use um termômetro clínico a cada 10 ou 15 minutos para verificar a gravidade da hipotermia e se seu animal está se recuperando. Cães e gatos com hipotermia branda normalmente se recuperam muito rapidamente.

SEQUE-O. Seque o pelo de seu animal totalmente, com toalhas ou com um secador de cabelos na temperatura mais baixa e colocado a 30 cm de distância. Movimente o secador por todo o pelame, enquanto você o seca – se você o mantiver na mesma posição, pode acabar queimando o animal. Não o coloque em água morna, porque a água evapora, removendo o calor no processo.

EMBRULHE SEU ANIMAL. Embrulhe-o frouxamente em um cobertor ou toalha, de preferência algum que tenha sido ligeiramente amornado na secadora. O tremor é um bom sinal, porque significa que o organismo está reagindo, tentando se aquecer. Mantenha-o coberto até que acabe o tremor.

ALIMENTE SEU ANIMAL COM LÍQUIDOS MORNOS. Encha sua vasilha de água com água morna ou, melhor ainda, caldo de galinha morno. Os líquidos mornos esquentam o corpo a partir de dentro e também ajudam a estimular o mecanismo natural de aquecimento do corpo. O caldo de galinha fornece mais calorias para ajudar o processo.

VERIFIQUE SUA TEMPERATURA NOVAMENTE. Continue o processo de reaquecimento até que a temperatura do seu animal volte para 37 °C. A maior parte dos casos de hipotermia, mesmo os mais brandos, resulta de acidentes envolvendo água gelada ou é causada por exposição. Se a temperatura de seu animal não subir em 30 a 45 minutos após o início do processo de reaquecimento, não espere; leve-o ao veterinário imediatamente.

🐾 SITUAÇÕES ESPECIAIS

SE VOCÊ SUSPEITAR DE UMA PARADA CARDÍACA. Se seu animal parar de respirar, esteja pronto para fazer respiração artificial e ressuscitação cardiopulmonar, caso seu coração pare de bater. Em primeiro lugar, verifique se o coração de seu animal parou, tomando seu pulso e examinando seus reflexos. Pressione as pontas dos dedos na dobra onde a parte interna da coxa se junta ao corpo e procure a pulsação na artéria femoral, que é muito grande e fica próxima à superfície. (Essa técnica aparece ilustrada na página 23.) Se você não conseguir sentir a pulsação, tente ouvir ou sentir o batimento cardíaco. Ponha seu ouvido ou a palma da sua mão sobre o lado esquerdo do seu animal, diretamente atrás do cotovelo. Se você não detectar um batimento cardíaco, cheque seus reflexos quanto a reações. (Para mais informações vá à página 347.)

SE O CORAÇÃO DELE ESTÁ BATENDO, MAS ELE NÃO RESPIRA. Nesse caso, é preciso fazer respiração artificial. Feche a boca do seu animal com as mãos para manter seus lábios selados, depois ponha sua boca em cima do nariz dele, dê duas rápidas sopradas e observe se o peito dele infla. Dê 15 a 20 sopradas por minuto até que ele recomece a respirar ou até que você chegue ao veterinário. Conforme ele for se esquentando, é mais provável que comece a respirar sozinho. (Essa técnica aparece ilustrada na página 30.)

SE O CORAÇÃO DO SEU ANIMAL PAROU E ELE NÃO RESPIRA. Você deverá fazer compressões no peito junto com respiração artificial. Se você estiver sozinho, faça cinco compressões no peito alternando com uma soprada, comprimindo o peito de 25 a 50%. O objetivo é de 80 a 100 compressões e de 15 a 20 sopradas por minuto, até que o animal reviva ou até que se consiga socorro médico. Se houver alguém para ajudar, uma pessoa faz as compressões, depois espera para que a outra dê uma soprada.

Para fazer compressões no peito de gatos ou de cachorros pequenos, ponha sua mão em concha sobre o ponto do peito que fica logo atrás dos cotovelos. Aperte com firmeza, pressionando cerca de 1 cm, com o polegar de um lado e os outros dedos do outro.

Deite um cachorro maior de lado, depois coloque uma mão sobre a outra em cima do peito dele. Use ambas as mãos para comprimir firmemente. (Essa técnica aparece ilustrada na página 31.)

ALGUNS GOSTAM DE FRIO

Se você estiver planejando arrumar um cachorro e estiver interessado em uma raça que possa aguentar longas caminhadas no inverno, é melhor que você dê uma olhada nos cachorros de trenó do hemisfério norte, como os malamutes do Alasca, os samoiedas e os huskies siberianos. Para esses cachorros, água gelada e altos bancos de neve são tão confortáveis quanto a praia no verão.

O segredo está em sua pelagem. Eles têm uma pelagem externa rude, resistente a intempéries, impermeável. Sob ela existe outra camada de pelos grossos, lanosos, que proporciona um bom isolamento. A pelagem lanosa se estende até por entre os dedos e os coxins das patas, funcionando como sapatos de neve peludos.

Apesar de suas vantagens em temperaturas geladas, os cachorros de trenó não são perfeitos para todas as pessoas e lugares, por um motivo: eles sofrem horrivelmente com o calor – para eles qualquer coisa acima de 18 ºC já é um pouco quente. Quando esses cachorros estão fazendo o que mais gostam – correr na neve – eles podem comer quatro vezes mais do que os outros cachorros. Mas até eles precisam se aclimatar a temperaturas geladas. Embora eles se saiam melhor do que a média dos cachorros, precisam desenvolver sua resistência se forem ficar ao ar livre durante longos períodos.

✅CUIDADOS POSTERIORES

▪ Animais que tiveram hipotermia uma vez correm um grande risco de tê-la de novo, porque os danos causados ao organismo pelo frio extremo reduzem sua habilidade em se manter aquecidos. É possível que eles precisem de um pouco de ajuda para manter a temperatura numa variação segura.

▪ Cães e gatos que viveram confortavelmente ao ar livre enquanto jovens, à medida que forem envelhecendo devem ficar dentro de casa durante o inverno. Os animais mais velhos tendem a ter menos gordura e músculos – tecidos essenciais para o isolamento e a produção interna de calor.

- Animais de pelo curto devem usar suéteres quando ficam ao ar livre.

- Se seu animal vive normalmente dentro de casa, mas vai passar muito tempo ao ar livre, os veterinários recomendam que ele experimente doses pequenas de temperatura fria, antes da chegada do inverno. Ele deverá começar passando de duas a três horas ao ar livre, a partir do final do verão.

- Cães e gatos precisam de locais onde possam escapar do vento e da chuva. Seus abrigos devem ser isolados e construídos acima do chão, com a porta voltada para a direção oposta aos ventos prevalecentes. Deve haver uma cobertura flexível sobre a porta para impedir correntes de ar. Os abrigos pequenos são melhores do que os grandes porque cães e gatos preferem recantos aconchegantes e porque os lugares pequenos permanecem mais aquecidos por conservarem o calor do corpo. Cubra o chão com cobertores ou palha. Isso vai permitir que seu animal se entoque na forragem, fazendo um ninho como se fosse um casulo, que pode ser aquecido mais facilmente por seu corpo. Verifique a temperatura do abrigo periodicamente – não deve ficar abaixo de 5 ºC.

- No inverno, gatos e cachorros necessitam de mais calorias, porque seu metabolismo funciona com muito mais rapidez para mantê-los aquecidos. Eles precisam de cerca de 7,5% a mais de alimento para cada 4 ºC de queda na temperatura. Isso significa que animais que passam muito tempo ao ar livre necessitam cerca de 30% a mais de calorias durante os meses mais frios. Uma maneira de aumentar as calorias é acrescentar uma colher de sopa de gordura ou de óleo vegetal para cada pacotinho de alimento seco. Ou dê a seu filhote alimentos ricos em calorias, até que o tempo comece a esquentar.

A MELHOR ABORDAGEM

COMPRESSA SEGURA DE AQUECIMENTO

O calor é o grande curandeiro da natureza. Compressas aquecidas e lâmpadas de calor funcionam, mas exigem que sejam supervisionadas de perto. Na verdade, os veterinários não costumam recomendar o uso de fontes elétricas de calor, porque elas podem queimar a pele dos animais muito rapidamente. Isso ocorre nos animais com hipotermia, porque eles se queimam com muita facilidade. Os veterinários preferem outras fontes de calor mais suaves, como as bolsas de água quente. No entanto, até as bolsas de água quente podem queimar um animal, se a água ali contida também estiver quente demais. Experimente a temperatura antes de usar uma bolsa de água quente no seu animal, segurando-a contra a sua pele – ela deve estar confortavelmente quente. Enrole-a em toalhas grossas, antes de colocá-las.

CONSULTORES

- Shane Bateman, doutora em Medicina Veterinária, doutora em Ciências Veterinárias, é veterinária certificada pelo Conselho do American College of Emergency and Critical Care Medicine e professora assistente de Medicina de Emergência e Cuidados Críticos no Ohio State University College of Veterinary Medicine, em Columbus.
- Sandra Sawchuk, doutora em Medicina Veterinária, é instrutora clínica na University of Wisconsin School of Veterinary Medicine, em Madison.

IMPACTAÇÃO DA GLÂNDULA ANAL

PROCURE SEU VETERINÁRIO: **SE NECESSÁRIO**

MATERIAL MÉDICO NECESSÁRIO:

- Tesoura com pontas arredondadas ou tosador elétrico
- Luvas médicas descartáveis
- Creme para hemorroidas à base de fenilefrina, pramoxina e hidrocortisona (Preparation H®)
- Colar elisabetano
- Pano limpo
- Água morna
- *Plantago ovata*
- Toalhinha

Os gatos e os cachorros possuem duas glândulas ou bolsas, debaixo da pele, perto do ânus, uma de cada lado. São semelhantes às glândulas de cheiro do gambá, e conferem à região anal e às fezes de cada animal um odor distinto – uma espécie de cartão de visitas fedido, que os outros animais reconhecem. As glândulas secretam um líquido que é geralmente expelido, ou comprimido a cada movimento dos intestinos. Quando as fezes estão macias demais e, ao passarem, não exercem pressão suficiente para esvaziar as glândulas, ou se as glândulas produzem em demasia, o líquido pode tornar-se mais espesso e bloquear as glândulas. Os gatos raramente têm problemas com a glândula anal, mas os cachorros sim, e as raças toy têm este problema com mais frequência do que os cachorros maiores.

Animais com problemas na glândula anal tendem a se lamber demais, ou podem "correr" ou arrastar seus traseiros pelo chão, num esforço para abrir a impactação. Uma glândula anal bloqueada fica macia e inchada. Com o tempo, ela pode se tornar um abscesso e romper, com muito sangue ou secreção purulenta. Se for este o caso, é preciso ir ao veterinário imediatamente. Você pode usar primeiros socorros para esvaziar glândulas bloqueadas e resolver o problema, mas uma vez que as bolsas estejam infectadas, seu animal precisará de ajuda médica para tratar a infecção. Você sabe que as glândulas de seu animal estão infectadas quando elas ficam vermelhas, manchadas e muito doloridas. Outros sintomas incluem febre, perda de apetite e letargia. Os primeiros socorros podem acelerar o processo de cura e aliviar o desconforto.

FAÇA ISTO JÁ

CONSIGA ALGUÉM PARA SEGURÁ-LO COM FIRMEZA. Quando você trata a extremidade posterior do seu animal, você tem muito pouco controle sobre o lado que morde – você não pode levantar sua cauda e, ao mesmo tempo, segurar sua cabeça. É preciso que alguém o segure com firmeza, porque o tratamento de glândulas anais inflamadas pode ser muito doloroso e ele vai se debater e tentar escapar. Portanto, convoque outro par de mãos para imobilizar o seu cão. No caso de ser cachorro pequeno, coloque-o sobre uma mesa, ou um balcão; se for um cachorro grande, peça que a pessoa se ajoelhe no chão, a seu lado. Faça com que ela passe um braço debaixo do pescoço do cachorro envolvendo-o, numa espécie de chave de braço, para trazê-lo junto ao peito. Depois peça que use o outro braço para envolver o seu peito, passando por baixo e em torno dele, puxando-o ainda mais para junto dela.

TOSE O PELO DE SEU ANIMAL. Se o pelo sob a cauda de seu animal for longo, tose-o cuidadosamente, usando tesoura com pontas arredondadas ou tosador elétrico. Isso ajudará você a ver o que acontece e deixará a área mais fácil de ser tratada e mantida limpa. Se a glândula anal estiver com abscesso ou tiver supurado, a ferida drenada tenderá a depositar o material no pelo, e seu cachorro deixará manchas em todo lugar que sentar.

DRENE AS GLÂNDULAS. Quando seu cachorro andou arrastando ou lambendo muito a parte traseira, tente esvaziar as glândulas manualmente, para que ele obtenha algum alívio. Use luvas médicas descartáveis (disponíveis em farmácias) e uma camiseta velha, porque o conteúdo das bolsas tem um cheiro muito forte e desagradável, que você não vai querer em suas roupas.

Para esvaziar as glândulas, primeiramente levante a cauda e, delicadamente coloque-a sobre seu dorso. Isso deixará a zona retal exposta e esticará a pele que recobre as glândulas. As glândulas anais estão localizadas nas posições 5 e 7 do relógio em relação ao ânus, e você conseguirá senti-las se estiverem cheias – elas se parecem um pouco com ervilhas ou bolinhas de gude sob a pele. Os canais que as esvaziam para o exterior estão mais acima – nas posições 4 e 8 do relógio. Usando o polegar e o dedo indicador, aperte num arco abrangente em forma de C, para literalmente ordenhar a substância para fora. Comece abaixo da posição 5 e 7 e ordenhe verticalmente para cima. O material variará de marrom escuro para claro. Se for amarelo ou com marcas de sangue, é possível que seu cachorro esteja com uma infecção e precise de antibióticos receitados por um veterinário.

Faça com que outra pessoa imobilize o seu cão, antes de tentar espremer suas glândulas anais. A melhor forma é colocar um braço sob o pescoço do cachorro, envolvendo-o, enquanto que o outro braço envolve seu peito, passando por debaixo dele, imobilizando-o.

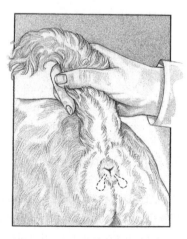

Para achar as glândulas anais do seu cachorro, levante sua cauda sobre seu dorso. As glândulas anais estão localizadas nas posições 5 e 7 do relógio, perto do ânus. Se estiverem redondas como ervilhas ou bolinhas de gude, podem estar impactadas e precisam ser comprimidas.

ALERTA IMPORTANTE

TUMORES PERIANAIS

Um ponto inchado em um dos lados do ânus de um cachorro pode ser parecido com uma impactação da glândula anal ou com um abscesso, mas em vez disso pode ser uma excrescência chamada tumor da glândula perianal. Eles se desenvolvem a partir de glândulas sebáceas especiais na pele da área da cauda. O que estimula seu crescimento é um hormônio masculino, provavelmente a testosterona, o que faz com que sejam três vezes mais comuns em cachorros machos não castrados do que em fêmeas. A maior parte dos cachorros afetados tem mais de sete anos, e as raças onde este problema é mais comum são: huskies siberianos, samoiedas, pequineses e cocker spaniels.

A princípio os tumores se parecem com pequenas verrugas, redondas e com aspecto de borracha. Eles crescem lentamente, mas podem ficar bem grandes, romper a pele, ulcerar e sangrar. Os tumores perianais tornam difícil a evacuação, e podem atrapalhar os movimentos normais do intestino. A maioria deles é benigna, embora em casos mais raros os tumores malignos podem se espalhar e, potencialmente, matar um animal. O tratamento normal é a remoção cirúrgica do tumor e a castração do macho, para eliminar o hormônio que provoca o crescimento do tumor.

Qualquer excrescência que apareça em seu animal deve ser examinada por um veterinário. Depois de examinada, ele pode determinar se ela deve ser removida ou deixada como está.

ALIVIE-O COM UM CREME. Para irritações moderadas, que estejam vermelhas e irritadas, mas não estejam infectadas, use creme para hemorroidas para ajudar seu cachorro a se sentir melhor. Você pode aplicar o creme até quatro vezes por dia, mas não use um supositório mais do que uma vez por dia. Faça com que ele não lamba o creme até que tenha sido absorvido – dê algum petisco que o mantenha ocupado, ou coloque uma coleira de contenção, chamada colar elisabetano, para que ele não consiga alcançar suas zonas inferiores. (Remova-a na hora das refeições, para que ele possa comer). Se a área não clarear em dois dias, será preciso levá-lo ao veterinário.

APLIQUE UMA COMPRESSA. Caso a área esteja muito inflamada para ser tocada, aplique sobre ela uma compressa de água morna. Mesmo que seu cachorro tenha uma infecção séria, você poderá colocar uma compressa sob sua cauda, e fazer com que ele se sente sobre ela. Simplesmente encharque um pano limpo com água morna da torneira e comprima o excesso. Quando o pano esfriar, repita o processo de embeber o pano. A maioria dos cachorros aceita o tratamento assim que percebe que traz bem-estar. O calor e a umidade puxam o sangue para a região e ajudam a aliviar a inflamação. Use a compressa durante um mínimo de dez minutos por vez, três vezes por dia.

✅ CUIDADOS POSTERIORES

• Se houver uma infecção, seu veterinário prescreverá antibiótico, e você terá que dá-los a seu cão por no mínimo dez dias. Você pode esconder os comprimidos em um petisco saboroso, como um pedaço de queijo, ou pode dá-los diretamente a seu cão. Para fazer isso, pegue seu focinho com uma mão, pressionando de cada lado, delicadamente, seus lábios contra os dentes, fazendo com que ele abra a boca. Em seguida, empurre o comprimido para o fundo de sua língua, na parte central – se cair do lado da língua, ele provavelmente vai conservá-lo por um tempo e cuspi-lo depois. Com o comprimido no centro da língua, o mais fundo possível, feche sua boca com uma mão e massageie sua garganta até que o perceba engolindo. Você também pode dar um petisco, imediatamente após o comprimido, o que vai fazer com que ele engula o comprimido automaticamente. (Essa técnica aparece ilustrada na página 40).

■ Continue a tratar a área com compressas molhadas em água morna, com a frequência e pelo tempo que seu cachorro aceitar – uma hora ou mais por vez seria ótimo, especialmente se a glândula impactada estiver começando a formar um olho. As compressas mornas aceleram o processo de cura e podem ajudar a romper a infecção, ajudando-a também na drenagem.

■ Mantenha a área limpa. Use uma toalhinha limpa, embebida em água morna para limpar cuidadosamente a área infectada.

A MELHOR ABORDAGEM

CURA PELA FIBRA

O aumento de fibras em suas dietas é uma maneira simples e segura de ajudar a maioria dos cães a estimular suas glândulas anais naturalmente, a cada movimento do intestino. Qualquer uma das fórmulas comerciais de dieta light contém uma quantidade maior de fibras e funcionará, mas o cachorro precisará ingerir uma quantidade maior de comida light, em comparação com a dieta normal, para manter seu peso.

A maior parte das comidas enlatadas tem menos fibra do que as secas, embora você possa consultar seu veterinário sobre as comidas enlatadas mais ricas em fibras disponíveis no mercado. Se seu cachorro tem uma dieta de enlatados, você pode misturar uma colher de sopa de um suplemento de *Plantago ovata*, a cada copo de comida, para aumentar as fibras. Qualquer que seja a comida de seu cão, você também pode lhe oferecer alguns vegetais frescos como petiscos, para aumentar as fibras em suas fezes – muitos cachorros gostam de cenoura crua, repolho ou salsão. Fique prevenido, no entanto, de que a adição de fibras na dieta de seu cachorro, não apenas ajudará na excreção do conteúdo da glândula anal, como também aumentará o volume da evacuação.

CONSULTORES

■ Larry Edwards, doutor em Medicina Veterinária, é veterinário no Canyon Creek Pet Hospital, em Sherman, Texas.

■ Martha S. Gearhart, doutora em Medicina Veterinária, diplomada no American Board of Veterinary Practitioners, é veterinária no Pleasant Valley Animal Hospital, em Nova York.

■ Chris Johnson, doutor em Medicina Veterinária, é veterinário na Westside Animal Emergency Clinic, em Atlanta.

IMPETIGO

PROCURE SEU VETERINÁRIO: **SE NECESSÁRIO**

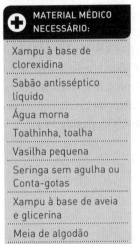

MATERIAL MÉDICO NECESSÁRIO:

- Xampu à base de clorexidina
- Sabão antisséptico líquido
- Água morna
- Toalhinha, toalha
- Vasilha pequena
- Seringa sem agulha ou Conta-gotas
- Xampu à base de aveia e glicerina
- Meia de algodão

Também conhecido como piodermite de filhotes de cachorros, essa infecção cutânea geralmente ataca cachorros com três meses a um ano de idade. Raramente é perigosa, e é considerada uma doença incômoda. Os gatos não são afetados.

Os filhotes com impetigo desenvolvem pústulas vermelhas que estouram e ficam purulentas ou com crostas amareladas. Normalmente elas são encontradas na barriga pelada ou na parte interna das coxas, que não tem pelos. As pústulas são diferentes dos abscessos, que são maiores, mais profundos na pele e cheios de fluido, e se movem quando tocadas de leve. Lugares muito cheios, sujos ou agitados podem facilitar o desenvolvimento de impetigo nos filhotes. A maior parte dos casos é fácil de ser tratada e curada em casa, com um simples pronto atendimento.

FAÇA ISTO JÁ

DÊ BANHO NO SEU FILHOTE. Água e sabão acabam com os casos leves de impetigo mais rápido do que qualquer outra coisa. Você pode usar clorexidina 2%, mas evite "xampu de uso humano", porque ele pode secar e irritar a pele. Dê banho no seu filhote três vezes por semana. Se o impetigo piorar, ou se seu filhote não melhorar depois de uma ou duas semanas, consulte seu veterinário. Casos moderados e graves de impetigo (quando o filhote tem pústulas vermelhas cobrindo a maior parte da área afetada, e está incomodado com elas ou com dor) também pedem uma visita ao veterinário.

Para banhar o seu filhote, encha a pia ou uma bacia com água morna, mais ou menos na temperatura do animal (38 ºC, que parecerá confortavelmente morna no seu pulso). Coloque seu filhote na água e jogue água sobre seu corpo com uma vasilhinha, levantando sua cabeça, para evitar que a água entre nos seus ouvidos ou nos seus olhos. Depois de molhado, coloque-o sobre uma toalha, ou sobre o lado seco vazio de outra pia.

Esfregue suavemente o corpo dele com sabão, com especial atenção para a área da barriga. Use uma toalhinha para limpar o seu focinho. Depois que ele estiver ensaboado e limpo, enxágue-o, colocando-o de volta na água morna e usando a vasilhinha para jogar água limpa sobre seu corpo. É muito importante retirar todo o sabão. Quando você tiver certeza de que ele esteja totalmente limpo, enxágue-o mais uma vez com água morna. Não se esqueça de verificar a temperatura no seu pulso, antes da segunda enxaguada.

Enrole seu filhote molhado em uma toalha e absorva o máximo de água possível. Os filhotes têm dificuldade em regular sua temperatura corporal e podem se resfriar facilmente, portanto é importante mantê-lo em um quarto aquecido, longe de correntes de ar, até que esteja seco.

LIMPE A CAMA DO SEU FILHOTE. Lave as cobertas da cama do seu filhote em água quente.

✓ CUIDADOS POSTERIORES

- Se você banhar o seu filhote todos os dias, por cinco dias seguidos, um caso leve de impetigo deverá desaparecer. Use clorexidina a 2%, que limpa profundamente os folículos pilosos, ou um sabão líquido antisséptico.

- O impetigo pode ser causado por vários tipos de bactéria, e se o banho não resolver o problema, testes médicos podem determinar qual o melhor antibiótico a ser usado. Normalmente, um período de duas semanas de antibiótico receitado pelo médico deverá curar a infecção. Nos filhotes pequenos, em geral, um medicamento líquido funciona melhor. Use uma seringa sem agulha, ou um conta-gotas, e aplique o remédio na sua bochecha. Depois, mantenha sua boca fechada até que perceba que ele engoliu. (Essa técnica aparece ilustrada na página 40.)

Mantenha o focinho do seu filhote seco, despejando água sobre ele com uma vasilha.

A MELHOR ABORDAGEM

XAMPU PARA O PELO À BASE DE FARINHA DE AVEIA

O passo mais importante para curar infecções de pele, como impetigo, é banhar seu filhote para mantê-lo limpo. No entanto, o uso repetido de xampu pode também ressecar sua pele delicada, e a inflamação levar a outros problemas de pele.

Os tratadores recomendam que os banhos sejam seguidos por um condicionador de pele e pelo, como Allercalm®, para contrabalançar o efeito secante do sabão. Um dos melhores ingredientes que se deve procurar é a farinha de aveia, uma substância natural conhecida por aliviar problemas de pele. Mesmo que você não tenha um condicionador industrializado de farinha de aveia, ainda assim é possível ajudar seu filhote colocando farinha de aveia na última água de enxágue. Basta encher uma meia de algodão com o cereal seco, fazer com que a água corra através da meia e depois usar a água de farinha de aveia.

Preste atenção para enxaguar completamente o seu filhote, principalmente a barriga. Use água morna e segure-o com firmeza.

CONSULTORES

- Nina Beyer, doutora em Medicina Veterinária, é veterinária no Grecoloqueld Veterinary Associates, em Mantua, Nova Jersey.
- Emily King, doutora em Medicina Veterinária, é veterinária na Kryder Veterinary Clinic, em Granger, Indiana.

INALAÇÃO DE FUMAÇA

PROCURE SEU VETERINÁRIO: **IMEDIATAMENTE**

MATERIAL MÉDICO NECESSÁRIO:
- Caixa escura ou transportador de animal
- Umidificador
- Água fria
- Cubos de gelo

O fogo produz gás, que suspende partículas de carbono no ar, criando a fumaça. Cinco componentes comuns da fumaça deixam os animais – e as pessoas – doentes, quando são inalados. A cinza ou fuligem irrita ou obstrui os pulmões, mas são os gases invisíveis que geralmente matam. Esses incluem acroleno, benzeno, formaldeído e monóxido de carbono. De fato, a maioria das mortes em incêndio é causada mais pela inalação de fumaça do que pelas queimaduras.

Os animais que respiram fumaça engasgam ou tossem, e geralmente desmaiam por falta de oxigênio. Suas gengivas podem mudar de cor, tornando-se pálidas ou azuis (cianóticas) por falta de oxigênio.

A inalação de fumaça é uma emergência médica da maior importância, e precisa de cuidados médicos imediatos, mesmo que pareça que seu animal tenha se recuperado. A fumaça pode ser insidiosa e matar horas ou dias depois de ter sido inalada. Os animais que param de respirar precisam de respiração artificial (e de ressuscitação cardiopulmonar, se o coração parar de bater) para sobreviver.

FAÇA ISTO JÁ

AFASTE SEU ANIMAL PARA LONGE DA FUMAÇA. A maioria dos casos de inalação de fumaça envolve grandes e perigosos incêndios, onde o animal fica incapaz de escapar da fumaça. Não entre numa situação de risco para salvar o seu animal, a não ser que tenha treinamento profissional. Espere até que um bombeiro, ou alguém com equipamento adequado, entre no prédio em chamas e traga-o para fora. Depois que ele estiver fora, se possível, leve-o para longe da fumaça, para o ar fresco. Nos casos mais leves de inalação de fumaça, isso pode ser suficiente para reanimar seu gato ou seu cachorro. Mas, mesmo que o seu animal se comporte como se estivesse bem, restrinja suas atividades até que o seu veterinário ateste sua boa saúde.

TRANSPORTE-O CUIDADOSAMENTE. A caminho do veterinário, não carregue seu animal nos braços. Em vez de confortar um animal, segurá-lo pode aumentar seu nível de tensão. Se isso acontecer, ele vai respirar mais rápido, e precisar de mais oxigênio, e como ele já está com carência de oxigênio, isso poderá levá-lo a uma situação limite, como um ataque cardíaco ou uma falência respiratória. Ponha um animal pequeno em uma caixa escura ou em um transportador, e um cachorro grande no banco traseiro. No entanto, se você tiver um cachorro ou um gato pequeno, sem machucados, e ele parecer mais confortável e menos tenso se você segurá-lo, faça isso. Ligue o ar condicionado porque ar fresco é mais fácil de respirar.

 SITUAÇÃO ESPECIAL

SE O SEU ANIMAL PARAR DE RESPIRAR. Faça respiração artificial. Envolva suas mãos em torno do focinho e da boca do seu animal, para mantê-la fechada, e ponha sua boca sobre o nariz dele (no caso de um cachorro pequeno, ou de um gato, sua boca cobrirá tanto o nariz, quanto a boca). Dê duas rápidas sopradas, observando se o peito dele se expande.

Depois que o peito começar a se inflar, afaste sua boca, para que o ar possa sair de volta. Dê 15 a 20 sopradas por minuto, até que o seu animal comece a respirar sozinho, ou que você consiga socorro médico. (Essa técnica aparece ilustrada na página 30.) Tenha muito cuidado e fique atento para as reações do seu animal, porque se ele recobrar a consciência, poderá mordê-lo por medo.

SE NÃO HOUVER RESPIRAÇÃO OU BATIMENTO CARDÍACO. Faça ressuscitação cardiopulmonar. Sinta ou ouça o batimento

ALERTA IMPORTANTE

INTOXICAÇÃO POR MONÓXIDO DE CARBONO

O monóxido de carbono é o componente mais fatal da fumaça e as vítimas de incêndio com muita frequência sucumbem a esse veneno. Ele mata por sufocação química, substituindo e bloqueando qualquer oxigênio na corrente sanguínea. Mesmo depois de ter acabado a fumaça, o monóxido de carbono permanece preso no sistema e impede que o oxigênio entre no organismo, ainda que o animal respire ar puro.

Além dos sintomas comuns de inalação de fumaça, as gengivas de um animal envenenado com monóxido de carbono ficam com uma destacada cor vermelho-cereja. Ele pode parecer desanimado ou embriagado. Os sintomas de intoxicação grave ficam claros muito rapidamente. Cães e gatos podem entrar em colapso, entrar em coma e morrer imediatamente. A intoxicação também pode danificar órgãos importantes, deslocando o oxigênio de forma que os órgãos recebam um suprimento inadequado. Os sintomas desse dano secundário dependem dos órgãos envolvidos, mas incluem mal-estar, vômito, dificuldade em respirar e aumento ou diminuição da micção ou diarreia. Esses sinais podem aparecer apenas horas depois.

O único modo de se livrar do monóxido de carbono é expeli-lo. Quando um animal inala uma pequena quantidade do substância tóxica, ele se recuperará sozinho em poucos dias, mas é difícil dizer o nível de intoxicação por si só. E quando o nível de saturação do sangue chega a 10% ou mais, os animais precisam de um tratamento de oxigênio para acelerar o processo, ou morrerão antes que consigam expelir o suficiente. Se você desconfiar de intoxicação por monóxido de carbono, leve imediatamente o seu animal ao veterinário.

cardíaco com o seu ouvido ou a palma de sua mão sobre o lado esquerdo do animal, logo atrás do cotovelo. Se não conseguir achar um batimento cardíaco, é preciso começar imediatamente a ressuscitação cardiopulmonar.

No caso de gatos e cachorros pequenos, ponha uma mão em concha sobre a extremidade do peito, logo atrás dos cotovelos, e aperte com firmeza entre o polegar e os outros dedos, pressionando cerca de 1 cm, de 80 a 100 vezes por minuto. Continue a dar de 15 a 20 sopradas por minuto e alterne cinco compressões com uma soprada.

Coloque um cachorro de porte médio ou grande deitado de lado, e coloque ambas as mãos, uma sobre a outra, em cima da parte mais alta do peito. Comprima-o de 25% a 50% e faça o mesmo número de compressões e sopradas indicado para animais pequenos. (Essa técnica aparece ilustrada na página 31.)

Continue a ressuscitação cardiopulmonar e a respiração artificial enquanto alguém dirige até a clínica veterinária. A cada minuto, pare a ressuscitação para verificar o pulso e a respiração. Se o coração recomeçar a bater, pare as compressões, mas continue a respiração artificial até que seu animal respire sozinho ou que você chegue ao socorro médico.

✔ CUIDADOS POSTERIORES

▪ Respirar fumaça irrita os pulmões e a garganta do animal. Ele pode continuar a tossir ou parecer rouco durante muitos dias. Um umidificador pode ajudar a acelerar o restabelecimento. Um ar frio e úmido alivia as vias respiratórias e reduz a tosse, que pode piorar a irritação. Coloque o umidificador no lugar onde o seu animal dorme e deixe-o ligado durante dois ou três dias depois do acontecido.

▪ Deixe bastante água fria disponível para seu animal. Acrescente umas duas pedras de gelo à vasilha de água, porque a água gelada ajudará a aliviar a irritação e a reidratar os tecidos danificados pela fumaça.

CONSULTORES

▪ Grace F. Bransford, doutora em Medicina Veterinária, é veterinária em Corte Madera, Califórnia.
▪ Kevin Wallace, doutor em Medicina Veterinária, é instrutor no Departamento de Ciências Clínicas do Cornell University Colege of Veterinary Medicine, em Ithaca, Nova York.
▪ H. Ellen Whiteley, doutora em Medicina Veterinária, é veterinária em Guadalupita, Novo México, e autora de *Understanding and Training Your Cat or Kitten* e *Understanding and Training Your Dog or Puppy*.

INCONSCIÊNCIA

PROCURE SEU VETERINÁRIO: **IMEDIATAMENTE**

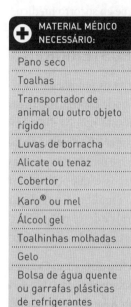

MATERIAL MÉDICO NECESSÁRIO:
- Pano seco
- Toalhas
- Transportador de animal ou outro objeto rígido
- Luvas de borracha
- Alicate ou tenaz
- Cobertor
- Karo® ou mel
- Álcool gel
- Toalhinhas molhadas
- Gelo
- Bolsa de água quente ou garrafas plásticas de refrigerantes

Qualquer coisa que interfira no fluxo sanguíneo para o cérebro, ou interrompa a atividade normal do sistema nervoso central, pode fazer com que um animal perca a consciência. Uma causa comum é uma baixa taxa de açúcar no sangue, principalmente em filhotes de cachorros e nas raças caninas toy. (Para mais informações sobre hipoglicemia, vá à página 96.)

O trauma – como ser atropelado por um carro, ou a queda de uma árvore – é a causa mais comum da inconsciência, mas temperaturas corporais extremas, intoxicação, afogamento, choque, ou doenças metabólicas, como diabete e insuficiência renal, também podem deixar um animal inconsciente.

Um animal inconsciente é sempre uma emergência médica, mas os primeiros socorros podem mantê-lo vivo até que você consiga um atendimento de emergência.

FAÇA ISTO JÁ

RETIRE A COLEIRA DO SEU ANIMAL. Às vezes, uma coleira pode interferir na respiração, por isso, é uma boa ideia tirá-la do seu animal imediatamente.

VERIFIQUE A RESPIRAÇÃO E O BATIMENTO CARDÍACO. Abra a boca do seu animal e puxe delicadamente a língua para fora, para ter certeza de que as vias aéreas estejam abertas. Talvez seja preciso usar um pano seco para conseguir pegar a língua molhada com firmeza. Verifique se o coração do seu animal parou de bater, tomando sua pulsação. Pressione as pontas dos dedos na dobra onde a parte interna da coxa se junta ao corpo, e sinta a pulsação na artéria femoral que é muito grande e fica próxima à superfície. Se você não conseguir senti-la, tente escutar ou sentir o batimento cardíaco. Coloque o ouvido ou a palma da mão sobre o lado esquerdo do seu animal, logo atrás do cotovelo. Se você não conseguir encontrar uma pulsação ou um batimento cardíaco, terá que fazer ressuscitação cardiopulmonar. (Para instruções, vá à página 28.)

ELEVE A CABEÇA DO SEU ANIMAL. Enquanto ele estiver inconsciente, mantenha a cabeça dele ligeiramente elevada, sobre uma toalha dobrada, e o pescoço esticado, para ajudar na respiração e no fluxo sanguíneo. Não deixe que a cabeça penda do banco do carro.

OBSERVE SE HÁ VÔMITOS. Um cachorro ou um gato inconsciente não conseguirá

ALERTA IMPORTANTE

DESMAIO

O desmaio acontece quando o cérebro não recebe oxigênio ou açúcar suficiente. Como ocorre com as pessoas, um animal perderá repentinamente a consciência e cairá. Várias situações podem levar um gato ou um cachorro a desmaiar, incluindo parada cardíaca, baixa taxa de açúcar no sangue, ataques de tosse, asma ou hiperventilação.

O animal afetado tem um comportamento tipicamente fraco ou descoordenado, fica com o andar cambaleante, e depois cai. Quando associado à doença cardíaca, um desmaio pode acontecer depois de um esforço, como subir a escada correndo ou brincadeiras agitadas no quintal. Os animais que desmaiam normalmente recobram a consciência poucos minutos depois, porque o mecanismo do desmaio promove o fluxo sanguíneo e de oxigênio para o cérebro, ao forçar os animais a se deitarem.

A recuperação de um desmaio é tão rápida que não é necessário um pronto atendimento, mas como as causas podem ser debilitantes ou mesmo um risco de vida, é importante a atenção de um veterinário para diagnosticar o problema subjacente. A manipulação de uma dieta pode ajudar a regular a taxa de açúcar no sangue, os remédios podem estabilizar um coração deficiente, e uma medicação pode acalmar ataques de tosse.

deixar de inalar substâncias, caso vomite. Isso poderá ser fatal, portanto observe para ter certeza de que ele não vomite. Se vomitar, posicione a cabeça dele e o pescoço num ângulo inclinado para baixo, para que as vias aéreas fiquem a salvo do material expelido.

LIMITE OS MOVIMENTOS AO MÍNIMO.

Movimente seu animal o mínimo possível, ao transportá-lo para o veterinário. Frequentemente, um animal que é encontrado inconsciente pode ter danos internos ou mesmo um trauma no pescoço ou no dorso, que podem ser agravados com o movimento. Use um cobertor ou uma toalha de banho grande para fazer o papel de maca. Uma pessoa deverá segurar os ombros e a cabeça do seu animal, enquanto a outra segura o quadril, deslizando-o rapidamente para o cobertor. Uma prancha também funciona, ou uma tábua de passar roupa. (Essa técnica aparece ilustrada na página 38.) Isso

impedirá que o seu animal seja sacudido ao ser transportado. Com animais pequenos, use um transportador de animais, uma assadeira de biscoitos, ou mesmo a tampa de uma lata de lixo limpa.

SITUAÇÕES ESPECIAIS

SE VOCÊ SUSPEITAR DE CHOQUE ELÉTRICO. Se você achar que o seu animal está inconsciente por ter mastigado um fio elétrico, desligue a fonte de eletricidade antes de tocá-lo. A maneira mais segura de cortar a força é através da chave geral. Se você não tiver certeza de onde ela fica, ou não conseguir chegar até ela rapidamente, puxe a tomada. Se tiver luvas de borracha facilmente, calce-as primeiro. Tome cuidado para não chegar muito perto do seu animal – se você tocá-lo, também levará um choque. (Para mais informações sobre choque elétrico, vá à página 112.)

PARA INALAÇÃO DE FUMAÇA OU INTOXICAÇÃO POR MONÓXIDO DE CARBONO.

Quando a fumaça ou outros contaminantes do ar, como o monóxido de carbono, estiverem afetando o seu cão, leve-o para o ar livre. Pode ser que ele só precise disso para acordar. (Para mais informações sobre intoxicação por monóxido de carbono, vá à página 303; para inalação de fumaça, vá à página 269.)

SE O SEU ANIMAL SE AFOGOU.

Animais inconscientes, encontrados dentro ou perto de água, podem ser vítimas de afogamento.

Segure seu animal de cabeça para baixo – segure os animais pequenos pelas patas traseiras e os maiores pelo quadril – e balance-o ou sacuda-o por 10 segundos, para que se livre de qualquer água nos pulmões. Se houver outra pessoa disponível, peça-lhe que bata em ambos os lados do peito do seu animal, enquanto ele estiver de cabeça para baixo. (Para mais informações sobre afogamento, vá à página 75.)

SE HOUVER ALGUMA COISA PRESA NA GARGANTA DO SEU ANIMAL.

Olhe dentro da boca do seu animal para ver se a inconsciência é causada por asfixia. Muitas vezes um pedaço de madeira ou um brinquedo se aloja no fundo da garganta e atrapalha tanto a respiração que o animal desmaia. Se você vir qualquer objeto e ele estiver ao seu alcance, use seus dedos, um alicate ou uma tenaz para tirá-lo. (Para mais informações, vá à página 140.)

Se você não conseguir alcançar ou segurar o objeto, uma variante da manobra de Heimlich pode soltar a obstrução da garganta. Isso também pode ajudar a esvaziar água dos pulmões de cachorros afogados, que são grandes demais para serem segurados de ponta-cabeça.

Segure um animal pequeno com o dorso contra o seu estômago, a cabeça para cima e as patas penduradas. Coloque seu punho na reentrância diretamente abaixo das costelas e dê um empurrão firme para dentro e para cima, na direção do seu queixo. Deite um cachorro maior de lado e ajoelhe-se atrás dele, com os seus joelhos contra o dorso do animal. Incline-se para colocar o seu punho na cavidade abaixo das costelas, e empurre energicamente, para cima e para dentro, em direção à cabeça do cachorro e dos seus joelhos. Repita rapidamente a manobra de Heimlich duas ou três vezes, depois observe se o objeto se soltou. (Essa técnica aparece ilustrada na página 32; Para mais informações sobre asfixia, vá à página 90.) Se o bloqueio persistir, você pode continuar a manobra no carro, enquanto alguém dirige até o veterinário.

SE O CORAÇÃO DO SEU ANIMAL ESTIVER BATENDO, MAS ELE NÃO ESTIVER RESPIRANDO.

Animais que deixam de respirar precisam de respiração artificial para continuarem vivos até chegar ao veterinário.

Se o coração do seu animal estiver batendo, mas ele não estiver respirando, inicie a respiração artificial. Assegure-se de que a passagem de ar esteja desobstruída – a respiração de salvamento não ajudará, caso não esteja. Em seguida, envolva suas mãos em torno do focinho do seu animal para manter seus lábios fechados, e coloque sua boca no nariz dele. Dê duas rápidas sopradas, observando se o peito dele se expande, depois afaste sua boca para que o ar escape de volta. Dê 15 a 20 sopradas por minuto até que seu animal comece a respirar por si só ou que você chegue ao veterinário. (Essa técnica aparece ilustrada na página 30.) Preste atenção nas reações dele, porque, se ele recuperar a consciência, poderá mordê-lo por medo.

COLAPSO NA TRAQUEIA

As raças de cachorros pequenos, como o poodle toy, maltês, lulu da pomerânia, chihuahua, galgo italiano e yorkshire terrier, frequentemente têm uma tendência hereditária de desenvolver traqueias que entram em colapso – geralmente após os cinco anos de idade, mas podendo acontecer mais cedo. Os sintomas incluem respiração curta, cansaço, e ataques de tosse alta e com som de ganso, que podem levar a desmaios.

A traqueia é um tubo cartilaginoso musculoso, pelo qual o cachorro respira, mas quando a cartilagem perde a força, como nessa situação, ela pode entrar em colapso por si mesma, enquanto o cachorro estiver respirando. Quanto mais forte o cachorro tosse para se livrar da obstrução, pior ela se torna. Leve o seu animal para ser examinado pelo veterinário, caso ele desenvolva uma tosse que continue a piorar ou que persista por mais de 24 horas. Os cachorros que têm a traqueia em colapso geralmente tossem alto logo depois de comer ou beber.

Durante um ataque de tosse, você poderá ajudar a aliviar o incômodo do seu animal, envolvendo o focinho dele com as mãos – isso funciona como colocar um saco de papel sobre a cabeça, o que as pessoas fazem para combater a hiperventilação. Massageie a garganta dele e converse suavemente para tranquilizá-lo.

Após o veterinário ter diagnosticado um colapso na traqueia, existem remédios que podem ajudar a controlar e dilatar as vias aéreas, para suprimir a tosse. Uma dieta estrita e restrições nos exercícios também podem ajudar. Os cachorros que sofrem de colapso na traqueia são facilmente afetados pela fumaça de cigarro, porque a fumaça geralmente se instala perto do chão, onde eles respiram, portanto, é bom ter uma zona livre de fumaça para cães minis. Eles também nunca devem usar coleiras, porque isso poderá causar danos maiores à traqueia. Use um peitoral em vez de coleira.

SE O CORAÇÃO DO SEU ANIMAL PAROU E ELE NÃO ESTIVER RESPIRANDO. Você precisará fazer respiração artificial e compressões no peito, ou ressuscitação cardiopulmonar. É bom que alguém dirija para você, enquanto você faz a ressuscitação cardiopulmonar.

No caso de gatos e cachorros pequenos, coloque sua mão em concha sobre a extremidade do peito logo atrás dos cotovelos, e aperte com firmeza entre o polegar e os outros dedos, pressionando cerca de 1 cm, 80 a 100 vezes por minuto. Dê uma soprada no nariz a cada cinco compressões, até que seu animal se recupere, ou até que você consiga ajuda médica.

Com um cachorro maior, deite-o de lado sobre uma superfície firme e reta. Coloque uma mão em cima da outra sobre o peito do animal e comprima de 25 a 50%. Alterne respirações com compressões da mesma maneira que para os animais pequenos. (Essa técnica aparece ilustrada à página 31.)

A cada minuto, pare a ressuscitação cardiopulmonar para verificar o pulso e a respiração. Se o coração recomeçar a bater, pare as compressões, mas continue com a respiração artificial, até que ele respire por si só, ou até que você consiga ajuda. Continue a ressuscitação cardiopulmonar no carro, a caminho da clínica veterinária.

SE VOCÊ SUSPEITAR DE CHOQUE. Frequentemente os animais ficam inconscientes por choque, que pode resultar de qualquer acidente traumático. Se o seu animal estiver entrando em choque, ele vai estar cambaleante e fragilizado, terá dificuldade em ficar em pé, e pode não reconhecer onde está. Além disso, suas gengivas primeiro ficarão rosa escuro ou vermelhas, depois, no espaço de cinco a dez minutos, se tornarão pálidas, conforme for caindo o nível de oxigênio. As gengivas de um gato normalmente são mais pálidas do que as de um cachorro, e, se ele estiver em choque, ficarão cinzas, brancas, ou muito pálidas. O choque pode matar um cachorro em pouco tempo, de dez a vinte minutos, e ele precisará de um veterinário urgentemente, para que consiga sobreviver. Embrulhe-o em um cobertor para mantê-lo aquecido – isso pode retardar o processo de choque – depois o leve à clínica. Você também pode colocar uma ou duas gotas de Karo® ou de mel nas gengivas do seu animal para ajudá-lo a se manter consciente. (Para mais informações sobre choque, vá à página 109.)

SE O SEU ANIMAL TIVER TIDO CONVULSÕES. Convulsões prolongadas também causam inconsciência. As convulsões queimam um estoque imenso de calorias, o que pode fazer com que a temperatura corporal do seu animal suba. A caminho da clínica, ligue o ar condicionado do carro e envolva o seu animal em toalhas úmidas geladas, para transportá-lo. (Para mais informações sobre convulsões, vá à página 128.)

SE O SEU ANIMAL TIVER SIDO EXPOSTO A UM CALOR EXTREMO. Qualquer coisa que superaqueça o seu animal pode levar à inconsciência. Um animal exposto a um tempo extremamente quente, ou que fique preso em uma secadora de roupas, por exemplo,

pode sofrer hipertermia. Se o seu animal estiver inconsciente, ligue para o seu veterinário dizendo que está indo para lá, e diga qual a temperatura dele – isso indicará ao seu veterinário exatamente que tipo de tratamento de emergência o seu animal precisa. (Para informações sobre como medir a temperatura do seu animal, vá à página 19.) Depois, corra com ele para a clínica.

Certifique-se de que o seu carro esteja fresco para o percurso, e tente pegar uma garrafa de álcool gel, um pouco de gelo, e algumas toalhinhas molhadas, antes de entrar no carro. Coloque seu animal em frente à ventilação, para conseguir o máximo de evaporação possível. Tente resfriá-lo no caminho, colocando gelo e álcool em suas axilas e na virilha. Antes de colocar gelo sobre a pele, ponha uma toalhinha molhada sobre a região, depois coloque o gelo sobre a toalhinha. É mais seguro fazer isso com outra pessoa ajudando, alguém que dirija, ou que cuide do seu animal enquanto você guia. (Para mais informações sobre hipertermia, vá à página 297.)

SE O SEU ANIMAL TIVER SIDO EXPOSTO A UM FRIO EXTREMO. Uma temperatura corporal gelada também pode levar à inconsciência, quando os animais têm hipotermia. Um animal com a temperatura de 32 ºC ou abaixo, por mais de 30 minutos – hipotermia grave – precisa de imediata atenção médica. Assegure-se de que o seu animal esteja seco, depois o envolva em um cobertor, e vá para o veterinário o quanto antes. Monitore a respiração e o batimento cardíaco dele durante o caminho e faça respiração artificial e ressuscitação cardiopulmonar, se necessário.

Se a temperatura do seu animal esteve a 32 ºC ou abaixo por mais de 30 minutos, ou o seu veterinário ficar a mais de 30 minutos de distância, é preciso que você tente aquecê-lo antes de sair de casa. Use bolsa de água quente, ou encha garrafas plásticas de refrigerante com água quente. Enrole cada garrafa em uma toalha grossa, para não queimar o seu animal, depois as coloque nas axilas e na virilha, onde grandes artérias se estendem próximas à superfície. Isso ajuda a reaquecer o sangue, que depois circula reaquecendo o corpo todo. (Para mais informações sobre hipotermia, vá à página 257.)

✅ CUIDADOS POSTERIORES

- Vítimas de choque precisam ser alimentadas com uma dieta macia por um ou dois dias, até que passe a inflamação na garganta. Amacie a comida normal do seu animal com água ou caldo de galinha magro, sem sal, passando-os pelo liquidificador.

- Problemas metabólicos, como insuficiência renal ou diabetes, podem precisar de dietas ou medicamentos especiais. Ferimentos causados por acidentes de carro, afogamentos, ou choque elétrico geralmente exigem que os animais sejam hospitalizados para exames e tratamento, até que estejam fora de perigo. Os cuidados posteriores específicos dependem do que tenha causado a inconsciência. Por exemplo, cachorros com o diagnóstico de epilepsia, devem precisar de comprimidos diariamente para o controle das convulsões, enquanto que animais diabéticos frequentemente precisam de injeções de insulina. No caso de cachorros, você pode esconder os comprimidos em petiscos; com os gatos, esmague o comprimido com o fundo de uma colher, e acrescente-o a alguma comida de gato com cheiro forte. Se for preciso aplicar injeções, seu veterinário explicará como fazê-lo.

CONSULTORES

- Dawn Crandell, doutor em Medicina Veterinária, é veterinário na Veterinary Emergency Clinic of York Region, em Aurora, Ontário, Canadá.
- Grady Hester, doutora em Medicina Veterinária, é veterinária na All Creatures Animal Clinic, em Rolesville, Carolina do Norte.
- Denise Petryk, doutora em Medicina Veterinária, é veterinária no Puget Sound Veterinary Medical Referral Center, em Tacoma, Washington.
- George White, doutor em Medicina Veterinária, é veterinário no 1-20 Animal Medical Center, em Arlington, Texas.

INCONTINÊNCIA

PROCURE SEU VETERINÁRIO: **SE NECESSÁRIO**

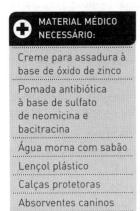

MATERIAL MÉDICO NECESSÁRIO:

- Creme para assadura à base de óxido de zinco
- Pomada antibiótica à base de sulfato de neomicina e bacitracina
- Água morna com sabão
- Lençol plástico
- Calças protetoras
- Absorventes caninos

Os animais podem urinar dentro de casa para chamar sua atenção, se estiverem nervosos, a caixa de areia estiver suja, ou se não forem levados para fora o suficiente, mas esses são problemas de comportamento que não têm nada a ver com incontinência. A incontinência urinária é causada por um problema físico. Ela é muito comum em cachorras castradas quando ficam mais velhas, porque o declínio do hormônio estrógeno provoca uma diminuição no controle do esfíncter, que lhes permite controlar a bexiga.

A incontinência acontece quando o animal está relaxado, cansado ou dormindo; ele urina e não percebe. Qualquer animal pode desenvolver o problema, mas as raças caninas grandes e gigantes, os cães obesos e os cães com cauda cortada, especialmente os old english sheepdogs, rottweilers, dobermans e weimaraners, são os que têm a mais alta taxa de incidência.

Outras causas de incontinência, especialmente em gatos, são infecções ou obstrução no trato urinário. (Para mais informações sobre obstrução urinária, vá à página 339.) Os cachorros machos inteiros podem ter o problema como resultado de doença na próstata, e normalmente a castração cura esses casos. A incontinência também pode ser sinal de doença metabólica. É necessária uma atenção médica para determinar a causa e o melhor tratamento para a incontinência, mas o pronto atendimento pode aliviar alguns dos seus sintomas.

FAÇA ISTO JÁ

Em muitos casos, a incontinência não é um problema de controle. Ela pode acontecer quando seu animal bebe água demais antes de ir dormir e não pode se conter até seu passeio matinal ao banheiro. Frequentemente, é possível reduzir a eliminação noturna levando seu animal para passear antes de dormir.

MANTENHA-O LIMPO. Os cachorros que sofrem de incontinência são normalmente mais velhos e podem também ter artrite. Os animais mais velhos nem sempre têm suficiente flexibilidade para conseguir se manter limpos ou para se afastar dos seus "acidentes", o que faz com que sua pele possa ficar irritada pelo prolongado contato com a urina. Esse

A MELHOR ABORDAGEM

INSUFICIÊNCIA RENAL

Um dos primeiros sinais de insuficiência renal em gatos e cachorros é a incontinência, quando os rins perdem a habilidade de concentrar a urina eficazmente e armazenam tanta água quanto deveriam normalmente, o que resulta em um aumento de volume de urina a ser eliminado. Estima-se que cerca de 10% dos cachorros e quase 30% dos gatos acima de 15 anos sofram de algum problema renal crônico. Infelizmente, é provável que você não veja sinais de uma doença crônica, tais como um aumento no ato de urinar e sede, até que os rins tenham perdido quase 70% de suas funções.

Os sinais de doença renal aguda surgem repentinamente e são severos. Além de aumentar sua ingestão e eliminação de água, o animal fica enfraquecido e desanimado, perde peso e pode desenvolver aftas e um hálito com cheiro de amônia. Por outro lado, sinais de doença renal crônica (que são os mesmos para a doença renal aguda) aparecem muito gradualmente. Remédios, tratamento de apoio, como terapia de líquidos, dietas terapêuticas e, às vezes, transplantes renais são opções de tratamento. Qualquer que seja o caso, leve seu animal ao veterinário imediatamente.

---

problema, conhecido como assadura urinária, é um tipo de assadura de fralda canina, que faz com que a pele fique irritada e vermelha em torno da vulva, do pênis, ou nos flancos, parecendo uma queimadura. A melhor forma de prevenir isso é manter seu animal limpo, limpando qualquer urina com um pano limpo e molhado. Normalmente seu cachorro deverá ser banhado logo de manhã cedo.

FAÇA UMA BARREIRA. Para proteger a pele da assadura urinária, e aliviar a pele inflamada, depois de limpar a região, suavize-a com uma pomada para assadura à base de óxido de zinco.

EXPERIMENTE UMA POMADA ANTIBIÓTICA À BASE DE SULFATO DE NEOMICINA E BACITRACINA. Quando a assadura urinária já se tornou um problema, depois de limpar a região, passe uma pomada antibiótica à base de sulfato de neomicina e bacitracina. Ela

suavizará a pele e ajudará a prevenir infecções secundárias.

ELIMINE PARASITAS. Os animais incontinentes podem desenvolver feridas da assadura urinária, que atraem moscas durante o verão. As moscas colocam ovos nas feridas, e os ovos eclodem em larvas. Se você vir esses vermes brancos infestando o seu animal, será preciso limpar o ferimento e se livrar deles. A maneira mais fácil é submergir a região afetada em água morna ensaboada. Quando as larvas vierem à superfície para não se afogarem, você poderá tirá-las. (Para mais informações sobre larvas, vá à página 314.) Depois, enxágue seu animal e seque-o totalmente.

USE PLÁSTICO E ABSORVENTES. A incontinência é frequentemente um problema para os animais mais velhos, e o máximo que você pode fazer é arrumar uma proteção para o seu animal e para o seu carpete ou chão.

Estenda um pedaço de plástico e coloque por cima fraldas descartáveis. Produtos como tapete absorvente para cães funcionam bem na absorção de urina. Eles não apenas absorvem o líquido, como também o mantêm longe do seu animal, diminuindo as chances de assadura urinária.

✓ CUIDADOS POSTERIORES

■ Seu veterinário pode prescrever fenilpropanolamina, que você terá que dar a seu animal algumas vezes por dia para aumentar a força do esfíncter na uretra e ajudar a promover o controle urinário.

■ Quando a causa de incontinência é uma infecção da bexiga ou do trato urinário, provavelmente você terá de dar antibiótico para seu animal por até três semanas. O tipo de antibiótico depende da bactéria causadora da infecção. Normalmente é mais comum que os cães, e não os gatos, tenham cistite provocada por bactéria.

■ Mantenha limpos o seu animal e o local onde ele descansa com o uso de protetores absorventes.

■ Continue a monitorar os hábitos urinários do seu animal e enxágue a urina sempre que necessário. É bom checar seu animal pelo menos duas vezes por dia, principalmente pela manhã, assim que ele acorda. Use uma pomada antibiótica à base de sulfato de neomicina e bacitracina ou um creme protetor nas áreas inflamadas da pele, de acordo com a necessidade.

A MELHOR ABORDAGEM

FRALDAS CANINAS

A incontinência em cadelas mais velhas, castradas, tende a ser um problema gerencial – manter seu animal limpo e confortável e proteger seu chão e seus móveis. As fraldas caninas são uma excelente maneira de minimizar os problemas. Os absorventes sanitários caninos, e as calças protetoras, como absorventes higiênicos para animais, usadas frequentemente pelas fêmeas no cio para proteger contra sujeira, também podem ser úteis para incontinência. Os absorventes higiênicos para animais são colocados pela cauda do cachorro e presos com velcro; podem ser lavados a máquina, e são vendidos em pet shops. O custo varia, dependendo do tamanho do cachorro.

CONSULTORES

■ Tracy Ridgeway, doutora em Medicina Veterinária, é veterinária na Riverview Animal Clinic, em Clarkston, Washington.

■ Anna E. Worth, doutora em Medicina Veterinária, é veterinária no West Mountain Animal Hospital, em Shaftsbury, Vermont.

■ Sophia Yin, doutora em Medicina Veterinária, é veterinária em Davis, Califórnia, e autora de *The Small Animal Veterinary Nerdbook*.

INFECÇÕES DE OUVIDO

PROCURE SEU VETERINÁRIO: **SE NECESSÁRIO**

MATERIAL MÉDICO NECESSÁRIO:
- Vinagre
- Água
- Pulverizador
- Bolas de algodão
- Pomada para ácaros de ouvido
- Limpador de ouvido
- Tesoura ou tosador elétrico
- Clampe
- Creme à base de cortisona ou creme para as mãos com lanolina
- Pregador de roupa ou grampo
- Camisa velha ou avental
- Toalha
- Álcool para fricção

Estima-se que problemas no ouvido, normalmente envolvendo inflamação nos canais, afetem quase 20% dos cães e 7% dos gatos. Cachorros com orelhas caídas ou peludas, como cocker spaniels, são os mais afetados porque seus ouvidos não arejam tão bem como nas orelhas em pé dos pastores alemães.

As infecções de ouvido são comuns porque os canais auditivos de gatos e cachorros têm a forma de um L, e podem guardar umidade, o que cria um ambiente propício para bactérias, fungos e parasitas como ácaros de ouvido. Ouvidos limpos e secos permanecem saudáveis, mas água, sabão, cera em excesso, ou objetos estranhos como sementes ou grumos de cabelo podem provocar infecções. Além disso, ouvidos inflamados, doloridos ou com coceira podem ser um sinal de alergia. Cães e gatos normalmente balançam a cabeça ou esfregam seus ouvidos quando a coceira é intensa.

A maioria dos problemas de ouvidos nos cães é provocada por um crescimento anormal de levedura, um fungo normalmente encontrado no canal auditivo. No entanto, quando a levedura cresce rápido demais, os ouvidos ficam quentes e inflamados, com a aparência um pouco "gosmenta". Eles podem ter um forte cheiro de cachorro ou um perfume doce de levedura.

Os ácaros de ouvido, parasitas minúsculos parecidos com aranhas que sugam linfa da pele do canal auditivo, são outra causa comum de infecções. Eles fazem com que os ouvidos cocem e fiquem inflamados e, embora você não consiga ver os insetos, perceberá uma substância farinhenta, marrom ou preta, que é uma mistura de resíduos dos acarinos e cera, uma reação à irritação. Os ácaros de ouvido e as infecções suaves por levedura podem ser tratados com um pronto atendimento.

O coçar constante ou o balançar de cabeça pode danificar a camada de proteção normal da pele, de forma que as bactérias podem infectar os ouvidos. As infecções por bactéria pedem atenção médica, porque a colocação de um remédio errado nos ouvidos de seu animal pode piorar o problema, ou até mesmo causar perda de audição. Fique atento para qualquer tipo de secreção marrom clara, amarela, amarelo esverdeada, ou escura e sanguinolenta, com ou sem inclinação de cabeça ou perda de equilíbrio. As infecções mais sérias podem ter o cheiro de fruta fermentada ou de chocolate.

🩺 FAÇA ISTO JÁ

PROCURE SINAIS DE ÁCAROS DE OUVIDO. Quando os ouvidos coçam demais e você pode ver um material farinhento e escuro, existem boas probabilidades de que seu animal tenha ácaros de ouvido, criaturas minúsculas, parecidas com aranhas, que mordem e vivem no canal auditivo. Existe uma infinidade de medicamentos para ácaros de ouvidos à venda em pet shops, e seu veterinário poderá prescrever pomadas ou soluções tópicas convenientes, como Frontline Spray®. Esses medicamentos têm ingredientes que matam os acarinos e as pomadas também aliviam a inflamação.

ALERTA IMPORTANTE

HEMATOMA AURICULAR

Movimentos bruscos violentos de cabeça, ou o coçar dos ouvidos, que normalmente acontecem nas infecções de ouvido, podem danificar o tecido que forma a orelha, parte exterior do ouvido de seu animal. A contusão faz com que a orelha se encha de fluido, na parte exterior ou interior, formando um edema semelhante a uma bolha. Isso não é uma infecção; o fluido contido é sangue e soro, como uma bolha de sangue gigante.

Um hematoma não é particularmente perigoso, mas é desconfortável para seu gato ou cachorro. O peso do sangue deforma o formato da orelha, e sem pronto atendimento a deformação pode se tornar permanente. É necessária uma cirurgia para limpar o material, e curativos especiais que ajudem a fazer com que a orelha reassuma a sua forma, conforme ela se restabelece.

🐾 SITUAÇÕES ESPECIAIS

SE O SEU ANIMAL TIVER UM PROBLEMA CRÔNICO. Alguns cachorros com seborreia, uma doença de pele semelhante à caspa, também desenvolvem um problema chamado otite ceruminosa, que provoca o desenvolvimento de uma cera amarela oleosa nos ouvidos. Esse é o ambiente ideal para o desenvolvimento de infecções. Esses cachorros precisam de tratamento por toda a vida, para que as infecções de ouvido fiquem sob controle. Solventes de cera podem ajudar a impedir que a formação de cera cause problemas.

SE SEU ANIMAL TIVER OUVIDOS PELUDOS. No caso de cães que tenham muito pelo em torno e dentro dos ouvidos, pode-se reduzir a incidência de infecções mantendo o pelo tosado para que o ar possa circular com mais facilidade. Isso também fará com que as infecções existentes sarem com mais rapidez. Use tesoura com pontas arredondadas ou tosador elétrico para tosar o pelo próximo à pele, no lado de dentro da orelha e em torno da abertura do ouvido. Preste atenção para manter seu cachorro imobilizado, de maneira a não se sacudir e não se espetar com a tesoura.

SE HOUVER PELOS NO CANAL AUDITIVO. Isso é um problema com algumas raças, incluindo poodles, cocker spaniels e lhasa apsos, e é bom arrancar o pelo periodicamente para aumentar a circulação de ar. Mas os pelos só devem ser removidos pelo veterinário ou por alguém treinado.

SE SEU CACHORRO TIVER ORELHAS CAÍDAS. Para os cachorros de orelhas caídas é bom prendê-las no alto, para que possam secar e se curar mais rápido. Dobre as orelhas

CÃES E GATOS TONTOS

A maior parte das infecções de ouvido afeta apenas a sua parte externa, e pode ser tratada em casa, ou com uma pequena ajuda do seu veterinário. Elas são mais desagradáveis do que perigosas. Mas as infecções que ficam se repetindo podem se espalhar para o ouvido médio. Isso acontece porque o constante coçar e balançar de cabeça do animal pode romper o tímpano. As infecções crônicas do ouvido com frequência resultam de um tímpano rompido ou destruído, o que pode expor todo o ouvido a um grave dano.

O ouvido médio abriga uma cadeia de ossos delicados que transmitem som, e uma infecção crônica pode causar uma perda permanente de audição. A infecção do ouvido médio também pode chegar aos nervos faciais, deixando seu animal com o focinho caído no lado afetado, ou com problemas de foco em um olho. Os animais que apresentam essas graves infecções geralmente inclinam a cabeça para um lado por causa da dor. Mas se a infecção migrar para além do ouvido médio para o ouvido interno, onde se encontram os órgãos do equilíbrio, os animais podem perder todo senso de equilíbrio, andar em círculos ou tombar.

No entanto, danos de audição e problemas de equilíbrio são mínimos em comparação ao perigo da meningite. O ouvido interno está diretamente ligado ao cérebro e a infecção que segue esse percurso provoca depressão, febre, e, em alguns casos, morte. É preciso que haja uma intervenção cirúrgica para a limpeza de toda infecção, e mesmo quando o animal é tratado com sucesso, pode ficar com um problema permanente de equilíbrio, não podendo mais ver o mundo direito. Logicamente, vale a pena controlar as infecções de ouvido desde o começo.

no alto da cabeça de seu cachorro e prenda as pontas com esparadrapo. Use um adesivo que mantenha as orelhas presas e que possa ser removido do pelo com facilidade. Você também pode juntar o pelo comprido das pontas das orelhas com um prendedor de roupas, uma pinça de cabelo ou um grampo. (Preste atenção para prender só os pelos.) Depois, brinque delicadamente com seu cachorro, para que ele não pense no assunto. Mantenha suas orelhas para cima por um mínimo de 30 a 40 minutos, ou um máximo de uma a duas horas. Você poderá ajudar a prevenir a recorrência da infecção, arejando as orelhas semanalmente.

✔ CUIDADOS POSTERIORES

■ Para que o medicamento funcione, a orelha deve primeiramente ser limpa. Uma solução de clorexidina funciona bem como limpeza geral, ou seu veterinário pode recomendar um limpador comercial, que ajuda a passagem através da cera. Nas infecções por bactéria, preparações que contêm clorexidina podem ser particularmente benéficas.

■ Vista uma camisa velha ou cubra-se com um avental ou com uma toalha, para proteger suas roupas, porque é muito provável que seu animal atire o limpador de ouvido em você, ao balançar a cabeça. Se seus ouvidos estiverem muito inflamados, talvez ele não queira que toque neles, e talvez seja necessário que seu veterinário o sede, antes de limpar o ouvido.

• Coloque um gato ou um cachorro pequeno sobre um balcão ou uma mesa, ou ajoelhe-se no chão, caso o cachorro seja de porte médio para grande. Deixe que seu animal fique em pé, sentado ou deitado – a posição em que ele se sentir mais confortável. Posicione-se ao lado ou atrás dele.

• Caso ele não pare quieto, você precisará usar um pouco mais de contenção. Enrole as patas do seu gato com uma toalha, depois se ajoelhe no chão e coloque-o entre suas pernas, com a cabeça virada para fora. Se a resistência for por parte de um cachorro, você precisará de alguém para ajudar. Deite seu cão de lado, depois pegue o tornozelo da pata dianteira que está contra o chão, enquanto cuidadosamente pressiona seu braço contra os ombros dele. Use a outra mão para segurar o tornozelo da pata traseira que está contra o chão, e pressione seu braço contra o quadril dele. Espere seu ajudante limpar e tratar o ouvido exposto, e depois vire o animal para o outro lado, repetindo a contenção ao contrário para que o outro ouvido seja tratado.

• Para limpar o ouvido, encha o canal auditivo com a solução de vinagre e água ou com Oto Care®. Segure firmemente as orelhas do animal para que ele se mantenha quieto, e depois massageie vigorosamente a base do ouvido. Se os ouvidos estiverem coçando, seu animal gostará desse procedimento porque ele alivia um pouco daquela irritação mais profunda. A massagem faz com que o líquido caminhe até o fundo do canal em L, enxaguando para fora detritos escondidos. O ouvido fará um

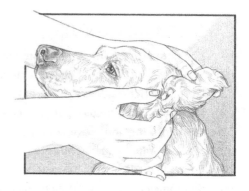

Limpe os ouvidos do seu animal despejando limpador líquido no canal auditivo, depois massageando a base do ouvido para fazer o limpador penetrar. Segurar a orelha com a outra mão vai ajudar a mantê-lo quieto.

barulho surdo de líquido. Hastes de algodão tendem a empurrar mais cera e sujeira para dentro do ouvido do que a tirar para fora, portanto, use um chumaço de algodão par enxugar as regiões do ouvido fáceis de alcançar.

• Os medicamentos para ouvido podem vir em forma líquida, que é fácil de ser administrada no canal, ou em forma de pomada, em um tubo com um bocal comprido que é posto exatamente na pata vertical do "L" do canal auditivo. Peça que seu veterinário mostre exatamente onde colocá-lo. Para usar um aplicador com bocal, imobilize a cabeça do seu animal, para que a ponta do tubo não fure os lados do canal auditivo. Depois que a quantidade prescrita do medicamento tiver sido colocada, massageie a base do ouvido para ter certeza de que o remédio atinge a o fundo do canal, onde a maioria das infecções começa.

• As infecções por levedura podem ser difíceis de ser tratadas. É preciso que o tratamento continue duas vezes por dia, durante pelo menos duas semanas. Um agente fungicida, como nistatina, encontrado em medicamentos como a pomada Panolog®, pode ajudar.

■ Trate as infecções bacterianas com medicamentos como Panolog®, Gentocin® ou Otiser®, dependendo do tipo de bactéria e de inflamação envolvidas. Use-os conforme as prescrições do seu veterinário.

■ Quando a infecção ocorre na parte profunda do ouvido, os animais também precisam de antibióticos orais por no mínimo um mês e, às vezes, por seis a oito semanas. Seu veterinário vai prescrevê-los. Para dar um comprimido a seu animal, abra sua boca pressionando delicadamente seus lábios contra as paredes de seus dentes, depois empurre o comprimido para o fundo de sua língua. Feche sua boca e massageie sua garganta até que ele engula. (Essa técnica aparece ilustrada na página 40.)

A MELHOR ABORDAGEM

SOLUÇÃO DE NADADOR

Cachorros das raças que adoram nadar pegam mais infecções porque ficam com água nos ouvidos. Para esses animais e quaisquer outros que pareçam ter problemas recorrentes de ouvido, a melhor abordagem é secar bem as orelhas depois da natação.

CONSULTORES

■ Ann Buchanan, doutora em Medicina Veterinária, é veterinária no Glenwood Animal Hospital, em Tyler, Texas.

■ Martha S. Gearhart, doutora em Medicina Veterinária, é veterinária no Pleasant Valley animal Hospital, em Nova York.

■ Susan Little, doutora em Medicina Veterinária, é veterinária no Bytown Cat Hospital, em Ottawa, Ontário, Canadá.

INFECÇÕES DE PELE

PROCURE SEU VETERINÁRIO: **SE NECESSÁRIO**

✚ MATERIAL MÉDICO NECESSÁRIO:

- Tira de pano ou fronha para mordaça
- Tesoura com pontas arredondadas ou tosador elétrico
- Xampu à base de clorexidina
- Escova
- Xampu à base de aveia e glicerina

A pele é a primeira linha de defesa do corpo e frequentemente é desafiada por bactérias, fungos e parasitas. Cães e gatos podem desenvolver infecções de pele, mas elas são mais comuns em cachorros.

A pele infectada fica vermelha e coça, ou oleosa e escamosa, com ou sem coceira e perda de pelo. A infecção pode afetar áreas isoladas, ou o corpo todo pode ficar coberto de feridas purulentas que se tornam crostas, cheirando mal. Não é algo que ponha a vida em risco, exceto em casos graves, mas é sempre irritante para o seu animal. Embora geralmente seja necessário tratamento médico para resolver um problema de pele, o pronto tratamento é um ótimo primeiro passo.

🧰 FAÇA ISTO JÁ

AMORDACE O SEU ANIMAL. Para tratar da pele dele, use uma mordaça para que ele não morda, caso você toque em um ponto sensível. Para amordaçar um cachorro, use uma tira de tecido, como uma gravata, e dê uma laçada em volta do seu nariz. Faça um nó em cima do focinho e leve as pontas para debaixo do queixo, amarrando novamente. Finalmente, puxe as pontas para trás das orelhas e amarre de novo. (Essa técnica aparece ilustrada na página 27.) Você pode enfiar uma fronha na cabeça de um animal de focinho achatado, como um gato, um boxer ou um pug.

CORTE O PELO. Se a infecção estiver em uma área pequena, corte o pelo rente para que fique mais fácil aplicar o remédio. Uma tesoura com pontas arredondadas funciona, mas um tosador elétrico é melhor – até mesmo um aparador elétrico de bigode ou um barbeador poderão ser usados. Preste atenção para tosar além das margens da região afetada. Se o problema for no corpo todo, é melhor pedir para o veterinário tosar o seu animal, se necessário.

LAVE A REGIÃO INFECTADA. Limpe as partes da pele que estiverem afetadas. (Quando o corpo todo estiver afetado, coloque o animal na pia ou na banheira e dê um banho nele.) Lembre-se de usar água fria, que acalma a inflamação. A água quente ou morna piora a coceira. É melhor usar um xampu à base de clorexidina. Preste atenção para enxaguar todo o sabão, ou quando ele secar poderá piorar a infecção. Esteja atento, também, para secar completamente o seu animal.

ALERTA IMPORTANTE

DESEQUILÍBRIO HORMONAL

Os hormônios ajudam a regular todos os tipos de funções do corpo e, quando estão em excesso ou são insuficientes, seu animal pode desenvolver uma desordem endócrina. Com muita frequência os sintomas incluem alterações na pele, como infecções e quedas de pelo, difíceis de serem tratadas e curadas com um tratamento comum.

Um dos desequilíbrios mais comuns em cachorros é o hipotiroidismo, que ocorre quando a glândula tiroide não produz suficientemente os hormônios que afetam o crescimento do corpo, a função orgânica e o metabolismo. A queda de pelos e as alterações na pele são os primeiros sintomas de um mau funcionamento da tiroide. A pele se torna grossa, áspera, e escura, às vezes oleosa e escamosa, mas sem coceiras, e o pelo cai, principalmente no tronco.

Se você suspeitar que seu animal esteja com hipotiroidismo, procure seu veterinário. Na maioria dos casos, o reajuste do equilíbrio hormonal resolve o problema.

✔ CUIDADOS POSTERIORES

■ Pelos embaraçados e resíduos de pele formam um ambiente propício para bactérias e fungos. Escove seu animal uma ou duas vezes por dia para remover qualquer crosta, caspa, ou pelos mortos acumulados. Isso não apenas ajuda a curar a infecção cutânea mais rapidamente, como também previne sua reincidência.

■ Na maioria dos casos será necessário um antibiótico ou um fungicida, para dermatofitose – frequentemente uma pomada tópica não é eficaz. Usualmente os comprimidos são necessários por no mínimo sete dias, e às vezes por duas semanas ou mais. De modo geral, os cachorros aceitarão facilmente os comprimidos escondidos em petiscos. Os gatos exigem um pouco mais de persuasão. Para dar comprimidos a um gato, coloque-o sobre uma mesa, pegue no seu nuca e delicadamente puxe seu pescoço para trás. A boca do gato se abrirá ligeiramente. Use sua outra mão para puxar suavemente o queixo dele para baixo, até que você possa ver a reentrância em forma de V, no centro da língua. Jogue o comprimido no V e feche a boca do gato. Normalmente ele engolirá o comprimido imediatamente. Ofereça-lhe na mesma hora um petisco saboroso para que ele se esqueça de cuspir o remédio.

■ Os xampus medicinais são um tratamento importante para a maior parte das infecções cutâneas, e o tipo do xampu vai depender do tipo de infecção. Por exemplo, um xampu de alcatrão ajudará a retirar o óleo e os flocos de caspa da seborreia, enquanto um preparado de calcário sulfuroso pode ser receitado para dermatofitose ou sarna. Contudo, qualquer que seja o tipo, a forma de usar é a mesma: molhe o seu animal e deixe o xampu ou o preparado ficar na pele e no pelo por 10 minutos, antes de enxaguar (alguns produtos devem massageados por 10 minutos). Pode ser difícil que um animal fique pacientemente na banheira por tanto tempo, por isso amarre-o na torneira com uma guia. Isso também deixará suas mãos livres. Não deixe seu animal sozinho enquanto estiver amarrado.

CASOS COMUNS DE INFECÇÕES CUTÂNEAS

Existe um âmbito enorme de causas de infecções cutâneas, cada uma pedindo um tratamento específico. Nem sempre é possível distingui-las sem testes médicos, mas alguns dos tipos mais comuns apresentam sintomas bem distintos. Aqui estão alguns deles:

Infecção bacteriana – inflamações vermelhas ou pústulas, feridas olho de boi, crostas, vermelhidão, pele escamosa, pelo com falhas.

Sarna demodécica – perda de pelo circular ou malhada, com áreas peladas mostrando uma pele de vermelha a cinza, geralmente em torno dos olhos e do focinho, sem dor ou coceira; pode se espalhar por todo o corpo com inflamações e crostas e edema nas patas.

Dermatofitose – área circular casquenta de perda de pelo, geralmente começando no focinho e nas patas dianteiras.

Escabiose (ácaros da pele) – coceira, escamação, perda de pelo, pele casquenta, cheiro rançoso.

Seborreia – caspa densa ou uma pelagem oleosa e com mau cheiro.

Levedura – coceira, vermelhidão, caspa, engrossamento da pele, pelagem oleosa, cheiro rançoso.

CONSULTORES

- Lowell Ackerman, doutor em Medicina Veterinária, é veterinário no Mesa Veterinary Hospital, em Scottsdale, Arizona, e autor de *Skin and Coat Care for Your Dog* e *Skin and Coat Care for Your Cat*.
- Clint Chastain, doutor em Medicina Veterinária, é veterinário no Preston Road Animal Hospital, em Dallas.
- Steven A. Melman, doutor em Medicina Veterinária, é veterinário e consultor dermatológico no Derma Pet, uma companhia de produtos para cuidados da pele de animais de estimação, em Potomac, Maryland.
- Jeffrey Werber, doutor em Medicina Veterinária, é veterinário no Century Veterinary Group, em Los Angeles.

INFECÇÕES NA CAUDA

PROCURE SEU VETERINÁRIO: **SE NECESSÁRIO**

MATERIAL MÉDICO NECESSÁRIO:
- Tesoura com pontas arredondadas ou tosador elétrico
- Sabão líquido antisséptico à base de clorexidina
- Água
- Toalha
- Absorvente íntimo
- Pano, compressa quente
- Transportador de animais
- Colar elisabetano
- Tiras de gaze
- Esparadrapo
- Bitter Max® ou Bite Stop®
- Anti-inflamatório

As infecções na cauda são comuns em gatos que brigam e são pegos por dentes ou unhas, ao fugirem. Os cachorros também podem desenvolver infecções na cauda, de feridas por mordidas ou por trauma, se suas caudas sofrerem algum golpe, ficarem presos em cercas, ou forem lacerados por espinhos.

Os animais também têm "glândulas de atração" especializadas em suas caudas, que contêm óleo e odor, usados para marcar objetos e manter a pele e a pelagem saudável, conforme se limpam. Ocasionalmente, essa glândula exagera, e uma secreção cerosa ou oleosa recobre o pelo da cauda, podendo levar a uma infecção. Esse problema é mais comum em gatos machos não castrados, mas os cachorros podem ter um problema semelhante.

Uma cauda infectada fica inchada e dolorida. Ela pode drenar pus e fazer com que o pelo fique horrível. Seu animal pode ficar com a cauda em uma posição esquisita, para evitar que seja tocado. As infecções normalmente precisam da prescrição de um antibiótico, mas os primeiros socorros podem evitar que ela piore e ajudar no aceleramento da cura. Se o seu animal estiver com febre, não quiser comer, tiver o que parece ser um abscesso (um edema macio, cheio de líquido) ou se você achar que ele pode estar com a cauda infeccionada, procure seu veterinário imediatamente.

FAÇA ISTO JÁ

TOSE O PELO. Apare o pelo ao redor da região infectada. O pelo conserva material infeccioso e pode recontaminar a ferida. A remoção do pelo também faz com que a infecção fique mais fácil de tratar. O tosador elétrico é a melhor opção, mas mesmo um barbeador elétrico ou um aparador de bigodes servirão. Se você não tiver nenhum deles, coloque seus dedos indicador e médio dentro do pelo, e mantenha-os sobre a pele. Use tesoura com pontas arredondadas para cortar os pelos nivelados com seus dedos. (Essa técnica aparece ilustrada na página 390.)

LAVE O LOCAL. Limpe o ferimento com um sabão líquido antisséptico à base de clorexidina, a não ser que haja um resíduo ceroso ou oleoso, causador da infecção, obstruindo a pele. Não é preciso lavar todo o corpo – apenas mergulhe a cauda em uma vasilha com água morna, ensaboe a região afetada, enxágue bem para tirar o sabão, e pressione com uma toalha para enxugar.

REMOVA O PUS DELICADAMENTE. Se a ferida já estiver aberta, remova todo o pus que

ALERTA IMPORTANTE

TRAUMA DO ABANO DE CAUDA

Os cachorros muito grandes, como os labradores e os wolfhounds irlandeses têm caudas tão compridas que frequentemente se machucam apenas abando-as e batendo-as em objetos. Normalmente apenas a ponta se machuca. Normalmente, ela sangra, o cachorro lambe e, mesmo depois de sarar, o ciclo se repete, e a cauda se machuca vezes seguidas. Quando o machucado não é tratado de imediato ou a cauda é machucada repetidamente, ela pode ficar infectada. Alguns cachorros acabam perdendo a parte danificada, quando ela precisa ser amputada.

Na maior parte das vezes, um trauma leve de abano de cauda pode ser tratado em casa. Um anti-histamínico à base de difenidramina pode diminuir o edema. Depois, algo simples como afastar o móvel da passagem pode impedir que a ferida piore e prevenir uma reincidência do acidente. No entanto, se o seu cachorro não sarar em uma semana, ou se acontecer novamente, leve-o ao veterinário.

conseguir, ponha um absorvente íntimo ou outro material sobre a ferida e, cuidadosamente, pressione de cada lado para retirar o material infeccioso – a compressa absorverá e reterá os resíduos. Reiterando, faça isso apenas se a ferida já estiver aberta e drenando pus. Se ela não estiver aberta, não tente drená-la.

APLIQUE UMA COMPRESSA QUENTE. O calor dilata os vasos sanguíneos e traz sangue, anticorpos e glóbulos brancos para a ferida, combatendo a infecção e promovendo a cura. Molhe uma toalhinha com água tão quente quanto você suportar, torça-a e segure a compressa sobre o machucado – alternando cinco minutos de aplicação com cinco minutos de descanso, até que o pano esfrie – duas a cinco vezes por dia. O calor úmido também ajudará a amolecer e a retirar a casca, que pode funcionar como uma rolha em uma garrafa, prendendo a infecção e induzindo à formação de um abscesso.

MANTENHA SEU ANIMAL CONFINADO. Se a cauda estiver muito embaraçada e suja,

é melhor confinar um gato ou um cachorro pequeno em um transportador. De outro modo, ele poderá andar sacudindo a cauda, sujar por toda parte com o líquido infeccioso e potencialmente causar mais danos para a sua cauda. Se o seu animal for grande demais, ou se você não tiver um transportador, mantenha-o confinado em um cômodo pequeno, fácil de limpar, como um banheiro ou uma lavanderia.

PONHA UM COLAR ELISABETANO NO SEU ANIMAL. Normalmente os animais querem lamber a infecção da cauda. Impeça que o seu animal cutuque a ferida, colocando nele uma coleira de contenção, como uma coleira cônica elisabetana. No entanto, os animais não conseguem comer enquanto estão com essa coleira, por isso, não se esqueça de retirá-la na hora das refeições.

✅ CUIDADOS POSTERIORES

- Continue a aplicar compressas quentes na infecção, conforme explicação anterior. O calor úmido acelerará a cura e impedirá que se formem cascas, fazendo com que a ferida drene todo o material infeccioso.

- Dê antibiótico via oral, conforme receita, normalmente de sete a dez dias. Os cachorros aceitam os comprimidos facilmente se forem escondidos em petiscos gostosos. Os gatos podem ser mais difíceis, mas a maioria dos remédios pode ser esmagada com o fundo de uma colher e misturada a alguma comida de gato enlatada, com cheiro forte, fazendo com que ele o engula de boa vontade.

- Uma pomada como Panalog® ou Otomax® ajuda a controlar a inflamação e alivia a dor. Use-a de acordo com a orientação do veterinário.

- Algumas infecções na cauda precisam ser enfaixadas. Os gatos detestam ter as caudas enfaixadas; mas nos cachorros, isso pode impedir que os machucados piorem. Primeiramente enrole gaze em torno da cauda. Comece pela ponta e vá enrolando em direção ao corpo, de forma firme mas não apertada. Depois corte tiras de esparadrapo e coloque cada uma, individualmente, sobre a gaze (isso ajudará você a não apertar demais o curativo, impedindo a circulação). Cuide para que o esparadrapo vá além da gaze e grude diretamente no pelo, para que o seu cachorro não consiga arrancá-lo. (Essa técnica aparece ilustrada na página 35.)

- No caso de cachorros que tentam lamber ou mastigar o curativo, experimente colocar Bite Stop® ou Bitter Max®.

CONSULTORES

- John Brakebill, doutor em Medicina Veterinária, é veterinário no Brakebill Veterinary Hospital, em Sherman, Texas.
- Jeff Nichol, doutor em Medicina Veterinária, é diretor do hospital e veterinário no Adobe Animal Medical Center, em Albuquerque.
- Raymond Russo, doutor em Medicina Veterinária, é veterinário no Kingston Animal Hospital, em Massachusetts.
- Drew Weigner, doutora em Medicina Veterinária, é veterinária no The Cat Doctor, em Atlanta.

INFECÇÕES NO LEITO DA UNHA
PROCURE SEU VETERINÁRIO: **SE NECESSÁRIO**

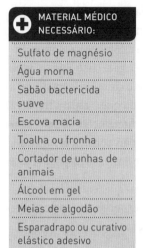

MATERIAL MÉDICO NECESSÁRIO:
- Sulfato de magnésio
- Água morna
- Sabão bactericida suave
- Escova macia
- Toalha ou fronha
- Cortador de unhas de animais
- Álcool em gel
- Meias de algodão
- Esparadrapo ou curativo elástico adesivo

As patas de cachorros e gatos estão constantemente expostas a bactérias e fungos, na terra e na grama. Uma unha aberta ou quebrada abre o leito da unha para germes, e fungos, como dermatófitos, que comem queratina – a proteína não ativa da unha – e podem enfraquecer e infectar a unha.

A infecção ataca a raiz da unha, onde ela nasce para fora do dedo. A pele em torno da unha incha, fica vermelha e com crostas, e pode ter mau cheiro. Nos casos graves, a unha se torna quebradiça ou farinhenta, deformada, ou até mesmo fica solta na musculatura. A região é tomada pelo pus. Os animais com infecção no leito da unha podem mancar e, frequentemente, lambem a região inflamada ou com coceira.

Se mais de um leito de unha estiver infectado, peça que seu veterinário dê uma olhada o quanto antes. Talvez esteja acontecendo algo mais sério e o seu veterinário pode ter de receitar antibiótico, ou encaminhá-lo a um veterinário dermatologista. Mas se apenas um leito de unha estiver infectado, é possível tratá-lo em casa. Se a infecção não melhorar, no prazo de três a cinco dias de tratamento caseiro, o veterinário deverá examinar o seu animal. Os casos graves podem precisar de antibiótico oral ou de um remédio fungicida, que deverá ser prescrito pelo seu veterinário.

FAÇA ISTO JÁ

FIQUE ATENTO PARA SINTOMAS REPENTINOS. Quando os sintomas aparecem de repente (em um período de dois a três dias) e as patas e os dedos do seu animal ficam muito dolorosos, é provável que haja uma infecção por bactéria. Se isso acontecer, é importante que o veterinário veja o seu animal o quanto antes.

INSIRA AS PATAS NUMA SOLUÇÃO COM SULFATO DE MAGNÉSIO. Independentemente de o problema ter sido causado por bactérias ou por fungos, uma imersão com sulfato de magnésio ajudará na limpeza da infecção e trará uma melhor sensação para a pata do seu animal. Misture um pacotinho em oito litros de água quase morna e coloque a pata afetada durante dez minutos de cada vez. Depois, enxugue-a muito bem.

LIMPE COM UMA ESCOVA MACIA. Para dedos sensíveis, use uma escova macia com qualquer sabonete bactericida, para limpar as crostas e os resíduos do leito da unha. Uma escova de cerdas naturais ou mesmo uma escova de dentes macia são boas opções. Use água morna e não se esqueça de enxaguar todo o sabão e de secar completamente, para que não piore ainda mais a irritação.

ALERTA IMPORTANTE

SUPRESSÃO IMUNOLÓGICA

Uma infecção no leito da unha de um único dedo ou pé geralmente é causada por um machucado. Mas se todas as quatro patas estiverem infectadas, é mais provável que a causa seja uma doença sistêmica – algo que afete todo o organismo – e a infecção na unha é apenas um sintoma que aparece exteriormente.

É comum que situações que suprimam o sistema imunológico, como leucemia felina ou imunodeficiência felina, causem infecções no leito da unha. Os gatos afetados também podem ter vários outros sintomas vagos, como febre que vai e vem, perda de peso, e infecções crônicas de pele ou respiratórias.

Não existe tratamento específico nem cura, tanto para leucemia felina quanto para imunodeficiência felina. Geralmente os gatos são infectados por ambos os vírus ao mesmo tempo, mas muitos deles podem viver confortavelmente, por muitos meses, ou até anos, com essas doenças. A chave para a sobrevivência é o tratamento rápido de qualquer infecção ou doença, portanto, procure imediatamente o seu veterinário, se suspeitar que o seu gato esteja infectado.

Os cachorros também podem desenvolver doenças sistêmicas relacionadas à imunidade, que atacam o tecido mantendo a unha no lugar. Esses estados sérios podem, às vezes, ser controlados pelo seu veterinário com remédios para supressão imunológica.

MANTENHA SEU ANIMAL QUIETO. Mesmo quando suas patas não estão machucadas, os animais geralmente não gostam que mexam nelas. Provavelmente serão necessárias duas pessoas para cuidar de patas doloridas, mas os cachorros com coceira nas patas na verdade talvez gostem do tratamento. Os cachorros pequenos e os gatos podem ser embrulhados em uma toalha ou fronha, com um pé exposto de cada vez. Se você tiver um cachorro maior, ajoelhe-se ao lado dele no chão, passando um braço ao redor do seu pescoço e o outro em torno do seu peito. Depois traga o animal para junto do seu peito. (Essa técnica aparece ilustrada na página 28.)

CORTE CUIDADOSAMENTE AS UNHAS ATINGIDAS. Quando as infecções por bactéria resultam de um machucado na unha, é preciso cortar a parte atingida, acima de onde quebrou ou abriu, antes que o machucado sare. Faça isso apenas se a unha estiver quebrada ou aberta, e se o ferimento não tiver atingido o sabugo (os vasos sanguíneos dentro da unha). Se o dano na unha incluir o sabugo, não tente cortá-la porque o seu animal sentirá muita dor. Apenas faça um curativo frouxo para impedir maiores danos, e vá para o veterinário. Use álcool gel para esterilizar o cortador de unhas, a tesoura, ou até mesmo uma tesoura de podar (se o seu animal for grande) antes de cortar a unha. Segure a pata com firmeza, ponha o cortador em posição, e corte de uma vez só, rapidamente. (Para mais informações sobre danos na unha, vá à página 161.)

FAÇA-O USAR MEIAS. Para que seu cachorro não lamba, coloque uma meia de puro algodão em sua pata. O algodão permite que a região

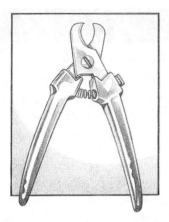

Os cortadores de unha funcionam como tesouras de poda, com um corte limpo e preciso.

respire e assim possa sarar. Ponha a meia e use um esparadrapo ou um Vetrap®. Não se esqueça de trocar a meia pelo menos uma vez por dia para que a região permaneça limpa e seca. É bom que o cachorro esteja de meia ao sair ao ar livre, mas será preciso trocá-la quando ele voltar. Isso fará com que as unhas atingidas não fiquem expostas a mais bactérias no jardim.

USE UM GRANULADO MACIO. As garras dos gatos ficarão boas mais depressa se o seu gato não tiver de usá-las para cavar um granulado áspero. Tente trocar por um produto com grânulos mais macios, como um produto feito com jornal reciclado, que não irrita patas inflamadas. Mantenha a caixa de areia limpa, para que seu gato não volte a infectar suas garras com as bactérias em seu próprio excremento.

SITUAÇÃO ESPECIAL

SE HOUVER FUNGOS. O ataque dos fungos termina em algumas semanas, e os dedos do seu animal já não estarão tão sensíveis, mas a infecção dura mais tempo e é difícil de ser curada. Os fungos podem tornar as unhas quebradiças ou fazê-las crescer deformadas, e seu animal sentirá coceira nos dedos. Se seu animal apresentar qualquer um desses sintomas, peça que seu veterinário dê uma olhada. Feito o diagnóstico, ele indicará um plano de tratamento para ser feito em casa.

CUIDADOS POSTERIORES

- Normalmente não são necessários cuidados posteriores se a infecção já tiver sido tratada.

A MELHOR ABORDAGEM

CORTADORES DE UNHAS

Os tratadores profissionais, que cortam centenas de unhas por dia, recomendam cortadores que tenham lâminas de aço inoxidável que seguram uma borda e cortam facilmente as garras mais duras. Eles não prendem nem puxam os pelos, como fazem os cortadores do tipo guilhotina.

CONSULTORES

- Gerald Brown, doutor em Medicina Veterinária, é veterinário no City Cat Doctor, em Chicago.
- Bernadine Cruz, doutora em Medicina Veterinária, é veterinária no Laguna Hills Animal Hospital, na Califórnia.
- Joanne Howl, doutora em Medicina Veterinária, é veterinária em West River, Maryland; secretária-tesoureira da American Academy on Veterinary Disaster Medicine e ex-presidente da Maryland Veterinary Medical Association.

INFECÇÕES NOS OLHOS

PROCURE SEU VETERINÁRIO: **NO MESMO DIA**

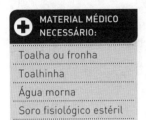

MATERIAL MÉDICO NECESSÁRIO:
- Toalha ou fronha
- Toalhinha
- Água morna
- Soro fisiológico estéril

É possível se ter uma boa ideia sobre o que está causando a infecção no olho, observando se os dois olhos estão infectados. Se apenas um olho estiver inchado, ou com uma secreção verde ou amarela, provavelmente é consequência de alguma espetada de um galho, uma briga com outro animal, ou mesmo alguma semente de grama alojada no local. Se os dois olhos estiverem infectados, provavelmente a causa é um vírus.

As infecções nos olhos são fáceis de serem tratadas, mas podem causar cegueira se não forem tratadas com rapidez e corretamente. Procure um veterinário assim que notar os sintomas.

FAÇA ISTO JÁ

MANTENHA SEU ANIMAL QUIETO. As infecções nos olhos são dolorosas e os animais resistirão quando você tentar limpá-los e tratá-los. Isso é um problema, porque segurá-los para que fiquem parados, especialmente pelo pescoço, aumenta a pressão dentro do olho. Em um olho infectado, a pressão adicional pode danificar suas estruturas internas. Antes de cuidar do olho, é melhor você procurar alguém que mantenha seu animal quieto.

A maneira mais fácil de segurar um gato ou um cachorro pequeno é enrolá-lo em uma toalha ou fronha, deixando apenas a cabeça de fora. Depois que ele estiver embrulhado, você pode imobilizá-lo ainda mais, segurando seu focinho. Se estiver cuidando de um cachorro maior, faça com que ele se sente ou deite entre suas pernas, com as costas voltadas para o seu peito. Enlace um braço em torno do seu peito (nunca do pescoço) e segure o focinho com a outra mão.

LIMPE A SECREÇÃO. Uma vez que as infecções oculares têm sempre uma secreção, você deverá limpá-la. Coloque uma toalhinha umedecida em água morna sobre o olho, para amolecer as cascas. Quando elas estiverem amolecidas, será fácil limpá-las completamente. Talvez você tenha de repetir esse procedimento várias vezes para que a área em torno dos olhos fique totalmente limpa.

ENXÁGUE OS OLHOS COM SORO FISIOLÓGICO ESTÉRIL. Mantenha o olho do seu animal aberto com a ajuda dos dedos polegar e indicador e, cuidadosamente, aplique a solução para lavar a superfície do olho. Isso tirará os detritos e aliviará a dor.

ALERTA IMPORTANTE

CINOMOSE

Animais não vacinados correm o risco de contrair cinomose, uma infecção viral com risco de morte, que produz uma secreção ocular branca ou amarelada. A cinomose é altamente contagiosa e geralmente acomete filhotes, embora cães adultos também possam contraí-la. Além da secreção, cães com cinomose perdem o apetite, têm diarreia e tosse e, talvez, convulsões. Depois que o animal contrai a doença, não existe garantia de recuperação, mas um diagnóstico precoce e pronto atendimento médico podem salvá-lo.

✅ CUIDADOS POSTERIORES

▪ As infecções do olho podem durar duas semanas ou mais, até ficarem completamente curadas. Nesse meio tempo, o olho ficará irritado e dolorido. A limpeza diária do olho – tanto para remover cascas, como para enxaguar a superfície – reduzirá a dor e fará com que a infecção sare mais rapidamente. Você poderá usar água destilada, mas soro fisiológico é a escolha mais apropriada. Enxugue completamente o pelo ao redor dos olhos, depois de lavá-los.

PROBLEMAS NOS OLHOS DOS RECÉM-NASCIDOS

Mesmo antes que os filhotes abram os olhos pela primeira vez – geralmente de nove a 12 dias depois de nascidos – suas pálpebras podem ficar infectadas e inchadas por causa de um acúmulo de pus. Aplique compressas úmidas mornas, três ou quatro vezes por dia, mas, se ainda houver pus depois de 24 horas, procure seu veterinário.

CONSULTORES

▪ Gerald Brown, doutor em Medicina Veterinária, é veterinário na City Cat Doctor, em Chicago.

▪ Debra M. Eldredge, doutora em Medicina Veterinária, é veterinária em Vernon, Nova York.

▪ Dennis Hacker, doutor em Medicina veterinária, é veterinário oftalmologista na Veterinary Vision, em San Mateo, Califórnia.

▪ Kevin Wallace, doutor em Medicina Veterinária, é instrutor no Departamento de Ciências Clínicas do Cornell University College of Veterinary Medicine, em Ithaca, Nova York.

INSOLAÇÃO

PROCURE SEU VETERINÁRIO: **IMEDIATAMENTE**

MATERIAL MÉDICO NECESSÁRIO:

Termômetro clínico

Lubrificante (glicerina ou vaselina)

Álcool para fricção

Gelo

Água gelada

Toalhinha molhada gelada

Compressas geladas

Fluido para reidratação oral de uso pediátrico

Cobertor

Mel

Toalhas molhadas geladas

Ventilador

Dispensador de água automático

A insolação acontece quando os mecanismos normais do corpo não conseguem manter a temperatura em uma variação segura. Cães e gatos podem ficar superaquecidos com muita facilidade, porque eles não têm um sistema de esfriamento muito eficiente.

Eles não suam para regular a temperatura corpórea. Eles afofam seus pelos para fazer com que o ar frio circule pela pele, e os gatos se lambem, para que a evaporação da saliva ajude a dissipar o calor. Os gatos normalmente não ofegam, a não ser que já estejam oprimidos pelo calor, mas os cães ofegam como um método básico de resfriamento. A rápida troca do ar frio externo com o ar úmido e morno de dentro dos pulmões, além da evaporação da língua relaxada, ajuda a manter um cachorro dentro de níveis normais de temperatura.

Quando a temperatura externa estiver igual ou superior à temperatura corpórea de um animal – ou seja, de 37 °C a 39 °C – a evaporação não servirá de nada e poderá ocorrer a insolação. Um animal com uma insolação moderada – quando sua temperatura alcança de 40 °C a 41 °C – ficará com a língua e as gengivas vermelho-brilhantes, a saliva grossa e pegajosa, e ofegará rapidamente. Recebendo pronto atendimento, a maioria dos animais se recuperará em uma hora.

Temperaturas corpóreas superiores a 41 °C podem ser fatais, um animal pode entrar em choque e ter falência hepática, renal, pulmonar, cardíaca ou cerebral. Suas gengivas podem ficar descoradas, ele ficará desanimado e atordoado, sangrando pelo nariz e com sangue no vômito, terá diarreia e poderá entrar em coma quando o cérebro começar a inchar. Com uma temperatura de 41,5 °C e acima disso, o animal desenvolve uma disseminada coagulação intravascular, um estado em que o sistema de coagulação não funciona. Um animal nessas condições morre se não receber um atendimento imediato e cuidados veterinários.

PRIMEIROS SOCORROS PARA CÃES E GATOS

🧰 FAÇA ISTO JÁ

Para insolação grave (temperatura corporal superior a 41 ºC)

VÁ AO VETERINÁRIO IMEDIATAMENTE. Use um termômetro clínico lubrificado com glicerina ou vaselina para medir a temperatura do seu animal e determinar qual o seu grau de insolação. (Essa técnica aparece ilustrada na página 19.) Animais com temperaturas acima de 41 ºC precisam ir a um veterinário imediatamente. Os termômetros clínicos normalmente só chegam a 42 ºC e um animal com insolação pode ter uma temperatura corporal que ultrapasse a escala e alcance 43 ºC ou mais. Se você conseguir chegar ao veterinário em no máximo cinco minutos, ligue para lá dizendo que você está a caminho e qual a temperatura do seu animal; isso indicará ao veterinário exatamente que tipo de tratamento de emergência seu animal precisa. Depois entre no carro e vá imediatamente para lá.

É mais seguro fazer isso com mais uma pessoa, para que ela vá dirigindo ou tomando conta do seu animal, enquanto você dirige. Preste atenção para que o carro esteja frio durante o percurso, e tente pegar uma garrafa de álcool em gel e tanto gelo quanto conseguir, na sua ida até o carro. Coloque seu animal em frente à ventilação para conseguir o máximo de evaporação possível. Tente resfriá-lo durante o percurso, colocando gelo e álcool em suas axilas e virilha.

RESFRIE-O. Se ele estiver consciente ou se você morar a mais de cinco minutos do veterinário, tente baixar a temperatura para 41 ºC antes de correr para a clínica. Use a mangueira de jardim ou o chuveiro, ou coloque-o na banheira ou na pia, cheia de água fria. Verifique sua temperatura a cada cinco minutos para ter certeza de que ela está baixando. Quando a temperatura do animal ultrapassa 41 ºC, ele fica muito atordoado ou quase inconsciente, por isso preste atenção para que a cabeça dele se mantenha acima da água.

APLIQUE UMA BOLSA DE GELO. Primeiramente ponha uma toalhinha molhada, gelada, na parte de trás do pescoço e da cabeça do seu animal. Depois, coloque uma bolsa de gelo por cima da toalhinha. Isso não apenas o resfriará como ajudará a reduzir o calor no cérebro, impedindo-o de inchar, o que poderia levar à morte.

DEIXE QUE ELE BEBA TANTA ÁGUA QUANTO QUISER. Ainda melhor, ofereça um líquido de reidratação oral pediátrico. Isso poderá ajudá-lo a se resfriar a partir de dentro, e a repor eletrólitos importantes, como sal, que ele pode ter perdido com a desidratação. (Para mais informações sobre desidratação, vá à página 169.)

FIQUE ATENTO A CHOQUE. Animais que estejam com uma insolação grave, correm risco de entrar em choque. Leve imediatamente seu animal ao veterinário. Não o enrole em cobertor, se ele estiver com a temperatura acima de 40 ºC. Se você já o resfriou e a temperatura caiu para menos de 38 ºC, enrole-o em um cobertor antes de colocá-lo no carro. Se seu animal tiver entrado em choque, ele pode ter baixa taxa de açúcar no sangue. A elevação da taxa de açúcar com uma dose de Karo® ou de mel pode ajudar. Se você tiver algum deles à mão, pegue rapidamente ao sair de casa e esfregue um pouco nas gengivas, a caminho do veterinário – ele será absorvido pela mucosa. (Para mais informações sobre choque, vá à página 109.)

Esteja pronto para fazer respiração artificial e ressuscitação cardiopulmonar. Animais que sofram uma insolação grave podem parar de respirar por causa do choque, e algumas vezes a insolação pode fechar a garganta por edema. Mantenha a boca do seu animal fechada, coloque a boca sobre o nariz dele, e dê duas rápidas sopradas, observando se o peito dele se expande com o ar. Continue dando de 15 a 20 sopradas por minuto, até que ele comece a respirar sozinho, ou até que você chegue ao veterinário. (Essa técnica aparece ilustrada na página 30.)

Se o coração de seu animal tiver parado, você deverá fazer ressuscitação cardiopulmonar. Verifique se o coração parou, tomando o seu pulso. Você não conseguirá sentir a pulsação como se faz com as pessoas, pela artéria carótida. Em vez disso, pressione seus dedos na dobra onde a parte interna da coxa se junta com o corpo, e procure a pulsação na artéria femoral, que é muito grande e passa próxima à superfície. (Essa técnica aparece ilustrada na página 23.) Se você não sentir a pulsação, tente ouvir ou sentir o batimento cardíaco. Ponha seu ouvido ou sua mão sobre o lado esquerdo do animal, diretamente atrás do cotovelo.

Se não houver batimento cardíaco, será preciso começar as compressões no peito. Para fazer as compressões em um gato ou em um cachorro pequeno, ponha sua mão em concha sobre a extremidade do peito que fica logo atrás dos cotovelos, colocando o polegar de um lado e os outros dedos do outro. Aperte com firmeza, comprimindo cerca de 1 cm. Isso não apenas bombeia o coração como também faz com que a pressão dentro do peito (e sobre o coração) aumente e diminua rapidamente, ajudando a movimentar o sangue. O ideal é que uma pessoa faça as compressões no peito, enquanto outra faz a respiração artificial. Alterne uma soprada a cada cinco compressões. O objetivo é de 80 a 100 compressões, e de 15 a 20 sopradas por minuto, até que seu animal se recupere ou até que você consiga socorro médico.

Deite um animal maior de lado (qualquer um deles), sobre uma superfície plana. Coloque as mãos uma sobre a outra em cima do peito dele, atrás do cotovelo, e pressione firmemente para baixo. O peito deve ser comprimido de 25 a 50%. (Essa técnica aparece ilustrada na página 31.) Alterne sopradas e compressões da mesma forma que com os animais pequenos.

Continue tentando resfriar seu animal, conforme administra respiração artificial e a ressuscitação cardiopulmonar a caminho do veterinário. À medida que ele for esfriando, é mais provável que também recomece a respirar. Repetindo: é mais seguro pedir a ajuda de um amigo.

Para insolação moderada (temperatura corporal entre 40 °C e 41 °C)

LEVE-O PARA UM LUGAR FRESCO. Se a temperatura do seu animal estiver entre 40 °C e 41 °C ele está com uma hipertermia moderada. Ainda assim, você precisa tomar providências para reduzir sua temperatura, por isso, leve-o para dentro e ligue o ar

CÃES SUPERAQUECIDOS

Os cachorros se refrescam inspirando e expirando, ao trocar o ar quente pelo ar frio, e ofegando, para promover a evaporação da língua. Contudo, algumas raças têm mais dificuldade em permanecer frescas do que outras, além de terem menos proteção contra o tempo quente. Cães com focinhos achatados, como buldogues, pugs e pequineses, também tendem a ter traqueias reduzidas, de forma que não conseguem respirar com tanta eficiência como os cachorros de focinhos mais compridos. Esses cães podem sofrer de insolação apenas com o excesso de exercícios, até mesmo em um dia fresco, e frequentemente têm problemas em temperaturas que não incomodariam outros cachorros. Você perceberá que seu animal corre um risco maior de hipertermia se ele frequentemente roncar ou resfolegar, ou se fizer vários ruídos respiratórios, como assobios ou chiados.

condicionado. Se você não tiver ar condicionado em casa, ligue o do seu carro, e quando o carro estiver frio, sente lá dentro com o seu animal. Ou coloque-o em frente a um ventilador. Quando a temperatura externa estiver mais baixa do que a temperatura do corpo do animal, ele vai começar a ofegar e a se refrescar.

MONITORE SUA TEMPERATURA. Meça sua temperatura a cada dez minutos para verificar a gravidade da hipertermia, e se ele está melhorando. Cães e gatos que partem de uma temperatura de 41°C ou mais baixa, geralmente se recuperam rapidamente.

USE BOLSAS DE GELO OU ÁGUA FRIA. Enrole seu animal em toalhas molhadas geladas, e coloque bolsas de gelo em suas axilas e na região da virilha. Existem importantes vasos sanguíneos nessas regiões, portanto o frio vai resfriar seu sangue e ajudá-lo a se refrescar mais rápido, já que o sangue resfriará todo o corpo a partir de dentro. Você também pode colocá-lo em uma banheira com água fria, ou no chuveiro, ou pode levá-lo até uma sombra ao ar livre, e usar uma mangueira de jardim para lhe dar uma ducha fria até que sua temperatura baixe.

LIGUE UM VENTILADOR. Isso aumentará a evaporação, o que o ajudará a se refrescar.

OFEREÇA-LHE ÁGUA GELADA PARA BEBER. Ou dê um cubo de gelo para ele lamber.

INTERROMPA O PROCESSO DE RESFRIAMENTO AOS 39,5 °C. Enquanto seu animal estiver quente demais, ele vai ofegar. Quando sua temperatura voltar ao normal, ele parará de ofegar e sua respiração se tornará mais lenta e menos frenética. Quando sua temperatura cair para 39,5 °C, interrompa o processo de resfriamento, para que ele não fique com frio. Mantenha-o relativamente inativo e longe do sol ou do calor direto.

SITUAÇÕES ESPECIAIS

PARA ANIMAIS COM PELOS LONGOS E DENSOS. Esse tipo de animal tende a mudar a maior parte de sua pelagem interna na época do calor. O pelo de um animal na verdade ajuda a isolá-lo do calor extremo, enquanto permite que correntes de ar penetrem para refrescá-lo. Mas se o pelo fica embaraçado e com nós, o calor se mantém junto ao corpo impedindo que a circulação de ar chegue até a pele, refrescando-a. Portanto, mantenha seu animal escovado para prevenir insolação, ou corte o pelo comprido até um comprimento mais controlável.

PARA PREVENIR PROBLEMAS COM SECADORES E TRANSPORTADORES.
Animais que, após o banho, ficam sob o jato quente de secadores, podem sofrer insolação em qualquer época do ano, e os transportadores de animais com pouca ventilação podem se tornar armadilhas mortais. Caso você tenha de confinar seu animal em um transportador ou em uma gaiola, certifique-se de que haja boa ventilação. Pessoas que levam cachorros e gatos para exposição, frequentemente usam pequenos ventiladores que se encaixam nas gaiolas, para manter seus animais refrescados durante a época de calor.

PARA ANIMAIS IDOSOS, GORDOS OU PARA OS QUE TÊM PROBLEMAS RESPIRATÓRIOS.
Esses animais são os que correm maior risco de insolação, porque até mesmo seu sistema de resfriamento não funciona muito bem. Na época do calor, mantenha-os dentro de casa, no ar condicionado e não deixe que façam exercícios.

✅ CUIDADOS POSTERIORES

- Os animais que tiveram hipertermia moderada provavelmente não sofrerão sequelas, mas uma insolação grave pode danificar os órgãos, principalmente os rins. Observe se há sangue na urina. Caso o seu veterinário já tenha descoberto algum problema, talvez ele prescreva uma dieta especial, como Hill's Prescription K/D®, uma dieta para animais com danos renais. As dietas terapêuticas para os rins são formuladas de modo a exigir menos desses órgãos, reduzindo a quantidade de produtos a serem eliminados pela excreção. Nos primeiros dias, tente misturar a comida numa proporção meio a meio com sua antiga dieta para acostumar seu animal com a nova rotina, depois, gradualmente diminua a quantidade do alimento antigo, até que ele esteja se alimentando apenas com o novo.

- Animais que já tiveram hipertermia uma vez correm um risco maior de tê-la novamente, a não ser que sejam tomadas medidas para ajudá-los a se manterem frescos na época do calor. A maior parte das vítimas de insolação foi deixada no carro em um dia quente, ou ficou presa em um quintal, ou em um corredor de concreto sem sombra. Sempre que a temperatura subir acima de 27°, preste atenção para que seu animal não deixe de ter acesso a uma sombra.

- Os cachorros e os gatos precisam sempre de água fresca para se manter refrescados, mas, por mais que nos esforcemos, eles podem acabar sem água, ou ela pode ser derramada e deixá-los sedentos. As pet shops e os catálogos possuem diferentes tipos e tamanhos de dispensador de água para animais, que fornece um contínuo suprimento de água sem perigo de derramar. Alguns deles, como o alimentador automático para ração e água, são atarraxados a uma torneira externa.

A MELHOR ABORDAGEM

TERMÔMETRO CLÍNICO

A temperatura de gatos e cachorros são indícios de sua saúde. Uma temperatura muito alta é sinal de febre, e muito baixa indica choque. Em casos de emergência, como insolação ou seu oposto, a hipotermia, a temperatura do seu animal determinará que tipo de atendimento deve ser usado.

Os termômetros de ouvido, usados por pessoas, provavelmente não serão tão precisos com os animais, porque os ouvidos de gatos e cachorros são mais abertos do que os humanos. Também é difícil conseguir que um cachorro fique com um termômetro na axila ou debaixo da língua, portanto, em vez de um termômetro oral, escolha um termômetro clínico.

O termômetro padrão, de mercúrio, é barato e é o preferido pelos veterinários. Ele leva alguns minutos para registrar a temperatura. Os termômetros digitais custam um pouco mais, mas talvez tenham uma leitura mais fácil do que o de mercúrio, e registra a temperatura um pouco mais rápido, o que faz diferença em casos de emergência. Os termômetros clínicos são encontrados nas farmácias.

CONSULTORES

- Charles DeVinne, doutor em Medicina Veterinária, é veterinário na Animal Care Clinic, em Peterborough, New Hampshire.
- Larry Edwards, doutor em Medicina Veterinária, é veterinário no Canyon Creek Pet Hospital, em Sherman, Texas.
- Ken Lawrence, doutor em Medicina Veterinária, é veterinário no Texoma Veterinary Hospital, em Sherman, Texas.

INTOXICAÇÃO

PROCURE SEU VETERINÁRIO: **IMEDIATAMENTE**

MATERIAL MÉDICO NECESSÁRIO:

- Água oxigenada 10 vol. ou xarope de Ipeca
- Seringa sem agulha
- Conta-gotas
- Luvas médicas descartáveis
- Pão
- Óleo mineral ou vegetal
- Água ou leite
- Vaporizador limpo
- Xampu para cabelos oleosos ou detergente líquido
- Luvas de borracha
- Fubá, amido de milho ou farinha
- Toalha
- Carvão ativado

Os animais podem se intoxicar ao engolir alguma coisa que achem gostosa, como uma barra de chocolate, isca de rato ou plantas venenosas. Os cachorros são conhecidos por engolir frascos inteiros de comprimidos humanos revestidos de açúcar – e uma tampa à prova de crianças não é páreo para dentes caninos.

Os gatos, de modo mais típico, se expõem ao passar por alguma coisa, ou se raspar numa planta tóxica, e depois engolir o tóxico ao se limparem. Os remédios contra pulgas fabricados para cachorros geralmente são muito fortes para gatos, e inseticidas que são inofensivos quando usados sozinhos, podem se tornar mortais quando combinados – por exemplo, uma coleira contra pulgas e carrapatos, juntamente com um tratamento local (um inseticida líquido que é aplicado no pelo do animal), pode produzir toxicidade em uma base cumulativa. Os animais também podem se intoxicar com algo que respingue no seu pelo, como gasolina, óleo de motor ou outras toxinas de alcatrão; ou se forem expostos a produtos que contenham fenol, como Lysol®.

Os tóxicos produzem uma ampla gama de sintomas que podem se desenvolver em minutos ou apenas dias depois. Os sinais dependem do tipo de substância tóxica, da quantidade de exposição e do animal em si. Por exemplo, nos Estados Unidos, o acrônimo SLUDD representa a toxicidade de produtos contra pulgas: salivação, olhos lacrimejantes, micção, defecação e dispneia (respiração difícil). Esses sintomas geralmente se desenvolvem em cerca de 20 minutos. Outros tóxicos como a varfarina – isca de rato – frequentemente contêm ingredientes anticoagulantes que fazem com que o animal envenenado sangre internamente, e, mesmo depois de tratado, os sintomas podem continuar no animal por até seis meses.

A intoxicação é uma emergência e exige atenção médica imediata, mas você pode salvar a vida do seu animal com um pronto atendimento, livrando-se do tóxico, neutralizando-o ou diluindo-o, para ter tempo de procurar ajuda.

📋 FAÇA ISTO JÁ

FAÇA SEU ANIMAL VOMITAR. A melhor maneira de tratar a maioria dos tóxicos ingeridos é fazendo seu animal vomitar imediatamente – mas somente se ele estiver totalmente consciente e em total controle. Um animal zonzo pode inalar o material vomitado na hora em que ele estiver sendo posto para fora, e se sufocar. Desde que seu cachorro ou gato saibam o que está acontecendo, você pode induzir o vômito até uma hora depois que ele tiver engolido a substância tóxica, mas quanto antes melhor. Existem várias maneiras de fazer isso, e algumas funcionam melhor com alguns animais do que com outros. (Cuidado: veja "Situações especiais", nesta página, antes de começar.)

Em primeiro lugar, dê uma ligeira refeição para o seu animal. Se ele não quiser comer, ofereça alguma coisa especial que ele adore. A comida no estômago não somente ajuda a diluir o tóxico, retardando sua absorção, como o fato de ter alguma coisa no estômago torna muito mais fácil provocar o vômito.

Dê água oxigenada 10 vol. – cerca de uma a duas colheres de chá para cada cinco quilos de peso do animal – para que ele vomite. Isso geralmente funciona melhor em cachorros do que em gatos. Use um conta-gotas, uma seringa sem agulha, para aplicar o líquido no fundo de sua garganta. A ação da espuma e o gosto deverão fazê-lo vomitar em cinco minutos. Se necessário, repita isso duas ou três vezes, deixando um espaço de cinco minutos entre as doses.

Para os cachorros, também se pode usar xarope de Ipeca, em vez de água oxigenada. No entanto, ele pode ser irritante para os gatos. A dose é de uma colher de chá para cachorros até 15 kg, e até uma colher de sopa para os cachorros maiores. O xarope pode levar um pouco mais de tempo para fazer efeito, mas não se deve repetir a dosagem. Dê da mesma maneira usada com a água oxigenada.

DÊ A EMBALAGEM PARA O VETERINÁRIO. Muitas substâncias tóxicas têm antídotos específicos, portanto, é importante que a toxina seja identificada. Leve a embalagem do tóxico ao veterinário. E se o seu animal vomitar, não se esqueça de levar uma amostra do material vomitado para análise.

CENTRO DE CONTROLE DE INTOXICAÇÕES

O Brasil dispõe de mais de 30 instituições voltadas para o controle de intoxicações, todas vinculadas ao Sistema Nacional de Informações Tóxico-Farmacológicas, em cooperação com a Secretaria Nacional de Vigilância Sanitária do Ministério da Saúde. Algumas delas funcionam 24 horas, todos os dias. A função básica dessas instituições é a de prestar informações sobre substâncias químicas (medicamentos, animais peçonhentos, pesticidas, drogas de abuso, plantas, etc.) à comunidade leiga ou científica, orientando quanto à melhor conduta em caso de intoxicações e exposições a produtos químicos, humana e animal.

🐾 SITUAÇÕES ESPECIAIS

SE O SEU ANIMAL PARAR DE RESPIRAR. Esteja preparado para fazer respiração artificial se seu animal parar de respirar. Preste atenção para usar luvas médicas descartáveis (à venda em farmácias) ao lidar com ele. Faça um cilindro com sua mão e coloque a extremidade debaixo sobre as narinas do animal. Coloque sua boca na outra extremidade. Com a outra mão, mantenha a boca dele fechada para que o ar não vaze. Dê duas rápidas sopradas e observe se o pulmão dele infla (sopre como se estivesse enchendo uma sacola de papel – com força suficiente apenas para que o peito dele se expanda). Dê 15 a 20 sopradas por minutos. Entre cada uma, deixe o ar escapar de volta do nariz dele. Continue a respiração de salvamento até que ele recomece a respirar sozinho ou que você consiga socorro médico. Se você não tiver luvas, faça respiração artificial apenas usando uma barreira, como um pedaço de filme plástico, para que você não entre em contato com a substância tóxica. Corte um pequeno buraco no material e coloque-o sobre as narinas do seu animal antes de começar a respiração de salvamento.

SE O CORAÇÃO DO SEU ANIMAL PARAR. Será preciso fazer a ressuscitação cardiopulmonar. É aconselhável que alguém dirija até o veterinário, enquanto você vai fazendo os procedimentos.

Em gatos e cachorros pequenos, coloque uma mão em concha na base do peito, logo atrás dos cotovelos, e aperte com firmeza entre o polegar e os outros dedos, pressionando cerca de 1 cm de 80 a 100 vezes por minuto. A cada cinco compressões, dê uma soprada no nariz, até que seu animal se recobre, ou até que você consiga socorro médico.

Deite um cachorro maior de lado, sobre uma superfície firme e reta, e coloque uma mão em cima da outra sobre o peito dele. Use ambas as mãos para comprimir de 25 a 50%. Alterne as sopradas com as compressões do mesmo jeito que com os animais pequenos. (Essa técnica aparece ilustrada na página 31.)

INTOXICAÇÃO POR CHOCOLATE AMARGO (TEOBROMINA)

Cães e gatos podem se intoxicar comendo chocolate, porque a teobromina existente no doce é um estimulante que afeta o coração. O chocolate ao leite não costuma ser um problema – seria necessário cerca de um quilo desse chocolate para intoxicar um animal de três quilos. Mas o chocolate amargo contém dez vezes mais teobromina do que o ao leite, portanto o mesmo animal poderia adoecer comendo apenas pouco mais de 50 gramas.

Os veterinários dizem que a maioria dos problemas resultantes do chocolate apenas provoca mal-estar na barriga e um pouco de diarreia, mas quando se trata de chocolate amargo, o que pode resultar é um episódio de intoxicação em larga escala, com vômito, diarreia, hiperatividade, convulsões, coma e até morte. Se o seu animal comer chocolate amargo, lamber a cobertura de chocolate de um bolo ou fuçar em chocolate em pó, faça-o vomitar o quanto antes e chame o veterinário.

SE O SEU ANIMAL TIVER ENGOLIDO UMA SUBSTÂNCIA CÁUSTICA. Alguns venenos cáusticos, como alvejantes e amônias, queimam enquanto descem pela garganta, e causam o mesmo estrago ao fazerem o caminho de volta, enquanto que produtos derivados do petróleo, como querosene e óleo de motor, são facilmente atraídos para os pulmões, quando vomitados. Nunca provoque vômito, se você desconfiar que seu animal tenha engolido um desses tipos de tóxico. Em vez disso, embeba um pedaço de pão em duas colheres de óleo mineral ou vegetal e

SUBSTÂNCIAS TÓXICAS COMUNS

Se você desconfiar que seu animal tenha se envenenado com alguma substância tóxica, fale imediatamente com o seu veterinário ou com algum centro de controle de intoxicações. Use esta tabela e as seguintes para ajudar na identificação da origem da intoxicação ao fornecer as informações.

ORIGEM DO VENENO	SINTOMAS
Ácidos (alvejantes, limpadores a seco)	Engolido: salivação em excesso, esfrega a boca com a pata, dor abdominal. Na pele: chora, rola, lambe.
Alcalinos (amônia, detergente)	Engolido: salivação em excesso, esfrega a boca com a pata, dor abdominal. Na pele: chora, rola, lambe.
Chocolate amargo	Salivação em excesso, vômito, diarreia, urina em excesso, hiperatividade, tremores musculares, convulsões, coma.
Produtos derivados do alcatrão (desinfetantes fenóis, madeira tratada, fungicidas, manta asfáltica, revelador de fotografia)	Depressão, fraqueza, falta de coordenação, coma, morte.
Produtos antipulgas (Frontline®, Advantage®, Program®, etc). Antídoto disponível no veterinário.	Sintomas variados, incluindo medo, contrações musculares, tremor, convulsões salivação em excesso, diarreia, hiperatividade, depressão.
Chumbo (tinta, cerâmica, linóleo, bolas de golfe). Antídoto disponível no veterinário.	Dor abdominal, vômito, convulsões, falta de coordenação, excitação e histeria (ex.: excesso de latidos), fraqueza, cegueira, acessos de mastigação.
Analgésicos (aspirina, acetaminofeno, ibuprofeno)	Vômito com sangue, perda de apetite, salivação em excesso, zonzeira. Com acetaminofeno (gatos): gengivas azuis, dificuldade para respirar.
Outros remédios	Vários sintomas. Se você souber que seu animal ingeriu determinado remédio, fale com seu veterinário ou com o centro de controle de intoxicações imediatamente.
Iscas para pragas (estricnina, varfarina, arsênico, brometalina, colecalciferol, metaldeído, fósforo, sódio, flouracetato, fosfido de zinco). Antídoto disponível no veterinário.	A variedade de sintomas inclui sangramento na urina e diarreia, sangramento pelas cavidades corporais, sede, tontura, dor e cólicas abdominais, paralisia, convulsões, hálito com forte cheiro de alho, coma, depressão.
Produtos derivados de petróleo (óleo de motor, gasolina, terebentina, tinta, tíner, removedor de tinta, fluido de isqueiro, querosene.	Vômito, dificuldade em respirar, tremores, convulsões, coma, falência, morte.

PROVOCAR VÔMITO	DAR CARVÃO	DAR ÓLEO E PÃO	BANHO
Não	Não	Sim	Sim. Se ingerido, enxágue a boca com leite ou água. Se tópico, enxágue totalmente com água fria.
Não	Não	Sim	Sim. Se ingerido, enxágue a boca com leite ou água. Se tópico, enxágue totalmente com água fria.
Sim	Sim	Não	Não aplicável
Sim	Sim	Não	Sim. Se o tóxico for na pele ou no pelo do animal, primeiro enxágue totalmente com água fria. Lave com detergente suave e enxágue novamente com água fria.
Sim, se engolido	Sim, se engolido	Não	Sim. Se o tóxico for em pó, escove o pelo primeiro, enxágue totalmente com água fria, lave com um detergente, depois enxágue completamente com água fria.
Sim	Sim	Não	Não aplicável
Sim	Sim	Não	Não aplicável
Sim	Sim	Não	Não aplicável
Não	Sim	Não	Não aplicável
Não	Não	Sim	Sim. Se o tóxico estiver no pelo, enxágue totalmente com água, lave com um detergente suave e enxágue novamente.

PLANTAS VENENOSAS COMUNS

Muitas plantas caseiras comuns são venenosas. Examine esta lista e dê suas plantas venenosas a amigos e vizinhos que não tenham animais de estimação. Se seu animal mastiga plantas no jardim, arranque as venenosas ou certifique-se de que estão inacessíveis. Aqui estão as piores:

PLANTA	EFEITO	PRIMEIROS SOCORROS
Acônito (*Aconitum napellus*)	Excitação geral, alterações gastrintestinais (sialorreia, vômitos e diarreia), paralisia respiratória e morte.	Leve ao veterinário com urgência.
Alamanda (*Allamanda catthartica*)	Distúrbios gastrintestinais intensos caracterizados por náuseas, cólicas abdominais, vômitos e diarreias.	Leve ao veterinário com urgência para hidratação e controle dos distúrbios gastrintestinais.
Aroeira brava (*Lithraea molleoids*)	Dermatite.	Passe corticosteroides tópicos.
Avelós (*Euphorbia tirucalli*)	Dermatite, edema de lábios, boca e língua. O contato com os olhos provoca irritação, lacrimejamento, edema das pálpebras e dificuldade de visão. Se ingerido, pode causar náuseas, vômitos e diarreia.	Nas lesões de pele (dermatite): lave com permanganato de potássio e passar corticosteroides tópicos. Nas lesões oculares: lave com água corrente e aplique colírio antisséptico. Se ingerido, dê água e carvão ativado.
Azaleia (*Rhododendron simsii; Rhododendron obtusum*)	Fraqueza muscular, convulsões, coma, morte.	Dê muita água e carvão ativado e leve rapidamente ao veterinário.
Azevinho (*Ilex aquifolium*)	Dor de estômago, vômito, diarreia.	Provoque vômito.
Bico-de-papagaio (*Euphorbia pulcherrima*)	Dermatite (local), estomatite.	Lesões de pele (dermatite): lave com permanganato de potássio e passe corticosteroides tópicos. Lesões oculares: lave com água corrente e aplique colírio antisséptico. No caso de ingestão (estomatite): administre analgésicos, antiespasmódicos e protetores de mucosa (leite ou clara de ovos).
Cinamomo (*Melia azedarach*)	Salivação abundante, náuseas, vômitos, diarreia, cólica, depressão do SNC.	Dê água com carvão ativado.
Chapéu-de-napoleão (*Thevetia peruviana*)	Náuseas, vômitos e diarreia, alterações cardíacas: taquicardia e bradicardia, bloqueios, fibrilação, convulsões.	Leve ao veterinário com urgência para tratamento dos distúrbios cardiovasculares.
Comigo-ninguém-pode (*Dienffenbachia picta*)	Irritação bucal, náuseas, vômitos, salivação, estomatite e glossite.	No caso de ingestão da planta, provoque vômitos (devem ser feitos com muito cuidado), administre demulcentes (leite, clara de ovo, óleo de oliva), analgésicos e anti-histamínicos.
Costela-de-adão (*Monstera deliciosa*) e	Estomatite e glossite.	Administre demulcentes (leite, clara de ovo, óleo de oliva), analgésicos e antiespasmódicos.
Copo-de-leite (*Zantedeschia aethiopica*)	Estomatite e glossite.	Administre demulcentes (leite, clara de ovo, óleo de oliva), analgésicos e antiespasmódicos.
Coroa-de-cristo (*Euphorbia milii*)	Sede, vômito, diarreia, dor de estômago, morte em um ou dois dias.	Provoque vômito.
Dedaleira (*Digitalis purpurea*)	Alterações neurológicas (depressão e sonolência), alterações gastrintestinais (vômitos e diarreia com sangue) e alterações cardíacas (batimento cardíaco acelerado ou lento), coma, morte.	Provoque vômito.

PLANTA	EFEITO	PRIMEIROS SOCORROS
Espada-de-são-jorge (*Sansevieria zeylanica*)	Vômito, salivação, diarreia, tontura, colapso, irritação bucal.	Não provoque vômito; ofereça leite ou água para enxaguar a boca.
Espirradeira, oleandro (*Nerium oleander*)	Náuseas, vômitos, cólicas agudas, diarreia muco-sanguinolenta. Fraqueza, depressão e colapso associados a cianose, angústia respiratória e agitação violenta terminal poderão ser presenciados, bem como tontura, midríase, sonolência, torpor e coma.	Leve ao veterinário com urgência (fibrilação ventricular).
Esporinha (*Delphinium sp.*)	Depressão, diarreia com sangue, batimento cardíaco acelerado ou lento, dor forte no estômago, coma, morte.	Provoque vômito.
Erva-moura (*Solanum nigrum*)	Sonolência, fraqueza e tremor.	Leve ao veterinário.
Filodendro (*Philodendron bipinnatifidum*)	Irritação bucal, náuseas, vômitos, salivação, estomatite e glossite.	Administre demulcentes (leite, clara de ovo, óleo de oliva), analgésicos e anti-histamínicos.
Glicínia (*Wisteria sinensis*)	Depressão, vômito violento.	Dê água e/ou leite para diluir o veneno e revestir o estômago.
Hera (*Hedera helix*)	Estomatite, irritação gástrica, agitação, vômito, diarreia, espasmos musculares e dermatite de contato.	Na dermatite por contato: lave com permanganato de potássio e passe corticosteroides tópicos. Se ingerida, leve ao veterinário com urgência.
Lírio (*Lilium sp.*)	Insuficiência renal, urina e ingestão de líquido em excesso.	Provoque vômito.
Meimendro (*Hyosciamus niger*)	Pele seca, vermelha, febre, convulsões, sede excessiva, pupilas dilatadas.	Provoque vômito.
Mamona (*Ricinus communis*)	Se ingestão das folhas: alterações neurológicas; Se ingestão das sementes: diarreia profusa e desidratação.	Antiespasmódicos e hidratação.
Mandioca brava (*Manihot sp*)	Incoordenação, convulsões, dispneia, morte.	Leve ao veterinário com urgência para administração do antídoto.
Nozes (casca) (Juglans regia)	Vômito, diarreia, convulsões.	Provoque vômito
Pinhão (sementes) (*Jatropha curcas*)	Dermatite, depressão nos sistemas respiratório e cardiovascular, ação estimulante sobre a musculatura gastrintestinal	Nas dematites: passe corticosteroides tópicos. Se ingerida, leve ao veterinário.
Ruibarbo (*Rheum tanguticum*)	Cólicas e diarreia.	Forneça bastante água para seu animal.
Sementes de maçã, caroço de abricó, cereja, pêssego	Intoxicação por cianeto: gengivas vermelhas brilhantes, urinação e defecação involuntárias, respiração difícil, convulsões, espuma na boca, coma.	Antídoto disponível no veterinário.
Taioba brava (*Colocasia antiquorum*)	Efeito irritativo, edema de lábios, dificuldade de deglutição.	Administre demulcentes (leite, clara de ovo, óleo de oliva), analgésicos e anti-espasmódicos
Teixo (*Taxus baccata*)	Fraqueza muscular, respiração difícil, pupilas dilatadas, morte súbita sem sintomas.	Provoque vômito; mantenha as vias aéreas desobstruídas, faça ressuscitação cardiopulmonar, se necessário.
Tinhorão (*Caladium bicolor*)	Língua e garganta inchadas, dificuldade de respirar.	Não provoque vômito; mantenha as vias áreas desobstruídas; faça ressuscitação cardiopulmonar, se necessário; ofereça leite ou água para enxaguar a boca.
Trombeteira (*Datura suaveolens*)	Sede intensa, midríase, secura da pele, hipertermia, taquicardia.	Aplique compressas úmidas. Leve ao veterinário para lavagem gástrica e administração de sedativos e antídoto (prostigmina subcutânea).
Urtiga (*Fleurya aestuans*)	Dermatite (prurido, bolhas e edema local).	Passe corticosteroides tópicos.

dê para o seu animal. O óleo ajuda a revestir o estômago e os intestinos, protegendo-os, e retardando a absorção do veneno. Os animais podem inalar acidentalmente o óleo, quando dado por seringa, portanto, colocá-lo em um pedaço de pão evite o problema.

Os animais nunca engolem material cáustico por vontade própria – no máximo podem sofrer queimaduras na boca, ao experimentá-lo. Se você suspeitar que o seu animal tenha experimentado alguma coisa cáustica, anime-o a tomar o máximo de água possível, para diluir o veneno e enxaguar sua boca. O leite também ajuda a revestir o estômago, e alguns animais o preferem à água. Você pode usar um vaporizador limpo cheio de água ou leite para aliviar a queimadura, até chegar ao veterinário. Vaporize na boca do seu animal por no mínimo quinze minutos, durante o percurso.

TÓXICO NO PELO OU NA PELE. Em qualquer situação em que um cachorro ou um gato tenha uma reação tóxica a alguma coisa na pele, o melhor pronto atendimento é lhe dar um banho. A maioria dos produtos contra pulgas (até mesmo os tratamentos mensais de aplicação local) são à base de óleo, e seu uso inadequado pode causar intoxicação pela absorção através da pele. Pode-se usar um xampu para cabelos oleosos ou um detergente para retirar tóxicos tópicos. No entanto, não se esqueça de enxaguar o seu animal completamente, para eliminar o detergente, porque sabões que não foram feitos para animais podem ressecar a pele. Depois, embrulhe o seu animal em uma toalha e leve-o ao veterinário.

TINTA, PICHE OU ÓLEO DE MOTOR NA PELE. Essas substâncias não saem com água e sabão, e você nunca deve usar tíner ou solventes minerais para dissolvê-las, porque eles são igualmente tóxicos. Em vez disso, vista luvas de borracha e esfregue grandes quantidades de óleo mineral ou vegetal antes que o material endureça no pelo ou na pele. Deixe-o ficar embebido até que solte. Depois, use fubá, amido de milho ou farinha para polvilhar as regiões contaminadas – o pó absorve muito bem as toxinas, e pode ser lavado com detergente. Talvez seja preciso ensaboar e enxaguar seu animal repetidas vezes. Lembre-se de cobrir o focinho dele com um pano ou com uma toalha, antes de aplicar as substâncias em pó, para minimizar a quantidade de pó no seu nariz e olhos. (Para mais informações sobre contaminação no pelo, vá à página 125.)

SE O SEU ANIMAL TIVER UMA CONVULSÃO. A intoxicação pode provocar convulsões nos animais. Eles caem, ganem e choram, se debatem com as patas e urinam ou defecam. Quase todas as convulsões param em três minutos, e então você pode envolver seu animal com uma toalha. Se você cobrir os olhos dele com um pano escuro, talvez isso ajude a tirá-lo da convulsão. (Para mais informações sobre convulsões, vá à página 128.)

✔ CUIDADOS POSTERIORES

■ Muitos tipos de tóxicos causam lesões no trato digestivo, portanto, uma dieta suave muitas vezes ajuda a acelerar a recuperação do seu animal. Existem dietas terapêuticas que podem ser receitadas pelo seu veterinário, que ajudam a curar danos nos rins ou no fígado. Você também pode fazer uma razoável dieta branda em casa. Ferva peito de galinha sem pele ou um pedaço de carne magra e depois misture meio a meio com arroz branco cozido.

■ Reintroduza a comida muito vagarosamente. Se seu animal vomitou por até três dias, deixe que sua barriga descanse por 24 horas, e ofereça apenas água. Depois, dê pequenas porções de uma dieta leve, várias vezes por dia – uma colher de chá para cada cinco quilos de peso corporal. Depois que sua barriga estiver bem, dê apenas a dieta suave durante dois a três dias, depois a misture meio a meio com a antiga dieta por uns dois dias, antes de voltar à alimentação normal.

- Para tóxicos que provocam sangramentos, é necessário um tratamento com vitamina K durante três semanas ou até mais. A quantidade depende do tamanho do animal e do tipo de veneno ingerido. A vitamina K é dada, geralmente, como uma medicação oral, quando seu animal está suficientemente bem para estar em casa. Seu veterinário lhe explicará a dosagem. Preste atenção em qualquer sinal de sangramento nasal, sangue nas fezes, ou problemas respiratórios por até seis semanas após a intoxicação. Se surgir algum desses sinais, procure imediatamente o seu veterinário.

A MELHOR ABORDAGEM

CARVÃO ATIVADO

O carvão ativado funciona bem como um antídoto para muitos tipos de veneno, mas sua forma em tabletes não é suficientemente concentrada para ter grande eficiência. Você pode comprar suspensões líquidas ou comprimidos, indicados pelo veterinário, porque ambos são muito mais funcionais. As farmácias provavelmente não os têm normalmente no estoque, portanto vai ser preciso encomendá-los apenas para tê-los à mão. O melhor preparado de carvão ativado é Enterex®.

Como o carvão ativado tem um sabor muito ruim, não vai ser fácil seu animal aceitá-lo. Ele também pode manchar os tapetes e os estofamentos, bem como sua pele e suas roupas. Os veterinários ou forçam a solução boca adentro, ou usam um tubo que vai até o estômago do animal. Se você estiver perto de uma clínica, é melhor deixar que o veterinário se encarregue do tratamento, mas, numa emergência, quando não houver veterinário disponível, um produto como Enterex® pode salvar a vida do seu animal.

CONSULTORES

- Shane Bateman, doutora em Medicina Veterinária, é certificada pelo Conselho do American College of Emergency and Critical Care Medicine e professora assistente de Medicina de Emergência e Cuidados Críticos no Ohio State University College of Veterinary Medicine, em Columbus.
- Patricia Hague, doutora em Medicina Veterinária, é veterinária no Cat Hospital of Las Colinas, em Irving, Texas.
- Janie Hodges, doutora em Medicina Veterinária, é veterinária no Valley View Pet Heath Center, em Farmers Branch, Texas.
- Chris Johnson, doutor em Medicina Veterinária, é veterinário na Westside Animal Emergency Clinic, em Atlanta.
- Barry N. Kellogg, doutor em Medicina Veterinária, é veterinário no Center for Veterinary Care, em Great Barrington, Massachusetts, e chefe do VMAT 1 (Veterinary Medical Assistance Team), a equipe americana de Medicina Veterinária Especializada em Desastres.
- Mike McFarland, doutor em Medicina Veterinária, é veterinário na Emergency Animal Clinic, em Dallas.

INTOXICAÇÃO POR MONÓXIDO DE CARBONO

PROCURE SEU VETERINÁRIO: **IMEDIATAMENTE**

MATERIAL MÉDICO NECESSÁRIO:
Água oxigenada 10 vol.
Seringa sem agulha

O monóxido de carbono é comumente encontrado na exaustão de veículos, aquecedores com ventilação inadequada e fumaça de queimadas, por ser um subproduto natural da combustão de materiais. O gás incolor, inodoro e insípido é perigoso porque, quando inalado, compete com o oxigênio, substituindo-o na corrente sanguínea. À medida que o cérebro começa a exigir oxigênio, os animais passam a se comportar de forma embriagada ou confusa e letárgica. O sintoma clássico de intoxicação por monóxido de carbono são gengivas de um brilhante vermelho-cereja, mas os animais também podem ter respiração trabalhosa, surdez e convulsões.

O único antídoto para a intoxicação é terapia de oxigênio, que faz com que o organismo se livre do gás. O atendimento de urgência, seguido imediatamente por cuidados médicos, pode salvar a vida de seu animal.

FAÇA ISTO JÁ

REMOVA SEU ANIMAL DA FONTE DE MONÓXIDO DE CARBONO. Leve-o ao ar livre. Quando apenas uma pequena quantidade de sangue foi contaminada – menos de 10% – os animais se recuperam apenas respirando ar limpo. Na maior parte das vezes, esses cachorros e gatos podem parecer sonolentos e zonzos, mas permanecem conscientes e voltam ao normal em um dia. Se seu gato ou cachorro tiver algum desses sintomas, leve-o ao veterinário.

ESTEJA PRONTO A AJUDAR SEU ANIMAL. O nível de gás no sangue de 25% ou mais de monóxido de carbono é potencialmente mortal. Gatos e cachorros frequentemente perdem

Para fazer respiração artificial em seu cachorro, segure sua boca colocando uma mão em torno do focinho, cubra seu nariz com a boca e sopre delicadamente para dentro de seu nariz, até que você veja seu peito inflar. Dê 15 a 20 sopradas por minuto.

INTOXICAÇÃO POR MONÓXIDO DE CARBONO **313**

a consciência ou param de respirar. Os animais que param de respirar precisam imediatamente de ar oxigenado, portanto, prepare-se para fazer respiração artificial.

Com uma mão, mantenha a boca de seu animal fechada, e sopre em suas narinas até que você veja seu peito se expandindo. Tente duas rápidas sopradas e espere para ver se seu peito infla. (Preste atenção para não soprar no ar que seu animal exala.) Você deve dar de 15 a 20 sopradas por minuto, até que seu animal recomece a respirar sozinho, ou até que você consiga socorro médico.

✓ CUIDADOS POSTERIORES

▪ Normalmente não são necessários cuidados posteriores depois que seu animal volta da consulta ao veterinário.

CONSULTORES

▪ Ken Lawrence, doutor em Medicina Veterinária é veterinário no Texoma Veterinary Hospital, em Sherman, Texas.
▪ Peter Levin, doutor em Medicina Veterinária, é veterinário no Ludwig's Corner Veterinary Hospital, em Chester Springs, Pensilvânia.
▪ Julie Moews, doutora em Medicina Veterinária, é veterinária no Bolton Veterinary Hospital, em Connecticut.
▪ Sandra Sawchuk, doutora em Medicina Veterinária, é instrutora clínica na University of Wisconsin School of Veterinary Medicine, em Madison, Wisconsin.

LARVAS

PROCURE SEU VETERINÁRIO: **NO MESMO DIA**

MATERIAL MÉDICO NECESSÁRIO:

- Tira de pano ou fronha para mordaça
- Tesoura com pontas arredondadas ou tosador elétrico
- Compressa de gaze
- Tecido ou pinça com pontas cegas
- Luvas médicas descartáveis
- Bolsa de água quente
- Toalha grossa
- Pomada antibiótica de neomicina
- Pano limpo
- Soro fisiológico estéril
- Garrafa de apertar
- Solução antisséptica

Durante os meses quentes de verão, as moscas encontram feridas escondidas no pelo espesso de um animal, ou procuram resíduos que se juntam nas dobras de pele de cachorros de pele enrugada, como os sharpeis. Elas também procuram tumores purulentos, abscessos, incisões cirúrgicas em fase de recuperação, ouvidos infectados e feridas semelhantes a escaras em cachorros e gatos velhos ou doentes, que não se limpam muito bem. As moscas colocam ovos em feridas ulcerosas e em fezes que ficam grudadas no ânus. Em menos de 24 horas, os ovos eclodem em larvas, e os sinuosos vermes brancos comem o tecido morto e a secreção da ferida, que pode se tornar muito grande e muito séria com muita rapidez.

A maior parte das feridas infestadas de larvas requer atenção médica. O perigo não está nas larvas, mas sim naquilo que levou a um estado fraco ou doente, que permitiu que o cachorro ou gato atraísse as moscas. Embora desagradável, é muito fácil eliminar as larvas.

FAÇA ISTO JÁ

IMOBILIZE SEU ANIMAL, SE NECESSÁRIO. As áreas da pele infestadas de larvas podem ser muito dolorosas e os animais com dor muitas vezes mordem por reflexo. Será preciso imobilizar o seu animal com segurança, para que você se proteja. Amordace um cachorro de focinho comprido, com uma meia-calça ou uma gravata. Passe-a em torno do nariz do seu cachorro e dê um nó no alto do focinho; depois, puxe as pontas para debaixo do queixo e dê um novo nó. Finalmente, leve as pontas para trás e amarre atrás das orelhas. (Essa técnica aparece ilustrada na página 27.) No caso de um animal de focinho achatado, como um pug ou um gato, coloque uma fronha pela sua cabeça, para que ele tenha algo mais onde colocar os dentes.

TOSE O PELO EM TORNO DA FERIDA. Além de atrapalhar o tratamento, o pelo abriga bactérias e reinfecta a ferida. Use tesoura com pontas arredondadas ou tosador elétrico para eliminar o pelo. (Essa técnica aparece na página 390.)

TIRE AS LARVAS. Você terá de usar uma compressa de gaze, tecido ou uma pinça de pontas cegas para retirar mecanicamente as larvas. Não é uma coisa agradável, mas

Se seu animal tiver um ferimento infestado por larvas, amordace-o ou peça que outra pessoa o mantenha quieto, enquanto você extrai as larvas de mosca branca com pinça. Você pode esmagá-las ou jogá-las em um vidro com água misturada com algum detergente para afogá-las.

funciona. Use um par de luvas descartáveis (à venda em farmácias), para que você não precise tocar nos vermes.

ENXÁGUE-AS COM ÁGUA. Se o machucado for muito profundo, vai ser difícil alcançar as larvas. Encha uma banheira com água morna, ou use o chuveirinho para encher a ferida com água e enxaguar os detritos e parasitas. Continue a enxaguar a região por, no mínimo, quinze minutos. As larvas farão de tudo para escapar da ferida e não se afogar, e você poderá tirá-las. Qualquer verme que sobre deixará a ferida por si mesmo dentro de quatro ou cinco dias, para se transformar em pupa, o último estágio antes de virarem moscas adultas. O jato de água também elimina qualquer ovo que não tenha eclodido, impedindo que surja uma nova safra de larvas.

✓ CUIDADOS POSTERIORES

- Qualquer que seja o caso, seu animal precisará de antibiótico para ajudar a ferida a sarar e combater a infecção que atraiu as larvas. Aplique uma fina camada de alguma pomada antibiótica à base de neomicina e bacitracina, uma ou duas vezes por dia, conforme for indicado. Talvez seja preciso que você distraia o seu animal com alguma brincadeira calma, até que a pomada seja absorvida, assim ele não lambe o remédio. Se o seu veterinário prescrever comprimidos, normalmente os cachorros os aceitam escondidos em alguma coisa apetitosa, como queijo. Para dar comprimidos a seu gato, coloque-o sobre uma mesa, segure no seu pelo do pescoço e curve suavemente o seu pescoço para trás, de forma que, automaticamente, sua boca se abra um pouco. Use a outra mão para puxar o queixo dele para baixo, até que seja possível ver uma reentrância em forma de V, no centro da língua. Jogue o comprimido no V, feche a boca do gato, e ele deverá engoli-lo na mesma hora.

- Para os ferimentos rasos, use um pedaço de pano limpo embebido com soro fisiológico estéril para limpar a região e qualquer secreção, algumas vezes por dia, conforme for necessário.

- Os ferimentos profundos podem precisar de enxágues com soro fisiológico ou mesmo um tratamento com algum antisséptico à base de povidine, umas duas vezes por dia (dilua-o em água destilada até que fique com a cor de um chá fraco). Isso não apenas mantém o ferimento limpo e previne infecções, como o constante fluxo do líquido também estimula a formação de um tecido granulado saudável que substitui a musculatura ingerida pelas larvas. Encha uma garrafa de apertar e dirija o jato para o ferimento.

- Se o seu animal tiver um histórico com larvas e seu pelo for muito denso, escondendo as feridas, peça que um tratador lhe faça uma tosa completa durante o verão. O pelo deve ficar com cerca de 1 cm de comprimento.

🐾 SITUAÇÃO ESPECIAL

SE O SEU ANIMAL NÃO SE LIMPA. É importante descobrir o que levou o seu animal a parar de se movimentar ou de se limpar por um tempo suficiente para que as moscas pusessem ovos. Geralmente, no caso dos animais mais velhos, a rigidez da artrite faz com que fiquem deitados por muito tempo em um único lugar ou impede que eles se voltem para limpar com facilidade suas regiões inferiores. Quando o problema for artrite, seu veterinário lhe indicará um analgésico para aliviar a dor. Peça que seu veterinário lhe indique a dosagem, porque ela varia de acordo com o tamanho do cachorro. Você também pode colocar uma bolsa de água quente, embrulhada em uma toalha grossa, para aliviar a dor na região afetada. As opções para gatos com dor crônica são limitadas, mas seu veterinário lhe indicará o melhor tratamento para deixar seu animal tão confortável e sem dor quanto possível. Uma medida que pode ajudar é utilizar uma bolsa de água quente enrolada em uma toalha grossa.

A MELHOR ABORDAGEM

CURATIVO LÍQUIDO

A limpeza das larvas de um ferimento é apenas o primeiro passo, e, muitas vezes, o dano no tecido é sério. A recuperação toma um longo tempo e é importante que o ferimento seja bem cuidado para se ter certeza de que não surgirão novas infecções. Um produto chamado Nexcare® é utilizado para o tratamento de ferimentos invasivos, massivos e de recuperação lenta, em gatos e cachorros. Existe também uma apresentação farmacêutica própria para cães e equinos, denominada Curativo Líquido Pet®, da 3M.

CONSULTORES

- Michael G. Abdella, doutor em Medicina Veterinária, é veterinário no Aliso Viejo Animal Hospital, em Aliso Viejo, Califórnia.
- Lorrie Bartloff, doutora em Medicina Veterinária, é veterinária na Three Point Veterinary Clinic, em Elkhart, Indiana
- James M. Harris, doutor em Medicina Veterinária, é veterinário no Montclair Veterinary Hospital, em Oakland, Califórnia.
- Karen Hoffman, doutora em Medicina Veterinária, é veterinária no Delaware Valley Animal Hospital, em Fairless Hills, Pensilvânia.

LUXAÇÃO DA PATELA
PROCURE SEU VETERINÁRIO: SE NECESSÁRIO

MATERIAL MÉDICO NECESSÁRIO:
- Tira de pano para mordaça
- Carprofeno
- Caixa de transporte de animais

As raças caninas toy frequentemente têm problemas com o deslocamento do osso da patela, por causa da maneira com que suas patas retas e curtas são projetadas. De maneira típica, um cachorro pequeno correrá, depois hesitará para quase saltar, sairá mancando e tentará estender a pata para trás para aliviar a dor. Com os cachorros pequenos, o problema pode ir e vir, conforme a patela se desloca e volta para o lugar.

Os cachorros maiores não são tão propensos à luxação da patela. Em vez disso, eles geralmente têm um súbito ataque de manqueira, que, na verdade, pode indicar um rompimento do ligamento cruciforme. Esses ligamentos formam um X dentro da junta do joelho e conectam o fêmur (o osso da coxa) com a tíbia (o osso abaixo do joelho). Na verdade, os cachorros grandes e atléticos – como os cachorros de corrida, os cachorros de competição, ou outros cachorros que correm ou se exercitam diariamente – podem romper o ligamento cruciforme da mesma maneira que os atletas humanos se machucam. Isso também acontece com cachorros acima do peso.

O problema pode piorar à medida que o cachorro envelhece, e alguns deles podem precisar de cirurgia para corrigi-lo, mas muitos problemas podem ser resolvidos com tratamento caseiro, e frequentemente um pronto atendimento é suficiente. Na próxima visita que fizer ao veterinário, <u>mencione qualquer episódio de luxação da patela que tenha se corrigido por si mesmo</u>. Se o seu cachorro, especialmente se for grande, tiver alguma manqueira repentina, chame seu veterinário imediatamente.

FAÇA ISTO JÁ

RECOLOQUE O JOELHO NO LUGAR. Os cães geralmente conseguem recolocar o joelho no lugar, quando ele se desloca, mas às vezes o joelho trava. Isso é doloroso e impede a flexibilidade normal da articulação. Se isso acontecer, é preciso ajuda para que a patela volte à sua posição normal.

É melhor ter mais alguém para agradar e conversar com seu cachorro, ajudando-o a relaxar, enquanto você cuida do joelho. A outra pessoa deverá segurar o seu animal delicadamente, mas com firmeza, passando um braço em torno do pescoço dele e o outro em torno do peito. Se seu cachorro estiver com dor ou parecer agitado, talvez também seja preciso amordaçá-lo. Faça uma laçada com uma gravata ou com uma meia-calça em torno do seu nariz e dê um nó em cima. Puxe as pontas para

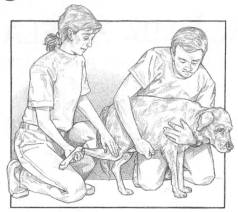

Se a patela do seu cachorro sair do lugar, peça para outra pessoa segurá-lo, enquanto você estende a pata dele, coloca seus dedos esticados sobre a patela e a empurra de volta no lugar.

debaixo do queixo e amarre novamente, depois amarre as pontas atrás da cabeça. (Essa técnica aparece ilustrada na página 27.)

Para recolocar a patela, estenda lentamente a pata do seu cachorro para trás, reta, coloque seus dedos sobre a patela e empurre-a de volta para o lugar. Se ele tiver algum edema ou dor depois de recolocada a patela, fale com seu veterinário.

✓ CUIDADOS POSTERIORES

- Em caso de dor, você pode dar para o seu cachorro um comprimido à base de carprofeno, conforme prescrito pelo veterinário.

- Quando um cachorro grande sofre uma luxação de patela, é provável que os ligamentos acabem se rompendo e o cachorro precise de cirurgia. Se seu animal sofreu uma cirurgia no joelho por causa de uma luxação da patela ou de um ligamento rompido, a reabilitação terá que ser feita em casa, durante um período de quatro semanas a três meses.

Confine seu cachorro quando ele voltar para casa após a cirurgia e impeça-o de correr, pular, ou de subir e descer escadas nas primeiras duas semanas. Se for um animal calmo e você não o deixar sozinho em casa, ele pode ser limitado a um andar. Mas se for um cachorro muito ativo, ou tiver de ficar sozinho, será melhor confiná-lo em uma caixa de transporte. Leve-o para andar com a guia, para que você possa controlar seus movimentos – se ele exagerar, poderá machucar o joelho. Na primeira semana, comece com passeios curtos até o quintal. Um exercício suave, como uma caminhada de um quarteirão por vez, na segunda semana, manterá o joelho flexível enquanto ele se recupera. Durante a terceira semana, seu cachorro poderá começar a caminhar em subidas ou a nadar, para adquirir resistência. Aumente sua atividade gradualmente, da quarta à oitava semana, até que ele retorne a todas as atividades. Se seu cachorro for obeso, provavelmente seu veterinário o colocará num regime de emagrecimento.

CONSULTORES
- Peter Davis, doutor em Medicina Veterinária, é veterinário no Pine Tree Hospital, em Augusta, Maine.
- Terry Kaeser, doutor em Medicina Veterinária, é veterinário na Goshen Animal Clinic, em Goshen, Indiana.
- Margaret J. Rucker, doutora em Medicina Veterinária, é veterinária no Southwest Virginia Veterinary Services, em Lebanon, Virgínia.

MACHUCADOS NA ORELHA

PROCURE SEU VETERINÁRIO: **SE NECESSÁRIO**

 MATERIAL MÉDICO NECESSÁRIO:
Tesoura com pontas arredondadas ou tosador elétrico
Lubrificante solúvel em água (K-Y Gel®)
Sabonete suave
Água morna
Panos limpos ou toalhas
Compressa de gaze
Tira adesiva
Rolo de gaze
Toalhas superabsorventes
Pomada antibiótica à base de neomicina e bacitracina
Chumaço de algodão

Uma quantidade enorme de sangue flui pelas orelhas, portanto, qualquer ferimento nesse local, até mesmo o menor corte, costuma sangrar muito. Um movimento brusco de cabeça pode espalhar sangue por toda parte, até que o lugar fique parecido com um matadouro.

Os gatos que costumam ficar fora de casa têm uma grande tendência a machucar as orelhas ao brigar com outros animais, mas são os cães de pelagem curta e grandes orelhas caídas, como os labradores e beagles, que têm os maiores problemas com esses ferimentos. As orelhas caídas se machucam mais facilmente do que as orelhas em pé, e os cachorros voltam a ferir o local ao balançar a cabeça. A pelagem rala nas orelhas dessas raças não oferece muita proteção; cães com pelagem espessa tornam este tipo de ferimento menos provável.

Um machucado na orelha, normalmente por coceira ou movimento brusco da cabeça, pode fazer com que o tecido inche como uma bola, provocando um hematoma auricular. (Para mais informações, veja hematoma auricular na página 282.) Quando isso acontece é preciso uma intervenção médica o mais rápido possível e uma pequena cirurgia reparadora. A maioria dos ferimentos nas orelhas parece pior do que realmente é e geralmente eles reagem muito bem a tratamentos caseiros. No entanto, se seu animal tiver uma rasgadura tanto na parte externa quanto na parte interna da orelha (maior do que 2,5 cm em cães grandes ou 1,5 cm em gatos ou cachorros pequenos), se o sangramento não parar no prazo de 15 a 20 minutos ou se o ferimento tiver sido causado pela mordida de outro animal, procure imediatamente o seu veterinário.

FAÇA ISTO JÁ

CORTE O PELO. Não é comum que cães com orelhas peludas tenham ferimentos nas orelhas, mas se isso acontecer você deverá cortar os pelos do local para expor o machucado, de modo que fique mais fácil limpá-lo e tratá-lo. Ao usar tesoura com pontas arredondadas, faça-o com cuidado para não cortar a pele. Os tosadores elétricos e até um podador de bigodes são escolhas mais seguras. Se for usar tesoura, coloque primeiramente seus dedos indicador e médio dentro do pelo e os ponha sobre o machucado. Corte os pelos nivelando com os seus dedos, tirando uma borda de 2,5 cm em torno do ferimento. (Essa técnica aparece ilustrada na página 390.) Se a pele estiver aberta, encha o machucado com um lubrificante solúvel em água, como o K-Y Gel®, antes de cortar. Depois de cortado, enxágue a região com água morna. O pelo tosado aderirá ao gel e sairá com a água.

Se você precisar tosar o pelo da orelha de seu cão para cuidar de um machucado, os tosadores elétricos são muito mais seguros do que as tesouras, porque é pouco provável que cortem a pele do cachorro. Até mesmo um cortador de bigodes dá um bom resultado.

LIMPE A ORELHA. Se o machucado tiver sido causado pela mordida de um animal, é importante lavar a orelha com sabonete suave e água e depois secá-la suavemente.

PARE O SANGRAMENTO. Cortes, rasgões ou mordidas na orelha normalmente sangram muito por causa do amplo suprimento de sangue na região. Use um pano limpo e macio, ou uma gaze esterilizada, e pressione diretamente sobre o machucado. O sangramento deverá parar em cinco minutos ou menos. Mantenha seu animal quieto durante esse período, talvez lhe dando pequenos pedaços de seu petisco favorito, enquanto conversa calmamente com ele. (Para mais informações sobre sangramento, vá à página 400.)

PRENDA AS ORELHAS. Muitos cães com orelhas caídas não toleram um curativo na orelha. Eles logo vão balançar a cabeça, o curativo vai acabar voando, e a orelha espirrará sangue. Uma opção melhor é prender as duas orelhas no alto da cabeça do cachorro. Isso impede que o machucado se abra, enquanto ele sacode as orelhas, e é muito mais confortável para o animal.

Use uma compressa de gaze ou um pequeno curativo adesivo para cobrir completamente o ferimento. Depois, dobre a orelha para cima, sobre o alto da cabeça. Dobre a outra orelha sobre a primeira, de maneira que as duas fiquem como um boné. Por fim, mantenha as orelhas no lugar passando uma gaze em rolo ou uma toalha em torno da cabeça e pescoço, prendendo com esparadrapo. Você também pode usar a manga de uma camiseta ou cortar os dedos de uma meia esportiva,

1. Cubra o ferimento da orelha com uma compressa de gaze ou um curativo adesivo.
2. Dobre a orelha para cima da cabeça de seu cachorro.
3. Dobre a outra orelha sobre a primeira, de modo que as duas fiquem como um boné em cima da cabeça. Segure-as no lugar enrolando uma gaze ou uma toalha em torno da cabeça e do pescoço do cachorro, prendendo com esparadrapo.

ou uma tira de meia-calça, e enfiar o cano da malha sobre a cabeça do cachorro, para segurar as orelhas no lugar, desde que não fique muito justo e não restrinja a respiração.

USE UMA POMADA TÓPICA. Na maior parte das vezes, cães e gatos lambem qualquer medicamento tópico, mas não vai ser fácil alcançar um machucado na orelha. Aplique um pomada antibiótica, mas não faça isso em ferimentos que sangrem muito; é mais importante fazer um curativo para parar o sangramento, e o sangue na verdade ajudará a limpar o machucado. No entanto, naqueles que sangram menos, como uma picada de mosca ou quando você não vai conseguir cuidados médicos por mais de 24 horas, um antibiótico é uma boa ideia. Espere até que o sangramento diminua bem, aplique a pomada e faça o curativo.

🐾 SITUAÇÕES ESPECIAIS

SE O SANGRAMENTO NÃO PARAR. Se após 15 ou 20 minutos de pressão contínua e direta o sangramento não tiver parado, vá imediatamente para o veterinário. Pode ser que uma artéria tenha sido danificada ou talvez exista um problema na coagulação. Continue pressionando o local, durante todo o percurso, ou coloque um chumaço de gaze ou um pequeno pedaço de pano limpo na parte interna da orelha, enrole-a sobre ele e prenda como um tubo, em vez de deixá-la como uma aba.

SE SEU ANIMAL FOI PICADO POR UMA MOSCA. Os machucados na orelha por picada de mosca não sangram demais, mas têm crostas e são dolorosos. Geralmente, as picadas de mosca acontecem em cachorros que têm as orelhas em pé. Limpe delicadamente a crosta com água morna e sabonete suave bactericida, depois seque com leves batidinhas. (Para mais informações sobre picadas de moscas, vá à página 359.)

✅ CUIDADOS POSTERIORES

- Orelhas rasgadas ou hematomas auriculares provavelmente precisarão de pontos, e seu cachorro poderá voltar para casa com as orelhas presas com curativo sobre a cabeça, para que o ferimento permaneça limpo e seco. Talvez você precise mudar o curativo diariamente, mantendo o lugar da sutura limpo com uma bolota de algodão embebida em água morna.

CONSULTORES

- Michael G. Abdella, doutor em Medicina Veterinária, é veterinário no Aliso Viejo Animal Hospital, em Aliso Viejo, Califórnia.
- Mauri Karger, doutor em Medicina Veterinária, é veterinário no 1-20 Animal Medical Center, em Arlington, Texas.
- A. Michelle Miller, doutora em Medicina Veterinária, é veterinária na Animal Aid Clinic South, em Elkhart, Indiana.

MANDÍBULA DESLOCADA

PROCURE SEU VETERINÁRIO: **SE NECESSÁRIO**

MATERIAL MÉDICO NECESSÁRIO:
- Lubrificante (vaselina ou K-Y Gel®)
- Alicate ou cortador de arame
- Solução antisséptica (Povidine)
- Seringa sem agulha
- Sabão líquido antisséptico à base de clorexidina
- Pomada antibiótica à base de sulfato de neomicina e bacitracina
- Soro fisiológico estéril
- Compressas de gaze

Não é sempre que acontece, mas os cachorros podem ficar com sua mandíbula inferior deslocada, ao mastigarem um osso ou outros objetos. Com mais frequência, os animais novos, na falta de coisa melhor, tentam mastigar o alambrado para escapar do canil e ficam com os dentes e a mandíbula inferior presos. Em outras ocasiões, eles conseguem enfiar a parte oca de um osso com tutano sobre a mandíbula inferior, de onde os caninos inferiores impedem que se solte.

A mandíbula deslocada não é uma emergência médica, mas deixa os cachorros nervosos. Eles podem ficar agitados e acabar se machucando ao tentar se libertar. Se um cachorro estiver muito nervoso, o veterinário deverá ir até o local, porque precisará ser sedado, antes de ser ajudado. Mas, de maneira geral, um pronto atendimento se encarregará do problema.

FAÇA ISTO JÁ

ACALME O SEU ANIMAL. Fale suavemente e agrade seu cachorro para que ele se acalme. Com a mandíbula deslocada vai ser difícil ele morder você, mas baseie-se no comportamento dele e não faça nenhum movimento abrupto. Enquanto ele estiver agitado e se debatendo, não há nada que você possa fazer para ajudá-lo, e um animal nervoso não apenas vai piorar o ferimento, como também pode acabar machucando você.

LUBRIFIQUE O QUEIXO DELE. Tente lubrificar o queixo do seu cachorro com um pouco de lubrificante, como vaselina ou K-Y Gel®. Se você não tiver nenhum dos dois, use margarina ou óleo de cozinha, para lubrificar a região. Além de tornar a mandíbula escorregadia, levando-a a deslizar para fora do alambrado ou a se livrar do osso mais facilmente, isso ajuda a proteger a pele contra esfolados. E como nenhum deles é tóxico, não representam perigo, caso caiam na boca do animal.

USE ALICATE, SE NECESSÁRIO. Se você não conseguir retirar o objeto com os seus dedos, é possível que você consiga alavancá-lo com um alicate.

SITUAÇÕES ESPECIAIS

SE O SEU ANIMAL ESTIVER PRESO EM UMA CERCA. Se a mandíbula de seu cachorro estiver presa em uma cerca de arame ou em

ALERTA IMPORTANTE

PROBLEMA NOS DENTES

Cães que mastigam cercas, pedras ou ossos duros estão propensos a gastar ou a quebrar seus dentes. Na maior parte das vezes, se a fratura afetar apenas a parte do esmalte, não é necessário tratamento. Mas se a quebra atingir a polpa dental – a parte que contém os vasos sanguíneos ativos – o resultado será doloroso para o seu cachorro, e você terá de levá-lo ao veterinário. Se a raiz formar um abscesso, é possível que o queixo inche no lado afetado. Frequentemente ele vai salivar em excesso e se recusar a comer. O dente precisará passar por um tratamento de canal ou terá de ser extraído. (Para mais informações sobre problemas dentários, vá à página 371.)

um alambrado, use alicate para alargar a abertura. Se isso não funcionar, talvez seja preciso cortar o metal com cortador de arame para soltar o seu cachorro. Corte um arame que esteja próximo à mandíbula, mas não grudado, para libertá-lo.

SE UM OSSO ESTIVER PRESO NA MANDÍBULA. Na maior parte das vezes, um osso fica tão apertado na mandíbula que não sai fácil e precisa ser dividido. Os ossos podem ficar presos em vários lugares, mas o mais comum é que um osso estreito, redondo, escorregue para a mandíbula inferior e fique preso entre os dentes de baixo. Os cortadores de arame funcionam com ossos pequenos, mas para os ossos grandes será preciso um cortador muito maior, de cabos. Normalmente, um osso preso não é perigoso, a não ser que esteja obstruindo a respiração ao fazer a mandíbula inchar. Se você não conseguir remover o osso depois de uma ou duas tentativas, leve seu animal ao veterinário.

Peça que outra pessoa imobilize o seu animal antes de começar, assim o animal não se machucará se tentar se mover quando você começar a cortar o osso. Encaixe o cortador na parte mais estreita do osso. Não é preciso cortar tudo de uma vez – cortando apenas um pedaço pequeno de cada vez, pode já ser suficiente para quebrar um lado, fazendo com que o osso deslize, se soltando da mandíbula. Empenhe-se em ser rápido e não prolongue o esforço.

✔ CUIDADOS POSTERIORES

■ Para esfolados no interior da boca, dilua uma solução antisséptica como povidine, em água destilada até que fique com a cor de um chá fraco, depois borrife a região. Você pode usar uma seringa sem agulha para jogar o líquido sobre a ferida da boca. É melhor fazer com que seu cachorro deite de lado, para que o líquido corra para o outro lado da boca e saia e ele não o engula. Provavelmente, uma boa borrifada será suficiente – a saliva do cachorro tem, de fato, algumas propriedades antibacterianas, portanto, a não ser que o osso tenha ficado preso ali durante dias, o mais comum é que não haja problemas de infecção.

■ Limpe os esfolados ou as feridas do lado de fora da boca com água e sabão. Você pode usar um sabão líquido antisséptico, como clorexidina na parte externa. Caso não o tenha, um sabonete comum funciona. Apenas preste atenção para enxaguar todo o sabonete e depois enxugue delicadamente com ligeiras compressões.

■ Observe a região, para ver se há edema ou se o ferimento piorou. Peça orientação a seu veterinário – é possível que ele diga para levar o animal para ser examinado.

■ Se um pedaço de osso ou da cerca de metal causou mais do que um esfolado ou do que um corte raso – uma perfuração, por exemplo – é possível que seu cachorro precise de pontos. Depois da visita ao veterinário, mantenha a região da sutura limpa, tocando-a de leve com uma compressa de gaze embebida em soro fisiológico estéril.

■ Os ferimentos mais profundos precisarão de antibióticos orais receitados pelo veterinário, para prevenir infecção ou acelerar a cura de uma infecção já existente. Se a boca do seu cachorro estiver muito inflamada, talvez seja preciso dar um remédio líquido. Levante a cabeça dele, insira em sua bochecha uma seringa sem agulha ou um conta-gotas, aplique o medicamento e mantenha sua boca fechada até que ele engula. (Essa técnica aparece ilustrada na página 40.)

■ Se a boca do seu cachorro estiver muito inflamada, talvez seja preciso alimentá-lo, inicialmente, com uma dieta macia. Você pode fazer uma papa com o alimento normal dele, misturando-o no liquidificador com um pouco de caldo de galinha magro, sem sal. De modo geral, essa dieta pastosa só é necessária por dois ou três dias.

CONSULTORES

■ Lorrie Bartloff, doutora em Medicina Veterinária, é veterinária na Three Point Veterinary Clinic, em Elkhart, Indiana.

■ Clint Chastain, doutor em Medicina Veterinária é veterinário no Preston Road Animal Hospital, em Dallas, Texas.

■ Laura Solien, doutora em Medicina Veterinária, é veterinária no Maplecrest Animal Hospital, em Goshen, Indiana.

MANQUEIRA

PROCURE SEU VETERINÁRIO: **SE NECESSÁRIO**

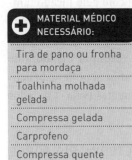

MATERIAL MÉDICO NECESSÁRIO:
- Tira de pano ou fronha para mordaça
- Toalhinha molhada gelada
- Compressa gelada
- Carprofeno
- Compressa quente

A manqueira pode indicar um problema sério, tal como uma fratura ou um deslocamento da pata, que acontece quando um osso sai da articulação. (Para mais informações sobre luxação, vá à página 317.) Mas o mais comum é que gatos e cachorros manquem depois de torcerem ou estirarem algum músculo, quando se exercitam demais ou quando se contundem batendo em alguma coisa. Um cachorro acima do peso pode se machucar e começar a mancar apenas por subir escada. Até mesmo um espinho, um prego, uma farpa ou outro objeto encravado na pata do seu animal pode levá-lo a mancar.

Nos gatos, a manqueira com mais frequência é causada pelos abscessos resultantes de feridas por mordidas, e os cachorros de raças grandes podem ficar mancos por displasia no quadril, um problema no qual as articulações do quadril não se encaixam normalmente. Os cachorros e gatos mais velhos artríticos e com articulações doloridas também podem mancar.

É difícil localizar a dor, quando um gato ou um cachorro manca. O animal normalmente deixa de usar a pata ou não coloca peso sobre ela ao ficar em pé e, quando anda, dá passos menores com a pata machucada. Ele pode sacudir ou balançar a cabeça ao tentar por peso naquela pata. Fraturas, deslocamentos e qualquer manqueira que se prolongue por mais de 24 horas exigem atenção médica. Mas um pronto atendimento alivia a dor de torções e alguns problemas nas articulações.

FAÇA ISTO JÁ

MANTENHA-O QUIETO. Antes de fazer qualquer coisa, arrume uma pessoa para imobilizar o seu animal, para que você não leve uma mordida acidental enquanto tenta tratar da pata machucada. Se você não tiver um ajudante, faça uma mordaça caseira para um cachorro de focinho comprido, com uma meia-calça ou uma gravata. Dê uma laçada com a tira em torno do nariz do cachorro e amarre-a na parte de cima. Depois, puxe as pontas para baixo e amarre-as sob o queixo. Finalmente, leve as pontas para trás do pescoço e amarre-as atrás das orelhas. (Essa técnica aparece ilustrada na página 27.) Em gatos ou cachorros com o focinho achatado, tente enfiar uma fronha em sua cabeça, para que ele tenha alguma coisa mais onde ocupar os seus dentes. Não amordace o seu animal ou use uma fronha se ele estiver com problemas respiratórios.

DIAGNOSTICANDO UMA MANQUEIRA

Existem várias razões que levam um animal a mancar. Aqui estão as mais comuns e como reconhecê-las pelos seus sintomas:

Luxações e fraturas causam uma dor muito forte, e seu animal não vai colocar peso sobre a pata afetada. A musculatura pode estar contundida e descorada, e a pata pode parecer esquisita ou deformada.

Danos na espinha dorsal e nos nervos acontecem gradualmente por degeneração ou, repentinamente, por trauma, mas não há dor.

Áreas infectadas são muito moles e vermelhas. Elas ficam quentes e frequentemente têm rupturas na pele causadas por dentes ou garras. A manqueira do seu animal vai piorando com o tempo e muitas vezes ele fica com febre por causa da infecção.

Torções e estiramentos acontecem de repente e, em geral, vão melhorando gradativamente, mesmo sem tratamento. A dor é branda e seu animal pode usar a pata com restrições.

Riqueticioses também podem causar manqueira. São transmitidas por picadas de carrapatos.

Artrite e outros problemas degenerativos nas articulações se desenvolvem muito gradativamente, apenas com uma leve dor e rigidez. A manqueira pode diminuir depois que o animal esquenta a junta com o uso.

USE UMA COMPRESSA GELADA. Para contusões ou estiramentos ocorridos há pouco em um tecido mole do seu animal, aplique uma compressa gelada para ajudar a reduzir o edema, aliviar a dor e prevenir danos aos tecidos. Molhe uma toalhinha em água gelada, coloque-a sobre a região machucada e por cima, ponha uma sacola plástica cheia de gelo. Uma compressa com gelo picado também dá bons resultados, porque se amolda ao corpo. Aplique as compressas durante dez a 30 minutos, várias vezes por dia, durante três dias; depois seu animal pode se beneficiar de compressas quentes (veja "Cuidados posteriores".)

CONSULTE SEU VETERINÁRIO SOBRE ANALGÉSICOS. Para reduzir um pouco da inflamação, do edema e da dor, você pode dar a um cachorro que esteja mancando um comprimido à base de carprofeno.

USE COMPRESSAS QUENTES EM ABSCESSOS. Se a manqueira for causada por um abscesso, procure seu veterinário. Em geral, ele recomendará a aplicação de compressas quentes. O calor ajuda a aumentar a circulação sanguínea na área inflamada e pode fazer surgir um olho na infecção, para que ela comece a drenar. Encharque uma toalhinha com água o mais quente que você possa aguentar, torça-a e ponha sobre a área inflamada de duas a cinco vezes por dia, revezando cinco minutos de aplicação com cinco minutos de descanso, até que o pano esfrie. Não coloque compressas quentes na região das axilas e da virilha. (Para mais informações sobre abscessos, vá à página 67.)

✅ CUIDADOS POSTERIORES

■ Depois que você tiver colocado, durante três dias, compressas geladas em uma contusão recente, você pode mudar para compressas quentes, para trazer o sangue para a região.

Você pode usar uma compressa pronta, vendida comercialmente, ou uma bolsa de água quente embrulhada em uma toalha, e aplicá-la de duas a cinco vezes por dia, alternando cinco minutos de aplicação com cinco minutos de descanso, até que esfrie. Não coloque compressas quentes nas regiões das axilas e da virilha.

- Cães e gatos que mancam por torções ou estiramentos leves geralmente se recuperam com um simples descanso. Confine seu animal e impeça-o de correr, pular ou subir, até que ele deixe de mancar. O ideal é continuar fazendo com que ele mantenha a pata em repouso, no mínimo por 24 horas, depois de curada a manqueira.

- Gatos que tenham abscessos geralmente precisam tomar antibióticos, e cães e gatos que mancam por causa de artrite precisam de medicação para ajudar na dor. Existem várias formas de medicação para dor para gatos e cachorros, que podem ser usadas a longo prazo sem problemas. Seu veterinário receitará aquela que for melhor para o seu animal. Os cachorros precisam tomar um remédio para artrite, como carprofeno. Se você achar que seu animal esteja sofrendo efeitos colaterais de qualquer droga, consulte seu veterinário.

Para dar um comprimido a um cachorro, circunde o alto do seu nariz com uma mão e pressione a linha da gengiva dos dois lados do maxilar, logo atrás dos pontudos e compridos dentes caninos. Empurre o comprimido para o fundo da língua, feche sua boca e massageie delicadamente sua garganta até que ele engula. (Essa técnica aparece ilustrada na página 40.) Para dar comprimido a um gato, segure a pele solta do seu pelo do pescoço e puxe a cabeça para trás, de forma que seu nariz aponte para cima. Sua boca se abrirá automaticamente, permitindo que você puxe o maxilar inferior para baixo com um dedo e jogue o comprimido para o fundo da língua (mire na forma em V, no centro da língua). É bom colocar um pouco de manteiga ou margarina no comprimido, para fazê-lo escorregar. Depois, feche sua boca e observe-o engolir. Os gatos normalmente lambem o nariz, depois de engolir um comprimido.

CONSULTORES

- Peter Davis, doutor em Medicina Veterinária, é veterinário no Pine Tree Veterinary Hospital, em Augusta, Maine.
- Alvin C. Dufour, doutor em Medicina Veterinária, é veterinário no Dufour Animal Hospital, em Elkhart, Indiana.
- Margaret J. Rucker, doutora em Medicina Veterinária, é veterinária no Southwest Virginia Veterinary Services, em Lebanon, Virgínia.
- Raymond Russo, doutor em Medicina Veterinária, é veterinário no Kingston Animal Hospital, em Massachusetts.
- George White, doutor em Medicina Veterinária, é veterinário no 1-20 Animal Medical Center, em Arlington, Texas.
- Anna E. Worth, doutora em Medicina Veterinária, é veterinária no West Mountain Animal Hospital, em Shaftsbury, Vermont.

MASTITE

PROCURE SEU VETERINÁRIO: **NO MESMO DIA**

MATERIAL MÉDICO NECESSÁRIO:
Tesoura com pontas arredondadas ou tosador elétrico
Lubrificante solúvel em água (K-Y Gel®)
Substituto do leite
Kit de amamentação
Compressa quente
Band-aid
Pedaço de tecido retangular

Gatas e cachorras, quando mães, às vezes desenvolvem um tipo de infecção em suas mamas chamada mastite. A bactéria entre na pele através dos arranhões feitos pelas garras e pelos dentes afiados dos filhotes, ou os germes das bocas dos filhotes viajam pelos dutos de leite da mãe através das mamas. As mamas são facilmente infectadas, e depois de começada a infecção cresce rapidamente.

A mastite pode afetar apenas uma glândula ou várias mamas. A maioria das gatas e cadelas tem quatro pares de mamas, em um total de oito mamas, e as que ficam mais próximas das patas traseiras estão mais propensas a infecções porque tendem a produzir mais leite e são as preferidas pelos filhotes.

As glândulas afetadas incham e se tornam tão sensíveis que a mãe se recusa a amamentar. O tecido fica quente e duro. Pode ficar com uma cor azul avermelhado, formar um olho, estourar ou drenar, ou até soltar tecido. Algumas vezes o leite ou a secreção das mamas vem com muco, se torna verde amarelado ou cor de sangue, ou se torna pegajoso. Se for uma infecção de mastite séria, seu animal pode ter febre alta, ficar desanimado ou recusar comida.

Animais com mastite precisam de antibiótico para combater a infecção, mas, na maior parte dos casos, o pronto atendimento é uma boa maneira de aliviar a dor e apressar a recuperação.

🧰 FAÇA ISTO JÁ

TOSE O PELO AO REDOR. A maioria das cachorras e das gatas perde uma boa quantidade de pelo na barriga quando ficam prenhes, o que as prepara para a amamentação. É bom tosar qualquer pelo remanescente para que o tratamento da mastite fique mais fácil. Quando a glândula mamária está infeccionada, a secreção purulenta se junta na pelagem, podendo reinfectar a mama. Use tesoura com pontas arredondadas ou tosador elétrico para cortar o pelo ao redor da mama infeccionada bem rente à pele. Se for usar tesoura, coloque seus dedos indicador e médio dentro do pelo. Corte o pelo nivelado com seus dedos, aparando uma borda de cerca de 2,5 cm em torno da região afetada. (Essa técnica aparece ilustrada na página 393.) Se a pele estiver cortada, encha a ferida com lubrificante solúvel em água, como K-Y Gel®, antes de tosar. Depois, enxágue totalmente a região com água morna. O pelo cortado ficará grudado no gel e sairá no enxágue.

IMPEÇA OS FILHOTES DE MAMAREM.

Alguns tipos de infecção no leite podem fazer com que os filhotes também adoeçam, portanto, impeça-os de mamar até a consulta com o veterinário. Os filhotes de gatos e cachorros, com três semanas ou mais, se arranjarão muito bem por um dia ou um pouco mais, com uma mistura cremosa de alimento comercial para filhotes e água. Misture duas partes de comida em lata e uma parte de água e passe pelo liquidificador. No caso de comida seca, apenas umedeça duas partes com uma parte de água, até que a comida fique macia e em forma de purê.

Os filhotes mais novos precisam tomar leite através de um conta-gotas ou de uma seringa sem agulha, mas o leite de vaca não tem todos os nutrientes de que eles necessitam. Existem muitos substitutos comerciais do leite para filhotes de gatos e cachorros, com todas as qualidades nutritivas. Pode-se comprar um kit de amamentação em pet shops.

Por um dia ou um pouco mais, até que você consiga um leite industrializado para cachorros ou gatos, use uma fórmula caseira. Para os filhotes de cachorros, misture uma xícara de leite integral, uma colher de chá de óleo vegetal, uma gota de um complexo de vitaminas líquido para crianças e duas gemas de ovo. Para os filhotes de gato, misture meia xícara de leite integral, uma gema de ovo, uma gota do complexo de vitaminas e três comprimidos de carbonato de cálcio.

ENXÁGUE A SECREÇÃO DO ABSCESSO.

Quando os abscessos da mama começam a drenar, pode-se enxaguar a secreção com um jato delicado de água. Como a infecção torna as mamas muito sensíveis, talvez seu animal não queira ser tocado, mas uma enxaguada delicada com água morna ajuda muito na recuperação. Depois, enxugue tocando suavemente a região.

COLOQUE UMA COMPRESSA QUENTE. A

melhor coisa que pode ser feita para a mastite é uma aplicação de calor. Ele aumenta o fluxo de sangue para as glândulas mamárias e ajuda a acabar com a infecção, fazendo com que se forme um olho e drene. Muitas vezes, o calor faz com que o mamilo elimine o leite infectado e também ajuda a diminuir o edema.

Molhe uma toalhinha ou uma toalha de mão, duas a cinco vezes ao dia, em uma água o mais quente que você possa suportar, torça o pano e coloque-o sobre o tecido inchado. Alterne cinco minutos de aplicação, com cinco minutos de descanso, até que a compressa esfrie.

☑ CUIDADOS POSTERIORES

■ O veterinário prescreverá antibiótico para tratar a infecção. Para os cachorros, pode-se esconder os comprimidos em um pedaço de queijo ou em um punhado de manteiga.

Para dar comprimidos a um gato, coloque uma mão no alto da sua cabeça, com o polegar de um lado e o dedo médio ou indicador do outro. Pressione delicadamente seus lábios contra os dentes, para fazer com que ele abra a boca. Com a outra mão, empurre o comprimido para o fundo da língua e feche sua boca. (Essa técnica aparece ilustrada na página 40.) Ofereça logo em seguida um petisco, como um pedaço de carne ou um queijo macio. Seu gato tenderá a engolir o petisco, levando o comprimido junto.

■ Para infecções relativamente superficiais, continue a colocar compressas quentes, como descrito anteriormente. Isso ajudará a abrir a infecção para que ela drene, além de ajudar a limpar o machucado.

- Se a infecção for branda e envolver apenas uma ou duas mamas, seu veterinário poderá recomendar que você deixe os filhotes mamarem nas mamas saudáveis, enquanto usa um método para impedi-los de mamarem nas mamas infectadas. Alguns veterinários acham que se a mãe deixar os filhotes mamarem nas mamas sadias, não há problema para eles. Leite infectado tem um gosto estranho, portanto os filhotes, provavelmente, evitarão as mamas infectadas, mas por segurança, use um curativo adesivo para cobrir as mamas afetadas.

Você também pode fazer um curativo com pontas, usando um pedaço de tecido retangular – linho ou algodão funcionam melhor. O tamanho do seu animal determinará o tamanho do tecido a ser usado. Corte várias fendas em lados opostos do retângulo, para fazer "caudas" compridas o suficiente para envolver o abdome do seu animal. Amarre as pontas sobre o seu dorso, de modo que o tecido firme cubra o abdome e as mamas infectadas. Deixe as mamas sãs descobertas. Siga cuidadosamente as recomendações do seu veterinário.

- Pode ser que seu veterinário também recomende que você tente jogar fora um pouco do leite contaminado das mamas com mastite. Para fazer isso, ordenhe as glândulas mecanicamente, estimulando uma mama de cada vez com um pano molhado morno. Massageie e, suavemente, pegue e aperte a base da glândula mamária próxima ao corpo, depois puxe delicadamente a mama. Aperte e puxe várias vezes, até ter ordenhado todo o leite.

- Se a infecção for séria e os filhotes já forem suficientemente grandes, talvez seu veterinário recomende que se seque o leite da mãe. Comece suspendendo completamente a alimentação e a água durante 24 horas, para que o corpo dela seja forçado a usar o leite para sua própria nutrição. No dia seguinte, ofereça 1/4 da sua alimentação normal. No terceiro dia, ofereça meia quantidade; aumente para 3/4 no quarto dia; e, finalmente, no quinto dia, volte à alimentação normal. Inicie a alimentação sólida para os filhotes conforme recomendação do seu veterinário.

- Quando for preciso alimentar filhotes que tenham menos de três semanas por mais de um ou dois dias, use um substituto industrializado de leite para cães e gatos, disponível em pet shops. Siga as orientações do seu veterinário sobre a quantidade e a frequência das refeições.

Para impedir que os filhotes mamem, corte fendas nos lados de um retângulo de tecido, como uma camiseta ou uma fronha, depois amarre as tiras nas costas da mãe.

CONSULTORES

- Ann Buchanan, doutora em Medicina Veterinária, é veterinária no Glenwood Animal Hospital, em Tyler, Texas.
- Chris Johnson, doutor em Medicina Veterinária, é veterinário na Westside Animal Emergency Clinic, em Atlanta.
- Susan Little, doutora em Medicina Veterinária, é veterinária no Bytown Cat Hospital, em Ottawa, Ontário, Canadá.

MORDIDAS DE ANIMAIS

PROCURE SEU VETERINÁRIO: **NO MESMO DIA**

Os gatos e cachorros às vezes sofrem mordidas de animais silvestres, como o guaxinim, mas é mais comum que sejam mordidos por outros animais domésticos. Os cachorros tendem a ser mordidos por outros cachorros e os gatos por outros gatos, geralmente em brigas por territórios. Os gatos também podem ser mordidos por cachorros que os consideram suas presas. Até mesmo as mordidas pequenas são perigosas porque podem infeccionar.

A mordida de um gato perfura como uma agulha, o que faz com que você não veja o machucado até que ele se torne inchado pela infecção e seu gato manque ou lamba o ferimento. As mordidas de cachorros são sempre sérias porque seus compridos dentes caninos abrem um único buraco na pele, mas depois rasgam o músculo sobre ela, quando o cachorro balança sua vítima. Os órgãos internos podem se romper, os ossos podem se quebrar com o trauma, e os olhos podem saltar para fora das órbitas. Se seu animal de estimação for mordido, leve-o ao veterinário, mesmo que o ferimento pareça insignificante. Quase todas as mordidas de gato acabam se infeccionando, portanto, seu veterinário provavelmente prescreverá antibióticos para impedir que se forme um abscesso.

A bactéria leva cerca de uma hora para se multiplica o suficiente para causar problemas, por isso, os primeiros socorros nessa fase preciosa podem ajudar a prevenir infecções. Você também precisará deles para os ferimentos mais graves, no controle do sangramento ou em problemas respiratórios, até que consiga uma ajuda.

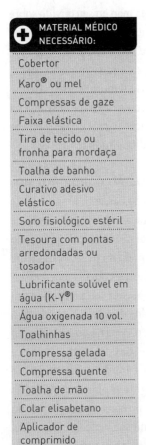

MATERIAL MÉDICO NECESSÁRIO:
- Cobertor
- Karo® ou mel
- Compressas de gaze
- Faixa elástica
- Tira de tecido ou fronha para mordaça
- Toalha de banho
- Curativo adesivo elástico
- Soro fisiológico estéril
- Tesoura com pontas arredondadas ou tosador
- Lubrificante solúvel em água (K-Y®)
- Água oxigenada 10 vol.
- Toalhinhas
- Compressa gelada
- Compressa quente
- Toalha de mão
- Colar elisabetano
- Aplicador de comprimido

FAÇA ISTO JÁ

TERMINE A BRIGA. Se você vir seu animal sendo atacado, não tente separar os dois com a mão. Em vez disso, pegue uma mangueira de quintal e esguiche um forte jato de água na cabeça dos dois, até que parem. Você também pode usar um balde de água ou alguma distração como um apito, ou apenas grite para fazê-los parar.

VERIFIQUE A RESPIRAÇÃO E O BATIMENTO CARDÍACO DO SEU ANIMAL. As mordidas de animais podem perfurar ou contundir os pulmões e o coração, e os animais podem ficar inconscientes e parar de respirar. Pode ser que você tenha de fazer respiração artificial.

Para fazer uma respiração artificial, feche a boca de seu animal com as mãos, e

ALERTA IMPORTANTE

ABSCESSOS

Os cães não têm problemas com abscessos com a mesma constância que os gatos, porque a pele dos gatos se recupera com tanta rapidez que recobre machucados perfurados cerca de uma hora após ter ocorrido o ferimento. Os dentes afiados instalam bactérias profundamente sob a pele, e, sem encontrar saída, elas se inflamam em um abscesso – um reservatório para infecção.

As mordidas de animais são quase invisíveis sob o pelo, até que comecem a inchar. O edema fica quente, e frequentemente o animal apresenta uma febre de 40 °C a 41 °C, mostra desânimo e não quer comer. Um abscesso é muito doloroso e o animal recua com dor quando a ferida é tocada. Um abscesso precisa ser aberto e limpo. Muitas vezes, ele incha tanto que a pele se rompe por si só. Quando isso acontece, você vê o pelo molhado com um líquido malcheiroso, que escorre, podendo variar de branco a verde, tingido de sangue.

Corte o pelo longo que envolve o machucado (veja página 390 para instruções) e limpe a substância infectada com sabonete suave e água. Depois visite seu veterinário. Os abscessos profundos podem precisar de intervenção cirúrgica e de antibiótico. (Para mais informações sobre abscessos, veja à página 67.)

coloque seus lábios sobre o nariz dele, dando duas rápidas sopradas. Verifique se o peito infla. Depois, dê de 15 a 20 sopradas por minuto até que ele volte a respirar por si só ou até que você consiga socorro médico. Depois de cada soprada, observe se o peito dele infla,

se isso acontecer, afaste seus lábios e deixe que o ar saia. (Essa técnica aparece ilustrada na página 30.)

Sinta ou ouça as batidas do coração, colocando a palma de sua mão ou seu ouvido sobre o lado esquerdo do animal, atrás do "cotovelo". Você também pode sentir a pulsação na dobra onde sua pata traseira se junta ao corpo, onde a grande artéria femoral corre próxima à superfície. (Essa técnica aparece ilustrada na página 23.) Se o coração parar de bater, comece a ressuscitação cardiopulmonar.

FAÇA RESSUSCITAÇÃO CARDIOPULMONAR. A ressuscitação cardiopulmonar pode impulsionar um coração, quando ele parou de bater. Em um animal pequeno, coloque a mão em concha sobre o meio do peito, exatamente atrás dos cotovelos. Aperte com firmeza pressionando cerca de 1 cm, com seu polegar de um lado e os outros dedos do outro, cerca de 80 a 100 vezes por minuto. Alterne uma respiração a cada cinco compressões.

Coloque um cachorro maior sobre uma superfície rígida e plana, deitado de lado, e use ambas as mãos, uma em cima da outra, para comprimir seu peito de 25% a 50%. Dê uma soprada no nariz a cada cinco compressões, até que ele se recupere ou até que você consiga socorro médico. (Essa técnica aparece ilustrada na página 31.) É aconselhável que outra pessoa dirija até o veterinário, enquanto você realiza a ressuscitação cardiopulmonar.

OBSERVE SE HÁ SINAIS DE CHOQUE. Se seu animal estiver com as gengivas pálidas e perdendo consciência, isso pode significar uma grave perda de sangue externamente ou internamente, onde você não pode ver, e isso pode conduzir ao choque, uma situação em que os órgãos acabam entrando em colapso.

O choque pode matar o seu animal num prazo muito curto, de dez a 20 minutos. Enrole-o em um cobertor para retardar o processo de choque, coloque-o em um transportador, ou sobre o banco de trás do carro, e leve-o imediatamente ao veterinário. Você também pode pôr uma gota ou duas de Karo® ou de mel nas gengivas de seu animal, para ajudá-lo a se manter consciente. (Para mais informações sobre choque, vá à página 109.)

CONTROLE O SANGRAMENTO. As mordidas de animais não sangram muito, a não ser que um vaso sanguíneo tenha sido cortado. Para controlar o sangramento, ponha um pano limpo ou uma compressa de gaze sobre o machucado e pressione. O sangramento deverá parar em cinco minutos ou menos. Se a compressa se molhar, ponha outra compressa sobre a primeira e mantenha a pressão. Não remova a primeira compressa porque você atrapalhará a coagulação. Você pode usar um curativo de pressão, enrolando a compressa com uma faixa elástica, tiras de tecido ou esparadrapo.

BUSQUE SOCORRO MÉDICO. Quando o ferimento de uma pata continuar a perder sangue rapidamente, apesar de um curativo de pressão, vá ao seu veterinário o mais rápido possível. Peça a um amigo que dirija ou que prossiga com os primeiros socorros enquanto você dirige e mantenha a pressão sobre o curativo até chegar ao veterinário. (Para mais informações sobre sangramento e como colocar um curativo de pressão, vá à página 400.)

CONTENHA O SEU ANIMAL. Os ferimentos de mordida são tão dolorosos que, normalmente, para que você também não acabe mordido, é preciso conter o seu animal antes de tratá-lo.

Embrulhe gatos e cachorros pequenos em uma toalha ou em uma fronha que permita o acesso ao ferimento. Coloque os cachorros maiores sobre uma mesa ou ajoelhe-se ao lado deles no chão. Passe um braço ao redor de seu pescoço e o outro sob sua barriga, envolvendo-o, e puxe-o para junto do seu peito. (Essa técnica aparece ilustrada na página 28.)

Desde que ele esteja respirando normalmente, será melhor amordaçá-lo para que você se proteja enquanto trata o machucado. Uma gravata ou a perna de uma meia-calça funcionará bem. Enrole-a ao redor do focinho de seu animal, dando um nó sobre o nariz, depois dê mais um nó sob o maxilar inferior. Puxe as pontas para trás das orelhas e amarre-as. (Essa técnica aparece ilustrada na página 27.) No caso de gatos e cachorros com focinhos achatados, como pugs, você pode usar uma fronha, como foi explicado anteriormente. Não use a mordaça se seu animal estiver com problemas para respirar.

Proteja ferimentos na barriga ou no peito de seu animal. Enrole uma toalha de banho grande e limpa em torno do machucado, mantendo-a frouxa, de forma a não restringir a capacidade de seu animal para respirar. Prenda a toalha com um curativo elástico adesivo, como Vetrap®.

MANTENHA OS OLHOS ÚMIDOS. Se seu animal estiver com um olho fora da órbita, molhe uma compressa com água pura ou com soro fisiológico e cubra o globo ocular para mantê-lo úmido até que você chegue ao veterinário. (Para mais informações, vá à página 344.)

LIMPE A ÁREA. Não limpe ferimentos com grande sangramento, porque isso pode impedir-lhes a coagulação. Limpe-os com cuidado só depois que tiverem parado de sangrar. Quando o animal tiver pelos longos, tose o pelo ao redor da mordida, para que as bactérias ali contidas não infeccionem o machucado. Use tosador elétrico, caso o tenha, ou corte cuidadosamente com uma tesoura com pontas arredondadas. Se estiver usando tesoura, primeiro coloque seus dedos indicador e médio dentro do pelo, colocando-os sobre o machucado. Corte o pelo nivelado com seus dedos, deixando uma margem de 2,5 cm em torno do ferimento. (Essa técnica aparece ilustrada na página 3903.) Se a pele estiver rompida, encha o machucado com K-Y Gel® antes de cortar. Depois, quando tiver terminado, enxágue-o completamente com água morna. O pelo cortado estará grudado no gel e sairá facilmente.

LIMPE A ÁREA COM ÁGUA OXIGENADA.

Use uma pequena quantidade de água oxigenada 10 vol. em uma toalhinha limpa, para limpar a área em torno de machucados visíveis; água morna também dá um bom resultado. No entanto, não coloque água oxigenada diretamente sobre machucados abertos porque isso danificará células vivas e fará com que a recuperação se torne mais difícil. A água oxigenada também vai ser muito eficaz para limpar sangue do pelo, do chão ou dos móveis.

AMENIZE A DOR COM GELO. Os analgésicos podem interferir na coagulação e piorar o sangramento. Em vez de usá-los, coloque uma compressa de gelo na primeira meia hora após a mordida, para aliviar a dor. Isso também ajuda a reduzir o edema e a contusão das mordidas de compressão. Passe uma toalhinha limpa em água gelada e coloque-a sobre o machucado; depois coloque por cima uma compressa gelada ou uma bolsa de gelo. Faça isso durante dez a 30 minutos, várias vezes por dia. Um saco plástico ou pano com gelo tem um bom efeito como compressa, amoldando-se aos contornos do corpo.

PERIGO DE RAIVA

A raiva se espalha através de vírus na saliva de animais infectados e afeta todos os animais, incluindo o ser humano. No século XX, uma média anual de uma a duas pessoas morreu de raiva nos Estados Unidos. Mordidas de animais silvestres, como guaxinins, cangambás, morcegos e raposas contribuem em 93% dos casos, mas os animais domésticos, incluindo gatos e cachorros, também podem infectar seu animal ou você. De fato, 610 casos de animais com raiva foram registrados em 1997 nos Estados Unidos, com duas vezes mais casos de gatos e cachorros infectados. Iowa e Pensilvânia registraram a maioria dos casos, provavelmente em razão dos animais silvestres daquelas regiões que infectaram gatos e cachorros.

Na maior parte dos estados americanos, a vacinação contra raiva para gatos e cachorros é exigida por lei, porque protege esses animais mesmo se forem mordidos por um animal raivoso. É importante descobrir se o animal que mordeu o seu foi vacinado. O animal mordido deverá ser revacinado e mantido em quarentena para ter certeza de que não está infectado. Depois que um animal desenvolve os sintomas, a raiva é sempre fatal.

✔ CUIDADOS POSTERIORES

▪ É importante que os ferimentos perfurantes, como mordidas de gato, se abram para que se drenem e evitem a presença de bactérias, o que pode causar infecção. Coloque compressas geladas várias vezes por dia, de dez a 30 minutos (dependendo do tempo de tolerância do seu animal). Se você tiver demorado a perceber a mordida e parecer que já está se formando uma infecção, use compressas quentes enroladas em uma toalha, duas ou cinco vezes por dia, alternando cinco minutos de colocação e cinco minutos de descanso, até que esfrie. No entanto, não coloque uma compressa quente em um ferimento fresco, porque pode piorar o sangramento. E não coloque uma compressa quente na axila ou na virilha.

- Quase todos os animais de estimação mordidos por outros animais precisam de antibióticos para combater a infecção. Seu veterinário pode aplicar uma injeção em seu animal, mas geralmente será preciso que ele tome comprimidos durante sete a dez dias.

Para que ele engula o comprimido, tente escondê-lo em algum petisco apetitoso, como queijo ou manteiga. No entanto, isso funciona melhor com cachorros do que com gatos. Tanto um quanto o outro abrirá a boca se você pressionar levemente seus lábios contra a lateral de seus dentes. Depois que a boca se abrir, empurre o comprimido para o fundo da língua com a ajuda de seu dedo ou use um aplicador de comprimido (disponível em pet shops). Depois feche sua boca e massageie sua garganta até que ele engula. Observe se ele lambe o nariz – isso geralmente significa que engoliu. Se você nunca deu um comprimido a seu animal, segure-o com cuidado – ele pode morder. (Para mais explicações sobre como dar comprimido a um gato, veja na página 41.)

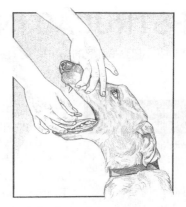

Para dar um comprimido a seu animal, pressione seus lábios contra a lateral de seus dentes. Depois que ele abrir a boca, coloque o comprimido no fundo da língua, feche sua boca e massageie sua garganta até que ele engula.

- As mordidas de animais frequentemente precisam de pontos e de um dreno de látex sob a pele para impedir que o soro e os fluidos infectados se acumulem. Mantenha a região limpa e seca, limpando toda secreção ao longo da costura com um pouco de água oxigenada 10 vol. ou com água morna.

- Alguns animais lambem ou mordiscam seus machucados ou pontos, atrapalhando a recuperação. Um curativo de proteção não funciona, porque é melhor deixar os ferimentos abertos para que o ar acelere a cura. Impeça seu animal de mexer no machucado com uma colar elisabetano, uma contenção cônica colocada em sua cabeça. Ela precisará ser retirada na hora das refeições.

CONSULTORES

- James M. Harris, doutor em Medicina Veterinária, é veterinário no Montclair Veterinary Hospital, em Oakland, Califórnia.
- Al Schwartz, doutor em Medicina Veterinária, é veterinário no Moorpark Veterinary Hospital, na Califórnia.
- Daniel Simpson, doutor em Medicina Veterinária, é veterinário no West Bay Animal Hospital em Warwick, Rhode Island, e porta-voz da Rhode Island Veterinary Medical Association.
- Lenny Southam, doutor em Medicina Veterinária, é veterinário a domicílio no Targwood Animal Health Care em West Chester, Pensilvânia; diretor do CompuServe's Vet Care Forum; e coautor de *The Pill Book Guide to Medication to Your Dog and Cat*.
- Elaine Wexter-Mitchell, doutora em Medicina Veterinária, é veterinária na Cat Care Clinic, em Orange, Califórnia, e presidente da Academy of Feline Medicine.

OBSTRUÇÃO INTESTINAL
PROCURE SEU VETERINÁRIO: **SE NECESSÁRIO**

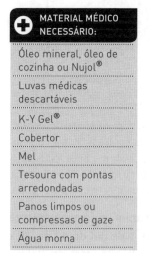

MATERIAL MÉDICO NECESSÁRIO:
- Óleo mineral, óleo de cozinha ou Nujol®
- Luvas médicas descartáveis
- K-Y Gel®
- Cobertor
- Mel
- Tesoura com pontas arredondadas
- Panos limpos ou compressas de gaze
- Água morna

Os cachorros têm mais obstrução intestinal do que os gatos, porque adoram mastigar e acabam engolindo objetos não digeríveis, como pedras e madeiras. Os gatos tendem a ter problemas com brinquedos que tenham cordões, fios ou fitas, ou com pedaços de brinquedos ou penas soltas. Tanto os gatos, quanto os cachorros, podem ficar obstruídos por comerem ossos cozidos ou engolir moedas, chupetas, tampões ou outros objetos. Felizmente, quando o objeto é suficientemente pequeno para passar pelo cólon, em geral ele acaba saindo normalmente na caixa de areia ou no quintal, e seu animal fica bem.

Contudo, esponjas e materiais borrachudos que incham no trato intestinal, ou itens grandes ou pontiagudos que se alojam no intestino, provocam obstruções ou lacerações e precisam ser removidos cirurgicamente o quanto antes, ou poderão matar o seu animal. Quando a obstrução é na parte alta do trato intestinal, ocorrerá um vômito em jato e seu animal pode perder o interesse em comer. Uma obstrução da parte mais baixa, também provoca vômito, mas será com menos frequência, marrom escuro, com cheiro de fezes, e o abdome ficará inchado. Se você notar esses sintomas, ou se o vômito for forte e prolongado e a situação de seu animal estiver piorando, leve-o ao veterinário imediatamente.

Tenha em mente, no entanto, que nem todos esses sintomas precisam estar presentes para que o problema seja grave. Preste atenção a qualquer comportamento diferente ou sinais de que seu animal tenha ingerido alguma coisa que não deveria.

FAÇA ISTO JÁ

DEIXE QUE A NATUREZA SIGA SEU CURSO. Se você souber que o objeto engolido é pequeno, pode esperar 24 horas para deixar que a natureza resolva. Desde que seu animal se sinta bem o suficiente para comer e beber sem vomitar, tente alimentá-lo com uma refeição tamanho jumbo. Sirva 1 1/2 o tamanho normal que ele está acostumado. Isso deve encorajar a atividade do intestino e ajudará o objeto a passar.

PRESTE ATENÇÃO NO SEU ANIMAL. Veja bem se seu animal está comendo e, especialmente, bebendo normalmente e observe atentamente sinais de mal-estar intestinal.

ALERTA IMPORTANTE

DILATAÇÃO OU TORÇÃO NO ESTÔMAGO

Cachorros muito grandes, com peitos fundos, como dinamarqueses e labradores, estão propensos a dilatação ou torção no estômago, uma situação na qual o estômago se dilata com gás e/ou fluido. Os sinais se parecem muito com os da obstrução intestinal.

O gás excessivo e a dor de estômago da dilatação ou torção no estômago fazem com que o cachorro fique inquieto; ele saliva em excesso e pode tentar vomitar ou pode passar suas fezes pela boca.

Nos casos graves, ele não consegue vomitar ou arrotar, porque seu estômago está torcido. Desenvolvem-se sinais de choque – gengivas frias e pálidas e colapso – porque o suprimento de sangue foi interrompido no estômago e no baço. Isso é chamado de torção ou *volvulus* e é uma emergência que exige imediato socorro médico, ou seu cachorro poderá morrer. (Para mais informações sobre dilatação ou torção no estômago, vá à página 174.)

LUBRIFIQUE O INTESTINO. Dê uma dose de óleo mineral, óleo de cozinha ou Nujol® para ajudar na lubrificação da massa fecal e facilitar a passagem. Dose cerca de uma colher de chá para cada 5 kg de peso e misture bem à comida de seu animal. Não dê óleo mineral direto na boca, porque é fácil de inalar e pode causar uma pneumonia grave.

Se você for usar vaselina para seu gato, pode passá-lo em uma pata e ele irá lambê-lo ao se limpar. Você pode dar o gel para seu cão da mesma maneira que dá um comprimido, ou pode tentar esfregá-lo no céu da boca, deixando-o lamber por sua conta. Dê uma porção em um dedo (cerca de uma colher de sopa) para um gato, e a mesma dose para cada 5 kg de peso para um cachorro. Pense em fazer isso em um cômodo fácil de limpar, caso seu animal resolva balançar a cabeça, espalhando-o por todos os cantos.

REMOVA O OBJETO, SE PUDER. Pode ser que você veja o objeto se projetando parcialmente do ânus de seu animal. Se você puder ver que é cabelo, grama ou um objeto sólido, sem cordões, coloque luvas médicas descartáveis (disponíveis em farmácias), agarre o objeto e puxe-o com cuidado. Se o objeto não se mover, lubrifique os dedos de sua luva e o ânus de seu animal com K-Y Gel® ou vaselina, introduza delicadamente seu indicador e tente colocá-lo à frente do objeto. Depois, ainda com cuidado, tente puxar o objeto para fora. Pode ser que você precise de outra pessoa para segurar e imobilizar o seu animal durante esse procedimento, porque muito provavelmente a passagem do objeto será desconfortável ou mesmo dolorosa. Faça com que seu ajudante traga o corpo do seu animal junto ao peito, passando um braço em torno de seu pescoço e o outro sob seu abdome, envolvendo-o. (Essa técnica aparece ilustrada na página 28.)

Se seu animal resistir a qualquer uma dessas atitudes, ou se você encontrar resistência ao tentar remover o objeto, procure seu veterinário imediatamente. É possível que seu animal precise ser sedado para que a remoção seja feita com segurança.

OBSERVE SINAIS DE CHOQUE. As obstruções intestinais não tratadas se tornam especialmente perigosas se o suprimento de sangue para os intestinos for interrompido. Isso acontece quando os tecidos ao redor da obstrução incham e impedem o fluxo sanguíneo. Sem um fluxo sanguíneo livre os tecidos podem morrer. Um animal nessa situação tem uma barriga muito macia que pode se tornar dura como um pedaço de madeira. Após um tempo, ele entra em choque, suas gengivas ficam pálidas e ele entra em colapso. Para combater o choque, envolva seu animal em um cobertor que o mantenha aquecido e ponha uma ou duas gotas de Karo® ou de mel em suas gengivas, para ajudá-lo a se manter consciente. Depois, leve-o imediatamente ao veterinário. (Para mais informações sobre choque, vá à página 109.)

🐾 SITUAÇÃO ESPECIAL

SE O FIO (CORDÃO, BARBANTE, LINHA, ETC.) ESTIVER DEPENDURADO NO ÂNUS. Não puxe o fio para fora. Ele pode estar ligado a um anzol enganchado internamente, ou enrolado em torno do tecido intestinal. Forçar um fio, uma linha, ou qualquer material parecido, poderá cortar os órgãos de seu animal e matá-lo. Use tesoura com pontas arredondadas para cortar, com cuidado, a parte pendurada, o mais próximo possível do ânus, para que seu animal também não o puxe. Talvez seu veterinário precise tirar uma radiografia antes de tentar removê-lo.

☑ CUIDADOS POSTERIORES

▪ Um animal que tenha sofrido uma cirurgia por obstrução intestinal apresenta uma incisão que você precisará manter limpa. Umedeça um tecido limpo ou uma compressa de gaze com água morna e limpe a secreção somente conforme for necessário. Verifique a incisão várias vezes por dia, inicialmente para ver se existem vermelhidão, edema, desconforto ou dor evidentes e secreção. Se ocorrer alguma dessas coisas, peça para seu veterinário dar uma olhada.

▪ Cães e gatos, que tiveram uma obstrução intestinal, correm o risco de que ela se repita. Eles tendem a engolir errado ou desenvolvem uma cicatriz no tecido interno do intestino que dificulta a passagem até das menores coisas. Portanto, evite dar ossos ou petiscos mastigáveis de couro cru que possam ser engolidos. Deixe sua casa "à prova de animais de estimação", tirando qualquer coisa que ele possa engolir ou impedindo-lhe o acesso a áreas potencialmente problemáticas, com uma cerca para bebês ou fechando a porta. Preste atenção ao escolher brinquedos para seu animal. Rolhas de vinho, espigas de milho, brinquedos mastigáveis com apitos e bolas pequenas são alguns dos casos mais comuns de obstrução.

CONSULTORES

▪ Peter Levin, doutor em Medicina Veterinária, é veterinário no Ludwig's Corner Veterinary Hospital, em Chester Springs, Pensilvânia.

▪ Susan Little, doutora em Medicina Veterinária, é veterinária no Bytown Cat Hospital, em Otawa, Ontário, Canadá.

▪ Billy D. Martindale, doutor em Medicina Veterinária, é veterinário no Animal Hospital of Denison, Texas, e presidente do conselho de diretores da Texas Veterinary Medical Association.

OBSTRUÇÃO URINÁRIA
PROCURE SEU VETERINÁRIO: **IMEDIATAMENTE**

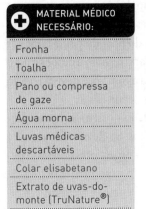

MATERIAL MÉDICO NECESSÁRIO:
- Fronha
- Toalha
- Pano ou compressa de gaze
- Água morna
- Luvas médicas descartáveis
- Colar elisabetano
- Extrato de uvas-do-monte (TruNature®)

Imagine que você tenha acabado de tomar uma garrafa de refrigerante gigante ao guiar por uma estrada e, então, percebe que o próximo posto de gasolina está a 80 km. Multiplique o seu desconforto por 10 e você entenderá como se sente um cachorro ou um gato com obstrução urinária.

Dependendo do alimento que ele comer e do seu metabolismo individual, a urina do seu animal contém uma série de componentes minerais que podem se desenvolver em cristais de tamanho microscópico como grãos de areia, muco, ou até mesmo pedras grandes que podem fechar a abertura da uretra como uma rolha em uma garrafa. Isso é extremamente doloroso para o seu animal e pode ser fatal, porque as toxinas que não podem ser eliminadas começam a se estabelecer na corrente sanguínea e os rins ficam paralisados. Mesmo que a bexiga não se rompa, uma obstrução completa pode matar um animal em um período de 12 a 72 horas.

A uretra da fêmea segue diretamente da bexiga para o exterior do corpo e é bastante larga ao longo de todo o percurso, o que faz com que as fêmeas quase nunca fiquem obstruídas. No entanto, nos gatos machos a uretra se estreita pela metade, ao entrar no pênis, e a uretra de um cachorro macho tem de passar por uma minúscula abertura em V no osso chamado osso peniano, antes de chegar ao exterior. Essas diferenças anatômicas significam que não é raro que cachorros e gatos machos passem por uma obstrução urinária.

Gatos e cachorros com obstrução passam muito tempo na caixa de areia ou no quintal, forçando e chorando, conforme tentam urinar mas não conseguem. Os gatos tipicamente se agacham na sua frente ou tentam fazer na pia, para expressar o seu desconforto. Os cachorros podem assumir uma postura esquisita com as patas abertas, e o jato de urina pode pingar, começar e parar, ou não acontecer. Os animais podem se lamber, e o pouco de urina que conseguirem liberar pode vir com sangue.

Sem imediato atendimento médico, o animal fica desanimado, para de comer, começa a vomitar, podendo entrar em coma e morrer. A obstrução urinária é uma emergência de risco e, embora os primeiros socorros possam oferecer um alívio temporário para alguns gatos, uma obstrução urinária parcial ou completa pede cuidados médicos imediatos.

🩹 FAÇA ISTO JÁ

IMOBILIZE O SEU GATO. Gatos com bloqueio urinário ficam muito sensíveis e doloridos e não vão deixar facilmente que sua porção inferior seja examinada. Você deve se proteger imobilizando o seu gato, antes de ajudá-lo, e precisará de alguém para ajudar. Com uma mão, segure firmemente a pele solta atrás do pescoço dele, prenda as patas traseiras com a outra e delicadamente estenda-o de lado sobre uma mesa. Ou você pode usar uma fronha e enfiá-la pela cabeça dele, deixando apenas a cauda exposta. Se o seu gato se debater demais ou ficar muito nervoso, não desperdice tempo em casa – leve-o ao veterinário.

Para examinar ou tratar de um animal pequeno, segure a pele da nuca dele com uma mão e as patas traseiras com a outra e depois o estenda. Você pode usar uma luva grossa na mão que segura as patas.

PREPARE O LOCAL. Faça com que o seu gato esteja sobre uma toalha, ou com a cauda virada para alguma espécie de recipiente ou para uma pia, para captar a urina. Saiba que ela poderá estar tão sanguinolenta que se parecerá com vinho do porto e poderá manchar a roupa. Evite pressionar o abdome do seu gato, para espremer a bexiga, ou acidentalmente você poderá estourá-la como um balão. Se você conseguir desalojar a obstrução, o gato urinará espontaneamente, sem incentivo.

FAÇA UMA MASSAGEM SUAVE. Alguns gatos com obstrução têm apenas um pequeno detrito preso no final da uretra, exatamente onde a urina sai. Nesses casos, uma massagem delicada no tecido do final do pênis pode ser suficiente para soltar o resíduo e desobstruir o seu gato, mas ainda assim você deverá levá-lo para uma consulta depois disso.

Um gato macho obstruído frequentemente projeta o pênis. Se ele não o fizer, você poderá comprimir o órgão, pressionando delicadamente o tecido exatamente acima da abertura da uretra. Se houver resíduos cristalizados ou mucosos presos no final do pênis, molhe um pano macio, ou uma compressa de gaze com água morna, coloque-o na ponta e suavemente retire o resíduo.

Mesmo que o bloqueio não seja visível de fora, ele pode estar preso interiormente, perto da abertura. Se tiver, coloque luvas médicas descartáveis (à venda em farmácias) e

Se o seu gato macho parece não conseguir urinar, ele pode estar com a ponta do pênis obstruída com muco ou cristais de urina. Frequentemente é possível eliminar a obstrução, rolando o pênis do animal suavemente entre o polegar e o indicador.

ALERTA IMPORTANTE

CISTITE E INFECÇÃO NA BEXIGA

Cães e gatos com irritação ou infecção na bexiga (cistite) provavelmente sentem o mesmo que as pessoas nessas condições. Os sintomas se assemelham aos de uma obstrução, mas desde que produza urina, o animal não está obstruído.

Frequentemente, tanto a bexiga quanto a uretra ficam irritadas, e o animal pensa que tem de ir ao banheiro, quando o que ele sente é apenas irritação. Ele vai se esforçar e conseguir apenas algumas gotas, mas isso é tudo que têm. Os sintomas clássicos são micção frequente, mas apenas em pequenas quantidades, acidentais pela casa. Os gatos geralmente se agacham fora da caixa de areia, enquanto que os cachorros podem urinar na roupa de cama.

Embora incômoda, a cistite normalmente não é perigosa, mas precisa ser diagnosticada para que se saiba como deve ser tratada. Se você perceber qualquer um desses sintomas, peça que o veterinário examine o seu animal se possível no mesmo dia. Os veterinários normalmente pegam uma amostra da urina e fazem uma cultura, depois prescrevem um antibiótico específico, para eliminar a bactéria. Normalmente será preciso dar um antibiótico para o animal durante cerca de três semanas.

Em mais da metade dos casos de cistite felina, não há sinal de infecção. Os pesquisadores acreditam que esses gatos sofram de um estado semelhante à cistite intersticial das mulheres, que se acredita ser provocada por estresse.

role suavemente o pênis entre os seus dedos indicador e polegar, para esmagar o detrito e abrir a passagem, de forma que o material possa ser expelido.

✔ CUIDADOS POSTERIORES

- Os cães geralmente precisam de cirurgia para a remoção das pedras que causaram a obstrução. Mantenha a incisão limpa e retire qualquer secreção, conforme for necessário, com uma compressa de gaze esterilizada, umedecida com água morna.

A obstrução por infecções no trato urinário acontece principalmente com cachorros, que podem desenvolver o que é conhecido como pedras de infecção. A acidificação da urina pode prevenir o caso mais comum de cristais que causam

obstrução em gatos. As uvas-do-monte (em inglês, *cranberries*) ajudam a impedir que a bactéria se fixe no revestimento da bexiga e também ajudam a acidificar a urina, portanto podem ser um componente útil nos cuidados posteriores, tanto para cachorros quanto para gatos.

No entanto, a maioria dos animais não aceita muito bem o suco dessa fruta, e seria preciso uma grande quantidade dele para ajudar a prevenir o problema. Em vez disso, dê um suplemento de *cranberry*, como TruNature®. Ele se encontra à venda na maioria das farmácias fitoterápicas e homeopáticas humanas. Dê uma cápsula de TruNature® para cada 10 kg de peso do seu animal.

- Às vezes, para eliminar os detritos que criaram a obstrução, o animal é anestesiado para que um cateter macio possa ser colocado na uretra e talvez ser temporariamente costurado no lugar, para manter a urina fluindo. Normalmente, nesse período, o animal fica no hospital, mas se ele for para casa ainda com o cateter, você terá que monitorá-lo para ter certeza de que não é arrancado pelo seu animal. Uma coleira cônica de contenção, chamada colar elisabetano, impedirá que ele o cutuque.

■ Mais de 50% dos gatos com problemas no trato urinário reincidem uma ou mais vezes. Os animais frequentemente têm problemas crônicos por causa disso, e sem um específico tratamento caseiro preventivo a obstrução se repetirá. Uma das melhores medidas preventivas é fazer com que o seu animal

CORREÇÃO CIRÚRGICA

Na maior parte das vezes, uma mudança na dieta do seu animal pode impedir a recorrência da obstrução urinária. Mas se não houver uma adequação na dieta, a repetição do tratamento com o uso de cateter para desobstruir o animal pode provocar uma cicatriz no tecido da uretra. Isso estreita ainda mais a passagem, tornando mais provável uma obstrução.

Problemas crônicos em gatos algumas vezes se beneficiam de uma cirurgia chamada uretrostomia perineal, que essencialmente redesenha a uretra, de modo que um gato macho possa urinar como uma fêmea. A parte mais estreita da uretra é a abertura do pênis, portanto, para alargar o conduto, remove-se o final do pênis e a uretra é dividida e aberta. Isso alarga a saída da urina e diminui as chances de tampões de cristais ou mucos causarem uma obstrução.

PEDRAS NA BEXIGA

Os gatos quase sempre desenvolvem pedras na bexiga do tamanho de grãos de areia ou menores, juntamente com muco que pode tampar a uretra. Mas as pedras do trato urinário canino podem ficar do tamanho de bolas de pingue-pongue, o que pode bloquear o fluxo de urina da bexiga. As pedras grandes geralmente exigem uma remoção cirúrgica. Poucos cachorros sofrem esse problema, mas as pedras são mais comuns em cães pequenos e nos dálmatas, que têm uma predisposição genética para isso.

A maioria dos cachorros desenvolve pedras estruvite, um tipo que pode ser dissolvido ou prevenido com uma dieta alimentar que aumenta a acidez da urina. A exceção são os dálmatas, uma raça que não consegue processar a ureia consistentemente, fazendo com que eliminem muito ácido úrico. Nos dálmatas, a urina acidificada produz o desenvolvimento de pedras urato, o que faz com que esses cachorros precisem de uma dieta especial e da droga alopurinol (Zyloric®) para controlar a formação de pedras.

beba mais líquido. Uma grande quantidade de água dilui a urina, o que ajuda a levar as substâncias minerais e mucosas para fora da bexiga e da uretra, antes que possam se transformar em pedras e tampões.

Eis como fazer com que a água fique mais atraente: ponha uma colher de sopa de "suco" da embalagem de salmão ou de atum na vasilha, para dar gosto. Alguns gatos, e a maioria dos cachorros, gosta de água gelada, então coloque cubos de gelo na vasilha ou ofereça cubos de gelo como um agrado. Muitos gatos preferem tomar água corrente, e tomarão mais se puderem lamber de uma torneira pingando. Os bebedouros automáticos para felinos, à venda através de catálogos ou em pet shops, ajudam, porque reciclam e filtram água continuamente de reservatórios, levando os gatos a beber mais.

■ Seu veterinário pode recomendar uma dieta terapêutica específica, que ajuda a dissolver as pedras e cristais que ficam no trato urinário. O tipo mais comum de pedras – estruvita – não se forma em urinas ácidas, e essas dietas ajudam a acidificar a urina para prevenir a formação de pedras ou cristais. Depois que o corpo estranho for eliminado, seu animal poderá precisar de uma dieta preventiva pelo resto da vida. Existem várias rações que funcionam muito bem, mas o tipo de pedras que o seu animal tem determina qual a melhor dieta, portanto verifique com o seu veterinário.

Lembre-se de que qualquer alteração súbita de dieta pode atrapalhar a digestão e provocar vômitos e diarreia, portanto, é preciso fazer a mudança gradualmente, num prazo de cinco a sete dias. Comece misturando duas partes da antiga comida com uma parte da nova durante dois dias. Depois as misture meio a meio por mais uns dois dias, seguindo com duas partes da nova e uma da antiga. Finalmente, você poderá oferecer exclusivamente a nova dieta terapêutica.

A MELHOR ABORDAGEM

DIAGNÓSTICO PELA AREIA DE GATO

Gatos que sofreram um surto de obstrução urinária geralmente têm problemas recorrentes, mas um tipo de areia ou granulado oferece um prévio sistema de aviso para detectar problemas antes que se tornem fatais. A Solvcat® não apenas funciona como areia ou granulado de gato convencionais, mas também muda de cor – para rosa ou vermelho – se a urina do gato estiver anormal.

A maioria dos tampões de muco e cristais do trato urinário não se desenvolve quando o pH da urina permanece ácido. O granulado funciona como um teste de laboratório caseiro que, literalmente, hasteia uma bandeira vermelha se o pH da urina ficar desbalanceado, o que pode indicar uma possível infecção ou mostrar que as condições estão prestes a desenvolver uma obstrução.

CONSULTORES

- Shane Bateman, doutora em Medicina Veterinária, doutora em Ciências Veterinárias, é veterinária certificada pelo Conselho do American College of Emergency and Critical Care Medicine e professora assistente de Medicina de Emergência e Cuidados Críticos no Ohio State University College of Veterinary Medicine, em Columbus.
- Patricia Hague, doutora em Medicina Veterinária, é veterinária no Cat Hospital of Las Colinas, em Irving, Texas.
- Janie Hodges, doutora em Medicina Veterinária, é veterinária no Valley View Pet Health Center, em Farmers Branch, Texas.
- Chris Johnson, doutor em Medicina Veterinária, é veterinário na Westside Animal Emergency Clinic, Em Atlanta.
- Barry N. Kellogg, doutor em Medicina Veterinária, é veterinário no Center for Veterinary Care, em Great Barrington, Massachusetts, e chefe do VMAT 1 (Veterinary Medical Assistance Team), a equipe americana de Medicina Veterinária Especializada em Desastres.

OLHO FORA DA ÓRBITA

PROCURE SEU VETERINÁRIO: **IMEDIATAMENTE**

MATERIAL MÉDICO NECESSÁRIO:
- Compressas de gaze ou pano limpo sem fiapos
- Soro fisiológico estéril
- Karo®
- Água morna
- Cotonete
- Lubrificante (K-Y Gel®)
- Colar elisabetano
- Toalhinha molhada em água gelada
- Saco de gelo

Os globos oculares estão firmemente presos em cavidades protetoras ósseas, e a tensão das pálpebras os mantém no lugar. No entanto, um golpe na cabeça ou uma briga com outro animal pode fazer com que o olho de um gato ou de um cachorro saia para fora. Isso é especialmente comum em cachorros de focinho achatado, como o pequinês e o shih tzu, porque as cavidades de seus olhos são rasas demais.

Um olho fora do lugar é horrível de se ver – geralmente ele continua ligado, apenas se projeta, embora um trauma, como um acidente de carro, possa forçá-lo para fora, de modo que ele fique sobre a face – mas isso não é um perigo mortal. Na verdade, desde que os músculos e o nervo óptico não estejam extremamente danificados, mais da metade dos cães conservará sua visão, desde que tenham um pronto atendimento.

FAÇA ISTO JÁ

PROTEJA O OLHO MACHUCADO. Um olho fora da órbita precisa ser tratado por um veterinário. Antes de sair de casa, coloque sobre o olho uma compressa de gaze, ou um pano sem fiapos, embebida em soro fisiológico estéril morno – ou se não houver outro jeito, água de torneira. Mantenha a compressa úmida, enquanto alguém dirige o carro até o veterinário. Não retire a compressa para molhá-la.

Outra opção é aplicar uma solução de açúcar, que protege a cobertura do olho. Misture três colheres de sopa de Karo® com meia de água morna. Embeba um pedaço de gaze ou de pano na solução e segure a compressa sobre o olho de seu animal. Mantenha a compressa úmida e vá imediatamente ao veterinário.

Se seu animal não deixar você colocar o curativo, encha um pulverizador com soro fisiológico ou água e vaporize delicadamente o olho em intervalos de cerca de um minuto, durante a ida ao veterinário.

RECOLOQUE O OLHO DENTRO DE UMA HORA. Um olho fora da órbita precisa ser recolocado no espaço de uma hora, para que se assegurem as melhores chances de recuperação. Para um veterinário a recolocação de um olho não é difícil, mas não é algo que você gostaria de fazer. No entanto, se você estiver a mais de uma hora de distância de alguma ajuda, talvez não tenha escolha. Quando um olho sai da órbita, o tecido atrás do globo ocular começa a inchar, portanto, você terá que agir rapidamente. Veja como fazê-lo.

Segure firmemente a pele das pálpebras superior e inferior. As pálpebras tendem a se enrolar para dentro, atrás do olho, então tente

ALERTA IMPORTANTE

UVEÍTE

Os olhos são delicados e um trauma, seja qual for a causa, especialmente um em que o olho saia da órbita, frequentemente causa outros problemas. O mais comum é a uveíte, uma inflamação dentro do globo ocular, que pode ocorrer dias depois do problema inicial.

Os sintomas da uveíte incluem piscar e olhos lacrimosos. A superfície do olho pode ficar irregular ou nebulosa, e a cor pode clarear ou escurecer. Geralmente, a pupila do olho machucado fica menor do que a do olho sadio e reage com mais lentidão às mudanças de luz.

A uveíte pode causar cegueira se não for tratada rapidamente por um veterinário, mas, normalmente, responde bem a um tratamento profissional.

usar um cotonete úmido para, delicadamente, soltar as bordas, e depois as pegue com os dedos. Aplique no olho uma porção generosa de um lubrificante como K-Y Gel® ; quanto mais lubrificado ele estiver, melhor a chance de ser recolocado. Dê uma forte puxada para a frente nas bordas das pálpebras. Se você tiver sorte, as pálpebras envolverão o olho e o colocarão de volta no lugar. Ou peça que alguém ajude a segurar as bordas das pálpebras, enquanto você cuidadosamente empurra o olho com um dedo limpo. Depois, vá ao veterinário o mais rápido possível.

Se sua primeira tentativa de colocar o olho não funcionar, não insista. Se tiver problemas para fazer isso, ou se sentir inseguro em como proceder, não faça. Cubra o olho e vá imediatamente para o veterinário. Talvez o edema seja grande demais atrás do globo ocular, para que ele possa ser encaixado.

✅ CUIDADOS POSTERIORES

■ A maioria dos animais fica bem, depois que o globo ocular é recolocado. No entanto, aqueles que perderam um olho uma vez, frequentemente o fazem de novo, portanto, você deve estar atento a como lidar com isto. Além disso, o olho pode precisar de um tratamento em casa, depois que foi posto de volta.

■ Às vezes, os veterinários costuram temporariamente a pálpebra para proteger o olho, o que faz com que você tenha de manter limpas as suturas e a região em torno delas. Umedeça um pano limpo com água morna e remova cuidadosamente crostas ou secreções. Se seu animal esfregar o olho e remover as suturas, causará um dano ainda maior. Ele deverá usar uma coleira de contenção chamada colar elisabetano, que vai impedi-lo de alcançar a área machucada. Contudo, ele não conseguirá comer usando a coleira, portanto, não se esqueça de removê-la durante as refeições.

■ Caso o olho inche, molhe uma toalhinha, dobre no meio e coloque-a sobre o olho, depois coloque uma bolsa de gelo durante 15 minutos, a cada duas ou três horas.

■ Seu veterinário pode prescrever o uso de um antibiótico durante uma ou duas semanas depois que os pontos forem removidos. Para colocá-lo, puxe a pálpebra inferior para

QUASE NATURAL

Cães e gatos que perderam permanentemente um olho, geralmente se recuperam rápido e se viram bem. No entanto, eles podem ficar muito feios, o que leva muitas pessoas a pedirem a seus veterinários que implantem uma prótese, ou um olho artificial.

Na verdade, ele não é totalmente artificial e, em alguns casos, funciona melhor do que a sua contraparte humana. As pessoas geralmente têm olhos substituídos por próteses que se aproximam muito do original, mas esses olhos artificiais não se movimentam de fato como olhos normais. No caso de cães e gatos, no entanto, um veterinário especializado em cirurgia ocular pode criar uma prótese viva e que se movimente, a partir do próprio olho danificado.

O cirurgião remove as partes internas do globo ocular e as substitui por uma esfera de silicone. O globo ocular mantém sua forma, e os vasos e músculos continuam ligados. Isso significa que o olho permanece vivo e se movimenta exatamente como o outro olho, ainda que não consiga enxergar. Um olho reparado fica um pouco diferente do olho normal, no entanto, porque a porção colorida do olho – a íris – foi removida.

---

baixo, aperte uma pequena quantidade do medicamento na bolsa que se forma, depois mantenha a pálpebra fechada para fazer com que o remédio se espalhe. (Essa técnica aparece ilustrada na página 42.) Use apenas antibióticos prescritos pelo seu veterinário.

■ A maioria das pessoas contém seus cachorros agarrando suas coleiras, abraçando seus pescoços ou segurando-os pelo pelo do pescoço. Nos cachorros que já tiveram um olho saltado, no entanto, segurar o pescoço aumenta a pressão dentro e em torno do olho, o que pode fazer com que ele salte novamente. Uma forma melhor de contenção é segurar o focinho do cachorro com uma mão e colocar o outro braço em torno dos seus ombros, ou no alto da sua cabeça. E troque sua coleira por um peitoral.

CONSULTORES

■ Shane Bateman, doutora em Medicina Veterinária, é veterinária certificada pelo Conselho do American College of Emergency and Critical Care Medicine e professora assistente de Medicina de Emergência e Cuidados Críticos no Ohio State University College of Veterinary Medicine, em Columbus.

■ Joanne Howl, doutora em Medicina Veterinária, é veterinária em West River, Maryland; secretária-tesoureira da American Academy of Veterinary Disaster Medicine; e ex-presidente da Maryland Veterinary Medical Association.

■ Albert Mughannam, doutor em Medicina Veterinária, é veterinário oftalmologista no Veterinary Vision, em San Mateo, Califórnia.

■ Daniel Simpson, doutor em Medicina Veterinária, é veterinário no West Bay Animal Hospital, em Warwick, Rhode Island, e porta-voz da Rhode Island Veterinary Medical Association.

PARADA CARDÍACA
PROCURE SEU VETERINÁRIO: **IMEDIATAMENTE**

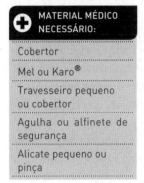

MATERIAL MÉDICO NECESSÁRIO:
- Cobertor
- Mel ou Karo®
- Travesseiro pequeno ou cobertor
- Agulha ou alfinete de segurança
- Alicate pequeno ou pinça

Cães e gatos não têm enfarte, mas existem várias causas que podem parar seus corações. Um golpe no peito por causa de uma queda ou por um acidente de carro, temperaturas extremas, como insolação, asfixia por afogamento ou choque, e mesmo doenças, como vermes do coração, provocam parada cardíaca.

Cães e gatos param de respirar antes que ocorra a parada cardíaca, e suas gengivas podem ficar descoradas ou azuladas. Eles perderão a consciência completamente, sem sinal de vida. Você precisa recorrer, imediatamente, à ressuscitação cardiopulmonar, para que o coração e a respiração recomecem, e procurar socorro médico o quanto antes. Muitas vezes, a ressuscitação cardiopulmonar não tem muito sucesso sem um equipamento veterinário adequado, mas, pelo menos, o pronto atendimento dará ao seu animal uma chance.

FAÇA ISTO JÁ

PROCURE A PULSAÇÃO. Verifique se o coração do seu animal parou, tomando sua pulsação. Você não vai conseguir senti-la na artéria carótida, localizada no pescoço, como se faz com pessoas. Em vez disso, pressione a ponta dos seus dedos indicador, médio e anular, na dobra onde a parte interna da coxa se junta ao corpo, e procure a pulsação na artéria femoral, que é muito grande e fica próxima à superfície. (Essa técnica aparece ilustrada na página 23.) Se não conseguir sentir a pulsação, coloque seu ouvido, ou a palma de sua mão, no lado esquerdo do seu animal, exatamente atrás do cotovelo, e ouça ou sinta o batimento.

CHEQUE SEUS REFLEXOS. Às vezes, pode ser difícil encontrar a pulsação, portanto, cheque sua prontidão.

- Chame pelo nome e espere uma resposta – até mesmo um mexer de orelha.

- Puxe delicadamente sua pata, para ver se ele puxa de volta.

- Olhe seus olhos, enquanto belisca firme entre seus dedos; se ele estiver ao menos parcialmente consciente, ele piscará.

- Dê uma pancadinha no canto interno de sua pálpebra, para provocar uma piscada como reflexo.

A ausência de resposta significa que ele está inconsciente. Se ele estiver inconsciente, mas respirando, e seu coração estiver batendo, continue a monitorar sinais de parada cardíaca. Controle qualquer sangramento a caminho da clínica e proteja-o contra choque, embrulhando-o em um cobertor. Caso você tenha disponível, coloque uma ou duas gotas de Karo® ou de mel em suas gengivas. Isso vai ajudar a elevar sua taxa de açúcar no sangue, caso a razão de sua inconsciência seja a baixa taxa de açúcar. (Para mais informações sobre sangramento, vá à página 400; para choque, à página 109.)

Se o coração de seu animal tiver parado

COMECE A RESPIRAÇÃO ARTIFICIAL. Se o coração de seu animal tiver parado e ele não estiver respirando, comece a respiração artificial (veja página 31), depois faça compressões no peito. Caso o coração recomece a bater, controle o sangramento, trate do choque e vá ao veterinário.

COMECE A RESSUSCITAÇÃO CARDIOPULMONAR. São necessárias diferentes técnicas de ressuscitação cardiopulmonar para provocar a volta da circulação, dependendo do tamanho de seu animal.

Para fazer ressuscitação cardiopulmonar em um gato ou em um cachorro pequeno, ponha a mão em concha sobre a extremidade do peito, logo atrás dos cotovelos. Aperte com firmeza, pressionando cerca de 1 cm, mantendo seu polegar de um lado e os outros dedos do outro. Isso não apenas bombeia o coração, como também faz com que a pressão dentro do peito (e contra o coração) aumente e diminua rapidamente, ajudando a movimentar o sangue. De forma ideal, uma pessoa faz as compressões no peito, enquanto outra faz a respiração artificial. Dê uma soprada a cada cinco compressões. O objetivo é 80 a 100 compressões e 15 a 20 respirações por minuto, até que seu animal se reanime ou que você consiga ajuda médica.

Deite de lado um cachorro de porte médio ou grande, em uma superfície dura, e, se estiver à mão, coloque um pequeno travesseiro ou um cobertor enrolado sob a parte inferior de seu peito. Isso vai eliminar qualquer espaço vazio e ajudará nas compressões. Ponha uma mão em seu peito em uma posição confortável, perto do ponto mais alto da parede torácica. Ponha sua outra mão sobre a primeira, depois pressione firme e fortemente com ambas as mãos, comprimindo o peito de 25 a 50%. (Pode ser que você tenha que fazer muita força com os cães maiores, mas não se preocupe em quebrar ossos – eles se recuperarão.) Alterne compressões com respirações, na mesma proporção usada com os cachorros pequenos. (Veja na página 31.)

No caso de um cachorro com um peito encorpado como um buldogue, deite o cachorro de costas, cruze suas patas sobre o esterno e ajoelhe-se com o abdome do animal entre suas pernas. Segure suas patas e faça compressões no peito, empurrando para baixo, diretamente sobre o esterno. Se seu cão se movimentar muito, enquanto você estiver comprimindo seu peito, deite-o de lado e depois proceda como descrito acima.

A cada minuto, pare a ressuscitação cardiopulmonar para verificar se há pulsação ou respiração. Se o coração recomeçar a bater,

---

COMO FUNCIONA A RESSUSCITAÇÃO CARDIOPULMONAR

A ressuscitação cardiopulmonar em pessoas comprime o coração entre a coluna vertebral e o esterno, através de golpes secos descendentes no peito, enquanto a pessoa estiver deitada de costas. A anatomia de peito achatado e a de cachorros muito grandes são semelhantes. Mas, em animais menores, o peito é mais pontudo, o que faz com que o coração "flutue" dentro do corpo, entre o esterno e as costas. Em animais com mais de 5 kg, as compressões no peito não comprimem de fato o coração, mas apertam os vasos sanguíneos do peito, fazendo com que o sangue volte a circular.

PARADA CARDÍACA 349

Para fazer ressuscitação cardiorrespiratória em cachorros de porte médio ou grande, primeiro deite-o de lado em uma superfície dura, e, se tiver, coloque um pequeno travesseiro sob a parte inferior de seu tórax. Depois, coloque uma mão próxima ao ponto mais alto da parede torácica, coloque a outra mão sobre a primeira e use as duas para comprimir o peito de seu cachorro.

pare as compressões, mas continue com a respiração artificial, até que seu animal respire sozinho, ou que você consiga ajuda médica. É preferível que haja alguém para guiar no seu lugar, assim, você pode continuar com o pronto atendimento enquanto se dirige ao veterinário.

SE TUDO MAIS FALHAR, TENTE ACUPUNTURA. Coloque uma agulha ou um alfinete de segurança diretamente no meio da fenda que fica no lábio superior do seu animal, abaixo do nariz. Coloque-a até o osso e mexa-a para trás e para frente. Isso estimulará a liberação de uma dose de adrenalina (epinefrina), uma substância química natural, usada pelos veterinários para impulsionar o coração. (Essa técnica aparece ilustrada na página 33.)

Se seu animal não estiver respirando

ABRA A PASSAGEM DE AR. Se seu cachorro não estiver respirando, mas seu coração estiver batendo, mantenha-se alerta para parada cardíaca, enquanto procura fazê-lo voltar a respirar.

Antes de poder ajudá-lo com uma respiração de salvamento, a passagem de ar tem que estar desobstruída. Abra a boca de seu animal e veja se há algum objeto estranho. Se a passagem de ar estiver bloqueada, use um pedaço de gaze ou de pano para segurar sua língua e puxe-a para fora para deslocar o objeto, ou coloque seus dedos, um alicate pequeno, ou uma pinça, para pegá-lo. Se você não conseguir alcançá-lo, recorra a uma variação da manobra de Heimlich.

No caso de um gato ou de um cachorro pequeno, segure-o com as costas dele contra seu estômago, a cabeça dele para cima e as patas penduradas. Encaixe seu punho na cavidade macia que fica logo abaixo de sua caixa torácica e puxe o punho para dentro e para cima, em direção à sua barriga e ao seu queixo, com um firme golpe.

Para cachorros maiores, deite o animal de lado e ajoelhe-se ao seu lado, com seus joelhos contra a coluna dele. Debruce-se sobre ele e coloque seu punho na cavidade abaixo da caixa torácica, depois empurre o punho de um só golpe, para cima e para dentro, em direção à cabeça do cachorro e aos seus joelhos. (Essa técnica aparece ilustrada na página 32.)

Repita o movimento duas ou três vezes seguidas, depois verifique se o objeto apareceu solto dentro da boca. Caso isso não tenha acontecido, você pode continuar tentando no carro, enquanto alguém os leva ao veterinário.

COMECE A RESPIRAÇÃO ARTIFICIAL. Depois que a passagem de ar estiver livre,

ALERTA IMPORTANTE

PROBLEMAS CARDÍACOS

É muito comum que gatos e cachorros tenham problemas cardíacos, e um dos sintomas mais comuns é uma tosse. Quando o coração não funciona muito bem – por causa da idade, uma deficiência hereditária ou vermes do coração – os pulmões ficam cheios de fluido e fica difícil respirar. Seu animal pode tossir muito, tentando expelir o fluido. Ele pode parecer agitado ou aflito e pode ter problemas para recuperar o fôlego, respirar mais rápido do que o normal ou se cansar facilmente depois de um esforço mínimo. Esses sintomas são todos indícios potenciais de problema cardíaco, portanto, se isso estiver acontecendo com seu animal, leve-o imediatamente ao veterinário.

Cachorros com problemas cardíacos assumem uma postura característica quando respiram ou tossem. Ficam parados com seus cotovelos para fora, como se estivessem se sustentando. O que de fato eles estão fazendo é dando mais espaço para que seu peito se expanda.

---

feche a boca de seu animal, preste atenção se ele está com o pescoço e a cabeça alinhados com as costas e dê duas rápidas sopradas em suas narinas. Observe se seu peito infla, depois sopre de 15 a 20 vezes por minuto. Você deverá soprar com bastante força para conseguir encher os pulmões de cães muito grandes, mas, quando se tratar de gatos e cães pequenos, tome cuidado para só dar uma baforada nos pulmões, para que eles não se rompam. O segredo é soprar apenas até que o peito se expanda. (Essa técnica aparece ilustrada na página 30.)

Às vezes, o ar que desce pela garganta do seu animal se recolhe no estômago. De tempos em tempos, aperte o estômago dele com a mão colocada do lado esquerdo, atrás das costelas, para que ele consiga expeli-lo.

✓ CUIDADOS POSTERIORES

- Depois que seu animal voltar do veterinário, normalmente não serão necessários cuidados especiais. Seu veterinário fará as recomendações, caso ele ache que o caso precise de maior atenção.

CONSULTORES

- Dale C. Butler, doutor em Medicina Veterinária, é veterinário na Best Friends Animal Hospital, em Denison, Texas.
- Martha S. Gearhart, doutora em Medicina Veterinária, diplomada pelo American Board of Veterinary Practioners, é veterinária no Pleasant Valley Animal Hospital, em Nova York.
- Julie Moews, doutora em Medicina Veterinária, é veterinária no Bolton Veterinary Hospital, em Connecticut.

PICADAS DE ARANHAS

PROCURE SEU VETERINÁRIO: **IMEDIATAMENTE**

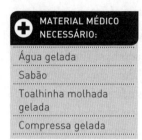

MATERIAL MÉDICO NECESSÁRIO:
- Água gelada
- Sabão
- Toalhinha molhada gelada
- Compressa gelada

As aranhas preferem evitar completamente os animais de estimação, mas, ao se sentirem ameaçadas, picarão cães e gatos. A maioria dessas picadas é mais desconfortável do que perigosa, e pode ser tratada da mesma forma que uma ferroada de abelha ou de vespa, para aliviar a dor e reduzir o edema. (Para mais informações sobre ferroadas de abelhas e vespas, vá à página 241.)

Quase todas as aranhas são venenosas, mas poucas podem realmente penetrar a pele com suas picadas e ter veneno suficiente (e potente o bastante) para causar algo mais sério. As picadas em animais normalmente ficam escondidas sob o pelo, e, em geral, quando os sintomas aparecem, a aranha já se foi. Sinais de desassossego podem surgir 30 minutos depois da picada, mas algumas picadas venenosas só vão apresentar problemas até seis horas depois do acontecido. Seu animal pode tremer descontroladamente ou ter uma febre alta (acima de 40 °C). À medida que o veneno se espalha pelo corpo, ele pode entrar em choque ou até ficar paralítico. Os primeiros socorros ajudam a controlar a propagação do veneno, mas o seu animal precisará de imediato socorro médico. Se o seu animal for picado por uma aranha não venenosa, os primeiros socorros, geralmente, são suficientes.

FAÇA ISTO JÁ

Para picadas venenosas

RESTRINJA OS MOVIMENTOS DO SEU ANIMAL ATÉ CHEGAR AO VETERINÁRIO. Correr, ou mesmo andar, aumentará a circulação do animal e fará com que o veneno percorra mais rapidamente o seu organismo. A reação pode ir de ruim para pior, se o veneno alcançar o coração ou o cérebro.

MANTENHA A REGIÃO PICADA ABAIXO DO NÍVEL DO CORAÇÃO. Isso também ajuda a retardar a propagação do veneno.

LAVE A FERIDA DA PICADA. Use água gelada e sabão para eliminar bactérias da superfície da pele. Isso reduz a possibilidade de uma infecção secundária.

IDENTIFICANDO ARANHAS VENENOSAS

Pode ser difícil saber se o seu animal foi picado, a não ser que você realmente veja a aranha. Mas é bom saber se existem aranhas fatais onde você mora, e se houver, como identificar aranhas perigosas por sua aparência e pelo lugar onde vivem.

Costuma-se dizer que quanto mais bonita a teia, menos perigosa é a aranha, mesmo que seja grande.

Aqui estão as principais aranhas venenosas encontradas no Brasil, e algumas que impressionam, mas não representam verdadeiro perigo:

Aranha-marrom. Não é uma aranha agressiva, só atacando quando comprimida, mas sua picada pode ser muito grave. Sua cor é marrom amarelada, com poucos pelos, quase invisíveis. Tem de 3 a 4 cm, incluindo as patas. Vive em lugares escuros, em teias irregulares entre telhas, tijolos, cantos de parede. Tem hábitos noturnos. É muito comum na região Sul do Brasil, principalmente no Paraná.

TRATAMENTO: Corticoide, analgésicos, dapsona, hidratação parenteral e diuréticos.

Armadeira. É uma aranha muito agressiva, que arma o bote quando vai atacar, daí o seu nome. Sua cor é cinza ou castanho-escura, e tem pelos curtos no corpo e nas patas. Pode chegar a 17 cm de comprimento, incluindo as patas, e seu corpo tem, em média, de 4 a 5 centímetros. As armadeiras costumam esconder-se em lugares escuros, como cachos de banana, vegetação e calçados. Sua picada pode ser grave para crianças e animais, provocando muita dor. Não faz teia. Tem hábitos vespertinos e noturnos.

São encontradas principalmente nas regiões Sul e Sudeste do Brasil.

TRATAMENTO: analgésicos e corticoides.

Tarântula ou aranha-de-grama. As picadas desse tipo de aranha são bem comuns, mas não são graves. Tem a cor cinza ou marrom, pelos vermelhos perto dos ferrões e uma mancha mais escura, em forma de flecha, sobre o corpo. Chega a 5 cm de comprimento, incluindo as patas, e como o próprio nome diz, costuma ser encontrada em gramados. Não faz teia. Tem hábitos diurnos.

TRATAMENTO: pomadas anti-inflamatórias locais.

Caranguejeiras. Aranha grande, com 15 centímetros, em média, pelos compridos e urticantes nas patas e no abdome. Embora muito temida, os acidentes com caranguejeiras são raros e sem gravidade, deixando apenas uma dor local. Vive em florestas e matas de todo o país. Sua teia é apenas para a postura de ovos.

TRATAMENTO: local

A maioria de nós conhece a caranguejeira pelos filmes de terror. Essas aranhas cabeludas podem ter uma extensão de pata de 10 cm.

IDENTIFICANDO ARANHAS VENENOSAS

Viúva-negra. Apesar de existirem viúvas negras extremamente venenosas em outros países, as encontradas no Brasil não produzem uma picada de grande gravidade. É uma aranha de cor preta com manchas vermelhas no abdome e, às vezes, nas patas. O tamanho da fêmea varia de 2,5 a 3 cm, e os machos são 3 a 4 vezes menores. Vive em teias feitas sob arbustos e vegetação rasteira, principalmente no litoral do nordeste brasileiro.

TRATAMENTO: o tratamento é sintomático.

COLOQUE COMPRESSAS GELADAS SOBRE A PICADA. Isso ajudará a amortecer a dor e a reduzir o edema. O gelado também ajuda a diminuir o afluxo sanguíneo para a região, retarda a propagação do veneno, e pode impedir a morte de certos tecidos. Primeiramente, coloque uma toalhinha molhada, gelada, sobre o machucado, depois coloque a compressa gelada, enquanto você se dirige para o veterinário.

Para picadas não venenosas

POR PRECAUÇÃO. Se você tiver visto uma aranha picar o seu animal e ela não se encaixar em nenhuma das descrições de "Identificando aranhas venenosas" (que se inicia na página 352), provavelmente não é uma aranha venenosa. No entanto, caso você esteja inseguro, procure seu veterinário imediatamente.

NÃO DEIXE QUE ELE SE MOVIMENTE. Restrinja os movimentos do seu animal por duas a quatro horas.

LAVE A FERIDA. Use água fria e sabão para eliminar bactérias na superfície da pele e reduzir as chances de uma infecção secundária.

PONHA GELO. Coloque uma toalhinha molhada gelada sobre o ferimento, depois aplique uma compressa gelada durante 10 a 30 minutos, várias vezes por dia.

FIQUE ATENTO PARA INFECÇÕES. Monitore o seu animal de perto, observando se surgem sinais de infecção, que incluem febre, secreção de pus, e uma região vermelha e inchada, quente ao contato e dolorosa. Se vir qualquer um desses sinais, ou se o seu animal tiver, de alguma forma, um comportamento estranho, vá imediatamente para o veterinário.

🐾 SITUAÇÃO ESPECIAL

PARA REAÇÕES ALÉRGICAS. Pode ser que o seu animal tenha uma reação alérgica a veneno de aranha. Se você perceber algum dos seguintes sintomas, leve-o imediatamente ao veterinário: respiração difícil, diarreia, edema na pele, fraqueza, ou colapso.

✓ CUIDADOS POSTERIORES

■ Animais picados por certos tipos de aranhas ficam fracos ou têm uma paralisia parcial por diversos dias. Talvez você tenha de levar seu animal até o quintal, ou até a caixa de areia, até que ele recupere as forças. Deixe água e comida ao seu alcance.

■ Na clínica veterinária, alguns animais podem receber medicação contra a dor, como morfina, depois da picada de algumas aranhas. Dependendo da severidade das contrações musculares, talvez seja preciso dar, em casa, um relaxante muscular oral, ou uma medicação anticonvulsiva.

- As picadas da aranha marrom frequentemente se transformam em feridas sólidas e grandes, que podem se espalhar, e será preciso dar um antibiótico receitado pelo seu veterinário durante várias semanas, para evitar uma infecção secundária. Poderá ser administrado Dapsona, para tentar diminuir as úlceras formadas.

CONSULTORES

- Ann Buchanan, doutora em Medicina Veterinária, é veterinária no Glenwood Animal Hospital, em Tyler, Texas.
- Dale C. Butler, doutor em Medicina Veterinária, é veterinário no Best Friends Animal Hospital, em Denison, Texas.
- Ken Lawrence, doutor em Medicina Veterinária, é veterinário no Texoma Veterinary Hospital, em Sherman, Texas.
- Julie Moews, doutora em Medicina Veterinária, é veterinária no Bolton Veterinary Hospital, em Connecticut.

PICADAS DE COBRAS
PROCURE SEU VETERINÁRIO: **IMEDIATAMENTE**

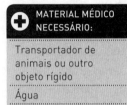

MATERIAL MÉDICO NECESSÁRIO:
Transportador de animais ou outro objeto rígido
Água
Toalhinha molhada gelada
Compressa gelada
Toalha pequena

É comum que os animais sejam picados por cobras, especialmente os cachorros, porque eles geralmente são curiosos e tentam brincar com criaturas que se movem. Na verdade, cerca de 15.000 cães e gatos são picados por cobras venenosas todo ano, apenas nos Estados Unidos. As cobras não venenosas podem causar dor e infecção, mas as venenosas podem matar um cachorro ou um gato em apenas uma ou duas horas. Os cachorros são muito mais sensíveis ao veneno de cobra do que os gatos, e picadas fatais são mais comuns em cachorros do que em qualquer outro animal doméstico. Todas as regiões do Brasil têm cobras venenosas, sendo que a mais agressiva é a jararaca, responsável pela maior parte das intoxicações.

A maioria dos animais é picada no focinho ou perto dele, e no pescoço, quando tentam pegar as cobras, mas as picada no corpo são mais perigosas. A gravidade da picada depende do tamanho da cobra, comparado ao tamanho do animal, o número de picadas e a quantidade de veneno injetado. Alguns tipos de veneno atacam o sistema nervoso central, nesse caso o animal pode ter um comportamento trôpego ou parar de respirar de repente. Mas o sintoma mais comum de picada de cobra, quando o veneno foi injetado, é um edema repentino e violento que geralmente esconde as marcas das presas, parecendo que a ferida é da picada de um inseto ou de uma aranha.

Um atendimento médico urgente é importante porque, mesmo que a picada não traga risco de vida, um dano irreversível causado pelo veneno começa imediatamente.

Como geralmente é difícil distinguir picadas inofensivas das picadas fatais, corra com seu animal até o veterinário se achar que ele foi picado. Um pronto atendimento pode ajudar o seu animal enquanto você está a caminho.

FAÇA ISTO JÁ

OBSERVE SINAIS DE CHOQUE. Qualquer picada de cobra venenosa pode causar choque, o que pode levar a uma parada respiratória. (Para mais informações sobre choque, vá à página 109.) O veneno da cobra coral e de algumas cascavéis podem paralisar o sistema respiratório. Picadas no focinho podem fazer com que as narinas e a traqueia inchem e também fique difícil respirar. Esteja pronto para fazer respiração artificial, caso seu animal pare de respirar. Envolva o focinho dele com a mão para selar os seus lábios e dê duas rápidas sopradas no seu nariz, observando se o peito dele infla. Dê 15 a 20 sopradas por minuto até que ele recomece a respirar sozinho, ou até que você consiga socorro médico. (Essa técnica aparece ilustrada na página 30.)

MANTENHA SEU ANIMAL QUIETO. Mantenha seu animal o mais calmo possível, e não deixe que ele se mexa de jeito nenhum. Leve-o ao veterinário dentro de um transportador ou preso em uma prancha. (Essa técnica aparece ilustrada na página 38.) O movimento acelera a circulação sanguínea, fazendo com que o veneno se espalhe mais rapidamente, e é preciso evitar que ele se estenda para todo o corpo.

RETIRE A COLEIRA. Remova a coleira do seu animal, ou o seu peitoral, para que ela não comprima o corpo quando a picada inchar o tecido.

LIGUE O AR CONDICIONADO DO CARRO. Isso pode ajudar a tornar a circulação sanguínea mais lenta.

MORTA, MAS MORTAL

Mesmo depois que uma cobra venenosa é morta – até mesmo se tiver sido decapitada – ela continua perigosa. As cobras mortas retêm uma reação por reflexo até uma hora depois de sua morte e ainda podem picar e intoxicar a vítima. Portanto, não segure uma cobra "morta", e não deixe que seus filhos ou seus animais cheguem perto dela.

TRATAMENTO COM SORO ANTIOFÍDICO

O soro antiofídico é feito com anticorpos criados no corpo de um cavalo que tenha sido exposto ao veneno, e é destinado a neutralizar os efeitos desse veneno. Ele é mais efetivo quando aplicado depois da picada, mas, em casos graves, ainda pode ser producente aplicá-lo até 28 horas depois. Ele é injetado no tecido em torno das marcas das presas, assim como por via intravenosa.

Quanto mais cedo a aplicação do soro, maior é a sua eficácia.

LIMPE A FERIDA. Se a picada estiver visível, não corte a ferida, porque isso aumenta o suprimento de sangue para a região, piorando a situação. Em vez disso, lave a superfície rapidamente com água e sabão.

COLOQUE UMA COMPRESSA GELADA NA PICADA. O gelo não apenas reduzirá a dor e ajudará a diminuir o edema como também tornará a circulação sanguínea mais lenta, podendo impedir que o veneno se espalhe. Muitas vezes, a picada é dolorosa demais para que o seu animal suporte um cubo duro de gelo, portanto, use um saco de gelo picado ou triturado, embrulhado em uma toalhinha molhada gelada. Se puder, peça que alguém vá com você até a clínica, para que um de vocês possa aplicar o gelo, enquanto o outro dirige. Coloque a compressa gelada por 10 a 30 minutos de cada vez.

MANTENHA A PICADA ABAIXO DO NÍVEL DO CORAÇÃO. Abaixe a região picada, para que não seja tão fácil, para a circulação, espalhar o veneno pelo resto do corpo.

IDENTIFICANDO COBRAS VENENOSAS

Procure dar uma boa olhada na cobra que picar o seu animal, para que seja possível descrevê-la, mas não se arrisque a tentar matá-la ou capturá-la. A maioria das serpentes venenosas brasileiras pertence à família *Viperidae*, que inclui as cascavéis, as jararacas e as surucucus. Essas cobras possuem presas grandes e móveis para injetar o veneno ao morder. O nome jararaca designa tanto uma espécie, como o gênero, em que estão incluídas, além da jararaca propriamente dita, a urutu, a jararaca da rabo branco, a cobra-papagaio e várias outras. A jararaca é uma das cobras mais conhecidas do Brasil e a responsável pelo maior número de vítimas. Possui desenhos que lhe garantem uma ótima camuflagem.

As cobras corais venenosas, pertencentes à família *Elapidae*, possuem várias espécies, todas com comprimento em torno de 1 m. Suas presas são curtas e fixas, portanto, em vez de injetar o veneno, elas tendem a se pendurar e "mastigar" o veneno dentro da vítima. Seu veneno é neurotóxico, paralisando o sistema respiratório, o que leva a vítima a se sufocar. Pode não haver um edema marcante, e a picada se parece com dois cortes pequenos. É possível que os sintomas não apareçam até sete horas após a picada.

A coral é uma das serpentes venenosas mais bonitas, com anéis negros e vermelhos, às vezes também amarelos e brancos, cabeça pequena e estreita quase da mesma largura do corpo. Não é tão agressiva quanto a cascavel, só atacando quando se sente acuada. Tem hábitos noturnos e subterrâneos, ficando debaixo de folhas, de troncos podres ou de terra fofa.

A cascavel tem várias subespécies, todas parecidas umas com as outras. Seu veneno tem ação neurotóxica, atacando o sistema nervoso e locomotor. Sua cor é castanha, com a barriga mais clara e losangos escuros bem definidos pelo corpo todo. Seu traço mais característico são os guizos no final da cauda, vestígio de suas trocas de pele. A cascavel tem um bote violento e avisará você de sua presença, chacoalhando os guizos, mas apenas se perceber sua presença. Tem hábitos crepusculares e noturnos, apesar de poder ser vista durante o dia.

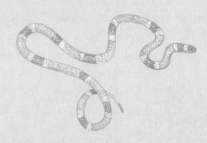

Existe uma confusão entre a coral e a chamada "falsa coral", que não é venenosa e pertence a outra família, sem presas. As duas são muito semelhantes, mas a "falsa" possui a barriga branca, sem anéis. Não tente distinguir uma da outra.

✔ CUIDADOS POSTERIORES

▪ A maioria dos animais que morrem de picada de cobra sucumbe uma ou duas horas depois do acontecido, e os animais que sobrevivem além desse prazo geralmente se recuperam. Mas eles não estarão a salvo até dez dias após a picada. Qualquer picada de cobra, venenosa ou não, precisa de antibiótico para combater uma possível infecção por bactéria, encontrada nas bocas das cobras. Normalmente, os veterinários aplicam injeções antitetânicas e antibióticas. Talvez também seja preciso uma medicação oral antibiótica para ajudar a proteger contra dano no tecido, até que a ferida tenha sarado.

▪ Se as feridas do seu animal estiverem sensíveis, consulte seu veterinário sobre medicamentos contra dor. Ou alivie a dor com compressas geladas duas a três vezes por dia.

A MELHOR ABORDAGEM

Muitos tipos de veneno botrópico destroem o tecido (pele e musculatura) no local da picada da cobra, e quatro ou cinco dias depois da picada o tecido começa a necrosar. Essas feridas têm uma recuperação muito demorada e podem se alastrar. O melhor tratamento é o cirúrgico, com a retirada dos debris necróticos.

Já o veneno crotálico pode causar lesão renal, portanto, hidratação e diuréticos são recomendados.

CONSULTORES

▪ Ann Buchanan, doutora em Medicina Veterinária, é veterinária no Glenwood Animal Hospital, em Tyler, Texas.

▪ Charles De Vinne, doutor em Medicina Veterinária, é veterinário na Animal Care Clinic, em Peterborough, New Hampshire.

▪ Larry Edwards, doutor em Medicina Veterinária, é veterinário no Canyon Creek Pet Hospital, em Sherman, Texas.

▪ Ken Lawrence, doutor em Medicina Veterinária, é veterinário no Texoma Veterinary Hospital, em Sherman, Texas.

PICADAS DE MOSCAS

PROCURE SEU VETERINÁRIO: **SE NECESSÁRIO**

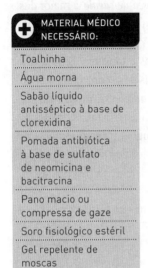

MATERIAL MÉDICO NECESSÁRIO:
- Toalhinha
- Água morna
- Sabão líquido antisséptico à base de clorexidina
- Pomada antibiótica à base de sulfato de neomicina e bacitracina
- Pano macio ou compressa de gaze
- Soro fisiológico estéril
- Gel repelente de moscas

Os gatos quase nunca são incomodados por moscas, mas os cachorros – principalmente os com orelhas em pé, como o pastor alemão – frequentemente são mordidos na parte de dentro da ponta da orelha. A mosca de estábulo, geralmente chamada de mosca doméstica de ferrão, se parece com uma mosca doméstica, mas tem um dispositivo na boca, afiado como agulha, no formato de baioneta, que ela usa para se alimentar de sangue. As moscas de estábulo preferem os cavalos e se acham espalhadas por todo o Brasil, sendo também conhecidas como mosca-do-bagaço, murinhanha, meruanha, bironha, entre outros.

Os cachorros que são picados por moscas nas orelhas não têm muito sangramento, mas suas bordas e pontas ficarão com crostas por causa da inflamação e do soro que escorre das picadas. Os cachorros de porte pequeno raramente são incomodados, mas os grandes vivem mais tempo ao ar livre, onde ficam expostos às moscas de verão. Além disso, cachorros maiores significam maiores quantidades de fezes, o que costuma atrair moscas. Os problemas causados por picadas de mosca podem ser facilmente controlados com o pronto atendimento.

FAÇA ISTO JÁ

AMOLEÇA A CASCA. Segure uma toalhinha ensopada em água morna sobre as margens inflamadas da orelha de seu animal, para amolecer as crostas e cascas. Pode levar dois ou três minutos até que o material tenha amolecido o suficiente para ser removido.

LAVE A REGIÃO. Uma vez que as cascas foram removidas, lave as áreas afetadas com um sabão líquido antisséptico à base de clorexidina, prestando atenção para enxaguar todo o sabão. Para os gatos é mais seguro usar apenas água morna com uma compressa de gaze.

Use uma pomada antibiótica à base de sulfato de neomicina e bacitracina comum para ajudar no alívio da inflamação e prevenir infecção nas orelhas.

CUIDADOS POSTERIORES

- As picadas de mosca deixam as orelhas muito inflamadas e continuamente vazando soro e formando cascas durante vários dias, mesmo sem novas picadas. Mantenha as feridas limpas, tirando o excesso de crosta pelo menos uma vez por dia. Use um pano macio ou uma

OS NOMES DOS INSETOS

Existem diversos tipos de moscas e mosquitos, além da mosca comum de estábulo, ou mosca doméstica de ferrão. A maior parte deles procura primeiramente os rebanhos, como gado e cavalos, mas eles também podem atacar pessoas e animais de estimação. As moscas e os mosquitos adultos buscam seu alimento no sangue, na saliva, nas lágrimas ou no muco, enquanto que as formas larvais geralmente crescem em lugares molhados ou úmidos. As picadas de moscas e mosquitos não apenas são dolorosas, como também podem espalhar doenças como antraz e tularemia. A maioria das moscas e mosquitos pode ser exterminada ou repelida com os mesmos inseticidas que são usados contra pulgas. Eis alguns tipos de moscas e mosquitos mais prováveis de entrarem em contato com você e seu animal. Só as fêmeas chupam sangue.

Borrachudo: também conhecido no norte do Brasil como pium. São pequenos (2 a 5 mm) e hematófagos. Existem mais de 1.000 espécies de borrachudos. Costumam fervilhar perto de rápidas corredeiras ou águas correntes.

Mosquito-pólvora: também conhecido como mosquitinho-do-mangue, maruim, miruim ou bembé, esses minúsculos (1 a 2 mm) encrenqueiros também chupam sangue. Vivem perto de mangues ou lodos e charcos.

Mutuca ou mosca-de-cavalo: a maior das moscas com ferrão tem corpo pesado, geralmente é colorida e vive perto dos estábulos. Bota ovos em lagos e tanques. É uma das moscas mais difíceis de se controlar e matar.

Mutuca-de-veado: essa mosca de tamanho médio, com asas listadas de escuro também chupa sangue, transmite doenças e causa dolorosas feridas com sua picada. Geralmente são resistentes a inseticidas.

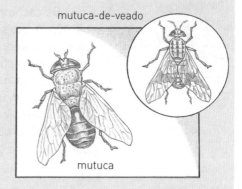

As mutucas não incomodam apenas os cavalos. Comparadas com outras moscas, são grandes (chegam a 2,5 cm). Esses predadores hematófagos são extremamente agressivos.

As mutucas-de-veado podem ser pequenas (0,5 cm a 1 cm), mas são agressivas e suas picadas são dolorosas. Procure por uma grande mancha em cada asa.

---

compressa de gaze embebida em água ou em soro fisiológico estéril.

■ Coloque uma camada espessa de pomada antibiótica à base de sulfato de neomicina e bacitracina, várias vezes por dia. Isso não apenas previne infecções, como forma uma barreira mecânica que mantém as moscas à distância. Você terá de reaplicá-la muitas vezes, porque os animais tendem a limpar a pomada, esfregando suas orelhas inflamadas contra objetos.

■ Use um gel repelente de moscas para mantê-las longe do seu animal. Ele precisa ser aplicado várias vezes por dia, em abundância em camadas espessas, para que as moscas não se aproximem. Caso você não tenha um repelente de moscas, um repelente de pulgas seguro para animais também funcionará. Borrife o repelente em uma compressa de gaze e passe-a nas orelhas do seu animal, no alto de sua cabeça e em torno do pescoço. Preste atenção nas instruções da embalagem – alguns sprays contra pulgas ficam perigosos, quando combinados com outros repelentes de insetos.

■ Você pode livrar-se completamente do problema só limpando o seu quintal. As moscas de estábulo colocam ovos e se desenvolvem em materiais em decomposição, como grama cortada, plantas marinhas ao longo das praias, montes de feno, e fezes. O ciclo de vida de uma mosca, de ovo para adulto, é de duas a três semanas, portanto, apenas o recolhimento frequente dos dejetos de seu cachorro – diariamente, se necessário – reduzirá drasticamente as pragas, uma vez que as moscas não se verão atraídas para o seu quintal.

A MELHOR ABORDAGEM

REPELENTE DE MOSCAS

As moscas são atraídas, principalmente, pelos cavalos, mas se não houver nada mais disponível, elas se satisfarão com as orelhas do seu cachorro. Os repelentes de moscas e mosquitos produzidos para animais de estimação, funcionam muito bem para a maioria dos cachorros, e até mesmo vaselina, colocada em abundância em suas orelhas, pode proporcionar uma barreira mecânica que manterá as pragas à distância. No entanto, os veterinários dizem que produtos produzidos para proteger cavalos das picadas de moscas podem ser uma opção para cães de porte grande, por um limitado período de tempo. Eles não apenas repelem os insetos, como também matam as moscas pelo contato, de forma que elas não colocam ovos e produzem mais pragas mordedoras.

O unguento Pearson® vem em embalagem de 180 g e pode ser encontrado pela internet. Contém piretrina, um inseticida natural seguro para animais domésticos, e repele várias espécies de moscas que podem ser nocivas para eles. Você pode passá-lo levemente no focinho de seu animal, nas orelhas, e mesmo em torno de feridas abertas para prevenir infestações de larvas. Não o aplique em cortes ou sobre as próprias feridas. Não o utilize por mais de três dias seguidos, ou em animais que pesem menos de 25 kg. (Para mais informações sobre larvas, vá à página 314.)

CONSULTORES

■ Michael G. Abdella, doutor em Medicina Veterinária, é veterinário em Aliso Viejo Animal Hospital, em Alisa Viejo, Califórnia.

■ Lorrie Bartloff, doutora em Medicina Veterinária, é veterinária na Three Point Veterinary Clinic, em Elkhart, Indiana.

■ Mauri Karger, doutora em Medicina Veterinária, é veterinária no 1-20 Animal Medical Center, em Arlington, Texas.

PROBLEMAS DE PARTO
PROCURE SEU VETERINÁRIO: **SE NECESSÁRIO**

MATERIAL MÉDICO NECESSÁRIO:
- Termômetro clínico
- Tesoura com pontas arredondadas ou tosador elétrico
- Pano seco ou toalhas limpas
- Lubrificante (vaselina ou K-Y Gel®)
- Pera de sucção
- Luvas médicas descartáveis
- Tesoura afiada
- Pinça hemostática ou linha
- Álcool
- Gaze em rolo
- Povidine
- Toalhinha
- Água morna
- Substituto de leite
- Mamadeiras
- Conta-gotas, ou seringa sem agulha
- Garrafas plásticas de refrigerante
- Panos de prato grossos e secos

Geralmente, cães e gatos têm poucos problemas de parto. No entanto, as raças caninas com cabeças grandes e quadris estreitos, como os buldogues, são propensas a problemas, e animais mais velhos, acima do peso, ou nervosos, têm mais dificuldades. Uma mãe de primeira viagem pode não saber o que esperar ou o que fazer e acabar se atrapalhando. Se o canal pélvico for muito pequeno, se as contrações forem fracas ou pararem, ou se o filhote estiver numa posição difícil ou for muito grande, o parto pode ser interrompido. Isso pode não apenas se tornar perigoso para os filhotes, que podem morrer, mas também ser doloroso ou até arriscado para a mãe.

O processo do parto para cães e gatos ocorre em fases, e o ritmo do tempo é tudo. A primeira fase é de inquietação, respiração ofegante, talvez vômito ou calafrios, e a busca de um ninho, onde o cachorro e o gato procuram o lugar ideal para ter seus filhotes. As contrações se iniciam na segunda fase, e a mãe deverá ter seu primeiro filhote no espaço de uma hora após a primeira contração forte. Uma placenta do tamanho de uma bola de golfe translúcida, âmbar, emerge primeiro, depois se rompe para liberar o líquido amniótico, e o primeiro filhote deverá nascer em cerca de uma hora. As cadelas podem levar 24 horas do primeiro estágio ao nascimento de todos os filhotes, e as gatas, 36 horas. Depois que as contrações regulares e frequentes tiverem início, ou se houver líquido amniótico, ou se ambas as coisas acontecerem, normalmente levará de quatro a seis horas até que todos os filhotes tenham nascido. A mãe deve descansar entre os nascimentos.

Na maioria dos casos, você pode usar os primeiros socorros para ajudar a nova mãe a ter um parto bem sucedido, se ela começar a apresentar problemas. Mas se sua cadela ou sua gata estiver fraca, desanimada, morder os flancos por estar com dor, entrar em trabalho por cerca de uma hora sem parir e ainda estiver tendo contrações regulares e frequentes, ou se houver uma eliminação vaginal negra, amarela ou sangrenta, cheirando a podre, ela precisará de imediato socorro médico. (O cheiro da eliminação é especialmente importante, por haver descarga com colorações semelhantes num nascimento normal).

FAÇA ISTO JÁ

TOME A TEMPERATURA DE SUA CADELA.
No caso de cadelas, tome a temperatura da mãe com um termômetro clínico lubrificado com vaselina ou K-Y® Gel. Isso ajudará a determinar o provável início da primeira fase, uma vez que a temperatura sempre cai um grau ou dois abaixo do normal (37 ºC, 38 ºC) cerca de 24 horas antes que a cadela entre em trabalho de parto. Uma vez estabelecido que a temperatura da mãe caiu, você pode prever que ela entrará em trabalho dentro de 24 horas, e o primeiro cachorrinho deverá aparecer cerca de 30 a 90 minutos depois do início de contrações regulares e frequentes.

Em alguns animais, pode ser difícil detectar o início destas contrações ativas, portanto, observe cuidadosamente seu animal. A futura mamãe geralmente se tornará mais agitada e se esforçará para manter o processo em andamento. Provavelmente você não conseguirá tomar a temperatura da sua gata. Elas tendem a ficar sozinhas quando vão parir, e você pode não notar mudanças de comportamento tão evidentes quanto em uma cadela.

TOSE O PELO. Tose o pelo de cadelas e gatas com pelos longos, na extremidade posterior, com tesoura com pontas arredondadas ou tosador elétrico. Isso não apenas impede que a sujeira de fluidos do parto grude na pelagem, como tira os pelos do caminho, impedindo que um filhote fique enroscado.

DEIXE QUE ELA TENHA PRIVACIDADE.
Um hormônio chamado oxitocina é liberado pelo cérebro e avisa o corpo do seu animal

---

ALERTA IMPORTANTE

FEBRE DO LEITE

Quando uma cadela ou gata mãe não tem cálcio suficiente em seu organismo para aguentar o esgotamento de produzir leite, pode desenvolver um problema grave, com risco de morte, chamado eclâmpsia ou febre do leite. Isso geralmente acontece durante as primeiras duas semanas após o parto, e as raças pequenas com grandes ninhadas são as que correm maior risco.

A fêmea nessa situação ficará muito agitada, deixará os filhotes, andará de um lado para outro, ficará excessivamente ofegante, terá tremores, andará com as patas duras e poderá até mesmo ter convulsões e colapso. Frequentemente, terá uma febre de 41ºC ou mais. A febre do leite pode fazer com que seus lábios se estiquem para trás num sorriso esquisito, porque o baixo índice de cálcio provoca uma espécie de tetania, que afeta os nervos e puxa os músculos de forma estranha. Sem tratamento, a mãe pode morrer em apenas poucas horas, portanto, ela precisará de socorro médico o mais rápido possível.

O tratamento envolve reposição intravenosa de cálcio, com gluconato de cálcio. Se aplicado a tempo, ele pode reverter os sinais em quinze minutos. Os filhotes não poderão ser amamentados por, no mínimo, 24 horas, ou até que a mãe esteja estabilizada, e pode ser que precisem ser alimentados manualmente, até que sejam desmamados.

para começar o trabalho de parto e a produção de leite. No entanto, o estresse da presença de espectadores assistindo o processo, como uma classe de alunos do primeiro ano ou as crianças da vizinhança, pode interromper o fluxo de oxitocina e parar com as contrações uterinas normais, e o que teria sido um parto normal pode vir a se transformar na necessidade de uma cesariana. A melhor maneira de fazer com que o processo recomece é garantir que a mãe tenha alguma privacidade. Mande embora a plateia, feche a porta e deixe que sua cadela ou sua gata se acomodem.

FIQUE ATENTO A PROBLEMAS. Os gatinhos e os cachorrinhos não mudam de posição durante o processo de parto – depois da concepção, eles se desenvolvem nos "chifres" do útero em forma de Y por cerca de 63 dias, e vão para o canal pélvico naquela mesma posição, seja de frente, seja de costas. Os filhotes são muito flexíveis, portanto, um parto que comece pela parte traseira normalmente não é uma emergência. Espere para ver se ele continua saindo – é possível esperar até 15 ou 20 minutos, quando o filhote já estiver visível no canal pélvico.

🐾 SITUAÇÕES ESPECIAIS

SE NÃO HOUVER NASCIMENTO DEPOIS DE 20 MINUTOS DE ESFORÇO. Se a mãe fizer força e o filhote não nascer após 20 minutos, você precisará de ajuda.

Antes de qualquer coisa, tome providências para que alguém em quem a fêmea confie esteja lá para falar com ela e acalmá-la, de forma que ela fique tranquila enquanto você ajuda com o parto. Os recém-nascidos vêm cobertos por uma membrana molhada e podem ser muito escorregadios; enrole um pano seco, ou uma toalha em volta do filhote e faça uma ligeira pressão para tirá-lo para fora.

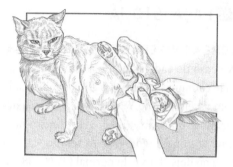

Se a gata ou a cadela precisar de ajuda, guie cuidadosamente o filhote para fora do canal pélvico, num movimento em curva, dirigindo-o para fora e para baixo, em direção às patas da mãe.

Imagine que o filhote esteja no formato de um C, com a cabeça em uma ponta do C e as patas traseiras na outra. Em vez de puxá-lo diretamente para fora pela área vaginal, puxe-o fazendo uma curva para baixo, em direção às patas da mãe, num formato de C. Calcule seu cuidadoso movimento de puxar, de forma que coincida com o esforço de empurrar feito pela mãe – não entre em conflito com o corpo dela. Se a mãe ficar de pé pode ser uma ajuda, porque a gravidade ajudará no processo.

Gire o filhote conforme você puxa, primeiro para um lado, depois para o outro, a cada contração. Um pouco de lubrificante como K-Y Gel® ou vaselina, aplicado com dedos limpos nos lábios da vulva e no filhote, pode ajudar um filhote grande a escorregar. Não tenha medo de machucar o filhote – os cachorrinhos e os gatinhos são muito elásticos. Se o filhote não nascer após alguns minutos de sua cuidadosa assistência, você precisará buscar ajuda médica.

SE A MÃE NÃO REMOVER A MEMBRANA DO RECÉM-NASCIDO. O pós-parto que está ligado ao cordão umbilical contém sangue rico em oxigênio, que sustentará o filhote

E O PÓS-PARTO?

Pela lei da natureza, as fêmeas de gatos e cachorros comem as placentas por duas razões. A primeira, porque o material contém nutrientes que podem ajudar a fortalecer o corpo da mãe e ajudar na produção de leite. A segunda, para ajudar a limpar a área do parto, impedindo a propagação do odor, o que na vida selvagem poderia atrair predadores.

Contudo, nossos cães e gatos domésticos nem sempre fazem o que a natureza prevê. Será uma boa ideia a mãe comer uma ou duas, mas provavelmente não terá grande importância se ela se recusar a comer qualquer uma. Na verdade, as mães desenvolvem diarreia, quando comem um excesso de placentas. Desde que a fêmea esteja se alimentando com uma ração altamente nutritiva, designada para a reprodução (as fórmulas feitas para filhotes de cães e gatos são perfeitas – elas contêm mais carboidratos e gordura do que os alimentos para animais adultos, de maneira que a mãe não terá de comer muito para preencher suas necessidades), ela estará em boa forma, quer coma várias placentas, quer nenhuma.

Para retirar o fluido dos pulmões de um recém-nascido, enrole-o em uma toalha e segure-o de cabeça para baixo, balançando-o em um movimento de arco, para deixar que a gravidade remova o fluido.

por um período muito breve. Normalmente, a mãe começará, imediatamente, a lamber todo o filhote. Isso remove a membrana envoltória e estimula o filhote a começar a respirar. No entanto, se a mãe não remover a membrana em 30 segundos, você, ao menos, precisará rompê-la e retirá-la do focinho do filhote, para que ele consiga respirar. A membrana se juntará em torno do cordão umbilical – tome cuidado para não puxar o cordão, porque ele poderá se romper muito próximo ao corpo e provocar sangramento ou hérnia (uma ruptura nos músculos abdominais que permitem que os órgãos internos se projetem para fora do corpo).

SE O RECÉM-NASCIDO NÃO COMEÇAR A RESPIRAR. Se o filhote não começar a respirar por si só num prazo de 10 a 30 segundos, pegue-o com uma toalha limpa e esfregue-o por completo energicamente, sobre o peito e nos seus dois lados. Isso estimula tanto o trabalho da circulação quanto dos pulmões. Pare o tratamento quando o filhote começar a se mover, a respirar ou chorar e devolva-o à sua mãe.

Os recém-nascidos podem ter fluido dentro da boca e do nariz, que interfere em sua respiração. Se a esfregação com a toalha não tiver efeito, use uma pera de sucção, que você usaria em uma criança pequena, para ajudar a limpar o seu nariz.

A pera de sucção pode não alcançar uma profundidade suficiente dentro do corpo. Se necessário, você pode limpar qualquer fluido dos pulmões do filhote, segurando-o de cabeça para baixo, enquanto o mantém seguramente enrolado em uma toalha. Balance o filhote com a cabeça para baixo entre suas patas, começando na altura do ombro. Repita várias vezes esse rápido movimento. Isso faz com que a gravidade ajude a eliminar o fluido dos pulmões e do trato respiratório. Preste atenção para segurar o filhote com firmeza, para não correr o risco de deixá-lo cair.

SE A MÃE NÃO CORTAR O CORDÃO UMBILICAL. Normalmente a mãe corta o cordão umbilical com os dentes. No entanto, algumas vezes, os filhotes são tantos que ela não dá conta de todos, ou ela se distrai e se esquece de cortá-los. Se a mãe não o fizer em dois ou três minutos, você deverá cortá-los.

Você pode usar luvas médicas descartáveis (vendidas em farmácias) ou, pelo menos, tenha certeza de que suas mãos estejam muito limpas.

O cordão sangrará quando for cortado com tesoura, portanto use uma pinça hemostática que você poderá comprar em lojas de produtos médicos e em alguns catálogos

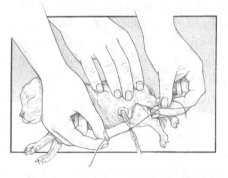

Para impedir que o cordão umbilical de um recém-nascido sangre, amarre-o com uma linha antes de cortá-lo. Seria bom ter alguém para segurar o filhote, para que você fique com as duas mãos livres.

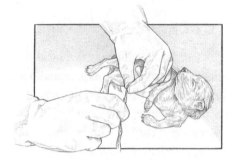

Se você não tiver uma pinça hemostática ou uma linha, você pode plissar os vasos sanguíneos antes de cortar o cordão, apertando-o com o seu polegar e seu indicador.

de produtos para animais de estimação, ou amarre-o com uma linha, antes de cortá-lo.

Você pode manter a linha, a pinça hemostática e a tesoura imersas em álcool, para mantê-las limpos até que seja preciso usá-las. Não se esqueça de secá-los com gaze esterilizada, ou com uma toalha limpa, antes de usá-los.

Coloque a pinça hemostática ou faça o nó numa distância de 1,5 cm a 2,5 cm do corpo do filhote. Depois, use uma tesoura bem afiada para cortar o cordão do lado de fora do nó (a ordem é corpo, pinça hemostática, corte). Mergulhe a ponta do cordão em povidine para impedir a penetração de bactérias através desta região aberta. Se você usar linha, deixe-a amarrada no toco do cordão, que vai acabar secando e caindo. O final ligado à placenta pode sangrar ligeiramente, mas a placenta vai se descolar do útero, se ainda não aconteceu, e este sangramento é normal. Contudo, se houver um gotejar constante da mãe por mais de cinco ou dez minutos, ela deverá ser levada imediatamente a um veterinário.

Se você não tiver uma pinça hemostática ou uma linha, depois que a placenta tiver saído, use seu polegar e seu indicador, dentro de uma luva ou muito bem lavados, para apertar o cordão umbilical numa distância de cerca de 1,5 cm a 2,5 cm longe do corpo do filhote. Apertando com firmeza, faça delicadamente um movimento de vai-e-vem com seu polegar sobre o cordão durante 30 a 60 segundos. Você não estará tentando seccionar o cordão, mas este leve movimento vai plissar e fechar os vasos sanguíneos internos, deixando-o mais fácil de cortar. Em seguida, use uma tesoura que tiver sido mergulhada em álcool para fricção e secada como descrito acima, para, cuidadosamente, cortar o cordão do lado da placenta, em relação ao ponto que você apertou.

☑CUIDADOS POSTERIORES

▪ Depois que todos os filhotes já tiverem nascido, deixe a mãe um pouco sozinha. Isso diminuirá o seu cansaço e fará com que o corpo providencie a descida do leite para amamentar os recém-nascidos. É importante que os filhotes bebam este "primeiro leite", chamado colostro, porque ele contém todos os tipos de fatores imunológicos que ajudam a proteger os filhotes de doenças.

▪ Se após meia hora você perceber que os filhotes estão tendo problema para conseguir leite, a mãe pode não estar conseguindo relaxar o suficiente para soltar o leite e suas mamas podem ficar empedradas. Você pode ajudar, estimulando as mamas com uma toalhinha molhada em água morna e massageando-as com delicadeza.

▪ Se a mãe não conseguir amamentar os filhotes, você terá que providenciar leite para eles. A quantidade necessária para alimentá-los vai depender do tamanho dos filhotes e das especificações do produto, portanto, siga as orientações do seu veterinário. Tome cuidado para esquentar a mistura da maneira indicada por ele, para que os filhotes não tenham problemas na barriga.

Você pode dar o leite em mamadeiras apropriadas, ou pode usar um conta-gotas ou uma seringa sem agulha. Se usar uma mamadeira, verifique o tamanho da abertura do bico, segurando a mamadeira cheia de cabeça para baixo, sem apertá-la. A mistura deverá gotejar; se isso não ocorrer, esquente uma agulha de costura e faça um ligeiro aumento na abertura. Experimente novamente a mamadeira antes de usá-la, para ter certeza de que a abertura não ficou muito grande. A mistura deverá pingar vagarosamente do bico. Você também pode comprar um kit de amamentação em pet shops, que contém tudo o que você precisa para amamentar gatinhos e cãezinhos recém-nascidos. Ao alimentá-lo, verifique se o filhote está em uma posição normal de amamentação – com a barriga para baixo – para conseguir melhores resultados.

▪ Depois de nascidos os filhotes, a mãe terá uma eliminação vaginal normal por até quatro semanas, com uma cor que pode variar do vermelho ao verde, ou até mesmo preto. No entanto, se esse material tiver um cheiro ruim ou ainda tiver muito sangue três semanas após o parto, isso poderá ser sinal de uma infecção vaginal ou uterina, de uma placenta retida ou de uma incapacidade dos ovários em voltar ao normal. Ela precisará de cuidados médicos o mais rápido possível, e o veterinário deverá prescrever antibiótico.

▪ No caso de a mãe ter uma infecção vaginal, os filhotes poderão pegar bactéria do material eliminado. Os filhotes que estiverem sendo amamentados poderão sofrer de diarreia, chorar, ficar debilitados ou até mesmo morrer. A providência mais importante é afastá-los da mãe, alimentá-los e mantê-los quentes. Você poderá encher uma garrafa de refrigerante com água quente, enrolá-la em uma toalha limpa e deixar os filhotes aconchegarem-se em torno dela. (Para mais informações sobre filhotes debilitados, vá à página 247).

A MELHOR ABORDAGEM

AQUECEDORES DE GARRAFAS DE REFRIGERANTE

Os cãezinhos e gatinhos recém-nascidos não possuem termostato interno para se manterem aquecidos, e sua temperatura normal varia de 33 °C a 36 °C. Eles se mantêm vivos apenas ficando aconchegados uns aos outros ou próximos à sua mãe, aquecidos pela temperatura dela, que varia de 37 °C a 39 °C. Assim como os filhotes não conseguem regular suas temperaturas, eles também podem, facilmente, se queimar com fontes de calor externas, como lâmpadas quentes ou chapas elétricas. Uma das maneiras mais eficientes e baratas de manter os recém-nascidos aquecidos é com as garrafas plásticas de refrigerante de 2 litros.

Encha as garrafas com água quente e enrole cada uma em um pano de prato grosso e seco. Os panos de prato vão proteger a fonte de calor, de forma que os filhotes não se queimem. Segure as garrafas recobertas junto à sua pele – se você sentir o calor de maneira agradável é porque a temperatura está correta. As garrafas revestidas irão manter os filhotes aquecidos até mesmo quando a mãe tiver que deixá-los sozinhos por curtos períodos. Você também pode usar bolsa de água quente enrolada em toalha como fonte de calor para os filhotes.

CONSULTORES

- Lorrie Bartloff, doutora em Medicina Veterinária, é veterinária na Three Point Veterinary Clinic, em Elkhart, Indiana.
- Kevin Doughty, doutor em Medicina Veterinária, é veterinário na Mauer Animal Clinic, em Las Vegas.
- Alvin C. Fufour, doutor em Medicina Veterinária, é veterinário no Dufour Animal Hospital, em Elkhart, Indiana.
- A. Michelle Miller, doutora em Medicina Veterinária, é veterinária na Animal Aid Clinic South, em Elkhart, Indiana.
- Jeff Nichol, doutor em Medicina Veterinária, é diretor e veterinário no Adobe Animal Medical Center, em Albuquerque.

PROBLEMAS DE SUTURA

PROCURE SEU VETERINÁRIO: **SE NECESSÁRIO**

MATERIAL MÉDICO NECESSÁRIO:
- Compressa quente
- Água ou soro fisiológico estéril
- Compressas de gaze
- Esparadrapo tipo Micropore®
- Filme plástico
- Óleo de eucalipto, mentol e cânfora
- Bite Stop®, Bitter Max® ou molho de pimenta
- Colar elisabetano
- Meia 3/4 ou *fuseau*
- Camiseta
- Curativo elástico Vetrap®
- Lençol
- Alfinetes de segurança

Quase todos os animais precisarão de pontos em alguma época da vida, nem que seja por causa de uma cirurgia de castração. As suturas são usadas para reparar cortes no corpo, juntando as partes; os veterinários podem usar grampos de metal, pontos de arame, suturas absorvíveis que não precisam ser retiradas, ou uma espécie de linha que pode permanecer depois que a incisão fecha. Ocasionalmente, o corpo tem uma reação ao material e o tecido fica vermelho, inchado e inflamado. Outras vezes, um ponto fica frouxo ou é arrancado pelo animal, e a incisão se abre.

A irritação de uma sutura infectada torna quase impossível que um animal resista à ânsia de lambê-la e mordiscá-la e, sem um pronto atendimento para aliviar a coceira, é muito provável que especialmente os cachorros lamberão suas incisões.

Uma inflamação leve é fácil de ser tratada em casa. Embora uma incisão aberta precise de cuidados médicos imediatos, os primeiros socorros ainda são vitais para impedir que o seu cachorro se machuque ainda mais.

FAÇA ISTO JÁ

APLIQUE UMA COMPRESSA QUENTE. Um pequeno edema exatamente em torno dos pontos, grampos, ou linha da incisão, é normal. Mas se a região estiver muito vermelha ou quente além da linha de incisão, ou se o tecido tiver uma secreção de pus, leve o seu animal ao veterinário; ele pode estar com uma infecção. No meio tempo, coloque uma compressa quente, molhada, para ajudar a acelerar a recuperação e limpe qualquer secreção. Ligue a torneira deixando a água ficar o mais quente que você puder suportar, molhe um pano, torça-o e o coloque sobre a linha de incisão duas ou três vezes por dia, alternando cinco minutos de aplicação com cinco minutos de descanso, até que o pano esfrie.

MANTENHA A INCISÃO LIMPA. Use um pouco de água ou de soro fisiológico estéril, em uma compressa de gaze ou em um pano limpo. Quando houver uma pequena abertura na incisão, no lugar onde o seu animal removeu um ponto ou um grampo, limpe o local da mesma maneira, absorvendo a umidade com papel toalha ou uma compressa seca de gaze. Se não houver um veterinário disponível, talvez você mesmo consiga fechar o ferimento com um ou mais esparadrapo tipo micropore®, à venda em farmácias. Depois, procure o seu veterinário, que pode querer examinar a incisão.

CUBRA ABERTURAS GRANDES COM FILME PLÁSTICO.
Se houver uma ferida aberta no abdome, cubra a região com uma compressa limpa de gaze, ou com um pano embebido em água, ou em soro fisiológico estéril. Enrole filme plástico em torno de todo o corpo, para manter a ferida fechada, depois procure imediata atenção médica.

NÃO DEIXE QUE O SEU ANIMAL MEXA NO FERIMENTO.
Se houver apenas uma pequena inflamação e as suturas estiverem intactas, mas o seu animal continuar a cutucar o ferimento, passe com cotonete uma fina camada de óleo de eucalipto, mentol e cânfora em cada lado da incisão. Para 90% dos animais, basta sentir esse cheiro forte para fazer com que eles larguem a incisão, até você conseguir ajuda médica. O gosto também é ruim, portanto, até cachorros insistentes não vão além de uma lambida.

Bite Stop®, Bitter Max® ou um molho de pimenta funcionam com 40% dos animais. Muitos, no entanto, na verdade gostam do sabor, e isso não os impedirá de lamber o ferimento.

TENTE UM COLAR ELISABETANO.
Uma coleira cônica de contenção, chamada colar elisabetano, é um bom jeito de impedir que os animais alcancem as incisões. Ela pode ser encontrada na maioria dos pet shops.

FAÇA UM COLLANT.
Se o seu animal for pequeno, você poderá cortar a parte superior de uma meia 3/4 ou de uma *fuseau* resistente para fazer uma espécie de cinta ou collant. O cano do material se amolda no corpo todo, deixando as patas e a cauda livres e cobrindo a incisão, protegendo-a de lambidas e mordiscadas. Se o animal for maior, faça um envoltório corporal com um lençol e alguns alfinetes de segurança. (Isso aparece ilustrado na página 37.)

VISTA-O COM UMA CAMISETA.
No caso de animais maiores, você pode vesti-lo com uma camiseta, envolvendo-a com esparadrapo ou com faixa elástica, para mantê-la no lugar. Isso não apenas serve como barreira para os dentes, como também dá ao seu cachorro algo em que se interessar, além dele mesmo.

✅ CUIDADOS POSTERIORES

- Depois que a incisão fechou e as suturas já se dissolveram ou foram removidas, não são necessários cuidados posteriores.

CONSULTORES

- Lyndon Conrad, doutor em Medicina Veterinária, é veterinário na Noah's Landing Pet Care Clinic, em Elkhart, Indiana.
- Kevin Doughty, doutor em Medicina Veterinária, é veterinário na Mauer Animal Clinic, em Las Vegas.
- Grady Hester, doutora em Medicina Veterinária, é veterinária na All Creatures Animal Clinic, em Rolesville, Carolina do Norte.
- Chris Johnson, doutor em Medicina Veterinária, é veterinário na Westside Animal Emergency Clinic, em Atlanta.
- Doug McConkey, doutor em Medicina Veterinária, é veterinário no Canyon Creek Pet Hospital, em Sherman, Texas.

PROBLEMAS NOS DENTES

PROCURE SEU VETERINÁRIO: **SE NECESSÁRIO**

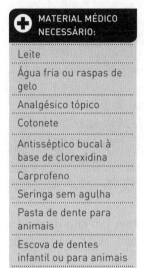

MATERIAL MÉDICO NECESSÁRIO:

- Leite
- Água fria ou raspas de gelo
- Analgésico tópico
- Cotonete
- Antisséptico bucal à base de clorexidina
- Carprofeno
- Seringa sem agulha
- Pasta de dente para animais
- Escova de dentes infantil ou para animais

É comum que cães e gatos tenham problemas nos dentes, mas eles são tão resignados que raramente mostram extremo desconforto, fazendo com que você pode só perceba o problema após ele já estar ocorrendo há algum tempo. Em torno dos três anos, 80% dos cachorros e 70% dos gatos têm problemas dentários.

Eles acontecem com mais frequência quando o dente se estraga e quebra, ou ficam moles e caem por causa de doença na gengiva. Outras vezes, traumas, como a queda de uma árvore, ou um atropelamento, podem quebrar ou abalar os dentes. Os cachorros que mastigam objetos duros, como pedras, ossos, cercas de arame e alguns brinquedos, podem desgastar os dentes ou quebrá-los.

Animais com dentes quebrados, lascados ou gastos provavelmente não precisarão de primeiros socorros a não ser que as raízes fiquem expostas. Um dente com abscesso, ou com raiz exposta, é doloroso e pode fazer com que o animal babe muito ou se recuse a comer. Esse é um caso de cuidados médicos, mas os primeiros socorros podem oferecer um alívio temporário e até mesmo salvar um dente.

FAÇA ISTO JÁ

SALVE DENTES ARRANCADOS. Se um dente tiver sido arrancado por um trauma de colisão, desde que a raiz não tenha ficado comprometida e o dente seja saudável, ele poderá ser reimplantado na boca do seu animal. Preserve o dente colocando-o em um copo com uma pequena quantidade de leite, para mantê-lo úmido e proteger os tecidos até que você chegue ao veterinário.

OFEREÇA ÁGUA GELADA AO SEU ANIMAL. Ou enxágue a boca dele com água fria de uma mangueira. O frio ajuda a aliviar a dor e contrai os vasos sanguíneos no controle de qualquer sangramento. Não ofereça cubos de gelo, porque mastigá-los poderá lascar ainda mais o dente. Gelo raspado, como o usado em raspadinhas de praia, é bom.

USE UM ANESTÉSICO LOCAL. Um dente danificado pode ser tão doloroso que o seu animal se recusará a deixá-lo mexer em sua boca. Contudo, se ele deixar, um medicamento de fácil acesso, como xilocaína, pode aliviar

> ### ALERTA IMPORTANTE
>
> **MANDÍBULA QUEBRADA**
>
> Um animal que salive muito, recuse-se a comer e tenha dentes quebrados ou danificados pode também estar com a mandíbula quebrada, se o que causou o problema tiver sido um trauma de colisão. Frequentemente, um animal que tenha sido atropelado pode ficar com o maxilar e os dentes quebrados. Com mais frequência, no entanto, gatos que caem de lugares altos, acabam batendo o queixo no chão, dividindo o maxilar em dois.
>
> Uma mandíbula quebrada precisa de cuidados médicos, e, às vezes, ela será rejuntada com fio metálico para ajudar na estabilização enquanto o osso se consolida. Será preciso alimentar o seu animal com alimentos macios ou líquidos por diversas semanas. (Para mais informações sobre fraturas, vá à página 250).

a dor até que você consiga socorro médico. No caso de gatos, não use benzocaína, pois pode ser tóxico.

DÊ UM ANALGÉSICO PARA O SEU CACHORRO. Pode-se dar carprofeno para os cachorros durante um ou dois dias, mas apenas se o veterinário recomendar. Não dê aspirina para gatos nem para cachorros.

OFEREÇA SOMENTE ALIMENTOS MACIOS. Eles devem ser fáceis de comer. Alimentos para bebês à base de carne são bons durante um ou dois dias.

✓ CUIDADOS POSTERIORES

■ Um enxaguatório bucal que contenha clorexidina, como PerioGard®, é muito bom para ajudar a prevenir infecções. Use uma seringa sem agulha para obter um jato dirigido e enxágue a região.

■ Se o seu animal tiver um abscesso supurado, não basta extrair o dente. É provável que o veterinário receite um antibiótico para ajudar a curar a infecção.

Quando a boca de um animal está muito inflamada, geralmente se prescreve um medicamento líquido. Incline a cabeça do seu animal para trás, aplique o remédio em sua bochecha com uma seringa sem agulha ou um conta-gotas e espere que ele engula. (Essa técnica aparece ilustrada na página 40.)

■ Até que a boca do seu animal esteja curada, é melhor dar uma dieta macia ou líquida. Use um multiprocessador e acrescente água ou caldo de galinha magro, sem sal à ração, para formar uma papa que seja fácil de comer.

A MELHOR ABORDAGEM

PRODUTOS PARA LIMPEZA DE DENTES DE ANIMAIS

Melhor do que qualquer coisa, escovar os dentes do seu animal interromperá um dano degenerativo no dente, ou, principalmente, impedirá que isso aconteça. No entanto, a pasta de dentes para seres humanos não servirá, por duas razões. Os animais detestam a ação da espuma e o gosto. Além disso, o flúor dos produtos dentais humanos pode danificar o fígado de um animal, quando engolido (os animais não podem cuspir como as pessoas fazem). Por isso, os veterinários recomendam uma pasta de dente feita especificamente para cães e gatos. Essas pastas contêm enzimas que ajudam a matar a bactéria que danifica os dentes e não causam problemas quando engolidas. Na verdade, elas vêm com sabores que os animais gostam, como os petiscos.

Uma escova de dentes infantil, ou uma desenhada para cães e gatos, funciona melhor. Também existem escovas de dentes com cerdas pequenas, feitas para serem enfiadas no dedo, que os animais parecem aceitar facilmente.

Uma vez por dia, escove os dentes do seu animal, enfiando a escova cheia de pasta na bochecha dele e esfregando a superfície externa dos dentes.

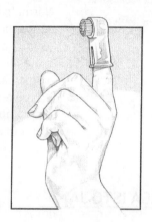

Seu animal vai achar melhor que você ponha o seu dedo dentro da boca dele do que uma escova de dentes. Experimente usar uma escova de dentes de dedo, para escovar os dentes do seu animal.

CONSULTORES

- Terry Kaeser, doutor em Medicina Veterinária, é veterinário na Goshen Animal Clinic, em Goshen, Indiana.
- Emily King, doutora em Medicina Veterinária, é veterinária na Kryder Veterinary Clinic, em Granger, Indiana.
- Margaret J. Rucker, doutora em Medicina Veterinária, é veterinária no Southwest Virginia Veterinary Services, em Lebanon, Virgínia.
- Drew Weigner, doutora em Medicina Veterinária, é veterinária no The Cat Doctor, em Atlanta.

PROLAPSO RETAL
PROCURE SEU VETERINÁRIO: **IMEDIATAMENTE**

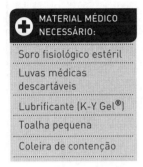

MATERIAL MÉDICO NECESSÁRIO:
- Soro fisiológico estéril
- Luvas médicas descartáveis
- Lubrificante (K-Y Gel®)
- Toalha pequena
- Coleira de contenção

É comum que gatos e cães jovens – especialmente os cachorrinhos – tenham prolapso retal pelo esforço que fazem com a diarreia. (Para mais informações sobre diarreia, vá à página 171.) Basicamente, a parte interna do trato vira pra fora, como uma meia enrolada sobre o seu pé. Você verá um tecido de rosa a cinza protuberante sob a cauda – pode ser confundido com hemorroidas, mas os animais não têm isto. Normalmente só uma pequena parte sai, mas nos casos mais sérios, podem aparecer vários centímetros. Quanto maior o tecido para fora do corpo, mais ele seca e incha, e menos provável é que volte ao normal. A sensação faz com que o animal se esforce ainda mais.

O tecido é extremamente tenro e fácil de ser danificado, e o prolapso sempre pede uma imediata atenção médica. Mas o pronto atendimento pode prevenir ou reduzir os danos, até que se consiga ajuda.

FAÇA ISTO JÁ

LIMPE COMPLETAMENTE A REGIÃO. Tenha um toque delicado – essa área é muito sensível. Uma lavagem salina é perfeita. A água pura seria absorvida pelo tecido, piorando o edema, mas a soro fisiológico se equipara mais à composição natural do corpo. O soro fisiológico estéril, em uma garrafa squeezy, funciona bem. Se você não o tiver, faça um soro fisiológico dissolvendo 1 1/2 colher de chá de sal de mesa em uma caneca de água levemente morna e ponha a solução em uma garrafa squeezy limpa.

MANTENHA O TECIDO ÚMIDO. Na maioria dos casos, o tecido não vai voltar ao normal com um pronto atendimento, mas você pode fazer com que ele não sofra maiores danos, mantendo-o úmido. Aplique soro fisiológico sobre a região. Depois, vestindo luvas médicas descartáveis (à venda em farmácias), aplique generosas quantidades de lubrificante, como o K-Y Gel®, no tecido exposto e envolva a região com uma toalha pequena, umedecida com soro fisiológico, até chegar ao veterinário.

USE UMA COLEIRA DE CONTENÇÃO. Um dos maiores perigos do prolapso retal é danificar o tecido. Quando o reto está fora do corpo, a pressão pode interromper o suprimento sanguíneo e pinçar os nervos. Essa sensação estranha e entorpecida quase sempre impele o animal a querer lamber ou mastigar o local, o que pode resultar numa automutilação, precisando de cirurgia restauradora. Proteja o tecido, colocando no seu animal uma coleira de contenção que o impeça de alcançar a região. Se você não tiver essa coleira, talvez seja preciso amordaçá-lo temporariamente, ou tentar colocar nele um calção que o proteja de algum modo. De todo jeito, você terá de ficar vigiando o seu animal até chegar ao veterinário, para evitar que ele cause maiores danos.

✅ CUIDADOS POSTERIORES

■ Com muita frequência, um cachorro ou um gato precisam de um vermífugo para se livrar da causa do esforço e do prolapso. Observe sinais de vermes e leve uma amostra de fezes para o seu veterinário. O tipo de medicamento a ser receitado por ele depende do tipo de vermes diagnosticados. (Para mais informações sobre vermes, vá à página 418.)

■ A maioria dos animais não reincide, desde que a causa do esforço tenha sido corrigida. Em alguns animais mais velhos, os músculos podem estar flácidos, o que pode exigir uma sutura em cordão temporária ao redor do ânus, para apertar a saída, enquanto o ferimento sara. Você terá que observar o seu animal para ter certeza de que ele não lamba ou morda a região, até que ela esteja completamente curada. Se você usar um colar elisabetano, seu animal não poderá comer enquanto estiver com ela, portanto, não se esqueça de tirá-la na hora das refeições.

A MELHOR ABORDAGEM

COLEIRA DE CONTENÇÃO AMIGÁVEL

As coleiras cônicas de contenção, chamadas de coleiras elisabetanas, foram o padrão durante anos para impedir que cachorros e gatos se machucassem, mordiscando ou lambendo ferimentos. Mas essas coleiras são geralmente desajeitadas ou desconfortáveis para os animais porque eles não conseguem ver nada dos lados e não podem comer enquanto a estão usando. Uma nova alternativa chamada Propale® é muito mais confortável e prontamente aceita por cães e gatos. Ela se parece com os colarinhos cervicais rígidos que as pessoas usam depois de acidentes com o pescoço. A coleira continua impedindo que o animal se vire e alcance uma zona proibida, mas não interfere em sua visão ou na hora de comer. Essas coleiras estão disponíveis em pet shops e em sites de produtos para animais de estimação.

CONSULTORES

■ Michael G. Abdella, doutor em Medicina Veterinária, é veterinário no Alisa Viejo Animal Hospital, em Alisa Viejo, Califórnia.

■ Lorrie Bartloff, doutora em Medicina Veterinária, é veterinária na Three Point Veterinary Clinic, em Elkhart, Indiana.

■ Doug McConkey, doutor em Medicina Veterinária, é veterinário no Canyon Creek Pet Hospital, em Sherman, Texas.

PROLAPSO VAGINAL

PROCURE SEU VETERINÁRIO: **IMEDIATAMENTE**

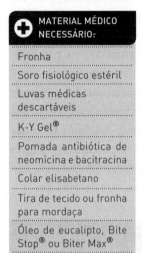

MATERIAL MÉDICO NECESSÁRIO:
- Fronha
- Soro fisiológico estéril
- Luvas médicas descartáveis
- K-Y Gel®
- Pomada antibiótica de neomicina e bacitracina
- Colar elisabetano
- Tira de tecido ou fronha para mordaça
- Óleo de eucalipto, Bite Stop® ou Biter Max®

O prolapso vaginal é quase desconhecido em gatos e muito raro em cachorros. Ele costuma acontecer logo depois que uma cadela tem seus filhotes. As contrações do útero continuam, e, como não existem mais filhotes para nascer, as contrações viram a vagina do avesso, até que ela saia do corpo.

Pode haver apenas uma pequena quantidade de prolapso, ou o órgão pode sair por completo. A princípio o tecido se mostra vermelho e brilhante, mas logo começa a secar e pode rachar e ficar enrugado. Não é possível recolocar o órgão com os primeiros socorros, mas pode-se ajudar a diminuir o dano até que se consigam cuidados médicos para a sua cadela ou gata.

🧰 FAÇA ISTO JÁ

ENVOLVA E ELEVE O TECIDO. Na maioria dos casos o prolapso é apenas um chumaço de tecido do tamanho de um punho, projetando-se abaixo da cauda. No entanto, em casos raros, uma longa massa de tecido sai e pode ficar dependurada a meio caminho do chão. Se as trompas uterinas estiverem envolvidas, haverá uma massa em forma de Y no final do tecido. Molhe uma fronha limpa em soro fisiológico estéril e envolva o órgão para a ida ao veterinário. Para prevenir edema e danos maiores, é preciso que o tecido seja mantido elevado. A melhor maneira de fazer isso é pedir que alguém vá ao carro com você e delicadamente segure o órgão nivelado com o corpo do seu animal. Sempre que o tecido exposto for manuseado, é preciso se certificar de que as mãos estejam limpas ou usar luvas médicas descartáveis (à venda em farmácias).

MANTENHA A REGIÃO ÚMIDA, MESMO QUANDO APENAS UMA PEQUENA QUANTIDADE DE TECIDO ESTIVER EXPOSTA. Quando os tecidos secam, a musculatura pode rachar e ficar infectada ou morrer. O soro fisiológico estéril é a melhor solução porque se assemelha enormemente à composição líquida do corpo. Caso você não tenha soro fisiológico, faça uma solução com 1 1/4 de colher de chá de sal de mesa em 1/2 litro de água. Aplique dando leves batidas com uma compressa de gaze, ou coloque o líquido em um vaporizador e borrife o tecido para mantê-lo úmido. Você deverá borrifar a região a cada cinco ou dez minutos.

ALERTA IMPORTANTE

HIPERPLASIA VAGINAL

As cadelas não precisam ficar prenhes para sofrerem prolapso vaginal. Uma condição hormonal chamada hiperplasia vaginal é a causa mais comum desse problema e normalmente afeta as fêmeas não castradas, quando entram no cio e estão prontas para aceitar um parceiro. As raças que parecem ser afetadas com mais frequência são a dos boxers e dos são bernardos.

O estrógeno que prepara a cachorra para ficar prenhe estimula o revestimento do útero, e, em alguns casos, o revestimento da base do útero incha e sai do corpo. No início, o tecido parece macio e brilhante, mas conforme seca, à medida que se desenvolvem fissuras, fica se parecendo com uma língua áspera.

A hiperplasia vaginal deve ser tratada da mesma maneira que outras causas de prolapso vaginal: mantenha o tecido limpo e úmido, aplique uma pomada tópica antibiótica à base de neomicina e vá imediatamente para o veterinário. Depois que o cio acaba e os níveis hormonais voltam ao normal, o edema diminui e o tecido se retrai para dentro do corpo. A castração da sua cadela impedirá que a situação volte a acontecer todas as vezes que ela entrar no cio. A maioria das cadelas que tem esse problema hesita em cruzar porque o tecido exposto é dolorido, portanto, normalmente a castração é a melhor opção.

O K-Y Gel® ou a vaselina também funcionam bem como lubrificantes e podem manter os tecidos úmidos por períodos maiores, caso você não possa borrifar a soro fisiológico de forma regular. Você deverá reaplicar o lubrificante sempre que a musculatura parecer seca. Use uma pressão leve para evitar causar dor ao seu animal.

PREVINA INFECÇÕES. Quando o tecido ficou exposto e secou, seja pelo tempo que for, ele pode desenvolver feridas e rachaduras. Coloque pomada antibacteriana à base de neomicina para ajudar a proteger o local contra infecção. Depois, vá imediatamente ao veterinário.

IMPEÇA-A DE LAMBER. A exposição ao ar pode danificar o tecido, mas esse não é o maior perigo. O desconforto que uma cachorra sente com o prolapso de sua vagina impele-a a lamber a até mesmo mastigar o órgão exposto, causando danos que exigem cirurgia. Uma coleira cônica de contenção, chamada colar elisabetano, a impedirá de alcançar o local. Você também pode tentar vestir a sua cachorra com um calção ou amordaçá-la a caminho do veterinário.

Para amordaçar uma cadela de focinho comprido, use uma gravata ou uma meia-calça. Primeiro faça uma laçada com o tecido em torno do nariz dela e dê um nó na parte de cima. Em seguida, puxe as duas pontas para debaixo do queixo e amarre novamente. Finalmente, leve as pontas para trás e amarre-as atrás das orelhas. (Essa técnica aparece ilustrada na página 27.) Com um cachorro de focinho achatado, como um pug, coloque uma fronha pela cabeça.

✓CUIDADOS POSTERIORES

■ Depois que o prolapso vaginal for tratado, ele não ocorrerá novamente, a não ser que a sua cadela volte a parir. Na maioria das vezes, o veterinário recomendará que a cadela seja castrada para impedir que isso aconteça. Se o seu animal mastigou a vagina, a cirurgia de castração é a única opção de tratamento. Vigie a sua cachorra para ter certeza de que ela não lamba ou morda as suturas, até que estejam completamente curadas. Você pode espalhar um pouco de óleo de eucalipto ou de Bite Stop® ou Bitter Max® em cada lado da linha de incisão (mas não na própria incisão) para impedi-la de lamber os pontos. Ou o seu veterinário pode recomendar outra pomada de gosto desagradável, que cumprirá essa função.

EVERSÃO VAGINAL

Em casos raros, a primeira parte da vagina da cadela everte – sai do corpo – pouco antes de ela começar a parir os filhotes. Você verá uma horrível bola vermelha de tecido na abertura vaginal. Depois que sai, o tecido incha, podendo na verdade bloquear o nascimento dos cachorrinhos.

Essa é uma emergência médica. A cadela muito provavelmente precisará de uma cesariana para ter os filhotes. Uma demora pode colocar em perigo não apenas a cadela, mas também seus filhotes não nascidos. (Para mais informações sobre problemas de parto, vá à página 362.)

CONSULTORES

■ Michael G, Abdella, doutor em medicina Veterinária, é veterinário em Aliso Viejo Animal Hospital, m Aliso Viejo, Califórnia.

■ Lorrie Bartloff, doutora em Medicina Veterinária, é veterinária na Three Point Veterinary Clinic, em Elkhart, Indiana.

■ Doug McConkey, doutor em Medicina Veterinária, é veterinário no Canyon Creek Pet Hospital, em Sherman, Texas.

QUEDAS

PROCURE SEU VETERINÁRIO: **IMEDIATAMENTE**

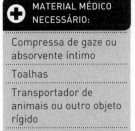

MATERIAL MÉDICO NECESSÁRIO:

Compressa de gaze ou absorvente íntimo

Toalhas

Transportador de animais ou outro objeto rígido

Filme plástico ou saco de lixo

Cobertor

Tira de pano ou fronha para mordaça

Os cachorros míni frequentemente se machucam em tombos, quando pulam do colo do dono ou de móveis altos. Normalmente, quebram uma ou ambas as patas dianteiras. E, embora os gatos sejam considerados equilibristas, eles podem se machucar quando calculam mal um pulo ou quando perdem o equilíbrio. Uma queda de pouca altura não faz com que um gato tenha tempo de usar seu "mecanismo de correção" e aterrisse em pé. E, como os gatos sobem muito alto, suas quedas podem quebrar ossos, romper órgãos (os machos podem romper a bexiga) ou mesmo causar a morte.

Mesmo que você não tenha visto seu animal cair, se ele estiver mancando ou recusar a se mover, isso pode ser um alerta para um osso quebrado ou danos internos. Os gatos podem se recusar a comer quando se machucam em uma queda porque eles geralmente atingem o chão com o queixo e quebram o maxilar. Além disso, a dor de uma fratura ou de uma contusão no pulmão ou no coração pode levar os animais a lutarem para respirar. Os gatos podem pular com segurança de 2 m de altura ou mais, mas uma queda dessa distância precisa de atenção médica o quanto antes. Muitas vezes, os danos não são logo evidentes, mas podem se tornar perigosos no curto espaço de uma hora e meia.

FAÇA ISTO JÁ

FIQUE ATENTO PARA PARADA RESPIRATÓRIA. Se seu animal parar de respirar, você terá que respirar por ele, soprando ar em seus pulmões. Envolva o focinho com sua mão e cubra o nariz dele com sua boca. Dê duas rápidas sopradas no nariz, olhando se o peito dele infla. Depois dê 15 a 20 sopradas por minuto, até que ele volte a respirar ou até que você consiga socorro médico. (Essa técnica está ilustrada na página 30.)

FIQUE ATENTO PARA POSSÍVEIS DANOS INTERNOS. Costelas quebradas podem perfurar os pulmões ou abrir buracos (hérnias) no tecido que separa os órgãos abdominais do coração e dos pulmões. As hérnias do diafragma são comuns com as quedas. Os animais têm problemas para respirar, quando o estômago, os intestinos e outros órgãos migram para o lugar errado. O choque resultante pode causar falência do órgão e perda de sangue que

> ### ALERTA IMPORTANTE
>
> **INFECÇÕES DO OUVIDO**
>
> Bem no fundo do ouvido interno encontram-se três minúsculos órgãos do equilíbrio cheios de fluido, chamados utrículo, sáculo e canal semicircular. Eles se acham ligados por pequenos cabelos que telegrafam a informação do equilíbrio para o cérebro quando são tocados por um material parecido com giz, suspenso no fluido, conforme a cabeça do seu animal se movimenta. Uma infecção que invada o ouvido interno pode interromper a tal ponto o senso de equilíbrio do seu animal, que ele não conseguirá distinguir alto de baixo, andará em círculos, manterá a cabeça inclinada, ou confundirá as relações espaciais. Animais que caem muito podem estar com infecção no ouvido.
>
> As infecções no ouvido tendem a produzir uma secreção com mau cheiro. Resíduos farinhentos, de marrom a preto, normalmente significam parasitas; secreção amarelada, esverdeada, marrom escura ou sangrenta indica uma infecção por bactéria, e um cheiro de levedura pode indicar uma infecção por fungo.
>
> Quando as infecções de ouvido não são tratadas, podem levar à perda de audição ou, às vezes, a um dano permanente no equilíbrio do animal. Os animais afetados podem ver o mundo torto e manter a cabeça inclinada para sempre. Se você perceber algum desses sintomas, ou todos eles, procure seu veterinário imediatamente. (Para mais informações sobre infecções no ouvido, vá à página 281.)

pode matar seu animal rapidamente. Leve-o ao veterinário imediatamente.

CONTROLE O SANGRAMENTO. As quedas geralmente fazem com que o osso quebrado atravesse a pele, causando sangramento. Pressione diretamente o sangramento com uma compressa de gaze, um pano limpo, ou absorvente íntimo, que absorverá o sangue. Normalmente, o sangramento deverá parar no máximo em cinco minutos. Se a compressa ficar encharcada, não a retire ou você poderá atrapalhar a formação de casca. Em vez disso, apenas ponha outra compressa sobre a primeira e continue a pressionar. (Para mais informações sobre sangramento, vá à página 400.)

CUBRA FERIDAS ABERTAS. Qualquer machucado aberto, seja por causa de um osso que atravesse a pele, seja um abdome perfurado, deve ser coberto para ficar protegido de uma contaminação maior. Enrole uma toalha limpa sobre e em torno do machucado.

VEDE FERIMENTOS QUE SUGAM AR NO PEITO. Se houver um ferimento de sucção no peito, você verá a formação de bolhas e ouvirá o ar entrando no peito pelo buraco, à medida que seu animal estiver se esforçando para respirar. Uma boa maneira de vedar a ferida é colocar filme plástico sobre ela e enrolá-lo em torno do corpo do animal. Enrole-o levemente para vedar a região, mas não que fique justo a ponto de dificultar a respiração, e transporte seu animal com a parte ferida voltada para baixo. (Para mais informações sobre ferimentos no peito, vá à página 231.)

PROTEJA FERIMENTOS NO PEITO OU NO ABDOME. É preciso que as bactérias sejam mantidas longe do ferimento. Use um saco limpo de lixo, ou filme plástico para cobrir o machucado e faça com que seu animal deite sobre o lado ferido. Isso ajuda a manter a pressão interna do tórax, de forma que os pulmões não paralisem e possam trabalhar com eficiência. (Para mais informações sobre ferimentos abdominais, vá à página 217.)

PROCURE TRAUMATISMOS NA CABEÇA E NO DORSO. Qualquer sangue nos olhos, no nariz, ou na boca, significa possível traumatismo na cabeça. Um animal que não consiga se levantar, ou que se recuse a se levantar, pode ter uma lesão no dorso. De qualquer modo, movimente-o o mínimo possível. Não o carregue quando precisar movê-lo. Em vez disso, empurre para debaixo dele um objeto rígido e plano, como uma assadeira, um livro grande, ou uma tábua. Depois, coloque uma toalha ou um cobertor sobre ele para que permaneça no lugar. (Para mais informações sobre ferimentos no dorso, vá à página 227; para danos na cabeça, vá à página 159.)

TOME CUIDADO COM FRATURAS. Um animal pequeno com a pata quebrada pode ser delicadamente colocado sobre uma superfície rígida e coberto com um cobertor ou com uma toalha. Ele ficará mais confortável em um transportador de animais ou dentro de uma caixa. Não segure seu animal nos braços, porque isso pode aumentar seu nível de stress. Se você não tiver uma caixa ou um transportador, use uma tampa de lata de lixo limpa, desde que seja suficientemente firme para aguentar o peso

SÍNDROME DAS ALTURAS

Gatos que caíram de sacadas ou de janelas de prédios altos sofrem um conhecido grupo de traumatismos, dependendo da altura da qual caíram. Na verdade, os gatos tendem a sobreviver com menos danos a quedas de mais de nove andares do que quando caem do quinto andar, um fenômeno chamado de síndrome das alturas.

Quedas do primeiro ao quarto andar são menos perigosas porque o gato não alcança uma grande velocidade durante a queda. Um gato ganha velocidade à medida que cai, até atingir 96 km/h – ele não passará disso. Chamada de velocidade terminal, essa velocidade é atingida em qualquer queda acima do quinto andar.

Os piores traumatismos são causados por quedas do quinto ao nono andar. Os gatos viram no ar conforme caem, de forma que chegam ao solo de pé, com as patas esticadas e rígidas e podem acabar com múltiplas fraturas nas patas, traumatismo no peito, mandíbulas quebradas, concussões, danos na coluna e rompimento da bexiga e de outros órgãos.

As quedas acima do nono andar, no entanto, aparentemente dão tempo para que o gato "faça um paraquedas" com as dobras soltas da pele sob suas patas, esvazie a bexiga e relaxe, fazendo com que o abdome e o peito absorvam a maior parte do impacto, em vez dele recair sobre as patas e a cabeça.

Se você mora em um edifício alto, preste atenção para que as telas estejam colocadas corretamente em todas as janelas e nunca deixe a porta do terraço aberta.

A MELHOR ABORDAGEM

APLICADOR DE COMPRIMIDOS

Dar comprimidos para gatos e cachorros de focinho achatado, como os pugs, pode ser difícil porque eles não têm focinho onde segurar, e seus dentes são especialmente afiados. Uma das melhores ferramentas é um aplicador de comprimidos, que, semelhante a uma seringa, coloca o remédio com segurança dentro da boca do animal, sem risco de que ele morda os seus dedos. Eles não são caros e podem ser encontrados em pet shops. Contudo, tome cuidado ao usá-lo, para que não machuque a garganta do seu animal.

Segure o aplicador em uma mão, coloque a outra mão no alto da cabeça de seu animal e envolva seu focinho com o polegar e os dedos médios, de modo que as pontas dos dedos pressionem seus lábios contra os dentes, exatamente atrás dos longos dentes caninos. Isso fará com que ele abra a boca.

Apoie o aplicador com o comprimido na língua de seu animal, de forma que a saída aponte para o fundo da garganta, mas sem exatamente tocá-la. Empurre o êmbolo rapidamente para soltar o comprimido, retire a seringa e, com a outra mão, mantenha a boca de seu animal fechada. Massageie sua garganta ou sopre delicadamente em seu nariz, para que ele engula.

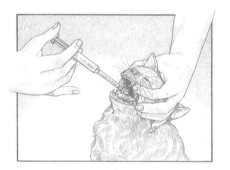

Para usar um aplicador de comprimidos, coloque seu animal sobre uma mesa ou sobre um balcão. Ponha uma mão no alto de sua cabeça, circundando seu focinho com os dedos. Pressione os lábios dele contra os dentes para que ele abra bastante a boca. Com a outra mão, aponte o aplicador de comprimido para o fundo da boca de seu animal e dispare.

Depois de dar o comprimido, segure a boca de seu animal fechada e massageie sua garganta (ou sopre delicadamente em seu nariz) para fazê-lo engolir.

do animal sem vergar. Tente mexer o mínimo possível no membro ferido, conforme leva seu animal ao veterinário. Você também pode usar um cobertor, uma toalha ou uma fronha para cobrir a cabeça do seu animal, de forma que ele ainda possa respirar, mas não consiga morder enquanto você tenta ajudá-lo. (Para mais informações sobre fraturas, vá à página 250.)

PROTEJA-SE. Os cachorros maiores podem precisar ser amordaçados para que possam ser ajudados. Use uma gravata, uma meia-calça, ou outra tira de tecido para manter a boca do cachorro fechada. Enrole a tira em torno do nariz do animal e dê um nó sobre seu focinho, depois puxe as pontas para debaixo do queixo e dê um novo nó, finalmente, puxe as pontas para trás e amarre-as atrás das orelhas. (Essa técnica aparece ilustrada na página 27.)

✅ CUIDADOS POSTERIORES

▪ As fraturas em animais de estimação podem se curar num prazo tão curto quanto seis semanas, mas geralmente levam mais tempo, dependendo de sua gravidade e da idade do animal. Para que haja uma boa recuperação, é preciso que a parte machucada fique em repouso. Não deixe seu animal pular, subir, ou correr, até que a tala, ou o pino, sejam removidos.

▪ Seu veterinário pode prescrever uma droga como tramadol, que você terá que dar várias vezes ao dia. Discuta com o seu veterinário as opções para administrar a dor de seu animal.

▪ Gatos com mandíbulas quebradas terão dificuldade para ingerir alimentos sólidos por várias semanas, principalmente se as mandíbulas tiverem sido amarradas para a recuperação da fratura. Misture o alimento com água morna ou caldo de galinha magro, sem sal, para formar uma papa macia ou um purê, que ele possa lamber sem ter de mastigar.

▪ Animais que tiveram rompimento da bexiga, hérnias do diafragma ou outros danos internos têm incisões e pontos que precisam ser mantidos limpos. Use uma compressa de gaze esterilizada e água morna para limpar qualquer secreção.

CONSULTORES

▪ Dale C. Butler, doutor em Medicina Veterinária, é veterinário no Best Friends Animal Hospital, em Denison, Texas.

▪ Charles DeVinne, doutor em Medicina Veterinária, é veterinário na Animal Care Clinic, em Peterborough, New Hampshire.

▪ Ken Lawrence, doutor em Medicina Veterinária, é veterinário na Texoma Veterinary Hospital, em Sherman, Texas.

▪ Peter Levin, doutor em Medicina Veterinária, é veterinário no Ludwig's Corner Veterinary Hospital, em Chester Springs, Pensilvânia.

▪ Susan Little, doutora em Medicina Veterinária, é veterinária no Bytown Cat Hospital, em Otawa, Ontário, Canadá.

▪ Julie Moews, doutora em Medicina Veterinária, é veterinária no Bolton Veterinary Hospital, em Connecticut.

▪ Lenny Southam, doutor em Medicina Veterinária, é veterinário em domicílio no Targwood Animal Health Care, em West Chester, Pensilvânia, diretor do CompuServer's Vet Care Forum e coautor de *The Pill Book Guide to Medication for Your Dog and Cat*.

QUEIMADURAS DE ÁGUA-VIVA

PROCURE SEU VETERINÁRIO: **SE NECESSÁRIO**

MATERIAL MÉDICO NECESSÁRIO:
- Vaselina
- Luvas de borracha
- Álcool para fricção
- Fita de grande aderência
- Areia
- Anti-histamínico
- Bicarbonato de sódio
- Água fria
- Toalhinha molhada gelada
- Compressa fria
- Toalha
- Compressa quente

As águas salgadas e mornas da costa brasileira hospedam uma grande variedade de criaturas marinhas coletivamente chamadas de água-viva. Elas podem navegar sozinhas ou em grupos, e o "sino" do corpo – chamado de medusa – desenvolve múltiplos tentáculos que contêm milhões de células microscópicas que queimam, chamadas nematocistos. Essas células injetam toxinas, que paralisam a presa para que a água-viva possa capturá-las em seus tentáculos. Os hematocistos não são controlados pela água-viva, mas simplesmente reagem sempre que contatam algum objeto sólido, até mesmo alguém nadando ou com um cachorro.

Os cachorros que nadam em águas habitadas por águas-vivas precisam de alguma proteção. Espalhe vaselina em qualquer porção de pele que fique exposta, incluindo os coxins, o couro do nariz, a barriga, os testículos e a beirada dos olhos, para evitar que o veneno penetre na pele.

A maioria das queimaduras de água-viva é mais um desconforto do que um perigo, mas são dolorosas em torno dos olhos, no nariz, na boca, nas patas ou na barriga descoberta. A pele pode ficar vermelha e inchar, ou desenvolver urticária. (Para mais informações sobre urticária, vá à página 415.) Apesar do incômodo, a maior parte das queimaduras por água-viva pode ser tratada com pronto atendimento.

FAÇA ISTO JÁ

USE LUVAS DE BORRACHA. Se você tocar os tentáculos da água-viva com as mãos e sem luvas, também poderá ser queimado. Se você incomodar até mesmo pequenos pedaços e partes dos tentáculos, eles podem soltar mais nematocistos que queimam.

USE ÁLCOOL EM GEL PARA FRICÇÃO. Quando os pedaços do tentáculo permanecem em contato com a pele do seu animal, esfregá-los com uma toalha, ou mesmo enxaguá-los com água o protegerá das queimaduras, mas pode provocar uma liberação ainda maior de células com ferrões, que podem picar o seu cachorro muito mais vezes. Em vez disso, despeje álcool gel (70% ou mais) nos tentáculos – isso estabilizará os nematocistos e impedirá que eles soltem mais ferrões.

TENTE FITA ADESIVA. Você também pode tentar usar uma fita com grande aderência para remover os pedaços de água-viva do pelo do seu cachorro. Coloque o lado adesivo voltado para o tentáculo e, quando ele grudar, arranque-o.

REMOVA OS FRAGMENTOS. Se os restos de água-viva estiverem apenas grudados no pelo sem tocar a pele, derrube areia sobre eles, ou use uma toalha para removê-los ou jogue água do mar em cima deles. Não use água doce, que solta mais toxinas.

DÊ UM ANTI-HISTAMÍNICO PARA O SEU CACHORRO. O medicamento prescrito pelo médico veterinário ajudará a diminuir a reação alérgica e a acalmar o edema da pele.

FAÇA UMA PASTA COM BICARBONATO DE SÓDIO. Recubra as regiões afetadas com uma pasta feita com bicarbonato de sódio e água, para aliviar a queimadura. Se seu cachorro sofreu múltiplas queimaduras, acrescente bicarbonato à água fria e banhe-o nessa solução, deixando-o imerso por dez minutos (ou o quanto ele aguentar).

ALTERNE FRIO E QUENTE. As compressas geladas – gelo embrulhado em uma toalhinha molhada gelada – ajudam a aliviar a queimadura e diminuem o edema. Aplique-as por 10 a 30 minutos. Depois, alterne com uma compressa quente envolta em uma toalha – cinco minutos de aplicação, cinco minutos de descanso, até esfriar – para fazer com que o sangue curativo volte ao local e disperse o veneno. Alterne compressas frias e quentes durante 20 minutos.

✓ CUIDADOS POSTERIORES

- Uma vez tomadas as medidas recomendadas, nenhum cuidado adicional se faz necessário. Se, de alguma forma, você estiver inseguro, consulte seu veterinário.

A MELHOR ABORDAGEM

MAMÃO

O veneno da água-viva é feito de proteína e, por isso, pode ser eliminado por qualquer coisa que digira ou destrua proteína. A papaína é derivada do mamão, e muitas pessoas agora estão usando mamão fresco como um remédio mais eficaz para queimaduras de água-viva. Uma fatia da fruta fresca colocada sobre uma queimadura alivia a dor instantaneamente. Isso é especialmente útil para cachorros que tenham sido queimados na boca, onde uma pasta ou uma pitada de amônia não funciona.

CONSULTORES

- E. Murt Bailey Jr., doutor em Medicina Veterinária, Ph.D., é professor de toxicologia no Texas A&M University College of Veterinary Medicine, em College Station.
- Tam Garland, doutor em Medicina Veterinária, Ph.D., é veterinário no Texas A&M University College of Veterinary Medicine, em College Station.
- Grady Hester, doutora em Medicina Veterinária, é veterinária na All Creatures Animal Clinic, em Rolesville, Carolina do Norte.

QUEIMADURAS NOS COXINS
PROCURE SEU VETERINÁRIO: **SE NECESSÁRIO**

MATERIAL MÉDICO NECESSÁRIO:
- Água gelada
- Toalhinha
- Compressa gelada
- Fronha
- Sabão líquido antisséptico à base de clorexidina
- Pomada antibiótica à base de sulfadiazina de prata ou de sulfato de neomicina
- Meia de algodão
- Esparadrapo
- Rolo de gaze
- Soro fisiológico estéril
- Curativos de hidrogel hidrófilo transparente (Aquaflo®)
- Absorventes não aderentes ou compressas de gaze
- Saco plástico

No verão, o asfalto das ruas pode chegar a 60 °C ou mais. Isso é calor suficiente para fritar um ovo – e queimar os coxins de um animal. Isso sempre acontece com cachorros. Os gatos têm menos probabilidades de se queimar no asfalto, mas eles queimam as patas em bocas de fogão e chamas de vela, principalmente por que investigam as coisas com as patas.

Os cães raramente têm queimaduras sérias, porque seus coxins são muito grossos e resistentes. As queimaduras que tiram a camada superficial, ou duas camadas de pele, podem ser tratadas em casa, mas as queimaduras mais profundas precisam de um atendimento veterinário. Se você vir tecido rosado ou bolhas nos coxins do seu animal, seu veterinário deverá ser consultado. As patas dos gatos são mais delicadas, e as queimaduras podem levar muito tempo para sarar. Um gato ou um cachorro cujo pé não melhore em dois dias, ou que tenha queimado mais de um pé, deverá ser tratado pelo veterinário.

FAÇA ISTO JÁ

COLOQUE IMEDIATAMENTE AS PATAS DO SEU ANIMAL EM ÁGUA GELADA. Quanto mais rápido você embeber queimaduras com água, menos danificado ficará o tecido. Elas devem ser borrifadas ou encharcadas com água fria por, no mínimo, cinco a 10 minutos. Se seu cachorro não entrar na banheira, encha uma assadeira com água gelada e faça com que ele fique em cima dela. Se o seu gato não tolerar água de jeito nenhum, você deverá fazer uma compressa: use uma compressa pronta ou encha uma toalhinha com gelo e segure-a sobre a pata queimada por 10 minutos.

CUBRA QUEIMADURAS DE PICHE COM VASELINA. As queimaduras feitas com piche ou asfalto fresco estão entre as mais sérias, não somente porque as temperaturas podem chegar a 160 °C, mas também porque o piche gruda no pé e continua queimando. Depois de enxaguar a pata com água, lambuze-a fartamente com vaselina ou óleo de cozinha e leve ao veterinário.

BANHE QUEIMADURAS QUÍMICAS COM ÁGUA. Quando as patas tiverem sido queimadas por produtos químicos, como alguns

COMO MANTER O CURATIVO NO LUGAR

É difícil manter as patas enfaixadas. A fricção faz a sua parte, e a maioria dos animais – especialmente os gatos – lambe, morde e se incomoda com um curativo até conseguir tirá-lo. A única forma de conservar um curativo no lugar é envolvê-lo como fazem os veterinários. Veja como:

1. Ponha uma compressa limpa sobre a queimadura.
2. Com uma gaze em rolo dobrada no meio, estenda uma tira sobre a parte da frente do pé, descendo a pata e dobrando sob os dedos.
3. Enrole uma tira simples de gaze em torno da pata, começando nos dedos e subindo até cobrir a primeira tira de gaze.

O curativo precisa respirar, portanto, prenda-o apenas no alto com um pedaço de esparadrapo. Depois disso, coloque uma meia de algodão branca, limpa, no pé, e prenda-a no alto com esparadrapo. O envoltório deverá estar firme mas não muito apertado. Se você conseguir enfiar um lápis entre a pata e o curativo sem grande esforço é porque está certo.

sais, uma rápida lavada não basta. Será preciso enxaguá-las com água fria quase morna, por no mínimo 20 minutos. (Água muito quente pode acelerar a absorção do produto pela pele. Água muito fria pode causar hipotermia.)

Se o seu gato não tolerar água, você deverá enrolá-lo em uma fronha, com o pé acidentado exposto, e banhar o pé com água. Se for o caso, use um frasco de soro fisiológico estéril para enxaguar os coxins machucados. Evite dirigir o jato do líquido para o resto do corpo, para que o produto químico não se espalhe. Não use nenhum tipo de pomada, porque ela manterá os resíduos químicos junto à pele, e fique atento para que seu animal não lamba as patas. Os produtos químicos que queimam o exterior também queimarão o interior. (Para mais informações sobre queimaduras químicas, vá à página 396.)

LAVE O COXIM. As queimaduras se infeccionam com muita facilidade, portanto lave a região com água e sabão. Um sabão antisséptico líquido é melhor do que um sabonete comum. Enxugue a pata com ligeiras batidinhas.

COLOQUE UMA POMADA ANTIBIÓTICA
Algumas pomadas de livre acesso contêm hidrocortisona. Não use nenhuma delas. A hidrocortisona não age sobre bactérias e, assim como acontece com todos os glicocorticoides, ela pode retardar substancialmente a recuperação. Uma pomada antibiótica de sulfadiazina de prata ou de neomicina funciona bem.

CUBRA A PATA. Para proteger a queimadura, faça um curativo como mostra a ilustração desta página enfiando uma meia de algodão branca limpa sobre ele, para proteger o machucado da sujeira e impedir seu animal de lamber.

✅ CUIDADOS POSTERIORES

■ As queimaduras geralmente saram de dentro para fora, portanto, não as vede completamente porque isso promove infecção. Em queimaduras sérias, os veterinários recomendam os chamados curativos Aquaflo®. Eles são aplicados molhados, depois vão secando no local, formando uma superfície semelhante à da pele; protegem a queimadura e impedem que se forme uma crosta, o que pode interferir na recuperação. Para fazer um curativo Aquaflo®, embeba um pedaço de gaze em soro fisiológico estéril, coloque-o sobre a queimadura e cubra-o com uma compressa de gaze maior, usando um esparadrapo para manter tudo no lugar. Esse tipo de curativo controla bactérias porque permite que o ar circule. Nos primeiros dias, é preciso que ele seja trocado duas vezes por dia. Se houver necessidade de trocar o curativo Aquaflo® da queimadura do seu animal, seu veterinário mostrará como fazê-lo.

■ A maioria das queimaduras não precisa de um curativo Aquaflo®. Uma boa opção para um machucado com secreção é uma compressa absorvente não aderente, que mantém a queimadura limpa mas não adere ao machucado. Além disso, ela absorve os líquidos retirando-os da queimadura, deixando que seque e sare mais rapidamente. As queimaduras que não apresentem secreção podem ser cobertas com uma compressa simples de gaze. Pergunte ao seu veterinário que compressa é melhor para o seu animal.

■ Passe sobre a queimadura uma fina película de pomada antibiótica de sulfadiazina de prata todas as vezes que for trocar a compressa ou o curativo. Procure trocar o curativo a cada um ou dois dias, desde que ele se mantenha limpo. Uma maneira de mantê-lo limpo e seco é colocar a pata do seu animal em uma sacola plástica sempre que ele sair ao ar livre. Não se esqueça de tirá-la quando ele voltar para dentro.

CONSULTORES

■ Shane Bateman, doutora em Medicina Veterinária, doutora em Ciências Veterinárias, é veterinária certificada pelo Conselho do American College of Emergency and Critical Care Medicine e professora assistente de Medicina de Emergência e Cuidados Críticos no Ohio State University College of Veterinary Medicine, em Columbus.

■ Grace F. Bransford, doutora em Medicina Veterinária, é veterinária em Corte Madera, Califórnia.

■ Joanne Howl, doutora em Medicina Veterinária, é veterinária em West River, Maryland; secretária-tesoureira da American Academy on Veterinary Disaster Medicine; e ex-presidente da Maryland Veterinary Medical Association.

■ Elaine Wexler-Mitchell, doutora em Medicina Veterinária, é veterinária na Cat Care Clinic, em Orange, Califórnia, e presidente da Academy of Feline Medicine.

■ H. Ellen Whiteley, doutora em Medicina Veterinária, é veterinária em Guadalupita, Novo México, e autora de *Understanding and Training Your Cat or Kitten* e *Understanding and Training Your Dog or Puppy*.

QUEIMADURAS POR CALOR

PROCURE SEU VETERINÁRIO: **SE NECESSÁRIO**

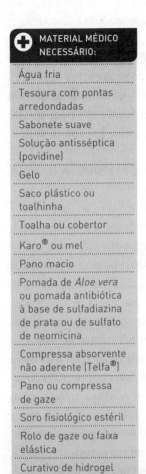

MATERIAL MÉDICO NECESSÁRIO:
- Água fria
- Tesoura com pontas arredondadas
- Sabonete suave
- Solução antisséptica (povidine)
- Gelo
- Saco plástico ou toalhinha
- Toalha ou cobertor
- Karo® ou mel
- Pano macio
- Pomada de *Aloe vera* ou pomada antibiótica à base de sulfadiazina de prata ou de sulfato de neomicina
- Compressa absorvente não aderente (Telfa®)
- Pano ou compressa de gaze
- Soro fisiológico estéril
- Rolo de gaze ou faixa elástica
- Curativo de hidrogel hidrófilo transparente (Aquaflo®)
- Colar elisabetano
- Filme plástico

Os cachorros não se queimam com muita frequência, porque instintivamente eles se afastam do calor. Por outro lado, os gatos adoram o calor e vão se estender em superfícies que chegam a 52 °C. Tudo que eles sentem é o conforto – eles não percebem que estão se queimando. Eles também se sentem atraídos por velas e chamas de fogão.

As queimaduras são difíceis de ver porque o pelo tende a esconder o machucado. Queimaduras leves, chamadas de queimaduras de primeiro grau, afetam a primeira camada da pele e geralmente aparecem como sinais vermelhos de inflamação. As queimaduras de segundo grau atingem camadas mais profundas da pele e podem provocar bolhas. Se pegarem pequenas áreas do corpo (menos de 1%), você pode tratá-las facilmente em casa, embora elas geralmente demorem a sarar. As queimaduras extensas de primeiro e segundo graus (cobrindo mais de 2,5% da superfície do corpo) devem ser examinadas por um veterinário. (Para ajudá-lo a estimar a área de superfície do corpo, cada membro representa cerca de 10% de todo o animal). As queimaduras de terceiro grau sempre devem ser tratadas por um veterinário. Essas queimaduras atingem todas as camadas da pele, chegando à musculatura. A pele se torna marrom com aparência de couro. Elas são menos dolorosas do que as outras queimaduras, porque destroem as terminações nervosas, mas são muito mais sérias.

FAÇA ISTO JÁ

ENXÁGUE A QUEIMADURA COM ÁGUA FRIA POR CINCO A DEZ MINUTOS. A água fria funciona como um anestésico temporário e limpa a queimadura. As queimaduras continuam a "cozinhar" mesmo sem calor. O fluxo de água fria reduz a temperatura abaixo da superfície e ajuda a prevenir maiores danos. Você pode lavar queimaduras pequenas com uma mangueira de jardim, ainda que um pulverizador ou um chuveirinho também funcionem.

Os animais frequentemente têm as queimaduras infectadas porque seu pelo dificulta uma boa limpeza do local. Para todas as queimaduras, menos as mais leves, tose o pelo suficientemente curto para que você possa ver (e limpar) toda a região.

Se o seu animal tiver se queimado, peça que uma outra pessoa o segure para que você tose o pelo em torno da queimadura. Use tesoura com pontas arredondadas e coloque seus dedos dentro do pelo para mantê-lo de pé, de modo que você não corte o seu animal.

Em caso de cães e gatos pequenos, pode ser mais fácil segurá-los debaixo da torneira, na banheira ou na pia.

As grandes queimaduras podem causar choque e a água fria pode piorar as coisas, portanto, não use água fria se as queimaduras cobrirem mais de 2,5% do corpo de seu animal.

CORTE OS PELOS EM TORNO DA QUEIMADURA. Use tesoura com pontas arredondadas e corte o pelo de seu animal rente o suficiente para que você possa ver toda a queimadura, mas não tão rente que exponha a pele.

LIMPE A QUEIMADURA. As queimaduras se infeccionam com muita facilidade, por isso lave muito bem a área com sabonete suave e água fria. Se você tiver em casa uma solução antisséptica como povidine, é melhor. Junte-a a alguns copos de água destilada, até que a solução fique com a cor de um chá fraco, depois enxágue a queimadura.

TIRE SUA COLEIRA. Se seu animal se queimou na cabeça ou no pescoço, tire sua coleira imediatamente. As queimaduras fazem com que os tecidos se inchem, e isso pode apertar a coleira o suficiente para levar ao choque.

FIQUE ATENTO AO CHOQUE. As queimaduras que atingem mais do que 25% do corpo de um animal podem fazer com que o corpo perca grandes quantidades de fluido. Isso pode levar ao choque, uma situação perigosa na qual a circulação do corpo para. Os sintomas incluem respiração acelerada, fraqueza, gengivas pálidas, e, por fim, perda de consciência. Animais que estiverem entrando em choque precisam ir ao veterinário imediatamente.

Se você suspeita de choque, não lave a queimadura porque isso pode deixar a circulação mais lenta. Em vez disso, coloque gelos em uma sacola plástica, ou enrole-os em uma toalhinha e segure-a junto à queimadura. Embrulhe seu animal em um cobertor ou toalha, para mantê-lo aquecido, e procure ajuda imediatamente. Você também pode colocar uma ou duas gotas de Karo® ou mel nas gengivas do seu animal, para ajudá-lo a se manter consciente. (Para mais informações sobre choque, vá à página 109.)

✓ CUIDADOS POSTERIORES

■ Após limpar queimaduras leves, seque a área dando pancadinhas com um pano macio. Não use bolas de algodão; as fibras grudarão no machucado.

ALERTA IMPORTANTE

DANO POSTERIOR

Filhotes de cães e gatos às vezes queimam a boca ao mastigarem fios elétricos. As queimaduras podem provocar bolhas, geralmente visíveis nas gengivas, nos lábios e na língua, que podem ser muito dolorosas, mas o verdadeiro perigo é o que acontece depois. Até pequenos choques elétricos podem danificar vasos sanguíneos nos pulmões. Isso provoca um lento vazamento de fluidos que pode interferir na respiração. A maneira pela qual a eletricidade afeta o coração é ainda mais perigosa. Enquanto os choques sérios podem parar coração imediatamente, às vezes, o dano é adiado por algumas horas. Embora os animais pareçam bem, seus corações podem estar batendo descompassadamente. É possível que se passem várias horas até que os sintomas – respiração curta, dificuldade em respirar, perda de apetite, letargia – apareçam.

Não parta do princípio de que as queimaduras por eletricidade irão melhorar, mesmo que pareçam pouco importantes. Procure imediatamente seu veterinário, mesmo que não existam sintomas visíveis. Marcas de mordida em um fio elétrico e um cheiro de queimado no quarto ou no animal também são sinais de que ele pode ter se queimado ou levado um choque.

■ Aplique uma pomada de *Aloe vera* de três a cinco vezes por dia. Isso pode reduzir consideravelmente o tempo de recuperação. A maioria das pomadas de *Aloe vera* contém vitamina E, o que também pode acelerar a cura.

■ Queimaduras muito leves, de primeiro grau, não precisam ser cobertas por um curativo. Coloque a pomada de *Aloe vera* ou uma pomada antibiótica à base de sulfato de neomicina ou de sulfadiazina de prata, várias vezes por dia, até que se forme uma casca. Nessa altura, a queimadura está quase curada, e você pode se esquecer dela.

■ Uma vez que queimaduras de segundo grau se infeccionam com muita facilidade, e, como os animais tendem a lambê-las sem parar, os veterinários normalmente recomendam que sejam cobertas com um curativo não aderente. Uma compressa de gaze estéril, ou um pano branco limpo também funciona bem. Se uma queimadura de segundo grau estiver realmente em bolhas e muito úmida – a ponto de o curativo acabar grudando, ficando difícil de remover – não se acanhe em pedir que seu veterinário dê uma olhada. Enquanto isso, continue a usar protetores não aderentes. Se o curativo continuar grudando, talvez seja bom você amaciá-lo com um pouco de soro fisiológico estéril antes de removê-lo, para não provocar um novo sangramento.

■ Espalhe uma fina camada de pomada antibiótica à base de sulfato de neomicina ou de sulfadiazina de prata na compressa. Isso prevenirá infecções e impedirá que a compressa grude na queimadura. Não use pomadas que contenham hidrocortisona, porque os esteroides retardam a recuperação das queimaduras. Mantenha a compressa no lugar envolvendo-a com gaze em rolo ou com uma faixa elástica.

■ As queimaduras demoram muito para curar e geralmente precisam de diferentes curativos nas várias fases. Na primeira fase, pergunte a seu veterinário se você pode usar um curativo Aquaflo®. Eles são colocados molhados e deixados ali até secar, o que cria uma vedação firme sobre a queimadura. Encharque uma compressa de gaze esterilizada com água destilada ou soro fisiológico e pressione sobre o machucado. Cubra isso com uma compressa maior, seca, e prenda tudo no lugar com uma tira de gaze em rolo.

■ Nos primeiros dias, troque o Aquaflo® quatro ou cinco vezes por dia. Isso vai permitir que você examine a queimadura para verificar se não há sinais de infecção, e a remoção do curativo faz com que também se remova tecido morto, que pode contaminar a queimadura.

■ Depois de alguns dias, mude para um curativo seco, não aderente, como uma compressa Telfa®. Continue revestindo o curativo com pomada antibiótica à base de sulfato de neomicina e ou sulfadiazina de prata. As compressas Telfa® protegem a queimadura, ao mesmo tempo em que deixam que os líquidos saiam. Se você não as tiver, substitua por um absorvente íntimo ou uma fralda descartável. Troque o curativo sempre que ele estiver úmido do lado de fora. No começo, isso deve acontecer uma vez por dia. Se o curativo precisar de trocas mais frequentes, consulte seu veterinário. Mais tarde, você vai precisar trocá-los somente a cada dois ou três dias.

■ Para manter os curativos secos quando seu animal sair ao ar livre, cubra-os com um saco plástico ou com filme plástico. As queimaduras precisam de ar para sua cicatrização, portanto, remova o plástico quando ele voltar para dentro.

■ Cães e gatos lambem instintivamente seus machucados, o que pode ajudar na cicatrização. Um animal que não para de mexer na ferida, ou que fique lambendo ou interferindo no curativo, precisará usar um apetrecho cônico, chamado colar elisabetano, que vai mantê-lo longe da queimadura. No entanto, ele não vai conseguir comer usando a coleira, portanto, lembre-se de removê-la durante as refeições.

A MELHOR ABORDAGEM

SULFADIAZINA DE PRATA

As queimaduras são perigosas porque danificam áreas extensas da pele. Isso facilita a entrada de bactérias, causando infecção. E, como as queimaduras saram de dentro para fora, a superfície da pele é a que mais demora a ficar boa. Isso significa que as infecções têm muito tempo para começar.

Os veterinários geralmente prescrevem um creme medicinal à base de sulfadiazina de prata. É um antisséptico muito poderoso, inibidor do desenvolvimento de bactérias. Aplica-se o creme duas ou três vezes por dia.

CONSULTORES

■ Shane Bateman, doutora em Medicina Veterinária, doutora em Ciências Veterinárias, veterinária certificada pelo American College of Emergency and Critical Care Medicine e professora assistente de Medicina de Emergência e Cuidados Críticos no Ohio State University College of Veterinary Medicine, em Columbus.

■ Joanne Howl, doutora em Medicina Veterinária, veterinária em West River, Maryland, secretária-tesoureira da American Academy on Veterinary Disaster Medicine e ex-presidente da Maryland Veterinary Medical Association.

■ Kevin Wallace, doutor em Medicina Veterinária, instrutor no Departamento de Ciências Clínicas do Cornell University College of Veterinary Medicine, em Ithaca, Nova York.

■ Elaine Wexler-Mitchell, doutora em Medicina Veterinária, veterinária na The Cat Care Clinic, em Orange, Califórnia, e presidente da Academy of Feline Medicine.

QUEIMADURAS POR FRICÇÃO

PROCURE SEU VETERINÁRIO: **SE NECESSÁRIO**

MATERIAL MÉDICO NECESSÁRIO:

Pinça com pontas rombudas

Luvas médicas descartáveis

Cobertor

Karo® ou mel

Transportador de animais ou outro objeto rígido

Pano limpo

Pomada de *Aloe vera* ou pomada antibiótica à base de sulfadiazina de prata ou de sulfato de neomicina

Meia de algodão, rolo de gaze

Esparadrapo

Compressa absorvente não aderente (Telfa®)

Camiseta

Filme plástico

Solução antisséptica à base de povidine

As queimaduras por fricção, muito comum entre ciclistas, estão entre os ferimentos mais dolorosos sofridos por pessoas, cães e gatos. Os animais de estimação normalmente sofrem esse tipo de queimadura quando caem de carros ou de caminhonetes, ou quando são atropelados ou arrastados por carros. A fricção do animal contra o solo arranca pelos e pele. Esses ferimentos geralmente não são profundos, mas atingem uma área grande, o que faz com que sejam dolorosos e de recuperação lenta.

As pequenas queimaduras por fricção são fáceis de serem tratadas com primeiros socorros. As queimaduras grandes, especialmente as que cobrem mais do que de 5 a 10% do corpo (mais ou menos o tamanho da superfície que cobre a coxa do animal) são mais graves. Isso porque elas frequentemente infeccionam e podem levar ao choque, uma situação que põe a vida em risco, na qual os órgãos começam a deixar de funcionar.

FAÇA ISTO JÁ

ENXÁGUE A QUEIMADURA. O melhor tratamento para queimaduras por fricção é água, muita água. Coloque seu animal em uma banheira e encharque a área afetada cuidadosamente com água corrente, de fria a quase morna, durante cinco a dez minutos. Isso leva embora poeira, areia e pedregulhos e ajuda a reduzir a dor e o edema.

REMOVA OS DETRITOS. Animais que foram arrastados por terra, grama ou asfalto invariavelmente ficam com vários detritos alojados no ferimento. A água removerá parte deles, mas não todos. Pode ser que você precise usar uma pinça com pontas rombudas para remover as partículas maiores. Tente não tocar nos ferimentos com as mãos descobertas, use luvas médicas descartáveis (à venda em farmácias), para não contaminar ainda mais o machucado. A limpeza de ferimentos é dolorosa, e alguns animais não a toleram. Não insista demais. Se você não conseguir limpar completamente o ferimento em casa, de tal forma que não se veja mais detritos, fale com seu veterinário. Pode ser que ele aconselhe que você leve seu animal até ele, para que o ferimento possa ser tratado profissionalmente, provavelmente sob sedação.

TIRE A COLEIRA DE SEU ANIMAL. Como as queimaduras por fricção podem inchar com muita rapidez, lembre-se de remover a coleira de seu animal, caso a queimadura seja na cabeça ou no pescoço.

OBSERVE SINAIS DE CHOQUE. As queimaduras por fricção que envolvem de 5 a 10% do corpo devem ser tratadas por um veterinário. Enquanto isso, fique atento para choque. Um animal que está entrando em choque frequentemente tem problema para respirar, porque seu sistema circulatório não distribui sangue e oxigênio de forma eficiente. Um animal em choque age de forma sonolenta ou zonza. Suas pálpebras caem e ele pode ter a língua ou as gengivas pálidas. Também pode perder a consciência.

Não perca tempo limpando o ferimento, se suspeita que seu animal esteja entrando em choque. Você estará perdendo um tempo precioso, e a água fria pode fazer com que o choque evolua mais rapidamente. Envolva seu animal em um cobertor e leve-o a um pronto-socorro o quanto antes. Você também pode colocar uma ou duas gotas de Karo® ou mel em suas gengivas para ajudá-lo a manter a consciência. (Para mais informações sobre choque, vá à página 109.)

Caso você esteja sozinho, tente colocar seu animal pequeno em um transportador. Coloque o transportador no assento ao seu lado. Um animal grande deverá ir no banco de trás, ou no bagageiro do veículo. Se seu animal estiver inconsciente ou levemente consciente, estique de leve sua cabeça e seu pescoço, delicadamente, para ajudar na respiração. Se ele estiver consciente, não vai manter a cabeça e o pescoço sem se mexer, portanto, não se preocupe. No entanto, se alguém puder ir com você ao veterinário, peça-lhe que mantenha a cabeça e o pescoço do seu animal retos.

☑ CUIDADOS POSTERIORES

▪ Como as queimaduras por fricção removem grandes porções de pele, os ferimentos liberam muita secreção. Seque a área diversas vezes por dia com um pano limpo e macio. Não use bolas de algodão porque elas grudarão na ferida.

▪ Aplique pomada de *Aloe vera*, à venda em farmácias, três vezes por dia. A *Aloe vera* diminui a dor e tem sido comprovado que ela acelera a recuperação.

▪ As queimaduras por fricção saram mais depressa quando são mantidas secas, o que significa que é preferível colocar um curativo para impedir que seu animal lamba a região. Para uma queimadura na parte inferior da pata, coloque uma meia branca de algodão, depois envolva com gaze e prenda com esparadrapo na parte de cima, para que permaneça no lugar. É mais difícil fazer curativos em outras partes do corpo porque o esparadrapo não gruda no pelo. Depois que o ferimento tiver sido coberto com uma proteção que não grude, como uma compressa Telfa®, coloque a cabeça do seu animal pelo pescoço de uma camiseta e suas patas dianteiras pelos braços. Depois, enrole uma gaze em rolo em volta do corpo dele para segurar a camiseta no lugar, mas tome cuidado para não apertar muito.

▪ Os veterinários geralmente não recomendam anestésico tópico, mas as queimaduras por fricção são doloridas demais. Se seu animal se estiver em um estado de extrema dor, consulte seu veterinário sobre anestésico tópico.

- Abra o curativo e verifique a queimadura pelo menos três vezes no primeiro dia, colocando pomada de *Aloe vera* todas as vezes. Se o ferimento parecer limpo e seco, você precisará trocá-lo apenas uma vez por dia; mas se ele estiver úmido, tanto que o curativo esteja grudento, você precisará trocá-lo com mais frequência.

- Se você não tiver pomada de *Aloe vera*, coloque uma camada fina de pomada antibiótica à base de sulfato de neomicina, no curativo, quando trocá-lo. Outra possibilidade é a pomada de sulfadiazina de prata. Os veterinários geralmente a recomendam porque mantém as queimaduras e outros ferimentos em bom estado. Coloque o creme uma ou duas vezes por dia.

- Você pode manter os curativos limpos e secos, quando seu animal sair ao ar livre, envolvendo a região com filme plástico. Em uma queimadura na pata, coloque um saco plástico no pé e prenda-o com esparadrapo. Não deixe que uma queimadura fique embrulhada por muito tempo, já que o plástico impedirá que o ar chegue até ela e retardará o processo de cura. Embrulhe o curativo apenas quando seu animal estiver saindo ao ar livre, e tire a proteção quando ele voltar para dentro.

A MELHOR ABORDAGEM

ANTISSÉPTICOS

Os veterinários sugerem que se usem soluções antissépticas, como a solução à base de povidine diluída, para as queimaduras por fricção, por serem suaves nos tecidos em recuperação.

Antes de usar um antisséptico, verifique se o ferimento já está completamente livre de detritos. Se houver vários detritos ou crostas, ou se o ferimento estiver com uma secreção branca, amarela, preta ou verde, a melhor coisa é primeiro enxaguar com água morna, usando um chuveirinho ou um pulverizador. Depois, com uma luva médica descartável, retire cuidadosamente o material amolecido. (Não faça isso se estiver começando a se formar uma casca com aparência saudável. Uma casca saudável é seca e dura, com mínimas quantidades de vermelhidão em torno das bordas, sem pus ou umidade.) Depois, acrescente povidine a alguns copos de água destilada até que a solução fique com a cor de um chá fraco e use-a para enxaguar a queimadura. Isso pode ser feito diariamente, ou duas vezes por dia, se necessário, nos primeiros dois ou três dias.

CONSULTORES

- Shane Baterman, doutora em Medicina Veterinária, doutora em Ciências Veterinárias, veterinária certificada pelo American College of Emergency and Critical Care Medicine e professora assistente de Medicina de Emergência e Cuidados Críticos no Ohio State University College of Veterinary Medicine, em Columbus.
- Joanne Howl, doutora em Medicina Veterinária, é veterinária em West River, Maryland, secretária-tesoureira da American Academy ou Veterinary Disaster Medicine e ex-presidente da Maryland Veterinary Medical Association.
- Kevin Wallace, doutor em Medicina Veterinária, é instrutor no Departamento de Ciências Clínicas no Cornell University College of Veterinary Medicine, em Ithaca, Nova York.
- Elaine Wexler-Mitchell é veterinária na Cat Care Clinic, em Orange, Califórnia, e presidente da Academy of Feline Medicine.

QUEIMADURAS QUÍMICAS
PROCURE SEU VETERINÁRIO: **IMEDIATAMENTE**

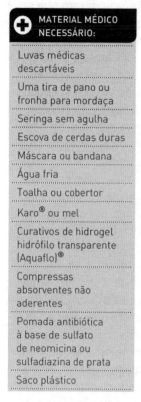

MATERIAL MÉDICO NECESSÁRIO:
- Luvas médicas descartáveis
- Uma tira de pano ou fronha para mordaça
- Seringa sem agulha
- Escova de cerdas duras
- Máscara ou bandana
- Água fria
- Toalha ou cobertor
- Karo® ou mel
- Curativos de hidrogel hidrófilo transparente (Aquaflo)®
- Compressas absorventes não aderentes
- Pomada antibiótica à base de sulfato de neomicina ou sulfadiazina de prata
- Saco plástico

As queimaduras químicas tendem a ser mais graves do que as simples queimaduras de calor, porque os materiais químicos continuam a danificar a pele e a musculatura durante o tempo em que estiverem em contato. Não importa o quão dolorosa e grave elas sejam no início, normalmente elas pioram dentro de um ou dois dias.

Muitos produtos químicos queimam, incluindo produtos para banheiro, cloro, limpadores de piscina, herbicidas e ácido de bateria. Um pesado casaco de pele não protege cachorros e gatos contra os químicos. Na verdade, geralmente ele piora as queimaduras porque o pelo conserva os líquidos e os pós e os mantém por mais tempo em contato com a pele.

🧰 FAÇA ISTO JÁ

PROTEJA SUA PELE E SEUS OLHOS. Em primeiro lugar, vista luvas médicas descartáveis (à venda em farmácias) e certifique-se de que seus olhos e sua pele estejam cobertos. O mesmo vale para qualquer um que esteja por perto. Se seu animal começar a sacudir seu pelo e sua cauda, o produto vai se espalhar para todos os lados.

RETIRE A COLEIRA DO SEU ANIMAL. As coleiras de couro absorvem a umidade e vão manter o produto químico contra a pele. Mesmo coleiras de náilon e de metal são perigosas porque elas guardam líquidos. Além disso, as queimaduras químicas podem inchar com muita rapidez, deixando as coleiras ou os peitorais tão justos que interferem na respiração.

USE UMA MORDAÇA. Não deixe que seu animal lamba a região, porque isso fará com que o produto químico se espalhe do exterior para o interior do corpo. O jeito mais rápido de interromper as lambidas é manter sua boca fechada. No entanto, não perca tempo procurando materiais. Os produtos químicos podem fazer um grande estrago com muita rapidez, especialmente na língua ou no interior da boca. É melhor você segurar seu animal para impedi-lo de lamber, enquanto outra pessoa sai em busca de uma meia-calça ou de uma gravata para amarrar sua boca ou – caso seja um animal com focinho curto, como um gato ou um pug – uma fronha para enfiá-la em sua cabeça. Mas não use uma mordaça se seu animal estiver com dificuldades para respirar.

Tenha à mão uma grande seringa sem agulha cheia de água, caso seja preciso enxaguar cuidadosamente a boca de seu animal.

REMOVA O PRODUTO QUÍMICO. Se o produto estiver na forma de pó, escove completamente seu animal com uma escova de cerdas duras. Depois, enxágue seu pelo com água, como descrito a seguir. Antes de escová-lo, ponha uma focinheira ou enrole uma bandana ou um pedaço de pano em torno do seu nariz e de sua boca, para não inalar o pó químico potencialmente perigoso.

Molhe as regiões com muita água, de fria a quase morna. (Água quente demais pode acelerar a absorção do produto pela pele, enquanto a água fria demais pode provocar hipotermia.). Permaneça enxaguando por um mínimo de 20 minutos. Tente manter o jato de água longe do resto do corpo para evitar que o produto se espalhe. A água é o melhor tratamento de urgência que existe, portanto, continue enxaguando, mesmo que pareça que ela esteja piorando as coisas. Não use pomada antibiótica à base de sulfato de neomicina e bacitracina ou de qualquer outro tipo, porque ela manterá os resíduos químicos junto da pele.

OBSERVE SINTOMAS DE CHOQUE. Os animais que foram expostos a grandes quantidades de produtos químicos às vezes entram em choque. Os sintomas de choque incluem respiração acelerada, língua ou gengivas pálidas, ou desmaio. O choque é uma emergência e pode matar seu animal de estimação num prazo curto de dez a 20 minutos. Enrole seu animal em uma toalha ou cobertor, para mantê-lo aquecido e retardar o processo de choque, e depois vá imediatamente ao veterinário. Você também pode pingar uma ou duas gotas de Karo® ou mel nas gengivas de seu animal para ajudá-lo a se manter consciente. (Para mais informações sobre choque, vá à página 109.)

AJUDE SEU ANIMAL A RESPIRAR. Se seu animal entrar em choque, pode ser que você precise fazer respiração artificial. Ponha sua boca sobre o nariz dele (primeiro certifique-se de que não há nenhum resíduo químico no nariz) e dê duas rápidas sopradas, esperando para ver seu peito inflar. Continue respirando, dando de 15 a 20 sopradas por minuto, até que ele comece a respirar por si só, ou até que você chegue ao veterinário. (Essa técnica aparece ilustrada na página 30.)

✔ CUIDADOS POSTERIORES

- As queimaduras químicas geralmente são protegidas com curativos chamados Aquaflo®, à venda em farmácias e lojas de produtos veterinários. Eles são aplicados molhados e deixados para secar em contato com o ferimento. Ao serem retirados, levam junto o tecido morto. Esse tipo de curativo precisa ser trocado várias vezes por dia. Seu veterinário lhe explicará como fazê-lo.

- As queimaduras geralmente apresentam ferimentos úmidos e com secreções. Quando a queimadura começar a sarar, troque os curativos Aquaflo® para compressas absorventes não

UMA MORDAÇA INSTANTÂNEA

Cães e gatos lambem instintivamente seus machucados, inclusive os causados por produtos químicos. Mesmo quando esses produtos são fortes o suficiente para queimar suas bocas, os animais continuarão lambendo porque é o único remédio que conhecem. Os veterinários recomendam que se coloque uma mordaça no kit de primeiros socorros, mas você também pode fazê-la numa emergência. Antes de começar a fazê-la, peça a alguém que segure com firmeza a pele do pescoço de seu animal atrás e abaixo das orelhas. Os cães não gostam de ser amordaçados, principalmente quando estão feridos e assustados. Segurando a cabeça desse jeito, ele ficará imobilizado e não conseguirá morder. Para fazer uma mordaça de emergência, siga estes simples passos:

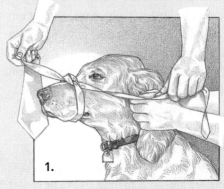

Amarre uma gravata ou uma tira de meia-calça com um nó simples e passe pela boca de seu animal.

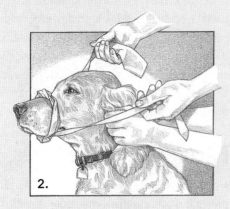

Aperte o nó, puxe as pontas para baixo sob o maxilar e faça outro nó.

Puxe as pontas para trás, sobre o pescoço e amarre-as em um nó ou laço, atrás das orelhas.

aderentes, como as compressas Telfa®. Elas ajudam a manter as feridas secas, permitindo a circulação do ar.

- Mude os curativos de acordo com as recomendações do seu veterinário. Conforme a queimadura for melhorando, você pode começar a mudar os curativos a cada dois ou três dias. Assim que um curativo começar a ficar úmido, é preciso trocá-lo. Depois que uma camada durável de pele nova, chamada epitélio, tiver quase que coberto a área, você pode remover completamente o curativo. Consulte seu veterinário para saber o prazo certo para fazer isso. Em ferimentos maiores, seu animal pode ter que manter os curativos durante semanas.

■ Ainda que seja perigoso colocar pomadas logo depois da queimadura de animais com produtos químicos, será bom você usar uma pomada antibiótica à base de sulfato de neomicina ou sulfadiazina de prata, à medida que a queimadura melhore. Uma maneira prática é, se o seu animal ainda estiver usando curativos por recomendação de seu veterinário, coloque a pomada. Depois que os curativos foram removidos e a nova camada saudável de pele já estiver formada, pare de usá-la.

■ É evidente quando as queimaduras químicas estão tendo uma melhora adequada. Quando há um problema, o primeiro sintoma é, provavelmente, um mau cheiro. Todas as vezes que você trocar o curativo, dê uma cheirada. Um cheiro fortemente ruim provavelmente significa que está se formando uma infecção e você precisará procurar o seu veterinário imediatamente. Outros sinais alarmantes incluem diminuição repentina de apetite, queda do nível de atividade, dor ou febre. Além disso, se seu animal estiver cutucando com a boca a região da queimadura, isso pode significar que ela esteja infeccionando.

■ Observe se há edema, calor, dor e outros sinais alarmantes, poucas horas após a colocação de um curativo novo. Esses sinais podem indicar que o curativo está apertado demais e precisa ser afrouxado. Você também precisa proteger qualquer curativo contra sujeira e umidade. Se o espaço externo estiver molhado, proteja temporariamente a região do curativo antes que seu animal saia, prendendo um saco plástico grosso sobre a região tratada. Só não se esqueça de removê-lo quando ele voltar para dentro.

CONSULTORES

■ Shane Bateman, doutora em Medicina Veterinária, doutora em Ciências Veterinárias, é veterinária certificada pelo American College of Emergency and Critical Care Medicine e professora assistente de Medicina de Emergência e Cuidados Críticos no Ohio State University College of Veterinary Medicine, em Columbus.

■ Joanne Howl, doutora em Medicina Veterinária, é veterinária em West River, Maryland, secretária tesoureira da American Academy of Veterinary Disaster Medicine e ex-presidente da Maryland Veterinary Medical Association.

■ Kevin Wallace, doutor em Medicina Veterinária, é instrutor no Departamento de Ciências Clínicas do Cornell University College of Veterinary Medicine, em Ithaca, Nova York.

SANGRAMENTO

PROCURE SEU VETERINÁRIO: **SE NECESSÁRIO**

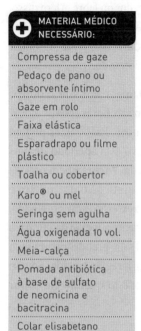

MATERIAL MÉDICO NECESSÁRIO:
- Compressa de gaze
- Pedaço de pano ou absorvente íntimo
- Gaze em rolo
- Faixa elástica
- Esparadrapo ou filme plástico
- Toalha ou cobertor
- Karo® ou mel
- Seringa sem agulha
- Água oxigenada 10 vol.
- Meia-calça
- Pomada antibiótica à base de sulfato de neomicina e bacitracina
- Colar elisabetano

Os sangramentos geralmente parecem ser mais sérios do que geralmente são. A coagulação normalmente começa em 60 a 90 segundos, e, em poucas horas, se forma uma casca. Na verdade, alguns dos machucados mais "seguros" são aqueles que, a princípio, sangram abundantemente, porque o sangue leva embora todos os detritos e bactérias.

No entanto, os ferimentos profundos ou ferimentos que atinjam veia ou artéria são mais sérios. Os ferimentos no pescoço e na pata tendem a ser os piores porque nessas regiões grandes veias e artérias estão próximas à superfície. O sangue de uma veia rompida é vermelho escuro e flui de maneira contínua e uniforme. O sangue que jorra de uma artéria rompida espirra a cada batimento cardíaco, é vermelho brilhante e geralmente é muito mais grave.

O sangramento de cortes rasos e arranhões pode ser contido com um simples atendimento de urgência. Os ferimentos mais profundos precisam de atenção médica, mesmo quando você consegue estancar o sangramento em casa.

FAÇA ISTO JÁ

CONTROLE O SANGRAMENTO. Não lave ferimentos que estejam sangrando abundantemente – isso dificultará a formação de coágulos. Primeiro é preciso controlar o sangramento. Coloque uma compressa de gaze ou um pedaço de pano limpo na ferida. Ou use um absorvente íntimo – é perfeito porque o material é altamente absorvente. Se o sangue molhar a compressa, coloque uma segunda compressa sobre a primeira e continue a pressionar. (Se você tirar a primeira compressa, estará tirando os coágulos que estão tentando se formar). O sangramento deverá parar em cinco minutos ou menos.

Quando você não conseguir parar o sangramento apenas com a pressão do dedo, será preciso colocar um curativo de pressão. Mantendo a primeira compressa ainda no lugar, envolva-a com várias camadas de gaze em rolo, uma faixa elástica ou mesmo um adesivo. O curativo de pressão deverá estar firme, mas não muito apertado. Se você não conseguir enfiar a ponta de um cotonete sob o curativo, é porque provavelmente ele está muito justo. No caso de animais pequenos, cubra a compressa absorvente com filme elástico, enrole e mantenha a pressão na compressa.

FIQUE ATENTO A SINAIS DE CHOQUE. Animais que perderam muito sangue, também perdem sua habilidade em reter calor

PONTOS DE PRESSÃO

Existem pontos pelo corpo, onde as artérias estão muito próximas à superfície. A pressão em uma área específica fechará, parcialmente, essa artéria, reduzindo o fluxo de sangue e possibilitando a formação de coágulos.

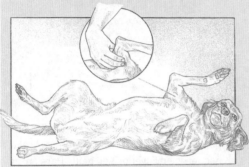

Para controlar o sangramento em uma pata dianteira, pressione o ponto localizado na região das axilas. Coloque seu polegar no lado de fora da pata que estiver para cima e seus outros dedos no lado de dentro

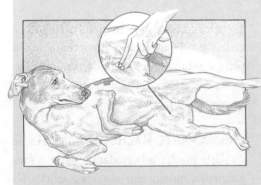

Para parar o sangramento em uma pata traseira de um cachorro, deite-o de costas sobre uma superfície estável, de forma que a área de sua virilha (ventre inferior) fique exposta. Encontre o ponto de pressão sobre a artéria femoral na parte interna de sua pata e faça uma pressão firme com seus dedos indicador e médio.

Para estancar o sangramento na pata traseira de um gato, deite-o de costas sobre uma superfície estável, de modo que a área de sua virilha fique exposta. Ache o ponto de pressão sobre a área femoral na parte interna de sua pata e pressione firmemente com a palma de sua mão.

PONTOS DE PRESSÃO (CONT.)

Se seu cachorro se machucou na cauda e ela estiver sangrando, imobilize-o passando seu braço esquerdo sob sua barriga e puxando-o para junto de você. Use sua mão direita para levantar sua cauda. Com a mão esquerda, pressione próximo à base da cauda, apertando com firmeza o polegar do lado de fora da cauda e os outros dedos do lado de baixo.

Se a cauda de seu gato estiver sangrando, segure-o no colo com seu braço esquerdo envolvendo seu peito. Para parar o sangramento, use sua mão esquerda para levantar sua cauda e sua mão direita para pressionar entre o machucado e o corpo. Ponha seu polegar na parte de fora da cauda e os outros dedos na parte de baixo e aperte com firmeza.

e podem entrar em choque – uma situação em que os órgãos deixam de funcionar. O choque pode matar um gato ou um cachorro em um prazo curto, de 10 a 20 minutos. Enrole-o em uma toalha ou cobertor e leve-o imediatamente ao veterinário. Você também pode pingar uma ou duas gotas de Karo® ou de mel nas gengivas de seu animal para mantê-lo consciente. (Para mais informações sobre choque, vá à página 109.)

Caso ele tenha entrado em choque, talvez você deva fazer respiração artificial. Envolva o focinho com a mão, para manter a boca dele fechada, e sopre em seu nariz com duas rápidas sopradas. Observe se seu peito infla e então dê 15 a 20 sopradas por minuto, até que ele volte a respirar sozinho ou até que você consiga socorro médico. Depois de cada soprada, observe o movimento de seu peito e então afaste os lábios para que o ar possa sair. (Essa técnica aparece ilustrada na página 30.)

ERGA A PARTE MACHUCADA. A elevação da parte machucada ajudará a parar o sangramento, embora isso não seja essencial. Na verdade, pode ser danoso, se houver algum osso quebrado. Se seu animal erguer um dos membros de maneira esquisita ou não o movimentar de jeito nenhum, se um dos membros estiver pendurado em um ângulo estranho, se ele demonstrar grande dor ao se mover, ou se você perceber que seu osso faz um ruído quando ele mexe um dos membros, ele pode

ALERTA IMPORTANTE

SANGUE ESCONDIDO

Um sangramento não é causado apenas por ferimentos. As iscas de roedores frequentemente contêm um ingrediente chamado varfarina ou outros componentes que podem causar sangramento interno, ao bloquear a produção do organismo de proteínas necessárias à coagulação. Esse é o caso mais comum de intoxicação de animais de estimação. Todos os anos, muitos cachorros e gatos, principalmente os que vivem em fazendas, são envenenados com varfarina, ou por comerem a isca, ou por comerem os roedores que comeram a isca.

Os animais que ingeriram varfarina podem sangrar pela boca, nariz ou ânus. Eles também podem sangrar internamente, ou pode haver traços de sangue na urina ou nas fezes. Esses sintomas podem levar um ou dois dias para aparecer, porque este é o tempo que leva para que o corpo esgote seu estoque de proteínas para coagulação. Se você vir seu cachorro ou gato comendo um veneno que contenha varfarina, terá que induzi-lo ao vômito, administrando água oxigenada 10 vol. no fundo de sua boca, com uma seringa sem agulha. (Vá à página 40 para uma ilustração sobre essa técnica.) Tanto para cães quanto para gatos, dê de uma a duas colheres de chá para cada 5 kg de peso corporal. Repita duas ou três vezes até que seu animal vomite, deixando um espaço de cinco minutos entre as doses. Depois, vá imediatamente ao veterinário, levando junto a embalagem das iscas.

Seu veterinário pode tratar animais com intoxicação por varfarina com vitamina K, que restaura a habilidade do sangue em coagular. Algumas vezes, um tratamento oral com vitamina K pode ser necessário por várias semanas. (Para mais informações vá à página 311.)

---

estar com um osso quebrado e precisará ser levado imediatamente ao veterinário. (Para mais informações sobre fraturas, vá à página 250.)

🐾 SITUAÇÃO ESPECIAL

SE OS OUVIDOS DO SEU ANIMAL ESTIVEREM SANGRANDO. Os ouvidos têm uma veia próxima à superfície que pode sangrar muito, e, como os animais balançam a cabeça quando estão com o ouvido machucado, o sangramento piora. Para pressionar os ouvidos, primeiro coloque uma compressa absorvente ou um pano. Corte uma tira de uma meia-calça e coloque-a pela cabeça de seu animal, atrás das orelhas. Depois mova a meia-calça para frente, sobre o curativo absorvente para mantê-lo no lugar. Preste atenção para não cobrir os olhos e a boca. Use a parte correspondente à coxa da meia-calça para os cachorros grandes e a parte dos dedos para os animais menores. (Para mais informações sobre machucados na orelha, vá à página 319.)

✔ CUIDADOS POSTERIORES

■ Mesmo que um machucado não precise de pontos, é essencial mantê-lo limpo, seja qual for o caso, por pelo menos uma semana. Limpe as secreções e crostas em torno das bordas da ferida várias vezes por dia. Não mexa no próprio machucado, a não ser por orientação do veterinário. Depois da limpeza, coloque uma pomada antibiótica à base de sulfato de neomicina e bacitracina.

■ Cães e gatos lambem instintivamente seus machucados, e, em alguns casos, isso pode reduzir o risco de infecções. Mas mais do que algumas lambidas leves pode ser um exagero. Os animais que lambem demais seus machucados podem estender dramaticamente o tempo de cicatrização. Se a área em torno do ferimento parecer úmida ou molhada e se parecer que a casca nunca seca, poderá ser preciso que você coloque uma coleira cônica de contenção no seu animal, chamada colar elisabetano. Ela impedirá que ele lamba a ferida. No entanto, a coleira vai impedi-lo de comer e precisará ser retirada na hora das refeições.

A MELHOR ABORDAGEM

O ADESIVO SEM DOR

O esparadrapo de primeiros socorros usado em pessoas para prender curativos pode se tornar um pesadelo para os animais por causa do pelo – a troca de curativos pode ser mais dolorosa do que o próprio machucado. Uma bandagem elástica chamada Vetrap®, disponível em pet shops ou estabelecimentos veterinários, foi desenvolvido para esticar e grudar em si mesmo, em vez de aderir nos pelos e na pele. Ele se mantém no lugar e não absorve a umidade, o que faz com que permaneça limpo por mais tempo.

CONSULTORES

■ Shane Bateman, doutora em Medicina Veterinária, doutora em Ciências Veterinárias, é veterinária certificada pelo American College of Emergency and Critical Care Medicine e professora assistente de Medicina de Emergência e Cuidados Críticos no Ohio State University College of Veterinary Medicine, em Columbus.

■ Joanne Howl, doutora em Medicina Veterinária, é veterinária em West River, Maryland, secretária-tesoureira da American Academy of Veterinary Disaster Medicine e ex-presidente da Maryland Veterinary Medical Association.

■ Thomas Munschauer, doutor em Medicina Veterinária, é veterinário no Middlebury Animal Hospital, em Vermont, e ex-presidente da Vermont Veterinary Medical Association.

■ John Rush, doutor em Medicina Veterinária, é veterinário graduado no American College of Emergency and Critical Care Medicine, e chefe do departamento de Serviço de Emergência e Cuidados Críticos na Tufts University School of Veterinary Medicine, em North Grafton, Massachusetts.

■ Daniel Simpson, doutor em Medicina Veterinária é veterinário no West Bay Animal Hospital, em Warwick, Rhode Island, e porta-voz da Rhode Island Veterinary Medical Association.

■ Kevin Wallace, doutor em Medicina Veterinária, é instrutor no Departamento de Ciências Clínicas do Cornell University College of Veterinary Medicine, em Ithaca, New York.

■ David Wirth-Scneider, doutor em Medicina Veterinária, é veterinário na Emergency Clinic for Animals, em Madison, Wisconsin.

SANGRAMENTO NASAL

PROCURE SEU VETERINÁRIO: **SE NECESSÁRIO**

MATERIAL MÉDICO NECESSÁRIO:
Toalhinha molhada gelada
Compressa gelada
Compressa absorvente ou toalhinha

Não é comum que gatos e cachorros sangrem pelo nariz, mas quando isso acontece geralmente é resultado de algum tipo de trauma por pancada, como um atropelamento. Alguns tipos de veneno, câncer e corpos estranhos também podem provocar sangramento e precisam de socorro médico imediato. (Para mais informações sobre corpo estranho no nariz, vá à página 143; para intoxicação, vá à página 303.)

Quando um cachorro bate o nariz correndo de encontro a uma cerca ao perseguir alguma coisa, um pronto atendimento normalmente consegue resolver o problema. Com um tratamento adequado, um sangramento nasal deve parar em 15 a 20 minutos. Se isso não acontecer, seu animal precisa de cuidados médicos.

FAÇA ISTO JÁ

MANTENHA SEU ANIMAL CALMO E CONFINADO. Na maior parte dos casos, um nariz sangrando não vai incomodar em nada o seu cachorro, mas tudo pode virar um caos, se ele correr para todos os lados e balançar a cabeça, jogando sangue sobre o tapete e nas paredes. A melhor coisa a fazer é prender seu animal em um lugar pequeno, fácil de limpar, como um banheiro com chão frio. Fale calmamente com ele e tente mantê-lo calmo. Se conseguir que ele fique quieto por um tempo, o coágulo terá chance de se formar mais rapidamente, parando o sangramento.

COLOQUE UMA COMPRESSA GELADA. Se o seu cachorro bateu o nariz e você sabe que o sangramento não foi causado por nada mais sério, como um atropelamento, você pode acelerar o processo de coagulação aplicando uma compressa gelada. Colocar gelo diretamente sobre o nariz pode congelar os tecidos frágeis, portanto coloque antes uma toalhinha molhada gelada no local. Depois, ponha uma compressa gelada, um saco plástico cheio de gelo picado, sobre a toalha. Você pode usar essa compressa por 10 a 30 minutos de cada vez, várias vezes por dia.

AJUDE A COAGULAÇÃO. A melhor maneira de encorajar a formação do coágulo é segurando uma compressa absorvente ou uma toalhinha na narina afetada. Um absorvente íntimo funciona muito bem nesse caso, porque é superabsorvente, mas preste atenção para cobrir apenas uma narina, para não interferir na respiração do seu animal.

ALERTA IMPORTANTE

ERLIQUIOSE CANINA

Qualquer coisa, de uma pancada no nariz a câncer, ou até mesmo veneno de rato, pode provocar um sangramento no nariz. No entanto, os cachorros também correm esse risco com uma doença chamada erliquiose, transmitida pelos carrapatos. Essa doença frequentemente causa um sangramento nasal espontâneo.

A *Erlichia* se desenvolve dentro do corpo do carrapato e passa para o cachorro pela saliva do carrapato, quando ele se alimenta de sangue. O organismo infecta os glóbulos brancos do sangue e apresenta uma ampla variedade de sintomas, incluindo febre, secreção nasal e dos olhos, perda de apetite, edema nas patas e manqueira, contrações musculares, sangramentos e depressão – seu animal se recolhe, não demonstrando interesse em participar das atividades diárias. Se o seu animal apresentar algum ou todos esses sintomas, consulte o veterinário.

A doença é diagnosticada através de exames de sangue, e, se começado a tempo, um tratamento antibiótico por seis semanas ou mais poderá curar o seu cachorro. A melhor maneira de evitar que seu cão contraia erliquiose é evitar que ele fique exposto a carrapatos. (Para mais informações sobre carrapatos, vá à página 102.)

✔ CUIDADOS POSTERIORES

- Se o sangramento nasal do seu animal tiver sido causado por um acidente de carro ou qualquer outro acontecimento sério, o veterinário explicará como tratar os ferimentos ao voltar para casa. Para os outros casos, passado o sangramento não são necessários maiores cuidados.

CONSULTORES

- Mauri Karger, doutor em Medicina Veterinária, é veterinário no 1-20 Animal Medical Center, em Arlington, Texas.
- A. Michelle Miller, doutora em Medicina Veterinária, é veterinária na Animal Aid Clinic South, em Elkhart, Indiana.
- Laura Solien, doutora em Medicina Veterinária, é veterinária no Maplecrest Animal Hospital, em Goshen, Indiana.

TERÇOL

PROCURE SEU VETERINÁRIO: **SE NECESSÁRIO**

MATERIAL MÉDICO NECESSÁRIO:
- Colar elisabetano
- Compressa quente
- Colírio ou pomada antibiótica à base de neomicina
- Compressa de gaze
- Soro fisiológico estéril

Os gatos quase nunca têm terçol, mas os cachorros sim, porque eles comumente sofrem de blefarite – uma inflamação na margem da pálpebra. O tecido inflamado não tem pelo, coça, fica vermelho ou escama. Um terçol pode aparecer como consequência de uma blefarite ou pode ser a causa da blefarite.

Os terçóis não são perigosos por si só, mas são tão incômodos que os cachorros podem coçar e machucar os olhos quando interferem o local. É fácil tratar de um terçol em casa, com primeiros socorros, mas problemas mais sérios podem surgir com a aparência de terçóis, portanto, procure uma avaliação médica se o tratamento caseiro não resolver o problema em dois ou três dias.

FAÇA ISTO JÁ

COLOQUE UM COLAR ELISABETANO NO SEU ANIMAL. Impeça que o seu animal esfregue ou toque o lugar inflamado. Ele pode arranhar o olho e machucá-lo seriamente, ao se esforçar em aliviar a coceira. Coloque nele uma coleira cônica de contenção chamada colar elisabetano, assim ele não poderá esfregar o focinho nos móveis ou no chão e não conseguirá alcançar o terçol com a pata.

COLOQUE UMA COMPRESSA QUENTE MOLHADA NO OLHO AFETADO. Uma compressa quente molhada não apenas ajuda a aliviar a dor e a coceira, como também aumenta a circulação sanguínea na região, em caso de infecção. O fluxo sanguíneo ajuda a curar a inflamação. Ela também pode fazer com que o terçol aponte um olho, de modo que se rompa e drene a infecção. Um terçol que forme um olho e estoure tem uma aparência péssima, mas significa o início da cura. Molhe uma toalhinha com água tão quente quanto você possa aguentar, torça-a e coloque-a sobre o olho afetado – cinco minutos de aplicação, cinco minutos de repouso, até que a toalhinha esfrie – três ou quatro vezes por dia, até que o terçol comece a drenar.

CUIDADOS POSTERIORES

- Continue usando compressas quentes molhadas várias vezes por dia, e o terçol deverá estourar, drenar e desaparecer em dois ou três dias. Se isso não acontecer, pode não ser um terçol e precisará de atenção médica.

- É bom colocar um colírio ou uma pomada antibiótica à base de sulfato de neomicina, feitos especificamente para os olhos, para diminuir a chance de infecção. Para colocar um medicamento no olho, incline a cabeça do seu animal para trás, puxe delicadamente a pálpebra inferior e pingue o remédio na bolsa que se forma. Ao piscar, seu animal espalhará o remédio naturalmente.

É fácil aplicar uma medicação no olho do seu gato. Incline a cabeça dele para trás, puxe sua pálpebra inferior para baixo para formar uma bolsa e pingue o remédio dentro dela.

- Normalmente um terçol não precisa de qualquer tratamento além das compressas quentes, mas alguns cães adultos desenvolvem um problema crônico com terçóis, difícil de resolver. Além de antibiótico oral e compressas quentes, seu veterinário pode prescrever cortisona. Você pode esconder o comprimido antibiótico e o de cortisona em petiscos saborosos, para dá-los a seu cachorro.

- Em casos resistentes de terçol, seu veterinário poderá ter que abrir e drenar a glândula infectada com uma agulha esterilizada, depois de sedar o seu animal. Será preciso manter o local limpo. Normalmente, basta limpar qualquer secreção com uma compressa de gaze umedecida com soro fisiológico estéril.

ALERTA IMPORTANTE

TUMORES NAS PÁLPEBRAS

Ao longo das bordas das pálpebras de um cachorro, no espaço entre os cílios, existem Glândulas de Melbonio que produzem uma secreção oleosa, que mantêm a pele lubrificada. Elas estão propensas a desenvolver tumores benignos (não cancerosos), que, quando pequenos, se parecem exatamente com um terçol. Na verdade, em nove entre dez vezes, o que parece ser um terçol no olho de um cachorro acaba sendo um desses tumores.

Normalmente, quando pequenos, esses tumores podem ser removidos com facilidade com cirurgia. Mas, quanto mais crescem, maior a chance de deixarem defeitos ou reentrâncias na borda da pálpebra, ao serem removidos. Portanto, se vir uma protuberância suspeita que não responda ao tratamento passados dois ou três dias, não hesite em levar seu cachorro ao veterinário.

CONSULTORES

- Nina Beyer, doutora em Medicina Veterinária, é veterinária no Grecoloqueld Veterinary Associates, em Mantua, New Jersey.
- Sophia Yin, doutora em Medicina Veterinária, é veterinária em Davis, Califórnia, e autora de *The Small Animal Veterinary Nerdbook*.

TORCICOLO
PROCURE SEU VETERINÁRIO: **NO MESMO DIA**

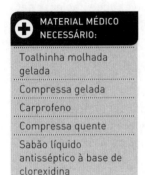

MATERIAL MÉDICO NECESSÁRIO:
- Toalhinha molhada gelada
- Compressa gelada
- Carprofeno
- Compressa quente
- Sabão líquido antisséptico à base de clorexidina

Cães e gatos podem ter torcicolo (dores no pescoço) por causa do estiramento de músculos ou por problemas de disco na coluna. Esse tipo de dor no pescoço é mais comum em cachorros do que em gatos, sendo que os mastiffs, os dobermans e outros cães de raças grandes são os mais afetados. Eles seguram a cabeça rigidamente, sem querer levantá-la – sua aparência é de quem está envergonhado ou deprimido – e gritam de dor quando se mexem da maneira errada. O torcicolo muitas vezes faz com que os animais deixem de comer porque dói alcançar a vasilha de comida.

Existem sérias doenças que podem causar dor na nuca. Um animal que tenha um torcicolo que dure mais do que algumas horas, deve ser levado ao veterinário no mesmo dia. Se o torcicolo for acompanhada de febre, leve-o ao veterinário imediatamente. O torcicolo por problemas de disco não é uma emergência, mas não vai melhorar sem cuidados médicos, e pode piorar muito, chegando até mesmo à paralisia.

Outra causa de torcicolo em cachorros é uma picada de cobra, já que normalmente eles são picados no focinho ou no pescoço. Nos gatos, a dor no pescoço resulta, geralmente, de machucados infeccionados. Enquanto os problemas de disco geralmente não provocam edema, um acidente traumático com o pescoço, incluindo picada de cobra, pode inchar, e a infecção normalmente também provoca febre. Os cachorros e gatos mais velhos, que sofrem de torcicolo por causa de artrite, podem simplesmente recusar-se a se mover. O pronto atendimento pode ajudar no alívio da dor, e talvez baste para lidar com os sinais de envelhecimento.

FAÇA ISTO JÁ

RETIRE A COLEIRA. Antes de qualquer coisa, tire a coleira do seu animal. Um problema no pescoço pode provocar edema até que a coleira sufoque o seu animal.

CARREGUE O SEU ANIMAL SE HOUVER PICADA DE COBRA. As cobras geralmente picam os cachorros no pescoço, e a picada pode ser extremamente dolorosa. Se você suspeitar que o seu cachorro ou o seu gato foi picado por cobra, não deixe que ele ande – carregue-o até o carro. Qualquer tipo de exercício acelera a circulação do sangue e pode distribuir o veneno ainda mais rápido. É difícil dizer se uma picada de cobra é ou não venenosa, portanto, é sempre importante ter imediato socorro médico.

ALERTA IMPORTANTE

COLEIRAS APERTADAS

A maioria dos filhotes ultrapassa suas primeiras coleiras. Às vezes, o processo é tão gradual e a região do pescoço tão peluda, que talvez você não note de imediato. Uma demora na troca de coleira pode fazer com que uma coleira para filhotes entre na pele e, com o tempo, acabe profundamente inserida no músculo.

Os cachorros normalmente não demonstram dor porque o processo é muito gradual, mas a dor pode surgir quando a região, finalmente, fica infectada. O sinal mais gritante de que existe um problema é um odor terrível da infecção.

Para corrigir o problema, é preciso raspar o pelo com tosador elétrico, cortar a coleira e limpar a ferida com um sabão líquido antisséptico à base de clorexidina. Se a coleira estiver muito inserida, o cachorro precisará de um tratamento veterinário. Muitas vezes, o cachorro também tem que tomar antibiótico oral até que a ferida do pescoço melhore. Para evitar qualquer problema, cheque a coleira do seu filhote a cada duas semanas, se ele for de um porte pequeno ou médio, ou a cada quatro semanas, se for de uma raça grande ou gigante.

COLOQUE UMA COMPRESSA GELADA. A caminho do veterinário, coloque uma compressa gelada na área da ferida da picada de cobra. Isso ajuda a retardar a distribuição da toxina, além de ajudar no alívio da dor. Molhe uma toalhinha com água gelada e coloque-a sobre a ferida; depois, ponha uma compressa gelada, um saco plástico de gelo picado, sobre a toalha. (Para mais informações sobe picadas de cobra, vá à página 355.)

DÊ UM ANALGÉSICO. Se você tiver certeza de que seu cachorro não machucou o pescoço, mas é apenas por causa da rigidez da artrite, dê a ele temporariamente carprofeno ou meloxicam para aliviar a dor, conforme recomendação da bula.

🐾 SITUAÇÕES ESPECIAIS

PARA EDEMAS NO LADO DO PESCOÇO DE UM GATO. Provavelmente isso é um abscesso ou celulite, em geral por causa da ferida de uma mordida. Com a celulite (inflamação do tecido) o edema é pequeno, mas a dor é grande. (Para mais informações sobre abscessos, vá à página 67.) Uma compressa quente molhada, sobre a área dolorida, pode ajudar no alívio do desconforto. Molhe uma toalhinha com água tão quente quanto você consiga aguentar, torça-a e aplique sobre a região.

SE A DOR NO PESCOÇO FOR CAUSADA POR UM ESTIRAMENTO MUSCULAR OU UMA DOENÇA DO DISCO. Nessas condições, não haverá um edema visível. Leve seu animal ao veterinário para um diagnóstico; talvez ele prescreva compressas geladas. Aplique-as como descrito na nesta página, por 10 a 30 minutos várias vezes por dia, durante dois a três dias. Depois, coloque compressas quentes, como descrito anteriormente ou conforme instruções do seu veterinário.

✅ CUIDADOS POSTERIORES

■ Sempre que a coluna estiver envolvida na dor do pescoço, o descanso é um fator fundamental.

Será preciso confinar o seu animal por até seis semanas, evitando que ele salte, corra ou suba, até que a região afetada esteja plenamente recuperada.

- Quando você levar seu cachorro para passear com uma guia, use um peitoral em vez de uma coleira. Quando o cachorro puxa uma coleira, ao andar com uma guia, pode provocar mais dor em seu pescoço convalescente.

- Impeça de saltar, subir e descer escadas ou de pular para o chão animais que tenham torcicolo por causa de problema de disco ou estiramento muscular. Essas atividades podem fazer com que um problema pequeno no pescoço piore, levando até à paralisia. Coloque as vasilhas de comida, os brinquedos, a caixa de areia e outros pertences do seu gato, no chão.

- O torcicolo o dos cachorros geralmente é aliviada com medicamentos anti-inflamatórios prescritos pelo veterinário. Esconda os comprimidos em algo apetitoso para ter certeza de que ele vai engoli-los.

- É provável que a um gato com dor no pescoço seja receitado um remédio como tartarato de butorfanol ou mesmo um adesivo com uma droga como fentanil, absorvida através da pele. O adesivo é colocado em uma região raspada no peito do seu gato e pode aliviar a dor por até três dias.

- As picadas de cobras venenosas geralmente causam feridas profundas, quando a região fica infeccionada, ou o veneno literalmente digere a musculatura. Os abscessos profundos também causam ferimentos que demoram a sarar. Em qualquer um dos dois casos, você precisará manter o machucado limpo enxaguando-o com um fluxo constante de água de um chuveirinho manual. Essa aquaterapia também ajuda a estimular a regeneração da musculatura e acelera o processo de cura.

CONSULTORES

- Peter Davis, doutor em Medicina Veterinária, é veterinário no Pine Tree Veterinary Hospital, em Augusta, Maine.
- Kenneth J. Dobratz, doutor em Medicina Veterinária, é veterinário e professor associado do Serviço de Emergência de Cuidados Críticos no Veterinary Hospital of the University of Pennsylvania, na Filadélfia.
- Raymond Russo, doutor em Medicina Veterinária, é veterinário no Kingston Animal Hospital, em Massachusetts.
- Sophia Yin, doutora em Medicina Veterinária, é veterinária em Davis, Califórnia, e autora de *The Small Animal Veterinary Nerdbook*.

UNHAS ENCRAVADAS
PROCURE SEU VETERINÁRIO: **SE NECESSÁRIO**

MATERIAL MÉDICO NECESSÁRIO:
- Tira de tecido
- Toalha ou fronha para mordaça
- Cortador de unha de animais
- Pinça com pontas cegas ou alicate de bico fino
- Sabão líquido antisséptico à base de clorexidina
- Solução antisséptica à base de povidine ou sulfato de magnésio
- Colar elisabetano

As unhas de muitos cães e gatos são naturalmente curvas e crescem o tempo todo. Os gatos e cachorros que ficam ao ar livre podem gastar suas unhas, mas os animais que passam a maior parte do tempo dentro de casa não andam nem correm o suficiente para gastar o excesso. Se as unhas não forem aparadas, a unha crescida pode se estragar e se dividir. (Para mais informações sobre danos na unha, vá à página 161.) Algumas vezes a unha dá a volta e cresce para dentro da pele e da musculatura.

Qualquer unha pode encravar, mas geralmente a unha encravada é a do "polegar" que fica no alto da parte lateral do membro de um animal. Isso acontece porque ela não encosta no chão, não tendo um gasto normal. Além disso, o pelo longo de alguns animais, pode esconder a unha excessivamente comprida até que ela se torne um problema. As raças de cachorros toy, como os chihuahuas, e os gatos mais velhos com pelos compridos são os que mais sofrem com esse problema, porque suas unhas tendem a se engrossar e a crescer mais depressa.

Um animal com unha encravada geralmente manca da pata afetada, tira-a do chão e lambe-a muito, ou até deixa pegadas de sangue. As unhas encravadas são muito dolorosas e, nos casos mais sérios, seu animal pode precisar ser sedado pelo veterinário antes de ser tratado. No entanto, normalmente os primeiros socorros podem se encarregar da unha.

FAÇA ISTO JÁ

IMOBILIZE SEU ANIMAL. As unhas encravadas são muito dolorosas e seu animal provavelmente não vai querer que você encoste na pata machucada. Você vai precisar de alguém para imobilizá-lo, enquanto se encarrega do problema. É mais fácil tratar de cachorros pequenos e de gatos sobre uma mesa. Você pode segurar delicadamente a pele solta atrás do pescoço com uma mão, prender suas patas traseiras com a outra e esticar seu animal de lado.

No caso de um cachorro maior, ajoelhe-se no chão próximo a ele, com um braço envolvendo o pescoço por baixo, e o outro passando em torno do peito, por baixo, de maneira que ele seja puxado para junto do seu peito. (Essas técnicas aparecem ilustradas na página 28.)

PENSE EM AMORDAÇÁ-LO. Alguns animais precisam ser amordaçados, caso não se tenha um par extra de mãos para ajudar a contê-los. No caso dos cachorros de focinho comprido, se não houver outra coisa, uma tira de tecido – como uma gravata, uma echarpe – servirá. Faça uma laçada, passe-a pelo nariz do seu cão e dê um nó. Leve as pontas para debaixo do queixo dele e dê outro nó. Depois, pegue as duas pontas e leve-as para trás, sobre o pescoço, e amarre-as em um nó ou laço atrás das orelhas. (Essa técnica aparece ilustrada na página 27.) Um animal pequeno pode ser contido com uma toalha ou fronha, deixando exposta apenas a pata afetada.

USE CORTADORES DE UNHAS DE ANIMAIS. Os cortadores de unha em forma de tesoura são a melhor opção no tratamento de unhas encravadas. Eles podem ser obtidos através de catálogos ou em pet shops. (Esse cortador aparece ilustrado na página 294). Caso contrário, tesouras bem afiadas, ou cortadores de unhas humanas vão servir para animais pequenos. Mas não use cortadores humanos em cachorros grandes; eles não funcionarão direito.

Corte a garra logo acima de onde ela esteja penetrando na pata. (Preste atenção para não cortar o sabugo. Sua localização está descrita em "Cuidados posteriores".) Esteja preparado para a recuada do seu animal porque o movimento da unha vai machucar. Deixe o suficiente para que ela possa ser agarrada.

SEJA DELICADO. Pegue a parte cortada da unha que se projeta da pata. É possível que você consiga usar os dedos. Se não conseguir, tente uma pinça com pontas cegas ou um alicate de bico fino. Puxe essa parte que ficou entranhada na pata com um movimento lento e suave.

LIMPE PATAS QUE SANGRAM. Não se assuste se a pata sangrar. Isso, na verdade, ajudará a limpar o ferimento, portanto, uma pequena quantidade de sangue faz bem. Limpe a pata com sabão líquido antisséptico à base de clorexidine e água morna, para deixar a ferida limpa e prevenir infecções.

✓ CUIDADOS POSTERIORES

- Apare o restante da unha que cresceu demais. Apare-a um pouco por dia, cortando apenas a pontinha. Se você cortar muito em cima na primeira vez, vai pegar no sabugo, que se parece com uma garra em miniatura, rosa ou rosa avermelhado, dentro de unhas transparentes ou rosadas. O sabugo contém vasos sanguíneos e cortá-lo fará com que a unha sangre. Isso dói terrivelmente e você nunca mais conseguirá chegar perto daquela pata, motivo pelo qual é melhor aparar menos unha com mais frequência. O sabugo vai encolher conforme a unha for sendo aparada. Especialmente em unhas negras, onde é impossível ver o sabugo, é melhor tirar apenas um pedacinho da borda da unha, cerca de 3 mm, uma ou duas vezes por

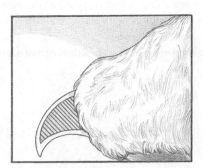

É fácil ver a parte rósea do sabugo em uma unha de cor clara. O sabugo é a parte com vasos sanguíneos, portanto, preste atenção para não tocar nele quando estiver cortando as unhas do seu animal, ou elas sangrarão.

semana. Quando ela atingir um comprimento razoável, acostume-se a apará-la rotineiramente, a cada duas semanas, para que o problema não se repita.

▪ Geralmente, uma unha encravada provoca edema e inflamação na pata. Molhe a pata afetada com água morna, à qual foram acrescentadas duas colheres de sopa de povidine ou sulfato de magnésio. Isso não apenas mantém a pata limpa, como alivia a dor e pode ajudar na prevenção de infecções ou a curar uma infecção já existente. Tente encontrar povidine em uma diluição de 0,01 a 0,1%. Se você encontrar um que seja mais forte, dilua-o com água destilada até que fique com a cor de um chá fraco, ou consulte seu veterinário sobre uma diluição completa. Se for usar sulfato de magnésio, dilua-o acrescentando 1 pacotinho dos sais a oito litros de água. Molhe a pata duas ou três vezes por dia, durante dez minutos, ou pelo tempo que seu animal ficar quieto.

▪ Fique atento para edemas e uma manqueira constante, junto com febre e secreção de pus, o que pode indicar infecção. Procure seu veterinário se suspeitar de infecção. Provavelmente seu animal precisará de antibiótico oral. Normalmente será preciso dar comprimidos pelo menos uma vez por dia, durante sete a dez dias, dependendo do tipo de remédio e da gravidade da infecção. Para dar um comprimido para o seu animal, circunde o nariz dele com os dedos e pressione as pontas contra as gengivas, logo atrás dos longos dentes caninos. Isso fará com que ele abra a boca; quando isso acontecer, coloque o comprimido no fundo da língua. Feche a boca dele e massageie sua garganta até que engula. (Essa técnica aparece ilustrada na página 30.)

▪ Os cachorros, principalmente, podem ficar incomodados com a pata machucada durante sua recuperação e frequentemente lamber e mastigar o lugar até que essa atenção acabe piorando o problema. Ponha uma coleira de contenção no seu animal, chamada colar elisabetano, até que a pata comece a melhorar – normalmente dois ou três dias são suficientes.

CONSULTORES

▪ Bernardine Cruz, doutora em Medicina Veterinária no Laguna Hills Animal Hospital, na Califórnia.

▪ Jean C. Hofve, doutor em Medicina Veterinária e coordenador do Companion Animal Program, para o Animal Protection Institute, em Sacramento.

▪ Jeffrey Werber, doutor em Medicina Veterinária, é veterinário no Century Veterinary Group, em Los Angeles.

URTICÁRIA

PROCURE SEU VETERINÁRIO: **SE NECESSÁRIO**

MATERIAL MÉDICO NECESSÁRIO:

- Anti-histamínico à base de difenidramina
- Água fria
- Xampu à base de glicerina
- Meia de algodão
- Chá verde ou chá preto
- Toalhinha molhada gelada
- Compressa gelada ou saco de gelo
- Seringa sem agulha ou conta-gotas

Talvez você nem mesmo note se seu cachorro ou seu gato de pelos compridos estiver com urticária, mas você poderá sentir a erupção de vergões debaixo da pelagem. Os animais de pelo curto, como os dálmatas ou os boxers ficam parecendo um tabuleiro de damas quando os pontos de pele levantada fazem o pelo se espetar em placas. A urticária também pode fazer com que o focinho do seu animal inche, e os olhos se fecharem com o edema.

A urticária é uma reação alérgica. Nas pessoas, as reações alérgicas geralmente provocam problemas respiratórios, como asma, mas nos animais de estimação as alergias normalmente têm como alvo a pele. A urticária é tipicamente resultado da picada de um inseto, mas também pode ser causada pela inalação de pólen, ou por alergia de contato em relação a alguma coisa, como, por exemplo, um limpa-carpetes. Em alguns animais, as vacinas também podem induzir uma reação de urticária. Normalmente, a reação se desenvolve num período de 30 minutos a 24 horas após a exposição, e a erupção pode cobrir apenas uma parte do corpo ou o animal todo.

A urticária é mais um incômodo para seu gato ou cachorro do que um verdadeiro perigo. A reação provoca coceira, e, procurando aliviar a irritação, os animais acabam se arranhando e ferindo a própria pele. Um pronto atendimento pode trazer um grande alívio para seu animal e acelerar sua recuperação.

FAÇA ISTO JÁ

DÊ UM ANTI-HISTAMÍNICO. Para diminuir a reação alérgica, dê a seu animal um anti-histamínico à base de difenidramina – ele é muito seguro para animais. Um anti-histamínico não apenas vai reduzir a inflamação e o edema, como também deixará seu animal sonolento, e esse efeito sedativo talvez acalme a ansiedade do seu animal, fazendo com que a coceira não o incomode tanto.

COLOQUE-O EM ÁGUA FRIA. A erupção que vem com a urticária causa muita coceira que só passa com o tempo, mas você pode aliviar um pouco o desconforto e tornar a coceira temporariamente suportável, com uma imersão em água fria. A água morna ou quente só vai piorar a inflamação, mas temperaturas geladas refrescam literalmente o ardor. Encha a banheira com água fria ou use a mangueira

ALERTA IMPORTANTE

CHOQUE ANAFILÁTICO

A maioria das reações a picadas de insetos ou vacinas é suave, causando apenas um grande desconforto. No entanto, ocasionalmente, os animais podem ter uma reação que põe a vida em risco, chamada choque anafilático, que provoca um edema repentino, dificuldade para respirar e colapso. Os sinais surgem, geralmente, em um prazo de 15 a 30 minutos, e os animais podem passar de um estado normal para próximo da morte, em questão de minutos.

Se você perceber esses sintomas, dê a seu animal um anti-histamínico, à base de difenidramina, o mais rápido possível. Os animais que sofrem choque anafilático podem ter problemas para engolir, porque normalmente suas gargantas incham, o que faz com que os comprimidos não funcionem tão bem como um líquido. A forma líquida de difenidramina vem, normalmente, em uma dosagem de 12,5 mg por colher de chá; os comprimidos com 25 mg cada.

Coloque o líquido em um conta-gotas ou em uma seringa sem agulha. Aplique-o na bolsa da bochecha do seu animal, feche sua boca e massageie sua garganta até que ele engula. (Essa técnica aparece ilustrada na página 40.) Isso pode ajudar a diminuir o edema e a facilitar a respiração, mas o choque anafilático é uma emergência extremamente grave; leve imediatamente seu animal ao veterinário. (Para mais informações sobre choque anafilático vá à página 241.)

para molhar o seu animal. Uma piscina rasa infantil também é uma boa opção. Ele terá de ficar imerso de 10 a 20 minutos, pelo menos uma vez por dia – ou mais vezes, se ele gostar. Se a água não alcançar uma altura suficiente para cobrir os focos de coceira, encha uma caneca com água e jogue por cima dele, até que todo seu pelo esteja muito molhado.

ALIVIE O ARDOR DA PELE COM FARINHA DE AVEIA. Você pode encher uma meia de algodão com farinha de aveia em flocos e fazer com que a água passe pela meia. Ou junte meio pacote de um produto industrial à base de farinha de aveia e glicerina, para o banho do seu animal.

JUNTE CHÁ À ÁGUA DO BANHO. Os chás verde e preto contêm taninos, componentes naturais que podem aliviar a coceira. Ferva uma panela de chá e depois de frio, junte-o à água do banho. Ou dê batidinhas com os saquinhos de chá que ficaram em infusão, frios, nos pontos mais irritados.

EXPERIMENTE UMA COMPRESSA FRIA. Os gatos e alguns cachorros não têm vontade de entrar na água. Em vez disso, você pode usar uma compressa gelada e aplicá-la diretamente nas regiões afetadas do seu animal. As compressas geladas comerciais, que se colocam no freezer, permanecem flexíveis mesmo depois de congeladas e vão se amoldar ao corpo. Pode-se também usar uma compressa gelada. Apenas lembre-se de colocar primeiro uma toalhinha molhada, gelada, sobre a pele, e depois, por cima, a compressa gelada. A compressa gelada pode ser aplicada durante 10 a 30 minutos, várias vezes por dia.

✅ CUIDADOS POSTERIORES

- Na maioria dos casos, a urticária desaparece em um período de 12 a 24 horas após o animal ter tomado um anti-histamínico. Contudo, alguns animais sofrem com a urticária por até três dias, o que faz com que uma dose de anti-histamínico não seja suficiente. Você pode dar difenidramina a cada seis ou oito horas, conforme necessário, mas não mais do que três vezes por dia.

- Se seu animal continuar com problemas no segundo dia, talvez seu veterinário receite algo mais efetivo, como corticoides, para diminuir a reação.

- Continue usando as compressas frias ou os banhos de imersão, enquanto seu animal estiver precisando deles. Faça isso por 10 a 30 minutos de cada vez, várias vezes por dia, durante dois a três dias. Depois disso, a reação alérgica deverá ter desaparecido.

CONSULTORES

- Dale C. Butler, doutor em Medicina Veterinária, é veterinário no Best Friends Animal Hospital, em Denison, Texas.
- Jeffrey Werber, doutor em Medicina Veterinária, é veterinário no Century Veterinary Group, em Los Angeles.
- Dennis L. Wilcox, doutor em Medicina Veterinária, é veterinário na Angeles Clinic for Animals, em Port Angeles, Washington

VERMES

PROCURE SEU VETERINÁRIO: **SE NECESSÁRIO**

MATERIAL MÉDICO NECESSÁRIO:
Salicilato de bismuto monobásico ou Kaolin/Pectina.

Os vermes são tão comuns que muitos filhotes de gatos e cachorros nascem com eles, ou ficam infectados pelo leite da mãe logo depois de nascerem. As cadelas e as gatas podem ter vermes enquistados em seus corpos, mantidos em uma espécie de animação suspensa. Esses vermes começam a crescer e a infectar os filhotes em formação apenas quando os hormônios da gravidez são produzidos.

Os vermes vivem no trato intestinal e podem causar diarreia ou, às vezes, vômitos. Grandes quantidades de vermes podem levar à anemia, perda de apetite, e subnutrição, conforme os parasitas sugam o sangue ou vivem da comida no organismo do animal. Os vermes cilíndricos se parecem com longos fios de espaguete – você os verá nas fezes ou eles poderão ser vomitados. Os vermes achatados quando frescos são pequenos vermes quadrados ou oblongos, mas quando secam, ficam como grãos de arroz grudados no pelo perto da cauda. No entanto, os vermes de gancho, os vermes chicotes, e os protozoários, como coccídia e giardia são virtualmente invisíveis. Você não conseguirá vê-los, mesmo que estejam nas fezes.

🧰 FAÇA ISTO JÁ

PEGUE UMA AMOSTRA. Se o seu animal vomitar ou evacuar vermes, ou tiver diarreia, e você suspeitar de vermes que não consiga ver, pegue uma amostra do material vomitado, ou das fezes, para levar ao veterinário para identificação e diagnóstico. Cada tipo de verme pede um tipo diferente de remédio, portanto, é importante que o veterinário saiba exatamente qual é o tipo de parasita.

DEIXE DE DAR COMIDA POR UM DIA. Quando os animais têm diarreia, suspenda a comida por 24 horas para ajudar o estômago a se restabelecer.

DÊ UM ANTIDIARREICO PARA OS CÃES. Você pode dar para o seu cachorro um antidiarreico como salicilato de bismuto monobásico para ajudar no controle da diarreia até que você possa ir ao veterinário. Uma dose segura é de 1 a 2 colheres de chá para cada 5 kg de peso do cachorro, para um máximo de 2 colheres de sopa, até três vezes por dia.

DÊ KAOLIN/PECTINA PARA OS GATOS. Os gatos não devem tomar salicilato de bismuto monobásico sem uma recomendação do veterinário, porque ele contém componentes semelhantes à aspirina, que podem

ALERTA IMPORTANTE

PULGAS

As larvas de pulgas comem os ovos dos vermes achatados que encontram pelo ambiente, e os filhotes desses vermes se desenvolvem dentro da pulga em desenvolvimento. Os gatos tipicamente se limpam de 50% ou mais das pulgas que ficam em seus pelos, mas engolindo apenas uma pulga infectada, um gato ou um cachorro pode ficar com o verme.

O vermífugo contra vermes achatados é muito eficaz, mas é preciso que as pulgas sejam eliminadas, ou o animal se reinfectará seguidamente.

ser perigosos para eles. Uma melhor opção é Kaolin/Pectina, 1 a 2 colheres de chá para cada cinco quilos até um máximo de duas colheres de sopa até três vezes por dia. Não dê esse remédio para o seu gato por mais de um dia. (Para mais informações sobre diarreia, vá à página 171.)

✔ CUIDADOS POSTERIORES

- Gatos e cachorros com coccidiose precisam tomar antibiótico, às vezes durante 10 ou mais dias. Para os cachorros pode-se dar uma droga à base de amprólio, que pode ser adicionada à comida.

- Quando os animais são diagnosticados com giardíase, normalmente se dá um remédio chamado metronidazol. Podem ser necessárias semanas de tratamento até a eliminação do protozoário.

- Os animais que têm vermes cilíndricos ou redondos geralmente tomam um medicamento como pamoato de pirantel, disponível nos veterinários e nos pet shops. A dose é baseada no peso do animal e geralmente é dada duas ou três vezes, em um período de duas a três semanas. Os vermífugos vêm em forma de comprimidos.

- Uma droga chamada fenbendazol é usada no tratamento dos vermes cilíndricos ou redondos, que afetam mais comumente os cachorros. O remédio é normalmente dado uma vez por dia durante três dias, depois outra dose em três semanas, e uma dose final em três meses.

- Os vermes achatados são tratados com praziquantel, à venda em veterinários ou pet shops. Normalmente uma dose de comprimidos resolve o problema.

- Os cachorros que tomam milbemicina oxima, o preventivo mensal para vermes do coração, também estão protegidos contra vermes cilíndricos e vermes redondos.

- Cães e gatos podem se reinfectar com vermes do ambiente, porque os movimentos intestinais de um animal infectado estão abarrotados de ovos de vermes cilíndricos, vermes de gancho e/ou vermes chicotes. Quando as fezes são deixadas no quintal para se decompor, elas podem voltar a infectar o seu animal. Não se esqueça de recolher as fezes diariamente para prevenir reincidência e de jogá-las fora em um saco plástico fechado. É bom usar luvas médicas descartáveis para fazer isso. Preste atenção para manter as crianças longe das fezes de animais e cubra o tanque de areia das crianças para que os gatos não façam uso dessa areia para as suas necessidades.

IDENTIFICANDO OS VERMES

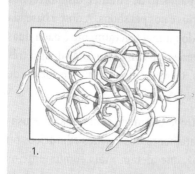 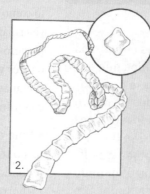 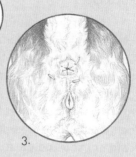

1.
2.
3.

1. Os vermes cilíndricos se parecem com uma massa de espaguete quando passam nas fezes ou são vomitados.
2. Os vermes achatados são vermes segmentados que podem ser eliminados em uma longa cadeia de segmentos. Os segmentos que se soltam parecem vermes brancos quadrados ou oblongos e podem se mover independentemente uns dos outros.
3. Depois que o segmento seca, ele fica parecido com um grão de arroz e pode grudar nos pelos em torno do ânus.

CONSULTORES

- Nina Beyer, doutora em Medicina Veterinária, é veterinária no Grecoloqueld Veterinary Associates, em Mantua, New Jersey.
- Grady Hester, doutora em Medicina Veterinária, é veterinária na All Creatures Animal Clinic, em Rolesville, Carolina do Norte.
- Janie Hodges, doutora em Medicina Veterinária, é veterinária no Valley View Pet Health Center, em Farmers Branch, Texas.
- Emily King, doutora em Medicina Veterinária, é veterinária na Kryder Veterinary Clinic em Granger, Indiana.
- Peter Levin, doutor em Medicina Veterinária, é veterinário no Ludwig's Corner Veterinary Hospital, em Chester Springs, Pensilvânia.

VÔMITO

PROCURE SEU VETERINÁRIO: **SE NECESSÁRIO**

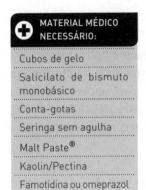

MATERIAL MÉDICO NECESSÁRIO:
- Cubos de gelo
- Salicilato de bismuto monobásico
- Conta-gotas
- Seringa sem agulha
- Malt Paste®
- Kaolin/Pectina
- Famotidina ou omeprazol

Alguns animais vomitam por qualquer coisa – o que desce parece voltar com a mesma facilidade. Uma súbita mudança na dieta ou um contratempo emocional pode fazer com que percam o almoço. Vomitar nunca deveria ser considerado normal, mas provavelmente não é motivo para preocupação, se acontecer apenas uma vez e o animal parecer estar se sentindo bem.

Sempre que um gato ou um cachorro vomitar três ou mais vezes em um único dia, ou dois ou mais dias seguidos, é motivo para preocupação. Muitas doenças podem provocar vômitos seguidos, o que pode deixar o animal desidratado e perigosamente doente. Gatos que vomitam intermitentemente, sem razão aparente, podem ter vermes do coração.

O vômito contínuo é uma emergência que precisa de imediata atenção médica. Se acontecer apenas uma vez ou duas por mês, seria bom descobrir o motivo. Os primeiros socorros funcionam muito bem para acalmar o estômago do seu animal até que você consiga ajuda.

FAÇA ISTO JÁ

RETIRE SUA VASILHA DE COMIDA. Quer o vômito tenha sido causado por um mal-estar no estômago, quer o estômago do seu animal tenha ficado irritado por causa do vômito, é melhor suspender a comida. Os cachorros, principalmente, tendem a ficar comendo enquanto tiver comida à vista e, depois, põem tudo para fora. É melhor restringir a comida e deixar a barriga do seu animal descansar por um mínimo de 12 a 24 horas.

DÊ ÁGUA COM PARCIMÔNIA. Vomitar fará com que seu cachorro ou o seu gato fique muito sedento, mas tomar muita água deixará seu estômago ainda mais enjoado, e ela será devolvida. Em vez disso, ofereça pequenas quantidades de água a seu animal, a cada 15 ou 20 minutos – talvez uma colher de sopa por vez.

OFEREÇA GELO. O vômito pode causar uma rápida desidratação, portanto, é importante tentar manter algum líquido dentro do seu animal. Tente oferecer um cubo de gelo para ele lamber.

DÊ AO SEU ANIMAL UM POUCO DE SALICILATO DE BISMUTO MONOBÁSICO. O salicilato de bismuto é uma maneira eficiente, segura, e confiável, para ajudar a lidar com os vômitos em cachorros. Ele reveste a parede do estômago para acalmar o mal-estar, e o ingrediente bismuto absorve as toxinas bacterianas que podem provocar o vômito. A dose para cães é 1 a 2 colheres de chá para cada 5 kg de peso corporal até um máximo de 2 colheres de sopa até três vezes ao dia. Coloque o líquido em um conta-gotas ou uma seringa sem agulha. Depois, incline a cabeça do seu cachorro para trás, insira

ALERTA IMPORTANTE

DILATAÇÃO OU TORÇÃO DO ESTÔMAGO

Um cachorro que repetidamente tente vomitar, mas não consiga devolver nada – principalmente um cachorro de raça grande, como um dinamarquês ou mastiff – pode estar sofrendo de dilatação ou torção no estômago. Isso acontece quando o gás e a comida ficam presos no estômago, fazendo com que ele inche. A dilatação ou torção no estômago é tremendamente dolorosa e pode matar um cachorro muito rapidamente – é uma verdadeira emergência veterinária. Não perca tempo usando remédios caseiros se suspeitar de dilatação ou torção no estômago: leve o seu animal à clínica veterinária imediatamente (para mais informações sobre dilatação ou torção no estômago, vá à página 174).

a ponta do aplicador dentro da sua bochecha, espirre o remédio e mantenha sua boca fechada até que o veja engolindo. (Essa técnica aparece ilustrada na página 40.) Não dê salicilato de bismuto monobásico para gatos sem a recomendação de um veterinário. O remédio contém componentes semelhantes à aspirina que podem ser perigosos para eles.

TENTE UM ANTIÁCIDO OU ANTIULCEROGÊNICO. Uma alternativa para o salicilato de bismuto monobásico é um medicamento de que contenha o princípio ativo famotidina, que também pode ajudar com os vômitos de gatos e cachorros. Ele diminui a secreção do ácido estomacal, ajudando a acalmar a irritação. Produtos à base de omeprazol também podem ser utilizados.

DÊ KAOLIN/PECTINA PARA GATOS. Não existem de fato bons produtos de livre acesso para gatos que vomitam. Kaolin/Pectina é a melhor opção. Você poderá dar de 1 a 2 colheres de chá para cada 5 kg de peso, a cada seis horas, mas não o use por mais de um dia.

TRATE BOLAS DE PELO. Se o seu gato estiver vomitando bolas de pelo, você verá cabelos no material vomitado. Na verdade, às vezes tudo que você vai ver é uma bola de pelo molhado. Depois que puser para fora do estômago a bola de pelo, ele já não parecerá estar se sentindo mal.

Gatos que vomitam por causa de bolas de pelo vão se beneficiar com um produto lubrificante de fácil acesso, como o Malt Paste®. Eles podem ser encontrados em pet shops. Dê o gel de acordo com as instruções da embalagem. Talvez você também deva falar com o seu veterinário sobre as novas rações e petiscos para gatos para controle de bolas de pelo, à venda atualmente em pet shops e supermercados.

✔ CUIDADOS POSTERIORES

▪ Depois de tratada a causa do vômito, seu animal deverá se recuperar sem maiores cuidados.

CONSULTORES

▪ John Brakebill, doutor em Medicina Veterinária, é veterinário no Brakebill Veterinary Hospital, em Sherman, Texas.

▪ Jeff Nichol, doutor em Medicina Veterinária, é diretor do hospital e veterinário no Adobe Animal Medical Center, em Albuquerque.

▪ George White, doutor em Medicina Veterinária, é veterinário no 1-20 Animal Medical Center, em Arlington, Texas.

▪ Dennis L. Wilcox, doutor em Medicina Veterinária, é veterinário na Angeles Clinic for Animals, em Port Angeles, Washington.

ÍNDICE

A

Abdome
distendido, por dilatação ou
torção no estômago, 174
dolorido, por constipação, 122
Abdominais, ferimentos, 217
cuidados posteriores, 220
dor causada por, 219
material médico necessário, 217
melhor abordagem, 221
peritonite causada por, 218
por queda, 217
por tiro, 239
tratamento imediato para, 217
ferimentos não penetrantes, 220
ferimentos penetrantes, 217
Abelha e vespa, ferroadas de, 241
cuidados posteriores, 243
edema da mandíbula por, 187
edema na cauda por, 180
edema na língua por, 183
material médico necessário, 241
melhor abordagem, 244
tratamento imediato de
choque anafilático por, 241
Abóbora, para prevenção de
constipação, 124
Abscessos, 67
causados por
celulite juvenil, 106
ferimentos causados por porco-
espinho ou ouriço, 206
inflamação no dente, 371
mastite, 328
mordida de animal, 331
cuidados posteriores, 69
material médico necessário, 67
melhor abordagem, 69
peste bubônica *versus*, 68
sintomas
edema na cabeça, 177
edema na pata, 189
manqueira, 325
tratamento imediato, 67
Ácaros no ouvido, 281
Achatados, vermes
identificação, 420
transmitidos por pulgas, 419

Acetaminofeno, contra a dor causada
por picada de abelha ou vespa, 306
Acidentes de carro, 70
cuidados posteriores, 73
fatores que contribuem para, 73
ferimentos ocultos causados por, 72
material médico necessário, 70
tratamento imediato, 70
Ácidos graxos essenciais
suplementos para tratar
alergia a comida, 85, 87
alergia a pulga, 82, 83
alergias das vias aéreas, 88
Acne, infecções de pele semelhantes à,
edema na mandíbula por, 187
Acupuntura, para parada cardíaca, 33
Advantage®, como prevenção contra
pulgas, 83
Afogamento, 75
cuidados posteriores, 77
dano cerebral, 78
inconsciência por, 77
material médico necessário, 75
pneumonia pós-, 76
tratamento imediato, 75
Agitação, como sintoma de
febre do leite, 357?
Agitar as patas, como sintoma de
convulsão,128
Água
dispensador de água, 297
limitada, para incontinência, 278, 279
para prevenção de obstrução
urinária, 278
para tratar
desidratação, 169
diarreia, 171
inalação de fumaça, 269
insolação, 298
picadas de aranha, 353
picadas de cobra, 356
queimaduras nos coxins, 386
Água oxigenada 10 vol.,
para indução de vômito, 132
para tratar
cortes e ferimentos, 151
mordidas de animais, 331
Água sanitária, ingerida, intoxicação
por, 48

Água-viva, queimaduras por 384
cuidados posteriores, 385
material médico necessário, 384
melhor abordagem, 385
tratamento imediato, 384
Agulha, para aliviar dilatação gástrica, 176
Álcool, para fricção, para tratar
convulsões prolongadas, 128
febre alta, 213
queimadura de água-viva, 384
Alergia a pulgas, 82
cuidados posteriores, 83
material médico necessário, 82
melhor abordagem, 83
tratamento imediato, 82
Alergia de vias aéreas, 88
cuidados posteriores, 89
melhor abordagem, 89
material médico necessário, 88
tratamento imediato, 88
Alergias. *Veja* Alergias de vias aéreas;
Alergia a pulgas; Alergias alimentares
Alergias alimentares, 87
cuidados posteriores, 87
dieta à base de eliminações, para
detectar, 87
edema da cabeça por, 178,179
material médico necessário, 85
melhor abordagem, 87
tratamento imediato, 85
Alérgicas, reações a
ferroadas de abelha ou vespa, 241
como causa de
cistos no dedo, 115
edema na cabeça, 178,179
edema na cauda, 180
edema na língua, 184
edema na pata, 190
edema na pele, 192
urticária, 415
causadas por
porco-espinho ou ouriço, 204
picadas de aranha, 353
Alimentação. *Veja também* Dieta
para filhotes, 247
por tubo, para filhotes, 249
Alimentares, distúrbios, em felinos, 135
Alimentares, problemas,

como sintoma de
    constipação, 122
    edema na mandíbula, 188
    estomatite, 223
    febre alta, 213
    ferimentos na boca, 222, 223
    objeto preso no esôfago, 133
    pata quebrada, 253
Aloe vera, para tratar
    queimadura por calor, 389
    queimadura por fricção, 393
    queimaduras por secadora de roupas, 163
Alopurinol, para pedras na bexiga, 342
Amamentação,
    dificuldades
        em filhotes debilitados, 247
        por mastite (*Veja* Mastite)
Amônia
    hálito com cheiro de amônia, por doença renal, 279
    ingerida, envenenamento por, 305
    para ferroadas de abelha e vespa, 241
Amprólio, para vermes, 419
Anais, glândulas
    com abscesso, 67
    impactadas, 263
        cuidados posteriores, 265
        drenagem, 266
        material médico necessário, 263
        melhor abordagem, 266
        tratamento imediato, 263
        versus tumores perianais, 265
Andar, dificuldade, como sintoma de febre do leite, 213
    ferimentos no dorso, 227
Antiácido líquido, para gases, 174
Antibióticos
    administração, 40
comprimidos (*veja* Comprimidos, administração)
líquido, 40
pomada (*veja* Pomada antibiótica)
    para tratar
        cistos no dedo, 114
        corpo estranho no olho, 145
        dermatite aguda, 166
        edema na língua, 183
        edema testicular ou escrotal, 193
        feridas causadas por celulite juvenil, 106
        ferimentos causados por porco-espinho ou ouriço, 204
        ferimentos na boca, 222

fraturas, 250
impetigo, 267
infecção na bexiga ou no trato urinário, 280
olho fora da órbita, 344
picada de aranha, 351
picadas de carrapato, 102
picadas de cobra, 355
vermes, 418
Antídoto, para tratar
    picadas de aranha, 351
    picadas de cobra, 355
Anti-histamínico, para tratar
    alergias alimentares, 85, 86
    alergia a pulga, 82, 83
    alergias das vias aéreas, 88, 89
    choque anafilático, 241
    cistos no dedo, 114, 116
    corpo estranho no ouvido, 148
    edema na cabeça, 177
    edema na cauda, 180, 181, 182
    edema na língua, 183
    edema na mandíbula, 186
    edema na pele, 192
    edema na pata, 189
    feridas por lambedura, 215
    ferimentos causados por porco-espinho ou ouriço, 204
    ferroadas de escorpião, 245
    ferroadas de abelha e vespa, 241
    infecção de pele, 286
    queimadura por água-viva, 384
    trauma do abano de cauda, 290
    urticária, 415
Anti-inflamatórios para tratar
    edema na cabeça, 177
    torcicolo, 411
Antisséptica, solução
    para prevenção de infecção na unha, 161,162
    para tratar
        cistos no dedo, 114,115
        ferimentos na boca, 222
        ferimentos causados por celulite juvenil, 106,107
        ferimentos causados por porco-espinho ou ouriço, 204
        ferroada de escorpião, infectada, 245
        infecção na pata, 224
        machucados infestados por larvas, 314
    queimaduras por calor, 389
    queimaduras por fricção, 393
Antisséptico, sabonete líquido, para tratar

cortes e feridas, 151
danos na unha, 161
dermatite aguda, 166
edema na cauda, 180
feridas causadas por celulite juvenil, 107
ferimentos causados por porco-espinho ou ouriço, 204
ferimentos na pata, 224
feridas por lambedura, 215
fraturas, 250
impetigo, 267
infecções na cauda, 289
picadas de carrapato, 102
picadas de moscas, 359
queimaduras nos coxins, 386
queimaduras por secadora de roupas, 163
sangramento na pata, 400
suturas na pata, 370
Anzol, 234
    ferimentos por, 234
    cuidados posteriores, 235
    material médico necessário, 234
    remoção, 234
    tratamento imediato, 234
Apetite, perda de, como sintoma de
    choque elétrico, 112
    impactação da glândula anal, 263
Apetite, sintomas relativos a, 49
Aplicador para comprimido, técnica de uso, 40
Aquaflo®, curativos, 225, 383, 389, 392, 396, 397
Aquecedores para o corpo, 240
Aranha(s), picadas de 351
    reações alérgicas, 353
    cuidados posteriores, 353
    tratamento imediato, 351
    picadas não venenosas, 353
    picadas venenosas, 351
    material médico necessário, 351
Aranhas, venenosas, identificação, 352
Aranha viúva-negra, identificação, 352
Aranhas marrons, identificação 352
Areia sanitária, 339
    para diagnosticar obstrução urinária, 339
    para prevenção de ataque de asma, 157
    para tratamento de infecções do leito da unha, 292
Ar fresco, para tratar
    ataque de asma, 156
    inalação de fumaça, 269

ÍNDICE 425

intoxicação por monóxido de carbono, 312

asfixia, 90

Artrite como causa de

edema na pata, 189

manqueira, 325

torcicolo, 409

Asfixia, 90

cuidados posteriores, 92

inconsciência por, 272

Manobra de Heimlich, 91

material médico necessário, 90

raiva, 94

tratamento imediato, 90

Asma, crise de, 156

cuidados posteriores, 157

injeções para, 157

melhor abordagem 158

tratamento imediato, 156

Assadura urinária, por incontinência, 278

Atividade. *Veja* Exercício,

Aveia, banho com, para tratar,

alergias alimentares, 85

alergia a pulga, 82

alergias das vias aéreas, 88

infecções de pele, 286

ferroadas de abelha e vespa, 241

urticária, 416

Aveia, condicionadores à base de,

depois de tratar impetigo, 267

Axila, esfregação na, com alergia das vias aéreas, 88

B

Babesiose, transmitida por carrapatos, 102

Bacitracina, para cortes, 153

Bactérias, infecções de pele por, 286

Baixa taxa de açúcar no sangue, 96

colapso por, 117

cuidados posteriores, 98

depois de afogamento, 75

dieta, 98

material médico necessário, 96

para filhotes debilitados, 247

por choque, 110

por convulsões, 128

tratamento imediato, 97

Bala, ferimentos a. *Veja* Tiro, ferimentos por

Balançar de cabeça, por corpo estranho no focinho, 143

Bandagem de compressão, para sangramentos, 404

Banho

com aveia (*veja* Aveia, banho com, para tratar)

para tratar

alergia a pulga, 82,83

alergias das vias aéreas, 88

coceira por picada de abelha ou vespa, 241, 244

impetigo, 267

substância tóxica na pele ou no pelo, 125

urticária, 416

Benadril. *Veja* Anti-histamínicos

Bebedouro automático para gatos, 343

Benzocaína,anestésico local, 38, 79,222,371, 372

Berne, identificação, 194

Bexiga, infecções na 280,345

Bexiga, pedras na 343, 345-347

Bicarbonato de sódio, para tratar

ferroadas de abelha e vespa, 241, 244

ferroadas de escorpião, 245

queimaduras por água-viva, 384,385

Bite Stop, para prevenir mordedura

das suturas, 369,370

dos curativos, 74,291

Boca

aberta, como sintoma de

crise de asma, 156

corpo estranho na garganta, 140-143

corpo estranho na (*Veja* Corpo estranho, boca)

dor

por danos dentais, 372

edema, com tumor, 80

ferimentos, 222, 224

cuidados posteriores, 223

material médico necessário 222

tratamento imediato, 222

lesões 81

estomatite 223

queimaduras, por choque, elétrico, 112

odor causado por tumores 80

sintomas relacionados a, tumores 80

Bolas de pelo, vômito por, 422

Borrachudo, 360

Brinquedos, prevenção para não engolir, 325

Brometo de potássio, para convulsões epilépticas 130

C

Cabeça,

sintomas relacionados a,

balançar, como sintoma de

corpo estranho na boca, 326

corpo estranho no nariz 332

corpo estranho no ouvido, 337

estomatite, 204

infecção de ouvido, 262

edema

cuidados imediatos

por alergia, 158

por machucados, 158

cuidados posteriores, 160

material médico necessário 158

por alergia alimentar, 159

por problema dental, 159

machucados

convulsões, 128

cuidados posteriores, 130

material médico necessário 128

por queda, 381

por secadoras de roupa 144

por ter prendido a cabeça, 99

tratamento imediato, 129

presa

cuidados posteriores, 101

em jarra de vidro, 101

material medico necessário, 99

tratamento imediato, 99

Cachorros de trenó, tolerância ao frio, 261

Calafrios por picadas de aranha, 355

Calamina, loção de, para ferroadas de abelhas e vespas 224

Calças protetoras, para incontinência, 279, 280

Cálcio, deficiência de, febre do leite causada por, 363

Calor, queimaduras por. *Veja* Queimaduras por calor

Cama do animal com impetigo, limpeza da, 248

Camiseta, para proteger suturas, 369, 370

Câncer nos testículos, 178

Carrapato

doenças transmitidas por, 104

cuidados posteriores, 103

identificação, 104

material médico necessário, 102

picadas de,

colapso por, 117

paralisia por, 104

remoção, 103

tratamento imediato, 103

PRIMEIROS SOCORROS PARA CÃES E GATOS

Carprofeno, para tratar
dor de artrite, 190
dor de fratura, 256
dor na patela, 317, 318
Carvão ativado para intoxicação, 284
Castração, 377
vantagens, 377
depois de prolapso vaginal, 376
Catálogos, artigos para pets 413
Cauda
curativos, 34
edema
com fratura, 181
com picadas de insetos, 181
cuidados posteriores, 181
material médico necessário, 180
tratamento imediato, 180
infecções
cuidados posteriores, 290
material médico necessário, 289
por trauma do abano de cauda, 290
tratamento imediato, 289
sintomas relacionados a, 290
trauma do abano de, 293
Cefalexina, para cistos no dedo, 116
Celulite
edema no pescoço por, 410
com edema na cauda, 163
Celulite juvenil,
cuidados posteriores, 107
material médico necessário, 106
melhor abordagem, 108
tratamento imediato, 106
vs. sarna, 107
Centro de controle de intoxicação, 304
Cera, remoção do pelo, 126
Cercas
elétricas, 43
mandíbula deslocada em, 301, 302
para gatos, 31
requisitos de segurança para, 43
Cérebro, dano no, afogamento e, 75
Cerumene, para infecções de ouvido, 262
Chá, para tratar
dermatite aguda, 166, 167
urticária, 415, 416
Chiados, por choque anafilático, 241
Chocolate, intoxicação por 284
Choque,
anafilático (*Veja* Choque anafilático)
cuidados posteriores, 111
inconsciência por, 109
material médico necessário, 109
ocorrendo por
acidentes de carro, 72

baixa taxa de açúcar no sangue, 97
colapso, 118
dilatação gástrica, 174
ferimentos abdominais, 217
ferimentos no peito, 231
ferimentos por secadora de
roupas, 163
ferimentos por tiro, 236
fraturas, 251
hipotermia, 259
insolação, 297
envenenamento por sapo, 199
mordidas de animais, 332
sangramentos, 402
obstrução intestinal, 337
parada cardíaca, 347
picadas de aranha, 351
picadas de cobra, 355
queimaduras por calor, 390
queimaduras por fricção, 393
queimaduras químicas, 397
respiração artificial e ressuscitação
cardiopulmonar para, 110
sintomas de,
tratamento imediato, 109
Choque anafilático
causado por
alergias alimentares, 46, 85
ferroadas de abelha e vespa, 222
urticária e, 416
Choque elétrico, 112
cuidados posteriores, 113
inconsciência por, 254
material medico necessário, 112
sintomas, 112
tratamento imediato, 112
Choro, por constipação,
Cinomose, 277
Circulação, sintomas relacionados
com 55
Cistite, 261, 345
Climas frios, raças de cães que mais
toleram, 261
Cobertor, para mover animal
machucado, 39
Cobra(s)
cascavel, identificação, 357
coral, identificação, 357
cuidados posteriores, 358
material médico necessário, 355
melhor abordagem, 358
mortas, perigo, 356
picadas de cobra, 355
soro antiofídico, 356
torcicolo por, 409

tratamento imediato, 355
venenosas, identificação, 357
Coçar a boca, como sintoma de
corpo estranho, 137
envenenamento por sapo, 199
estomatite, 204
ferimentos na boca, 222
Coçar o focinho, como sintoma de
corpo estranho, 143
Coçar os olhos, como sintoma de corpo
estranho, 145
Coccidiose, 419
Coceira
alergia alimentar, 160
alergia a pulga, 82
alergia das vias aéreas, 85
com infecção de ouvido, 281
como sintoma de
de urticárias, 85
ferroadas de abelha e vespa, 222
Cola
remoção do pelo, 125
Colapso,
como sintoma de
choque anafilático, 416
parada cardíaca, 347
envenenamento por sapo, 199
febre do leite, 363
paralisia por picada de carrapato, 104
cuidados posteriores, 119
material médico necessário, 117
tratamento imediato, 117
Colar elisabetano, para contenção,
como fazer, 29
para prevenção de cistos no dedo, 114
para proteger
cabeça inchada, 117, 178
cateter urinário, 342
cauda infectada, 289, 290
dermatite aguda, 166
edema na pele, 192, 193
escoriação, 202
ferimentos por lambedura, 215
ferroadas de escorpião, 245
glândula anal impactada, 263
mordidas de animais, 331
olho com corpo estranho, 145
prolapso da vagina, 376
queimaduras, 389
suturas, 369
talas, 38
terçol, 407
testículo ou escroto inchado, 196
Coleira

estrangulamento por, 207
remoção com
  inconsciência, 272
  picadas de cobra, 356
  queimaduras por calor, 390
  queimaduras por fricção, 394
  queimaduras químicas, 396
  asfixia, 90
  torcicolo, 409
  para contenção. (*Veja* Colar
elisabetano)
  torcicolo causado por, 409
  verificação do tamanho, 46
Colete salva-vidas para cães, 78
Coluna, danos na, 119
Convulsões, 128
  como sintoma de
    baixa taxa de açúcar no sangue, 96
    choque elétrico, 112
    intoxicação/envenenamento, 305
    intoxicação por monóxido de
      carbono, 312
    envenenamento por sapo, 199
    febre do leite, 363
    machucados na cabeça, 128
  cuidados posteriores, 130
  inconsciência por, 128
  material médico necessário, 128
  por machucados na cabeça, 128
  prolongadas, 128
  tratamento imediato, 128
Comportamentais, sintomas, 154
Compressas,
  de gelo, para tratar
    convulsões prolongadas, 128
    edema testicular, 197
    ferimentos abdominais, 217
    insolação, 297
    mordidas de animais, 331
  frias, para tratar
    edema na cabeça, 177
    edema na cauda, 181
    edema na mandíbula, 186
    edema na pata, 189
    edema na pele, 193
    danos por secadora de
      roupas, 163
    ferroadas de abelha e vespa, 241
    ferroadas de escorpião, 245
    manqueira, 326
    mordidas de animais, 334
    picadas de aranha, 354
    picadas de cobra, 356
    queimaduras nos coxins, 386
    queimaduras por água-viva, 385

sangramento nasal, 144
torcicolo, 410
urticária, 416
mornas, para tratar
  edema na pata, 191
  impactação da glândula anal, 265
quentes, para tratar
  abscessos, 67
  celulite juvenil, 106
  edema na cauda, 180
  edema na pata, 191
  edema na pele, 193
  ferimentos perfurantes, 153
  infecções na cauda, 182
  hipotermia, 259
  manqueira, 327
  mastite, 328
  mordidas de animais, 335
  problemas na sutura, 369
  queimaduras por água-viva, 385
Comprimidos,
  administração, para
    abscessos, 67
    alergia a pulga, 82
    celulite juvenil com edema da
      cauda, 106, 180
    congelamento, 120
    corpo estranho no ouvido, 148
cortes e ferimentos, 151
  dor da artrite, 190, 316
  edema na pele, 192
  edema testicular ou escrotal, 196
  ferimentos abdominais, 217
  ferimentos depois de asfixia, 90
  ferimentos na boca, 222
  ferimentos no dorso, 227
  ferimentos no peito, 231
  ferimentos por lambedura, 215
  ferimentos por secadora de
    roupas, 163
  ferimentos por tiro, 236
  ferroadas de escorpião, 241
  fratura, ferimento infectado, 250
  impactação da glândula anal, 263
  infecção de ouvido, 281
  infecções de pele, 286
  infecções na cauda, 289
  machucados infestados por
    larvas, 314
  mordidas de animais
    infeccionadas, 331
mastite, 328
cortador de ,18
divisão das doses, 18

técnicas de administração, 40
Condicionadores e xampus à base de
aveia depois de tratar impetigo, 267
Congelamento, 120
  cuidados posteriores, 121
  material médico necessário, 120
  sinais de, 120
  tratamento imediato, 120
Constipação, 122
  como sintoma de câncer no
    testículo, 197
  cuidados posteriores, 123
  material medico necessário, 122
  obstrução urinária *vs.*, 123
  prevenção, 124
  raças de cães propensas a, 124
  tratamento imediato, 123
Contenção, 26
  coleira para (*veja* Colar
    elisabetano)
  focinheira (*veja* Focinheira, para
    contenção), 27
  olho for a da órbita e, 344
  propósito, 26
  quando em tratamento de
    abscessos, 67
    animal com dor, 26, 38
    asfixia, 90
    corpo estranho na boca, 137
    corpo estranho na garganta,140
    corpo estranho no focinho, 143
    corpo estranho no olho, 145
    corpo estranho no ouvido, 148
    danos nas unhas, 161
    danos nos coxins, 224, 292, 412
    edema na cauda, 180
    ferimentos por anzol, 234
    ferimentos por porco-espinho ou
      ouriço, 204
    impactação da glândula anal, 263
    infecções no leito da unha, 292
    infecções no olho, 295
    infestação por larvas, 314
    manqueira, 325
    mordidas de animais, 331
    obstrução urinária, 339
    prolapso retal, 374
    unhas encravadas, 412
  técnicas, 27
    abraço, 28
    de joelhos, 28
    esticando, 27
    reclinando, 27
Contrações sem parto, 376

PRIMEIROS SOCORROS PARA CÃES E GATOS

Coração
batimentos cardíacos, 22
avaliação, 22
normal, 22
doença cardíaca, 118
sintomas, 118
tratamento, 118
insuficiência cardíaca, edema na
pata por, 190
parado
ressuscitação cardiopulmonar, 30
ressuscitação por acupuntura, 33
pulsação, detecção, 23
sintomas relacionados a, 22
Cordão
engolido, 137
enroscado, 137
na língua, 137
pendendo do ânus, 375
remoção pela boca, 364
Cordão umbilical, corte, 366
Corpo estranho
engolido, 132
cuidados posteriores, 135
desalojar, 132
distúrbio alimentar felino e, 135
material médico necessário, 132
obstrução intestinal por, 133
prevenção, 133
toxicidade metálica e, 134
tratamento imediato, 132
na boca, 137
asfixia por, 138
cordão ou fita, 139
cuidados posteriores, 139
edema na língua por, 183
inconsciência por, 272
material médico necessário , 137
ossos ou gravetos, 139
remoção, 139
tratamento imediato, 138
na garganta, 140
cuidados posteriores, 142
grama, 142
gravetos, 142
material médico necessário, 140
tratamento imediato, 140
no focinho, 143
cuidados posteriores, 144
material médico necessário , 143
sangramento nasal e, 144
tratamento imediato, 143
no olho, 145
cuidados posteriores, 147

material médico necessário , 145
tratamento imediato, 145
úlceras por, 146
no ouvido, 148
cuidados posteriores, 150
fora de alcance, 149, 150
material médico necessário, 148
tratamento imediato, 148
remoção de cisto no dedo, 114
Correntes, ao ar livre, perigos de, 43, 44
"Correr", como sintoma de
constipação, 122
impactação da glândula anal, 263
Corrimento vaginal, no parto, 362
Cortador de comprimidos, 18
Cortadores de unha,
para tratar,
danos nas unhas, 161
infecções no leito da unha, 292
unhas encravadas, 412
Cortes e ferimentos. *Veja também*
Feridas; casos específicos de
ferimentos
autoinflingidos, em gatos, 154
com vermes, 418
cuidados posteriores, 154
material médico necessário, 151
melhor abordagem, 152
sangramentos, 152
tratamento imediato, 151
Cortisona,
para tratar
alergia a pulga, 84
terçol, 408
pomada de, para tratar
ferimentos por lambedura, 215
infecções no ouvido, 281
inflamação, 281
Coxins, queimaduras nos, 386
cuidados posteriores, 388
curativos, 387
material médico necessário , 386
tratamento imediato, 386
Cozinha, segurança na, 46
Creme dental para animais, 373
Creme para hemorroida, para
impactação da glândula anal, 265
Cristais de urina, desobstrução do
pênis, 339, 340
Cuidados posteriores, princípios dos 40
administração de medicamentos
líquidos, 40
medicação das orelhas, 42
medicação dos olhos, 42

técnicas para administração de
comprimidos, 41
Curativos
absorventes, 34
corpo, 36
pata, 35
bandagem úmida, para tratar
queimaduras nos coxins, 386
queimaduras químicas, 396
queimaduras por calor, 389
para tratar
cistos no dedo, 114
congelamento, 120
cortes e machucados, 151
escoriação, 202
feridas abertas, 203
ferimentos abdominais, 217
ferimentos na pata, 224
ferimentos no peito, 231
ferimentos por acidente de carro, 70
ferroadas de escorpião, 245
infecções na cauda, 289
machucados na orelha, 319
mamilos infectados, 328
queimaduras por fricção, 393
queimaduras por calor, 389
queimaduras químicas, 396
picadas de cobra, 355
partes de, 34
pressão para parar sangramento, 34
proteção, 34
propósito de, 35
Curativos, técnicas de feitura de, para
cauda, 35
coxins, 35
orelhas, 36
patas, 35
peito e ombros, 36
pescoço, 36
quadris e flancos, 36

D

Dapsona, para picadas de aranha, 352
Dedo, cistos no 114
cirurgia, 115
cuidados posteriores, 115
infectados, 115
material médico necessário, 114
tratamento imediato, 114
por polinose, 115
Dentes
sintomas relacionados a, 371
problemas nos 371
cuidados posteriores, 372

ÍNDICE 429

dente arrancado, 371
mandíbula fraturada, 372
material médico necessário 371
melhor abordagem 373
por mascação, 373
sintomas de, 371
tratamento imediato, 371
Depressão, como sintoma de
doença renal, 343
edema na mandíbula, 186
pata quebrada, 189
Dermatite aguda, 166
cuidados posteriores, 167
material médico necessário 166
melhor abordagem 168
prevenção de lambedura de, 167
tratamento imediato, 167
Desequilíbrio hormonal, mudanças de
pele por, 287
Desmaio
por colapso da traqueia, 117
Desidratação, 169
cuidados posteriores, 170
diagnóstico, 170
em filhotes debilitados, 247
material médico necessário 169
severa, 170
tratamento imediato, 169
Deslocamento, manqueira por, 325
Detergente líquido para remover
contaminantes do pelo, 126
Diabetes
baixa taxa de açúcar no sangue, 96
dieta para, 98
terapia repositora de insulina para, 97
Diarreia, 171
como sintoma de
choque anafilático, 416
debilitação de filhotes, 247
febre alta, 213
infecção intestinal 172
vermes, 418
cuidados posteriores, 172
material médico necessário 170
prolapso retal causado por, 374
tratamento imediato, 170
Dieta
controle de bolas de pelo, 422
eliminação para detecção de
reações alérgicas a comida, 87
para danos renais, 279
para diabetes, 98
para diarreia, 172
para edema na mandíbula, 186
para ferimentos na boca, 223

para filhotes, 249
para prevenção de
baixa taxa de açúcar no sangue, 96
dilatação gástrica, 176
hipotermia, 238
obstrução urinária, 342
para tratamento posterior a
asfixia, 90
cirurgia de estômago, 175
contaminantes, 219
danos nos dentes, 372
edema na língua, 185
estrangulamento, 209
ferroadas de abelha e vespa na
boca, 244
intoxicação 310
lesões na boca, 223
lesões na garganta, 331
lesões no trato digestivo, 98
mandíbula deslocada, 322
queimaduras na boca por choque
elétrico, 113
saudável, 46
Dificuldade para ficar em pé, como
sintoma de
choque, 109
ferimentos no dorso, 227
Dificuldade para urinar. *Veja* Urina,
dificuldade para urinar
Digestivo, trato, danos ao, dieta após
98, 239, 310, 341
Digestivo, sistema, sintomas
relacionados, 51, 52
Disco, problemas de, torcicolo por, 410
Doce, remoção de, do pelo 126
Doença hepática, edema na pata por, 189
Doença inflamatória do intestino, 172
Doença metabólica, edema na pata
por, 190
Doença Rickettsial (riqueticioses),
manqueira por, 326
Dor
aliviando a dor do animal, 17, 38
com edema na mandíbula, 186
com ferimentos no dorso, 227
medicamentos (*veja* Medicamentos
para dor)
Dorso, machucados no
cuidados posteriores, 229
material médico necessário, 227
melhor abordagem, 230
por queda, 381
prevenção, após colapso, 119
transporte seguro, 227

tratamento imediato, 227
Drenos para tratar
abscessos, 67
edema na pele, 192
edema testicular ou escrotal, 198
ferimentos abdominais, 221
mordidas de animais, 335

E

Edema. *Veja também* tipos específicos
de edemas
como sintoma de
abscessos, 68
alergia alimentar, 85
choque anafilático, 416
ferroadas de abelha e vespa, 241
por doença metabólica, 190
pulmonar neurogênico, 208
no queixo, felino, 187
na pata, por unha encravada, 414
na boca, por tumor na boca, 80
Eliminação, sintomas relacionados 51, 52
"Embriagado", comportamento, como
sintoma de baixa taxa de açúcar no
sangue, 96
Engasgos por corpo estranho na
garganta, 140
Engolido, corpo estranho. *Veja* Corpo
estranho, engolido
Enterex®, para intoxicação, 311
Envenenamento/intoxicação
convulsões por, 310
cuidados posteriores, 310
edema na língua por, 183
inconsciência por, 272
material médico necessário, 303
melhor abordagem, 311
na pelagem ou na pele, 286
por inalação de fumaça, 269
por ferroada de escorpião, 245
por monóxido de carbono, 312
por plantas comuns, 48
por produtos antipulgas, 48
por produtos de limpeza comuns, 48
por substância cáustica, 48
sapo, 199
tratamento imediato, 304
varfarina, sangramento por, 403
Epilepsia
convulsões por, 128
medicamentos para, 277
Epinefrina, para choque anafilático, 244
Erliquiose 102
canina, 406

PRIMEIROS SOCORROS PARA CÃES E GATOS

causada por carrapatos, 102
Escorpião, ferroadas, 245
material médico necessário, 245
respiração artificial, 246
tratamento imediato, 245
Escrotal, edema . *Veja* Testicular ou
escrotal, edema
Esôfago, objeto preso, 322
Espaço aberto, segurança em. *Veja*
Segurança, espaço aberto
Esparadrapo,
não colante, 34
para curativo, 34
para remoção de água-viva, 384
Espinhas, em filhotes (*Veja* Impetigo)
Espirros por corpo estranho no
focinho, 143
Esteroides, para tratar
celulite juvenil, 107, 108
dermatite aguda, 166
urticária, 415
Estômago, torção no, dilatação
gástrica, 174
Estomatite, 223
Estrabismo, por corpo estranho no
olho, 145
Estrangulamento, 207
cuidados posteriores, 209
material médico necessário, 207
edema pulmonar neurogênico por, 208
tratamento imediato, 207
Estrógeno, tratamento com, para
incontinência 278
Escoriação. *Veja* Pele arrancada
Escorpião, identificação, 246
Esfregação do focinho, em alergias das
vias aéreas 88
Estômago, dilatação ou torção, ou
dilatação gástrica, 174
cuidados posteriores, 175
material médico necessário, 174
melhor abordagem, 176
tratamento imediato, 174
vs. obstrução intestinal, 336
Evacuação
em pé, como sintoma de
constipação, 122
involuntária, com convulsões, 128, 310
tentativa de, com dilatação gástrica, 174
Eversão vaginal, 376
Exercícios
para gases, 175
para prevenção de dilatação
gástrica, 176

restrições depois de
acidentes de carro, 73
cirurgia de patela, 318
ferimentos abdominais, 221
ferimentos no dorso, 229
ferroadas de escorpião, 245
fraturas, 250
picadas de aranha, 351
torcicolo, 409

F

Fadiga, como sintoma de
colapso da traqueia, 117
doença cardíaca, 273
edema pulmonar neurogênico, 208
Farpas
pedaços de, 210
remoção da boca, 210
Febre 213
com insolação, 297
como sintoma de
abscessos, 67
choque anafilático, 241
impactação da glândula anal, 263
picadas de aranha, 351
cuidados posteriores, 214
material médico necessário, 213
tratamento imediato, 213
Febre do leite 363
Febre maculosa 104
Fenbendazol, para vermes, 419
Fenilpropalonamina, para
incontinência, 278
Fenobarbital, para convulsões
epilépticas, 128
Fentanil, para torcicolo 411
Feridas. *Veja também* Cortes
e ferimentos; *casos específicos de
feridas*, 151
dermatite aguda (*veja* Dermatite
aguda)
no lábio, 166
por alergia a pulga, 82
por celulite juvenil (*veja* Celulite
juvenil)
por infecções de pele, 286
Ferimentos. *Veja também* Cortes e
ferimentos; Feridas; *casos
específicos de ferimentos*
após quedas, 380
ferimentos sugadores, 380
larvas em (*veja* Larvas)
limpeza, 33
proteção, depois de acidentes de
carro, 70

sangramento por (*veja* Sangramento)
Ferroada. *Veja* Picadas e mordidas de
animais
Ferrões de abelha, remoção, 243
Fibras
para prevenção de constipação, 122
para tratar impactação da glândula
anal, 266
Filhotes,
abandono de, como sinal de febre
do leite, 363
alimentação/dieta, 248
alimento, para animais com
ferimentos na boca, 222, 223
debilitados 247
falta de amamentação 248
cuidados posteriores, 248
tratamento imediato, 247
material médico necessário 247
tubo de alimentação para
(alimentação por sonda) 249
parto (*Veja* Problemas no parto)
problemas nos olhos, 267
temperatura corporal, 267
Filme plástico,
na respiração artificial
por intoxicação, 305
por envenenamento por sapo, 200
para proteger bandagens, 15
para tratar
cabeça presa, 99
feridas abertas, 151
ferimentos abdominais, 217
ferimentos por tiro, 236
ferimentos "sugadores", 238
substituindo esparadrapo para
curativo, 34
Fios elétricos, cuidados com, 47, 112,
117, 222, 391
Fixadores externos para tratar fraturas 254
Flanco
curativo, 36
mordedura de, por problemas no
parto, 362
Fluido, tratamento com
para desidratação, 169
edema na pata por, 189
Focinheira, para contenção
como fazer, 27
no tratamento de
acidentes de carro, 70
cabeça presa, 99
corpo estranho no focinho, 143
corpo estranho no ouvido, 148
cortes e feridas, 151

danos na unha, 161
dermatite aguda, 166
edema do testículo ou do escroto, 196
feridas abdominais, 217
ferimentos por anzóis, 234
ferimentos por lambedura, 215
ferimentos por tiro, 236
fraturas, 250
infecções de pele, 286
luxação da patela, 317
machucados por queda, 379
mordidas de animais, 331
prolapso vaginal, 376
queimaduras químicas, 396
Focinho, 143
corpo estranho (*Veja* Corpo
estranho, no focinho)
grama presa, 142
sintomas relacionados a, 143
Fórmulas para amamentação, 326,
327, 367
Fraldas, para animais com
incontinência, 280
Fraqueza, como sintoma de
baixa taxa de açúcar no sangue, 96
choque, 109
choque anafilático, 416
desidratação, 169
doença renal, 279
problemas no parto, 362
Fraturas, 250
categorias de, 252
cirurgia para, 254
cuidados posteriores 255
estabilização, 255
mandíbula (*Veja* Mandíbula
quebrada)
manqueira por, 329
material médico necessário 250
melhor abordagem 256
pata
por acidente de carro, 70
sinais de, 252
talas, 256
pélvica, 252
por ferimentos por tiro, 239
por queda, 379
tratamento e opções de cuidado 255
tratamento imediato
nas costas, 253
na pata, 253
todas as fraturas, 250
Fricção, queimaduras por. *Veja*
Queimaduras, por fricção
Frontline®, para prevenção de

pulgas, 83
carrapatos,102
Fumaça, inalação, 269
cuidados posteriores, 271
inconsciência por, 272
material médico necessário, 269
respiração artificial e ressuscitação
cardiopulmonar, 270
tratamento imediato, 269
Fungos,
com infecções no leito da unha, 298
infecções causadas por
na pele, 286
no ouvido, 281

G

Garganta, corpo estranho na. *Veja*
Corpo estranho, garganta
Garrafas de refrigerante para aquecer, 259
Gases intestinais. *Veja* Dilatação ou
torção no estômago ou dilatação
gástrica, 175
Gato, filhotes de
alimentação, 329
dieta para, 329
debilitação (*Veja* Filhotes,
debilitados)
problemas nos olhos, 296
recém-nascido 296
Gatorade®, para tratar
diarreia,171
insolação, 297
Gaze, para curativo,34
para proteção contra queimaduras
por água-viva, 384
para tratar
cabeça presa, 99
ferimentos de sucção, 233
mandíbula deslocada, 322
obstrução intestinal, 340
Gelo, para tratar
desidratação,169
edema na língua, 183
ferimentos na boca, 222
ferroadas de abelha e vespa, 243
insolação, 297, 298
lesões na boca, 222
picadas de aranha, 353
queimaduras na boca, 225
vômito, 421
Gengivas
azuladas, antes de parada cardíaca, 347
cor das, como indicador de saúde, 119
inchadas, por tumor na boca, 80

pálidas, como sintoma de
choque , 110
choque anafilático, 241
perda de sangue, 72
roxas, por ataque de asma, 156
vermelho escuro, por intoxicação
por monóxido de carbono, 312
Gentocin, para infecções de ouvido, 285
Giardíase, 419
Goma de mascar, remoção do pelo, 126
Grama, no focinho, 151, 326, 331

H

Hálito com cheiro de amônia por
doença renal, 279,
Hamamélis, para tratar
dermatite aguda, 166
inflamação, após tosa, 125
Hematoma aural, 195
Hematomas, ocorrência com
ferimentos por secadora de roupas, 163
cortes e machucados,195
Hemorroida, creme para, para
impactação da glândula anal, 263
Hill's® e Royal Canin Hypoallergenic
DR 21®, como dieta para alergia
alimentar, 87
Hill's Prescription Diet A/D®, para
lesões na boca, 80
ferimentos na boca, 222
Hill's Prescription K/D®, para animais
com problemas renais, 301
Hiperestesia, síndrome de 154
Hiperplasia vaginal, 377
Hipoglicemia. *Veja* Baixa taxa de
açúcar no sangue
Hipotermia,
com choque, 110
congelamento e, 120
cuidados posteriores, 261
inconsciência por, 276
material médico necessário 257
melhor abordagem, 262
respiração artificial e ressuscitação
cardiopulmonar para, 111
tratamento imediato
hipotermia leve, 259
hipotermia moderada, 259
hipotermia severa, 258
Hipotiroidismo, 287

I

Identificação do animal, 44
Impetigo, 267

PRIMEIROS SOCORROS PARA CÃES E GATOS

cuidados posteriores, 268
material médico necessário, 267
melhor abordagem, 268
tratamento imediato, 267
Incisões. *Veja também* Suturas,
problemas de; limpeza de
Imunodeficiência felina, infecções na
unha com, 293
Imunossupressão, infecções de unha
como sinal de, 293
Inconsciência, 272
causada por
afogamento, 76
baixa taxa de açúcar no
sangue, 96
choque elétrico, 113
convulsões, 130
corpo estranho na garganta, 140
cuidados posteriores, 277
desmaio, 254
hipotermia, 257
inalação de fumaça ou intoxicação
monóxido de carbono, 270
insolação, 298
material médico necessário 272
parada cardíaca, 351
tratamento imediato, 272
respiração artificial e
ressuscitação
cardiopulmonar para 274
Incontinência urinária, 278
como sinal de insuficiência
renal, 279
cuidados posteriores, 280
material médico necessário, 278
melhor abordagem 280
tratamento imediato, 278
Infecções. *Veja também* Abscessos; 67
tipos específicos de infecções
causada por
cortes e ferimentos, 151
queimaduras químicas, 396
danos na unha, 161
ferroadas de escorpião, 245
unha encravada, 412
picadas de aranha, 355
com cistos no dedo, 114
como causa de
edema na língua, 183
edema na pata, 189
manqueira, 325
da bexiga, 345
da mama (*Veja* Mastite)
na pata, 224

vaginal, pós-parto, 362
Injeções. *Veja também* Vacinação
como aplicar, 157
para tratar
ataque de asma, 156
baixa taxa de açúcar no sangue, 96
choque anafilático, 416
Inseticidas, intoxicação por 48
Insolação, 297
causada por secador de cabelos, 301
causada por secadora de roupas, 163
colapso por, 117
como emergência, 302
cuidados posteriores, 301
densidade da pelagem e, 300
idade e peso do animal e, 304
inconsciência por, 272
material médico necessário, 297
melhor abordagem, 302
raças de cachorro suscetíveis a, 300
tratamento imediato para
insolação moderada, 299
insolação severa, 298
Insulina, para animais diabéticos, 96
Intestino 340
monitoramento dos movimentos
por causa de corpos estranhos, 340
obstrução
cuidados posteriores, 342
dilatação gástrica *vs.*, 341
material médico necessário 340
por cordão ou fio engolido, 340
por corpo estranho, 340
tratamento imediato, 340
Intolerância á lactose, 173
Intoxicação. *Veja* Envenenamento/
intoxicação

J

Jarra de vidro, cabeça presa em 99

K

Kaolin/pectina, para tratar
diarreia, 171
vômito, 421
Karo®, para tratar
baixa taxa de açúcar no sangue, 96
choque , 110, 348
K-Y Gel®, para tratar
cabeça presa, 99
ferimentos abdominais, 217
ferimentos sugadores, 233
machucados na orelha, 319
mandíbula deslocada, 326

prolapso retal, 374
prolapso vaginal, 376

L

Lactose, intolerância à 173
Lactulose, para constipação, 124
Lágrima artificial, para irritação dos
olhos, 334,336
Lambedura, ferimentos por 215
cuidados posteriores, 216
material médico necessário 215
tratamento imediato, 215
Lambedura das patas, com alergia das
vias aéreas, 88
Larvas, 314
cuidados posteriores, 315
em animais com incontinência, 278
em cortes e ferimentos, 151
falta de tosa e, 314
material médico necessário 314
melhor abordagem 316
prevenção de infestação por, 314
tratamento imediato, 314
Laticínios, diarreia por consumo de, 173
Lavanderia, segurança na 46
Leite, substituto de, para filhotes 247,
249, 362
Lesões *Veja também* casos específicos
de lesões
internas, por quedas, 379
triagem de prioridades, 23
transportando animal com, 379
Letargia, como sintoma de
choque elétrico, 131
desidratação, 169
edema na mandíbula, 186
febre alta, 213
impactação da glândula anal, 263
Leucemia felina, infecções na unha com, 293
Limpeza, técnicas de
após danos aos dentes, 373
arranhões no escroto, 197
cortes e ferimentos, 153
dermatite aguda, 166
drenos, 67, 192, 196, 217, 316
escoriação, 202
feridas, 216
feridas causadas por celulite
juvenil, 106
feridas no pescoço, 36
ferimentos abdominais, 218
ferimentos causados por porco-
espinho ou ouriço, 204
ferimentos por lambedura, 215

ferimentos por tiro, 239
ferroada de escorpião, infectada, 245
fezes grudadas no pelo, 152
fratura, 250
impactação da glândula anal, 263
incisões, 314
infecções cutâneas, 286
infecções na cauda, 289
infecções no leito da unha, 292
infecções oculares, 295
lesões na boca, 222
   ferimentos na boca, 222
   após envenenamento por sapo, 199
lesões nos coxins, 386
machucados infestados por larvas, 314
machucados na pata, 224
mordidas de animais, 331
narina, depois de remover corpo
   estranho, 333
orelhas, 320
pata com lesão na unha, 292
picadas de aranha 355
picadas de cobra, 355
picadas de moscas, 359
prolapso retal, 374
queimaduras nos coxins, 386
queimaduras por calor, 389
queimaduras por fricção, 393
suturas 369
Língua, edema na 183
como reação alérgica, 184
cuidados posteriores, 184
material médico necessário, 183
por substância tóxica, 184
tratamento imediato, 183
Linha de pesca engolida, 47

M

Malt Paste®, como remédio contra
   bolas de pelo, 47, 422
Mamão, para queimadura por água-
   viva, 385
Mamas, infecção. *Veja* Mastite
Mandíbula,
edema na
   cuidados posteriores, 187
   por ferroada ou picada de
     insetos, 187
   por infecção, em gatos, 187
   por osteopatia mandibular, 187
   material médico necessário 186
   tratamento imediato, 186
deslocada,
   cuidados posteriores, 324

em cerca, 322
material médico necessário 322
por osso, 323
tratamento imediato, 322
quebrada
dano dental com, 372
depois de queda, 372
dieta depois de, 372
sinal de, 372
Manobra de Heimlich, 30, 32, 91,
   93, 274, 327, 330, 331, 353
Manqueira, 325
cuidados posteriores, 326
como sintoma de
   abscessos, 67
   acidentes de carro, 70
   artrite 190
   infecções no leito da unha, 292
   pata quebrada, 73, 189, 192, 253,
     254, 381
diagnóstico, 326
material médico necessário 329
tratamento imediato, 329
Mastite, 328
cuidados posteriores, 329
material médico necessário, 328
tratamento imediato, 328
Medicamentos. *Veja também*
   medicamentos específicos
asma, 156
comprimidos (*Veja* Comprimidos,
   administração)
dividindo comprimidos, 244
dosagens de, 17
dor (*Veja* Dor, medicamentos para)
humanos, para animais, 17
intoxicação por, 308
líquidos, 40
ouvido, 42
veterinários, vantagens, 16
Medicamentos para dor. *Veja também*
   medicamentos específicos
dor na boca, 222
edema testicular ou escrotal, 196
ferimentos causados por porco-
   espinho ou ouriço, 204
ferimentos na boca, 222
lesões na boca 222
para tratar artrite 38, 190, 278, 279,
   316, 326, 327, 410,
   edema na pata, 189
   ferimentos no dorso, 227
   ferimentos por acidente de carro, 70
   ferroadas de abelha e vespa, 241

fraturas, 250
   luxação da patela, 317
picadas de aranha, 355,
picadas de cobra, 321
Meias
cheias de arroz, para aquecimento,
   247, 248, 257, 259
para prevenção de cistos no dedo, 114
para proteger curativos, 37
para tratamento de infecções do
   leito da unha 292
Mel, para tratamento de
baixa taxa de açúcar no sangue, 96
choque, 109
Mentol, cânfora e óleo de eucalipto
para prevenção de
lambedura, 167
de dermatite aguda, 166
de suturas, 370
Metal, toxicidade do, por objeto
engolido 323
Metronidazol, para vermes, 419
Micose, infecção de pele por, 305
Milbemicina oxima, para vermes, 419
Monóxido de carbono, intoxicação por, 331
   por inalação de fumaça, 288
   inconsciência por, 291
Mordaça, para contenção 27
confecção, 26
para tratamento de
   cabeça presa, 99
   corpo estranho no focinho, 332
   corpo estranho no ouvido, 337
   cortes e feridas, 151
   danos nas unhas, 161
   edema testicular ou escrotal, 196
   ferimentos abdominais, 217
   ferimentos por acidente de carro, 70
   ferimentos por anzol, 234
   ferimentos por lambedura, 215
   ferimentos por queda, 379
   ferimentos por tiro, 236
   fraturas, 250
   infecções de pele, 286
   luxação da patela, 317
   mordidas de animais, 331
   prolapso vaginal, 376
   queimaduras químicas, 396
   unha encravada, 412
Mordidas. *Veja também* picadas e
   mordidas de animais; *tipos específicos*
   de mordidas
autoinfligidas, em gatos, 154
na região traseira, como sintoma de

constipação, 141
Moscas, picadas de 359
  cuidados posteriores, 359
  machucados na orelha, 319
  material médico necessário 358
  melhor abordagem, 361
  repelentes, 361
  tratamento imediato, 359
Mosquito-pólvora, 360
Mucosas, teste da cor para avaliar a
  saúde, 20
Mutuca-de-veado, 360
Mutuca ou mosca-de-cavalo, 360

N

Nascimento, estágios do 358,
Natação para reabilitação após danos
  na coluna, 230
Neomicina, pomada à base de 15, 18,
  90, 92, 99, 101-103, 120-122,
  124,153, 180-181, 196-198, 224, 278,
  279, 282, 314, 315, 249, 322, 332,
  333, 337, 338, 359, 360, 376, 377,
  386-389, 391-393, 395-397, 399,
  400, 404, 407
Nervos, danos a, manqueira por, 325
Nistatina, para infecções no ouvido 285,
Nódulos cutâneos, por alergia das vias
  aéreas 88
Nós no pelo, remoção, 127

O

Obstrução urinária 343
  cirurgia, 341
  cuidados posteriores, 341
  material médico necessário 343
  melhor abordagem 347
  por pedras na bexiga, 346
  tratamento imediato, 344
  vs. constipação, 123
Ofegação
  de insolação, 297
  em gatos, como sinal de perigo, 23
Óleo de motor
  ingerido, intoxicação por, 305
  remoção da pele, 306
Óleo mineral, para obstrução intestinal e
como lubrificante 340
Olho(s)
  artificial, 346
  corpo estranho (*Veja* Corpo
estranho, no olho)
    estrabismo, por corpo estranho, 145
    ferimentos por acidente de carro, 72

fora de órbita 348
  cuidados posteriores, 349
  material médico necessário, 348
  por mordidas de animais, 331
  tratamento imediato, 348
  uveíte depois de, 349
infecções 295
  cuidados posteriores, 296
  em recém-nascidos, 296
  material médico necessário, 295
  tratamento imediato, 295
perda,
sintomas relacionados a, 128, 159
tumor, 408
úlceras, 335
Orelha(s)/Ouvido(s)
  ácaros de 281
  corpo estranho (*Veja* Corpo
    estranho no ouvido)
  curativo, 34
  infecções de
    como causa de quedas, 380
    crônicas, 282
    cuidados posteriores, 283
    hematoma aural, 282
    material médico necessário 281
    melhor abordagem, 285
    no ouvido médio, 283
    orelhas caídas e, 282
    orelhas peludas e, 282
    tratamento imediato, 282
  machucados na
    cuidados posteriores, 321
    edema da orelha, 192, 319
    material medico necessário, 319
    por picada de moscas, 359
    sangramento prolongado com, 329
    tratamento imediato, 319
  medicação, 42
  sangramento, 320, 400
  sintomas relacionados a,
Órgãos expostos, 376
Osso encravado na mandíbula 322
Ossos quebrados. *Veja* Fraturas
Osteopatia mandibular, 187
Otomax®, para infecções na cauda, 291
Ouriço, ferimentos por 204
  cuidados posteriores, 206
  material médico necessário 204
  melhor abordagem 206
  tratamento imediato, 205
Ouvido felino, tumor de 338
Óxido de zinco, para assadura urinária 259

P

Panacur®, para vermes,
Panalog®, pomada, para tratamento de
  edema na cauda, 182
  infecção de ouvido, 285
  infecções na cauda, 291
Paracetamol, para dor causada por
ferroada de abelha e vespa 225
Parada cardíaca, 347
  cuidados posteriores, 350
  material médico necessário, 347
  tratamento imediato, 347
Paralisia
  por carrapato, 104
  por danos na coluna, 253
  por picadas de aranha, 242
Parasitas. *Veja também* Larvas; Vermes
  berne, 194
  em filhotes, 247, 248
Parto. *Veja* Problemas de parto
Pata(s),
  balançando, como sintoma de
convulsão, 128
  curativos, 35
  edema na, 189
    cuidados posteriores, 191
    material médico necessário, 189
    por abscessos, 190
    por artrite, 190
    por doença metabólica, 190
    por infecções, 189
    por reações alérgicas, 190
    por tratamento com fluidos, 190
    tratamento imediato, 189
  ferimentos, 224
    cuidados posteriores, 225
    material médico necessário, 224
    por queimaduras ou abrasões, 225
    tratamento imediato, 224
  fraturas da
    por acidentes de carro, 73
    por quedas, 379
  infecção, 224
  infecção por unhas encravadas, 412
  sangramento, 225
  sintomas relacionados a, 252
  traseiras
    perda de movimentos, por danos, na
coluna, 208
    andar cambaleante, síndrome do,
102, 208
  talas, 38
    tratamento imediato, 251
Patela, luxação da, 317

ÍNDICE 435

cuidados posteriores, 318
tratamento imediato, 317
Pedialyte, para tratar
desidratação, 169
diarreia, 171
insolação, 297
Pedras engolidas, 336
Peito, curativo no, 36
Peito, ferimentos no 231
cuidados posteriores, 232
material médico necessário, 231
por queda, 381
tratamento imediato, 231
vedando ferimentos de sucção do, 233
Pele, 286
cuidados posteriores, 287
material médico necessário, 286
tratamento imediato, 286
cor da, como indicador de saúde, 20
curativos com medicação para
prevenção de lambedura, 216
edema, 192
cuidados posteriores, 195
material médico necessário, 192
por insetos, 194
por tumores, 193
tratamento imediato, 192
e pelagem, sintomas relacionados a, 166
infecções de, 286
causas comuns, 286
cuidados posteriores, 287
edema na mandíbula por, 186
material médico necessário, 286
por desequilíbrio hormonal, 287
tratamento imediato, 286
manchas, por alergia das vias aéreas, 88
Pelo
contaminação, 125
cuidados posteriores, 126
intoxicação por, 303
material médico necessário, 125
melhor abordagem, 125
por água-viva, 384
tratamento imediato, 125
bolas de, 422
nós, 127
tosa
antes do parto, 363
ao redor de ferimentos por
lambedura, 215
ao redor de machucados, 153
com tesoura, técnicas, 33
com tosador elétrico, 168
depois de queimaduras por

secadora de roupas, 163
do ouvido, 282
para prevenção de insolação, 297
para remoção de substâncias
pegajosas, 126
para remoção de sujeiras dos
pelos, 363
por causa de abscessos, 68
por causa de dermatite aguda, 166
por causa de edema na cauda, 180
por causa de impactação das
glândulas anais, 264
por causa de infecção de pele, 286
por causa de infecção na cauda, 289
por causa de infestação por
larvas, 314
por causa de farpas, 210
por causa de machucados na
orelha, 319
por causa de mastite, 328
por causa de queimaduras, 164
Penicilina, para cistos no dedo, 116
Pênis, desobstrução, 340
PerioGard®
para prevenção de infecção dental, 372
para tratar ferimentos na boca, 222
Peritonite, 218
Peróxido de benzoíla, para tratar
feridas causadas por celulite
juvenil, 106
impetigo, 267
infecções de pele, 268
Pescoço,
curativos, 36
torcicolo (*Veja* Torcicolo)
Peso, perda de, com doença renal, 279
Peste bubônica, 68
Petiscos saudáveis, 47
Picada de moscas, 359
Picadas e ferroadas de insetos. *Veja
também* Carrapatos; *tipos específicos de
picadas e ferroadas*
edema da cabeça por, 177
edema na cauda por, 180
urticária por, 415
Picadas e mordidas de animais, 331
abscessos causados por, 67
machucados na orelha causados
por, 321
cuidados posteriores, 334
tratamento imediato, 331
material médico necessário, 331
ferimentos perfurantes causados
por, 333

raiva causada por, 334
Pinça, para remoção de, 205
espinhos de porco-espinho ou
ouriço, 204
objetos engolidos, 132
Piche
queimaduras por, 386
remoção
da pele, 386
do pelo, 127
Pino intramedular, para tratamento de
fraturas, 254
Piperazina, para parasitas, 248
Piscar por corpo estranho no olho, 145
Placas ósseas, para tratar fraturas, 254
Plantago ovata, 18, 122, 123, 124, 263, 266
Plantas, intoxicação por, 303
Plástico bolha, para imobilizações,
38, 73
Pneumonia, depois de afogamento, 76
Pomada
Aloe vera (*Veja Aloe vera*)
antibiótica (*Veja* Pomada
antibiótica)
Panalog®, 182, 291
unguento Pearson®, 361
Pomada antibiótica, para tratar
assadura urinária, 279
congelamento, 121
corpo estranho no ouvido, 149
cortes e arranhões na cabeça, 101
edema na cauda, 181
ferimentos na mandíbula, 187
ferimentos no testículo ou no
escroto, 197
ferimentos perfurantes, 335
impetigo, 268
irritação nasal, 143
machucados infestados por larvas, 152
machucados na orelha, 321
picadas de carrapato, 104
picada de moscas, 359
prolapso vaginal, 379
queimaduras nos coxins, 387
queimaduras por calor, 391
queimaduras por fricção, 395
queimaduras químicas, 397
suturas na pata, 226
Pontos. *Veja* Sutura, problemas de
Porco-espinho, ferimentos por, 204
cuidados posteriores, 206
material médico necessário, 204
melhor abordagem, 206
tratamento imediato, 204

PRIMEIROS SOCORROS PARA CÃES E GATOS

Pós-parto, 365

Praziquantel, para vermes, 419

Pressão, pontos de, para sangramentos, 34, 72, 152

Primeiros socorros, kit, 15

Problemas de parto, 362
contrações sem parto, 376
cordão umbilical não cortado, 366
cuidados posteriores, 367
dificuldades para amamentar, 367
material médico necessário, 362
melhor abordagem, 368
placenta não retirada do recém-nascido, 364
prolapso vaginal, 376
recém-nascido não respira, 365
tratamento imediato, 363

Problemas para se limpar, larvas e, 316

Produtos de limpeza, intoxicação por, 48

Produtos químicos para grama e jardins, intoxicação por, 48

Program®, como prevenção contra pulgas, 83

Prolapso retal, 374
cuidados posteriores, 375
material médico necessário, 374
melhor abordagem, 375
tratamento imediato, 374

Prolapso vaginal, 376
cuidados posteriores, 378
material médico necessário, 376
por hiperplasia vaginal, 377
tratamento imediato, 376

Próteses, depois da perda do olho, 346

Pulgas. *Veja também* Alergia a pulgas
Frontline®, para prevenção de, 83
remédio contra,
uma vez ao mês, 83
intoxicação por, 303

Pulmão
contusão após de acidente de carro, 70
dano por
acidente de carro, 70
choque elétrico, 112
doença de Lyme, 104
ferimentos por tiro, 236
edema pulmonar neurogênico por estrangulamento, 208

Pulsação
medição, 23
como encontrar, 23

Purificadores de ar, para ataques de asma, 156

Pus
de abscessos, 67
de infecção na cauda, 289

Q

Quadril (Ferimentos no dorso)
curativo, 227
sintomas relacionados a, 56, 57

Quartos traseiros, sintomas relacionados a, 55, 56

Quedas 379
administrando comprimidos depois, 382
causadas por infecção no ouvido, 380
como sintoma de convulsão, 128
cuidados posteriores, 383
material médico necessário 379
síndrome das alturas e, 381
tratamento imediato, 379

Queimaduras por calor, 389
cuidados posteriores, 390
material médico necessário, 389
melhor abordagem, 392
tratamento imediato, 389
na boca, por choque elétrico, 112
nos coxins (*Veja* Coxins, queimaduras nos)
por água viva (*Veja* Água viva, queimaduras por)
por eletricidade, 391
por fricção, 393
melhor abordagem 395
cuidados posteriores, 394
tratamento imediato, 393
material médico necessário 393
por secadora de roupas 163
químicas, 396
cuidados posteriores, 397
material médico necessário, 396
tratamento imediato, 396

Queixo, edema no, felino, 187

R

Raiva, 94, 334

Reabilitação
depois de cirurgia na patela, 318
natação, depois de ferimentos no dorso, 230

Removedor de esmalte para remoção de goma de mascar do pelo, 125

Repelentes, 361

Respiração
anormal, 24
avaliação, 25
parada, respiração artificial para (*veja* Respiração artificial)

Respiração artificial
para parada respiratória, por
acidentes de carro, 71
afogamento, 76
asfixia, 90
ataque de asma, 156
ataque cardíaco, 347
baixa taxa de açúcar no sangue, 97
choque, 110
choque anafilático, 241
colapso, 117
corpo estranho na garganta, 140
danos por secadora de roupas, 163
envenenamento por sapo, 199
estrangulamento, 207
ferimentos por tiro, 236
ferroadas de escorpião, 245
hipotermia, 257
inalação de fumaça, 269
inconsciência, 272
intoxicação, 303
intoxicação por monóxido de carbono, 312
insolação, 297
machucados na cabeça, 159
mandíbula deslocada, 322
mordidas de animais, 331
picadas de cobra, 355
quedas, 379
queimadura química, 397
reações alérgicas a comida (alergias alimentares), 85
asfixia, 90
técnica para, 29

Respirar, dificuldade para
como sintoma de
acidentes de carro, 70
afogamento, 76
crise de asma, 156
colapso da traqueia, 275
costela quebrada, 250
choque anafilático, 241
choque elétrico, 112
corpo estranho na garganta, 140
dano pulmonar após acidente de carro (contusão no pulmão), 72
edema pulmonar, 208
intoxicação por monóxido de carbono, 312
ferimentos no peito, 231
fraturas, 250
picadas de aranha, insolação, 351, 297

ÍNDICE **437**

suscetibilidade a doença cardíaca
com, 347
Ressuscitação cardiopulmonar
para parada cardíaca causada por
acidentes de carro, 71
afogamento, 75
alergias alimentares, 85
asfixia, 90
crise de asma, 156
baixa taxa de açúcar no sangue, 97
choque, 110
choque anafilático, 241
choque elétrico, 112
colapso, 117
envenenamento por sapo, 199
estrangulamento, 207
hipotermia, 257
inalação de fumaça, 269
inconsciência, 272
insolação, 297
intoxicação, 303
ferimentos por tiro, 236
mordidas de animais, 331
técnica,
para cães médios ou grandes, 31
para cães pequenos, 31
para gatos, 31
Restrição alimentar, para tratar
diarreia, 171
vômito, 421
Rim/renal,
dano por insolação, 297
sinal de doença, 279

S

Sabonete antisséptico
como enxaguatório bucal, 80, 372
líquido, 15, 70, 74, 166, 215, 226
para cortes e arranhões, 74, 101,
153, 181
Salivação, como sintoma de
corpo estranho na boca, 137
estomatite, 223
ferimentos na boca, 222
Sangramento, 400
cuidados posteriores, 403
do ouvido, 403
intoxicação por varfarina, 403
material médico necessário, 400
melhor abordagem, 404
nasal, 405
cuidados posteriores, 406
material médico necessário, 405
por erliquiose, 406

tratamento imediato, 405
ocorrência com
acidentes de carro, 70
choque, 109
cortes e ferimentos, 151
danos na unha, 161
danos nos coxins, 224
envenenamento/intoxicação, 303
ferimentos no peito, 231
ferimentos por tiro, 236
fraturas, 250
machucados na cabeça, 151
machucados na orelha, 319
mordidas de animal, 331
parada cardíaca, 347
quedas, 379
unhas encravadas, 412
Sangue na urina, no câncer testicular, 197
Salivação, com intoxicação por sapo, 199
Sapos, envenenamento por, 199
convulsões causadas por, 128
cuidados posteriores, 200
material médico necessário, 199
respiração artificial e ressuscitação
cardiopulmonar 28-31, 200
tratamento imediato, 199
sapos venenosos, identificação, 201
sapo-cururu ou sapo-boi, 201
identificação, 201
Sarna
infecções de pele causadas por, 287
vs. celulite juvenil, 107
Seborreia, infecções de pele causadas
por, 288
Secadora de roupas, danos por, 163
cuidados posteriores, 165
insolação, 164
material médico necessário, 163
queimaduras, 164
tratamento imediato, 163
Secadores de cabelo, insolação por, 301
Segurança
em casa, 45
na cozinha, 46
na lavanderia, 46
ao ar livre, 43
Seringa
abscessos, 67
com cateter, para tratamento, 212
sem agulha, para administração de
medicamentos líquidos, 40
Sinais vitais, avaliação por
batimentos cardíacos, 19, 22, 23
cor da pele e das gengivas, 19

pulsação, 19
respiração, 19, 23, 24
temperatura 19
tempo de preenchimento capilar,
19, 21
tempo de resposta a estímulos, 19, 25
teste de desidratação, 19, 22
Síndrome das alturas em gatos e, 381
Síndrome de Wobbler, 228
Sintomas relacionados a, como
descobrir, 49
apetite e alimentação, 49
cabeça, boca, focinho e dentes, 53
comportamento, 49
coração e circulação, 55
digestão e excreção, 51
olhos, 52
ouvidos, 52
patas, quadril e coxins, 56
patas traseiras e cauda, 55
pele e pelagem, 59
sistema reprodutor, 57
sistema respiratório, 58
sistêmicos, 61
Sistema Nacional de Informações
Tóxico-Farmacológicas, 304
Sistema reprodutor, sintomas
relacionados a, 57
Sistema respiratório, sintomas
relacionados a, 58
Solução de água e vinagre para tratar
ouvidos, 281
Solução de Burow para tratar
dermatite aguda, 166
feridas causadas por celulite
juvenil, 106
Solução de nadador, para prevenção de
infecções nos ouvidos, 281
Solvcat®, para diagnosticar bloqueio
urinário, 339
Soro fisiológico estéril,
para lavagem após
corpo estranho no olho, 145
corpo estranho no ouvido, 148
para tratar
infecções nos olhos, 295
olho fora da órbita, 344
órgãos expostos, 219
osso exposto, 252
prolapso vaginal, 376
Substâncias pegajosas, remoção da
pelagem, 126
Sulfadiazina de prata, para tratar
queimaduras nos coxins, 386

queimaduras por calor, 389
queimaduras por fricção, 393
Sulfato de magnésio, para tratar
cistos no dedo, 114
coxins inchados, 412
edema na pata, 189
edema na pele, 192
infecções no leito da unha, 292
punções na pata, 224
Superfície rígida, para transportar
animal machucado, 39
Suplementos de ácidos graxos essenciais
82, 83, 85, 87, 88, 89
Surdez, com intoxicação por monóxido
de carbono, 312
Suturas, 369
limpeza, 369
proteção, 370
problemas,
cuidados posteriores, 370
material médico necessário, 369
tratamento imediato, 369

T

Tabaco, intoxicação, 48
Talas
confecção, 38
para fraturas na pata, 253
proteção, 272
Tala-Curativo Robert Jones, 254
Tarântulas, identificação, 352
Temperatura do corpo. *Veja também*
Febre; Insolação; Hipotermia
baixa, por choque anafilático,
como indicador de
saúde, 19
início do trabalho de parto, 363
de filhotes, 247
elevação, depois de afogamento, 76
em filhotes debilitados, 247
medição,
depois de cirurgia, 248
normal *vs.* anormal, 19
Tartarato de butorfanol, para torcicolo, 409
Tempo de preenchimento capilar como
indicador de saúde, 21
Tempo de resposta
checagem, em caso de parada
cardíaca, 347
como indicador de saúde, 347
Terçol, 407
cuidados posteriores, 407
material médico necessário, 407
tratamento imediato, 407

vs. tumores na pálpebra, 408
Termômetros, escolha, 302
Teste da cor das mucosas para avaliar a
saúde, 20
Testículos(s), 196
câncer, 197
edema, testicular ou escrotal, 196
cuidados posteriores, 198
material médico necessário, 196
tratamento imediato, 196
Tetraciclina, 104, 105, 145, 147
Tinta, remoção
do pelo, 125
Tiro, ferimentos por, 236
cuidados posteriores, 240
danos do trato digestivo, 239
material médico necessário, 236
por espingarda, 238
tratamento imediato, 237
Toalhas,
absorvente, para cães e gatos, 78
para secar, 260
Tontura, com choque, 96, 281, 297
Torcicolo, 409
cuidados posteriores, 410
material médico necessário 409
por abscessos ou celulite juvenil,
em gatos, 67, 106
por coleira apertada, 410
por problemas musculares ou de
disco, 410
tratamento imediato, 409
Torções e distensões, manqueira por, 325
Tosador elétrico, 168
Tosse, como sintoma de,
colapso na traqueia, 275
corpo estranho na garganta, 140
crise de asma, 156
edema pulmonar neurogênico, 208
parada cardíaca, 347
Traqueia, colapso, 275
Transportador de animais
insolação por, 297
para animais machucados, 39
Transporte seguro de animais
após acidentes de carro, 70
após colapso, 117
após inalação de fumaça, 269
após picadas de cobra, 355
com danos do dorso, 227
com ferimentos abdominais, 217
com fraturas na coluna, 251
com edema na cabeça, 177
com pata quebrada, 253

com quadril quebrado, 253
durante convulsões, 128
em choque, 109
enquanto inconsciente, 163, 351, 394
métodos, 38
Trato urinário, infecções do 278, 280,
341, 342, 343
Tremor, como sintoma de
choque anafilático, 241, 416
febre do leite, 363
Triagem, prioridades 23
TruNature® para prevenção de
obstrução urinária, 339
Tubo estomacal, para diminuição da
pressão dos gases, 175
Tumores
edema na pele por, 193
na boca, 80
na pálpebra, 408
no ouvido, em gatos, 149
perianal, 265

U

Úlceras, no olho. *Veja* Olho(s), úlceras 335
Umidificador
depois de inalação de fumaça, 269,
para prevenção de crise de asma, 156
Unhas
cortadores de unha para tratar
danos nas unhas, 161
infecções no leito da unha, 292
unhas encravadas, 412
danos
cuidados posteriores, 161
material médico necessário, 161
tratamento imediato, 161
encravadas
cuidados posteriores, 413
material médico necessário, 412
tratamento imediato, 412
infecções no leito da,
cuidados posteriores, 294
fungos com, 294
imunossupressão e, 293
material médico necessário, 292
melhor abordagem, 294
tratamento imediato, 292
técnicas para cortar unhas, em caso de
infecções no leito da unha, 293
unhas encravadas, 413
Uretrostomia perineal, para obstrução
urinária, 339
Urina,
cristais de, desobstrução do pênis, 340

incontinência urinária, . *Veja
também* Incontinência urinária 278
sangue na, no câncer testicular, 197
micção involuntária, nas
convulsões, 128
dificuldade para urinar, como
sintoma de
câncer testicular, 197
infecção na bexiga, 280
assadura urinária, por
incontinência, 278
trato urinário, infecções do 278
Urticária, 415
cuidados posteriores, 417
material médico necessário 415
por ferroada de abelha e vespa, 241
tratamento imediato, 415
Uveíte, olho fora da órbita e, 344

V

Vacinação. *Veja também* Injeções
injeções para alergia, 84
raiva, 94, 334
urticária por, 415
Vagina
corrimento, 362
eversão vaginal, 378
hiperplasia vaginal, 377
infecção, pós-parto, 367
prolapso. *Veja* Prolapso vaginal
Vaselina, 15, 20, 75, 77, 99, 100, 117, 119,
120, 125, 126, 164, 174, 175, 213, 224,
225, 231, 232, 236, 257, 297, 298, 322,
337, 361, 362, 363, 364, 377, 384, 386
Varfarina, intoxicação por, 303
sangramento causado por, 400
Vermes. *Veja também* Parasitas
cuidados posteriores, 419
identificação, 420
material médico necessário, 418
prolapso retal por, 374
pulgas e, 419
tratamento imediato, 418
Vermes chatos, 420
Vespa, ferroada de. *Veja* Abelha e
vespa, ferroadas de
Vetrap® Curativos, 216, 224, 226, 294,
333, 369, 404
Vias aéreas, limpeza das, para tratar
alergia alimentar, 85
asfixia, 90
parada respiratória, 30
estrangulamento, 207
Vitamina K, tratamento com,

após intoxicação, 311
Vômito, 421
cuidados posteriores, 422
dilatação gástrica e, 422
indução, por
corpo estranho ingerido, 132
intoxicação/envenenamento, 303
intoxicação por varfarina, 303
reação alérgica a comida, 85
material médico necessário, 421
choque anafilático, 216, 416
como sintoma de
constipação, 122
febre alta, 213
filhotes debilitados, 247
objeto preso no esôfago, 133
obstrução intestinal, 336
vermes, 418
tratamento imediato, 421

X

Xampus, para tratar
alergia a pulga, 82
alergias das vias aéreas, 88
celulite juvenil, 106
impetigo, 267
infecções de pele, 286
Xarope de Ipeca, para indução de
vômito, 303, 304

Z

Zyloric, para pedras na bexiga, 342

Este livro foi composto com tipografia Garamond e impresso
em papel Off set 75 g/m² na Gráfica Santa Marta.